JN252937

演劇・舞踊の賞事典

日外アソシエーツ

A Reference Guide
to
Awards and Prizes
of
Theatre and Dance

Compiled by

Nichigai Associates, Inc.

本書はディジタルデータでご利用いただくことが
できます。詳細はお問い合わせください。

●編集担当● 加藤 博純／荒井 理恵
装 丁：赤田 麻衣子

刊行にあたって

　本書は主に日本国内の演劇・舞踊に関する賞の概要、受賞情報を集めた事典である。

　2014年SPAC（静岡県舞台芸術センター）がアヴィニョン演劇祭に公式招聘されるなど、近年演劇の海外公演が活発化している。また、舞踊の世界では、「全国舞踊コンクール」で第1位となった菅井円加、「NBA全国バレエコンクール」で第1位となった二山治雄が、若手ダンサーの登竜門「ローザンヌ国際バレエコンクール」でそれぞれ優勝（2012年,2014年）するなど日本人の活躍が注目されている。

　本書は、"演劇界の芥川賞"とも呼ばれる「岸田國士戯曲賞」、1966年から続く「紀伊國屋演劇賞」、舞踊のジャンルを横断する「舞踊批評家協会賞」など伝統ある演劇・舞踊に関する賞をはじめ、部門賞などあわせて145賞を収録。その概要や歴代受賞者、受賞作品などを創設から一覧することができ、受賞者名索引を利用すれば、特定の人物の受賞歴を通覧することも可能である。

　小社では、賞の概要や受賞者について調べたいときのツールとして、分野ごとに歴代の受賞情報を集めた「児童の賞事典」(2009)、「映画の賞事典」(2009)、「音楽の賞事典」(2010)、「ビジネス・技術・産業の賞事典」(2012)、「漫画・アニメの賞事典」(2012)、「環境・エネルギーの賞事典」(2013)、「女性の賞事典」(2014)、「小説の賞事典」(2015)を刊行している。本書と併せてご利用いただければ幸いである。

　2015年1月

　　　　　　　　　　　　　　　日外アソシエーツ

凡　例

1．本書の内容

　　本書は演劇・舞踊に関する 145 賞（海外賞ローザンヌ国際バレエ
　コンクールを含む）の概要と受賞情報を収録した事典である。

2．収録範囲

1）演劇・舞踊に関する賞を 2013 年末現在で収録した。
2）特定の時期に演劇・舞踊関連の部門が設けられていたり、賞の一部
　に演劇・舞踊関連部門が存在する場合は、該当する年・部門を収録
　した。

3．賞名見出し

1）賞名の表記は原則正式名称を採用した。
2）改称や他の呼称がある場合は、目次に個別の賞名見出しを立て、参
　照を付した。

4．賞の分類と賞名見出しの排列

　　賞を 3 つの大見出しに区分し、それぞれの大見出しの下では賞名
　の五十音順に排列した。その際、濁音・半濁音は清音とみなし、ヂ
　→シ、ヅ→スとした。促音・拗音は直音とみなし、長音（音引き）
　は無視した。「日本」の読みは「ニホン」に統一した。

　　　Ⅰ　総合
　　　Ⅱ　演劇
　　　Ⅲ　舞踊

5．記載内容

1）概　要

　　賞の概要として、賞の由来・趣旨／主催者／選考委員／選考方法
　／選考基準／締切・発表／賞・賞金／公式ホームページ URL を記載

した。記述内容は原則として最新回のものによった。

2）受賞記録

　　歴代受賞記録を受賞年（回）ごとにまとめ、部門・席次／受賞者名（受賞時の所属、肩書き等）／受賞作品または受賞理由の順に記載した。外国人受賞者については調査のおよぶ範囲で、名前のカナ読みを付した。

6．受賞者名索引

1）受賞者名から本文での記載頁を引けるようにした。

2）排列は、姓の読みの五十音順、同一姓のもとでは名の読みの五十音順とした。姓名区切りのない人物は全体を姓とみなして排列した。アルファベットで始まるものは ABC 順とし、五十音の後においた。なお、濁音・半濁音は清音とみなし、ヂ→シ、ヅ→スとした。促音・拗音は直音とみなし、長音（音引き）は無視した。

目　　次

I　総合

Ⅱ　演　劇

III　舞　踊

演劇・舞踊の賞事典

I　総　合

001 浅草芸能大賞

大衆芸能の奨励と振興をはかり，あわせて台東区のイメージアップに資することを目的として，昭和59年に創設された。

【主催者】（公財）台東区芸術文化財団

【選考委員】委員長：鳥越文藏（演劇研究者・早稲田大学名誉教授）ほか8名

【選考方法】広く区民の中から公募した区民審査委員100名の推薦によって専門審査委員が決定

【選考基準】〔対象〕大衆芸能の分野で東京を中心に活動しているプロの芸能人の中から，過去の実績と活動状況を勘案して授与している。大賞：最も優れた業績をあげ活躍した者。奨励賞：他の範となるような研鑽・努力した者。新人賞：新人として将来を期待・嘱望される者

【締切・発表】原則として10月中に受賞者を決定，3月に授賞式

【賞・賞金】大賞：賞金100万円，賞状，奨励賞：賞金50万円，賞状，新人賞：賞金30万円，賞状

【URL】http://www.taitocity.net/taito/zaidan/

第1回（昭59年度）
◇大賞
　田谷 力三（オペラ歌手）
◇奨励賞
　海老一 染之助，海老一 染太郎（大神楽）
◇新人賞
　柳亭 小燕枝（落語家）
第2回（昭60年度）
◇大賞
　江戸家 猫八（物まね）
◇奨励賞
　内海 桂子，内海 好江（漫才師）
◇新人賞
　古今亭 志ん橋（落語家）
第3回（昭61年度）
◇大賞
　浅香 光代（女優）
◇奨励賞

　東 八郎（コメディアン）
◇新人賞
　柳家 小里ん（落語家）
第4回（昭62年度）
◇大賞
　益田 喜頓（俳優）
◇奨励賞
　宝井 馬琴（講談師）
◇新人賞
　小堺 一機（タレント）
第5回（昭63年度）
◇大賞
　渥美 清（俳優）
◇奨励賞
　関 敬六（コメディアン）
◇新人賞
　林家 こぶ平（落語家）

第6回（平1年度）
　◇大賞
　　柳家 小さん（落語家）
　◇奨励賞
　　毒蝮 三太夫（タレント）
　◇新人賞
　　ウッチャン・ナンチャン（コメディアン）
第7回（平2年度）
　◇大賞
　　内海 桂子，内海 好江（漫才師）
　◇奨励賞
　　中村 勘九郎（5世）（歌舞伎俳優）
　◇新人賞
　　コロッケ（タレント）
第8回（平3年度）
　◇大賞
　　伊東 四朗（タレント）
　◇奨励賞
　　坂東 八十助（歌舞伎俳優）
　◇新人賞
　　林家 ぺー（漫談家）
第9回（平4年度）
　◇大賞
　　三遊亭 円歌（3世）（落語家）
　◇奨励賞
　　ポール牧（喜劇役者）
　◇新人賞
　　中村 橋之助（歌舞伎俳優）
第10回（平5年度）
　◇大賞
　　古今亭 志ん朝（落語家）
　◇奨励賞
　　沢 竜二（演劇役者）
　◇新人賞
　　三遊亭 小円歌（漫談家）
　◇特別賞
　　松鶴家 千代若，松鶴家 千代菊（漫才師）
第11回（平6年度）
　◇大賞
　　萩本 欽一（タレント）
　◇奨励賞
　　三浦 布美子（女優）

　◇新人賞
　　柳家 さん喬（落語家）
第12回（平7年度）
　◇大賞
　　水谷 八重子（2世）（女優）
　◇奨励賞
　　天海 祐希（宝塚女優）
　◇新人賞
　　国本 武春（浪曲師）
第13回（平8年度）
　◇大賞
　　春風亭 小朝（落語家）
　◇奨励賞
　　あした 順子，あした ひろし（漫才師）
　◇新人賞
　　尾上 菊之助（5世）（歌舞伎俳優）
第14回（平9年度）
　◇大賞
　　ビートたけし（タレント）
　◇奨励賞
　　ボナ植木，パルト小石（奇術師）
　◇新人賞
　　春風亭 昇太（落語家）
第15回（平10年度）
　◇大賞
　　森 光子（女優）
　◇奨励賞
　　片岡 鶴太郎（タレント）
　◇新人賞
　　爆笑問題（漫才師）
第16回（平11年度）
　◇大賞
　　中村 勘九郎（5世）（歌舞伎俳優）
　◇奨励賞
　　金原亭 馬生（落語家）
　◇新人賞
　　いっこく堂（腹話術師）
第17回（平12年度）
　◇大賞
　　島田 正吾（俳優）
　◇奨励賞
　　昭和 のいる，昭和 こいる（漫才師）

◇新人賞
　氷川 きよし（歌手）
第18回（平13年度）
　◇大賞
　　市川 猿之助（3世）（歌舞伎俳優）
　◇奨励賞
　　柳家 権太楼（3世）（落語家）
　◇新人賞
　　大和 悠河（宝塚女優）
第19回（平14年度）
　◇大賞
　　永 六輔（放送作家）
　◇奨励賞
　　木の実 ナナ（女優）
　◇新人賞
　　林家 いっ平（落語家）
第20回（平15年度）
　◇大賞
　　桂 歌丸（落語家）
　◇奨励賞
　　松井 誠（俳優）
　◇新人賞
　　中村 獅童（歌舞伎俳優）
第21回（平16年度）
　◇大賞
　　松平 健（俳優）
　◇奨励賞
　　綾小路 きみまろ（漫談家）
　◇新人賞
　　マギー審司（手品師）
第22回（平17年度）
　◇大賞
　　島倉 千代子（歌手）
　◇奨励賞
　　林家 正蔵（落語家）
　◇新人賞
　　橘 大五郎（俳優）
第23回（平18年度）
　◇大賞
　　三遊亭 円楽（落語家）
　◇奨励賞
　　市川 亀治郎（歌舞伎俳優）

◇新人賞
　ロケット団（漫才師）
第24回（平19年度）
　◇大賞
　　松本 幸四郎（9世）（歌舞伎俳優）
　◇奨励賞
　　マギー司郎（マジック漫談師）
　◇新人賞
　　上戸 彩（女優）
第25回（平20年度）
　◇大賞
　　西田 敏行（俳優）
　◇奨励賞
　　なぎら 健壱（シンガーソングライター）
　◇新人賞
　　早乙女 太一（大衆演劇）
第26回（平21年度）
　◇大賞
　　吉永 小百合（女優）
　◇奨励賞
　　中村 勘太郎（歌舞伎俳優）
　◇新人賞
　　ナイツ（漫才師）
第27回（平22年度）
　◇大賞
　　市川 団十郎（12世）（歌舞伎俳優）
　◇奨励賞
　　坂本 冬美（歌手）
　◇新人賞
　　Ｗコロン（漫才師）
第28回（平23年度）
　◇大賞
　　北大路 欣也（俳優）
　◇奨励賞
　　東 貴博（タレント）
　◇新人賞
　　芦田 愛菜（女優）
第29回（平24年度）
　◇大賞
　　高橋 英樹（俳優）
　◇奨励賞
　　米倉 涼子（女優）

◇新人賞
　古今亭 文菊（落語家）
第30回（平25年度）
　◇大賞

水谷 豊（俳優）
春風亭 一朝（落語家）
◇新人賞
　剛力 彩芽（女優）

---

002 上方芸能文化顕彰

　上方芸能の保存と振興に資するため、演劇・演芸・音楽・舞踊など芸能の進展に顕著な足跡を示した芸能人や功労者を顕彰する。平成11年度で終了。14年度より「上方芸能文化顕彰」に改名して再開された。平成16年を以て休止。

【主催者】 大阪市

【選考委員】 石濵恒夫（作家），重里正雄（邦楽・舞踊評論家），竹本浩三（作家），田村耕介（朝日新聞社社友），橋本鉄彦（吉本興業元社長），藤原秀憲（郷土史家）

【選考基準】 〔対象〕原則として明治期以後に活躍した故人。但し，特に必要があるときは生存者も可

【締切・発表】 例年3月発表

【賞・賞金】 顕彰牌（大阪市立博物館に常置して市民に公開）

（昭42年度）
　桂 春団治（1世）（落語）
　中村 鴈治郎（1世）（歌舞伎）
　曽我廼家 五郎（喜劇）
（昭43年度）
　川上 音二郎（新派劇）
　竹本 摂津大掾（文楽太夫）
　白井 松次郎（興行）
（昭44年度）
　豊沢 団平（2世）（文楽三味線）
　中村 雀右衛門（3世）（歌舞伎）
　富崎 春昇（地唄）
（昭45年度）
　豊竹 呂昇（女義太夫）
　中村 梅玉（2世）（歌舞伎）
　吉田 大和之丞（浪曲）
（昭46年度）
　吉本 せい（興行）
　実川 延若（2世）（歌舞伎）
　中尾 都山（1世）（尺八）
（昭47年度）
　吉田 玉造（1世）（文楽人形）

片岡 仁左衛門（11世）（歌舞伎）
菊原 琴治（地唄）
（昭48年度）
　大西 閑雪（能楽）
　豊竹 山城少掾（文楽太夫）
　横山 エンタツ（漫才）
（昭49年度）
　小織 桂一郎（新派劇）
　小野 樟蔭（舞楽）
　旭堂 南陵（2世）（講談）
（昭50年度）
　楳茂都 扇性（2世）（舞踊）
　沢田 正二郎（新国劇）
　吉田 難波掾（文楽人形）
（昭51年度）
　中村 宗十郎（歌舞伎）
　福井 茂兵衛（新派劇）
　花月亭 九里丸（漫談）
（昭52年度）
　角藤 定憲（新派劇）
　吉田 栄三（1世）（文楽人形）
　花菱 アチャコ（漫才）

（昭53年度）

　市川 斎入（歌舞伎）

　都築 文男（新派劇）

　小林 一三（興行）

（昭54年度）

　竹本 津大夫（3世）（文楽太夫）

　食満 南北（劇作）

　大槻 十三（能楽）

（昭55年度）

　舞扇斎 吾斗（舞踊,山村流3代目宗家）

　竹本 綱大夫（8世）（文楽太夫）

　秋田 実（漫才作家）

（昭56年度）

　市川 寿海（3世）（歌舞伎）

　浪花 千栄子（喜劇）

　長谷川 幸延（劇作）

（昭57年度）

　尾上 多見蔵（2世）（歌舞伎）

　曽我廼家 十郎（喜劇）

　玉子家 円辰（漫才）

（昭58年度）

　笑福亭 松鶴（5世）（落語）

　砂川 捨丸（漫才）

　大西 利夫（劇作）

（昭59年度）

　日吉川 秋水（2世）（浪曲）

　曽我廼家 十吾（喜劇）

　鶴澤 寛治（6世）（文楽三味線）

（昭60年度）

　林家 染丸（2世）（落語）

　山村 愛（1世）（舞踊）

　渋谷 天外（2世）（喜劇）

（昭61年度）

　手塚 亮太郎（能楽）

　阪東 寿三郎（歌舞伎）

　豊竹 小仙（女義太夫）

（昭62年度）

　植村 文楽翁（文楽）

　花柳 芳瞠（舞踊）

　笠置 シヅ子（歌手）

（昭63年度）

　長沖 一（劇作）

　吉田 奈良丸（3世）（浪曲）

　天津 乙女（宝塚歌劇）

（平1年度）

　鶴家 団十郎（俄）

　花柳 有洸（舞踊）

　大塚 克三（舞台芸術）

（平2年度）

　桐竹 紋十郎（2世）（本名＝礒川佐吉）（文楽
　　人形）

　常磐津 林中（2世）（本名＝石田信一）（常磐
　　津）

　藤山 寛美（本名＝稲垣完治）（喜劇）

（平3年度）

　生一 左兵衛（綾雪）（11世）（能楽）

　中村 鴈治郎（2世）（本名＝林好雄）（歌舞
　　伎）

　梅中軒 鶯童（本名＝美濃寅吉）（浪曲）

（平4年度）

　曽我廼家 蝶六（本名＝中村熊吉）（喜劇）

　花柳 芳兵衛（本名＝林龍男）（舞踊）

　林 正之助（興行）

（平5年度）

　杵屋 勝太郎（4世）（本名＝高橋善三郎）（長
　　唄）

　豊竹 団司（本名＝横田ヨシエ）（女義太夫）

　服部 良一（作曲）

（平6年度）

　人生 幸朗（本名＝比田孝三郎）（漫才）

　山村 若（山村流4世宗家）（本名＝中島き
　　く）（舞踊）

　片岡 仁左衛門（13世）（本名＝片岡千代之
　　助）（歌舞伎）

（平7年度）

　三益 愛子（本名＝川口愛子）（女優）

　花登 筐（本名＝花登善之助）（劇作）

　笑福亭 松鶴（6世）（本名＝竹内日出男）（落
　　語）

（平8年度）

　善竹 弥五郎（狂言）

　星田 一山（初世）（尺八）

　北条 秀司（劇作）

（平9年度）
　森本 薫（劇作）
　林 又一郎（2世）（歌舞伎）
　大江 巳之助（文楽人形製作）
（平10年度）
　貴志 康一（作曲）
　望月 太明蔵（囃子）
　曽我廼家 五郎八（喜劇）
（平11年度）
　ミス・ワカナ（漫才）
　玉松 一郎（漫才）
　辰巳 柳太郎（新国劇）
　曽我廼家 明蝶（喜劇）
（平12年度）
　休止

（平13年度）
　休止
（平14年度）
　菊棚 月清（邦楽）
　吉村 雄輝（舞踊）
　阪中 正夫（劇作家）
　桂 米之助（落語）
　実川 延若（3世）（歌舞伎）
（平15年度）
　大倉 長右衛門（13世）（能楽）
　土井 行夫（劇作家）
　ミヤコ蝶々（女優）
（平16年度）
　行友 李風（劇作家）
　竹沢 弥七（10世）（文楽三味線）

003 芸術祭賞〔演劇・舞踊部門〕

　　芸術の祭典として広く一般に内外の優れた芸術作品を鑑賞する機会を提供するとともに，芸術の創造とその発展を図り，我が国文化の向上と振興に資することを目的として毎年10月1日から11月10日まで開催される「芸術祭」参加公演の中から，演劇・音楽・舞踊・演芸において特に優れたものに贈られる。昭和60年度から国民が楽しめるフェスティバル的要素を目指して，授賞対象が実演中心の4部門となり，芸術祭賞から外れた映画・ラジオ・テレビ・レコード部門は「芸術作品賞」として新たに設けられた。その後，平成8年度からラジオ・テレビ部門が，11年度からレコード部門が戻った。

【主催者】 文化庁芸術祭執行委員会

【選考委員】 （第69回・平成26年度）〔演劇部門〕（関東の部）：大島幸久，近藤瑞男，高橋豊，伊達なつめ，西哲生，法月敏彦，安澤哲男（関西の部）：亀岡典子，小橋弘之，立花恵子，出口逸平，西村彰朗，畑律江，藤田隆則 〔音楽部門〕（関東の部）：大木正純，鷹田治子，齊藤裕嗣，谷垣内和子，楢崎洋子，宮澤淳一，山田治生（関西の部）：大谷紀美子，志村哲，白石知雄，高橋浩子，寺内直子，根岸一美，横原千史 〔舞踊部門〕（関東の部）：阿部さとみ，稲田奈緒美，新藤弘子，多々納みわ子，立木燁子，平野英俊，丸茂美惠子（関西の部）：上念省三，菘あつこ，林公子，坂東亜矢子，堀内充，前田みつ恵，宮辻政夫 〔大衆芸能部門〕（関東の部）：太田博，大友浩，小倉エージ，中村真規，布目英一，濱田元子，渡邉寧久（関西の部）：相羽秋夫，荻田清，金森三夫，上沼真平，前田憲司，松枝忠信，松尾美矢子 〔テレビ・ドラマ部門〕石飛德城，岡田晋吉，音好宏，加藤正人，中町綾子，樋口尚文，山根基世 〔テレビ・ドキュメンタリー部門〕浅野加寿子，谷川建司，戸田桂太，藤田真文，三原治，吉岡至，渡部実 〔ラジオ部門〕石井彰，入江たのし，遠藤ふき子，片山一弘，木原毅，林和男，森治美 〔レコード部門〕岡部真一郎，加納マリ，吉川周平，國土潤一，長木誠司，野川美穂子，三宅幸夫

【選考基準】 〔部門〕演劇部門，音楽部門，舞踊部門，大衆芸能部門，テレビ部門，ラジオ部門，レコード部門。〔対象〕参加公演は，企画性に富み，意欲的な内容を持った芸術祭にふさわしい公演・作品であること。また，専門家の制作・出演に係るものに限る。但

し,特に必要と認められる場合はこの限りではない。テレビ・ラジオ・部門の参加作品は10月1日から11月30日までの間に放送される作品。レコード部門の参加作品は前年12月1日から本年11月30日までの間に初めて発売され,芸術祭の期間中も販売される日本の作品とする。〔参加規定〕参加は公演単位とし,同一の個人(団体)の参加は同一部門1公演。テレビ・ラジオ・レコード部門の参加は,作品単位とする。関西参加公演の期間は10月2日から11月10日まで,関東参加公演は10月12日から11月10日までの間とする

【締切・発表】 (第69回・平成26年度)申込期間は6月23日〜27日

【賞・賞金】 賞状,賞牌と賞金

【URL】 文化庁HP(http://www.bunka.go.jp/)内

第1回(昭21年度)
コンペティションなし
第2回(昭22年度)
◇演劇部門
　大阪文楽座 "文楽「摂州合邦辻」"
　新生新派 "新派「十三夜」"
　中村 吉右衛門(1世) "「近江源氏先陣館」の演技"
　尾上 菊五郎(6世) "「仮名手本忠臣蔵」の演技"
　尾上 梅幸(7世) "「仮名手本忠臣蔵」の演技"
　中村 芝翫(6世)(後=中村歌右衛門6世) "「篭釣瓶花街酔醒」の演技"
◇舞踊部門
　該当者なし
◇能楽部門
　該当者なし
第3回(昭23年度)
◇演劇部門
　松本 幸四郎(7世) "「操三番叟」の演技"
◇舞踊部門
　藤間 政弥 "常磐津「山姥」"
◇能楽部門
　茂山 千作(2世) "狂言「枕物語」の演技"
第4回(昭24年度)
◇演劇部門
　松本 幸四郎(8世) "「積恋雪関扉」の演技"
　桐竹 紋十郎(2世) "文楽「先代萩」の演技"

　市川 海老蔵(9世)(後=市川団十郎11世),大谷 友右衛門(7世) "「生玉心中」の演技"
　田村 秋子 "文学座「ママの貯金」の演技"
◇舞踊部門
　小牧 正英 "バレエ「受難」の構成"
◇能楽部門
　幸 祥光 "「江口」の小鼓の演奏"
第5回(昭25年度)
◇演劇部門
　該当者なし
◇舞踊部門
　該当者なし
◇能楽部門
　該当者なし
第6回(昭26年度)
◇演劇部門
　滝沢 修 "民芸「炎の人」の演技"
● 奨励賞
　俳優座 「はだかの皇帝」
　北条 秀司 "新国劇「霧の音」の脚本企画"
　沢村 訥升 "「近江源氏先陣館」の演技"
　信 欣三 "俳優座「夜の訪問者」の演技"
　宮内 順子 "文学座「崑崙山の人々」の演技"
◇舞踊部門
　貝谷八百子バレエ団 「シンデレラ」
● 奨励賞
　青山 圭男, 若柳登舞踊研究所 「芙蓉双影」
　江口・宮舞踊団 「プロメテの火」

◇能楽部門
　該当者なし
第7回（昭27年度）
　◇演劇部門
　● 奨励賞
　　尾上 松緑（2世）"「若き日の信長」「恋湊
　　　博多諷」の演技"
　　北川 勇 "文学座「竜を撫でた男」の装置"
　◇舞踊部門
　　小牧バレエ団 「眠れる森の美女」
　● 奨励賞
　　藤間 節子 "「赤いろうそくと人魚」ほかの
　　　構成・作曲・振付・装置・照明"
　　武原 はん "「師宣」「巴」の演技"
　　花柳 錦之輔 "「遅日変」「沈鐘」の創作"
　◇能楽部門
　　橋岡 久太郎 "「阿漕」のシテの演技"
　● 奨励賞
　　近藤 乾三 "「山姥」のシテの演技"
第8回（昭28年度）
　◇演劇部門
　● 奨励賞
　　劇団ぶどうの会 「風浪」
　　中村 扇雀（2世）"「仮名手本忠臣蔵」の演
　　　技"
　　中村 又五郎（2世）"「明治零年」の演技"
　◇舞踊部門
　　井上 八千代（4世），井上 佐多 "「雪まろ
　　　げ」「菊」「雨月」「桶取」の演技"
　● 奨励賞
　　花柳 錦之輔 "「流亡」「天草四郎」の演技"
　◇能楽部門
　　桜間 弓川 "「熊野」のシテの演技"
　● 奨励賞
　　松本 謙三 "「砧」「安宅」のワキの演技"
第9回（昭29年度）
　◇演劇部門
　● 奨励賞
　　新派明日の幸福関係者一同
　　嵐 芳三郎（5世）"前進座「寺子屋」の演
　　　技"
　　萬代 峰子 "演劇「東は東」の演技"

文野 朋子 "文学座「二号」の演技"
豊竹 つばめ大夫，野澤 喜左衛門（2世）
　"文楽「近江源氏先陣館」の演奏"
◇舞踊部門
　花柳 徳兵衛 "群舞「慟哭」の構成"
● 奨励賞
　神崎 ひで "地唄舞「山姥」の演技"
　武原 はん "地唄舞「影法師」「葵の上」の
　　演技"
◇能楽部門
　宝生 九郎（17世），近藤 乾三 "「満仲」の
　　演技"
● 奨励賞
　金剛 巌 "「雪」のシテの演技"
第10回（昭30年度）
　◇演劇部門
　　宇野 重吉 "民芸「西の国の人気者」の演
　　　技と統率力"
　● 奨励賞
　　中村 俊一 "劇団仲間「三人の紳士」の演
　　　出"
　　京塚 昌子 "新派「離れ猪」「太夫さん」の
　　　演技"
　　実川 延二郎（後＝実川延若3世）"「芙蓉露
　　　大内実記」の演技"
　◇舞踊部門
　● 奨励賞
　　沖縄文化協会芸能部真境名由康ほか出演者
　　　一同 "「かしかき」ほか"
　　藤間 寿右衛門 "七変化「遅桜手爾波七字」
　　　の企画と演出"
　◇能楽部門
　● 奨励賞
　　藤田 大五郎 "「井筒」「松風」の笛の演奏"
　　森 茂好 "「国栖」「楊貴妃」のワキの演技"
第11回（昭31年度）
　◇演劇部門
　　劇団民芸 「アンネの日記」
　　松本 幸四郎（8世）"「競伊勢物語」の演技"
　● 奨励賞
　　劇団新国劇 「藤野先生」
　　大塚 道子 "俳優座「三人姉妹」の演技"

◇舞踊部門
　武原 はん "邦舞「雪」の演技"
● 奨励賞
　花柳錦之輔舞踊会関係者一同 「荒磯抄」
　「白孔雀」
◇能楽部門
　吉見 嘉樹 "能楽「班女」「篭太鼓」の太鼓
　の演奏"
● 奨励賞
　宝生 英雄 "能楽「安宅」「松風」のシテの
　演技"
◇創作劇賞
　文学座 「肥前風土記」
第12回（昭32年度）
◇演劇部門
　● 奨励賞
　劇団新人会 「ミンナ・フォン・バルンヘ
　ルム」
　河原崎 長十郎（2世）"「勧進帳」の演出"
　桐竹 紋二郎（後＝吉田簑助3世）"文楽「碁
　太平記白石噺」の演技"
　吉田 玉市（3世）"文楽「壇浦兜軍記阿古
　屋琴責の段」の演技"
　内藤 武敏 "民芸「島」の演技"
◇舞踊部門
　花柳 徳兵衛 「土に生きる」の企画と群舞
　構成"
　武原 はん "一中節「道成寺」ほか2作の企
　画と演技"
　● 奨励賞
　松山 樹子 "バレエ「バフチサライの泉」
　の企画・演出・振付"
◇能楽部門
　梅若 六郎 "能楽「舟弁慶」のシテの演技"
　● 奨励賞
　武田 太加志, 山階 信弘 "能楽「小袖曽
　我」の演技"
第13回（昭33年度）
◇演劇部門
　尾上 多賀之丞（3世）"「伽羅先代萩」「助
　六曲輪菊」の演技"
　● 奨励賞

劇団文化座 「炎の人」
　郡司 八郎 "新国劇「混血児」の演技"
◇舞踊部門
● 奨励賞
　島田 正男 "舞踊詩「すかんぽの咲く頃」
　の企画・構成"
　猿若 清方, 西川 喜久輔, 花柳 寛 "創苑公
　演「おたかの泉」の振付の演技"
◇能楽部門
　該当者なし
第14回（昭34年度）
◇演劇部門
　千田 是也 "俳優座「千鳥」の演出"
　三益 愛子 "東宝現代劇「がめつい奴」の
　演技"
● 奨励賞
　市原 悦子 "俳優座「千鳥」の演技"
◇舞踊部門
　花柳徳兵衛舞踊団 "新作舞踊発表公演にお
　ける集団演技"
　吉村 雄輝 "上方舞「こうの鳥」の振付・
　演出・演技"
● 奨励賞
　法村 康之, 友井 唯起子 "バレエ「シェヘ
　ラザード」の演出・振付"
◇能楽部門
　宝生会 "秋の別会の能六曲の企画・演出"
● 奨励賞
　冠者会 「彦市ばなし」「三人片輪」
第15回（昭35年度）
◇演劇部門
　● 奨励賞
　劇団仲間 「村岡伊平次伝」
　宝塚義太夫歌舞伎研究会 「壺坂観音霊
　験記」
　鶴丸 睦彦 "劇団民芸「檻」の演技"
　宝生 あやこ "劇団手織座「よろこび」「証
　言台」の演技"
　緒形 拳 "新国劇「丹那隧道」の演技"
◇舞踊部門
　楳茂都 陸平 "楳茂都流東京大会の「関寺
　小町」の演技"

- 奨励賞
  法村友井バレエ団 "「スパニッシュバレエの夕」の総合成果"
  花柳 錦之輔 "花柳錦之輔舞踊公演の「釣狐」の振付・演技"
  東京バレエ・グループ 「オルフェ1960」「城砦」
◇能楽部門
  桜間 道雄 "桜間会公演の「定家」のシテの演技"

第16回（昭36年度）
◇演劇部門
  劇団俳優座 「夜の祭典」
  森 光子 "東宝現代劇「放浪記」の演技"
- 奨励賞
  人形劇団プーク 「逃げだしたジュピター」
  神代 錦 "宝塚義太夫歌舞伎「加賀見山旧錦絵」の演技"
◇舞踊部門
- 奨励賞
  松山樹子バレエ団 「オセロ」
  牧阿佐美バレエ団 「悲愁」「白夜」「夢を食う女」
  芙二 三枝子 "芙二三枝子制作舞踊公演の成果"
  花柳 有洸 "花柳有洸創作舞踊リサイタルにおける「円」の成果"
  折田 克子 "石井みどり舞踊公演における演技"
◇能楽部門
- 奨励賞
  三宅 藤九郎 "第8回和泉会における狂言「煎物」の演出"
  森 茂好 "梅若追善能における「摂待」のワキの演技"
  今井 幾三郎 "協会能における「黒塚（白頭）」の演技"

第17回（昭37年度）
◇演劇部門
- 奨励賞
  劇団仲間 「婉という女」
  劇団俳優小劇場 「パラジ―神々と豚々」

宮本 研 "ぶどうの会「明治の柩」の脚本"
鈴木 瑞穂 "劇団民芸「るつぼ」の演技"
浜 木綿子 "東宝現代劇「悲しき玩具」の演技"
◇舞踊部門
  花柳徳兵衛舞踊団 「野の火」「田の神の暦」
  東京バレエ学校 「まりも」
- 奨励賞
  谷 桃子 "バレエ「リセット」の演技"
  牧阿佐美バレエ団 「飛鳥物語」
  横井 茂 "東京バレエ・グループ第3回公演の「ハムレット」の振付"
  花柳 照奈 "創作舞踊公演の「白光」の構成・振付"
◇能楽部門
  野村 万蔵（6世） "冠者会における狂言「武悪」の演技"

第18回（昭38年度）
◇演劇部門
  劇団雲 「聖女ジャンヌ・ダーク」
- 奨励賞
  劇団新人会 「オッペケペ」
  奈良岡 朋子 "劇団民芸「狂気と天才」および「夏の日突然に」の演技"
  中村 福助（7世）（後＝中村芝翫7世） "歌舞伎「菅原伝授手習鑑」「伽羅先代萩」の演技"
  阿部 広次 "俳優座「ワーニャ伯父」の演出"
  高田 一郎 "劇団新劇場「柚之木谷譚」ぶどうの会「沖縄」俳優小劇場「蠅」の舞台装置"
◇舞踊部門
- 奨励賞
  花柳徳兵衛舞踊団 "舞劇「宝連灯」"
  松山 樹子 "創作バレエ「祇園祭」の統率力と振付"
  芙二 三枝子 "創作舞踊公演「しまちやび」（孤島苦）と「こうのとりへの鎮魂曲」の成果"
  平岡 斗南夫，志賀 美也子 "創作バレエ「ビルマの竪琴」の演出・振付"

江川 明 "東京バレエ・グループ公演の
「ドン・ファン」ほかの演技"

花柳 照奈 "創作舞踊公演の「舞四態」の
成果"

花柳 錦之輔 "創作舞踊公演の「烏小町」
の振付"

◇能楽部門

幸 祥光 "「放下僧」の小鼓一調の演奏"

● 奨励賞

観世 寿夫 "銕仙会秋の別会の「木賊」の
シテの演技"

第19回（昭39年度）

◇演劇部門

長岡 輝子 "文学座アトリエ「大麦入りの
チキンスープ」の演出・演技"

● 奨励賞

三島 雅夫 "劇団俳優座「東海道四谷怪談」
の演技"

南 美江 "ステージ・センター「バージニ
ア・ウルフなんかこわくない」の演技"

赤岡 都 "東宝現代劇「濹東綺譚」の演技"

劇団東横 「飯場」

劇団三期会 「男は男だ」

◇舞踊部門

東京バレエ・グループ 「リチャード三世」

● 奨励賞

花柳 禄寿 "花柳禄寿舞踊会の「木賊刈」
の演技"

芙二 三枝子 "創作舞踊公演の「殉教」そ
の他の創作力"

今井 栄子 "第2回今井栄子の会の「山姥
（荻江）」の演技"

花柳 照奈 "創作舞踊公演の「地の祈り」
と「雪ふる」の創作力"

山路 曜生 "作舞リサイタルの「なるしす」"

◇能楽部門

● 奨励賞

喜多春秋会 "能「松風」"

野村 万作，野村 万之丞 "冠者会における
「釣狐」の演技"

山本 則寿，山本 則直，山本 則俊 "大蔵会
における「茶壺」の成果"

第20回（昭40年度）

◇演劇部門

三島 由紀夫 "紀伊國屋ホール・演劇集団
NLT第2回提携公演「サド侯爵夫人」の
脚本"

● 奨励賞

アート・シアター新宿文化 「ダッチマン」

高橋 治 "劇団新劇場「白鳥事件」の脚本・
演出"

村瀬 幸子 "劇団俳優座「日本の幽霊」の
演技"

小沢 昭一 "俳優小劇場「新劇寄席」公演
における演技"

日下 武史 "日生劇場「悪魔と神」の演技"

近石 真介 "劇団東演「風浪」の演技"

◇舞踊部門

● 奨励賞

平岡 斗南夫，志賀 美也子 "平岡・志賀舞
踊団公演の「破戒」の構成・振付"

花柳 茂香 "第14回東横創作舞踊の会の
「対」の構成・振付"

吉村 雄輝 "上方舞の会の「宗右衛門町」
「信田妻」の成果"

友井 唯起子 "法村友井バレエ団公演の
「タマール」の振付"

花柳 照奈 "創作舞踊公演の「踊楽図」の
創作力"

芙二 三枝子 "創作舞踊公演の「昇れ太陽」
の創作性"

◇能楽部門

銕仙会 "能「檜垣」"

● 奨励賞

山本 則直 "能楽春秋会における「鶏鉾」
のシテの演技"

一噌 幸政 "能楽春秋会における「邯鄲」
の笛の演奏"

第21回（昭41年度）

◇演劇部門

劇団新人会 「マリアの首」

● 奨励賞

岸 輝子 "劇団俳優座「肝っ玉おっ母とそ
の子供たち」の演技"

木村 光一 “劇団青俳「地の群れ」の脚本・演出”

英 つや子 “劇団新派「明治の雪」の演技”

劇団俳優小劇場 「剣ケ崎」

劇団三十人会 「現代の狂言その三」

劇団世代 「二葉亭四迷」

◇舞踊部門

● 奨励賞

吾妻 徳穂 “「娘形三趣」の古典演技”

橘 秋子 “バレエ「戦国時代」の作・演出・振付”

横井 茂, 江川 明 “バレエ「オセロ」の演出・振付と演技”

平多 正於 “「アンクル・トム」の舞踊構成”

スターダンサーズ・バレエ団 「化粧室」

西田 堯 “創作舞踊「鬼界ケ島」の企画・構成”

大庭 三郎 “「太陽風」ほか諸作品の照明”

◇能楽部門

後藤 得三 “能「鉄輪」「黒塚」のシテの演技”

● 奨励賞

茂山 千五郎(12世), 茂山 忠三郎 “襲名披露狂言会における狂言「狸腹鼓」の演技”

田中 一次 “銕仙会の別会における「唐船」の笛の演奏”

第22回 (昭42年度)

◇演劇部門

劇団雲 「榎本武揚」

● 奨励賞

劇団文学座 「大寺学校」

劇団世代 「ブラインドの視界」

早野 寿郎 “劇団俳小「カチカチ山」シアター9「オイディプス王」の演出”

丹阿弥 谷津子 “劇団マールイ「女優の愛と死」の演技”

新井 みよ子 “東宝芸術座「華岡青州の妻」の演技”

◇舞踊部門

吾妻 徳穂 “創作三趣の「赤猪子」の演技”

● 奨励賞

三条 万理子 “「土偶」の演出・演技”

東京バレエ・グループ “バレエ「リア王」の成果”

金井 芙三枝 “第6回リサイタル「砂の女」”

折田 克子 “「饗宴」の成果”

高橋 彪, 井上 梅子, 井上 博文 “二十世紀バレエ団公演「羽衣」の振付・演技”

◇能楽部門

桜間 道雄 “能「道成寺」のシテの演技”

● 奨励賞

景清出演者一同 “能「景清」の舞台統一の成果”

安宅の立衆一同 “昭門会別会における「安宅」の立衆の演技”

第23回 (昭43年度)

◇演劇部門

秋元 松代 “劇団演劇座公演「常陸坊海尊」の脚本”

● 奨励賞

実川 延若(3世) “歌舞伎座公演「成政」の演技”

劇団四季 “日生・劇団四季提携公演「ハムレット」の成果”

劇団青年座 “「禿の女歌手」の成果”

劇団手織座 “「人間最後の誇り」の成果”

◇舞踊部門

● 奨励賞

西田 堯 “「山襞の巫祭」の演出・振付”

芙二 三枝子 “「そこから」の演出”

五條 珠実 “第51回珠実会の「お夏狂乱」の演出・演技”

工藤 大弐 “「ディスハリション」の演出・振付”

今井 栄子 “第5回舞の会の「水仙丹前」の演技”

五条 雅巳

若柳 光妙 “「縄のれん」の演技”

◇能楽部門

友枝 喜久夫 “能「猩々乱」のシテの演技”

● 奨励賞

野村 万之丞, 野村 万作, 野村 万蔵 “銕仙会例会の狂言「粟田口」の演技”

名曲能の会 “名曲能の会別会の能「葵上」

の成果"

第24回（昭44年度）

　◇演劇部門

　● 大賞

　　井川 比佐志 "第1回紀伊國屋演劇公演「棒
　　になった男」における演技"

　● 優秀賞

　　劇団民芸 "新劇「鋤と星」"

　　劇団四季 "日生劇場・劇団四季提携第18回
　　公演「トロイ戦争は起こらないだろう」"

　　一の宮 あつ子 "東宝現代劇「春の雪」に
　　おける演技"

　　寺田 路恵 "劇団文学座公演「ガラスの動
　　物園」における演技"

　　橋本 菊子 "劇団手織座公演「ふるさとの
　　詩」における演技"

　◇舞踊部門

　● 優秀賞

　　アキコ・カンダ "モダン・ダンス
　　「フォー・シーズン」"

　　東京バレエ・グループ "バレエ「ソドムと
　　ゴモラ」"

　　藤井 公 "東京創作舞踊団第7回公演「メ
　　ディア」の構成・振付"

　　花柳 寿美園 "「花柳寿美園創作発表会」の
　　振付・演技"

　　今井 栄子 "「第6回舞の会」の成果"

　　花柳舞踊研究会 「夢殿」および「風林
　　火山」

　◇能楽部門

　● 優秀賞

　　藤田 大五郎, 幸 祥光, 安福 春雄 "「繭の
　　会」の能「松風」の囃子"

　　高橋 進 "能楽春秋会の能「善知鳥」にお
　　けるシテの演技"

　　三宅 藤九郎, 野村 万之丞 "第19回和泉会
　　の狂言「無布施経」の演技"

第25回（昭45年度）

　◇演劇部門

　● 優秀賞

　　八木 柊一郎 "劇団青年座第50回公演「空
　　巣」の作と演出"

劇団NLT "第14回公演「マカロニ金融」
の成果"

金森 馨 "劇団浪曼劇場第6回公演「薔薇と
海賊」の装置"

高橋 悦史 "文学座公演「花の館」におけ
る演技"

　◇舞踊部門

　● 優秀賞

　　東京創作舞踊団 "第8回公演「癒えぬ川」
　　の成果"

　　泉 徳右衛門 "リサイタルの「霧」と「業
　　炎」の成果"

　　花柳 寿南海 "「泰平船尽」と「洛中洛外」
　　の振付と演技"

　　花柳 千代 "「鬼来迎」の成果"

　　花柳 茂香 "「男舞」その他の成果"

　　藤間 桂 "舞踊劇「黒水仙」の成果"

　◇能楽部門

　● 大賞

　　藤田 大五郎 "秋の橘香会における能「鷺」
　　の演奏"

　● 優秀賞

　　梅若 万三郎 "秋の橘香会における「鷺」
　　の演技"

　　宝生 弥一 "大槻清韻会の「卒都婆小町」
　　の演技"

第26回（昭46年度）

　◇演劇部門

　● 優秀賞

　　劇団民芸 "「にんじん」の成果"

　　東 恵美子 "劇団青年座第54回公演「写楽
　　考」における「お加代」の演技"

　　加茂 さくら "東宝現代劇特別公演「夜汽
　　車の人・萩原朔太郎の愛と詩の生涯」に
　　おける萩原真理の演技"

　◇舞踊部門

　● 優秀賞

　　花柳 茂香 "「第5回和香の会」の「微笑」
　　ほかの振付"

　　横井 茂 "第11回東京バレエ・グループ公
　　演「オンディーヌ」の作品成果"

　　花柳 照奈 "花柳照奈舞踊公演「無限」の

　　構成・振付"

　　五条 雅巳 "「第31回東横創作舞踊の会」の
　　　　「南部午方幻想」の振付"

　　佐藤 桂子 "「佐藤桂子スペイン舞踊リサイ
　　　　タル」の演技"

　　若松 美黄，津田 郁子 "自由ダンス公演
　　　　「ふり」の演出・振付"

◇能楽部門
　●大賞
　　野村 万蔵（6世），三宅 藤九郎 "「第26回
　　　　和泉会別会」の狂言「靱猿」の演技"

第27回（昭47年度）
◇演劇部門
　●優秀賞
　　波乃 久里子 "新派名作公演「雁―お玉の
　　　　行く道」における「お玉」の演技"

　　安部 真知 "劇団俳優座第112回公演「リア
　　　　王」の舞台装置"

　　樫山 文枝 "劇団民芸公演「三人姉妹」に
　　　　おける「イリーナ」の演技"

　　曽我廼家 明蝶 "東宝現代劇公演「道頓堀」
　　　　における「竹沢淳一」の演技"

◇舞踊部門
　●優秀賞
　　花柳 寿恵幸 "「第3回倭の会」における
　　　　「蛙」と「独り放下」の演出・振付"

　　泉 徳右衛門 "「泉徳右衛門リサイタル」に
　　　　おける「まんだら」「あたま山」の振付・
　　　　演技"

　　花柳 茂香 "「第6回和香の会」における
　　　　「蘭曲」「せんけい」の総合成果"

　　芙二 三枝子 "「芙二三枝子現代舞踊公演」
　　　　における「土面」の総合成果"

　　横井 茂，前田 哲彦，北井 一郎 "「第10回
　　　　北井一郎舞踊公演」における「鮫」の演
　　　　出・美術・演技"

◇能楽部門
　●大賞
　　豊嶋 弥左衛門 "「豊嶋弥左衛門独演能」に
　　　　おける能「雪」のシテの演技"

　●優秀賞
　　大蔵 弥太郎，善竹 圭五郎 "「豊嶋弥左衛門

　　　　独演能」における狂言「素袍落」の演技"

　　野村 万作 "「大槻清韻会定期会」における
　　　　能「定家」の間（アイ）の演技"

第28回（昭48年度）
◇演劇部門
　●大賞
　　中村 伸郎 "ジァンジァン10時劇場シリー
　　　　ズ「授業」（ウジェンヌ・イヨネスコ作）
　　　　における「教授」の演技"

　●優秀賞
　　劇団四季 "「エレクトル」の成果"

　　劇団青年座 "第60回公演「三文オペラ」の
　　　　成果"

　　山崎 正和 "手の会第3回プロデュース公演
　　　　「実朝出帆」の戯曲"

　　水谷 良重 "11月新派特別公演「佃の渡し」
　　　　における「おきよ」「お咲」の演技"

◇舞踊部門
　●優秀賞
　　藤井 公，藤井 利子 "東京創作舞踊団第10
　　　　回公演「鶏舎」の成果"

　　花ノ本 寿 "「第3回花ノ本寿舞の会」にお
　　　　ける「敦盛」「金谷丹前」の演技"

　　花柳 寿南海 "「花柳寿南海リサイタル」に
　　　　おける「湯女群像」三部作の振付"

　　花柳 寿恵幸 "「花柳寿恵幸舞踊公演第4回
　　　　倭の会」における「角兵衛獅子」「あづ
　　　　さ巫子」の演技"

　　泉 徳右衛門 "「泉徳右衛門リサイタル」に
　　　　おける「蝉丸」「コロボックル」の振付"

　　五条 雅巳 "「第38回東横創作舞踊の会」に
　　　　おける「諸国見物左衛門」の構成・演出"

◇能楽部門
　●優秀賞
　　望月出演者一同 "「豊春会」における「望
　　　　月」の成果"

　　野村 万之丞，野村 万作 "「野村狂言の会
　　　　別会」の「武悪」及び「和泉会別会」の
　　　　「花子」のアドの演技"

　　和泉会 "「和泉会別会」の企画と成果"

第29回（昭49年度）
◇演劇部門

● 大賞

　山田 五十鈴 “東宝現代劇特別公演「浮世節
　　立花家橘之助・たぬき」の演技に対し”

● 優秀賞

　劇団四季 “公演「探偵（スルース）」の成
　　果に対し”

　芥川 比呂志 “劇団雲第41回公演「海神別
　　荘」の演出に対し”

　妹尾 河童 “劇団青年座No.61「喜劇・新四
　　谷怪談」の装置に対し”

◇舞踊部門

● 大賞

　アキコ・カンダ “アキコ・カンダ第7回リ
　　サイタル「コンシェルジュリ」の演技に
　　対し”

● 優秀賞

　小林 紀子 “「小林紀子バレエシアター第2
　　回公演」における「ジゼル」の演技に対
　　し”

　五条 雅巳 “「五条雅己舞踊公演」における
　　「小原木」及び「立華図」の成果に対し”

　花柳 照奈 “第16回花柳照奈舞踊公演「四，
　　五寸の白道」の演出・振付に対し”

◇能楽部門

● 優秀賞

　観世 寿夫 “銕仙会11月例会における能
　　「野宮」のシテの演技に対し”

　野村 万作，野村 万之丞 “豊春会における
　　狂言「文蔵」の成果に対し”

　茂山 忠三郎 “大蔵会別会における能「三
　　井寺」の間の演技に対し”

第30回（昭50年度）

◇演劇部門

● 大賞

　劇団四季 “西武劇場・劇団四季提携公演
　　「エクウス（馬）」の成果に対し”

● 優秀賞

　東京放送劇団 “「テリエ館」の成果に対し”

　劇団前進座 “公演「さんしょう太夫―説教
　　節より」の成果に対し”

　草間 靖子 “劇団民芸公演「聖火―母の総
　　て」の演技に対し”

　鈴木 光枝 “文化座第57回公演「三人の花
　　嫁」の企画・演出に対し”

　西田 敏行 “劇団青年座公演「私はルビイ」
　　の演技に対し”

◇舞踊部門

● 大賞

　森下 洋子 “松山バレエ団特別公演「白鳥
　　の湖」の演技に対し”

● 優秀賞

　花柳 寿恵幸 “花柳寿恵幸舞踊公演「第5回
　　倭の会」の「旅ゆけば」「うちわ売恋追
　　風」の演技に対し”

　東京バレエ・グループ “東京バレエ・グ
　　ループ第15回公演「変容の鐘」の成果に
　　対し”

　泉 徳右衛門 “泉徳右衛門リサイタル「芸
　　阿保」の構成・振付に対し”

　庄司 裕 “庄司裕モダンダンス・リサイタ
　　ル「日本海」の成果に対し”

　石井 かほる “石井かほる舞踊公演「私」
　　の成果に対し”

　山村 若佐紀 “上方舞山村若佐紀リサイタ
　　ル「寛濶一休」「富士太鼓」の振付に対
　　し”

◇能楽部門

● 優秀賞

　西日本金剛会 “「金剛流公演能」の企画と
　　成果に対し”

　銀座狂言会 “「第12回銀座狂言会」の企画
　　と成果に対し”

　景清出演者一同 “喜多流秋季別会能」の
　　能「景清」の成果に対し”

第31回（昭51年度）

◇演劇部門

● 優秀賞

　劇団俳小 “公演「あの人は帰ってこなかっ
　　た」の成果に対し”

　利光 哲夫，賀原 夏子 “劇団NLT＆シア
　　ター・グリーン提携公演室内大西部劇
　　「ササフラスの枝にそよぐ風」の演出に
　　対し”

　北村 昌子 “劇団昴第4回公演「タイタス・

アンドロニカス」の演技に対し”

新井　悦子 “劇団文化座第59回公演「荷車の歌」の演技に対し”

◇舞踊部門

● 優秀賞

花柳　寿恵幸 “「花柳寿恵幸舞踊公演・第6回倭の会」の振付・演技に対し”

泉　徳右衛門 “「泉徳右衛門リサイタル」の成果に対し”

西川　扇蔵 “「西川扇蔵舞踊発表会」における『重盛屏風』の振付に対し”

山村　若佐紀 “「上方舞山村若佐紀リサイタル」の演技に対し”

横井　茂 “「第16回東京バレエ・グループ公演」の構成・演出に対し”

若松　美黄，津田　郁子 “「若松美黄・津田郁子自由ダンス公演」の成果に対し”

平櫛　安子，アンヌ・ヒラグシ “「平櫛安子・アンヌ・モダンダンス，カンパニー公演」の成果に対し”

◇能楽部門

● 優秀賞

本田　光洋 “「三春会小会」における能『三井寺』の演技に対し”

萩大名出演者一同 “「和泉春秋狂言の会」の狂言『萩大名』の成果に対し”

遊行柳出演者一同 “「大槻清韻会定期会」の能『遊行柳』の成果に対し”

第32回（昭52年度）

◇演劇部門

● 大賞

東宝 “帝劇10月特別公演「愛染め高尾」の成果に対し”

● 優秀賞

曽我廼家　鶴蝶 “東宝現代劇特別公演「女の遺産」の演技に対し”

鳳　八千代 “劇団すばる第8回公演「時おりヴァイオリンが…」の演技に対し”

関矢　幸雄 “劇団風の子公演「ぼくらのロングマーチ」の演出に対し”

高田　一郎 “劇団仲間公演「ゴヤ理性の眠りは怪物を生む」の美術に対し”

◇舞踊部門

● 大賞

森下　洋子，清水　哲太郎 “松山バレエ団特別公演「ジゼル」の演技に対し”

● 優秀賞

西川　扇蔵 “第10回西川扇蔵舞踊発表会「法然と阿修羅」の振付・演技に対し”

山村　若佐紀 “「上方舞山村若佐紀リサイタル」の成果に対し”

泉　徳右衛門 “「泉徳右衛門リサイタル」の成果に対し”

花ノ本　寿 “「花ノ本寿舞の会」の成果に対し”

小沢　輝佐子 “小沢輝佐子舞踊団公演「ヤイレスポ」の構成・演出に対し”

正田　千鶴 “第11回正田千鶴舞踊公演「天の湖」の成果に対し”

◇能楽部門

● 大賞

野村　万作 “「狂言・釣狐を観る会」の演技に対し”

● 優秀賞

関根　祥六 “第5回桃々会・能「松風」の演技に対し”

喜多　長世 “喜多10月例会・能「猩々乱」の演技に対し”

毎日新聞社 “「幽玄の薪能」の企画と成果に対し”

第33回（昭53年度）

◇演劇部門

● 大賞

東宝 “公演「喜劇隣人戦争」の企画と成果に対し”

● 優秀賞

劇団民芸 “公演「山脈」の成果に対し”

藤野　節子 “劇団四季創立25周年記念公演「ひばり（雲雀）」の演技に対し”

中村　勘九郎（5世）“十月錦秋花形歌舞伎の「四変化弥生の花浅草祭」の演技に対し”

初井　言栄 “劇団青年座第69回公演「謀殺―二上山鎮魂」の演技に対し”

佐々木　愛 “文化座第63回公演「サンダカ

ン八番娼館」の演技に対し"

◇舞踊部門

● 大賞

小林 紀子 "第7回小林紀子バレエ・シアター公演「眠れる森の美女」の演技に対し"

● 優秀賞

花柳 寿恵幸 "花柳寿恵幸公演「第7回倭の会」の成果に対し"

泉 徳右衛門 "「泉徳右衛門リサイタル」における『おどけ菩薩』の振付・演技に対し"

花柳舞踊研究会 "第42回花柳舞踊研究会公演「孤宴」の成果に対し"

横井 茂 "第18回東京バレエ・グループ公演「白炎」の作・演出に対し"

小沢 輝佐子 "小沢輝佐子舞踊団公演「チノミシリ（我ら祈る山）」の成果に対し"

◇能楽部門

● 優秀賞

茂山 忠三郎, 大蔵 弥太郎 "大蔵会銀座の狂言における「空腕」の演技に対し"

玉華会 "「第六回玉華会」の企画と成果に対し"

第34回（昭54年度）

◇演劇部門

● 大賞

森 光子, 芦屋 雁之助 "東宝現代劇特別公演「おもろい女」の演技に対し"

● 優秀賞

松竹 "十月大歌舞伎「米百俵」の成果に対し"

劇団青年座 "第73回公演「ブンナよ, 木からおりてこい」の成果に対し"

市川 猿之助（3世）"通し狂言「奥州安達原」の企画と演出に対し"

貫 恒実 "劇団手織座公演「喜劇愛しきは」の演出に対し"

◇舞踊部門

● 優秀賞

花ノ本 寿 "「第七回花ノ本寿舞の会」における『一奏現在道成寺』の振付・演技に

対し"

藤蔭 静枝 "「藤蔭静枝舞踊リサイタル」における『襴須美の草子』の振付に対し"

西川 扇蔵 "「第11回西川扇蔵舞踊発表会」における『露地の雪』の演技に対し"

横井 茂 "第19回東京バレエ・グループ公演「昭和二十年夏」の作・演出に対し"

下田 栄子 "下田栄子舞踊公演「はなれ瞽女おりん」の演技に対し"

柳下 規夫, 加藤 よう子 "文芸座＋柳下規夫モダンバレエグループ提携公演「楢山節考」の演技に対し"

若松 美黄, 津田 郁子 "若松美黄・津田郁子自由ダンス公演「暗黒から光へ」の振付に対し"

佐藤 桂子 "「佐藤桂子スペイン舞踊公演」における『暗い鳩』の演技に対し"

◇能楽部門

● 優秀賞

梅若景英能の会 "「梅若景英能の会」における『谷行』の企画と成果に対し"

和泉 元秀 "「第31回銀座狂言会」における『縄綯』の演技に対し"

第35回（昭55年度）

◇演劇部門

● 大賞

劇団青年座 "第78回公演「五人の作家による連続公演」の企画・製作"

● 優秀賞

中村 富十郎（5世）"十月大歌舞伎における「船弁慶」の演技"

浅利 香津代 "前進座現代劇場「釈迦内柩唄」の演技"

劇団四季 "「エレファント・マン」の舞台成果"

辻村 ジュサブロー "人形芝居「海神別荘」の美術"

仲代達矢と無名塾 "「ソルネス」の舞台成果"

劇団文芸 "創立10周年記念公演「峯の雪」の舞台成果"

◇舞踊部門

- 大賞
  - 清水 哲太郎 "松山バレエ団秋季特別公演「ロミオとジュリエット」の演出"
- 優秀賞
  - 竹屋 啓子 "竹屋啓子ダンスアルバムNo.3「The Woman―すべりおりた時間たち」の演技"
  - 西川 扇蔵 "「第12回西川扇蔵舞踊発表会」における振付・演技"
  - 泉 徳右衛門 "「泉徳右衛門リサイタル」における『外記節三題』の演技"

◇能楽部門

該当者なし

第36回（昭56年度）

◇演劇部門

- 大賞
  - 東宝 "帝国劇場開場70周年記念公演「近松心中物語―それは恋」の成果"
- 優秀賞
  - 日本橋三越劇場 "公演「ドリスとジョージ」の成果"
  - 劇団手織座 "第44回公演「楢山節考」の成果"
  - 村田 正雄 "東宝現代劇公演「新編・たぬき」における演技"
  - 栗原 小巻 "三越ロイヤル・シアター公演「ロミオとジュリエット」における演技"
  - 北島 角子 "一人芝居「島口説」の演技"

◇舞踊部門

- 優秀賞
  - 猿若 吉代 "「猿若吉代リサイタル」の演技"
  - 下田 栄子 "下田栄子舞踊公演「雁の寺」の演技"
  - 若松 美黄，津田 郁子 "若松美黄・津田郁子自由ダンス公演「ジーキル博士とハイド氏の寓話」の演出"
  - 藤間 蘭景 "「第7回蘭景の会」の演技"
  - 平櫛 安子，アンヌ・ヒラグシ・モダンダンス・カンパニー "平櫛安子，アンヌ・ヒラグシ・モダンダンス・カンパニー公演「輪廻」の成果"
  - 藤間 勘紫乃 "「藤間勘紫乃舞踊会」の演技"

◇能楽部門

- 優秀賞
  - 茂山 千五郎（12世），善竹 圭五郎，大蔵 弥太郎 "「茂山忠三郎・狂言の会」における『素袍落』の成果"
  - 関根 祥六 "「関根祥六独立25周年記念能」における『三輪一白式神神楽』の演技"
  - 和泉 元秀 "「和泉元秀舞台40年・三宅藤九郎傘寿祝賀記念狂言会」における『枕物狂』の演技"

第37回（昭57年度）

◇演劇部門

- 大賞
  - 劇団文化座 "公演72「越後つついし親不知」の成果に対し"
- 優秀賞
  - 市川 猿之助（3世）"市川猿之助1月大歌舞伎「新装鏡山再岩藤」の演出・演技に対し"
  - 三越ロイヤル・シアター "10月公演「嘆きのテレーズ」の成果に対し"
  - 劇団俳優座 "第60回公演「波―わが愛」の成果に対し"
  - 尾上 菊五郎（7世）"十月大歌舞伎「都鳥廓白浪」の花子の演技に対し"
  - 大橋 也寸 "演劇集団円公演「プラトーノフ―雌鶏が鳴くにゃわけがある」の演出に対し"
  - 劇団櫂 "第14回公演「黒念仏殺人事件」の成果に対し"
  - 孫福 剛久 "NAG＋田中明夫＋ル・ビリエ提携公演「タイピスト」「虎」の舞台装置に対し"

◇舞踊部門

- 優秀賞
  - 佐藤 太圭子 "琉球舞踊「佐藤太圭子の会」の成果に対し"
  - 河野潤ダンスカンパニー "河野潤ダンスカンパニー公演「カルミナ・ブラーナ」のアンサンブルの成果に対し"

◇能楽部門

- 大賞

松本 恵雄 他出演者一同 "「近藤乾三の会」
　における能『大原御幸』の成果に対し"
● 優秀賞
野村 万作, 野村 万之丞, 野村 又三郎
　"「花子を観る会」における狂言『花子』
　の演技に対し"
広田 隆一 "東京金剛会例会能における能
　「求塚」のシテの演技に対し"
第38回（昭58年度）
◇演劇部門
● 大賞
山田 五十鈴 "11月新派特別公演「大夫さ
　ん」の演技に対し"
● 優秀賞
名古屋 章, 有馬 稲子 "三越劇場11月公演
　「雨」の演技に対し"
奈良岡 朋子 "東宝現代劇特別公演「放浪
　記」の演技に対し"
北村 和夫 "文学座公演「オセロー」の演
　技に対し"
草笛 光子 "シアター・アプル11月公演
　「シカゴ」の演技に対し"
劇団東演 "公演「歌え！ 悲しみの深き淵
　より」の舞台成果に対し"
◇舞踊部門
● 大賞
小松原庸子スペイン舞踊団 "小松原庸子ス
　ペイン舞踊団公演「ゴヤ」の成果に対し"
● 優秀賞
山崎 泰 "山崎泰スペイン舞踊公演「黒い
　エクウス」の振付に対し"
猿若 吉代 "「猿若吉代リサイタル」の成果
　に対し"
藤間 紋寿郎 "「藤間紋寿郎リサイタル」に
　おける『易行灯』の振付演技に対し"
◇能楽部門
● 優秀賞
片山 博太郎 "片山博太郎東京公演におけ
　る能「景清・松門之会釈」の成果に対し"
七星会 "「第2回七星会」の企画と成果に対
　し"

第39回（昭59年度）
◇演劇部門
● 大賞
劇団民芸 "公演「セールスマンの死」の舞
　台成果に対し"
● 優秀賞
博品館劇場 "公演「キャバレー」の舞台成
　果に対し"
テアトル・エコー "第71回公演「サンシャ
　インボーイズ」の舞台成果に対し"
劇団未来劇場 "第46回公演「因縁屋夢六玉
　の井徒花心中」の舞台成果に対し"
中村 吉右衛門（2世）"顔見世大歌舞伎
　「双蝶々曲輪日記・引窓」の演技に対し"
藤田 まこと "新橋演舞場10月特別公演
　「東海林太郎物語・歌こそ我がいのち」
　の演技に対し"
後藤 加代 "演劇集団円公演「女王ベレニ
　ス」の演技に対し"
◇舞踊部門
● 優秀賞
小沢輝佐子舞踊団 "小沢輝佐子舞踊団現代
　舞踊公演「さまざまな雲」の舞台成果に
　対し"
◇能楽部門
● 優秀賞
片山 博太郎 "片山博太郎第4回東京公演に
　おける能「三輪―白式神神楽」の演技に
　対し"
桜間 金太郎 "都民劇場能における能「自
　然居士」の成果に対し"
豊嶋 訓三 "第10回豊嶋能の会における能
　「乱」の演技に対し"
第40回（昭60年度）
◇演劇部門
朝倉 摂 "帝劇10月特別公演「にごり江」
　の装置に対し"
劇団ふるさときゃらばん "公演「親父と嫁
　さん」の成果に対し"
甲 にしき "東宝現代劇9・10月特別公演
　「女系家族」の演技に対し"
広島の女上演委員会 "女のひとり芝居3部

作「広島の女」の企画と成果に対し"

ミュージカル劇団フォーリーズ "第15回
本公演「歌麿」の成果に対し"

山村 邦次郎 "前進座公演「巷談小夜たぬ
き」の演技に対し"

◇舞踊部門

石井 晶子 "石井晶子現代舞踊公演におけ
る「彩風II」の振付に対し"

石黒 節子 "第12回石黒節子舞踊公演「羅
生門」の演出・振付に対し"

根本 美香 "根本美香バレエリサイタルに
おける「清姫」の演技に対し"

花柳 昌生 "能う会「鬼火—怪談耳なし芳
一より」の成果に対し"

松山バレエ団 "松山バレエ団9・10月特別
公演「ドン・キホーテ」の成果に対し"

吉村 雄輝郷 "「吉村雄輝郷舞の会—山姥二
態」の演技に対し"

第41回（昭61年度）

◇演劇部門

演劇集団円 "公演「悲劇フェードル」の成
果"

鳳 蘭 "帝劇10月/東宝ミュージカル特別公
演「シカゴ」の演技"

片山九郎右衛門の会 "第6回東京公演「松
風—見留」の成果"

加藤 剛 "劇団俳優座第186回公演「心—わ
が愛」の演技"

中村 雀右衛門（4世），尾上 菊五郎（7世），
片岡 孝夫 "歌舞伎座芸術祭十月大歌舞
伎における「加賀見山旧錦絵」の演技"

英の会 "第7回公演「ひとり芝居—金色夜
叉」「遊女夕霧」の成果"

◇舞踊部門

石井 晶子 "石井晶子現代舞踊公演におけ
る「壁画Part II」の成果"

稲村 真実 "第32回小林紀子バレエ・シア
ターにおける「コッペリア」の演技"

楳茂都 梅衣 "楳茂都梅衣舞の会における
「ぐち」の演技"

楳若 勘二郎 "「楳若勘二郎の会特別公演」
の成果"

小島 章司 "小島章司フラメンコの世界'86
における「瞋恚の炎」の演技"

佐藤 桂子，山崎泰スペイン舞踊団 "佐藤
桂子・山崎泰スペイン舞踊団公演「エレ
クトラ」の成果"

西川 扇祥 "第5回扇祥の会における「おき
よ豆打」の演技"

第42回（昭62年度）

◇演劇部門

劇団青年座 "第97回公演「国境のある家」
の成果"

真田 広之 "ミュージカル「リトル・
ショップ・オブ・ホラーズ」の演技"

東宝 "SHISEIDOミュージカル「レ・ミゼ
ラブル」の成果"

日本ろう者劇団 "ろう者喜劇の会「手話狂
言—秋の会」の成果"

野村四郎の会 "第7回公演「求塚」の成果"

藤田 まこと "藤田まこと特別公演「旅役
者駒十郎日記人生まわり舞台」の演技"

三津田 健，中村 伸郎 "「ドン・キホーテ
より 諸国を遍歴する二人の騎士の物語」
の演技"

◇舞踊部門

新垣 典子 "「琉球舞踊新垣典子の会—南風
美ら」の成果"

石黒 節子 "第14回石黒節子舞踊公演「心
中天の網島」の構成・振付"

出雲 蓉 "「第27回出雲蓉の会ドラマチッ
ク・リサイタル—女・おんな・Onna」
の成果"

志田 房子 "志田房子の会—舞ひとすじ—
における「柳」「浜千鳥」の演技"

松山バレエ団 "松山バレエ団創立40周年
記念公演「新当麻曼荼羅」の成果"

柳下 規夫，林 千枝 "柳下規夫/林千枝ダン
シング・デュエット「オルフェ」の演技"

第43回（昭63年度）

◇演劇部門

加藤 健一，高畑 淳子 "加藤健一事務所
VOL.8「第二章」の演技"

劇団薔薇座 "第21回公演「スイート・チャ

リティー」の成果"

茂山 忠三郎, 狂言の会 "「茂山忠三郎・狂言の会」の成果"

東宝 "帝劇10月特別公演「五十鈴十種より/新版香華」の成果"

文学座 "サンシャイン劇場開場十周年記念公演/松竹・文学座提携「近松女敵討」の成果"

宮本企画 "SHOW STOPPER 1「I GOT MERMAN」の成果"

◇舞踊部門

碇山 奈奈 "「碇山奈奈 プーロフラメンコ カンテホンドの歌」の演技"

尾上 菊見 "「尾上菊見リサイタル」の成果"

神崎 ひで貴 "「第9回神崎ひで貴の会」の成果"

西川 扇祥 "「第7回扇祥における新作長唄『臥待居待』」の演技"

花柳 春 "「第17回花柳春の会」の演技"

林 千枝 "「第5回林千枝リサイタル」の演技"

松本道子バレエ団 "松本道子バレエ団創立30周年記念特別公演における「真夏の夜の夢」の成果"

第44回（平1年度）

◇演劇部門

滝沢 修 "「炎の人─ゴッホ小伝」の演出・演技"

中村 勘九郎（5世）"十月大歌舞伎「鏡獅子」の演技"

三田 佳子 "「雪国」の演技"

山田 礼子 "ぐるーぷえいと公演「女の声」の演技"

劇団音楽座 "「とってもゴースト」の成果"

劇団青年座 "「盟三五大切」の成果"

博品館劇場, 劇団NLT "「毒薬と老嬢」の成果"

◇舞踊部門

岡田 昌己 "「第12回岡田昌己スペインを踊る」の演技"

西崎 緑（2世）"野外舞踊公演「八百比丘尼」の企画と成果"

花柳 昌三郎 "花柳昌三郎舞踊公演における「月日は流れ身は流れ─竹久夢二の女」の演技"

花柳 園喜輔 "第6回園喜輔の会における「高尾さんげ」の演技"

吉村 雄輝夫 "吉村雄輝夫の会における「善知鳥」の演技"

第45回（平2年度）

◇演劇部門

草村 礼子 "一人芝居「じょんがら民宿こぼれ話」の演技"

遙 くらら "「細雪」の演技"

加藤健一事務所 "「セイムタイム・ネクストイヤー」の成果"

劇工房ライミング "「ヴェニスの商人」の成果"

劇団夢の遊眠社 "「三代目, りちやあど」の成果"

東宝 "「放浪記」の成果"

◇舞踊部門

地主 律子 "「翔─心を綾織る鶴の伝説」の演技"

花柳 寿太郎 "「逸雛雪木花」の演技"

吉村 輝章 "「舞の季」における地唄「竹生島」の演技"

若柳 寿延 "「第2回若柳寿延リサイタル」の演技"

法村友井バレエ団 "「エスメラルダ」の成果"

松山バレエ団 "「シンデレラ」の成果"

第46回（平3年度）

◇演劇部門

今井 雅之 "「ザ・ウィンズ・オブ・ゴッド」の原作・脚本・演技"

梅若 盛義 "「望月─古式」の演技"

栗原 小巻 "「復活」の演技"

杉村 春子 "「ふるあめりかに袖はぬらさじ」の演技"

中村 吉右衛門（2世）"「寺小屋」「天衣粉上野初花」の成果"

中村 梅雀 "「煙が目にしみる」の演技"

ふじた あさや, 中西 和久 "「ひとり芝居

しのだづま考」の成果"

松下 砂稚子，佐藤 オリエ "「薔薇の花束
の秘密」の演技"

◇舞踊部門

安達 哲治 "「安達哲治創作バレエ公演」の
成果"

可西 希代子 "「立山まんだら」の演技"

小林 伴子 "「赤い靴・私抄」の演技"

西川 扇生 "「扇生の会」の演技"

藤間 章作 "「藤間章作素踊りの会」の演技"

堀本 卓矢，佐藤 弥生子 "「メリーウィド
ウ」の演技"

松風 翠穂 "「松風翠穂の会」の演技"

第47回（平4年度）

◇演劇部門

嵐 圭史 "前進座特別公演「怒る富士」の
演技"

市村 正親 "「ミス・サイゴン」の演技"

草笛 光子 "「私はシャーリー・ヴァレンタ
イン」の演技"

水谷 良重 "「佃の渡し」の演技"

村井 国夫 "「蜘蛛女のキス」の演技"

山岡 久乃 "「流水橋」の演技"

劇団昴 "「セールスマンの死」の成果"

◇舞踊部門

吾妻 寛穂 "「第5回寛穂乃会」の「北州」
の成果"

新垣 典子 "琉球舞踊新垣典子の会「新南
風2」の「恋の鱗」の成果"

尾上 菊雅 "「菊雅の会」の「関寺小町」の
成果"

小池 幸子 "小池幸子舞踊展「カルミナ・
ブラーナ」の成果"

藤間 紋瑠里 "「第4回紋瑠里の会」の「八
島」の成果"

第48回（平5年度）

◇演劇部門

勝田 安彦 "「ミュージカル「コレット・コ
ラージュ」の演出"

野村 耕介 "「大田楽―日枝赤坂」の構成・
演出"

三田 佳子 "新橋演舞場十月特別公演「夢

千代日記」の演技"

音楽座 "ミュージカル「リトル プリンス」
の成果"

木山事務所 "「夢，クレムリンであなたと」
の成果"

新宿梁山泊 「少女都市からの呼び声」

前進座 "十月特別公演「一本刀土俵入」"

◇舞踊部門

谷田 嘉子，金城 美枝子 "琉球舞踊「谷田
嘉子・金城美枝子二人の会」の成果"

花柳 衛菊 "第9回花柳衛菊舞踊リサイタル
における「哀し」の振り付け・演技"

早川 恵美子，早川 博子 "第4回早川恵美
子・博子バレエスタジオ公演「愛の妙
薬」の成果"

藤間 勘紫恵 "藤間勘紫恵発表会における
「角田川」の振り付け・演技"

本間 祥公 "本間祥公現代舞踊公演におけ
る「智恵子遺珠」の振り付け・演技"

松賀 藤雄 "第17回松賀藤雄の会における
「賤機帯班女物狂」の演技"

松崎 すみ子 "「松崎すみ子バレエ公演」の
成果"

第49回（平6年度）

◇演劇部門

加藤 健一 "加藤健一事務所Vol.27「審判」"

佐久間 良子 "帝劇十月特別公演「唐人お
吉」"

木山事務所 「百三十二番地の貸家」「落葉
日記」

劇団仲間 「モモと時間どろぼう」

シアタープロジェクト・東京 「エリーダ
〜海の夫人」

遊◎機械 全自動シアター 「ラ・ヴィータ
〜愛と死をみつめて」

◇舞踊部門

旭 七彦 「旭七彦の会」

市山 七十世 「うしろ面」

内山 時江 「婉という女」

藤間 藤太郎 "一中節「道成寺」の振り付
け・演技"

真船 さち子 "「唐人お吉の場合」の振り付

け・演出"

山口 久美子 "ダンスリサイタル「in C」
の演技"

第50回（平7年度）

◇演劇部門

● 大賞

二兎社 "二兎社公演22「パパのデモクラ
シー」の成果"

● 優秀賞

茂山 千之丞 "第3回「千之丞の会」の成果"

松竹，サンシャイン劇場 "松竹百年記念公
演「アマデウス」の成果"

MODE "北海道版「わたしが子どもだっ
たころ」の成果"

● 新人賞

平沢 智 "ミュージカル「YESTERDAY
IS…HERE」の演技"

◇舞踊部門

● 大賞

該当者なし

● 優秀賞

泉 朱緒里 "第5回「泉朱緒里リサイタル」
の成果"

花柳 真理子 "第3回「花柳真理子の会」に
おける清元「北州」の演技"

若柳 吉優 "第2回「吉優乃会」における義
太夫「八雲猩々」の成果"

ベラーム・ステージ・クリエイト "新作バ
レエ公演NO.9における「The Scarlet
Letter A 緋文字」の成果"

● 新人賞

山村 若有子 "「山村若有子リサイタル」の
成果"

第51回（平8年度）

◇演劇部門

● 大賞

木山事務所 "「私の下町―母の写真」の成
果"

● 優秀賞

劇団新派 "10月公演「女優―松井須磨子の
生涯」の成果"

人形劇団京芸 "創立45周年公演「モモ」の

成果"

● 新人賞

寺島 しのぶ "東宝10月公演「華岡青洲の
妻」の成果"

◇舞踊部門

● 大賞

該当者なし

● 優秀賞

泉 朱緒里 "第6回「リサイタル」の成果"

後藤 早知子 "エヴォリューション・ダン
ス「カムパネルラの光」の成果"

花柳 寿魁 "「花柳寿魁の会」の成果"

坂東 三津二郎 "「山帰り」の成果"

藤間 勘二郎 "第3回「りさいたる」の成果"

能藤玲子創作舞踊団 "「流氷伝説」の成果"

第52回（平9年度）

◇演劇部門

● 大賞

劇団青年座 「見よ,飛行機の高く飛べるを」

● 優秀賞

生井 健夫 "「遁走譜」の演技"

兵庫県立ピッコロ劇団 「私の夢は舞う―
会津八一博士の恋」

藤原 新平 "「雨が空から降れば」の演出"

● 新人賞

富本 牧子 "「リタの教育」の演技"

◇舞踊部門

● 大賞

ユースバレエ・シヤンブルウェスト "第17
回定期公演「天上の詩」"

● 優秀賞

越智 久美子 "越智インターナショナルバ
レエ「東京公演グランドバレエ『海賊』
全幕」"

花柳 真理子 「第4回花柳真理子の会」

若柳 吟 「第12回若柳吟の会」

● 新人賞

藤間 蘭黄 「第6回蘭黄の会」

第53回（平10年度）

◇演劇部門

● 大賞

大地 真央 "ミュージカル「ローマの休日」

の成果"

● 優秀賞

市川 団十郎（12世）"芸術祭十月大歌舞伎の「極付幡随長兵衛」の成果"

大槻 文蔵"能劇の座第9回公演の「道成寺」の成果"

劇団手織座 "季節のない街" の成果"

● 新人賞

関根 祥人"第4回花祥会の「道成寺」の成果"

◇舞踊部門

● 大賞

橘 芳慧"第14回橘芳慧の会"の成果"

● 優秀賞

スターダンサーズ・バレエ団"「スターダンサーズ・バレエ団10月公演」の成果"

辻元 早苗"辻元早苗ダンスリサイタルⅥ"の成果"

花柳 寿々摂, 花柳 寿々紫"「花柳寿々摂・花柳寿々紫の会」の成果"

● 新人賞

鍵田 真由美"「鍵田真由美・佐藤浩希フラメンコ公演」の成果"

第54回（平11年度）

◇演劇部門

● 大賞

長山 藍子 "三越劇場10月劇団朋友公演「わがババわがママ奮斗記」の企画・演技"

● 優秀賞

愚安亭 遊佐 "愚安亭遊佐ひとり芝居「人生一発勝負」の演技"

宝塚歌劇団宙組 "宝塚歌劇団宙組公演「激情」「ザ・レビュー'99」の成果"

本間 英孝 "「本間英孝 能の会」における「隅田川」の演技"

● 新人賞

野村 萬斎 "「伝統の現在コクーンスペシャル」における「藪の中」の演出"

◇舞踊部門

● 大賞

札幌舞踊会 "'99札幌舞踊会バレエ東京公演創作バレエ「カルミナ・ブラーナ」の

成果"

● 優秀賞

吾妻 寛穂 "「第7回寛穂乃会」における演技"

ダンスカンパニーカレイドスコープ "「ダンスカンパニーカレイドスコープ公演」の成果"

山村 若晴司 "「山村若晴司舞の会」における「正月」の演技"

● 新人賞

藤間 万恵 "「第三回万恵の会」における演技"

第55回（平12年度）

◇演劇部門

● 大賞

劇団昴 「怒りの葡萄」

● 優秀賞

北の舞台創造実行委員会 「逃げていくもの」

轟 悠 "宝塚歌劇団雪組公演「凱旋門」"

角野 卓造, たかお 鷹, 田村 勝彦 "文学座公演「缶詰」"

● 新人賞

池田 大輔 "幻想視覚演劇「カスパー」"

◇舞踊部門

● 大賞

森 嘉子 「Dance Anthologyマイロード」

● 優秀賞

花柳 與 「花柳與素踊りの会」

NBAバレエ団 「バレエネオクラシック秘蔵コレクション」

藤間 恵都子 「第7回恵翔会」

● 新人賞

吉村 輝尾 「第9回吉村輝尾舞の会」

第56回（平13年度）

◇演劇部門

● 大賞

茂山 忠三郎 "「忠三郎狂言会」における演技"

● 優秀賞

加藤健一事務所 "「すべて世は事も無し」の成果"

土田 英生 "「崩れた石垣,のぼる鮭たち」の劇作"

東山 紀之 "ミュージカル「クリスマス・ボックス」における演技"

● 新人賞

マルシア "ミュージカル「ジキル&ハイド」における演技"

◇舞踊部門

● 大賞

吾妻 徳弥 "「第十二回徳弥の会」の成果"

● 優秀賞

鍵田 真由美,佐藤 浩希 "鍵田真由美・佐藤浩希フラメンコ・コンテンポラリー公演「曽根崎心中」の成果"

坂東 三太映 "「三太映の会」における「黒音」の成果"

松崎 すみ子 "松崎すみ子バレエ公演「オンディーヌ」の成果"

● 新人賞

山村 若(6世) "「第三回山村若の会」における演技"

第57回(平14年度)

◇演劇部門

● 大賞

中村 吉右衛門(2世) "芸術祭十月大歌舞伎「通し狂言 仮名手本忠臣蔵」における演技"

● 優秀賞

観世 喜之 "観世九皐会 秋季別会「卒都婆小町」における演技"

木場 勝己 "燐光群「最後の一人までが全体である」における演技"

毬谷 友子 "毬谷友子一人芝居「弥々」の成果"

● 新人賞

中川 晃教 "ミュージカル「モーツァルト!」における演技"

◇舞踊部門

● 大賞

バレエ シャンブルウエスト "バレエ シャンブルウエスト第34回定期公演「タチヤーナ」の成果"

● 優秀賞

吾妻 節穂 "「第二回 節の会」の成果"

西崎 緑(2世) "西崎緑舞踊団創作野外舞踊公演「阿弥陀来迎」の成果"

山村 若禄次,山村 久子 "「山村若禄次・久子の会」の成果"

● 新人賞

花柳 乃三 "「第6回 乃三の会」の成果"

第58回(平15年度)

◇演劇部門

● 大賞

風間 杜夫(俳優) "ひとり芝居三部作「カラオケマン」「旅の空」「一人」の演技"

京都芸術センター "京都ビエンナーレ2003演劇公演「宇宙の旅,セミが鳴いて」の成果"

● 優秀賞

宝塚歌劇団星組 "宝塚歌劇星組公演「王家に捧ぐ歌」の成果"

兵庫県芸術文化協会 "ひょうご舞台芸術第28回公演「ニュルンベルク裁判」の成果"

● 新人賞

中西 陽介(俳優) "劇団昴公演「ナイチンゲールではなく」における演技"

片山 清司(能楽師) "「片山清司 能の会」の能「天鼓」の演技"

◇舞踊部門

● 大賞

蘭 このみ(舞踊家) "「蘭このみスペイン舞踊公演」の成果"

法村友井バレエ団 "「バヤデルカ」の成果"

● 優秀賞

藤間 万恵(日本舞踊家) "「第5回万恵の会」の成果"

佐々木美智子バレエ団 "25周年記念公演「バフチサライの泉」の成果"

● 新人賞

山名 たみえ(舞踊家・振付家) "「山名たみえダンスフレグランス'03」の振付"

若柳 吉蔵(日本舞踊家) "第6回リサイタル「若柳吉蔵の会」の成果"

第59回（平16年度）
◇演劇部門
- 大賞
  テアトル・エコー "テアトル・エコー公演
  126「ルームサービス」の成果"
  松竹 "山本周五郎生誕百年記念「初蕾」の
  成果"
- 優秀賞
  今井 清隆 "「第六回今井清隆 能の会」に
  おける演技"
  宝塚歌劇団星組 "宝塚歌劇星組公演「ロマ
  ンチカ宝塚'04―ドルチェ・ヴィータ！
  ―」の成果"
- 新人賞
  春野 寿美礼 "宝塚歌劇花組公演「La
  Esperanza―いつか叶う」における演技"
  宮地 雅子 "ひょうご舞台芸術第30回公演
  「やとわれ仕事」における演技"
◇舞踊部門
- 大賞
  鍵田真由美・佐藤浩希フラメンコ舞踊団
  "鍵田真由美・佐藤浩希フラメンコ舞踊
  団公演「ARTE Y SOLERA 歓喜」の成
  果"
  桧垣バレエ団 "第35回桧垣バレエ団公演
  「みつこ―MITSUKO」黒髪の伯爵夫人
  の成果"
- 優秀賞
  若柳 吉優 "「第七回吉優乃会」の成果"
  吉村 古ゆう "「第二回吉村古ゆう舞の会」
  の成果"
- 新人賞
  花柳 錦之輔 "「第七回花柳錦之輔 花柳典
  幸勉強会」の成果"
  堀端 三由季 "大阪バレエカンパニー公演
  「アルレキナーダ」における演技"
第60回（平17年度）
◇演劇部門
- 芸術祭大賞（関東参加公演の部）
  奈良岡 朋子，仲代 達矢 "劇団民芸＋無名
  塾公演「ドライビング・ミス・デイ
  ジー」における演技"

- 芸術祭大賞（関西参加公演の部）
  佐伯紀久子之会 "「第5回佐伯紀久子之会別
  会能」の成果"
- 芸術祭優秀賞（関東参加公演の部）
  高嶋 政伸 "「イブラヒムおじさんとコーラ
  ンの花たち」における演技"
- 芸術祭優秀賞（関西参加公演の部）
  松竹 "新生松竹新喜劇錦秋公演「お祭り提
  灯」の成果"
- 芸術祭新人賞（関東参加公演の部）
  茂山 正邦 "「狂言！」における「彦市ばな
  し」の演技"
- 芸術祭新人賞（関西参加公演の部）
  広田 幸稔 "「第5回広田鑑賞会記念能」の
  能「葛城 神楽」における演技"
◇舞踊部門
- 芸術祭大賞（関東参加公演の部）
  該当者なし
- 芸術祭大賞（関西参加公演の部）
  貞松・浜田バレエ団 "創立40周年記念特別
  公演 貞松・浜田バレエ団「創作リサイ
  タル17」における「DANCE」の成果"
- 芸術祭優秀賞（関東参加公演の部）
  井上 恵美子 "井上恵美子ダンスカンパ
  ニー公演「bright」の成果"
  吉村 輝尾 "「第15回吉村輝尾の会」にお
  ける長唄「紀州道成寺」の演技"
- 芸術祭優秀賞（関西参加公演の部）
  大和 松蒔 "「第47回大和松蒔舞の会」の成
  果"
- 芸術祭新人賞（関東参加公演の部）
  志田 真木 "琉球舞踊「真木の会」におけ
  る演技"
- 芸術祭新人賞（関西参加公演の部）
  青木 崇 "大阪バレエカンパニー「安積由
  高追悼公演」の「ドン・キホーテ」にお
  ける演技"
第61回（平18年度）
◇演劇部門
- 芸術祭大賞（関東参加公演の部）
  田崎 隆三，石田 幸雄（双ノ会）"第六回双
  ノ会における能「大原御幸」，狂言「悪

太郎」の成果"

- 芸術祭大賞（関西参加公演の部）
  豊嶋 三千春 "豊春会秋の能における能
  「錦木」の演技"
- 芸術祭優秀賞（関東参加公演の部）
  劇団桟敷童子 "海猫街」の成果"
- 芸術祭優秀賞（関西参加公演の部）
  歌劇★ビジュー "華紅の乱（BLACK
  HUNTER Ⅱ）の成果"
- 芸術祭新人賞（関東参加公演の部）
  新妻 聖子 "ミュージカル「マリー・アン
  トワネット」における演技・歌唱"
- 芸術祭新人賞（関西参加公演の部）
  善竹 隆平 "大西礼久独立十周年記念能に
  おける狂言「釣狐」の演技"

◇舞踊部門

- 芸術祭大賞（関東参加公演の部）
  篠原 聖一 "篠原聖一バレエ・リサイタル
  DANCE for Life 2006「ロミオとジュ
  リエット」の成果"
- 芸術祭大賞（関西参加公演の部）
  法村友井バレエ団 "法村友井バレエ団公演
  「アンナ・カレーニナ」全幕の成果"
- 芸術祭優秀賞（関東参加公演の部）
  入交 恒子 "CONCIERTO FLAMENCO
  Vol.9—MI SOLEA—の成果"
- 芸術祭優秀賞（関西参加公演の部）
  若柳 吟寿々 "第七回若柳吟寿々の会の成
  果"
- 芸術祭新人賞（関東参加公演の部）
  吉村 桂充 "第十回吉村桂充舞の会におけ
  る「融」の成果"
- 芸術祭新人賞（関西参加公演の部）
  武藤 天華 "貞松・浜田バレエ団特別公演
  「創作リサイタル18」におけるBLACK
  MILKの演技"

第62回（平19年度）

◇演劇部門

- 大賞（関東参加公演の部）
  たかお 鷹 "文学座公演「殿様と私」にお
  ける演技"
- 大賞（関西参加公演の部）

該当なし

- 優秀賞（関東参加公演の部）
  山本 則俊 "横浜能楽堂特別公演より狂言
  「釣狐」における演技"
- 優秀賞（関西参加公演の部）
  兵庫県立ピッコロ劇団 "兵庫県立ピッコロ
  劇団第29回公演「モスラを待って」の成
  果"
  村田 雄浩 "南座10月公演「風の盆ながれ
  唄」における演技"
- 新人賞（関東参加公演の部）
  加藤 忍 "加藤健一事務所 vol.67「コミッ
  ク・ポテンシャル」における演技"
- 新人賞（関西参加公演の部）
  三浦 基 "地点第13回公演「桜の園」にお
  ける演出"

◇舞踏部門

- 大賞（関東参加公演の部）
  該当なし
- 大賞（関西参加公演の部）
  該当なし
- 優秀賞（関東参加公演の部）
  入交 恒子 "CONCIERTO FLAMENCO
  Vol.10 － UNA NOCHE －の成果"
  藤間 恵都子 "第九回恵翔会における義太
  夫「猩々」の演技"
- 優秀賞（関西参加公演の部）
  山村 若（6世）"第五回 山村若の会の成果"
  野間バレエ団 "野間バレエ団第16回定期
  公演《野間亨追悼》「ドン・キホーテ」の
  成果"
- 新人賞（関東参加公演の部）
  中村 京蔵 "中村京蔵舞踊の夕べ「海人二
  題」の成果"
- 新人賞（関西参加公演の部）
  森 優貴 "貞松・浜田バレエ団：特別公演
  創作リサイタル19における「羽の鎖」の
  振付"

第63回（平20年度）

◇演劇部門

- 大賞（関東参加公演の部）
  劇団文化座 "文化座公演「てけれっつの

ぱ」の成果"
- 大賞（関西参加公演の部）

  茂山 千五郎（13世）"茂山狂言会三世千作二十三回忌追善における狂言「通圓」の演技"
- 優秀賞（関東参加公演の部）

  寺島 しのぶ "シアタークリエ「私生活」の演技"
- 優秀賞（関西参加公演の部）

  横浜能楽堂 "横浜能楽堂特別企画公演「武家の狂言 町衆の狂言」の成果"
- 新人賞（関東参加公演の部）

  チョウ・ソンハ "ひょっとこ乱舞第20回公演「プラスチックレモン」の演技"
- 新人賞（関西参加公演の部）

  上田 拓司 "第14回照（てらす）の会における能「江口」半能「石橋大獅子」の演技"

◇舞踏部門
- 大賞（関東参加公演の部）

  小林紀子バレエ・シアター "第91回小林紀子バレエ・シアター公演「ザ・レイクス・プログレス」他の成果"
- 大賞（関西参加公演の部）

  該当なし
- 優秀賞（関東参加公演の部）

  弧の会 "弧の会結成10周年記念公演「コノカイズム」における「御柱祭」の成果"
- 優秀賞（関西参加公演の部）

  野間バレエ団 "第17回定期公演「Progressive Dance Part6」における「Room」の成果"

  若柳 吉蔵 "「若柳吉蔵の会」における「月慈童」の成果"
- 新人賞（関東参加公演の部）

  伊藤 直子 "マドモアゼル・シネマ「2008 旅するダンス」における「不思議な場所」の振付・演出"
- 新人賞（関西参加公演の部）

  高田 万里 "法村友井バレエ団公演「白鳥の湖」の演技"

第64回（平21年度）
　◇演劇部門

- 大賞（関東参加公演の部）

  大滝 秀治 "劇団民藝公演「らくだ」における演技"
- 大賞（関西参加公演の部）

  該当なし
- 優秀賞（関東参加公演の部）

  森 新太郎 "演劇集団円公演「コネマラの骸骨」の演出"
- 優秀賞（関西参加公演の部）

  キューカンバー "MONO特別企画vol.4「チェーホフを待ちながら」の成果"

  青年団 "青年団第59回公演「東京ノート」の成果"
- 新人賞（関東参加公演の部）

  桑原 裕子 "KAKUTA公演「甘い丘」の作・演出"
- 新人賞（関西参加公演の部）

  霧矢 大夢 "宝塚歌劇 月組公演における演技"

◇舞踏部門
- 大賞（関東参加公演の部）

  該当なし
- 大賞（関西参加公演の部）

  該当なし
- 優秀賞（関東参加公演の部）

  志田 真木 "琉球舞踊「真木の会」の成果"

  森田 志保 "「はな6」の成果"
- 優秀賞（関西参加公演の部）

  貞松・浜田バレエ団 "「貞松・浜田バレエ団：特別公演 創作リサイタル21」の成果"

  山村 若有子 "山村若有子リサイタルの成果"
- 新人賞（関東参加公演の部）

  花柳 典幸 "花柳典幸の会の成果"
- 新人賞（関西参加公演の部）

  金子 扶生 "地主薫バレエ団公演「くるみ割り人形」（全3幕）の演技"

第65回（平22年度）
　◇演劇部門

- 大賞（関東参加公演の部）

  シアタープロジェクト・東京 "「おそるべ

き親たち」の成果"
- 大賞（関西参加公演の部）
  該当なし
- 優秀賞（関東参加公演の部）
  山本 泰太郎 "第29回花影会における狂言「月見座頭」の演技"
- 優秀賞（関西参加公演の部）
  大蔵流狂言 善竹会 "平成22年度 善竹狂言会」の成果"
  南河内万歳一座 "南河内万歳一座「ラブレター」の成果"
- 新人賞（関東参加公演の部）
  城田 優 "「エリザベート」におけるトートの演技"
- 新人賞（関西参加公演の部）
  柚希 礼音 "「宝塚歌劇 星組公演」における演技"

◇舞踏部門
- 大賞（関東参加公演の部）
  谷桃子バレエ団研究所 "谷桃子バレエ団創立60周年記念公演6「レ・ミゼラブル」の成果"
- 大賞（関西参加公演の部）
  該当なし
- 優秀賞（関東参加公演の部）
  西川 祐子 "「日本舞踊のしおり "創" 祐子の会」の成果"
- 優秀賞（関西参加公演の部）
  若柳 吟寿々 "「若柳吟寿々の会」の成果"
  野間 景 "野間バレエ団第19回定期公演「ジゼル」（全幕）における演技"
- 新人賞（関東参加公演の部）
  平 富恵 "平富恵スペイン舞踊公演「El Sueño II 〜夢〜」の成果"
- 新人賞（関西参加公演の部）
  奥村 康祐 "2010年地主薫バレエ団「ドン・キホーテ」（全3幕）における演技"

第66回（平23年度）
◇演劇部門
- 大賞（関東参加公演の部）
  萬歳楽座 "第4回 萬歳楽座 公演における能「道成寺 中之段数躙 無躙之崩」の成果"

- 大賞（関西参加公演の部）
  該当なし
- 優秀賞（関東参加公演の部）
  平 幹二朗 "ala Collection シリーズ vol.4『エレジー』〜父の夢は舞う〜の演技"
- 優秀賞（関西参加公演の部）
  宝塚歌劇団宙組 "宝塚歌劇 宙組公演における「『クラシコ・イタリアーノ』−最高の男の仕立て方−」の成果"
  劇団犯罪友の会（HANTOMO）"いろゆらぎの成果"
- 新人賞（関東参加公演の部）
  青木 豪 "往転−オウテン の演出"
- 新人賞（関西参加公演の部）
  中村 壱太郎 "十月大歌舞伎における「連獅子」の演技"

◇舞踏部門
- 大賞（関東参加公演の部）
  該当なし
- 大賞（関西参加公演の部）
  貞松・浜田バレエ団 "貞松・浜田バレエ団特別公演『創作リサイタル23』における「冬の旅」の成果"
- 優秀賞（関東参加公演の部）
  バレエ シャンブルウエスト "バレエシャンブルウエスト第65回定期公演「ルナ」の成果"
  花柳 典幸 "花柳典幸の会における「一人の乱」の成果"
- 優秀賞（関西参加公演の部）
  西川 充 "第21回 西川充りさいたるにおける「旅」の成果"
- 新人賞（関東参加公演の部）
  花柳 せいら "第九回 花柳せいらの會における「八島」の成果"
- 新人賞（関西参加公演の部）
  該当なし

第67回（平24年度）
◇演劇部門
- 大賞（関東参加公演の部）
  該当なし
- 大賞（関西参加公演の部）

該当なし
- 優秀賞（関東参加公演の部）
　野村 萬斎 "狂言ござる乃座47thにおける
　　狂言「花子」の成果"
- 優秀賞（関東参加公演の部）
　モダンスイマーズ "「楽園」の成果"
- 優秀賞（関西参加公演の部）
　上田 拓司 "第18回 照の会における「隅田
　　川」の成果"
- 優秀賞（関西参加公演の部）
　松竹株式会社 南座 "錦秋新派公演におけ
　　る「麥秋」の成果"
- 新人賞（関東参加公演の部）
　高橋 一生 "世田谷パブリックシアタープ
　　ロデュース『4 four』の演技"
- 新人賞（関西参加公演の部）
　山口 茜 "トリコ・A演劇公演「ROUVA」
　　の作・演出"
◇舞踊部門
- 大賞（関東参加公演の部）
　該当なし
- 大賞（関西参加公演の部）
　花柳 與 "與の会における「古山姥」の成
　　果"
- 優秀賞（関東参加公演の部）
　玉城 盛義 "玉城流三代目家元 玉城盛義の
　　会 花玉城の成果"
- 優秀賞（関東参加公演の部）
　藤間 仁章 "仁章・仁風の会における「あ
　　とより恋の責めくれば」の成果"
- 優秀賞（関西参加公演の部）
　山村 若峯菫 "山村若峯菫リサイタルにお
　　ける「狐の嫁入り」の成果"
- 新人賞（関東参加公演の部）
　谷 淑江 "谷淑江スペイン舞踊20周年記念
　　リサイタル「美と幻想のスペイン」の
　　成果"
- 新人賞（関西参加公演の部）
　瀬島 五月 "貞松・浜田バレエ団特別公演
　　『創作リサイタル24』における演技"
第68回（平25年度）
　◇演劇部門

- 大賞（関東参加公演の部）
　歌舞伎座 "芸術祭十月大歌舞伎 通し狂言
　　「義経千本桜」の成果"
- 大賞（関西参加公演の部）
　該当なし
- 優秀賞（関東参加公演の部）
　劇団DULL-COLORED POP "「最後の精
　　神分析－フロイト VS ルイス－」の成
　　果"
- 優秀賞（関西参加公演の部）
　松竹株式会社 大阪松竹座 "十月花形歌舞
　　伎 通し狂言「夏祭浪花鑑」の成果"
- 優秀賞（関西参加公演の部）
　兵庫県立ピッコロ劇団 "第47回公演「間違
　　いの喜劇 ～現夢也双子戯劇～」の成果"
- 優秀賞（関東参加公演の部）
　藤原 章寛 "劇団文化座公演139「GO」の
　　演技"
- 優秀賞（関西参加公演の部）
　茂山 良暢 "忠三郎狂言会における「二人
　　袴」の成果"
◇舞踊部門
- 大賞（関東参加公演の部）
　O.F.C. "合唱舞踊劇「カルミナ・ブラー
　　ナ」の成果"
- 大賞（関西参加公演の部）
　該当なし
- 優秀賞（関東参加公演の部）
　たまゆうの會 "たまゆうの會（花柳珠絃・
　　泉裕紀リサイタル）における長唄「喜
　　撰」と長唄「阿吽」の成果"
- 優秀賞（関西参加公演の部）
　猿若 英晃 "英晃の会の成果"
- 優秀賞（関西参加公演の部）
　宮下靖子バレエ団 "第38回宮下靖子バレ
　　エ団公演 深川秀夫&島﨑徹舞の饗宴の
　　成果"
- 新人賞（関東参加公演の部）
　藤間 清継 "藤間清継舞踊リサイタルにお
　　ける清元「夜桜芝居話」の成果"
- 新人賞（関西参加公演の部）
　法村 珠里 "法村友井バレエ団公演「白鳥
　　の湖」の演技"

004 芸術選奨〔演劇・舞踊関連部門〕

芸術各分野において優れた業績をあげた者,またはその業績によってそれぞれの部門に新生面を開いた者を選奨することによって,芸術活動の奨励と振興とに資することを目的としている。

【主催者】 文化庁

【選考委員】（第64回・平成25年度）〔演劇〕大島幸久,河合祥一郎,酒井誠,永井多惠子,西哲生,宮辻政夫,村上湛 〔映画〕安藤紘平,掛尾良夫,北川れい子,滝田洋二郎,種田陽平,野村正昭,宮澤誠一 〔音楽〕加納マリ,白石美雪武,谷垣内和子,長木誠司,根岸一美,野川美穂子,堀内修 〔舞踊〕尼ヶ崎彬,池野惠,稲田奈緒美,織田紘二,篠原聖一,西村彰朗,平野英俊 〔放送〕浅野加寿子,池端俊策,音好宏,杉田成道,橋本佳子,林真理子,八木康夫 〔大衆芸能〕相羽秋夫,小倉エージ,中村真規,花井伸夫,松尾美矢子,悠雅彦淑,渡辺寧久 〔芸術振興〕伊藤裕763,木下直之,佐藤信,柴田英杞,長田謙一,根木昭,野平一郎 〔評論等〕井上章一,尾形敏朗,田中優子,樋口隆一,三浦篤,三浦雅士,水落潔

【選考基準】 〔資格〕過去の受賞者は同一部門の場合除く。〔対象〕(1) 演劇（歌舞伎・能楽・文楽・新派・新劇・ミュージカル等の劇作家,演出家,演技者,舞台美術家等）。(2) 映画（劇映画・記録映画等の演出家,脚本家,撮影者,演技者等）。(3) 音楽（邦楽・洋楽・オペラ等の演奏家,指揮者,作曲家,演出家,舞台美術家等）。(4) 舞踊（邦舞・洋舞等の舞踊家,演出振付家,舞台美術家等）。(5) 放送（ラジオ・テレビのドラマ・ドキュメンタリー等の作家,演出家,演技者等）。(6) 大衆芸能（落語・講談・浪曲・漫才・大衆演劇・ショウ・ポピュラーミュージック等の作家,作曲家,演出家,演技者等）。(7) 芸術振興（新しい領域や複数の部門にわたり文化芸術活動を行っている者）。(8) 評論等（芸術評論家,文化芸術活動に著しい貢献のあった者）。〔基準〕1月から12月までにあげた業績

【締切・発表】 締切は毎年12月中旬,翌年3月中旬発表,20日頃授賞式

【賞・賞金】 芸術選奨文部科学大臣賞は,特に優れた業績をあげた芸術家（個人）を対象とするもので,各部門2名以内（ただし放送,芸術振興部門は1名以内）。賞は賞状および賞金

【URL】 文化庁HP（http://www.bunka.go.jp/）内

第1回（昭25年）
◇演劇部門
　坂東 三津五郎 (7世) “「義経千本桜」狐忠信の演技”
　山本 安英 “新劇「夕鶴」の演技”
◇音楽舞踊部門
　尾高 尚忠 “指揮”
　増沢 健美
第2回（昭26年）
　◇演劇部門

東山 千栄子 “新劇「桜の園」の演技”
神西 清 “「ワーニヤ伯父さん」の舞台脚本としての翻訳”
◇音楽舞踊部門
　NHK交響楽団 “「ファルスタッフ」の初演の業績”
　町田 佳声 「日本民謡研究および関東編の研究」
　江口・宮舞踊研究所 “現代舞踊界の業績”
◇古典芸術部門

桜間 弓川 "能楽界の業績"

第3回（昭27年）

 ◇演劇部門

　千田 是也 "「オセロ」「ウインザーの陽気な女房たち」の演技"

　戸板 康二 "「劇場の椅子」「今日の歌舞伎」の著作と評論"

 ◇音楽舞踊部門

　中山 晋平 "音楽の大衆化"

　牛山 充 "音楽評論活動"

　杵屋 正邦 "日本舞踊の作曲"

 ◇古典芸術部門

　多 久尚 "雅楽「技䗈」の演技"

第4回（昭28年）

 ◇演劇部門

　劇団ぶどうの会 "新劇界の業績"

　英 太郎 "新派の女形としての近業"

 ◇音楽舞踊部門

　東京交響楽団 "現代音楽の紹介"

　藤根 道雄 "新内の研究"

　石井 漠 "バレエ「人間釈迦」と舞踊界の業績"

 ◇古典芸術部門

　薗 広茂 "舞楽「蘇莫者」の演技"

第5回（昭29年）

 ◇演劇部門

　川尻 清潭 "かぶきの演出"

　郡司 正勝 "かぶき界の業績"

　中村 勘三郎（17世） "「朝顔日記」の演技"

 ◇音楽舞踊部門

　松崎 国雄 "「慟哭」の照明"

 ◇古典芸術部門

　渡欧能楽団 "ベニス国際演劇祭に能を紹介"

　安倍 季巌 "雅楽「万秋楽」の演奏"

　本田 安次 "著作「霜月神楽の研究」と郷土芸能の研究"

第6回（昭30年）

 ◇演劇部門

　福田 恒存 "「ハムレット」の訳・演出"

 ◇舞踊部門

　島田 広 「令嬢ジュリー」

 ◇古典芸術部門

　野澤 喜左衛門（2世） "文楽座三味線の名手としてすぐれた業績と後進の指導"

第7回（昭31年）

 ◇演劇部門

　秋庭 太郎 「日本新劇史」（著作）

 ◇舞踊部門

　吾妻 徳穂 "かぶき舞踊の海外紹介"

 ◇古典芸術部門

　桐竹 紋十郎（2世） "文楽「瓜子姫とあまんじゃく」ほかの演技と文楽界の業績"

第8回（昭32年）

 ◇演劇部門

　該当者なし

 ◇舞踊部門

　該当者なし

 ◇古典芸術部門

　野村 万蔵（6世） "狂言「木六駄」ほかの演技と能楽界の業績"

第9回（昭33年）

 ◇演劇部門

　市川 中車（8世） "「熊谷陣屋」ほかの演技"

 ◇舞踊部門

　該当者なし

 ◇古典芸術部門

　該当者なし

第10回（昭34年）

 ◇演劇部門

　田中 千禾夫 "「マリアの首」「千鳥」の脚本"

 ◇舞踊部門

　橘 秋子 "バレエ「運命」の構成・振付と舞踊界の業績"

 ◇古典芸術部門

　橋岡 久太郎 "能「昭君」「猩々」の演技と能楽界の業績"

第11回（昭35年）

 ◇演劇部門

　菊田 一夫 "芸術座公演に示した企画・運営"

 ◇舞踊部門

　関矢 幸雄 "「山ふところ」ほかの構成・振

付"
◇古典芸術部門
　竹沢 弥七（10世）"「芸阿呆」ほかの作曲・演奏と文楽界の業績"
第12回（昭36年）
◇演劇部門
　宇野 重吉 "「イルクーツク物語」の演出"
◇舞踊部門
　石井 みどり "創作舞踊「体」の構成・振付と創作舞踊界の業績"
◇古典芸術部門
　文楽座因会，文楽三和会 "近松作品による合同公演の成果"
第13回（昭37年）
◇演劇部門
　菅原 卓 "「るつぼ」の翻訳・演出"
◇舞踊部門
　藤間 藤子 "「喜三の庭」「三人三番叟」「長生」の演技"
◇古典芸術部門
　三宅 藤九郎 "狂言「児流鏑馬」の演出"
第14回（昭38年）
◇演劇部門
　文学座 "ウェスカー作「調理場」等のアトリエ活動の業績"
◇舞踊部門
　花柳 錦之輔（後＝花柳寿楽）"創作舞踊「木賊」と多年の業績"
◇古典芸術部門
　吉見 嘉樹 "太鼓の演奏"
第15回（昭39年）
◇演劇部門
　北条 秀司 「北条秀司戯曲選集」全8巻
◇舞踊部門
　牧阿佐美バレエ団 "バレエの連続公演と多年の業績"
◇古典芸術部門
　都 一つや "一中節「椀久道行」の語り"
第16回（昭40年）
◇演劇部門
　市川 団蔵（8世）"「国姓爺合戦」の演技"
◇舞踊部門

花柳 寿南海 "「武蔵野」の演技"
◇古典芸術部門
　柿本 豊次 "能「姨拾」ほかにおける太鼓の演奏"
第17回（昭41年）
◇演劇部門
　片岡 仁左衛門（13世）"「廓文章」「伊勢音頭」「鰻谷」等演技"
◇舞踊部門
　武原 はん "「一代さらい会」の演技"
◇古典芸術部門
　豊竹 若大夫（10世）"文楽「奥州安達原」「絵本太功記」の演奏"
第18回（昭42年）
◇演劇部門
● 大臣賞
　中村 芝翫（7世）"「鳴神」「野崎村」等の演技"
● 新人賞
　広渡 常敏 "「蛙昇天」等の演出"
◇舞踊部門
● 大臣賞
　五條 珠実 "創作舞踊「源氏供養」の演技"
● 新人賞
　大原 永子 "牧バレエ団定期公演における演技"
◇古典芸術部門
● 大臣賞
　山彦 河良 "河東節「道成寺」の演技"
● 新人賞
　野沢 勝平 "文楽「忠臣蔵大序」「壺坂」等の三味線"
第19回（昭43年）
◇演劇部門
● 大臣賞
　小山 祐士 "「小山祐士戯曲選集」4巻および多年の業績"
● 新人賞
　沢村 精四郎 "「白石噺」「暗闇の丑松」の演技"
◇舞踊部門
● 大臣賞

庄司 裕 "「祭礼」の構成・振付"

- ●新人賞
  花柳 寿美 "「百済観音」「黒船屋」等の演技"
◇古典芸術部門
- ●大臣賞
  荻江 露友（5世）"荻江節「喜寿露友の会」の作曲演奏"
- ●新人賞
  松本 恵雄 "能「志賀」等の演技"

第20回（昭44年）
◇演劇部門
- ●大臣賞
  市川 翠扇 "「蛍」「巷談宵宮雨」等の演技"
- ●新人賞
  片岡 孝夫 "「熊谷陣屋」「仮名手本忠臣蔵」等の演技"
◇舞踊部門
- ●大臣賞
  該当者なし
- ●新人賞
  藤間 高子 "「御国振り」「猩々」等における振付・演技"
◇古典芸術部門
- ●大臣賞
  桜間 道雄 "能「野宮」等の演技"
- ●新人賞
  吉田 簑助 "文楽「妹背山」「新口村」の演技"

第21回（昭45年）
◇演劇部門
- ●大臣賞
  宇野 信夫 "「柳影沢蛍火」の作・演出"
- ●新人賞
  坂東 玉三郎 "「妹背山婦女庭訓」等の演技"
◇舞踊部門
- ●大臣賞
  チャイコフスキー記念東京バレエ団 "海外公演等における成果"
- ●新人賞
  森下 洋子 "「ロミオとジュリエット」の演技"

◇古典芸術部門
- ●大臣賞
  竹本 越路大夫（4世）"文楽「ひらがな盛衰記」「神崎揚屋」の演奏"
- ●新人賞
  野口 敦弘 "能「道成寺」「卒都婆小町」等の演技"

第22回（昭46年）
◇演劇部門
- ●大臣賞
  安部 公房 "「未必の故意」等の舞台成果"
- ●新人賞
  別役 実 「そよそよ族の反乱」（戯曲集）
  井上 ひさし 「道元の冒険」（戯曲集）
◇舞踊部門
- ●大臣賞
  花柳 茂香 "「微笑」他の創作"
- ●新人賞
  川口 ゆり子 "「鷲と少女」「ジゼル」他の演技"
◇古典芸術部門
- ●大臣賞
  観世 銕之丞（4世）"能「鸚鵡小町」等の演技"
- ●新人賞
  鶴澤 清治 "文楽「一谷嫩軍記」他の三味線"

第23回（昭47年）
◇演劇部門
- ●大臣賞
  中村 富十郎（5世）"「ひらがな盛衰記」等の演技"
- ●新人賞
  水谷 良重 "「春風物語」「深川不動」の演技"
◇舞踊部門
- ●大臣賞
  山村 たか "「ぐち」「珠取」の演技"
- ●新人賞
  橘 芳慧 "「巴の字」等の演技"
◇古典芸術部門
- ●大臣賞

豊竹 小仙 「沼津」「引窓」(義太夫節浄瑠璃)

● 新人賞

柿原 崇志 "「是我意」「葛城」の能囃子方の太鼓"

第24回 (昭48年)

◇演劇部門

● 大臣賞

島田 正吾 "「雨の首ふり坂」「霧の音」「湯葉」の演技"

● 新人賞

北大路 欣也 "「スルース (探偵)」「フェードル」の演技"

◇舞踊部門

● 大臣賞

吉村 雄輝 "「座敷舞・道成寺」の演技"

● 新人賞

小林 紀子 "バレエ「くるみ割り人形」「眠れる森の美女」の演技"

◇古典芸術部門

● 大臣賞

宝生 弥一 "「檀風」のワキ方の演技"

都 一中 「傾城浅間嶽」(一中節三味線)

● 新人賞

該当者なし

第25回 (昭49年)

◇演劇部門

● 大臣賞

芥川 比呂志 "「スカパンの悪だくみ」「海神別荘」等の演出"

● 新人賞

小幡 欣治 "「鶴の港」「菊枕」等の創作及び脚色"

◇舞踊部門

● 大臣賞

該当者なし

● 新人賞

竹屋 啓子 "モダンダンス「アスファルトに咲いた赤い花」「ひと」等の演技"

◇古典芸術部門

● 大臣賞

竹本 土佐広 "義太夫節「長局」「嫗山姥」

等の演奏"

● 新人賞

該当者なし

第26回 (昭50年)

◇演劇部門

● 大臣賞

仲代 達矢 "「どん底」「令嬢ジュリー」の演技"

● 新人賞

尾上 辰之助 "「雷神不動北山桜」の演技"

◇舞踊部門

● 大臣賞

北原 秀晃 "「白鳥の湖」「くるみ割人形」の演出振付"

● 新人賞

該当者なし

◇古典芸術部門

● 大臣賞

中山 玄雄 "法華大会における探題"

● 新人賞

山本 順之 "能「砧」等の演技"

第27回 (昭51年)

◇演劇部門

● 大臣賞

浅利 慶太 "「ジーザス・クライスト=スーパースター」の演技"

● 新人賞

市川 猿之助 (3世) "歌舞伎「双生隅田川」「小笠原騒動」の演技"

◇舞踊部門

● 大臣賞

横井 茂 "バレエ「パ・ド・ドゥ」「沈黙」の演出・振付"

● 新人賞

清水 洋子 "バレエ「ハープ・コンチェルト」「ドン・キホーテ」などの一連の演技"

◇古典芸術部門

● 大臣賞

高橋 進 "能「卒都婆小町」「藤栄」(シテ)の演技"

● 新人賞

山本 則直 "狂言「武悪」「首引」「文蔵」（シテ）の演技"

第28回（昭52年）

◇演劇部門

● 大臣賞

矢代 静一 "浮世絵師3部作「写楽考」「北斎漫画」「淫乱斎英泉」の連作"

● 新人賞

中村 吉右衛門（2世）"歌舞伎「隅田川花御所染」「怪談蚊喰鳥」「海援隊」等の演技"

◇舞踊部門

● 大臣賞

森下 洋子 "バレエ「ドン・キホーテ」等の演技"

● 新人賞

該当者なし

◇古典芸術部門

● 大臣賞

青木 融光 "歌謡公演における声明の演唱"

● 新人賞

友枝 昭世 "能「自然居士」「烏頭」等の演技"

第29回（昭53年）

◇演劇部門

● 大臣賞

吉井 澄雄 "オペラ「ペレアスとメリザンド」，演劇「その妹」，モダンダンス「小町」等の舞台照明"

● 新人賞

波乃 久里子 "「わかれ道」「芝桜」「女人哀詞」「紙屋治兵衛」等の演技"

◇舞踊部門

● 大臣賞

清水 哲太郎 "バレエ「ライモンダ」等の振付・主演"

● 新人賞

吾妻 徳弥 "長唄「見物左衛門」等の演技"

◇古典芸術部門

● 大臣賞

野沢 吉兵衛 "人形浄瑠璃「義士銘々伝・弥作鎌腹の段」等の文楽三味線"

友枝 喜久夫 "能「羽衣」の演技"

● 新人賞

該当者なし

第30回（昭54年）

◇演劇部門

● 大臣賞

滝沢 修 "新劇「アンネの日記」の卓抜な新演出と「子午線の祀り」における阿波民部重能の重厚な演技"

● 新人賞

清水 邦夫 「戯曲冒険小説」

◇舞踊部門

● 大臣賞

高浜流 光妙 "舞踊「河東節道成寺」「虫売」等の演技"

● 新人賞

柳下 規夫 "舞踊「楢山節考」「哀しみをバラに」などの振付・演技"

◇古典芸術部門

● 大臣賞

田中 一次 "一管「九様乱曲」，能「関寺小町」などの笛の演奏"

● 新人賞

豊竹 呂大夫 「ひらかな盛衰記―先陣問答の段」「妹背山婦女庭訓―道行恋苧環」「花光会」「呂大夫・清治の会」（文楽）

第31回（昭55年）

◇演劇部門

● 大臣賞

中村 扇雀（2世）"通し狂言「宿無団七時雨傘」等の演技"

● 新人賞

太地 喜和子 "「元禄港歌」「雁の寺」の演技"

◇舞踊部門

● 大臣賞

石井 かほる "創作バレエ「幻想交響曲」の構成・演出・振付"

● 新人賞

大塚 礼子 "バレエ「ロメオとジュリエット」「トリスタンとイゾルデ」の演技"

◇古典芸術部門

● 大臣賞

都 一いき "一中節「小春髪結の段」「松風」「双児隅田川」等の演奏"

● 新人賞

野村 万之介 "狂言「花子」「髭櫓」「萩大名」の演技"

第32回（昭56年）

◇演劇部門

● 大臣賞

森 光子 "東宝現代劇「放浪記」における林芙美子役の円熟した演技"

● 新人賞

鈴木 忠志 "ミュージカル「スウィーニ・トッド」「バッコスの信女」の演出"

◇舞踊部門

● 大臣賞

大原 永子 "バレエ「ライモンダ」「コッペリア」の演技"

● 新人賞

法村 牧緒 "バレエ「ジゼル」の演技"

◇古典芸術部門

● 大臣賞

森 茂好 "能「江口」「楊貴妃」「実盛」「船弁慶」におけるワキ方の演技"

● 新人賞

該当者なし

第33回（昭57年）

◇演劇部門

● 大臣賞

渡辺 美佐子 "新劇「化粧」の演技"

● 新人賞

中村 児太郎 "歌舞伎「仮名手本忠臣蔵」「俊寛」の演技"

◇舞踊部門

● 大臣賞

該当者なし

● 新人賞

井上 三千子 "京舞「新子守」「十二月」の演技"

本間 祥公 "モダンダンス「ヒマラヤの狐」の演技"

◇古典芸術部門

● 大臣賞

鶴澤 燕三（5世）"文楽「心中宵庚申」等の演奏,「玉藻前日曦袂」の作曲"

茂山 千五郎（12世）"狂言「靱猿」「御茶の水」の演技"

● 新人賞

該当者なし

第34回（昭58年）

◇演劇部門

● 大臣賞

山田 五十鈴 "「太夫さん」「たぬき〈前・後編〉」の演技"

● 新人賞

市村 正親 "「ユリディス」「エクウス」の演技"

◇舞踊部門

● 大臣賞

松山バレエ団 "バレエ「ジゼル」公演,また,年間の多彩な公演活動"

● 新人賞

林 千枝 "「第2回林千枝リサイタル」の「蜘」の演技,「しなやかに,夏」の振付,古典「鏡獅子」の演技"

◇古典芸術部門

● 大臣賞

武田 太加志 "能「住吉詣」「卒都婆小町――度の次第」等シテの演技"

● 新人賞

善竹 十郎 "狂言「伯母ヶ酒」「千鳥」のシテの演技"

第35回（昭59年）

◇演劇部門

● 大臣賞

平 幹二朗 "「タンゴ・冬の終わりに」「王女メディア」の演技"

● 新人賞

角野 卓造 "「息子はつらいよ」「ハイキング」の演技"

◇舞踊部門

● 大臣賞

西川 扇蔵 "「七騎落」の振付・演技"

● 新人賞

宮木 百合子 "「ジゼル」「オルフ」の演技"

◇古典芸術部門
- 大臣賞
  粟谷 新太郎 "「千寿」の演技"
- 新人賞
  工藤 和哉 "「遊行柳」「船弁慶」の演技"
第36回（昭60年）
◇演劇部門
- 大臣賞
  尾上 菊五郎（7世）"「伽羅先代萩」「鬼一法眼三略巻」の演技"
- 新人賞
  小林 裕 "「裸足で散歩」「ショートアイズ」の演出"
◇舞踊部門
- 大臣賞
  藤蔭 静枝 "「忍の川」「天女」「繭」の振付・演技"
- 新人賞
  三谷 恭三 "「眠れる森の美女」「ジゼル」「くるみ割り人形」の演技"
◇古典芸術部門
- 大臣賞
  竹本 住大夫（7世）"「ひらかな盛衰記」「玉藻前曦袂」の芸風"
- 新人賞
  香川 靖嗣 "「百万」「烏頭」の演技"
第37回（昭61年）
◇演劇部門
- 大臣賞
  松本 典子 "「タンゴ・冬の終わりに」「夢去りて, オルフェ」の演技"
- 新人賞
  竹本 葵太夫 "「仮名手本忠臣蔵」「義経千本桜」等の竹本演奏"
◇舞踊部門
- 大臣賞
  橘 秋帆 "「ジゼル」の演出振付, 「白鳥の湖」の指導力"
- 新人賞
  野々村 明子 "「もう蝶をはなせない」「オギャア」の振付・演技"
◇古典芸術部門

- 大臣賞
  宮薗 千碌 "宮薗節「鳥辺山」荻江節「式三番叟」の演奏"
- 新人賞
  梅若 紀彰 "「恋の重荷」「自然居士」の演技"
第38回（昭62年）
◇演劇部門
- 大臣賞
  蜷川 幸雄 "「テンペスト」「NINAGAWA・マクベス」の演出"
  別役 実 "戯曲「ジョバンニの父への旅」「諸国を遍歴する二人の騎士の物語」の作風"
- 新人賞
  坂東 八十助 "歌舞伎「人情・新文七元結」等の演技"
◇舞踊部門
- 大臣賞
  山村 若佐紀 "「上方舞りさいたる」の振付・演技"
- 新人賞
  藤間 洋子 "「藤間洋子リサイタル」の成果"
◇古典芸術部門
- 大臣賞
  芝 祐靖 "コンサート「笛ライブ'87」「天平のひびき」の演奏"
  吉田 文雀 "文楽「心中天網島」「曽根崎心中」等の演技"
- 新人賞
  該当者なし
第39回（昭63年）
◇演劇部門
- 大臣賞
  有馬 稲子 "「はなれ瞽女おりん」「越前竹人形」の演技"
- 新人賞
  鵜山 仁 "「作者を探す六人の登場人物」「雪やこんこん」「秋日和」の演出"
◇舞踊部門
- 大臣賞
  アキコ・カンダ "「フォーシーズンズ」「バ

ルバラを踊る」の振付・演技"

梛茂都 梅衣 "「梛茂都梅衣舞の会」の演技"

● 新人賞

石井 潤 "バレエ「泥棒詩人ヴィヨン」等の振付・演出"

◇古典芸術部門

● 大臣賞

観世 元昭 "能「芭蕉」の演技"

● 新人賞

豊澤 富助 "文楽「ひらかな盛衰記」「仮名手本忠臣蔵」の演奏"

第40回 (平1年)

◇演劇部門

● 文部大臣賞

市川 猿之助 (3世) "「リュウオー—龍王」の企画, 演出など"

木村 光一 "「夢・桃中軒牛右衛門」「この子たちの夏」などの演出"

● 新人賞

加藤 健一 "「マイ・ファット・フレンド」などの演出"

◇舞踊部門

● 文部大臣賞

花柳 寿恵幸 "「苧環・恋の神杉」「旅ゆけば」の演技"

● 新人賞

鈴木 稔 "「マイ・スィートホーム」などの振付"

吉村 佳紘 "「古道成寺」などの演技"

◇古典芸術部門

● 文部大臣賞

山彦 節子 "「日本舞踊三人展」などの演奏"

● 新人賞

田崎 隆三 "能楽「放下僧」の演技"

第41回 (平2年)

◇演劇部門

● 文部大臣賞

日下 武史 "「ひかりごけ」(劇団四季公演) ほかの演技"

清水 邦夫 "「弟よ—姉, 乙女から坂本龍馬への伝言」(柊社公演) の脚本・演出"

● 新人賞

堀越 真 "「細雪」「終着駅」ほか大劇場演劇の作劇法を心得た脚本"

◇舞踊部門

● 文部大臣賞

山村 楽世 "上方舞「芦刈」ほかの演技"

● 新人賞

高部 尚子 "谷桃子バレエ団公演「リゼット」の主役"

◇古典芸術部門

● 文部大臣賞

関本 明正 "舞楽「五常楽」での演奏"

● 新人賞

山本 則俊 "狂言「素袍落」ほかの演技"

第42回 (平3年)

◇演劇部門

● 文部大臣賞

加藤 剛 "「わが愛」3部作 (劇団俳優座公演) の演技"

● 新人賞

鐘下 辰男 "「tatsuya—最愛なる者の側へ」「1980年のブルースハープ」の脚本"

◇舞踊部門

● 文部大臣賞

志田 房子 "琉球舞踊「諸屯」「本花風」ほかの演技"

● 新人賞

後藤 早知子 "創作バレエ「光ほのかに—アンネの日記」の振り付け"

◇古典芸術部門

● 文部大臣賞

観世 銕之丞 (8世) "能「鷺」「定家」の演技,「当願暮頭」の復曲"

竹本 織大夫 (5世) "文楽浄瑠璃「新薄雪物語・園部兵衛屋敷の段」ほか"

● 新人賞

該当者なし

第43回 (平4年)

◇演劇部門

● 文部大臣賞

水谷 良重 "新派「佃の渡し」「巷談本牧亭」の演技"

● 新人賞

西川 信広 "「マイ・チルドレン！ マイ・アフリカ！」の演出"

◇舞踊部門
● 文部大臣賞
　佐多 達枝 "創作バレエ「2207520000秒の秘密」の振り付け, 演出"
　藤間 章作 "創作舞踊「円果の譜」の振り付け, 演技"
●新人賞
　該当者なし
◇古典芸術部門
● 文部大臣賞
　近藤 乾之助 "能「是界」「柏崎」ほかの演技"
　山本 東次郎（4世）"狂言「三番三」ほかの演技"
●新人賞
　該当者なし
第44回（平5年）
◇演劇部門
● 文部大臣賞
　沢村 宗十郎 「碁太平記白石噺」
●新人賞
　大田 創 「馬かける男たち」（公演）
◇舞踊部門
● 文部大臣賞
　吉村 雄輝夫 「桶取り」「都見物左衛門」
●新人賞
　佐々木 想美 "バレエ公演「ジゼル」のミルタ役,「三銃士」のミレディー役"
◇古典芸術部門
● 文部大臣賞
　豊竹 嶋大夫 "文楽「恋女房染分手綱」ほか"
　野村 四郎 「道成寺」「石橋」（能）
第45回（平6年）
◇演劇部門
● 文部大臣賞
　三田 和代 「滝沢家の内乱」（蝉の会公演）
●新人賞
　マキノ ノゾミ 「MOTHER」（青年座公演）

◇舞踊部門
● 文部大臣賞
　花柳 昌三郎 「第6回古曲と創作の夕べ」（花柳昌三郎舞踊公演）
●新人賞
　下村 由理恵 「眠れる森の美女」（粕谷辰雄バレエ団公演）
◇古典芸術部門
● 文部大臣賞
　友枝 昭世 "能「芭蕉」ほか"
●新人賞
　吉田 簑太郎 "文楽「花競四季寿」ほか"
第46回（平7年）
◇演劇部門
● 文部大臣賞
　八木 柊一郎 "「メリー・ウィドウへの旅」ほか"
●新人賞
　栗山 民也 「GHETTO/ゲットー」（ひょうご舞台芸術公演）
◇舞踊部門
● 文部大臣賞
　坂本 登喜彦 "佐多達枝作品「ミレナへの手紙」ほか"
●新人賞
　花柳 基 "第四回「基の会」ほか"
◇古典芸術部門
● 文部大臣賞
　宇治 紫文 "一中節「鉢の木」ほか"
●新人賞
　観世 清和 "「松浦佐用姫」ほか"
第47回（平8年）
◇演劇部門
● 文部大臣賞
　沢村 田之助 "歌舞伎「妹背山婦女庭訓」など"
●新人賞
　藤山 直美 「夫婦善哉」
◇舞踊部門
● 文部大臣賞
　尾上 菊雅 "「菊雅の会」など"
●新人賞

吉田 都 "日本バレエ協会公演「眠れる森の美女」など"

◇古典芸術部門

● 文部大臣賞

茂山 千之丞 "狂言「木六駄」など"

● 新人賞

鶴沢 津賀寿 "駒之助の会の「壇浦兜軍記—阿古屋琴責めの段」など"

第48回（平9年）

◇演劇部門

● 文部大臣賞

東 恵美子 "「黄昏」「ジャンナ」での演技"

● 新人賞

永井 愛 "「見よ,飛行機の高く飛べるを」など"

◇舞踊部門

● 文部大臣賞

該当なし

● 新人賞

酒井 はな "「くるみ割り人形」での舞踊"

◇古典芸術部門

● 文部大臣賞

観世 栄夫 "「桧垣」での演技"

● 新人賞

野沢 錦弥 "「熊谷陣屋」「帯屋」などの演奏"

第49回（平10年）

◇演劇部門

● 文部大臣賞

竹内 銃一郎 「今宵かぎりは…」「風立ちぬ」（公演）

● 新人賞

宮田 慶子 "公演「ディア・ライアー」の演出"

◇舞踊部門

● 文部大臣賞

井上 三千子 "一中節「辰巳の四季」など"

● 新人賞

軽部 裕美 "公演「春の祭典」での犠牲の乙女の踊りなど"

◇古典芸術部門

● 文部大臣賞

豊竹 咲大夫 「仮名手本忠臣蔵」の「山科閑居」

● 新人賞

森 常好 "能「道成寺」など"

第50回（平11年）

◇演劇部門

● 文部大臣賞

野田 秀樹 「パンドラの鐘」

● 新人賞

松 たか子 「天涯の花」「セツアンの善人」

◇舞踊部門

● 文部大臣賞

小島 章司 「LUNAフラメンコの魂を求めて」

● 新人賞

宮内 真理子 「ドン・キホーテ」「ペトルーシュカ」「白鳥の湖」「シンデレラ」

◇古典芸術部門

● 文部大臣賞

大槻 文蔵 「蛙ケ沼」「摂待」（能）

● 新人賞

竹本 千歳大夫 「妹背山婦女庭訓」「加賀見山旧錦絵」（文楽）

第51回（平12年）

◇演劇部門

● 文部科学大臣賞

白石 加代子 「グリークス」

● 新人賞

市川 新之助 「源氏物語」

◇舞踊部門

● 文部科学大臣賞

吉田 都 「ラ・シルフィード」

● 新人賞

佐々木 大 「RASTA」

◇古典芸術部門

● 文部科学大臣賞

豊竹 十九大夫 「仮名手本忠臣蔵」

● 新人賞

宝生 欣哉 「道成寺」

第52回（平13年）

◇演劇部門

● 文部科学大臣賞

池内 淳子 「空のかあさま」(東宝現代劇)
- 新人賞
  髙瀬 久男 "文学座公演「モンテ・クリスト伯」など"
◇舞踊部門
- 文部科学大臣賞
  猿若 吉代 "「猿若会」の長唄「雨の四季」など"
- 新人賞
  上野 水香 「デューク・エリントン・バレエ」
◇古典芸術部門
- 文部科学大臣賞
  福王 茂十郎 「泰山木」(能)
- 新人賞
  鶴澤 清介 "「国性爺合戦 楼門の段」の演奏"
第53回(平14年度)
◇演劇部門
- 文部科学大臣賞
  市村 正親 「海の上のピアニスト」(一人芝居)
- 新人賞
  市川 染五郎(7世)「アテルイ」など
◇舞踊部門
- 文部科学大臣賞
  下村 由理恵 「ジゼル」
- 新人賞
  藤間 勘十郎(8世)「宗家藤間流 藤間会」など
◇古典芸術部門
- 文部科学大臣賞
  桐竹 紋寿 「奥州安達原」(文楽)
- 新人賞
  野村 萬斎 「髭櫓」(狂言)など
第54回(平15年度)
◇演劇部門
- 文部科学大臣賞
  麻実 れい 「AOI/KOMACHI」
  加藤 健一 「木の皿」
- 新人賞
  石川 耕士 「四谷怪談忠臣蔵」(歌舞伎)

◇舞踊部門
- 文部科学大臣賞
  吾妻 德弥 「松廼羽衣」
  天児 牛大 「仮想の庭―うつり」
- 新人賞
  白河 直子 「忘却という神話」
第55回(平16年度)
◇演劇部門
- 文部科学大臣賞
  浅見 真州(能シテ方)「檜垣」「松風」
  大竹 しのぶ(俳優)「太鼓たたいて笛ふいて」「喪服の似合うエレクトラ」
- 新人賞
  長塚 圭史(演出家, 劇作)「はたらくおとこ」「ピローマン」
◇舞踊部門
- 文部科学大臣賞
  熊川 哲也(舞踊家)「コッペリア」「ドン・キホーテ」(バレエ)
  斎藤 友佳理(舞踊家)「ジゼル」「椿姫」(バレエ)
- 新人賞
  市山 松扇(7世)(舞踊家(日本舞踊)) 長唄「大原女」や創作「火の鳥 転生編」
第56回(平17年度)
◇演劇部門
- 文部科学大臣賞
  串田 和美(演出家)「コーカサスの白墨の輪」「桜姫」
  山本 則直(能楽狂言方)「楽阿弥」「武悪」
- 新人賞
  尾上 菊之助(5世)(歌舞伎俳優)「NINAGAWA十二夜」
◇舞踊部門
- 文部科学大臣賞
  川口 ゆり子(バレリーナ)「タチヤーナ」「シンデレラ」
  中村 しんじ(現代舞踊家)「ありす」「WOMAN」
- 新人賞
  山村 若(6世)(日本舞踊家)「歌右衛門狂乱」

第57回（平18年度）
◇演劇部門
● 文部科学大臣賞
小池 修一郎（演出家）「『NEVER SAY
GOODBYE』―ある愛の軌跡―」（宝塚
大劇場）
塩津 哲生（能楽師）「石橋・三ツ台」「楊貴
妃」「葛城」
● 新人賞
いのうえ ひでのり（演出家）「METAL
MACBETH（メタル マクベス）」（劇団
☆新感線）
◇舞踊部門
● 文部科学大臣賞
橘 芳慧（舞踊家）長唄「雨の四季」，清元
「深川女房（ふかがわにょうぼう）」，創
作「あき」など
勅使川原 三郎（舞踊家，振付家，演出家）
「ガラスノ牙」
● 新人賞
吉村 古ゆう（舞踊家）「第三回吉村古ゆう
舞の会」「舞の会―京阪の座敷舞―」
第58回（平19年度）
◇演劇部門
● 文部科学大臣賞
桐竹 勘十郎（3世）"女形，立役，世話物の
半兵衛，武将・光秀，団七など芸の多彩さ
と存在感に対して"
三谷 幸喜 「コンフィダント・絆」
● 新人賞
唐沢 寿明 「コリオレイナス」
◇舞踊部門
● 文部科学大臣賞
金森 穣 「PLAY 2 PLAY」「W-view」
若柳 吟 長唄「石橋」，地歌「蛙」，荻江
「八島」など
● 新人賞
山本 隆之 新国立劇場バレエ団の古典，新
作「オルフェオとエウリディーチェ」，
「椿姫」など
第59回（平20年度）
◇演劇部門

● 文部科学大臣賞
鄭 義信 「焼肉ドラゴン」
松本 雄吉 「呼吸機械〈彼〉と旅をする二
十世紀三部作#2」
● 新人賞
市川 亀治郎 「祇園祭礼信仰記～金閣寺」
「色彩間苅豆」
◇舞踊部門
● 文部科学大臣賞
酒井 はな 「カルメンby石井潤」
花柳 基 "「第十回基の会」での長唄「黒
塚」,「花柳舞踊研究会」での「空の初
旅」など"
● 新人賞
平山 素子 「春の祭典」
第60回（平21年度）
◇演劇部門
● 文部科学大臣賞
嵐 圭史 「江戸城総攻」
鵜山 仁 「ヘンリー六世」
● 新人賞
前川 知大 「関数ドミノ」「奇ッ怪－小泉
八雲から聞いた話」
◇舞踊部門
● 文部科学大臣賞
岩田 守弘 "「白鳥の湖」「明るい小川」「バ
レエ・アステラス☆2009」「阿修羅」な
ど"
花柳 寿美 "「東京藝術大学退任記念公演」
としての「吉田御殿」上演"
● 新人賞
山村 若有子 "国立文楽劇場で行ったリサ
イタルでの地歌「越後獅子」「名護屋帯」
など"
第61回（平22年度）
◇演劇部門
● 文部科学大臣賞
津嘉山 正種（俳優）"公演「黄昏」の演技"
野澤 錦糸（5世）（文楽三味線方）"公演
「妹背山婦女庭訓（いもせやまおんなて
いきん）」他の成果"
● 新人賞

鈴木　裕美（演出家）“公演「富士見町ア
　パートメント」の企画・演出”
◇舞踊部門
● 文部科学大臣賞
　中村　恩恵（舞踊家・振付家）“「The Well-
　　Tempered」他の成果”
　山村　若（6世）（日本舞踊家）“山村流舞扇
　　会における「江戸土産（えどみやげ）慣
　　（みなろうて）ちょっと七化（ななば
　　け）」の成果”
● 新人賞
　小野　絢子（バレエダンサー）“公演「シン
　　フォニー・イン・C」他の演技”
第62回（平23年度）
◇演劇部門
● 文部科学大臣賞
　栗山　民也（演出家）“「ピアフ」他の演出”
　中村　又五郎（3世）（歌舞伎俳優）“「菅原
　　伝授手習鑑」の演技”
● 新人賞
　今井　朋彦（俳優）“「破産した男」他の演
　　技”
◇舞踊部門
● 文部科学大臣賞
　首藤　康之（ダンサー）“「Shakespeare
　　THE SONNETS」の成果”
　花柳　寿楽（3世）（日本舞踊家）“「夢殿」の
　　演技”
● 新人賞
　湯川　麻美子（バレエダンサー）“「パゴダ
　　の王子」における女王エピーヌの演技”
第63回（平24年度）
◇演劇部門
● 文部科学大臣賞

川村　毅（劇作家）“「4」の劇作”
● 文部科学大臣賞
　観世　清和（能楽師）“能「定家」他の成果”
● 新人賞
　井上　芳雄（俳優）“「ダディ・ロング・
　　レッグズ」他の演技”
◇舞踊部門
● 文部科学大臣賞
　山本　隆之（バレエダンサー）“「アンナ・
　　カレーニナ」他の演技”
● 文部科学大臣賞
　吉村　輝章（日本舞踊家）“「座敷舞道成寺」
　　他の演技”
● 新人賞
　森山　開次（ダンサー・振付家）“「曼荼羅
　　の宇宙」の成果”
第64回（平25年度）
◇演劇部門
● 文部科学大臣賞
　吉田　和生（文楽人形遣い）“通し狂言「伊
　　賀越道中双六」お谷ほかの成果”
● 文部科学大臣賞
　吉田　鋼太郎（俳優）“「ヘンリー四世」に
　　おけるフォルスタッフの演技”
● 新人賞
　森　新太郎（演出家）“「エドワード二世」
　　ほかの演出”
◇舞踊部門
● 文部科学大臣賞
　笠井　叡（舞踊家）“「日本国憲法を踊る」
　　ほかの成果”
● 新人賞
　猿若　清三郎（日本舞踊家）“「かしく道成
　　寺」の成果”

005 芸能功労者表彰

　我が国の芸術家・芸能家芸能活動を推進し助成することを目的として，昭和50年より
開始された。芸能文化の向上に寄与した団体および個人に贈られる。平成17年度から当
分の間休止。

【主催者】（社）日本芸能実演家団体協議会

【選考委員】非公開

【選考方法】正会員団体と同会理事の推薦による

【選考基準】〔対象〕(1)芸能実演あるいは芸能に関する技術者,スタッフ等で専門家として20年以上の活動をし,芸能の発展向上に寄与した者。(2)正会員団体の構成員でその団体の発展に著しく貢献した個人・団体。(3)正会員団体の構成員以外で芸能活動の発展向上に特に貢献した個人・団体

【賞・賞金】表彰状,記念品(佐藤忠良・作)と金一封

第1回(昭50年度)
　毛利 菊枝(関西俳優協議会)
　松田 粂太郎(新劇団協議会)
　甲野 純平(日本映画俳優協会)
　森 光子(日本喜劇人協会)
　佐々木 孝丸(日本放送芸能家協会)
　宝生 英雄(能楽協会)
　野澤 喜左衛門(2世)(人形浄瑠璃文楽座)
　常磐津 小六(関西常磐津協会)
　杵屋 和吉(関西長唄協会)
　竹本 重之助(義太夫協会)
　松田 静水(薩摩琵琶連合会)
　吉田 旭明(筑前琵琶連合会)
　常磐津 幹五郎(常磐津協会)
　菊沢 松風(当道音楽会)
　伊藤 松超(日本三曲協会)
　西宮 安一郎(日本演奏連盟)
　関沢 幸吉(日本音楽家労働組合)
　松崎 国雄(現代舞踊協会)
　笑福亭 松鶴(6世)(上方落語協会)
　宝家 楽翁(太神楽曲芸協会)
　玉川 スミ(東京演芸協会)
　アダチ 龍光(日本奇術協会)
　文の家 可祝(日本芸術協会)
　神保 国久(日本浪曲協会)
　松鶴家 千代若(漫才協団)
　三遊亭 円生(落語協会)
第2回(昭51年度)
　海老江 寛(関西俳優協議会)
　龍岡 晋(新劇団協議会)
　槇 俊夫(日本映画俳優協会)
　丸尾 長顕(日本喜劇人協会)
　東山 千栄子(日本新劇俳優協会)

　尾上 多賀之丞(3世)(日本俳優協会)
　柳 永二郎(日本放送芸能家協会)
　常磐津 文之助(関西常磐津協会)
　豊沢 猿三郎(義太夫協会)
　辻 靖剛(薩摩琵琶連合会)
　岡本 文弥(新内協会)
　松岡 旭岡(筑前琵琶連合会)
　常磐津 松房(常磐津協会)
　菊原 初子(当道音楽会)
　芳村 伊久三郎(長唄協会)
　吉安 けい(名古屋邦楽協会)
　川瀬 順輔(日本三曲協会)
　鈴木 聡(日本演奏連盟)
　高田 せい子(現代舞踊協会)
　島田 豊(全日本児童舞踊協会)
　橘 秋帆(東京バレエ協議会)
　服部 智恵子(日本バレエ協会)
　花柳 応輔(日本舞踊協会)
　鏡味 小仙(太神楽曲芸協会)
　前田 勝之助(東京演芸協会)
　柳 四郎(東京ボーイズ協会)
　松旭斉 天暁(日本奇術協会)
　長谷川 藤太郎(日本芸術協会)
　横田 十三子(日本浪曲協会)
　都上 英二(漫才協団)
　都家 かつ江(落語協会)
　村山 知義(日本演出者協会)
第3回(昭52年度)
　志摩 靖彦(関西俳優協議会)
　南部 彰三(日本映画俳優協会)
　津田 雄也(日本喜劇人協会)
　鶴丸 睦彦(日本新劇俳優協会)
　土方 浩平(日本人形劇人協会)

竹柴 金作（日本俳優協会）
浮田 左武郎（日本放送芸能家協会）
坂井 音次郎（能楽協会）
常磐津 文字宏（関西常磐津協会）
鶴沢 三生（義太夫協会）
鶴賀 若狭太夫（新内協会）
渡辺 旭寂（筑前琵琶連合会）
常磐津 政寿郎（常磐津協会）
菊庭 和子（当道音楽会）
宮崎 勇（名古屋邦楽協会）
太田 里子（日本三曲協会）
青島 俊夫（日本演奏連盟）
松本 伸（日本音楽家労働組合）
江口 隆哉（現代舞踊協会）
泉田 哲彦（全日本児童舞踊協会）
太刀川 瑠璃子（東京バレエ協議会）
川路 明（日本バレエ協会）
猿若 清方（日本舞踊協会）
豊来家 宝楽（太神楽曲芸協会）
桜井 長一郎（東京演芸協会）
松旭斉 天映（日本奇術協会）
森 トシ（日本芸術協会）
木村 友香（日本浪曲協会）
リーガル天才（漫才協団）
梅中軒 鴬童（浪曲親友協会）
島袋 光裕（沖縄芸能実演家の会）
八田 元夫（日本演出者協会）

第4回（昭53年度）
二谷 英明（日本映画俳優協会）
柳沢 真一（日本喜劇人協会）
三津田 健（日本新劇俳優協会）
川崎 プッペ（日本人形劇人協会）
坂東 羽三郎（日本俳優協会）
村瀬 正彦（日本放送芸能家協会）
大蔵 弥太郎（能楽協会）
鶴沢 重造（人形浄瑠璃文楽座）
常磐津 三都造（関西常磐津協会）
小林 新吉（義太夫協会）
富士松 加賀翁（新内協会）
田中 旭昇（筑前琵琶連合会）
常磐津 松蔵（常磐津協会）
錦 春寿（名古屋邦楽協会）

今井 久仁子（日本三曲協会）
宮崎 隆男（日本演奏連盟）
水島 早苗（日本音楽家協会）
河上 鈴子（現代舞踊協会）
柿沢 充（全日本児童舞踊協会）
小牧 正英（日本バレエ協会）
有馬 五郎（東京バレエ協議会）
永井 剛（日本舞踊協会）
やなぎ 女楽（太神楽曲芸協会）
邦 一郎（東京ボーイズ協会）
松旭斉 天洋（日本奇術協会）
わかの浦 狐舟（日本浪曲協会）
松鶴家 日の一（漫才協団）
加藤 やゑ（落語協会）
橘 つや（落語芸術協会）
松浦 四郎（浪曲親友協会）

第5回（昭54年度）
大岡 欽治（関西俳優協議会）
森繁 久弥（日本映画俳優協会）
御園 京平（日本喜劇人協会）
千田 是也（日本新劇俳優協会）
矢野 洋三（日本人形劇人協会）
松井 正三（日本俳優協会）
江見 俊太郎（日本放送芸能家協会）
広田 陸一（能楽協会）
常磐津 錦司（関西常磐津協会）
竹本 越道（義太夫協会）
小原 旭成（筑前琵琶連合会）
常磐津 文字源（常磐津協会）
井上 令節（当道音楽会）
石塚 元三郎（名古屋邦楽協会）
阿部 桂子（日本三曲協会）
松浦 巌（日本演奏連盟）
バッキー白片（日本音楽家協会）
ジミー原田（日本音楽家労働組合）
吉沢 博（日本録音指揮者連盟）
平岡 斗南夫（現代舞踊協会）
佐々木 忠次（東京バレエ協議会）
吾妻 徳穂（日本舞踊協会）
翁家 小さん（太神楽曲芸協会）
斎藤 尚子（東京演芸協会）
引田 天功（日本奇術協会）

広沢 虎若（日本浪曲協会）

宮田 洋容（漫才協団）

林家 正蔵（落語協会）

春風亭 柳橋（落語芸術協会）

天光軒 満月（浪曲親友協会）

第6回（昭55年度）

長谷川 一夫（日本映画俳優協会）

並木 一路（日本喜劇人協会）

村瀬 幸子（日本新劇俳優協会）

大平 透（日本放送芸能家協会）

金春 信高（能楽協会）

鶴沢 駒登久（義太夫協会）

富士松 長門太夫（新内協会）

藤巻 旭鴻（筑前琵琶連合会）

常磐津 駒喜太夫（常磐津協会）

春日 とよかよ（名古屋邦楽協会）

磯野 茶山（日本三曲協会）

見砂 直照（日本演奏家協会, 日本音楽家協会）

佐野 貞雄（日本演奏連盟）

小原 重徳（日本音楽家労働組合）

若松 正司（日本録音指揮者連盟）

石井 みどり（現代舞踊協会）

則武 昭彦（全日本児童舞踊協会）

鈴木 延子（東京バレエ協議会）

島田 広（日本バレエ協会）

藤間 藤子（日本舞踊協会）

柳貴家 正楽（太神楽曲芸協会）

宮尾 たか志（東京演芸協会）

松旭斉 広子（日本奇術協会）

東家 幸楽（日本浪曲協会）

内海 桂子（漫才協団）

東 冨士夫（落語協会）

三遊亭 円馬（落語芸術協会）

本田 安次（日本民俗芸能協会）

岩田 直二（関西俳優協議会）

芳川 歌子（日本人形劇人協会）

嵐 璃珏（日本俳優協会）

桐竹 亀松（人形浄瑠璃文楽座）

常磐津 綱太夫（関西常磐津協会）

桂 春団治（3世）（上方落語協会）

人生 幸朗（関西芸能親和会）

京山 幸枝（浪曲親友協会）

真境名 由康（沖縄芸能実演家の会）

第7回（昭56年度）

岡田 猪之介（関西俳優協議会）

高木 信夫（日本映画俳優協会）

沢田 隆治（日本喜劇人協会）

岸 輝子（日本新劇俳優協会）

中村 俊一（日本児童演劇劇団協議会）

利根川 金十郎（日本俳優協会）

多々良 純（日本放送芸能家協会）

鶴沢 叶太郎（人形浄瑠璃文楽座）

桜間 金太郎（能楽協会）

常磐津 文規太夫（関西常磐津協会）

豊沢 仙広（義太夫協会）

新内 仲造（新内協会）

柴田 旭堂（筑前琵琶連合会）

常磐津 清勢太夫（常磐津協会）

杵屋 寿太郎（長唄協会）

長谷川 栄一（名古屋邦楽協会）

中田 博之（日本三曲協会）

寺西 玄之（全国音楽労働組合協議会西日本ブロック）

寺田 豊次（日本演奏家協会）

藤井 武（日本演奏連盟）

奥田 宗宏（日本音楽家協会）

増尾 博（日本音楽家労働組合）

藤山 一郎（日本歌手協会）

福田 一雄（日本録音指揮者連盟）

武内 正夫（現代舞踊協会）

深谷 吉哉（全日本児童舞踊協会）

尺田 知路（東京バレエ協議会）

友井 唯起子（日本バレエ協会）

西川 鯉三郎（日本舞踊協会）

桂 米之助（上方落語協会）

山崎 正三（関西芸能親和会）

宝井 馬琴（講談協会）

鏡味 小鉄（太神楽曲芸協会）

日本橋 きみ栄（東京演芸協会）

松旭斉 天花（日本奇術協会）

東家 浦太郎（日本浪曲協会）

リーガル秀才（漫才協団）

三遊亭 円遊（落語芸術協会）

京山 幸枝若（浪曲親友協会）

宮尾 しげを（日本民俗芸能協会）

第8回（昭57年度）

松井 加容子（関西俳優協議会）

大杉 侃二郎（日本映画俳優協会）

香山 新二郎（日本喜劇人協会）

松本 克平（日本新劇俳優協会）

多田 徹（日本児童演劇劇団協議会）

市川 寿美蔵（日本俳優協会）

吉田 玉五郎（人形浄瑠璃文楽座）

豊嶋 十郎（能楽協会）

常磐津 文字一朗（関西常磐津協会）

竹本 土佐広（義太夫協会）

仲川 秀邦（薩摩琵琶連合会）

鶴賀 加賀八太夫（新内協会）

中村 旭園（筑前琵琶連合会）

常磐津 菊寿郎（常磐津協会）

岡安 栄蔵（長唄協会）

杵屋 三太郎（名古屋邦楽協会）

野坂 操寿（1世）（日本三曲協会）

坂田 健吉（全国音楽労働組合協議会西日本
ブロック）

上野 正雄（日本演奏家協会）

上原 正二（日本演奏連盟）

馬渡 誠一（日本音楽家協会）

津田 功（日本音楽家労働組合）

ディックミネ（日本歌手協会）

長州 忠彦（日本録音指揮者連盟）

執行 正俊（現代舞踊協会）

睦 哲也（全日本児童舞踊協会）

石田 種生（東京バレエ協議会）

貝谷 八百子（日本バレエ協会）

若柳 吉三次（日本舞踊協会）

小野 テル（上方落語協会）

島 ひろし（関西演芸協会）

吉田 茂（関西芸能親和会）

鏡 辰雄（太神楽曲芸協会）

白山 雅一（東京演芸協会）

松旭斉 清子（日本奇術協会）

東家 浦若（日本浪曲協会）

瀬戸 わんや（漫才協団）

岸 正次郎（落語協会）

雷門 助六（落語芸術協会）

天龍 三郎（浪曲親友協会）

親泊 興照（沖縄芸能実演家の会）

江口 博（日本民俗芸能協会）

第9回（昭58年度）

高橋 芙美子（関西俳優協議会）

天野 有恒（名古屋放送芸能家協議会）

池部 良（日本映画俳優協会，日本放送芸能
家協会）

曽我廼家 明蝶（日本喜劇人協会）

東野 英治郎（日本新劇俳優協会）

道井 直次（日本児童演劇劇団協議会）

川尻 泰司（日本人形劇人協会）

市川 八百蔵（日本俳優協会）

竹本 越路大夫（4世）（人形浄瑠璃文楽座）

大西 信久（能楽協会）

常磐津 文字巳喜（関西常磐津協会）

竹本 素八（義太夫協会）

遠藤 鶴東（薩摩琵琶連合会）

花園 美声（新内協会）

山崎 旭萃（筑前琵琶連合会）

常磐津 文字兵衛（4世）（常磐津協会）

芳村 遊喜（長唄協会）

吉住 小真吾（名古屋邦楽協会）

山勢 松韻（日本三曲協会）

谷 清（全国芸術労働組合連合会）

坂 逸郎（日本演奏家協会）

斉藤 義孝（日本演奏連盟）

佐藤 功（日本音楽家協会）

中西 逸朗（日本音楽家労働組合大阪）

本多 襄（日本音楽家労働組合）

淡谷 のり子（日本歌手協会）

小沢 直与志（日本録音指揮者連盟）

江口 乙矢（現代舞踊協会）

近藤 有宜（全日本児童舞踊協会）

鈴木 滝夫（東京バレエ協議会）

松尾 明美（日本バレエ協会）

楳茂都 陸平（日本舞踊協会）

松永 はる（上方落語協会）

千歳家 今若（関西演芸協会）

山崎 正路（関西芸能親和会）

神田 寿山（講談協会）

江川 マストン（太神楽曲芸協会）

牧 伸二（東京演芸協会）

塚田 晴雄（日本奇術協会）

玉川 勝太郎（日本浪曲協会）

青空 たのし（漫才協団）

三遊亭 円右（落語芸術協会）

松風軒 栄楽（浪曲親友協会）

宅 昌一（日本演出者協会）

郡司 正勝（日本民俗芸能協会）

第10回（昭59年度）

中西 武夫（関西俳優協議会）

柳 有（名古屋放送芸能家協議会）

佐々木 正時（日本映画俳優協会）

野村 吾一（日本喜劇人協会）

山本 安英（日本新劇俳優協会）

白石 克巳（日本児童演劇劇団協議会）

上田 次郎（日本人形劇人協会）

成田 菊雄（日本俳優協会）

鶴澤 燕三（5世）（人形浄瑠璃文楽座）

藤井 久雄（能楽協会）

常磐津 文五郎（関西常磐津協会）

野沢 吉平（義太夫協会）

桑名 洲聖（薩摩琵琶連合会）

花園 常磐太夫（新内協会）

原島 旭粧（筑前琵琶連合会）

常磐津 文字太夫（常磐津協会）

杵屋 君繁（長唄協会）

杵屋 六左多（名古屋邦楽協会）

中塩 幸祐（日本三曲協会）

花木 一浩（全国芸術労働組合連合会）

茂木 宏友（日本演奏連盟）

伊藤 道彦（日本音楽家協会）

長谷川 篤夫（日本音楽家労働組合大阪）

林 伊佐緒（日本歌手協会）

渡辺 浦人（日本録音指揮者連盟）

江崎 司（現代舞踊協会）

島田 正式（全日本児童舞踊協会）

小倉 佐知子（東京バレエ協議会）

谷 桃子（日本バレエ協会）

藤間 秀斉（日本舞踊協会）

楠本 喬章（上方落語協会）

市川 歌志（関西演芸協会）

松旭斉 天彩（関西芸能親和会）

田辺 孝治（講談協会）

柳家 五郎（太神楽曲芸協会）

三増 紋也（東京演芸協会）

松旭斉 すみえ（日本奇術協会）

五月 一朗（日本浪曲協会）

天乃 竜二（漫才協団）

柳家 三亀松（落語協会）

桂 文治（落語芸術協会）

吉田 一若（浪曲親友協会）

水品 春樹（日本舞台監督協議会）

藤蔭 静枝（日本民俗芸能協会）

第11回（昭60年度）

植原 津留子（国立劇場舞台技術課）

松鶴家 千代菊（漫才協団）

土屋 友吉（人形劇団プーク制作部）

鳥居 登名美（日本三曲協会, 山田流箏曲協会）

マキノ 雅裕（映画監督）

第12回（昭61年度）

浅川 玉兎（長唄研究家）

竹内 京子（劇団新派女優）

竹本 綾之助（義太夫節太夫）

田中 政数（バイオリン演奏・編曲・指揮）

浜村 純（俳優）

若尾 正也（照明家, 演出家）

第13回（昭62年度）

清川 虹子（喜劇俳優）

竹本 津大夫（4世）（文楽大夫）

田中 照三（舞台美術家）

天中軒 雲月（浪曲師）

宮城 能造（舞踊家）

第14回（昭63年度）

上村 吉弥（歌舞伎俳優）

松山 樹子（舞踊家）

宮城 数江（箏曲家）

毛利 菊枝（俳優）

森 トシ（寄席囃子）

第15回（平1年度）

魚住 源次（クラシック音楽マネージャー）

田中 好道（舞台監督）

原 ひさ子（俳優）

　　悠玄亭　玉介（幇間）
　　笠　智衆（俳優）
第16回（平2年度）
　　市川　右太衛門（俳優）
　　植田　ひさ（寄席囃子）
　　海老江　寛（俳優）
　　武内　正夫（現代舞踊家）
　　都　錦穂（薩摩琵琶演奏家）
　　芳村　伊久四郎（歌舞伎長唄唄方）
第17回（平3年度）
　　河原崎　権十郎（歌舞伎俳優）
　　日本橋　きみ栄（江戸端唄）
　　坊屋　三郎（ヴォードビリアン）
　　丸山　勝広（故人）（オーケストラ役員）
　　水野　鉄男（文化活動家）
　　若柳　吉駒（日本舞踊家）
第18回（平4年度）
　　木田　三千雄（俳優）
　　杵屋　佐枝（長唄三味線）
　　清元　一寿郎（2世）（清元三味線）
　　並木　路子（歌手）
　　益田　隆（舞踊家）
　　柳家　小志ん（曲芸・曲独楽）
第19回（平5年度）
　　倉林　誠一郎（演劇制作者）
　　黒田　幸子（民謡歌手）
　　五月　一朗（浪曲師）
　　竹本　駒龍（義太夫節太夫）
　　村瀬　登茂三（能楽ワキ方）
第20回（平6年度）
　　岡本　文弥（新内節演奏家）
　　清元　延栄喜美（故人）（清元演奏家）
　　高村　章子（俳優）
　　西宮　安一郎（日本演奏連盟理事）
　　やなぎ　女楽（太神楽曲芸独楽師）
第21回（平7年度）
　　柿原　繁蔵（能楽師大鼓方）
　　杵屋　佐武郎（長唄三味線演奏家）
　　杉田　恭子（新宿末広亭社長）
　　竹本　文蔵（人形浄瑠璃文楽座幕内頭取）
　　長岡　輝子（俳優）

第22回（平8年度）
　　戌井　市郎（演出家）
　　清元　富士太夫（清元節太夫）
　　富崎　冨美代（地唄・箏曲家）
　　はた　のぼる（尺八漫談家）
　　藤城　健太郎（俳優）
第23回（平9年度）
　　今藤　佐知郎（長唄三味線演奏家）
　　笹本　公江（舞踊家, 振付家）
　　中里　郁子（元日本劇団協議会専務理事）
　　桧山　さくら（俗曲師）
　　堀口　博雄（ヴァイオリン演奏家）
第24回（平10年度）
　　井上　道子（琴・三絃演奏家）
　　大野　一雄（舞踏家）
　　大林　静子（浪曲三味線師）
　　玉川　伊佐男（俳優）
　　レイモンド・コンデ（クラリネット演奏家,
　　　ジャズ歌手）
第25回（平11年度）
　　大島　寛治（狂言師）
　　宝　とも子（ラテン歌手）
　　坂東　又太郎（日本舞踊・後見）
　　三崎　千恵子（女優）
　　若杉　平正太夫（三河万歳太夫）
第26回（平12年度）
　　宇都宮　吉輝（名古屋演劇鑑賞会会長）
　　大村　崑（喜劇俳優）
　　柏　庄太郎（長唄唄方）
　　島袋　光史（琉球芸能・太鼓奏者）
　　長谷川　正明（人形劇制作者）
第27回（平13年度）
　　多田　徹（劇作家, 児童演劇活動家）
　　東京ハルモニア室内オーケストラ
　　中島　警子（箏曲演奏家）
　　野々村　潔（俳優）
　　浜坂　福夫（音楽プロデューサー）
◇特別表彰
　　ジョン・モートン（国際音楽家連盟FIM会
　　　長）
第28回（平14年度）
　　芦野　宏（シャンソン歌手, 日本シャンソン

館館長）

竹本 素京（女義太夫（糸操り結城人形））

納谷 悟朗（俳優，声優）

柳家 小せん（落語家）

第29回（平15年度）

青木 十良（チェロ演奏家）

東家 栄子（浪曲曲師）

宇野 小四郎（人形劇制作，人形劇調査研究）

香取 希代子（フラメンコ舞踊家）

新内 勝凰（新内節三味線演奏家）

第30回（平16年度）

馬詰 優（淡路人形遣い）

翁家 和楽（太神楽師）

塩谷 武治（能楽観世流シテ方）

関山 三喜夫（舞踊家，関山三喜夫舞踊団代表）

藤信 初子（浪曲三味線）

006 重要無形文化財〔芸能の部〕

昭和25年に制定された「文化財保護法」によって，演劇・音楽・工芸技術など，特定の個人や集団が相伝し，体得している無形の「技」そのものを無形文化財と命名。その中で特に重要なものを重要無形文化財に指定し，無形の技の存在を具体化するため，その技を高度に体現できる人，またはその技に精通している人を重要無形文化財の保持者として認定する制度が昭和29年に制定された。保持者が死亡すると認定が解除されることになる。また「人間国宝」とも言われるが，これは俗称である。

【主催者】 文部科学大臣

【選考委員】 文化審議会

【選考方法】 文部科学大臣が文化審議会に諮問，審議後，審議会より文部科学大臣へ答申

【選考基準】 〔対象〕演劇，音楽，工芸技術その他の無形の文化的所産で我が国にとって歴史上または芸術上価値の高いもの

【賞・賞金】 特別助成金年間各200万円

【URL】 文化庁HP（http://www.bunka.go.jp/）内

（昭30年2月）

◇能楽（能シテ方）

喜多 六平太（東京都 明7生―昭46没）

◇能楽（能囃子方大鼓）

川崎 九淵（本名＝川崎利吉 東京都 明7生―昭36没）

◇能楽（能囃子方小鼓）

幸 祥光（本名＝幸五郎）（東京都 明25生―昭52没）

◇文楽（人形浄瑠璃文楽太夫）

竹本 住大夫（6世）（本名＝岸本吟治 京都府 明19生―昭34没）

豊竹 山城少掾（本名＝金杉弥太郎 京都府 明11生―昭42没）

竹本 綱大夫（8世）（本名＝生田巌 大阪府 明7生―昭44没）

◇文楽（人形浄瑠璃文楽三味線）

鶴澤 清六（4世）（本名＝佐藤正哉 東京都 明22生―昭35没）

◇舞踊（歌舞伎舞踊）

坂東 三津五郎（7世）（本名＝守田寿作 東京都 明15生―昭36没）

◇舞踊（京舞）

井上 八千代（4世）（本名＝片山愛子 京都府 明38生）

（昭30年5月）

◇新派（新派女方）

喜多村 緑郎（本名＝喜多村六郎 東京都 昭4

生―昭36没）

◇人形浄瑠璃文楽
　人形浄瑠璃文楽座員（代表（太夫）＝小出清
　（4世竹本越路大夫）,（三味線）＝浜野民
　男（5世鶴沢燕三））

（昭31年4月）
　演劇・舞踊部門認定なし

（昭32年12月）
◇能楽
　日本能楽会会員（代表＝宝生英雄）

（昭35年4月）
◇歌舞伎（歌舞伎立役）
　市川 寿海（3世）（本名＝太田照造 京都府
　明19生―昭46没）

◇歌舞伎（歌舞伎脇役）
　市川 団之助（6世）（本名＝羽田久太郎 東京
　都 明9生―昭38没）

◇舞踊（歌舞伎舞踊）
　花柳 寿応（本名＝花柳芳三郎 東京都 明26
　生―昭45没）

◇新派（新派女方）
　花柳 章太郎（本名＝青山章太郎 東京都 明
　27生―昭40没）

◇舞踊（歌舞伎舞踊）
　藤間 勘十郎（7世）（本名＝藤間秀雄 東京都
　明33生―平2没）

（昭37年4月）
◇文楽（人形浄瑠璃文楽太夫）
　豊竹 若大夫（10世）（本名＝林英雄 東京都
　明21生―昭42没）

◇文楽（人形浄瑠璃文楽三味線）
　鶴澤 寛治（6世）（本名＝白井治三郎 大阪府
　明20生―昭49没）

　野澤 喜左衛門（2世）（本名＝加藤善一 大阪
　府 明24生―昭51没）

（昭39年4月）
◇能楽（狂言）
　善竹 弥五郎（本名＝茂山久治 兵庫県 明16
　生―昭40没）

◇歌舞伎（歌舞伎立役）
　市川 左団次（3世）（本名＝荒川清 東京都
　明31生―昭44没）

（昭40年4月）
◇歌舞伎
　伝統歌舞伎保存会会員（代表＝河村藤雄（6
　世中村歌右衛門））

（昭41年4月）
◇能楽（能シテ方）
　近藤 乾三（東京都 明23生―昭63没）
　松本 謙三（埼玉県 明32生―昭55没）

（昭42年4月）
◇能楽（狂言）
　野村 万蔵（6世）（本名＝野村万造 東京都
　明31生―昭53没）

◇歌舞伎（歌舞伎立役）
　中村 鴈治郎（2世）（本名＝林好雄 京都府
　明35生―昭58没）

（昭43年3月）
◇能楽（囃子方大鼓）
　亀井 俊雄（東京都 明29生―昭44没）

◇能楽（囃子方太鼓）
　柿本 豊次（東京都 明26生―平1没）

◇歌舞伎（歌舞伎ふけ女方）
　尾上 多賀之丞（3世）（本名＝樋口鬼三郎 神
　奈川県 明20生―昭53没）

◇歌舞伎（歌舞伎女方）
　尾上 梅幸（7世）（本名＝寺嶋誠三 東京都
　大4生―平7没）

　中村 歌右衛門（6世）（本名＝河村藤雄 東京
　都 大6生―平13没）

（昭44年4月）
　演劇・舞踊部門認定なし

（昭45年4月）
◇能楽（能シテ方）
　桜間 道雄（東京都 明30生―昭58没）

◇能楽（能囃子方大鼓）
　安福 春雄（東京都 明40生―昭58没）

◇能楽（能シテ方）
　後藤 得三（東京都 明30生―平3没）

（昭46年4月）
◇能楽（能囃子方笛）
　藤田 大五郎（東京都 大4生―平20没）

◇文楽（人形浄瑠璃文楽太夫）
　竹本 越路大夫（4世）（本名＝小出清 京都府

大2生―平14没）

（昭47年4月）

◇文楽（人形浄瑠璃文楽三味線）

野沢 松之輔（本名=西内重男 東京都 明34
生―昭50没）

竹沢 弥七（10世）（本名=井上一雄 京都府
明43生―昭51没）

◇歌舞伎（歌舞伎立役）

尾上 松緑（2世）（本名=藤間豊 東京都 大2
生―平1没）

片岡 仁左衛門（13世）（本名=片岡千代之
助 京都府 明37生―平6没）

（昭47年5月）

◇組踊

伝統組踊保存会会員

（昭48年4月）

◇文楽（人形浄瑠璃文楽太夫）

竹本 津大夫（4世）（本名=村上多津二 大阪
府 大5生―昭62没）

◇歌舞伎（歌舞伎立役）

坂東 三津五郎（8世）（本名=守田俊郎 東京
都 明39生―昭50没）

（昭49年4月）

◇能楽（能囃子方小鼓）

幸 宣佳（本名=幸靖二 福岡県 明29生―昭
52没）

（昭50年4月）

◇歌舞伎（歌舞伎立役）

松本 白鸚（本名=藤間順次郎 東京都 明43
生―昭57没）

中村 勘三郎（17世）（本名=波野聖司 東京
都 明42生―昭63没）

（昭51年4月）

◇能楽（狂言）

茂山 千作（3世）（本名=茂山真一 京都府
明29生―昭61没）

（昭52年4月）

◇能楽（能シテ方）

豊島 弥左衛門（本名=豊島弥平 京都府 明
32生―昭53没）

◇文楽（人形浄瑠璃文楽人形）

吉田 玉男（本名=上田末一 大阪府 大8生

―平18没）

（昭53年4月）

◇能楽（能シテ方）

高橋 進（東京都 明35生―昭59没）

◇歌舞伎（歌舞伎音楽竹本）

竹本 雛太夫（本名=小林貞光 大阪府 明31
生―昭55没）

◇歌舞伎（歌舞伎音楽長唄）

杵屋 栄左衛門（本名=原省三 東京都 明27
生―昭57没）

◇舞踊（上方舞）

山村 たか（本名=山中タカ 京都府 明29生
―昭56没）

◇歌舞伎（歌舞伎音楽囃子）

田中 伝左衛門（11世）（本名=奥瀬孝 東京
都 明40生―平9没）

（昭54年4月）

◇能楽（狂言）

三宅 庄市（7世）（本名=三宅藤九郎 東京都
明34生―平2没）

（昭55年4月）

演劇・舞踊部門認定なし

（昭56年4月）

◇能楽（能ワキ方）

宝生 弥一（本名=宝生弥一郎 東京都 明41
生―昭60没）

◇歌舞伎（歌舞伎音楽長唄）

芳村 五郎治（2世）（本名=川原弘 東京都
明34生―平5没）

（昭57年4月）

◇文楽（人形浄瑠璃文楽人形）

桐竹 紋十郎（2世）（本名=磯川佐吉 大阪府
明33生―昭45没）

桐竹 勘十郎（2世）（本名=宮永豊 大阪府
大9生―昭61没）

◇能楽（能囃子方小鼓）

鵜沢 寿（東京都 明41生―平9没）

（昭58年4月）

演劇・舞踊部門認定なし

（昭59年4月）

◇能楽（能囃子方大鼓）

瀬尾 乃武（東京都 明32生―平9没）

（昭60年4月）

◇文楽（人形浄瑠璃文楽三味線）

　　鶴澤 燕三（5世）（本名＝浜野民男 大阪府
　　大3生―平13没）

◇舞踊（歌舞伎舞踊）

　　藤間 藤子（本名＝田中君代 東京都 明40生
　　―平10没）

（昭61年4月）

◇能楽（能ワキ方）

　　森 茂好（東京都 大5生―平3没）

◇舞踊（上方舞）

　　吉村 雄輝（本名＝橋本昇一 京都府 大12生
　　―平10没）

（昭62年4月）

◇文楽（人形浄瑠璃文楽三味線）

　　野澤 錦糸（4世）（本名＝金谷一雄 大阪府
　　大6生―昭63没）

（平1年5月）

◇能楽（狂言）

　　茂山 千五郎（12世）（本名＝茂山七五三 京
　　都府 大8生―平25没）

◇文楽（人形浄瑠璃文楽太夫）

　　竹本 住大夫（7世）（本名＝岸本欣一 大阪府
　　大13生）

（平2年3月）

◇歌舞伎（歌舞伎立役）

　　市村 羽左衛門（17世）（本名＝坂東衛 東京
　　都 大5生―平13没）

（平3年3月）

◇能楽（能シテ方）

　　松本 恵雄（東京 大4生―平15没）

◇歌舞伎（歌舞伎女方）

　　中村 雀右衛門（4世）（本名＝青木清治 東京
　　大9生―平24没）

（平4年4月）

◇能楽（能囃子方太鼓）

　　金春 惣右衛門（22世）（本名＝惣一 東京 大
　　13生―平26没）

◇舞踊（歌舞伎舞踊）

　　花柳 寿楽（2世）（本名＝青山次郎 東京 大7
　　生―平19没）

（平5年3月）

　　演劇・舞踊部門認定なし

（平6年5月）

◇能楽（能ワキ方）

　　宝生 閑（東京都 昭9生）

◇文楽（人形浄瑠璃文楽人形）

　　吉田 文雀（本名＝塚本和男 兵庫県 昭3生）

　　吉田 簑助（本名＝平尾勝義 大阪府 昭8生）

◇歌舞伎（歌舞伎立役）

　　中村 富十郎（5世）（本名＝渡辺一 東京都
　　昭4生―平23没）

　　中村 鴈治郎（3世）（本名＝林宏太郎 京都府
　　昭6生）

（平7年4月）

◇能楽（能シテ方）

　　観世 銕之丞（8世）（本名＝観世静夫 東京
　　昭6生―平12没）

（平8年4月）

◇能楽（能シテ方）

　　粟谷 菊生（東京 大11生―平18没）

◇歌舞伎（歌舞伎女方）

　　中村 芝翫（7世）（本名＝中村栄次郎 東京
　　昭3生―平23没）

（平9年5月）

◇歌舞伎（歌舞伎わき役）

　　中村 又五郎（2世）（本名＝中村幸雄 東京
　　大3生―平21没）

◇能楽（狂言）

　　野村 万蔵（7世）（本名＝野村太良 東京 昭5
　　生）

（平11年5月）

◇舞踊（歌舞伎舞踊）

　　西川 扇蔵（東京都 昭3生）

（平12年5月）

　　演劇・舞踊部門認定なし

（平13年6月）

◇能楽（能シテ方）

　　片山 九郎右衛門（本名＝片山博太郎 京都
　　府 昭5生―平14没）

（平14年7月）

◇能楽（能囃子方大鼓）

　　亀井 忠雄（東京都 昭16生）

◇歌舞伎（歌舞伎脇役）
　沢村 田之助（本名＝山中宗雄 東京都 昭7生）
● 歌舞伎音楽長唄
　鳥羽屋 里長（本名＝川原寿夫 東京都 昭11生）
（平15年7月）
◇能楽（能シテ方）
　三川 泉（東京都 大11生）
● 能囃子方小鼓
　北村 治（東京都 昭11生―平24没）
◇歌舞伎（歌舞伎立役）
　尾上 菊五郎（7世）（本名＝寺嶋秀幸 東京都 昭17生）
◇組踊（組踊音楽太鼓）
　島袋 光史（沖縄県 大9生―平18没）
（平16年9月）
◇舞踊（歌舞伎舞踊）
　花柳 寿南海（本名＝柴崎照子 東京都 大13生）
（平17年8月）
◇組踊（組踊音楽歌三線）
　城間 徳太郎（沖縄県 昭8生）
（平18年9月）
◇組踊（組踊立方）
　宮城 能鳳（本名＝徳村正吉 沖縄県 昭13生）
（平19年7月）
◇狂言
　野村 万作（本名＝野村二朗 東京都 昭6生）
◇文楽（人形浄瑠璃文楽太夫）

竹本 綱大夫（9世）（本名＝尾崎忠男 大阪府 昭7生）
◇文楽（人形浄瑠璃文楽三味線）
　鶴澤 清治（本名＝中能島浩 東京都 昭20生）
◇歌舞伎（歌舞伎音楽長唄）
　杵屋 巳太郎（7世）（本名＝宮澤雅之 東京都 昭12生）
（平20年7月）
◇能楽（能シテ方）
　友枝 昭世（東京都 昭15生）
（平21年7月）
◇能楽（能囃子方笛）
　一噌 仙幸（東京都 昭15生）
（平22年7月）
　該当なし
（平23年7月）
◇歌舞伎（歌舞伎立役）
　中村 吉右衛門（2世）（本名＝波野辰次郎 東京都 昭19生）
◇組踊（組踊音楽歌三線）
　西江 喜春（沖縄県 昭15生）
（平24年7月）
◇歌舞伎（歌舞伎女方）
　坂東 玉三郎（本名＝守田伸一 東京都 昭25生）
◇能楽（狂言）
　山本 東次郎（4世）（東京都 昭12生）
（平25年7月）
　演劇・舞踊部門認定なし

---

007 スポニチ文化芸術大賞

　スポーツニッポン新聞創刊45周年の記念事業の一つとして，平成4年に創設された。スポーツも文化として捉え，映画，演劇，音楽などを対象にしたエンターテイメントに贈られる。第3回より「スポニチ・グランプリ文化芸術大賞」から現在の名称となった。

【主催者】 スポーツニッポン新聞社

【選考方法】 推薦

【締切・発表】 エントリー締切は2月中旬，発表は3月中旬にスポニチ紙上で

【賞・賞金】グランプリ（大賞）：賞金150万円，優秀賞：各50万円

第1回（平4年度）
◇グランプリ（大賞）
羽田 澄子（映像作家）"ドキュメンタリー映画「歌舞伎役者 片岡仁左衛門」の演出に対して"
◇優秀賞
奥山 和由（松竹プロデューサー）"60分映画「外科室」の1本立て千円興行などの成果に対して"
宮本 亜門（舞台演出家）"「アイ・ガット・マーマン」などオリジナルミュージカル作りの情熱に対して"

第2回（平5年度）
◇グランプリ（大賞）
群馬県山岳連盟 "厳冬期のサガルマータ（エベレスト）南西壁登頂に世界で初めて成功したことに対して"
◇優秀賞
篠山 紀信（写真家）"写真家として常に前衛に位置し，タブーに挑戦し続ける闘志と見識に対して"
岩波ホール "エキプ・ド・シネマ20年の拠点として世界の名画を発掘した活動に対して"
木山事務所（代表・木山潔）（演劇プロダクション）「壁の中の妖精」を初め，昨年1年で9本もの演劇を製作した熱情と手腕に対して

第3回（平6年度）
◇グランプリ（大賞）
宝塚歌劇団 "世界へはばたきながら創立80周年を迎えたその類い稀なる業績と活動に対して"
◇優秀賞
田中 友幸（映画プロデューサー）"満40才を迎えたゴジラの生みの親の一人としての功績に対して"
劇団みなと座 「糸女」の優れた舞台成果に対して

第4回（平7年度）
◇グランプリ（大賞）
劇団ふるさときゃらばん "ミュージカル「裸になったサラリーマン」の公演成果とサラリーマンに「元気」を与えた功績に対して"
◇優秀賞
佐藤 忠男（映画評論家）"労作「日本映画史」全4巻を完成させた功績に対して"
由紀 さおり，安田 祥子（歌手）"姉妹で10年間続けてきた童謡コンサートの功績に対して"

第5回（平8年度）
◇グランプリ（大賞）
安 聖基《アン ソンギ》（韓国・俳優）"小栗康平監督作品「眠る男」の唯一無比の"眠る役"における卓越した演技と存在感に対して"
◇優秀賞
NHKラジオ・ラジオ深夜便 "深夜番組に独自の路線を生み出し"大人の時間"へ復活を果たしたユニークな番組作りに対して"
ザ・ニュースペーパー（コント集団）"お笑い界のニューパワーとして独自の時事コントを展開し続けているエネルギーに対して"

第6回（平9年度）
◇優秀賞
NHKコメディーお江戸でござる "バラエティー番組でありながら，時代考証なども正確で，面白く，ためになる番組作りに対して"
TBSラジオ小沢昭一の小沢昭一的こころ "綿密で地道な歴代スタッフの取材を小沢昭一の巧みな語りで聴取者に愛され満25年の功績に対して"
藤原 智子（映画監督）「ルイズ その旅立ち」をはじめ数々の記録映画を撮り続け，新鮮な感動を提供してきた業績に対して

第7回（平10年度）
　◇グランプリ（大賞）
　　阿久 悠（作家・作詞家）“スポーツニッポンに「甲子園の詩〜敗れざる者たちへ」を連載”
　◇優秀賞
　　古舘 伊知郎 “舞台「トーキング・ブルース」で独創的な語りの世界を開いた”
　　楊 興新 “中国の伝統楽器「胡弓」の作曲・演奏で活躍”
第8回（平11年度）
　◇グランプリ（大賞）
　　新藤 兼人，その仲間たち “現役最高齢で今なお映画の第一線に立つ監督と,50年間支えてきた近代映画協会の仲間たちの功績に対して”
　◇優秀賞
　　寺内 タケシ，ブルージーンズ “1000余校に及ぶ「学校コンサート」の偉業と,若者たちを鼓舞激励する “人生の師匠” としての功績に対して”
　　銀座百点編集部 ““大人と老舗の街”銀座の文化を象徴する “顔” として40余年歩んできた功績に対して”
第9回（平12年度）
　◇グランプリ（大賞）
　　中村 勘九郎（5世）（歌舞伎俳優）“「平成中村座」と「浅草パラダイス」の成果”
　◇優秀賞
　　山藤 章二（イラストレーター）“「現代の戯れ絵師」として鋭い社会風刺”
　　白石 加代子（女優）“「百物語」で平成の語り部として活躍”
第10回（平13年度）
　◇グランプリ（大賞）
　　樹木 希林（女優）“CMタレントとして長年にわたる知的で毒のある希有なセンスとキャラクターに対して”
　◇優秀賞
　　NHKテレビ「課外授業 ようこそ先輩」各界の著名人が母校の小学校で熱いメッセージを送る特別授業の好企画に対し

て”
　　森山 良子（歌手）“CD「さとうきび畑」における9・11以降の世界に向けた真摯なメッセージに対して”
　　プロ野球マスターズリーグ “野球も文化,往年の名選手たちによる生涯現役に傾ける情熱と観客動員の実績に対して”
第11回（平14年度）
　◇グランプリ（大賞）
　　岡本 みね子（岡本喜八監督夫人）“独立プロを拠点に映画プロデュースと新人監督育成”
　◇優秀賞
　　上妻 宏光（三味線奏者）“津軽三味線の革命児”
　　グッチ裕三，NHK教育テレビ・ハッチポッチステーション “子供番組の枠を超えた本物のエンターテインメントを体現する才能と企画したスタッフに対して”
第12回（平15年度）
　◇グランプリ（大賞）
　　久世 光彦（作家,演出家）“週刊新潮に連載の「大遺言書」で森繁久弥さんの語りを絶妙で洒脱な読み物に高めた力量に対して”
　◇優秀賞
　　小泉 今日子（女優）“「センセイの鞄」など3本のドラマを “小泉流” で巧みに演じ分けた女優としての力量に対して”
　　アルビレックス新潟 “地域と密着したチームづくりで躍進を遂げJ1昇格。地方の時代を象徴する存在に共感をもって”
第13回（平16年度）
　◇グランプリ
　　旭川市旭山動物園（北海道）“動物たちの生態に則した見せ方でいまや全国一の注目度。次々と飛び出すアイデアと企画に対して”
　◇優秀賞
　　富山 治夫（写真家）“写真集「現代語感」をはじめとして,常に社会を鋭く写し出した力量に対して”

平原 綾香（歌手）“クラシックに日本語詞
をつけた「Jupiter」で歌の世界に新風
をもたらした力量に対して”

第14回（平17年度）

◇グランプリ

イッセー尾形（俳優）“「一人芝居」のフロ
ンティアとして25年に及ぶ業績，素人俳
優を体験させる地方興行の企画など旺盛
な演劇活動に対して”

◇優秀賞

矢野 誠一（演芸・演劇評論家）“40年以上
にわたる演芸・演劇評論活動や「志ん生
のいる風景」，最新作「落語家の居場所」
など精力的な執筆活動に対して”

大滝 秀治（俳優）“キンチョール，やずや
など，出演もしくはナレーションを担当
しているCMでみせる圧倒的な存在感に
対して”

夏川 りみ（歌手）“「紅白歌合戦」に4年連
続「涙そうそう」で出場。世代，性別，地
域を超えた国民的ソングを歌うことに
よって，人々を癒してきたことに対して”

第15回（平18年度）

◇グランプリ

NHK福岡放送局制作「熱血！ オヤジバト
ル」“40歳以上のオヤジバンドが日本一
を目指して競演。お茶の間の団塊世代に
も元気を与え，ムーブメントを起こした
功績に対して”

◇優秀賞

大竹 省二，永 六輔 “敗戦後の東京に出現
した「梁山泊」赤坂檜町テキサスハウ
ス。そこに集う人々の生態を写真と軽妙
洒脱な文章で活写し，貴重な昭和文化史
「赤坂檜町テキサスハウス」を編纂した
努力に対して”

あさみ ちゆき（歌手）“「井の頭公園の歌
姫」。切なく優しい歌声で70年代に忘れ
物をしてきたオヤジ連中の夢先案内人と
もいうべき活動をしている功績に対し
て”

第16回（平19年度）

◇グランプリ

立川 志の輔（落語家）「志の輔落語 in
PARCO」

◇優秀賞

石井 好子（シャンソン歌手）

◇優秀賞

団塊トリオ（杉本眞人，ちあき哲也，松下章
一）

第17回（平20年度）

◇グランプリ

田んぼdeミュージカル実行委員会（高齢者
による映画製作集団）

◇優秀賞

青山円形劇場プロデュース公演舞台「ア・
ラ・カルト 役者と音楽家のいるレスト
ラン」（音楽劇）

綾小路 きみまろ（漫談家）

第18回（平21年度）

◇グランプリ

美輪 明宏

◇優秀賞

青木 玲子（女優）

◇優秀賞

AKB48（アイドルユニット）

第19回（平22年度）

◇グランプリ

池上 彰（ジャーナリスト）

◇優秀賞

澄淳子・上海リルとその楽団（歌手）

◇優秀賞

栃木県那珂川町里山温泉トラフグ研究会

第20回（平23年度）

◇グランプリ

由紀 さおり

◇優秀賞

NHK「キッチンが走る！」

◇優秀賞

いっこく堂

◇特別賞

秋元 康

立川 談志

008 高松宮殿下記念世界文化賞〔演劇・映像部門〕

　昭和63年財団法人日本美術協会創立100周年を記念し，同協会総裁・故高松宮宣仁親王殿下の「世界の文化・芸術の普及向上に広く寄与したい」との遺志を継いで創設された。文化・芸術の発展，普及向上に顕著な貢献をした人を顕彰，次代の芸術家たちの育成に役立つことを目的とし，全世界の芸術家を対象とした賞。

【主催者】（公財）日本美術協会

【選考方法】6人の国際顧問が主宰する6受賞者推薦委員会の推薦による。各選考委員会は地域の代表ではなく，国籍を問わず，国際的観点から，全世界の芸術家，あるいは団体を対象に調査し，そのリストを日本美術協会に提出。日本の選考委員会で選考する

【選考基準】〔対象〕それぞれの分野において，顕著な業績を確立した，または，現在著しい活躍をし，将来を通じて最も期待され，その業績を嘱望されている芸術家，あるいは芸術活動をする団体。上記の芸術家，あるいは団体で特に次代の新たな創造者を育成・奨励していくことにおいて，顕著な実績をもつもの。〔部門〕絵画，彫刻，建築，音楽，演劇・映像の5部門。各部門，年間1名を原則とする

【締切・発表】例年5月初旬までに内定。9月上旬発表。10月下旬授賞式

【賞・賞金】各部門1名。金メダル，顕彰状と賞金1500万円

【URL】http://www.praemiumimperiale.org

第1回（平1年）
◇演劇・映像部門
　マルセル・カルネ（フランス，映画監督）
　　“天井棧敷の人々」「嘆きのテレーズ」「悪魔が夜来る」ほか”
第2回（平2年）
◇演劇・映像部門
　フェデリコ・フェリーニ（イタリア，映画監督）“脚本なしの独自の撮影法を考案，技術を越えた豊潤な芸術性で世界中に感動を与えた”
第3回（平3年）
◇演劇・映像部門
　イングマール・ベルイマン（スウェーデン，映画監督）“「野いちご」「不良少女モニカ」など名作があるほか，舞台も演出”
第4回（平4年）
◇演劇・映像部門
　黒沢 明（日本，映画監督）“ヒューマニズム溢れる主題と卓越したアクション表現で常に観客を魅了する作品群を送り出し，日本映画の水準の高さを世界にアピール”
第5回（平5年）
◇演劇・映像部門
　モーリス・ベジャール（フランス，振付家）“バレエを東西の諸芸術と融合させ，世界共通の総合芸術に押し上げた”
第6回（平6年）
◇演劇・映像部門
　ジョン・ギールグッド（イギリス，俳優）“映画・演劇界で優れた業績をあげ，文芸朗読の録音でも活躍”
第7回（平7年）
◇演劇・映像部門
　中村 歌右衛門（6世）（日本，歌舞伎俳優）“女形として芸域を極めるとともに，歌舞伎技能の継承・発展のため若手の指導に情熱を燃やす”

第8回（平8年）

◇演劇・映像部門

アンジェイ・ワイダ（ポーランド, 映画監督）“人間の尊厳を訴えた「灰とダイヤモンド」などで数多くの国際賞に輝いたほか, クラクフ日本美術・技術センターの創設にも尽力”

第9回（平9年）

◇演劇・映像部門

ピーター・ブルック（イギリス, 演出家）“演出家としてシェークスピアなどを現代の視点で見直した”

第10回（平10年）

◇演劇・映像部門

リチャード・アッテンボロー（イギリス, 映画監督）“アカデミー賞8部門を制した「ガンジー」や, 南アフリカのアパルトヘイトを批判した「遠い夜明け」で社会派の映画監督として名声を確立”

第11回（平11年）

◇演劇・映像部門

ピナ・バウシュ（ドイツ, 舞踊家・振付家）“ヴッパタール市立劇場バレエ団の芸術監督に就任し, 演劇的な手法を大胆にダンスに取込む「タンツテアター」という独創的な芸術表現を確立した”

第12回（平12年）

◇演劇・映像部門

スティーブン・ソンドハイム（アメリカ, ミュージカル作詞・作曲家）

第13回（平13年）

◇演劇・映像部門

アーサー・ミラー（アメリカ）“現代演劇の巨匠。代表作「セールスマンの死」は半世紀にわたって世界で上演され続けている”

第14回（平14年）

◇演劇・映像部門

ジャン・リュック・ゴダール（スイス, 映画監督）“ヌーベルヴァーグの旗手として躍り出て以来, 世界の映画界に大きな影響を与え続けている”

第15回（平15年）

◇演劇・映像部門

ケン・ローチ（イギリス）“「ケス」「リフ・ラフ」「大地と自由」など, 労働者や第三世界の人々が置かれた厳しい現実をドキュメンタリータッチで描き続ける映画監督。カンヌなどの国際映画祭で受賞を重ねている”

第16回（平16年）

◇演劇・映像部門

アッバス・キアロスタミ（イラン）“「友だちのうちはどこ？」でイラン映画の存在を世界に知らしめた。「桜桃の味」でカンヌ国際映画祭パルムドールを受賞”

第17回（平17年）

◇演劇・映像部門

マース・カニングハム（アメリカ, 舞踏家・振付師）“ダンスと現代芸術を結びつける舞踊振付師。ジョン・ケージやアンディ・ウォーホル, コムデギャルソンの川久保玲らとの共同作業でも知られる”

第18回（平18年）

◇演劇・映像部門

マイヤ・プリセツカヤ（ロシア）“20世紀最高と称賛されるロシアのバレリーナで, 元ボリショイ・バレエのプリマ。美貌と技巧, 芸術性に抜きんで,「瀕死の白鳥」で名声を不動のものにした。大の親日家で, 若手の育成にも力を入れている。独ミュンヘン在住”

第19回（平19年）

◇演劇・映像部門

エレン・スチュワート（アメリカ）“自前の劇場「ラ・ママ実験劇場」を創設して以来, 主宰者, プロデューサーとして活躍。新人時代のロバート・デ・ニーロ, サム・シェパード, アンディ・ウォーホルらも支援”

第20回（平20年）

◇演劇・映像部門

坂田 藤十郎（日本）“はんなりした色気, 戯曲の深い解釈, 芸容の大きさで現代を

代表する歌舞伎俳優。当たり役である「曽根崎心中」のお初は通算1200回を超え、作者の近松門左衛門の作品を上演する「近松座」を旗揚げした"

第21回（平21年）

◇演劇・映像部門

トム・ストッパード（チェコスロバキア）"チェコのユダヤ系の家系に生まれた世界的な劇作家。1967年にロンドンで初演された『ローゼンクランツとギルデンスターンは死んだ』が、現代演劇を代表する傑作として高い評価を獲得、翌年トニー賞を受賞。98年の『恋におちたシェイクスピア』はアカデミー賞脚本賞をはじめ、世界各国の映画賞を受賞"

第22回（平22年）

◇演劇・映像部門

ソフィア・ローレン（イタリア）"「イタリアの太陽」とたたえられる美貌と、圧倒的存在感を保ち続けるイタリアを代表する女優。『ふたりの女』(1960)でイタリア人女優初のアカデミー賞を受賞し、『ひまわり』(1970)、『特別な一日』(1977)などで演技派女優として確固たる地位を築く。長年の映画界への貢献は、1991年のアカデミー賞名誉賞でも称賛された"

第23回（平23年）

◇演劇・映像部門

ジュディ・デンチ（イギリス）"20代からシェイクスピア演劇を学び、舞台、映画、テレビで活躍してきたイギリスを代表する女優で、悲喜劇、古典・現代劇を問わない実力派。1961年から「ロイヤル・シェイクスピア・カンパニー」に参加。1988年には長年の女優としての活動が評価され、英女王から「デイム」の称号を与えられた。映画『恋におちたシェイクスピア』(1998)でアカデミー賞助演女優賞を受賞"

第24回（平24年）

◇演劇・映像部門

森下 洋子（日本）"日本人バレエダンサーとして、初めて国際的に活躍した「世界のプリマ」。3歳でバレエを始め、松山バレエ団に入団。1974年にブルガリアでのヴァルナ国際バレエコンクールに、後に夫となる清水哲太郎と出場し、日本人初の金賞に輝くと、世界の名バレエ団への客演を重ねた。ルドルフ・ヌレエフとはイギリスのエリザベス女王戴冠25周年記念公演などで200回近くコンビを組んだほか、モーリス・ベジャールも森下のため、『ライト』を振り付け、大成功を収めた。150センチの身体に、情熱的な感情を秘めた踊りは"東洋の真珠"と国内外で高く評価され、日本人として初めて、パリ・オペラ座出演、イギリスのローレンス・オリビエ賞受賞も果たした。数多くの受賞の大半が、最年少の受賞でバレエ初。舞踊歴61年目を迎える今も、毎日5時間のレッスンを欠かさず、『白鳥の湖』ほか古典全幕作品を中心に、現役プリマとして表現を深化させている"

第25回（平25年）

◇演劇・映像部門

フランシス・フォード・コッポラ（アメリカ）"監督、プロデューサー、脚本家として、数々の名作を生み出してきた映画界の巨匠。大学在学中から「低予算映画の王者」ロジャー・コーマンのもとで映画の仕事に携わり、低予算映画を演出。戦争映画『パットン大戦車軍団』(1970)でアカデミー脚本賞を受賞した後、1972年の『ゴッドファーザー』（アカデミー賞3部門）の世界的ヒットでメジャー監督の仲間入りを果たした。1974年の『ゴッドファーザー Part II』（アカデミー賞6部門）と『カンバセーション...盗聴...』（カンヌ映画祭パルム・ドール）に続いて、1979年の『地獄の黙示録』（パルム・ドール）で不動の地位を確立。制作会社アメリカン・ゾエトロープを設立(1969)、ジョージ・ルーカスらと共にアメリカ映画の黄金時代を築く。『コッポラの胡蝶の夢』など最近3作（2007-2011）は「オ

リジナル脚本による低予算映画」という若い時代の原点に復帰し，現在，3世代のイタリア系アメリカ人を描いた「野心的大作」を執筆中。黒澤明監督を尊敬し，最近作には小津安二郎監督の「固定したカメラワーク」を適用するなど，日本映画からも大きな影響を受けている"

009 日本芸術院賞〔芸能部門〕

　昭和16年創設。卓越した芸術作品と認められるものを制作した者，及び芸術の進歩に貢献する顕著な業績ありと認められる者に対して贈られる。第1部（美術関係），第2部（文学関係），第3部（芸能関係）の3部から成る。恩賜賞は，第34回までは芸術院賞と別賞だったが，第35回以降芸術院賞受賞者の中から選ばれることとなった。

【主催者】日本芸術院

【選考委員】日本芸術院会員

【選考方法】日本芸術院会員の推薦

【選考基準】〔対象〕芸術院賞：芸術各分野で優れた業績をあげた者。恩賜賞：芸術院賞受賞者のうち特に優れている者

【締切・発表】例年，推薦1月下旬。発表は3月下旬

【賞・賞金】〔恩賜賞〕賜品。〔日本芸術院賞〕各部とも賞牌・賞状・賞金

第1回（昭16年）
◇第3部
　芸能関係の受賞者なし
第2回（昭17年）
◇第3部
　井口 基成（ピアノ）
第3回（昭18年）
◇第3部
　豊竹 古靱太夫（浄瑠璃）
第4回（昭22年）
◇第3部
　藤原 義江（オペラ）
　杉村 春子（新劇）
　芝 祐泰（雅楽）
　野口 兼資（能楽）
第5回（昭23年）
◇第3部
　芸能関係の受賞者なし
第6回（昭24年）
◇第3部
　鶴澤 清六（4世）（三味線）

　伊藤 熹朔（舞台装置）
第7回（昭25年）
◇第3部
　観世 華雪（能楽）
　中村 時蔵（3世）（歌舞伎）
第8回（昭26年）
◇第3部
　市川 猿之助（2世）（歌舞伎）
　井上 八千代（4世）（舞踊）
第9回（昭27年）
◇第3部
　桜間 弓川（能）「卒都婆小町」
　常磐津 文字兵衛（3世）（常磐津）
　中尾 都山（1世）（尺八）
　市川 寿海（3世）（歌舞伎）
第10回（昭28年）
◇第3部
　茂山 弥五郎（能狂言）「釣狐」
　阪東 寿三郎（歌舞伎）
第11回（昭29年）
◇第3部

山田 抄太郎（長唄）

花柳 章太郎（新派）

第12回（昭30年）

◇第3部

杵屋 栄蔵（長唄）

市川 左団次（3世）（歌舞伎）

水谷 八重子（初代）（新派）

第13回（昭31年）

◇第3部

芳村 伊十郎（長唄）

花柳 壽輔（2世）（邦舞）

第14回（昭32年）

◇第3部

芸能関係の受賞者なし

第15回（昭33年）

◇第3部

中能島 欣一（箏曲）"邦楽界に尽くした業
績"

小津 安二郎 "映画監督として映画界に尽
くした多年の業績"

第16回（昭34年）

◇第3部

近藤 乾三（能）"宝生流シテ方の演技"

第17回（昭35年）

◇第3部

杵屋 六左衛門 "長唄会における永年の功
績"

豊増 昇 "永年にわたるピアノ運動特に
バッハの演奏"

橋岡 久太郎 "能「菊慈童」「羽衣」の演技
並びに業績"

第18回（昭36年）

◇第3部

安倍 季巌（雅楽）"篳篥および右舞の技"

中村 歌右衛門（6世）（歌舞伎）"「京鹿子
娘道成寺」の演技および立女形としての
業績"

第19回（昭37年）

◇第3部

後藤 得三（能）"「卒都婆小町」の演技，お
よび多年の業績"

竹本 綱大夫（8世）（義太夫）

藤間 勘十郎（6世）（舞踊）"「枕獅子」の振
付及び多年の業績"

第20回（昭38年）

◇第3部

芸能関係の受賞者なし

第21回（昭39年）

◇第3部

藤間 勘右衛門（松緑）"舞踊界につくした
業績"

第22回（昭40年）

◇第3部

団 伊玖磨 "戦後一連の作曲活動"

尾上 梅幸（7世）（歌舞伎）"「鏡獅子」等の
演技ならびに立女形としての多年の業
績"

坂東 三津五郎（8世）（邦舞）"「関寺小町」
等の演技ならびに業績"

第23回（昭41年）

◇第3部

渡辺 暁雄 "交響楽団指揮者としての活動"

吾妻 徳穂（邦舞）"多年舞踊界につくした
業績"

第24回（昭42年）

◇第3部

清元 志寿太夫 "多年にわたり清元の発展
につくした業績"

野澤 喜左衛門（2世）"義太夫三味線の演
奏技術と作曲活動"

第25回（昭43年）

◇第3部

中村 勘三郎（17世）"歌舞伎界につくした
業績"

第26回（昭44年）

◇第3部

野村 万蔵（6世）（狂言）"能楽界につくし
た業績"

中村 鴈治郎（2世）"歌舞伎界につくした
業績"

第27回（昭45年）

◇第3部

園田 高弘 "ピアノ演奏家としての業績"

荻江 露友（5世）"荻江節の伝承につくし

た業績"

第28回（昭46年）

◇第3部

小沢 征爾 "交響楽団指揮者としての業績"

杵屋 六一朗 "多年にわたり長唄界につくした業績"

鶴澤 寛治（6世）（文楽三味線）"多年にわたり文楽界につくした業績"

片岡 仁左衛門（13世）"歌舞伎界につくした業績"

第29回（昭47年）

◇第3部

芸能関係の受賞者なし

第30回（昭48年）

◇第3部

中能島 慶子 "多年にわたり箏曲界につくした業績"

松本 幸四郎（8世）"多年にわたり歌舞伎界につくした業績"

第31回（昭49年）

◇第3部

安川 加寿子 "ピアノ演奏家としての業績"

喜多 実 "多年にわたり能楽界につくした業績"

中村 芝翫（7世）（歌舞伎）"「本朝廿四孝」の「八重垣姫」など一連の演技"

第32回（昭50年）

◇第3部

朝比奈 隆 "交響楽・オペラ指揮者としての業績"

竹沢 弥七（10世）（三味線）"多年にわたり文楽界につくした業績"

第33回（昭51年）

◇第3部

茂山 千作（2世）"能楽界につくした業績"

第34回（昭52年）

◇第3部

芸能関係の受賞者なし

第35回（昭53年）

◇第3部

江藤 俊哉 "ヴァイオリン演奏家としての業績"

藤間 藤子 "舞踊界につくした業績"

第36回（昭54年）

◇第3部

武満 徹 "作曲家としての業績"

上原 真佐喜 "箏曲の演奏家としての業績"

宝生 弥一 "能楽界に尽くした業績"

市川 染五郎（6世）"歌舞伎及び歌舞伎を基調とした新作の演技"

●恩賜賞・日本芸術院賞

田中 千禾夫 "多年にわたる劇作家としての業績"

第37回（昭55年）

◇第3部

中村 雀右衛門（4世）"歌舞伎の女形としての業績"

第38回（昭56年）

◇第3部

実川 延若（3世）"上方歌舞伎の伝承に尽くした業績"

第39回（昭57年）

◇第3部

今藤 長十郎 "長唄界に尽くした業績"

田中 幾之助 "能楽界に尽くした業績"

第40回（昭58年）

◇第3部

市村 羽左衛門（17世）"歌舞伎俳優としての業績"

第41回（昭59年）

◇第3部

梅若 雅俊 "能楽界の発展に尽くした業績"

中村 吉右衛門（2世）"歌舞伎俳優としての演技"

森下 洋子 "国際的バレリーナとしての活躍"

第42回（昭60年）

◇第3部

山田 一雄 "洋楽界に貢献した業績"

中村 扇雀（2世）"歌舞伎の優れた演技"

第43回（昭61年）

◇第3部

富山 清琴 "箏曲及び地唄の演奏家としての業績"

野村 万之丞 "能狂言の優れた演技"

尾上 菊五郎（7世） "歌舞伎の優れた演技"

中村 富十郎（5世） "歌舞伎の優れた演技"

第44回（昭62年）

　◇第3部

梅若 恭行 "能の優れた演技"

観世 元正 "能楽界に尽くした業績"

片岡 孝夫 "歌舞伎の優れた演技"

花柳 寿楽（2世） "舞踊界に尽くした業績"

第45回（昭63年）

　◇第3部

伊藤 京子 "声楽家としての多年の業績"

市川 団十郎（12世） "歌舞伎の優れた演技"

藤間 友章 "舞踊界に尽くした業績"

第46回（平1年）

　◇第3部

三善 晃（洋楽） "作曲家としての業績"

多 忠麿（邦楽） "雅楽界に尽くした業績"

第47回（平2年）

　◇第3部

東 敦子（声楽） "日本声楽界を代表するソプラノ歌手として国際的に活躍"

青木 鈴慕（2世）（尺八） "現代邦楽の作曲・演奏で活躍"

清元 栄三郎（三味線） "演奏家として歌舞伎演奏に抜群の活躍"

坂東 三津五郎（9世）（歌舞伎） "正統歌舞伎の継承者として優れた演技"

西川 扇蔵（日本舞踊） "西川流宗家として舞踊界に貢献"

第48回（平3年）

　◇第3部

若杉 弘（指揮） "国内外における優れた指揮活動の業績"

観世 銕之丞（8世）（能楽） "能楽界に尽くした業績"

杵屋 五三郎（3世）（長唄三味線） "長唄三味線の演奏家としての業績"

宝生 閑（能楽） "「谷行」ほか能ワキ方の優れた演技"

花柳 寿南海（日本舞踊） "舞踊界に尽くした業績"

第49回（平4年）

　◇第3部

堤 剛（洋楽, チェロ） "チェロ演奏家としての業績"

中村 松江（演劇） "歌舞伎の優れた演技"

●恩賜賞・日本芸術院賞

常磐津 文字兵衛（4世）（常磐津節三味線） "重要無形文化財「常磐津節三味線」保持者（人間国宝）, 常磐津界に尽くした業績"

第50回（平5年）

　◇第3部

山彦 節子（邦楽） "河東節の演奏家としての業績"

●恩賜賞・日本芸術院賞

吉田 雅夫（洋楽） "フルート演奏家および洋楽界に尽くした業績"

第51回（平6年）

　◇第3部

金剛 巌（能シテ方） "能楽界に尽くした業績"

山口 五郎（尺八奏者） "尺八演奏家としての業績"

第52回（平7年）

　◇第3部

木村 俊光（邦楽） "声楽家としての業績"

金春 惣右衛門（22世）（邦楽） "能楽界に尽くした業績"

●恩賜賞・日本芸術院賞

中村 又五郎（2世）（演劇） "歌舞伎界に尽くした業績"

第53回（平8年）

　◇第3部

吉田 簑助（演劇） "文楽人形遣いとしての業績"

藤間 勘十郎（7世）（舞踊） "歌舞伎舞踊界に尽くした業績"

第54回（平9年）

　◇第3部

●恩賜賞・日本芸術院賞

竹本 住大夫（7世）（邦楽） "文楽太夫とし

ての業績"

第55回（平10年）

◇第3部

梅若 六郎（邦楽）"能楽界に尽くした業績"

杵屋 喜三郎（邦楽）"長唄界に尽くした業績"

中村 勘九郎（5世）（演劇）"歌舞伎俳優としての業績"

井上 三千子（舞踊）"京舞井上流の伝承技術及び「弓流し物語」の演技"

●恩賜賞・日本芸術院賞

湯浅 譲二（洋楽）"作曲家としての業績"

第56回（平11年）

◇第3部

粟谷 菊生（邦楽）"能楽喜多流の芸及び能楽界に尽くした業績"

藤間 蘭景（舞踊）"日本舞踊界に尽くした業績"

●恩賜賞・日本芸術院賞

東儀 俊美（邦楽）"雅楽界に尽くした業績"

第57回（平12年）

◇第3部

近藤 乾之助（邦楽）"「是界」白頭，「柏崎」舞入の演技"

沢村 田之助（演劇）"歌舞伎俳優としての業績"

花柳 芳次郎（5世）（舞踊）"日本舞踊の伝承と発展に尽くした業績"

第58回（平13年）

◇第3部

関根 祥六（邦楽）"能楽界に尽くした業績"

山勢 松韻（邦楽）"山田流箏曲の演奏と保存伝承の業績"

米川 敏子（邦楽）"地唄・箏曲の演奏家としての業績"

尾上 菊之丞（2世）（舞踊）"日本舞踊界に尽くした業績"

●恩賜賞・日本芸術院賞

岩城 宏之（洋楽）"指揮者としての業績"

第59回（平14年）

◇第3部

竹本 綱大夫（9世）（邦楽）"文楽大夫とし

ての業績"

友枝 昭世（邦楽）"能楽界の発展に尽くした業績"

東音宮田 哲男（邦楽）"長年の長唄界に尽くした業績"

●恩賜賞・日本芸術院賞

芝 祐靖（邦楽）"長年にわたる雅楽界の発展に尽くした業績"

第60回（平15年）

◇第3部

前橋 汀子（洋楽）"長年にわたるバイオリン奏者としての活動"

川瀬 白秋（邦楽）"胡弓の優れた技術と「楊貴妃」などの作曲"

富山 清琴（邦楽）"富筋の地唄・箏曲の伝承と演奏"

吾妻 徳弥（日本舞踊）"吾妻流の継承と素踊り「供奴」の演技"

●恩賜賞・日本芸術院賞

鶴澤 清治（邦楽）"文楽三味線の第一人者としての活躍"

第61回（平16年）

◇第3部

観世 喜之（邦楽）"能楽の普及，および能楽界の発展に尽くした業績"

中村 福助（9世）（演劇）"積恋雪関扉」での墨染役，および「嫗山姥」での八重桐役"

●恩賜賞・日本芸術院賞

内田 光子（洋楽）"国内外でのピアニストとしての活躍・業績および後進の育成"

第62回（平17年）

◇第3部

野村 四郎（能楽）"近年の優れた舞台成果"

坂東 三津五郎（10世）（歌舞伎）"「道元の月」の演技と「芋掘長者」の振り付け・演技"

●恩賜賞・日本芸術院賞

畑中 良輔（声楽）"舞台（オペラ）育成に関する功績"

第63回（平18年）

◇第3部

唯是 震一（邦楽）"海外及び我が国での箏
　曲演奏, 作曲家としての実績及び後進の
　育成"
山本 東次郎（4世）（邦楽）"狂言の伝承・
　普及を通じ, 能楽の発展に尽くした功績"
中村 翫雀（5世）（演劇）"歌舞伎俳優とし
　ての活躍"
● 恩賜賞・日本芸術院賞
栗林 義信（声楽）"オペラ界での活躍と長
　年の功績"
第64回（平19年）
◇第3部
中村 時蔵（5世）（歌舞伎）
中村 芝雀（7世）（歌舞伎）
藤間 藤太郎（舞踊）
● 恩賜賞・日本芸術院賞
一噌 仙幸（能楽）
第65回（平20年）
◇第3部
観世 銕之丞（9世）（能楽）
豊竹 咲大夫（文楽）
杵屋 巳太郎（7世）（邦楽）
豊 英秋（邦楽）
● 恩賜賞・日本芸術院賞
中村 紘子（洋楽）
第66回（平21年）
◇第3部
桐竹 勘十郎（3世）（文楽）
今藤 政太郎（2世）（邦楽）
常磐津 文字兵衛（5世）（邦楽）

● 恩賜賞・日本芸術院賞
大野 和士（洋楽）
第67回（平22年）
◇第3部
山本 孝（能楽）
中村 橋之助（歌舞伎）
野澤 錦糸（5世）（文楽）
野坂 操壽（2世）（邦楽）
● 恩賜賞・日本芸術院賞
栗山 昌良（洋楽）
第68回（平23年）
◇第3部
鶴澤 藤蔵（2世）（文楽）
笠置 侃一（邦楽）
● 恩賜賞・日本芸術院賞
山本 邦山（邦楽）
第69回（平24年）
◇第3部
浅見 真州（能楽）
鶴澤 燕三（6世）（文楽）
飯守 泰次郎（洋楽）
● 恩賜賞・日本芸術院賞
米川 文子（邦楽）
第70回（平25年）
◇第3部
香川 靖嗣（能楽）
吉田 玉女（文楽）
野島 稔（洋楽）
● 恩賜賞・日本芸術院賞
小野 功龍（邦楽）

010 日本照明家協会賞〔舞台部門〕

　照明技術の興隆を計り, 斯界の振興に寄与して日本文化, 芸術の発展に貢献することを
目的として創設された。優れた照明技術の成果をあげた照明家に贈られる。

【主催者】（公社）日本照明家協会

【選考方法】 舞台部門：自薦, 各支部の推薦による。テレビ部門：テレビ局の推薦による

【選考基準】〔対象〕当該年度1月から12月までに日本国内で公演された作品, およびテ
　レビ放送された作品

【締切・発表】 毎年2月末締切,（第33回）平成26年6月19日授賞式

【賞・賞金】賞：賞状とブロンズ像, 大賞：文部大臣奨励賞, 賞状とブロンズ像
【URL】http ://www.jaled.or.jp/index.php

第1回（昭56年度）
◇大賞
● 舞台部門
　沢田 祐二（沢田オフィス代表）"劇団四季
　「エクウス」「小さき神の作りし子ら」坂
　東玉三郎リサイタル「カーリュー・リ
　ヴァー」バレエ「悪魔は夜来る」の照明
　デザインの成果"

第2回（昭57年度）
◇大賞
● 舞台部門
　古川 幸夫（文学座SLS）"本多劇場柿落と
　しNO2公演「そして誰もいなくなった」
　劇団文学座アトリエ公演「太郎の屋根に
　雪降りつむ」の照明デザインの成果"

第3回（昭58年度）
◇大賞
● 舞台部門
　八島 康文（東京舞台照明）"小松原庸子ス
　ペイン舞踊公演「ゴヤ」の照明デザイン
　の成果"

第4回（昭59年度）
◇大賞
● 舞台部門
　林 光政（四国舞台テレビ照明, 林オフィ
　ス）（チューリップ全国コンサートツ
　アー「LIVE ACT TULIP 1984 OUT
　OF OUR TIME」公演の照明デザイン
　の成果）

第5回（昭60年度）
◇大賞
● 舞台部門
　松原 吉晴（若尾綜合舞台）"野々村明子ダ
　ンススペースVol.7「季節のない祭」の
　照明のデザインの成果"

第6回（昭61年度）
◇大賞
● 舞台部門

新村 訓平（ライズ）"'86札幌舞踊会バレエ
　研究所定期公演コンサートⅢ「雪光木
　の祭り」照明デザインの成果"

第7回（昭62年度）
◇大賞
● 舞台部門
　皿田 圭作（SLS）"俳優座劇場公演「赤ず
　きんちゃんの森の狼たちのクリスマス」
　の照明デザインの成果"

第8回（昭63年度）
◇大賞
● 舞台部門
　中山 安孝（ライティングスタッフ）"藤沢
　市民オペラ「椿姫」の照明デザインの成
　果"

第9回（平1年度）
◇大賞
● 舞台部門
　北寄崎 嵩（日本芸術文化振興会・国立劇
　場）"劇団夢の遊眠社「贋作桜の森の満
　開の下」"

◇優秀賞
● 舞台部門
　三上 良一（大庭舞台美術・照明研究所）
　"音楽座「とってもゴースト」"
　児玉 道久（若尾綜合舞台）"きらめくバレ
　リーナ実行委員会「スター・ダンサーズ
　イン・ナゴヤ」"
　奥 秀幸（篠本照明）"加藤舞踊学院「粗供
　養」"
　是永 真一（ライト・オン）"長崎県オペラ
　協会「魔笛」"

第10回（平2年度）
◇大賞
● 舞台部門
　沢田 祐二（沢田オフィス）"藤沢市民オペ
　ラ「ファウスト」"

◇優秀賞

● 舞台部門

　高沢 立生（舞台照明劇光社）"チャイコフ
　スキー記念 東京バレエ団「ザ・カブキ」"

　倉田 敏文（エフェクト）"宗教法人赤間神
　宮「八雲怪談シリーズⅥ 草ひばり」"

　後藤 正隆（ユニーク）"佐藤朱音バレエ研
　究所「ジゼル」"

第11回（平3年度）

◇大賞

● 舞台部門

　奥畑 康夫（ASG）"オペラ「オテッロ」"

◇優秀賞

● 舞台部門

　小木 直樹（大庭舞台美術・照明研究所）
　"近鉄劇場「真夜中の招待状」"

　原中 治美（大阪共立）"大阪音楽大学「ド
　ン・カルロ」"

　松田 弘志（ウイング）"劇団青春座「どん
　な・がらしゃ細川忠興の妻」"

第12回（平4年度）

◇大賞

● 舞台部門

　高城 隆一郎（ライティングビッグワン）
　"谷村新司リサイタル"

◇優秀賞

● 舞台部門

　前田 正秀（大阪共立）"近鉄小劇場「賢治
　から聴こえる音楽」"

　椴木 実（大阪共立）"大阪大学音楽部「コ
　シファントウッテ」"

　後藤 正隆（ユニーク）"大分県民オペラ
　「ペトロ岐部」"

第13回（平5年度）

◇大賞

　● 舞台部門

　　服部 基（ライティングカンパニーあかり
　　組）"銀座セゾン劇場「ロレンザッ
　　チョ」"

◇優秀賞

　● 舞台部門

　　谷川 富也（フジテレビジョン）"石川さゆ
　　り音楽会93秋「夢をみましょう」"

　小川 幾雄（ジェイ・エー・シー）"東急文
　化村夜会「1993中島みゆき」"

第14回（平6年度）

◇大賞

● 舞台部門

　児玉 道久（若尾綜合舞台）"音楽劇「照手
　と小栗」"

◇優秀賞

● 舞台部門

　湯上 義和（北海道共立）「ポロリンタン
　物語」

　原中 治美（大阪共立）"第67回定期公演
　「リゴレット」"

　稲田 道則（篠本照明）"創作オペラ「犀」"

　佐藤 勝朋（福岡市民ホールサービス）"第
　5回公演「くるみ割り人形」"

　斎藤 香（東原・斎藤照明研究所）"ダンス
　コラボレーション「森たちの声」"

第15回（平7年度）

◇大賞

● 舞台部門

　辻本 晴彦（満平舎）

◇優秀賞

● 舞台部門

　竹下 克己（吹田市文化振興事業団）近松
　劇場「曾根崎心中」

　前田 正秀（大阪共立）Yasuhiro Yamane
　Concert Tour「Born in 66～RACING
　the MOON'95 - '96」

　井上 正美（松崎照明）「江口乙矢・須美
　子・満典舞踊団記念特別公演」

　安部 昌臣（エル・エム・プランニング）
　さだまさしコンサート「おもひで泥棒」

第16回（平8年度）

◇大賞

● 舞台部門

　塚本 悟（アート・ステージライティング・
　グループ）"音楽座公演「マドモアゼ
　ル・モーツァルト」の照明デザイン"

◇優秀賞

● 舞台部門

　安森 京二（東京舞台照明）上岡龍太郎独

演会「火垂るの墓」

室伏 生大（ライティングカンパニーあかり組）劇団地人会「日本の面影」

海藤 春樹（海藤オフィス）NODA・MAP「赤鬼」

第17回（平9年度）

◇大賞

● 舞台部門

山口 暁（ライティングカンパニーあかり組）"パルコ・ケイファクトリー提携公演「夏の庭」"

◇優秀賞

● 舞台部門

林 光政（四国舞台テレビ照明）「松任谷由実 SURF&SNOW in 逗子マリーナ」

時佐 勝（サム）"北九州演劇祭5周年特別合同公演「アリスな出来事」"

吉村 敦（東京舞台照明）「円広志コンサート'97」

遠藤 正義（東京舞台照明）"無名塾公演「いのちぼうにふろう物語」"

斎藤 香（東原・斎藤照明研究所）"イシグロダンスシアター'97公演「あめゆじゅとてちてけんじゃ『春と修羅』VSカルミナ・ブラーナ」"

第18回（平10年度）

◇大賞

● 舞台部門

佐藤 吟哉（ホットライン・サトー）"西崎緑舞踊団薪舞公演"

◇優秀賞

● 舞台部門

照井 信一（盛岡舞台総合研究所）"もりげき祭参加「新・遠野物語」"

杉本 典隆（ステージスタッフ名古屋）「ゆかいな地獄八景」

小川 幾雄（ジェイ・エー・シー）"NODA・MAP「ローリング・ストーン」"

成瀬 一裕（ライティングカンパニーあかり組）"オペラシアターこんにゃく座「月の民」"

菅 伸三（東京舞台照明）"やしきたかじん

コンサートツアー'98"

第19回（平11年度）

◇大賞

● 舞台部門

新村 訓平（エス・アール）"札幌舞踊会バレエ東京公演創作バレエ「カルミナ・ブラーナ」の照明デザイン"

◇優秀賞

● 舞台部門

笹森 明彦（ほりぞんとあーと）「鎮める太陽」の照明デザイン

石川 智英（東北共立）「僕らは支倉通りを互って水星に行く」の照明デザイン

竹内 右史「秘密クラブ…浮遊する天使たち2000」の照明デザイン

鶴巻 一弘（マインドワークスペクトラム）"聖飢魔II THE FINAL BLACKMASS TOUR「Living Legend」の照明デザイン"

塚本 巌「レ・シルフィード」の照明デザイン

湯浅 肇（東京舞台照明）「竜のとぶ冬」の照明デザイン

第20回（平12年度）

◇大賞

● 舞台部門

中川 隆一（エイ・ユー・ライティング・デザイン）「マクベス」の照明デザインの成果

◇審査委員最優秀賞

● 舞台部門

西川 佳孝（ハートス）"ピッコロ劇団第13回公演「おままごと」の照明デザインの成果"

◇優秀賞

● 舞台部門

斎藤 香（東原・斎藤照明研究所）"森嘉子ダンスアンソロジー「マイロード」俳優座劇場公演の照明デザインの成果"

渡部 良一（富山市民文化事業団）"「遙かなる山,そして彼方へ」富山市芸術文化ホール公演の照明デザインの成果"

第21回（平13年度）

◇大賞

- 舞台部門

　足立 恒（インプレッション制作）「CHOLON」（山崎広太&rosy Co 新作ダンス）

◇優秀賞

- 舞台部門

　伊藤 馨（やの舞台美術）「相模入道千疋犬」（ながと広域文化財団主催 ながと近松実験劇場）

　椴木 実（大阪共立）歌劇「ヒロシマのオルフェ」（大阪音楽大学主催）

　塚本 巌（ちりゅう芸術創造協会）「火の鳥」（塚本洋子バレエスタジオ主催）

　室伏 生大（ライティングカンパニーあかり組）「ペギーからお電話!?」（兵庫県・兵庫県芸術文化協会主催）

第22回（平14年度）

◇大賞

- 舞台部門

　高見 和義（クリエイティブ・アート・スィンク）「ピッチフォーク・ディズニー」（遊機械オフィス主催）

◇優秀賞

- 舞台部門

　佐々木 好二（バーンストーム・ネットワーク）「小田和正 TOUR 2002 Kira Kira」（キョードー大阪主催）

　吉沢 耕一（林オフィス）「スサノオ」（フジテレビジョン, アール・ユー・ビー, 赤坂ACTシアター主催, 劇団☆新感線）

第23回（平15年度）

◇大賞

- 舞台部門

　勝柴 次朗（勝柴オフィス）「世阿弥」（新国立劇場主催）

◇優秀賞

- 舞台部門

　佐藤 勝己（K.PERFORMING ARTS）「飛翔・ONI」（北上市文化創造主催）

　鵜飼 守（ステージ・ライティング・スタッフ）「たつのおとしご亭」（劇団文化座主催）

　清水 淳（ライティングビッグワン）「SHIZUKI ASATO IN THE SHOW 2003 THE PRAYER」

　横田 元一郎（ライティング・ユニオン）「顔」（青年劇場主催）

　梶原 香（ライト・スタッフ）「ピアノコンチェルト」「コッペリア」（今村バレエ教室主催）

第24回（平16年度）

◇大賞

- 舞台部門

　該当なし

◇優秀賞

- 舞台部門

　佐藤 弘樹（A.S.G.）「春にして君を離れ」（Pure Marry, 博品館劇場）

　笹森 明彦（ほりぞんとあーと）「藍の河原」（能藤玲子創作舞踊45周年記念）

　笠原 俊幸（沢田オフィス）「白夜」（H・アール・カオス, 世田谷パブリックシアター）

　黒尾 芳昭（アザー）「スキップ」（演劇集団キャラメルボックス第59回公演）

　林 光政（林オフィス）「一青窈 LIVE TOUR 2004」

　工藤 真一（ユニークブレーン）「鬼八」（宮崎県オペラ協会創立30周年記念公演）

第25回（平17年度）

◇大賞

- 舞台部門

　斎藤 茂男（シアタークリエイション）「偶然の音楽」（せたがや文化財団主催 世田谷パブリックシアタープロデュース制作）

◇優秀賞

- 舞台部門

　西川 佳孝（ハートス）「くたばれハムレット」（兵庫県立尼崎青少年創造劇場主催）

　石川 紀子（アート・ステージライティング・グループ）「アドリアーナ・ルクヴ

ルール」(藤原歌劇団主催)

向野 賢三(西日本企画サービス)「福岡加
奈子バレエ研究所20周年記念公演」(福
岡加奈子バレエ研究所主催)

本間 幸治(サウンド企画) ミュージカル
ブレス旭川主催ミュージカル
「BREATH」 ASAHIKAWA 10周年記
念公演「if…舞い降りた奇跡」

第26回(平18年度)

◇大賞

● 舞台部門

勝柴 次朗(勝柴オフィス) オペラ「利口
な女狐の物語」(日生劇場主催・企画・制
作)

◇優秀賞

● 舞台部門

笹森 明彦(ほりぞんとあーと) 能藤玲子
創作舞踊団公演「女の叫び・メディア
(三部作)」(能藤玲子創作舞踊団主催)

山口 暁(ライティングカンパニーあかり
組) 音楽座ミュージカル「リトルプリ
ンス」(可児市文化芸術振興財団主催)

清水 淳(ライティングビッグワン)「米米
CLUB再会感激祭マエノマツリ編」(フ
ジテレビジョン,プロマックス主催)

皿袋 誠路(パシフィックアートセンター)
「ナツノトビラ」(維新派・梅田芸術劇場
主催)

第27回(平19年度)

◇大賞

● 舞台部門

服部 基(ライティングカンパニーあかり
組)「コペンハーゲン」(新国立劇場主
催)

◇優秀賞

● 舞台部門

大野 道乃 「審判」((財)せたがや文化財
団主催)

斎藤 香(東原斎藤照明研究所)「馬場ひか
りソロダンス「夜叉ヶ池」」(馬場ひかり
ダンスプロジェクト主催)

古川 靖(若尾綜合舞台)「後藤千花ステッ

プ・ワークスバレエ公演」(ステップ・
ワークス主催)

◇審査員特別優秀賞

● 舞台部門

西山 和宏(ミュウ・ライティング・オフィ
ス)「舞踊組曲「母子慕情」」(母子慕情
実行委員会主催)

第28回(平20年度)

◇大賞

● 舞台部門

磯野 眞也(アイズ)「9人の女」(劇団朋友
主催)

◇優秀賞

● 舞台部門

青野 時彦(東京舞台照明)「BRASS
ANGELS2008「ODYSSEY」」((財)民
主音楽協会主催)

後藤 武(エクサート松崎)「第19回清里
フィールドバレエ」(バレエ シャンブル
ウエスト主催)

相川 健二(東京舞台照明大阪)「JAL 平等
院音舞台」(京都仏教会・平等院・毎日放
送主催)

第29回(平21年度)

◇大賞

● 舞台部門

寺田 義雄(東京舞台照明)「七尾市能登演
劇堂ロングラン公演 無名塾「マクベ
ス」」(七尾市能登演劇堂ロングラン公演
実行委員会主催)

◇優秀賞

● 舞台部門

井上 正美(エクサート松崎)「中村隆彦・
鍵田真由美・佐藤浩希・西田堯 現代舞
踊公演」(現代舞踊協会主催)

西川 佳孝(ハートス)「「門」若き日の近
松」(兵庫県立尼崎青少年創造劇場・兵
庫県立芸術文化センター主催)

林 光政(四国舞台テレビ照明)「Mariko
Takahashi Concert vol.33 2009 ｜No
Reason」」(ホワイトページ他主催)

高橋 剛(エスエルアイ)「虹かかれ宝の橋

THE BATTLE 2009」（MIN-ON主催）

第30回（平22年度）

◇大賞

- 舞台部門

  小池 俊光（東京朝日照明）「東京芸術座劇団創立50周年記念公演「蟹工船」」（東京芸術座主催）

◇優秀賞

- 舞台部門

  成瀬 一裕（ライティングカンパニーあかり組）「オペラ 想稿・銀河鉄道の夜」（オペラシアター こんにゃく座主催）

  松本 ルミ（綜合舞台）「倉木麻衣 HALLOWEEN LIVE 2010」（（株）ホワイトドリーム主催）

  大塚 和眞（スペース・アート）「あっ晴れ！ おかやま国文祭 洋舞フェスティバル「夢かける」」（第25回国民文化祭岡山県実行委員会他主催）

  西山 和宏（ミュウ・ライティング・オフィス）「2010トルコ・日本インターナショナル 交流公演」（樋笠バレエ団主催）

第31回（平23年度）

◇大賞

- 舞台部門

  杉浦 弘行（大庭照明研究所）「Romances sans paroles～無言歌～」（ダンスワークス主催）

◇優秀賞

- 舞台部門

  児山 徹（帯広市文化スポーツ振興財団）「第4回帯広市民オペラ「トゥーランドット」」（（財）帯広市文化スポーツ振興財団・帯広市民劇場運営委員会・帯広市教育委員会 他主催）

  斉藤 孝師（東北共立）「平成23年度 新国立劇場 地域招聘公演「鳴砂」」（新国立劇場主催）

  関口 裕二（バランス）「NYRON100℃ 36th SESSION 「黒い十人の女～Version100℃～」」（（株）キューブ主催）

◇審査員特別優秀賞

- 舞台部門

  松浦 眞也（ライティングデザイン プルーブ）「松岡伶子バレエ団アトリエ公演 石井潤振付「カルミナ・ブラーナ」」（松岡伶子バレエ団主催）

第32回（平24年度）

◇大賞

- 舞台部門

  林 光政（四国舞台テレビ照明）「純愛物語 meets YUMING 「8月31日～夏休み最後の日～」（東宝主催）

◇優秀賞

- 舞台部門

  後藤 武（米川敏子音楽事務所）「第9回トゥールビジョン公演「コッペリア」全幕」（NPO法人NBAバレエ団主催）

  森下 泰（ライトシップ）「笠井叡×麿赤兒「ハヤサスラヒメ」」（天使館主催）

  三野 学（舞台照明研究所エムズグループ）「Professional Dancer's Association「Marcher －前へ！ －」」（Professional Dancer's Association 樫野隆幸主催）

  井上 隆司（東京舞台照明大阪）「ドキドキワクワクぱみゅぱみゅレボリューションランド 2012 in キラキラ武道館」（HOT STUFF PROMOTION主催）

第33回（平25年度）

◇大賞

- 舞台部門

  西川 佳孝（ハートス）関西二期会 第79回オペラ公演 「魔笛」（関西二期会,尼崎市総合文化センター主催）

◇優秀賞

- 舞台部門

  五十嵐 正夫（シアター・ブレーン）NBAバレエ団公演「Celts（ケルツ）」,「A Midsummer Night's Dream（真夏の夜の夢）」（NPO法人 NBAバレエ団主催）

  岩品 武顕（埼玉県芸術文化振興財団）「折田克子舞踊生活70周年記念公演」（石井みどり・折田克子舞踊団主催）

  横田 元一郎 青年劇場公演 「臨界幻想 2011」（青年劇場主催）

011 日本舞台芸術家組合賞

舞台芸術に携わる職歴20年以上の永年従事者を顕賞し，継承者育成に寄与することを目的として創設された。

【主催者】 日本舞台芸術家組合

【選考委員】 日本舞台芸術家組合委員長をはじめとする役員

【選考方法】 参加支部の推薦等による

【選考基準】 〔対象〕後継者の育成のために貢献のあった者で，技能に優れた者

【締切・発表】 毎年10月に開かれる同組合大会席上で発表，大会後顕彰式

【賞・賞金】 表彰状と記念品トロフィー

第1回（昭60年）

河原崎 国太郎（前進座）"優れた舞台演技と後継者の育成"

久保田 久吉（藤波小道具）"永年に渉る業績と組合活動"

多田 徹（劇団風の子）"児童演劇の普及と優れた創作"

星 貞輔（歌舞伎座舞台）"永年にわたる業績と後進の育成"

第2回（昭61年）

青木 薫（俳優座劇場）"永年の業績と優れた舞台製作"

岩崎 吉朗（藤波小道具）"永年にわたる業績と組合活動"

大塚 専吉（金井大道具）"永年にわたる業績と組合活動"

木村 快（統一劇場）"永年にわたる創作（脚本・演出）の成果"

工藤 文夫（荒馬座）"民族的な歌舞活動と永年の業績"

中村 梅之助（前進座）"優れた舞台成果と劇団代表としての業績"

第3回（昭62年）

石塚 克彦（ふるさときゃらばん）"農村ミュージカルの創造普及"

伊藤 静夫（松竹衣裳）"伝統的衣裳の保存と創造と発展"

瓜生 正美（青年劇場）"優れた演出と旺盛な劇団活動"

直井 輝雄（歌舞伎座舞台）"永年にわたる舞台背景の業績"

毛利 錠作（東宝舞台）"永年にわたる舞台背景の業績と，最長老としての後進の指導"

第4回（昭63年）

唐木 健一郎（金井大道具）"国立劇場の背景師としての業績"

曽根 喜一（人形劇団プーク）"永年にわたる人形劇の普及の業績"

津上 忠（前進座）"優れた創作（戯曲）及び演出の成果"

原 恒雄（俳優座劇場）"永年にわたる舞台製作の成果と後継者育成"

第5回（平1年）

大西 崇（藤波小道具）"小道具の保存・管理に優れた業績"

日下部 ひろし（統一劇場）"劇団の若手演技者・高校演劇の指導"

浅子 又右衛門（俳優座劇場）"背景絵師として永年にわたる業績"

溝口 由行（松竹衣裳）"新派・オペラの衣裳製作に優れた成果"

◇特別賞

間島 三樹夫（日本舞台芸術家組合演出支部）"組合創設，永年にわたる組合活動の業績"

第6回（平2年）

　市川 岩五郎（前進座）“演技者の最長老と
　　しての業績”

　下野 幸作（歌舞伎座舞台）“舞台操作と後
　　継者の育成”

　原地 万夫（松竹）“永年の歌舞伎座の舞台
　　成果”

　水谷 道夫（劇団風の子）“児童演劇の演技
　　者としての成果”

第7回（平3年）

　伊藤 久男（松竹衣裳）“優れた着付け技術
　　と後進の育成”

　岩淵 東洋男（音響家協会）“永年にわたる
　　優れた業績”

　小林 竹男（金井大道具）“舞台操作と後継
　　者の育成”

　橋浦 聡子（劇団希望舞台）“永年に渉演技
　　者の業績と後進の育成”

　山中 清（藤浪小道具）“優れた小道具の仕
　　掛けの技術”

第8回（平4年）

　池田 智哉（松竹）“歌舞伎座の舞台照明の
　　業績”

　岡田 京子（現代座嘱託）“優れた演劇音楽
　　の作曲の成果”

　工藤 和夫（俳優座劇場）“優れた大道具製
　　作の業績”

　後藤 順三（藤浪小道具）“小道具の管理・
　　保存の業績”

　高瀬 精一郎（前進座）“優れた古典歌舞伎
　　の演出”

◇特別賞

　瀬川 茂次郎（前進座）“永年にわたる組合
　　活動”

第9回（平5年）

　生岡 伸一（松竹衣裳）“舞踊小道具での永
　　年の業績”

　今西 文晴（松竹）“京都南座における技術
　　系統の業績”

　後藤 芳世（歌舞伎座舞台）“歌舞伎の背景
　　の伝統の継承”

　原 由子（歌舞団わらび座）“作家としての

永年の活躍について”

　丸山 弘（東宝舞台）“小道具として創意と
　　工夫の実績”

　水野 あき（荒馬座）“永年の歌舞団の演技
　　者の成果”

第10回（平6年）

　紙屋 恵美（劇団風の子）“児童演劇の制作
　　者としての実績”

　玄葉 裕美（松竹）“劇場における技術及び
　　照明の実績”

　小林 敦規（俳優座劇場）“永年にわたる背
　　景製作の実績”

　小林 喜一（金井大道具）“大道具製作や海
　　外公演での実績”

　小林 純朔（俳優座劇場）“幅広い大道具製
　　作の経験と実績”

　平井 恒男（藤浪小道具）“小道具刀剣の管
　　理と整備の実績”

　山本 冨士夫（東宝舞台）“帝劇を中心とし
　　た舞台背景での成果”

第11回（平7年）

　天城 美枝（ふるさときゃらばん）“演技者”

　一見 彰（歌舞伎座舞台）“背景”

　小林 繁（現代座）“演技者”

　座間 芳松（金井大道具）“背景”

　土方 与平（青年劇場）“制作者”

　本田 芳男（東宝舞台）“製作”

　松尾 勝（藤浪小道具）“歌舞伎小道具の操
　　作”

第12回（平8年）

　愛田 巡也（現代座）“演技者として永年の
　　成果と後進の指導”

　嵐 芳三郎（前進座）“優れた女形の演技と
　　劇団経営の成果”

　伊藤 巴子（劇団仲間）“永年に渉る児童演
　　劇の成果”

　小倉 直一（金井大道具）“大道具方・ツケ
　　打ちとしての業績”

　狩野 猛（荒馬座）“歌舞団の運営と地域文
　　化の発展の成果”

　神戸 高時（俳優座劇場）“大道具製作の業
　　績”

玉井 徳子（希望舞台）"永年に渉る劇団製作の業績"

第13回（平9年）

池内 駕子（松竹衣裳）"古典劇の衣裳の縫製の成果"

いまむら いづみ（前進座）"永年に渉る演劇者としての業績"

桑名 真一（金井大道具）"大道具方としての永年の業績"

後藤 陽吉（青年劇場）"俳優としての優れた業績と後進の育成"

芝田 正利（歌舞伎座舞台）"歌舞伎のツケ打ちとしての業績"

杉山 好二（藤浪小道具）"小道具（木工）の優れた業績"

第14回（平10年）

阿部 英夫（歌舞伎座舞台）"歌舞伎の大道具方としての業績"

賀沢 総子（松竹・演舞場）"演劇劇場の案内係の専門職として"

金子 矢司（かねこ大道具）"古典・新劇・日舞の大道具製作専門家"

岸 功（風の子・作曲）"児童劇の作曲の質的向上に顕著"

清水 義方（現代座・演出）"永年にわたる業績と後進の育成"

第15回（平11年）

島田 繁男（金井大道具）"新橋演舞場統括責任者としての業績"

杉崎 光俊（松竹）"映画製作のスタッフ・組合活動の業績"

松浦 千鶴子（藤浪小道具）"伝統的技術の維持継承と後進の育成"

丸橋 恒男（前進座）"劇団経営と制作における業績"

村石 好夫（東宝舞台）"大道具操作技術の維持向上・後継者の育成"

第16回（平12年）

上原 登志子（劇団風の子）"永年に渉る劇団の保育・制作の業績"

臼井 雅幸（金井大道具）"永年に渉る美術の業績と後進の育成"

富永 一矢（俳優座劇場）"永年に渉る演出部門の業績"

林 和行（松竹）"舞台・照明等永年に渉る業績"

松本 久（プラザQ）"永年に渉る児童劇運動の制作の業績"

第17回（平13年）

大畑 孝子（現代座）

岡田 和夫（作曲家）

斉藤 稔（東宝舞台）

ひらつか 順子（ふるさときゃらばん）

丸山 昌彦（音のすけっとマル）

第18回（平14年度）

荒川 秀俊（金井大道具）"永年にわたる組合活動と美術の後進の育成"

有賀 二郎（舞台美術家）"永年にわたる舞台美術と後進の育成"

斉藤 英一（人形劇団プーク）"永年にわたる人形美術と後進の育成"

佐藤 泰夫（新橋演舞場）"永年にわたる舞台照明と後進の育成"

第19回（平15年度）

上野 孝行（松竹）"永年にわたる劇場運営スタッフとしての業績"

河野 光枝（現代座）"永年にわたる舞台制作オルグと後進の育成"

椙山 宏治（藤浪小道具）"永年にわたる組合活動"

田村 憲（音映）"永年にわたる舞台の音響効果と後進の育成"

由井 敷（劇団希望舞台）"永年にわたる劇団運営と演出の成果"

第20回（平16年度）

岩本 恭介（金井大道具）"永年にわたる歌舞伎の付打ちと後進の育成"

岸原 鶴生（劇団風の子）"俳優としての優れた業績と後進の育成"

鈴木 敬三（歌舞伎座舞台）"伝統ある歌舞伎の背景の継承・後進の育成"

十島 英明（前進座）"永年にわたる演出の成果"

第21回（平17年度）

　奥村 尚子（荒馬座）"永年にわたる歌舞伎の制作における実績"

　西田 堯（西田堯舞踊団）"永年にわたる現代舞踊と演劇の振付における実績"

第22回（平18年度）

　武居 志左子（ふるさときゃらばん, 照明）

　高田 進（希望舞台, 演出・俳優）

　中村 鶴蔵（劇団前進座, 俳優）

第23回（平19年度）

　石毛 佳世子（フリー）"永年にわたる俳優としての舞台効果"

　宮下 雅巳（劇団風の子, 制作）"永年にわたる児童演劇の制作の業績"

第24回（平20年度）

　小倉 潔（前進座）"永年にわたる音響の業績と劇場運営の実績"

　竹内 和男（藤波小道具）"永年にわたる小道具制作と後進の育成"

　金子 賢一（金井大道具）"永年にわたる大道具製作の業績と後進の育成"

第25回（平21年度）

　大坪 とし枝（劇団風の子）"永年にわたる俳優としての舞台成果"

　早川 昇（松竹株式会社）"永年にわたる歌舞伎座での照明の実績"

　平野 ミイ（藤波小道具）"永年にわたる小道具縫製の実績"

第26回（平22年度）

　谷川 秀雄（フリー, 床山）"永年にわたる床山としての実績"

　小倉 実利（金井大道具）"永年にわたる大道具製作・舞台操作・ツケ打ちの業績"

　石橋 寿恵子（フリー, 振付家）"永年にわたる振り付けの業績"

第27回（平23年度）

　上原 一夫（ゆとろぎホール, 照明）"永年にわたる舞台照明の実績"

　宮沢 正光（ふぉるく, 音響家）"永年にわたる音響効果の実績"

　大貫 修（新橋演舞場, 照明家）"永年にわたる舞台照明の実績"

第28回（平24年度）

　田辺 忠（松竹衣裳, 衣裳着付け）

　内藤 克紀（劇団風の子東京, 制作・演出）

　長谷 詔夫（人形劇団プーク, 演出・児演協専務理事）

第29回（平25年度）

　皆川 貴夫（株式会社音映, 音響）"永年にわたる音響効果の実績"

　村田 吉次郎（前進座, 俳優）"永年にわたる俳優としての舞台成果"

　森田 勝人（劇団風の子, 俳優）"永年にわたる俳優としての舞台成果"

---

012 日本文化藝術振興賞

　日本文化藝術振興財団設立とともに, 日本の伝統文化あるいは現代芸術の保護, 育成および振興を図ることを目的として, 平成5年11月に創設された。第15回を以て終了。

【主催者】（公財）日本文化藝術財団

【選考方法】推薦

【選考基準】〔対象〕日本伝統文化振興賞：日本の伝統文化の維持伝承あるいは調査研究の分野において, 現代におけるその振興に著しい功績をあげた者。日本現代芸術振興賞：現代芸術の分野において, 新しい方向性を示す作品を制作あるいは研究業績を発表し, 現代芸術の新たな発展に資する活動をした者

【締切・発表】例年推薦応募受付期間は11月1日〜12月中旬, 発表は翌年2月中旬頃

【賞・賞金】1名（または1団体）につき賞状・賞金150万円

第1回（平5年度）
◇日本伝統文化振興賞
　吉村 七重（二十絃箏奏者）
　千田 長次郎，千田 堅吉（唐紙師）
◇日本現代芸術振興賞
　西村 朗（作曲家）
　勅使川原 三郎（舞踊家・振付師）
第2回（平6年度）
◇日本伝統文化振興賞
　繭山 万次（古陶磁の復元修理）
　山口 憲（能装束調査研究再現）
◇日本現代芸術振興賞
　和泉 正敏（自然石彫刻建築造園）
　原美術館（現代美術展覧会企画開催）
第3回（平7年度）
◇日本伝統文化振興賞
　国際俳句交流協会（俳句の国際化）
◇日本現代芸術振興賞
　小池 一子（美術デザイン展企画）
第4回（平8年度）
◇日本伝統文化振興賞
　大江 巳之助（文楽人形師）
◇日本現代芸術振興賞
　田窪 恭治（美術家）
第5回（平9年度）
◇日本伝統文化振興賞
　石村 真一（九州芸術工科大学教授）"デザ
　イン史・デザイン文化"
　真島 俊一
◇日本現代芸術振興賞
　宮島 達男（現代美術）
第6回（平10年度）
◇日本伝統文化振興賞
　石井 真木（作曲家，指揮者）
◇日本現代芸術振興賞
　安斎 重男（写真家）
第7回（平11年度）
◇日本伝統文化振興賞
　龍村 光峯（織物美術作家）

◇日本現代芸術振興賞
　宮脇 愛子（彫刻家）
　川俣 正（現代美術）
第8回（平12年度）
◇日本伝統文化振興賞
　東京伝統木版画工芸協会（会長・安達以乍
　牟）
　林 英哲（太鼓奏者）
◇日本現代芸術振興賞
　田中 泯（舞踏家）
第9回（平13年度）
◇日本伝統文化振興賞
　西潟 昭子（三味線演奏家）"1975年より第
　一線の作曲家に委嘱し，三味線による現
　代作品を中心としたリサイタルを持つな
　ど，三味線の新しい領域を開く"
◇日本現代芸術振興賞
　海上 雅臣（現代美術批評）"書家・井上有
　一の没後，有一の軌跡を明らかにするた
　めカタログレゾネ編纂に取り組み，「井上
　有一全書業」全3巻を15年がかりで刊行"
第10回（平14年度）
◇日本伝統文化振興賞
　赤尾 三千子（横笛演奏家）
◇日本現代芸術振興賞
　荒川 修作（現代芸術家），マドリン・ギン
　ズ（詩人）
第11回（平15年度）
◇日本伝統文化振興賞
　宮田 まゆみ（笙演奏家）
◇日本現代芸術振興賞
　中川 幸夫（いけ花作家）
第12回（平16年度）
◇日本伝統文化振興賞
　該当者なし
◇日本現代芸術振興賞
　宮本 隆司（写真家）
　篠崎 史子（ハープ奏者）

第13回（平17年度）
◇日本伝統文化振興賞
　奈良屋記念杉本家保存会
◇日本現代芸術振興賞
　該当者なし
第14回（平18年度）
◇日本伝統文化振興賞
　室瀬 和美（漆芸作家）
◇日本現代芸術振興賞
　杉浦 康益（作陶家）
第15回（平19年度）
◇日本伝統文化振興賞
　若山 胤雄（江戸里神楽 囃子・舞）
◇日本現代芸術振興賞
　河口 龍夫（現代美術家）

013 長谷川伸賞

　劇作家・故長谷川伸氏の幅広い業績を記念して，昭和39年に制定された。演劇，文芸，出版文化などで多大な成果を上げた人，又は実力を持ちながらめぐまれない人，有望な新人などの発掘と顕彰を目的とする。

【主催者】（一財）新鷹会

【選考委員】（一財）新鷹会理事会（理事長：平岩弓枝）

【選考方法】関係各方面よりの推薦による

【選考基準】〔対象〕大衆文学，演劇などの分野の人物及び文化・芸能一般

【締切・発表】「大衆文芸」誌上に発表，毎年6月最終金曜日東京・麹町の弘済会館で授賞式

【賞・賞金】正賞賞牌，副賞100万円

【URL】新鷹会HP（http://www.geocities.jp/shinyoukai2000/）内

第1回（昭41年）
　秋山 安三郎（演劇評論家）
第2回（昭42年）
　山岡 荘八（作家）
第3回（昭43年）
　坂東 八重之助（歌舞伎殺陣）
第4回（昭44年）
　白井 喬二（作家）
第5回（昭45年）
　長谷川 勘兵衛（大道具）
第6回（昭46年）
　中 一弥（画家）
第7回（昭47年）
　久松 喜世子（俳優）
第8回（昭48年）
　該当者なし
第9回（昭49年）
　藤浪 与兵衛（小道具）
　門馬 義久（新聞記者）
第10回（昭50年）
　該当者なし
第11回（昭51年）
　利倉 幸一（演劇評論家）
　武蔵野 次郎（文芸評論家）
第12回（昭52年）
　港区立三田図書館（図書館）
第13回（昭53年）
　松竹大谷図書館（図書館）
第14回（昭54年）
　該当者なし
第15回（昭55年）
　相馬 清恒（舞台照明）"歌舞伎座，国立劇場，明治座などの舞台照明につくす"
第16回（昭56年）
　釘町 久磨次（舞台美術）"舞台美術における各種の考案と長年にわたる実績に対し

て”
第17回（昭57年）
　　島田 正吾（俳優），辰巳 柳太郎（俳優）
　　“創立65年を迎えた劇団新国劇をこれま
　　で支えてきた努力”
第18回（昭58年）
　　野口 達二（雑誌編集）“「季刊・歌舞伎」
　　の編集や「長谷川伸の戯曲」など”
　　磯貝 勝太郎（文芸評論家）“大衆文学評論
　　への努力”
第19回（昭59年）
　　田中 純一郎（映画・演劇評論家）“長年に
　　わたる映画・演劇評論活動の集大成とし
　　ての「松竹九十年史」の編纂執筆に対し
　　て”
　　萱原 宏一（ジャーナリスト）“大衆文学の
　　発展向上への寄与”
第20回（昭60年）
　　中嶋 八郎（舞台美術）“舞台美術家として
　　の長年の業績”
第21回（昭61年）
　　松信 泰輔（書店経営）“永年に亘る優れた
　　文化活動及び出版文化に寄与”
第22回（昭62年）
　　吉井 澄雄（舞台照明）“照明家としての多
　　年に亘る業績と最近の優れた成果に対し
　　て”
第23回（昭63年）
　　鳥居 清光（舞台装置）“鳥井派浮世絵師9
　　代目宗家としての伝統文化継承と舞台装
　　置家としての業績”
第24回（平1年）
　　岡本 経一（出版事業）“「岡本綺堂日記」
　　正・続2巻の出版と「綺堂戯曲年表」作
　　成の努力・成果に対して”
第25回（平2年）
　　本間 明（音響効果デザイナー）“音響効果
　　の優れた舞台成果に対して”
第26回（平3年）
　　白沢 純（小道具）“歌舞伎などの演劇, 舞
　　踊, テレビの小道具業務を通して日本の
　　伝統芸能の維持発展に貢献”

第27回（平4年）
　　辻 亨二（音響技術者）“音響効果のプラン
　　制作やオペレータの業務を確立”
第28回（平5年）
　　金井 俊一郎（金井大道具社長）“長年にわ
　　たる舞台大道具製作および舞台美術デザ
　　インなどにより日本の演劇界に多大な貢
　　献をし, 後進の育成に尽力”
第29回（平6年）
　　永山 武臣（松竹会長）“演劇の発展に尽力,
　　海外での公演を通じて伝統歌舞伎を広く
　　世界に紹介”
第30回（平7年）
　　該当者なし
第31回（平8年）
　　河竹 登志夫 “演劇や伝統芸能を国内外に
　　紹介し, 日本文化の振興に多大な貢献を
　　した”
第32回（平9年）
　　該当者なし
第33回（平10年）
　　日本文学振興会
第34回（平11年）
　　該当者なし
第35回（平12年）
　　該当者なし
第36回（平13年）
　　野村 敏雄
第37回（平14年）
　　蓬田 やすひろ（画家）“新聞・雑誌小説の
　　挿絵及び本の装幀・タイトル画などにお
　　ける, 優れた業績”
第38回（平15年）
　　神坂 次郎（作家）“「元禄御畳奉行の日記」
　　「縛られた巨人 南方熊楠の生涯」「今日
　　われ生きてあり」など優れた業績”
第39回（平16年）
　　辻 真先（作家）“ラジオ, テレビ, 舞台, マ
　　ンガの脚本および推理小説などにより,
　　庶民文化に与えた多大な功績”
第40回（平17年）
　　松井 由利夫（作詞家）“長年（約半世紀）

にわたって歌謡曲の作詞に従事し、国民の胸に染み入るような名曲を多数製作したこと、作詞を通し、失われつつある日本人の美徳である義理人情を再発掘したことに対して"

第41回（平18年）

　大村 彦次郎（評論家）「時代小説盛衰史」（筑摩書房）

第42回（平19年）

　西川 左近（日本舞踊家）"名人2代目西川鯉三郎の芸風を正しく継承しながら、更に独自の世界を確立したその努力と成果に対して"

第43回（平20年）

　野村 万作（狂言師）"戦後の混乱の中で狂言の発展に寄与し、海外にも広く紹介した"

第44回（平21年）

　中村 勘三郎（18世）（俳優）"歌舞伎はもとより、さまざまな分野で新風を巻き起こした"

第45回（平22年）

　西村 京太郎（作家）"多年にわたり、広く人々に愛され親しまれた作品を発表した"

第46回（平23年）

　五大 路子（俳優）"横浜の地において、すぐれた演劇活動を展開していることに対して"

第47回（平24年）

　山折 哲雄（宗教学者・評論家）"戦後、失われつつある日本人の豊かな心を掘り起し、それを幅広い知識と識見によって人々に伝えた"

第48回（平25年）

　平岩 弓枝（作家）"半世紀以上にわたり、小説、舞台・テレビ・ラジオ脚本などで多大なる成果をあげた"

第49回（平26年）

　双葉 百合子（歌手）"77年間にわたる歌手人生において、日本人の心に染みる歌の数々によって人々に深い感銘を与えた"

014 松尾芸能賞

　日本の伝統ある劇場芸能を助成・振興し、我が国独自の文化・芸能の保存・向上に寄与することを目的として、昭和54年に創設された。

【主催者】（公財）松尾芸能振興財団

【選考委員】（第35回）井出博正（遠藤実歌謡音楽振興財団代表理事）、神山彰（明治大学文学部教授）、小島美子（国立歴史民俗博物館名誉教授）、田中英機（くらしき作陽大学客員教授）、藤田洋（演劇評論家）、水落潔（毎日新聞客員編集委員）、松尾國之（富士プロジェクト代表取締役社長）、松尾日出子（富士プロジェクト代表取締役会長）、森洋三（演劇評論家）、山内久司（朝日放送顧問）

【選考基準】〔対象〕伝統芸能（演劇を含む）劇場芸能出演者・助演者・研修者、演出家、舞台・用具等所要施設関係技能者、音楽関係技能者。その他歌謡芸能、テレビ・映画関係者

【締切・発表】例年発表は3月下旬

【賞・賞金】大賞：賞状、記念品と賞金100万円、優秀賞：賞状、記念品と賞金50万円。特別賞：賞状、記念品と賞金30万円。新人賞：賞状、記念品と賞金30万円

【URL】 http://www.matsuo.or.jp/

第1回（昭55年）

◇大賞

杉 良太郎
◇優秀賞
● 演劇
市川 猿之助（3世）
● 舞踊
西川 鯉三郎
● 舞台装置
杉本 多三郎
第2回（昭56年）
◇特別大賞
● 映画・演劇
長谷川 一夫
◇優秀賞
● 演劇
坂東 玉三郎
● 舞台音楽
杵屋 栄左衛門
◇特別賞
● 総合
宮城 まり子
第3回（昭57年）
◇大賞
● 劇作
橋田 寿賀子
◇優秀賞
● 演劇
大川 橋蔵
● 総合
西田 敏行
● 舞台音楽
沢井 忠夫
第4回（昭58年）
◇大賞
● 演劇
山本 富士子
◇優秀賞
● 舞踊
藤間 藤子
● 舞台技術
相馬 清恒
◇特別賞
● 演劇

島田 正吾
辰巳 柳太郎
● 舞台技術
金井 俊一郎
◇新人賞
● 舞台音楽
竹本 葵太夫
第5回（昭59年）
◇大賞
該当者なし
◇優秀賞
● 大衆芸能
梅沢劇団
● 演劇
木の実 ナナ
● 舞踊
花柳 寿南海
● 舞台技術
辻 亨二
● 舞台制作
中川 芳三
◇特別賞
● 演劇
英 太郎
坂東 八重之助
◇新人賞
● 演劇
中村 児太郎
第6回（昭60年）
◇大賞
● 演劇
藤山 寛美
◇優秀賞
● 演劇
沢村 宗十郎
一条 久枝
● 映画・演劇
北大路 欣也
● 舞踊
高浜流 光妙
◇特別賞
● 舞台技術

山本 長之助
第7回（昭61年）
　◇大賞
　　市川 団十郎（12世）
　◇優秀賞
　●映画・演劇
　　三田 佳子
　●伝統芸能
　　望月 左吉
　●舞台美術
　　古賀 宏一
　◇特別賞
　●演劇
　　片岡 仁左衛門（13世）
　●伝統芸能
　　義太夫協会
　◇研修助成
　●演劇
　　市川猿之助公演・義経千本桜にからむタテ
　　の人々
第8回（昭62年）
　◇大賞
　●演劇
　　市川 猿之助（3世）
　◇優秀賞
　●舞台技術
　　八木 源太郎
　◇特別賞
　●演劇
　　日本ろう者劇団
第9回（昭63年）
　◇大賞
　●演劇
　　水谷 良重
　◇優秀賞
　●伝統芸能
　　豊竹 呂大夫
　●舞踊
　　吉村 雄輝
　◇特別賞
　●伝統芸能
　　岡本 文弥

　◇新人賞
　●演劇
　　坂東 橘太郎
第10回（平1年）
　◇大賞
　●演劇
　　中村 扇雀（2世）
　　中村 勘九郎（5世）
　◇優秀賞
　●伝統芸能
　　鶴澤 清治
　　栄芝（本名＝春日とよ栄芝）
　●伝統芸能
　　上原 まり
　◇特別賞
　●伝統芸能
　　竹本 越路大夫（4世）
　　早稲田大学坪内博士記念演劇博物館
　◇新人賞
　●演劇
　　市川 右近
第11回（平2年）
　◇大賞
　●演劇
　　尾上 菊五郎（7世）
　◇優秀賞
　●舞踊
　　尾上 菊之丞（2世）
　●演劇
　　野村 万作
　◇特別賞
　●演劇
　　上村 吉弥
　●舞踊
　　藤蔭 静枝
　●伝統芸能
　　藪田 武
　　常磐津節保存会
第12回（平3年）
　◇大賞
　●演劇
　　中村 吉右衛門（2世）

◇優秀賞
- 演劇
藤田 まこと
◇特別賞
- 舞踊
花柳 寿楽（2世）
- 舞台美術
伊藤 静夫
第13回（平4年）
◇大賞
森 光子
◇優秀賞
- 舞踊
藤間 紫
- 演劇
坂東 八十助
◇特別賞
- 舞踊
若柳 吉駒
- 舞台美術
佐藤 金一
第14回（平5年）
◇大賞
- 演劇
山田 五十鈴
◇優秀賞
- 演劇
中村 梅之助
植田 紳爾
- 伝統芸能
吉田 簑助
- 舞踊
楳茂都 梅衣
◇特別賞
- 演劇
中村 又五郎（2世）
- 舞踊
畑道代と菊の会
◇新人賞
- 演劇
中村 信二郎

第15回（平6年）
◇大賞
- 演劇
中村 富十郎（5世）
◇優秀賞
- 演劇
中村 時蔵（5世）
◇特別賞
- 演劇
嵐 徳三郎（7世）
菅原 謙次
◇功労賞
- 演劇
小栗 克介
◇新人賞
- 演劇
市川 笑三郎
第16回（平7年）
◇大賞
- 演劇
松本 幸四郎（9世）
◇優秀賞
- 演劇
平 幹二朗
- 能楽
梅若 六郎
- 演劇
藤山 直美
◇特別賞
- 文楽
吉田 玉男
◇新人賞
- 演劇
中村 橋之助
- 舞台美術
金井 勇一郎
第17回（平8年）
◇大賞
- 演劇
片岡 孝夫
◇優秀賞
- 能楽

大槻 文蔵
◇特別賞
● 演劇
河原崎 権十郎
◇功労賞
● 舞台技術
釘町 久磨次
◇研修助成
● 演劇
名古屋むすめ歌舞伎
◇新人賞
● 演劇
市川 染五郎（7世）
● 舞踊
藤間 蘭黄
第18回（平9年）
◇大賞
該当者なし
◇優秀賞
● 演劇
市川 左団次（4世）
麻実 れい
◇研修助成
● 演劇
劇団東宝現代劇75人の会
◇新人賞
● 演劇
野村 小三郎
寺島 しのぶ
● 舞踊
泉 朱緒里
第19回（平10年）
◇大賞
中村 雀右衛門（4世）
◇優秀賞
● 演劇
市村 正親
茂山 千之丞
◇特別賞
● 演劇
戸部 銀作
◇研修助成

演劇集団円
◇新人賞
● 舞踊
花柳 基
第20回（平11年）
◇大賞
蜷川 幸雄
◇優秀賞
● 演劇
片岡 秀太郎
● 文楽
吉田 簑太郎
◇特別賞
● 演劇
音羽 菊七
◇特別顕彰
● 演劇
島田 正吾
第21回（平12年）
◇大賞
● 演劇
高橋 英樹
◇優秀賞
● 演劇
真田 広之
● 舞踊
猿若 吉代
● 演劇
市川 猿弥
◇新人賞
● 演劇・テレビ
松 たか子
◇特別賞
● 演劇
沢村 田之助
● 演劇
能劇の座
第22回（平13年）
◇大賞
舟木 一夫
◇優秀賞
● 演劇

大地 真央
加藤 敬二
◇新人賞
● 演劇
市川 新之助
◇特別賞
● 舞踊
猿若 清方
第23回（平14年）
◇大賞
● 演劇・歌舞伎
中村 勘九郎（5世）
◇優秀賞
● 舞踊
西川 扇祥
◇新人賞
● 演劇
市川 亀治郎
◇特別賞
● 伝統芸能
玉川 スミ
第24回（平15年）
◇大賞
演劇・舞踊部門受賞なし
◇優秀賞
● 演劇
坂東 竹三郎
● 舞踊
佐藤 太圭子
● 演劇
石川 耕士
平野 啓子
◇新人賞
● 演劇
尾上 菊之助（5世）
● 舞踊
藤間 恵都子
◇研修助成
● 演劇
劇団若獅子
第25回（平16年）
◇大賞

● 演劇
仲代 達矢
◇優秀賞
● 演劇
金田 龍之介
中村 東蔵
池畑 慎之介
◇新人賞
● 演劇
安蘭 けい
● 舞踊
西川 箕乃助
◇特別賞
● 演劇
野村 又三郎
第26回（平17年）
◇大賞
● 演劇
十朱 幸代
◇優秀賞
● 演劇
中村 メイコ
● 舞踊
橘 芳慧
● 能楽
関根 祥人
◇新人賞
● 演劇
市川 段治郎
◇功労賞
● 伝統芸能
田辺 孝治
◇研修助成
● 演劇
シアターX名作劇場
第27回（平18年）
◇大賞
演劇・舞踊部門受賞なし
◇優秀賞
● 演劇
夏木 マリ
島田 歌穂

尾上 菊十郎
◇新人賞
● 演劇
　片岡 愛之助
● 舞踊
　花柳 錦之輔
◇研修助成賞
● 演劇
　みつわ会
第28回（平19年）
◇大賞
● 演劇
　江守 徹
◇優秀賞
● 文楽
　豊竹 咲大夫
● 舞踊
　藤間 藤太郎
◇新人賞
● 演劇
　市川 春猿
◇特別賞
● 演劇
　浅香 光代
◇功労賞
● 能楽
　山崎 有一郎
第29回（平20年）
◇大賞
● 演劇
　草笛 光子
◇優秀賞
● 演劇
　中村 芝雀（7世）
　五大 路子
◇新人賞
● 舞踊
　藤間 万惠
◇特別賞
● 演劇
　戌井 市郎
◇功労賞

● 舞踊
　井上 かづ子，井上 政枝
第30回（平21年）
◇大賞
● 演劇
　坂東 三津五郎（10世）
◇優秀賞
● 演劇
　前田 美波里
　松坂 慶子
● 文楽
　竹本 千歳大夫
◇新人賞
● 舞踊
　若柳 吉蔵
● 演劇
　柚希 礼音
◇特別賞
● 演劇
　淡島 千景
◇松尾國三賞
● 演劇
　市川 段四郎
◇松尾波儔江賞
● 舞踊
　花柳 糸之
第31回（平22年）
◇大賞
● 演劇
　鳳 蘭
◇優秀賞
● 演劇
　中村 歌六
　大竹 しのぶ
◇新人賞
● 舞踊
　花柳 典幸
◇特別賞
● 演劇
　安井 昌二
第32回（平23年）
◇大賞

演劇・舞踊部門受賞なし
◇優秀賞
- 文楽
  豊竹 嶋大夫
- 演劇
  中村 翫雀（5世）
  大空 祐飛
- 舞踊
  花柳 輔太朗
◇新人賞
- 演劇
  瀬戸 摩純
◇特別賞
- 演劇
  渡辺 美佐
◇研修助成賞
- 演劇
  劇団すぎのこ
第33回（平24年）
◇大賞
- 演劇
  三谷 幸喜
◇優秀賞
- 演劇
  白石 加代子
  安奈 淳
◇新人賞
- 演劇
  中村 勘九郎（6世）
第34回（平25年）
◇大賞
- 舞踊
  花柳 壽輔（4世）
◇優秀賞

- 演劇
  市川 猿之助（4世）
  笠原 章
◇優秀賞
- 演劇
  コロッケ
- 演出
  謝 珠栄
◇新人賞
- 文楽
  豊竹 咲甫大夫
◇特別賞
- 子供歌舞伎指導
  北野 勝彦
◇功労賞
- 演劇
  湯川 弘明
◇研修助成賞
- 演劇
  スタス
第35回（平26年）
◇大賞
- 演劇
  波乃 久里子
◇優秀賞
- 演劇
  尾上 松緑（3世）
  渋谷 天外（3世）
◇特別賞
- 舞台音楽
  竹本 朝輝
◇功労賞
- 演劇
  中村 小山三

---

015 村松賞〔舞踊部門〕

　音楽舞踊の専門紙『音楽新聞』が戦前から毎年新年号に発表してきた「音楽・舞踊新人ベストテン」を昭和62年から構想を新たにし，音楽新聞社創立者・村松道弥の名を冠した「村松賞」として創設された。13回をもって終了。
【主催者】音楽新聞社

【選考委員】音楽部門：渡辺学而, 石田一志, 中村洪介, 長谷川武久, 中曽根松衛, 百瀬喬。
　　舞踊部門：桜井勤, 木村英二, 柴田善, 早川俊雄, 福田一平

【選考方法】推薦委員の推薦による

【選考基準】〔対象〕若い新人で, その年の音楽・舞踊界において特に顕著な活動をした
　者（ある程度過去の実績を考える）それに加えて, 将来有望な者

【締切・発表】毎年11月末締切, 12月20日前後発表

【賞・賞金】大賞（各1名）：賞金20万円, 音楽・舞踊部門（各4名）：賞金。賞金の総額は
　120万円

第1回（昭62年度）
◇舞踊部門
　稲村 真実（小林紀子バレエシアター）
　貞松 正一郎（松山バレエ団）
　時田 ひとし（藤里照子舞踊団）
　中村 かおり（山本伶子ジュニアバレエ）
　平多 実千子（平多舞踊団）
第2回（昭63年度）
◇舞踊部門
　碇山 奈奈（フラメンコ・ダンサー）
　潮田 麻里（タンダバハダンスカンパニー）
　草刈 民代（牧阿佐美バレエ団）
　鈴木 稔（フリー・バレエ・ダンサー）
　高部 尚子（谷桃子バレエ団）
第3回（平1年度）
◇舞踊部門
　佐藤 一哉（本田佐藤モダンダンスバレエ研
　　究所）
　大畠 律子（牧阿佐美バレエ団）
　上田 遙（西田堯舞踊団）
　井神 さゆり（井上博文バレエ団）
　●大賞
　倉田 律子（松山バレエ団）
第4回（平2年度）
◇舞踊部門
　小嶋 直也（牧阿佐美バレエ団）
　平元 久美（松山バレエ団）
　藤井 恵子（現代舞踊）
　堀内 充（ユニークバレエシアター）
　●大賞
　床嶋 佳子（バレエ, スタジオ一番街）

第5回（平3年度）
◇舞踊部門
　坂本 登喜彦（バレエ）
　地主 律子（モダンダンス）
　膳亀 利次郎（モダンダンス）
　山川 晶子（バレエ）
　●大賞
　佐々木 想美（バレエ）
第6回（平4年度）
◇舞踊部門
　石井 智子（フラメンコ）
　田保 知里（現代舞踊）
　根岸 正信（バレエ）
　柳瀬 真澄（バレエ）
　●大賞
　足川 欽也（バレエ）
第7回（平5年度）
◇舞踊部門
　明尾 真弓（モダンダンス）
　小山 久美（バレエ）
　高瀬 浩幸（バレエ）
　田中 祐子（バレエ）
　●大賞
　坂本 秀子（モダンダンス）
第8回（平6年度）
◇舞踊部門
　岩田 唯起子（バレエ）
　宮内 真理子（バレエ）
　森本 由布子（バレエ）
　松山 善弘（モダンダンス）
　リエ・クロダ（モダンダンス）
　●大賞

　　　該当者なし
第9回（平7年度）
　◇舞踊部門
　　伊藤 範子（バレエ）
　　児玉 敏子（モダンダンス）
　　佐藤 明美（バレエ）
　　中村 美佳（バレエ）
　　能美 健志（モダンダンス）
第10回（平8年度）
　◇舞踊部門
　　岩田 守弘（バレエ）
　　内田 香（モダンダンス）
　　酒井 はな（バレエ）
　　竹内 登志子（振付）
　　中村 しんじ（振付）
　●大賞
　　該当者なし
第11回（平9年度）
　◇舞踊部門
　　大島 早紀子（振付）
　　志賀 三佐枝（バレエ）
　　平多 量子（モダンダンス）

　　二見 一幸（モダンダンス）
　　法村 圭緒（バレエ）
　●大賞
　　該当者なし
第12回（平10年度）
　◇舞踊部門
　　岩本 桂（バレエ）
　　遠藤 康行（バレエ）
　　菊地 美樹（バレエ）
　　草野 櫻子（スペイン舞踊）
　　山元 美代子（モダンダンス）
　●大賞
　　該当者なし
第13回（平11年度）
　◇舞踊部門
　　飯塚 真穂（モダンダンス）
　　西山 裕子（バレエ）
　　原 麻衣子（バレエ）
　　武元 賀寿子（演出・振付）
　●大賞
　　森田 健太郎（バレエ）

Ⅱ 演 劇

016 愛宝会賞

　宝塚歌劇を愛する後援団体の中でも伝統を誇る愛宝会により,昭和41年に創設された。当初は新進娘役のすみれ賞のみであったが,45年に助演の野菊賞,47年に舞踊のさくら賞,54年に歌唱の鈴蘭賞が増設され,現在4賞となっている。

【主催者】愛宝会

【選考委員】愛宝会賞選考委員会

【選考方法】会員の推薦による

【選考基準】(1)すみれ賞〔資格〕主に東京公演で実績をあげた研究科3年の娘役。〔対象〕ファンの多い男役の相手役として歌劇で重要なパートである娘役で,若年ながら将来性のある者。(2)野菊賞〔資格〕概ね研究科10年以上。〔対象〕地味ながら舞台を引き締める脇役。(3)さくら賞〔資格〕特になし。〔対象〕日舞・洋舞を問わず,舞踊・ダンスに優れた者。(4)鈴蘭賞〔資格〕特になし。〔対象〕歌劇で重要な歌唱力に優れた者

【締切・発表】締切は毎年末,選考委員会を経て,翌年1月末総会で発表,3月に贈賞式

【賞・賞金】賞状,賞額と賞金各10万円

(昭41年)
◇すみれ賞
　大原 ますみ(雪組)
(昭42年)
◇すみれ賞
　英 美娜(花組)
(昭43年)
◇すみれ賞
　砂夜 なつみ(月組)
(昭44年)
◇すみれ賞
　摩耶 明美(雪組)
(昭45年)
◇すみれ賞
　沢 かをり(星組)
◇野菊賞
　椿 友里(星組)
(昭46年)
◇すみれ賞

　有花 みゆ紀(花組)
◇野菊賞
　岸 香織(雪組)
(昭47年)
◇すみれ賞
　丘 さゆり(花組)
◇野菊賞
　水 はやみ(花組)
◇さくら賞
　羽山 紀代美(星組)
(昭48年)
◇すみれ賞
　北原 千琴(月組)
◇野菊賞
　麻月 鞠緒(花組)
◇さくら賞
　志都 美咲(雪組)
(昭49年)
◇すみれ賞

茜 真弓(雪組)
◇野菊賞
　水穂 葉子(花組)
◇さくら賞
　室町 あかね(花組)
(昭50年)
◇すみれ賞
　紫城 いずみ(星組)
◇野菊賞
　藤園 さとみ(花組)
◇さくら賞
　南 すみれ(月組)
(昭51年)
◇すみれ賞
　岩宮 あいの(星組)
◇野菊賞
　藤城 潤(月組)
◇さくら賞
　但馬 久美(星組)
(昭52年)
◇すみれ賞
　優 ひかり(雪組)
◇野菊賞
　明日香 都(花組)
◇さくら賞
　加奈 霞(雪組)
(昭53年)
◇すみれ賞
　美風 りざ(雪組)
◇野菊賞
　鈴鹿 照子(花組)
◇さくら賞
　藍 えりな(月組)
(昭54年)
◇すみれ賞
　美雪 花代(花組)
◇野菊賞
　上条 あきら(雪組)
◇さくら賞
　真咲 佳子(雪組)
◇鈴蘭賞
　潮 はるか(月組)

(昭55年)
◇すみれ賞
　北 いずみ(雪組)
◇野菊賞
　洋 ゆり(星組)
◇さくら賞
　五条 愛川(月組)
◇鈴蘭賞
　矢代 鴻(雪組)
(昭56年)
◇すみれ賞
　南風 まい(星組)
◇野菊賞
　新城 まゆみ(花組)
◇さくら賞
　風間 イリヤ(星組)
◇鈴蘭賞
　寿 ひずる(雪組)
(昭57年)
◇すみれ賞
　毬谷 友子(雪組)
◇野菊賞
　尚 すみれ(雪組)
◇さくら賞
　克 沙千世(雪組)
◇鈴蘭賞
　草笛 雅子(雪組)
(昭58年)
◇すみれ賞
　黒木 瞳(月組)
◇野菊賞
　条 はるき(月組)
◇さくら賞
　萬 あきら(星組)
◇鈴蘭賞
　南風 まい(星組)
(昭59年)
◇すみれ賞
　朝風 鈴(月組)
◇野菊賞
　未沙 のえる(月組)
◇さくら賞

大浦 みずき（花組）
◇鈴蘭賞
　美野 真奈（花組）
（昭60年）
◇すみれ賞
　神奈 美帆（雪組）
◇野菊賞
　桐 さと実（月組）
◇さくら賞
　瀬川 佳英（花組）
◇鈴蘭賞
　一路 真輝（雪組）
（昭61年）
◇すみれ賞
　紫 とも（雪組）
◇野菊賞
　沙羅 けい（雪組）
◇さくら賞
　ひびき 美都（花組）
◇鈴蘭賞
　花愛 望都（星組）
（昭62年）
◇すみれ賞
　香坂 千晶（花組）
◇野菊賞
　藤 京子（星組）
◇さくら賞
　奈々央 とも（雪組）
◇鈴蘭賞
　春風 ひとみ（月組）
（昭63年）
◇すみれ賞
　茜 このみ（星組）
◇野菊賞
　北斗 ひかる（雪組）
◇さくら賞
　こだま 愛（月組）
◇鈴蘭賞
　峰丘 奈知（花組）
（平1年）
◇すみれ賞
　五条 まい（雪組）

◇野菊賞
　一樹 千尋（星組）
◇さくら賞
　安寿 ミラ（花組）
◇鈴蘭賞
　涼風 真世（月組）
（平2年）
◇すみれ賞
　麻乃 佳世（月組）
◇野菊賞
　籏 かおる（専科）
◇さくら賞
　紫苑 ゆう（星組）
◇鈴蘭賞
　杜 けあき（雪組）
（平3年）
◇すみれ賞
　万理沙 ひとみ（星組）
◇野菊賞
　古代 みず希（雪組）
◇さくら賞
　真矢 みき（花組）
◇鈴蘭賞
　一樹 千尋（星組）
（平4年）
◇すみれ賞
　純名 里沙（雪組）
◇野菊賞
　汝鳥 伶（月組）
◇さくら賞
　詩乃 優花（花組）
◇鈴蘭賞
　洲 悠花（星組）
（平5年）
◇すみれ賞
　花總 まり（雪組）
◇野菊賞
　海峡 ひろき（花組）
◇さくら賞
　若央 りさ（月組）
◇鈴蘭賞
　純名 里沙（雪組）

（平6年）

◇すみれ賞

　千紘 れいか（花組）

◇野菊賞

　泉 つかさ（雪組）

◇さくら賞

　紫吹 淳（花組）

◇鈴蘭賞

　出雲 綾（星組）

（平7年）

◇すみれ賞

　秋園 美緒（星組）

◇野菊賞

　美月 亜優（花組）

◇さくら賞

　匠 ひびき（花組）

◇鈴蘭賞

　朱 未知留（雪組）

（平8年）

◇すみれ賞

　千 ほさち（花組）

◇野菊賞

　夏美 よう（星組）

◇さくら賞

　風花 舞（月組）

◇鈴蘭賞

　白城 あやか（星組）

（平9年）

◇すみれ賞

　妃里 梨江（星組）

◇野菊賞

　詩乃 優花（花組）

◇さくら賞

　真琴 つばさ（月組）

◇鈴蘭賞

　香寿 たつき（雪組）

（平10年）

◇すみれ賞

　紺野 まひる（雪組）

◇野菊賞

　真山 葉瑠（月組）

◇さくら賞

　稔 幸（星組）

◇鈴蘭賞

　姿月 あさと（宙組）

◇特別賞

　植田 紳爾（宝塚歌劇団理事長）

（平11年）

◇すみれ賞

　彩乃 かなみ（花組）

◇野菊賞

　夏河 ゆら（月組）

◇さくら賞

　樹里 咲穂（宙組）

◇鈴蘭賞

　轟 悠（雪組）

（平12年）

◇すみれ賞

　白羽 ゆり（月組）

◇野菊賞

　真中 ひかる（宙組）

◇さくら賞

　五峰 亜季（雪組）

◇鈴蘭賞

　春野 寿美礼（花組）

（平13年）

◇すみれ賞

　映美 くらら（月組）

◇野菊賞

　嘉月 絵理（月組）

◇さくら賞

　香寿 たつき（星組）

◇鈴蘭賞

　和央 ようか（宙組）

（平14年）

◇すみれ賞

　陽月 華（星組）

◇野菊賞

　英真 なおき（星組）

◇さくら賞

　朝海 ひかる（雪組）

◇鈴蘭賞

　美々 杏里（月組）

(平15年)

◇すみれ賞
　晴華 みどり (雪組)

◇野菊賞
　汐美 真帆 (星組)

◇さくら賞
　瀬奈 じゅん (花組)

◇鈴蘭賞
　安蘭 けい (星組)

(平16年)

◇すみれ賞
　花影 アリス (宙組)

◇野菊賞
　美郷 真也 (宙組)

◇さくら賞
　湖月 わたる (星組)

◇鈴蘭賞
　美穂 圭子 (雪組)

(平17年)

◇すみれ賞
　夢咲 ねね (月組)

◇野菊賞
　万里 柚美 (星組)

◇さくら賞
　鈴懸 三由岐 (花組)

◇鈴蘭賞
　花總 まり (宙組)

(平18年)

◇すみれ賞
　愛原 実花 (雪組)

◇野菊賞
　越乃 リュウ (月組)

◇さくら賞
　水 夏希 (雪組)

◇鈴蘭賞
　彩吹 真央 (花組)

(平19年)

◇すみれ賞
　野々 すみ花 (花組)

◇野菊賞
　飛鳥 裕 (雪組)

◇さくら賞

柚希 礼音 (星組)

◇鈴蘭賞
　未来 優希 (雪組)

(平20年)

◇すみれ賞
　蘭乃 はな (月組)

◇野菊賞
　華形 ひかる (花組)

◇さくら賞
　霧矢 大夢 (月組)

◇鈴蘭賞
　遠野 あすか (星組)

(平21年)

◇すみれ賞
　舞羽 美海 (雪組)

◇野菊賞
　涼 紫央 (星組)

◇さくら賞
　桐生 園加 (月組)

◇鈴蘭賞
　霧矢 大夢 (月組)

(平22年)

◇すみれ賞
　早乙女 わかば (星組)

◇野菊賞
　未涼 亜希 (雪組)

◇さくら賞
　蘭寿 とむ (宙組)

◇鈴蘭賞
　柚希 礼音 (星組)

(平23年)

◇すみれ賞
　実咲 凜音 (花組)

◇野菊賞
　桜 一花 (花組)

◇さくら賞
　早霧 せいな (雪組)

◇鈴蘭賞
　北翔 海莉 (宙組)

(平24年)

◇すみれ賞
　咲妃 みゆ (月組)

◇野菊賞
　寿 つかさ（宙組）
◇さくら賞
　蘭乃 はな（花組）
◇鈴蘭賞
　未涼 亜希（雪組）
（平25年）
◇すみれ賞

　　城妃 美伶（星組）
◇野菊賞
　美城 れん（星組）
◇さくら賞
　朝夏 まなと（宙組）
◇鈴蘭賞
　望海 風斗（花組）

---

017 青山円形劇場脚本コンクール

　昭和60年にオープンされた青山円形劇場のPR活動の一環として設立された。ユニークな機構と完全円形の独特な形態を生かした作品の舞台化を目的とする。第3回をもって中止。

【主催者】（財）日本児童手当協会こどもの城

【選考委員】安倍寧（音楽評論家），岡田陽（玉川大学教授），川本雄三（演劇評論家），栗原一登（日本児童演劇協会会長），小藤田千栄子（演劇評論家），多田徹（日本児童演劇劇団協議会代表幹事），浜村道哉（演劇評論家），松岡和子（演劇評論家），宮下展夫（演劇評論家）

【選考方法】公募

【選考基準】〔資格〕(1)「こどもの城」青山円形劇場での上演を前提とした未発表創作。ただし，非商業同人誌，自家出版，アマチュアによる非公開試演での既発表は可〔対象〕演劇一般（ストレート・プレイ，ミュージカル等）〔部門〕(1) 児童・ファミリー部門，(2) 一般部門〔応募規定〕題材は自由。上演時間は，約1時間～2時間半を基準とし，原稿用紙400字詰60～200枚程度

【締切・発表】（第3回）平成元年9月末日締切，発表は2年3月下旬直接通知

【賞・賞金】優秀作30万円，佳作10万円

第1回（昭60年）
◇優秀作
　該当作なし
◇佳作
　山本 若菜　「鬼の角」
　中荒井 安夫（本名＝堀江安夫）「ゲンと妖怪な仲間たち」
　高橋 由美子　「核シェルターのアダムとイヴ」
第2回（昭62年）
◇優秀作
　該当作なし

◇佳作
　北野 茨（本名＝沼尻渡）「キューソネコカミねこひげたてる」
　友沢 晃　「Pierro？」
　高野 愁星（本名＝藤田久美子）「エレヴァシオン―Elévation」
　石川 耕士　「春や春 春近松の浪漫す」
第3回（平1年）
◇優秀作
　有沢 慎　「シナプスのかたわれ達」
◇佳作
　高木 節子　「花ちゃんの宝物」

018 朝日舞台芸術賞

　その年の舞台作品を総合的に展望し，優れた成果・業績を顕彰するために平成13年に創設。演劇，ミュージカル，ダンス，パフォーマンスなど幅広い舞台表現が対象となる。第8回を以て休止。

【主催者】朝日新聞社

【選考委員】（第8回）大笹吉雄（演劇評論家），太田耕人（演劇評論家・京都教育大学教授），小田島雄志（演劇評論家・東京大学名誉教授），佐々木涼子（舞踊評論家・東京女子大学教授），西堂行人（演劇評論家・近畿大学教授），山田洋次（映画監督），山野博大（舞踊評論家），粕谷卓志（朝日新聞社編集担当）

【選考方法】推薦

【選考基準】〔対象〕各年の1月から12月までに日本国内で上演されたもの。，〔部門〕グランプリ：作品が対象でその年を代表するベストステージに贈る。舞台芸術賞：その年に優れた成果を上げた個人・団体に贈り分野や職種を限定しない。寺山修司賞：舞台芸術の新しい地平を切り開く清新な活躍をした個人・団体に贈る。秋元松代賞：娯楽性と芸術性を兼ね備えた演劇作品またはそれにかかわる個人・団体に贈られる。特別賞：特に際だった実績を上げた個人・団体に贈る。キリンダンスサポート：優れた作品の再演を助成し現代舞踊に親しむ機会を増やす目的で，グランプリ，舞台芸術賞などの受賞対象となった作品の中から選ぶ

【締切・発表】（第8回）平成20年1月初旬に発表，1月30日に贈呈式

【賞・賞金】グランプリ：賞牌と賞金200万円，舞台芸術賞：賞牌と賞金100万円，寺山修司賞：賞牌と賞金100万円，秋元松代賞：賞牌と賞金100万円，特別賞：賞牌と賞金100万円，キリンダンスサポート：再演に対して最高1千万円を助成

第1回（平13年度）

◇グランプリ

「野田版・研辰の討たれ」（松竹製作，野田秀樹脚本・演出，中村勘九郎主演）

◇舞台芸術賞

H・アール・カオス “「神々を創る機械」などの舞台成果”

栗山 民也 “新国立劇場演劇部門芸術監督としての「時代と記憶」シリーズ，「コペンハーゲン」，太陽劇団招へいの企画と「ピカドン・キジムナー」「夢の裂け目」の演出”

ケラリーノ・サンドロヴィッチ “「カフカズ・ディック」「すべての犬は天国へ行く」「ノーアート・ノーライフ」などの作・演出”

勅使川原 三郎 “「ルミナス」の構成・振り付け・美術・照明・出演”

中村 勘九郎（5世）“歌舞伎座「野田版・研辰の討たれ」，コクーン歌舞伎「三人吉三」，平成中村座「義経千本桜」などの舞台成果”

◇寺山修司賞

伊藤 キム “「クローズ・ザ・ドアー，オープン・ユア・マウス」「激しい庭」などの独創的な舞台成果”

◇秋元松代賞

永井 愛 “「こんにちは，母さん」「日暮町風土記」の作・演出”

◇特別賞

大野 一雄 “国内外での長年にわたる優れた活動と，舞踊界への多大な影響”

近松座 “中村鴈治郎を中心とする20年に
わたる上方歌舞伎上演活動”
◇キリンダンスサポート
勅使川原 三郎，KARAS
第2回（平14年度）
◇グランプリ
「その河をこえて，五月」（新国立劇場制作，
平田オリザ・金明和作，李炳焄・平田オ
リザ演出）
◇舞台芸術賞
維新派 “岡山県犬島での野外劇「カンカ
ラ」の舞台成果”
大竹 しのぶ “「売り言葉」「欲望という名
の電車」「太鼓たたいて笛ふいて」「マク
ベス」の演技”
片岡 仁左衛門（15世）“「菅原伝授手習鑑」
「霊験亀山鉾」「新薄雪物語」などの演技”
佐藤正隆事務所 “「リタの教育」「スカイラ
イト」連続上演の成果”
勅使川原 三郎 “「Raj Packet〈ラジパ
ケ〉II」の構成・美術・衣装・照明・出
演”
◇寺山修司賞
水と油 “「スケジュール」「机上の空論」
「スープ」の独創的な舞台成果”
◇秋元松代賞
「アテルイ」（松竹製作・劇団☆新感線制作
協力，中島かずき作，いのうえひでのり演
出）
◇特別賞
戌井 市郎 “文学座「大寺学校」の演出と，
新作歌舞伎，新派などにもわたる長年の
演出活動”
◇キリンダンスサポート
水と油
第3回（平15年度）
◇グランプリ
「ペリクリーズ」（埼玉県芸術文化振興財
団・ホリプロ制作，蜷川幸雄演出，シェー
クスピア作，松岡和子訳）
◇舞台芸術賞
加藤健一事務所 “「木の皿」「詩人の恋」の

舞台成果”
金森 穣 “「ノマデック・プロジェクト」の
演出・振り付け・出演”
ク・ナウカ “「マハーバーラタ」の舞台成
果”
熊川 哲也 “「白鳥の湖」の演出・振り付
け・出演”
島 次郎 “「浮標（ブイ）」「ニュルンベルク
裁判」「世阿弥」の舞台美術”
劇団昴 “「ゴンザーゴ殺し」「ナイチンゲー
ルではなく」の舞台成果”
◇寺山修司賞
藤原 竜也 “Bunkamura「ハムレット」で
の清新な演技”
◇秋元松代賞
高橋 恵子 “「山ほととぎすほしいまま」
「藪原検校」「ハムレット」の演技”
◇特別賞
市川 猿之助（3世）“スーパー歌舞伎「新・
三国史」3部作の完結と「競伊勢物語」
復活上演の成果”
◇キリンダンスサポート
金森 穣
第4回（平16年度）
◇グランプリ
「喪服の似合うエレクトラ」（新国立劇場制
作，栗山民也演出，ユージン・オニール
作，沼沢洽治訳）
◇舞台芸術賞
黒田 育世 “「花は流れて時は固まる」
「SHOKU」の演出・振り付け・出演”
坂手 洋二 “「だるまさんがころんだ」の
作・演出，「私たちの戦争」の作・構成・
演出，「ときはなたれて」の演出”
新国立劇場バレエ団 “「ライモンダ」の舞
台成果”
長塚 圭史 “「はたらくおとこ」の作・演出，
「ピローマン」の演出”
野田 秀樹 “「赤鬼 ロンドン・タイ・日本
バージョン」「走れメルス」の作・演出・
出演”
◇寺山修司賞

近藤 良平 "「ビッグ・ウェンズデー」の振り付け・出演など多岐にわたる活動"
◇秋元松代賞
　宮本 亜門 "「イントゥ・ザ・ウッズ」の演出"
◇特別賞
　森 光子 "「放浪記」「おもろい女」の主演など，長年にわたる活躍"
◇キリンダンスサポート
　黒田 育世
第5回（平17年度）
◇グランプリ
　「歌わせたい男たち」（二兎社製作，永井愛作・演出，戸田恵子ら出演）
◇舞台芸術賞特別大賞
　蜷川 幸雄 "「天保十二年のシェイクスピア」「NINAGAWA 十二夜」などの演出"
◇舞台芸術賞
　Kバレエカンパニー "「くるみ割り人形」「ドン・キホーテ」の舞台成果"
　田中 泯 "「赤光」「透体脱落」の演出・出演"
　奈良岡 朋子 "「火山灰地」「ドライビング・ミス・デイジー」の演技"
　野村 萬斎 "「敦―山月記・名人伝―」の構成・演出・出演"
◇寺山修司賞
　尾上 菊之助（5世）"「NINAGAWA 十二夜」など歌舞伎の可能性を広げる活動"
◇秋元松代賞
　戸田 恵子 "「なにわバタフライ」「歌わせたい男たち」の演技"
◇特別賞
　緒方 規矩子 "長年にわたる衣装デザインでの舞台芸術への貢献"
◇キリンダンスサポート
　田中 泯
第6回（平18年度）
◇グランプリ
　「時のなかの時―とき」（山海塾・パリ市立劇場・北九州芸術劇場共同プロデュース，天児牛大演出・振付・デザイン）

◇舞台芸術賞
　麻実 れい "「黒蜥蜴」の演技"
　段田 安則 "「ヴァージニア・ウルフなんかこわくない？」などの演技"
　寺島 しのぶ "「書く女」の演技"
　東京バレエ団 "「ドナウの娘」などの舞台成果"
　中村 吉右衛門（2世）"「元禄忠臣蔵 第一部」と「秀山祭九月大歌舞伎」での演技"
◇寺山修司賞
　市川 亀治郎 "「決闘！ 高田馬場」と古典歌舞伎双方での演技"
◇秋元松代賞
　角野 卓造 "「夢の痂」「ゆれる車の音」などの演技"
◇特別賞
　小幡 欣治 "「喜劇の殿さん」にいたる長年の劇作活動"
◇キリンダンスサポート
　山海塾
第7回（平19年度）
◇グランプリ
　「THE BEE」（日本バージョン・ロンドンバージョン）（NODA・MAP製作，筒井康隆原作，野田秀樹＆コリン・ティーバン脚本，野田秀樹演出・出演，秋山菜津子 近藤良平 浅野和之/キャサリン・ハンター トニー・ベル グリン・プリチャード出演）
◇舞台芸術賞
　坂田 藤十郎 "「摂州合邦辻」玉手御前などの演技"
　平山 素子 "「Life Casting －型取られる生命－」の構成・振付・主演"
　堀尾 幸男 "「朧の森に棲む鬼」「コンフィダント・絆」「THE BEE」（日本バージョン）の舞台美術"
　牧 阿佐美 "「牧阿佐美の椿姫」の演出・振付"
　松 たか子 "「ひばり」「ロマンス」の演技"
◇寺山修司賞
　北村 有起哉 "「CLEANSKINS/きれいな

肌」の演技"
◇秋元松代賞
　三谷 幸喜 "「コンフィダント・絆」「恐れ
　を知らぬ川上音二郎一座」の作・演出"
◇特別賞
　中村 梅之助 "長年にわたる前進座を率い
　ての演劇活動"
◇キリンダンスサポート
　平山 素子
第8回(平20年度)
◇グランプリ
　「焼肉ドラゴン」(新国立劇場制作, 鄭義信
　作, 梁正雄・鄭義信演出)

◇アーティスト賞
　平 幹二朗 "「リア王」「山の巨人たち」の
　演技"
　松本 雄吉 "「呼吸機械」作・演出"
◇舞踊賞
　Noism08 "「Nameless Hands〜人形の家」
　の舞台成果"
◇寺山修司賞
　栗田 桃子 "「父と暮せば」の演技"
◇秋元松代賞
　市村 正親 "「キーン」「ラ・カージュ・オ・
　フォール」の演技"
◇キリンダンスサポート
　Noism08

019 池袋演劇祭賞

　良質な演劇を安い価格で鑑賞できる機会を一般に広く提供するとともに, より多くの劇
団が積極的に参加し, "演劇の街・池袋"の活性化を図るため, 平成元年9月に創設された。

【主催者】池袋演劇祭実行委員会(豊島区・豊島区舞台芸術振興会・公益財団法人としま
　未来文化財団)

【選考委員】(第25回)三浦大四郎(池袋演劇祭実行委員会委員長)東澤昭(同副委員長・
　財団常務理事), 阿部寿美子(同委員・女優), 田辺彬(同委員), 林千枝(同委員・舞踊
　家), 大沼映雄(同委員), 足立勲(豊島ケーブルネットワーク代表取締役), 杉本カネ子
　(NPO法人いけぶくろ大明理事長), 斉木勝好(豊島区観光協会会長), 中村丈一(豊島
　区町会連合会会長), 阿部裕治(豊島新聞社代表取締役)

【選考方法】一般公募の上, 委嘱した約100名の審査員が1人4本の指定演目を鑑賞し, 採
　点した結果を選考委員が総合的な判断を行った結果により決定する

【選考基準】〔対象〕開催期間中に豊島区内近郊の劇場, ホール等での公演

【締切・発表】例年, 申込期間は1月〜4月, 発表は10月

【賞・賞金】大賞(1件):賞金30万円, 優秀賞(2件):賞金15万円, 豊島区長賞(1件):賞
　金15万円, みらい館大明(1件):賞金5万円, としまテレビ賞(1件):賞金3万円, 豊島区
　観光協会賞(1件):賞金3万円, 豊島区町会連合会会長賞(1件):賞金3万円, 豊島新聞
　社賞(1件):賞金3万円

【URL】http://www.ikebukuroengekisai.jp/

第1回(平1年)
◇大賞
　舞踏グループ白桃房 "斬新な企画と抜群の
　演技"
◇入賞

青芸
カフェテアトル2つの部屋
プロジェクト・ナビ "迫力ある企画と洗練
　された演技"

◇豊島区長賞

　MR.SRIM COMPANY "斬新な企画で磨きぬかれた演技"

第2回（平2年）

◇大賞

　ちびっこギャング "「どてっ腹に穴をあけろ」の斬新な企画と抜群の演技"

◇優秀賞

　海賊船カンパニー "「ヘヴィ・ジョーク」の迫力ある企画と洗練された演技"

　カフェテアトル2つの部屋 "「陰府がえりのお七」の迫力ある企画と洗練された演技"

　劇団俳小 "「橋からの眺め」の迫力ある企画と洗練された演技"

　林 千枝 "「おどりカタログ」の迫力ある企画と洗練された演技"

◇特別賞

　総務部総務課庶務係 "「ナイスガイ」の迫力ある企画と洗練された演技"

　正雀芝居噺の会 "「引窓与兵衛」の斬新な企画と磨きぬかれた演技"

第3回（平3年）

◇大賞

　獅子座 "「2022年のリア」の斬新な企画と抜群の演技"

◇優秀賞

　池袋小劇場 "「肝っ玉おっ母とその子どもたち」の優れた企画と洗練された演技"

　央舟一人芝居 "「耳なし芳一」の優れた企画と洗練された演技"

　東民 正利（十一弦ギター弾き語り） "「宮沢賢治の世界」の優れた企画と洗練された演技"

◇特別賞

　日本ろう者劇団 "「カスパー伝説」の優れた企画と真摯な演技"

　スエーデン人形劇団 "「人形のひみつ」の優れた企画と磨きぬかれた演技"

第4回（平4年）

◇大賞

　劇団1999QUEST "「色彩組曲─黒と白の包まれたアルタード・ステイツ」の斬新な企画と抜群の演技力"

　池袋小劇場 "「わが町」の斬新な企画と抜群の演技力"

◇優秀賞

　欲望生産団 "「ドナ・ドナ・ドナ」の優れた企画と洗練された演技"

　カフェテアトル2つの部屋 "「でぃだぬふぁ」の優れた企画と洗練された演技"

◇特別賞

　劇団Aries33 "「CONQUEST─征服─」の優れた企画と磨きぬかれた演技"

　ACTプロデュース "「カッパとテレビとピーマン大王」の優れた企画と磨きぬかれた演技"

　ギィ・フォワシィ・シアター "「王様盛衰記」の優れた企画と磨きぬかれた演技"

第5回（平5年）

◇大賞

　紅万子・南条好輝ふたり会 "「男女浮世回舞台」の斬新な企画と抜群の演技力"

◇優秀賞

　正雀芝居噺の会 "「正雀芝居噺」の優れた企画と洗練された演技"

　カフェテアトル2つの部屋 "「紐の先」の優れた企画と洗練された演技"

　劇団ジャブジャブサーキット "「永遠の源さん」の優れた企画と洗練された演技"

◇特別賞

　池袋小劇場 "「鼬」の優れた企画と磨きぬかれた演技"

　劇団FUらっぷ斜 "「逸楽と日々」の優れた企画と磨きぬかれた演技"

　ピープルシアター・ACT〔提携〕 "「地の,十字架たちよ」の優れた企画磨きぬかれた演技"

第6回（平6年）

◇大賞

　劇団未来劇場 "「泪と接吻」の斬新な企画と抜群の演技力"

◇優秀賞

　池袋小劇場 "火曜シアター「むかしあると

きあるところ」の優れた企画と洗練され
た演技"

小野真一プロデュース "「ドレッサーウー
マン～私は美しい～」の優れた企画と洗
練された演技"

ヒューマン・コメディー～癒しの森劇場
"「デッド・エンド・キッズ」の優れた企
画と洗練された演技"

◇特別賞

吉田朝ひとり芝居 "「オ・カ・ピ」の優れ
た企画と磨きぬかれた演技"

スーパー・エキセントリック・シアター
"「スタンド・バイ・ミー」の優れた企画
と磨きぬかれた演技"

ギィ・フォワシィ・シアター "「ストレス
解消センター行き」,「詩人の墓」の優れ
た企画と磨きぬかれた演技"

第7回（平7年）

◇大賞

劇団未来劇場 "「因縁屋夢六 玉の井徒花心
中」の斬新な企画と抜群の演技力"

池袋小劇場 "民話かたり芝居「むかしが六
つ」の斬新な企画と抜群の演技力"

◇優秀賞

第三反抗期 "「俺たちはペ天使だ！」の優
れた企画と洗練された演技"

人間座・北極舎プロデュース "「傷だらけ
の手」の優れた企画と洗練された演技"

◇特別賞

小野真一プロデュース "「SHOW TIME」
の優れた企画と磨きぬかれた演技"

うるとら2B団 "「レ・ファニューのキッ
ス」の優れた企画と磨きぬかれた演技"

Produce Team BORDER "「BENT―ベ
ント―」の優れた企画と磨きぬかれた演
技"

第8回（平8年）

◇大賞

シノハラステージング 「オズの魔法使い
～私に伝える物語」

◇優秀賞

劇団未来劇場 「沙羅双樹の花が咲いたよ」

ほか

劇団扉座三木さつきプロデュースPGQ
「SWEEP SWEEP 2」

◇豊島区観光協会賞

劇団俳小 「五稜郭」

◇アゼリア会賞

劇団インターセプト 「翼あるもの」

◇審査会特別賞

劇団フライングステージ 「美女と野獣」

第9回（平9年）

◇大賞

シノハラステージング 「銀河鉄道の夜～
星の夢,心の旅」

劇団フライングステージ 「陽気な幽霊
GAY SPIRIT」

◇優秀賞

劇団未来劇場 「色彩間焼豆」

銀河館朗読劇 「盲目剣谺返し」「切腹」

座・ティグロ＋オフィスSHIMA 「おかし
な5人II」

◇豊島観光協会賞

東京オールウエスト 「から騒ぎ」

◇アゼリア会賞

亜人の会 「隠人（おに）」

◇審査員特別賞

劇団芝居屋かいとうらんま 「累～かさね」

第10回（平10年）

◇第10回記念特別賞・豊島区長賞

劇団俳小 「どさ回りのハムレット―兄殺
しの報い」

◇大賞

劇団未来劇場 「女房の骨つき肋肉ローズ
マリー風味」

◇優秀賞

シノハラステージング 「今は涙するしか
出来ないけれど…～AIDS・後天性免疫
不全症候群患者手記」

すずの兵隊 「HYPER SPINING
WORLD」

オフィス樹 「蟻たちへの伝言」

◇豊島区観光協会賞

劇団銅鑼 「らぶそんぐ」

◇アゼリア会賞
　カフェテアトル2つの部屋　「プロデュース公演No.65『夏の日』」
◇としまテレビ賞
　劇団インターセプト　「風が唄った日」
◇審査会特別賞
　ギィ・フォワシィ・シアター　「動機・自警団・芝居とシャンソンK・淳子の夕べ」

第11回（平11年）
◇大賞
　劇団銅鑼　「池袋モンパルナス」
◇優秀賞
　秋田雨雀・土方与志記念青年劇場　「喜劇・二階の女」
　気まぐれ倶楽部　「京都ニンニン寺殺人事件」
　シノハラステージング　「それ行け！ 奥様仮面〜体内化学物質の恐怖」
◇アゼリア会賞
　SOMA一人芝居　「お富さん」
◇豊島区観光協会賞
　ONE FOR ALL「新品の明日」
◇としまテレビ賞
　アクトB-GUN　「ZERO 〜零戦からウェディングベル’99バージョン」
◇審査会特別賞
　演劇倶楽部 座　「詠み芝居・高野聖」
◇豊島区長賞
　シアター・イムノ　「から騒ぎ」

第12回（平12年）
◇大賞
　HAYダンスカンパニー　「Good-by Angels」
◇優秀賞
　ジャンクション　「結婚契約破棄宣言」
　演劇集団MAJOHK’S（魔ジョーク）「きみの未来に僕がいる」
◇豊島区長賞
　KO to DAMA企画　「陰陽師（文芸春秋刊）」
◇としまテレビ賞
　劇団フライングステージ　「オープニング・ナイト」
◇豊島区観光協会賞
　あぁルナティックシアター　「第59回公演『DRAGON’S BLUFF—龍的戯言』」
◇アゼリア会賞
　CAPTAIN CHIMPANZEE「アリとキリギリス」
◇豊島区町会連合会会長賞
　欽劇 座ぶとん座　「笑うからには，服着たら？ その2」
◇審査員特別賞
　アクトB-GUN　「第11回公演『ひまわり』」
　池袋小劇場　「玄朴と長英—『夢物語』付」

第13回（平13年）
◇大賞
　オフィス樹　「ハルピン帰りのヤスケ」
◇優秀賞
　劇団ZAPPA　「猿〜ましら」
　劇団俳小　「ロルカ〜オリーヴの木と泉の間に」
◇豊島区長賞
　A Musical Note「三宅島復興チャリティー公演『桜の語る瞬（とき）』」
◇としまテレビ賞
　欽劇 座ぶとん座　「論より笑呼（しょうこ）」
◇豊島区観光協会賞
　池袋小劇場　「木下順二作による日本民話かたり芝居『むかし あるときあるところ』」
◇アゼリア会賞
　板橋演劇センター　「父と暮せば」
◇豊島区町会連合会会長賞
　劇団ふるさときゃらばん　「ミュージカル『噂のファミリー 1億円の花婿』」

第14回（平14年）
◇大賞
　劇団ふるさときゃらばん　「ミュージカル・パパの明日はわからない」
◇優秀賞
　劇団GINGUIS FARM　「ここに幸あり？（明るい幸福家族計画改訂版）」

劇団花鳥風月　「誰がために…」

◇豊島区長賞

　劇団感魂創祭　「コツゼンと横山さん」

◇としまテレビ賞

　劇団未来劇場　「AMENTIA（アメンチ
　ア）」

◇豊島区観光協会賞

　池袋小劇場　「セチュアンの善人」

◇アゼリア会賞

　シェイクスピアシアター　「じゃじゃ馬な
　らし」

◇豊島区町会連合会会長賞

　劇団IAT（アイリッシュブル・アート・シ
　アター）「野外劇・贋の井戸」

第15回（平15年）

◇大賞

　劇団未来劇場　「ペペの甘い犯罪
　（MABU）」

◇優秀賞

　CAPTAIN CHIMPANZEE「ヒーローな
　んかいらない！」

　劇団銅鑼　「Big brother」

◇豊島区長賞

　劇団花鳥風月　「黄昏レ桜ノ，花吹雪」

◇池袋演劇祭15周年記念特別賞

　劇団ZAPPA　「卍 MANJI」

◇としまテレビ賞

　千流螺旋組　「一華 はな一」

◇豊島区観光協会賞

　Peep hut produce「クラブ ドラセナ」

◇アゼリア会賞

　シノハラステージング　「BASUE！ ～
　オッパイとアソコと切ない想い～」

◇豊島区町会連合会会長賞

　池袋小劇場　「貧乏物語」

第16回（平16年）

◇大賞

　劇団花鳥風月　「未来糸～みらいと～」

◇優秀賞

　シアター・キャタック　「ミュージカル・
　カーネギーの日本人」

　シノハラステージング　「戦場のボレロ～

過ぎ去らぬ季節が今, 此処に在る～」

◇豊島区長賞

　ぐるーぷ・キャロット　「にんじん」

◇としまテレビ賞

　SPPT テエイパーズハウス　「風の行方」

◇豊島区観光協会賞

　劇団俳小　「自殺者」

◇アゼリア会賞

　劇団6番シード　「ラストシャフル」

◇豊島区町会連合会会長賞

　池袋小劇場　「井上印☆場面缶詰」

◇豊島新聞社賞

　劇団ZAPPA　「鬼―ONI」

第17回（平17年）

◇大賞

　劇団俳小　「金閣炎上」

◇優秀賞

　劇団ZAPPA　「空―SORA―」

　千流螺旋組　「美憎い―みにくい―」

◇豊島区長賞

　ミルク・ブラザーズ　「ドゥーワップ 優し
　い奴ら」

◇としまテレビ賞

　劇団東京ドラマハウス　「煙が目にしみる」

◇日本映画俳優協会賞

　劇団生命座　「鼓動を刻む聖戦～僕らミク
　ロの兵士たち～」

◇豊島区観光協会賞

　オン・タイム　「ゴッドスペル」

◇アゼリア会賞

　吉本興業ガールズ演劇ユニットTRAPPER
　「ボーダー～あの空の向こうとこっち～」

◇豊島区町会連合会会長賞

　るぼわーる　「GAME―罠」

◇豊島新聞社賞

　池袋小劇場　「クサンチッペとあの男―何
　と言ったっけ, ほら…」

第18回（平18年）

◇大賞

　PEOPLE PURPLE「The old CLOCK」

◇優秀賞

　吉本興業ガールズ演劇ユニット

TRAPPER 「SO・LALALA〜僕の空には虹がある〜」
劇団ヨロタミ 「おとう」
◇豊島区長賞
劇団ミネラル金魚 「ローマくんの休日」
◇としまテレビ賞
心日庵 「楽園の東」
◇日本映画俳優協会賞
SPPT テエイパーズハウス 「もどっど! 薩摩義士伝」
◇豊島区観光協会賞
スペースノイド 「スタンレーの魔女」
◇アゼリア会賞
CAPTAIN CHIMPANZEE「おどろきもものき桃の木荘」
◇豊島区町会連合会会長賞
レジェンド・ピクチャーズ 「アン・ドゥ・トロワ」
◇豊島新聞社賞
"創造集団"生活向上委員会 「英機の通信簿」
第19回（平19年）
◇大賞
東京アンテナコンテナ miX ミルク・ブラザーズ 「CHANBARA FEVER〜八戸より愛を込めて〜」
◇優秀賞
CAPTAIN CHIMPANZEE「SANAGI」
劇工房 月ともぐら 「夏の夜の夢」
◇豊島区長賞
"創造集団"生活向上委員会 「夢の続き…平成維新, 竜馬蘇る!」
◇としまテレビ賞
劇団バッコスの祭 「神のゆりかご」
◇日本映画俳優協会賞
無銘鍛冶プロデュース「エアリズム」「新選組異聞 巻之壱 七星剣」
◇豊島区観光協会賞
SPPT テエイパーズハウス 「合歓版 南太平洋」
◇アゼリア会賞
演劇企画ファンタスティックデリバー

「ソープオペラ」
◇豊島区町会連合会会長賞
豊島区オペラソリストの会 「椿姫」
◇豊島新聞社賞
演劇企画集団 東京ブラッディフール 「だてうはゆっくりと砂をはむのだ。」
第20回（平20年）
◇20周年記念特別賞
SPPT テエイパーズハウス 「白雪姫と七人のム・フ・フ」
◇大賞
演劇レーベルBo-tanz 「Away Target」
◇優秀賞
劇団ZAPPA 「花」hana
"創造集団"生活向上委員会 「マジメに働きゃ明日はない」
◇豊島区長賞
劇団生命座 「その瞬間（とき）を抱きしめたい」
◇豊島テレビ賞
真紅組プロデュース 「はしひめ〜osaka1837〜」
◇日本映画俳優協会賞
劇団 鳥獣戯画 「三人でシェイクスピア」
◇豊島区観光協会賞
踊る小ネタ集団 atelier THANK-X 「スター☆の星」
◇アゼリア賞
劇団ヨロタミ 「約束」
◇豊島区町会連合会会長賞
サンディ アトリエッジ 「飛行機雲〜DJから特攻隊へ愛を込めて〜」
◇豊島新聞社賞
劇団『ING進行形』 「皇帝ガリレオ」
第21回（平21年）
◇大賞
劇団Peek-a-Boo 「11月15日の夜空に」
◇優秀賞
池袋小劇場 「父と暮せば」
京楽座 「からゆきさん」
◇豊島区長賞
"創造集団"生活向上委員会 「時の刻印 〜

新説 国定忠治伝～」
◇みらい館大明賞
　CAPTAIN CHIMPANZEE「君がもしア
　　ンデルセンだったら」
◇豊島区町会連合会 会長賞
　劇団バッコスの祭 「逆手本忠臣蔵」
◇豊島区観光協会賞
　劇団SAKURA前戦 「100年目の眠り姫」
◇アゼリア会賞
　演劇レーベルBo-tanz 「天狼新星」
◇豊島新聞社賞
　ジャングルベル・シアター 「サラマンド
　　ラの虹」
◇としまテレビ賞
　心日庵+SYMBION 「日食とひまわり」
◇キリンビール賞
　劇団6番シード「twelve～天国の待合室～」
第22回（平22年）
◇大賞
　ラビット番長 「ギンノキヲク」
◇優秀賞
　テノヒラサイズ 「テノヒラサイズの人生
　　大車輪」
　劇団バッコスの祭 「センの風とムラサキ
　　の陽」
◇豊島区長賞
　SCARECROWS「るつぼ」
◇みらい館大明賞
　こちらスーパーうさぎ帝国 「夢落ち」
◇豊島区町会連合会会長賞
　ラフメーカー 「百年家族」
◇豊島区観光協会賞
　KENプロデュース 「白と黒とその泡と」
◇豊島新聞社賞
　ゲキバカ 「ワイルドターキー」
◇としまテレビ賞
　ROGO「きつねのはなし」
◇キリンビール賞
　劇団レーベルBö-Tanz 「七つの大罪シ
　　リーズ 5/7 Gluttony」
第23回（平23年）
◇大賞

ラビット番長 「消える魔球」
◇優秀賞
　芝居三昧 「ガラスの動物園」
　バンタムクラスステージ 「短編集：エ
　　ドゥアルド・ウルリヒ教授の鎮痛剤/他」
◇豊島区長賞
　45歳からのアクターズスタジオ 「独房の
　　ルージュ」
◇みらい館大明賞
　KENプロデュース 「なつきとオバケく
　　ぬぎ」
◇豊島区町会連合会会長賞
　ラフメーカー 「黄金時間」
◇豊島区観光協会賞
　CAPTAIN CHIMPANZEE「思いの鳥」
◇豊島新聞社賞
　企画演劇集団ボクラ団義 「オーバースマ
　　イル」
◇としまテレビ賞
　CAP企画 「親孝行～こんにちは, 母さん
　　～」
第24回（平24年）
◇大賞
　green flowers「ふきげんなマリアのき
　　げん」
◇優秀賞
　マグズサムズ 「マグズサムズ stage.7
　　ズーキーパーズ 」
　KENプロデュース 「チューボー」
◇豊島区長賞
　劇団3number 「僕だけのヒーロー」
◇みらい館大明賞
　劇団自由童子 「四谷怪談～焔～」
◇豊島区町会連合会会長賞
　蜂寅企画 「沈没のしらぬゐ」
◇豊島区観光協会賞
　劇団ヨロタミ 「いつもそばに」
◇豊島新聞社賞
　新世紀モボモガモード 「成長する抜殻」
◇としまテレビ賞
　劇団バッコスの祭 「白虎隊風雲録コ
　　ダマ！」

◇豊島区制施行80周年記念特別賞
　江戸糸あやつり人形 結城座 「ミス・タ
　ナカ」
第25回（平25年）
◇大賞
　劇団バッコスの祭 「押忍！ 龍馬」
◇優秀賞
　劇団生命座 「テノヒラノ鎮魂華」
◇優秀賞
　メガバックスコレクション 「カルナバ
　リート伯爵の約束」
◇豊島区長賞
　ラビット番長 「ギンノキヲク3」

◇みらい館大明賞
　劇団スパイラルメソード 「超極秘事項」
◇豊島区町会連合会会長賞
　劇団ZAPPA 「風－ふう－」
◇豊島区観光協会賞
　CAPTAIN CHIMPANZEE「それいけ！
　邪馬台国」
◇豊島新聞社賞
　FULLMONTY「新・戦国浪漫 イナズマ」
◇としまテレビ賞
　ペテカン 「上手に笑えないまさこさん」
◇池袋演劇祭25周年記念 特別賞
　いわき演劇の会 「東の風が吹くとき」

020 泉鏡花記念金沢戯曲大賞

　平成9年に25周年を迎えた「泉鏡花文学賞」を記念して創設。5年ごとに行われる金沢泉鏡花フェスティバルで上演するため作品募集を行い，金沢市の新しい文化の振興と活性化を図るとともに，新しい金沢のイメージの発信を目的とする。

【主催者】金沢市

【選考委員】（第4回）五木寛之，唐十郎，ふじたあさや

【選考方法】公募

【選考基準】〔資格〕国籍，プロ・アマ不問。〔対象〕泉鏡花の作品に基づくか，泉鏡花の人物に関する戯曲，金沢を舞台とした戯曲とし，時代設定，形式などの内容は自由。日本語による未発表作品に限り，上演することを前提とする。〔原稿〕400字詰め原稿用紙150枚程度。（上演時間にして約90分程度）

【締切・発表】（第4回）平成23年11月30日締切，平成24年11月上演。5年ごとの募集

【賞・賞金】大賞（1編）：賞金100万円および受賞作品の上演，佳作（2編）：賞金10万円，奨励賞（数点）：賞金5万円

【URL】http://www4.city.kanazawa.lg.jp/11020/bungaku/gikyoku/gikyoku.html

第1回（平9年）
◇大賞
　浅野 公蔵（岐阜市）「雪うさぎ」
第2回（平14年）
◇大賞
　重 庄太郎（沖縄県）「草迷宮Ⅱ」
第3回（平19年）
◇大賞
　大谷 護 「おりづる」

第4回（平24年度）
◇大賞
　中空 よおい 「囮（おとり）」
◇優秀賞
　中澤 日菜子 「春昼遊戯」
◇佳作
　川津 羊太郎 「白霧狂ひつ，闇裂きつ。」
　宮武 侚史 「さくら心中」

021 伊藤熹朔賞（日本舞台美術家協会）

　昭和43年我が国近代舞台美術の先駆者である故・伊藤熹朔氏を偲び，その業績を発展させるために「熹朔の会」発足，伊藤熹朔賞設定。6回の授賞の後，日本舞台テレビ美術家協会の事業として引き継がれ，48年第1回から平成10年の第26回まで舞台とテレビの両部門を顕彰。11年の第27回からは，テレビ部と舞台部が分離独立し，各々新しい組織を設立，日本舞台美術家協会（JATDT）とテレビ日本美術家協会（JTVAN）として独自に顕彰。日本で唯一の舞台美術の賞。

【主催者】 日本舞台美術家協会

【選考委員】 同賞選考委員会

【選考方法】 自薦，他薦作品の1次審査/1次審査通過25作品の2次審査

【選考基準】 〔対象〕特別賞以外は協会員限定。本賞：年間最優秀舞台美術作品（装置・衣裳・メーキャップ等のデザイン）。新人賞：年間の活動で最も将来有望と思われる新人。奨励賞：制約の多い条件下での，地道な活動から生み出される優秀な作品。特別賞：舞台美術に対して長年功績のあった技術者等

【締切・発表】 1月下旬締切，3月31日発表，4月下旬俳優座劇場にて授賞式

【賞・賞金】 本賞，新人賞，奨励賞，特別賞

【URL】 http://www.jatdt.net/

第1回（昭48年度）
　　松下 朗 「レ・ミゼラブル」
第2回（昭49年度）
　　大塚 克三 「笑説・吉野狐」
第3回（昭50年度）
　　中嶋 八郎 「平将門反逆時代」
第4回（昭51年度）
　　金森 馨 「卒塔婆小町」
第5回（昭52年度）
　　孫福 剛久 「中年よ大志を抱け」
◇特別賞
　　辻村 ジュサブロー "人形劇"
第6回（昭53年度）
　　緒方 規矩子 "「三文オペラ」衣裳"
◇特別賞
　　松井 正三 "歌舞伎舞台からくり"
第7回（昭54年度）
　　高田 一郎 「地獄のオルフェ」
◇特別賞
　　尾上 寅之助 "演舞場・大道具製作"

第8回（昭55年度）
　　河盛 成夫 "「コーカサスの白墨の輪」衣裳"
◇特別賞
　　該当者なし
第9回（昭56年度）
　　高田 一郎 「スウィニー・トッド」
◇特別賞
　　森家 善之助 "藤浪小道具・竹細工"
第10回（昭57年度）
　　田中 照三 「阿Q正伝」
◇特別賞
　　小川 昇 "舞台照明"
第11回（昭58年度）
　　内山 千吉 「建築師ソルネス」
◇特別賞
　　毛利 錠作 "東宝舞台・背景画"
第12回（昭59年度）
　　石井 強司 「早春スケッチブック」
◇特別賞
　　川尻 泰司 "人形劇団プーク"

第13回（昭60年度）
　　該当者なし
　◇特別賞
　　川端 紳二郎 "背景画"
第14回（昭61年度）
　　妹尾 河童 「ラ・ボエーム」「罠」
　◇新人賞
　　和田 平介
　◇特別賞
　　荒島 鶴吉 "関西・舞台美術毛利/錠作"
第15回（昭62年度）
　　岡島 茂夫 「かもめ」
　◇新人賞
　　該当者なし
　◇特別賞
　　該当者なし
第16回（昭63年度）
　　島川 とおる 「ゴールデン・ボーイ」
　◇新人賞
　　八重田 喜美子 "オペラ・バレエの衣裳デ
　　ザイン"
　◇特別賞
　　丸山 弘 "東宝舞台・小道具製作"
第17回（平1年度）
　　古賀 宏一 「古都憂愁」
　◇新人賞
　　加納 豊美 「昆虫記」
　◇特別賞
　　小林 雍夫（故人）
第18回（平2年度）
　　堀尾 幸男 「龍の子太郎」
　◇新人賞
　　国嶋 芳子 「魔笛」
　◇特別賞
　　鎌倉 睦夫 "鉄工"
第19回（平3年度）
　　園 良昭 「リリーとリリー」
　◇新人賞
　　法月 紀江 「チェッキーナ」
　◇特別賞
　　折橋 政二 "かつら"

第20回（平4年度）
　　和田 平介 「サウンド・オブ・ミュー
　　ジック」
　◇新人賞
　　中嶋 正留 「忠臣蔵女人抄」
　◇特別賞
　　飯田 昇 "俳優座・大道具製作"
第21回（平5年度）
　　金井 俊一郎 「信濃の一茶」
　◇新人賞
　　大田 創 「馬かける男たち」
　◇特別賞
　　川面 稜一 "舞台背景画"
第22回（平6年度）
　　板坂 晋治 「おなつせいじゅうろう」
　◇新人賞
　　島田 臣 「バロー」
　◇特別賞
　　伊藤 静夫 "和様の衣裳"
第23回（平7年度）
　　該当者なし
　◇新人賞
　　前田 文子 「椿姫」
　◇特別賞
　　小林 竹男 "金井大道具・飾り方"
第24回（平8年度）
　　大田 創 「神の庭園」
　◇新人賞
　　加藤 登美子 「わたしの夢は舞う」
　◇奨励賞
　　大橋 泰弘 「エリザベート」
　　矢羽田 輝伸 「龍の子太郎」
　◇特別賞
　　川本 喜八郎 "人形美術"
第25回（平9年度）
　　黒須 はな子 「ライオンのあとで」
　◇新人賞
　　松井 るみ 「常陸坊海尊」
　◇奨励賞
　　水谷 雄司 「魔笛」
　◇特別賞
　　本間 五郎 "舞台背景画"

第26回（平10年度）
　半田 悦子 「御柱」
　◇新人賞
　　池田 ともゆき 「ベイビーさん」「黒子な私」
　◇奨励賞
　　坂本 雅信 「青空のピコ」
　◇特別賞
　　古林 昭男 "明治座舞台・大道具方"
第27回（平11年度）
　礒沼 陽子 「令嬢ジュリー」
　◇新人賞
　　綿谷 登 「マンガの夜」「ニコラス・マクファーソン」
　◇奨励賞
　　堂本 教子 「幽契」「エロスの部屋」
　◇特別賞
　　大井 昌子 "バレエ衣裳"
第28回（平12年度）
　島 次郎 「マクベス」
　◇新人賞
　　柴田 隆弘 「どこかの通りを突っ走って」
　◇奨励賞
　　石井 康博 「蔵」
　◇特別賞
　　青木 貞男 "舞台背景画"
第29回（平13年度）
　倉本 政典 「こわれがめ」
　◇新人賞
　　増田 寿子 「ヒロシマのオルフェ」
　◇奨励賞
　　竹内 志朗 「剣客商売」
　◇特別賞
　　山本 冨士夫 "舞台背景画"
第30回（平14年度）
　松井 るみ 「エレファントマン」
　◇新人賞
　　横田 あつみ 「丘の上のイエッペ」「モーニングタウン」
　◇奨励賞
　　土屋 茂昭 「疾風のごとく」
　◇特別賞

　大星 肇
第31回（平15年度）
　前田 文子 "「エレクトラ」（演出：蜷川幸雄,上演団体：東急文化村シアターコクーン）の衣裳に対して"
　◇新人賞
　　今井 弘 "「飛ぶように過ぎゆく」「それを夢と知らない」（演出：岩崎正裕,上演団体：劇団太陽族）の装置に対して"
　◇奨励賞
　　土井 信策 "「名古屋をどり」（演出：西川右近,上演団体：名古屋西川流名古屋をどりの会）の装置に対して"
　◇特別賞
　　紀伊國屋画廊（代表・金子和一郎）"長年にわたる舞台美術への功績に対して"
第32回（平16年度）
　大沢 佐智子 "オペラ「インテルメッツォ」の装置"
　◇新人賞
　　二村 周作 "「GOOD」「ヒトノカケラ」「見よ飛行機の高く飛べるを」の装置"
　◇奨励賞
　　江頭 良年 "「SONEZAKI」「踊奏人」「ARTE Y SOLERA歓喜」の装置"
　◇特別賞
　　高須文七遺族，大阪府立上方演芸資料館 "貴重な道具帖やスケッチなどの寄贈と特別展"
第33回（平17年度）
　池田 ともゆき "新国立劇場「屋上庭園・動員挿話」の装置"
　◇新人賞
　　伊藤 雅子 "演劇集団円「オリュウノオバ物語」,アートネットワーク・ジャパンなど「サーカス物語」,青年座「痕」の装置"
　◇奨励賞
　　該当者なし
　◇特別賞
　　小林 敦規（故人）"俳優座劇場舞台美術部の背景画家として,長年の舞台美術への貢献"

第34回（平18年度）
　　小林 優仁 "「オルフェーオ」の装置"
◇新人賞
　　豊住 かおり "日本芸術文化振興会「曽我
　　梅菊念力弦」「舞楽法会」の装置"
◇奨励賞
　　勝野 英雄 "劇団民芸「喜劇の殿さん」の
　　装置"
◇特別賞
　　小寺 洋子 "オペラ・バレエのかぶり物や
　　装身具製作者の先駆けとして, 様々な手
　　法を確立した長年の貢献"
第35回（平19年度）
　　金井 勇一郎 「憑神」
◇新人賞
　　藤野 雅胡 「飛んで孫悟空」
◇奨励賞
　　内山 勉 「涙の谷, 銀河の丘」「棟梁ソルネ
　　ス」「アンティゴネー」
◇特別賞
　　神田 清一 "かつら製作・結髪"
第36回（平20年度）
　　中根 聡子 「審判員は来なかった」
◇新人賞
　　松岡 泉 「空白に落ちた男」
◇奨励賞
　　柴田 隆弘 「呼吸機会」「なるべく派手な
　　服を着る」
◇特別賞
　　田中 義彦 "特殊小道具・特殊効果"
第37回（平21年度）
　　水谷 雄司 「ユーリンタウン」
◇新人賞
　　長田 佳代子 「ボス・イン・ザ・スカイ」
◇奨励賞
　　西原 梨恵 "日本の古典芸"
◇特別賞

　　鎌倉 正 "鉄工製作・装置動力機構の開発
　　技術"
第38回（平22年度）
　　二村 周作 「キャバレー」
◇新人賞
　　乗峯 雅寛 「トロイアの女たち」
◇奨励賞
　　佐々波 雅子 「山火」
◇特別賞
　　島澤 京子（コスチューム京）"バレエ衣裳
　　専門の製作"
第39回（平23年度）
　　長田 佳代子 「ポルノグラフィー」
◇新人賞
　　石原 敬 「うお傳説」
◇奨励賞
　　加藤 登美子 「扉の向こうの物語」
◇特別賞
　　原 恒雄（俳優座劇場取締役会長）"舞台美
　　術製作"
第40回（平24年度）
　　堀尾 幸男 「エッグ」
◇新人賞
　　土岐 研一 「負傷者16人」
◇奨励賞
　　堀 容子 「BLINDブラインド～耳なし芳
　　一より～」
◇特別賞
　　福田 明（東京衣裳）"舞台衣裳製作"
第41回（平25年度）
　　伊藤 雅子 「真田十勇士」
◇新人賞
　　根来 美咲 「夜明けに消えた」
◇奨励賞
　　鈴木 俊朗 「フィデリオ」
◇特別賞
　　石川 卓男（丸善代表取締役社長）

022 宇野重吉演劇賞

　　宇野氏の顕彰とその芝居にかける情熱の継承を目的に, 現在演劇活動を続けている演
劇人をプロ, アマ問わず選考し, 最優秀者または団体に宇野重吉演劇賞を授与し, 活動の一

助とするとともに,宇野重吉氏の顕彰を後世に受け継ぐことを意図し,平成21年に創設。

【主催者】 宇野重吉演劇祭実行委員会

【選考委員】 （第1回）審査委員長：別役実,（第2回）審査委員長：岩松了,（第3回）審査委員長：畑澤聖梧

【選考方法】 公募

【選考基準】 〔資格〕国籍,プロ,アマ,性別不問。ただし高校生以上に限る。〔対象〕演劇の戯曲（日本語作品によるオリジナル作品）。〔応募規定〕登場人物は複数とする。400字詰原稿用紙80枚以上150枚程度（パソコン原稿はA4サイズ縦書き,原稿用紙に換算制限以内で可）

【締切・発表】 （第3回）平成25年10月10日応募締切,11月下旬福井新聞紙上及び応募者全員に封書にて告知。12月8日福井市文化会館・会議室にて授賞式

【賞・賞金】 最優秀賞：トロフィーと賞金20万円,優秀賞：楯と賞金5万円

【URL】 http://www.value-up.jp/wordpress/

第1回（平23年）
　高野 竜 「アラル海鳥瞰図」
◇優秀賞
　川村 信治 「ひとりす」
第2回（平24年）
　池神 泰三 「橋・分断」
◇優秀賞

　長谷川 彩 「明日,ふたりで」
第3回（平25年）
　大森 匂子 「まほろばのまつり」
◇優秀賞
　宇吹 萌 「THE BITCH」
　松村 典尚 「Oの宇宙」

023 AICT演劇評論賞

舞台芸術の更なる振興をはかるため,演劇批評活動の充実を目的として,平成7年に創設された。

【主催者】 国際演劇評論家協会（AICT）日本センター

【選考基準】 〔対象〕1月〜12月に刊行された単行本,活字になった論文

【賞・賞金】 賞金各10万円

【URL】 http://aict-iatc.jp/

第1回（平7年度）
　石光 泰夫（東大教養学部教授）「身体 光と闇」（未来社）
第2回（平8年度）
　受賞作なし
第3回（平9年度）
　長谷部 浩（演劇評論家）「傷ついた性 デヴィッド・ルヴォー 演出の技法」（紀伊

國屋書店）
第4回（平10年度）
　小沢 昭一 「ものがたり 芸能と社会」（白水社）
第5回（平11年度）
　佐藤 郁哉 「現代演劇のフィールドワーク」（東京大学出版会）
　西堂 行人 「ハイナー・ミュラーと世界演

劇」(論創社)

第6回(平12年度)

　杉山 正樹 「寺山修司・遊戯の人」(新潮
　社)

第7回(平13年度)

　河合 祥一郎 「ハムレットは太ってい
　た!」(白水社)

　平田 オリザ 「芸術立国論」(集英社)

第8回(平14年度)

　該当作なし

第9回(平15年度)

　斎藤 偕子 「黎明期の脱主流演劇サイト」
　(鼎書房)

　佐伯 隆幸 「記憶の劇場 劇場の記憶」(れ
　んが書房新社)

第10回(平16年度)

　石沢 秀二 「祈りの懸け橋—評伝田中千禾
　夫」(白水社)

第11回(平17年度)

　新野 守広 「演劇都市ベルリン」(れんが書
　房新社)

第12回(平18年度)

　如月 小春 「俳優の領分」(新宿書房)

　中村 哲郎 「歌舞伎の近代」(岩波書店)

第13回(平19年度)

　扇田 昭彦 「唐十郎の劇世界」(右文書院)

第14回(平20年度)

　喜志 哲雄 「シェイクスピアのたくらみ」
　(岩波書店)

　稲田 奈緒美 「土方巽 絶後の身体」(NHK
　出版)

第15回(平21年度)

　岡村 春彦 「自由人 佐野碩の生涯」(岩波
　書店)

　内田 洋一〔編〕 「野田秀樹」(白水社)

第16回(平22年度)

　山形 治江 「ギリシャ劇大全」(論創社)

　平田 栄一朗 「ドラマトゥルク—舞台芸術
　を進化/深化させる者」(三元社)

●特別賞

　喜志 哲雄 「劇作家ハロルド・ピンター」
　(研究社)

　斎藤 偕子 「19世紀アメリカのポピュ
　ラー・シアター —国民的アイデンティ
　ティの形成」(論創社)

第17回(平23年度)

　受賞作なし

第18回(平24年度)

　扇田 昭彦 「井上ひさしの世界」(国書刊行
　会)

　梅山 いつき 「アングラ演劇論—叛乱する
　言葉、偽りの肉体、運動する軀」(作品社)

---

024 演劇脚本募集

　松竹株式会社演劇部は,15回にわたる歌舞伎海外公演の業績により,昭和54年第27回菊池寛賞を受賞した。その受賞を記念して,すぐれた脚本を募集した。継続は行っていない。

【主催者】松竹株式会社

【選考委員】大谷隆三,永山雅啓,六車進

【選考方法】〔対象〕歌舞伎,新派,松竹新喜劇,現代劇のいずれかで上演する脚本(上演時間1時間前後),SKDミュージカルのための脚本(上演時間は1時間20分前後),題材は自由,未発表の作品に限る。〔資格〕新人,既成作家,年齢その他を問わない。〔原稿〕400字詰原稿用紙を使用し,本文とは別に2枚程度の梗概をつけること

【締切・発表】昭和55年6月末締切(当日消印有効),9月発表

【賞・賞金】総額1,000万円,各部門200万円

第1回(昭55年)

　◇歌舞伎部門

安田 栄一郎　「殉死禁令」
◇新派部門
　該当作なし
◇松竹新喜劇部門
　武内 紅子　「親無きあとは兄親」

◇現代劇部門
　該当作なし
◇SKDミュージカル部門
　該当作なし

---

025 演劇教育賞

　演劇教育の実践と研究を深め，広く普及するため，優れた記録・論文・戯曲に授賞する。創設以来の「実践・研究部門」と「戯曲部門」の二本立てを，平成10年度第38回より統合。さらに，平成11年度第39回より冨田博之記念「演劇教育実践記録・研究論文」と一本化され「冨田博之記念演劇教育賞」と名称を変更したが，平成14年度第42回より分離，現名称となる。

【主催者】日本演劇教育連盟

【選考方法】日本演劇教育連盟会員からの推薦

【選考基準】〔対象〕記録，論文，戯曲。「演劇と教育」誌の毎年度4月から3月に発表されたもの，または11月1日から3月31日の間に応募のあったもの

【締切・発表】7月末から8月末に毎年開催される全国演劇教育研究集会の席上にて発表

【URL】http://www4.ocn.ne.jp/~enkyoren/

第1回（昭36年度）
◇戯曲部門
　筒井 敬介　"山犬太郎"〔演劇と教育 1960.10〕"
◇研究・実践部門
　該当者なし
第2回（昭37年度）
◇戯曲部門
　多田 徹　"「ボタッコ行進曲」〔演劇と教育 1961.11〕"
◇研究・実践部門
　該当者なし
第3回（昭38年度）
◇戯曲部門
　該当者なし
◇研究・実践部門
　新田 義和　「あまのじゃく」上演おぼえ書〔演劇と教育 1961.7〕"
　佐々木 利直　"人形劇学級，おんせんの子ども〔演劇と教育 1962.7〕"

第4回（昭39年度）
◇戯曲部門
　かたおか しろう　"牛鬼退治"〔演劇と教育 1963.7〕"
◇研究・実践部門
　鎌谷 嘉道　"実践記録，ドラマの構造を読みとらせる〔演劇と教育 1963.9〕"
第5回（昭40年度）
◇戯曲部門
　辰嶋 幸夫　"「あこがれ」〔中学校脚本集上〕"
◇研究・実践部門
　ぶどう座（岩手県）"サークル演劇の学習能力〔演劇と教育 1964.8〕"
第6回（昭41年度）
◇戯曲部門
　森田 博　「だれかがよこした小さな手紙」〔中学校脚本集下〕"
◇研究・実践部門
　大井 数雄　"オブラスツォーフ「人形劇の奇蹟」〔演劇と教育 1965.3〕ほかの訳業"

第7回（昭42年度）
◇戯曲部門
　　該当者なし
◇研究・実践部門
　　該当者なし
第8回（昭43年度）
◇戯曲部門
　　生越 嘉治 “「おおかみがきた！」〔小学校
　　名作全集〕”
◇研究・実践部門
　　童劇プーポ “「記録 観客席の子供たち」
　　〔演劇と教育 1967.9〕”
第9回（昭44年度）
◇戯曲部門
　　該当者なし
◇研究・実践部門
　　該当者なし
第10回（昭45年度）
◇戯曲部門
　　該当者なし
◇研究・実践部門
　　菅 吉信 “「イエスマン・ノーマン」を演出
　　して, 朗読〈国語の中での位置〉に対して
　　〔演劇と教育 1969.2〕ほか”
第11回（昭46年度）
◇戯曲部門
　　該当者なし
◇研究・実践部門
　　該当者なし
第12回（昭47年度）
◇戯曲部門
　　大隅 真一 “狂言形式による構成劇「イ
　　ソップ物語」〔だれでもやれる劇の本〕
　　とその実践に対して”
◇研究・実践部門
　　該当者なし
第13回（昭48年度）
◇戯曲部門
　　該当者なし
◇研究・実践部門
　　該当者なし

第14回（昭49年度）
◇戯曲部門
　　該当者なし
◇研究・実践部門
　　該当者なし
第15回（昭50年度）
◇戯曲部門
　　該当者なし
◇研究・実践部門
　　創芸 “教師の劇団 創芸の活動に対して”
第16回（昭51年度）
◇戯曲部門
　　古沢 良一 “「阿修羅童子」〔新中学校脚本
　　集〕”
◇研究・実践部門
　　清水 和彦 “山の分校で「ごんぎつね」を
　　どう指導したか〔演劇と教育 1975.10〕”
第17回（昭52年度）
◇戯曲部門
　　該当者なし
◇研究・実践部門
　　該当者なし
第18回（昭53年度）
◇戯曲部門
　　菅井 建 “「いちばん悲しいこと」の脚本と
　　実践に対して〔演劇と教育 1978.2〕”
◇研究・実践部門
　　該当者なし
第19回（昭54年度）
◇戯曲部門
　　渡辺 茂 “「人形館」〔新中学校脚本選〕”
◇研究・実践部門
　　加藤 暁子 “劇人形づくりからの出発〔演
　　劇と教育 1979.3〕”
第20回（昭55年度）
◇戯曲部門
　　該当者なし
◇研究・実践部門
　　竹内 敏晴 “朗読源論への試み〔演劇と教
　　育 1979.1連載〕”
第21回（昭56年度）
◇戯曲部門

梶本 暁代 "「異説 カチカチ山ものがたり」
〔学校演劇脚本集〕"
◇研究・実践部門
大門 高子 "自分たちで考え創る子どもに
〔演劇と教育 1981.1〕"
第22回（昭57年度）
◇戯曲部門
中村 明弘 "「人形劇 ぼくらのヘッポコ
サーカス団」〔小学校演劇脚本〕"
◇研究・実践部門
関矢 幸雄 "遊びのなかの演劇〔演劇と教
育 1980.10連載〕"
第23回（昭58年度）
◇戯曲部門
該当者なし
◇研究・実践部門
副島 康子 "声を出すことで見えてきたこ
と〔演劇と教育 1983.1〕"
第24回（昭59年度）
◇戯曲部門
新井 早苗 "「泣いた鬼たち」などの劇作活
動〔演劇と教育 1983.10〕ほか"
◇研究・実践部門
広瀬 一峰 "人形あそびのすすめ〔演劇と
教育 1983.8〕"
第25回（昭60年度）
◇戯曲部門
鈴木 計広 "「おにはーうち！」〔小学校演
劇脚本集〕"
◇研究・実践部門
該当者なし
● 特別賞
篠崎 光正 "ブンナの演出秘話〔演劇と教
育 1984.1連載〕"
第26回（昭61年度）
◇戯曲部門
中村 欽一 "「やけあとのブレーメン楽団」
ほか"
◇研究・実践部門
高野 美智子，山中 八千代 "劇あそびで
育つ力—やまびこ養護学校の実践」〔演
劇と教育 1985.6連載〕"

第27回（昭62年度）
◇戯曲部門
北野 茨 "「キューソネコカミねこひげたて
る」〔演劇と教育 1986.10〕"
◇研究・実践部門
北島 尚志，宮里 和則 "「ファンタジーを遊
ぶ子どもたち」に著わされた実践活動"
第28回（昭63年度）
◇戯曲部門
該当者なし
● 特別賞
宮本 研 "「高崎山殺人事件」〔未発表〕"
◇研究・実践部門
埼玉県富士見市南畑小学校 "「全校研究で
朗読に取り組む」〔演劇と教育 1988.1〕"
第29回（平1年度）
◇戯曲部門
該当者なし
◇研究・実践部門
宮本 星美 "「高校生とともに一体あたりの
劇づくり」〔演劇と教育 1988.8〕"
伊藤 慈雄 "「劇—今日を越えるために」
〔演劇と教育 1988.8連載〕"
第30回（平2年度）
◇戯曲部門
池田 洋一 "「ふたつの瞳の物語」〔演劇と
教育 1989.9〕"
◇研究・実践部門
榊原 美輝 "「はじめての創作劇に参加した
五か月間」〔演劇と教育 1990.3〕"
第31回（平3年度）
◇戯曲部門
深沢 直樹 "「Ⅱ年A組とかぐや姫」〔演劇と
教育 1991.3〕"
◇研究・実践部門
青木 淑子 "「現在，静かに燃えて」〔演劇と
教育 1991.2連載〕"
第32回（平4年度）
◇戯曲部門
宮城 淳 "「とうふ島へ」〔演劇と教育 1991.
7〕"
◇研究・実践部門

宮城 淳 "「子どもが演じる沖縄戦」(戯曲部門含む)〔演劇と教育 1991.7〕"

第33回(平5年度)

◇戯曲部門

該当者なし

◇研究・実践部門

武松 洋子 "「構成詩の共同創作と音読」(構成詩台本「ぼくたちは, 今…」を含む)〔演劇と教育 1992.4〕"

第34回(平6年度)

◇戯曲部門

該当者なし

◇研究・実践部門

平井 まどか "「劇あそび「かにむかし」」や「劇あそびを遊ぶ」にあらわされた実践に対して〔演劇と教育 1993.4〕"

● 特別賞

葛岡 雄治 「群統―表現教育としての」

第35回(平7年度)

◇戯曲部門

正 嘉昭 "「閉じこもりし者」〔演劇と教育 1994.6〕"

◇研究・実践部門

内部 恵子 "「あふれるほどの, ことば体験を！」〔演劇と教育 1994.6〕"

正 嘉昭 "「子どものリアリティーを即興で磨きあげる」(戯曲部門含む)〔演劇と教育 1994.6〕"

第36回(平8年度)

該当作なし

第37回(平9年度)

該当作なし

(平11年度, 冨田博之記念演劇教育賞第1回)

矢嶋 直武 「『ドラマ』の授業」

(平12年度, 冨田博之記念演劇教育賞第2回)

佐々木 博 「生きる力はぐくむ学校へ」

(平13年度, 冨田博之記念演劇教育賞第3回)

古沢 良一 「劇へ―元気になる中学生」

第42回(平14年度)

◇演劇教育賞

渡部 淳 「教育における演劇的知」(柏書房)

◇演劇教育実践記録・研究論文

該当作なし

第43回(平15年度)

◇演劇教育賞

広本 康恵 「げきをしよう」

山地 千晶 「独白から対話へ」

◇演劇教育実践記録・研究論文

● 準入選

釜堀 茂 「ふつうの高校で演劇の授業をつくった試み～自由選択科目『演劇表現』と抱える課題」

第44回(平16年度)

◇演劇教育賞

該当作なし

◇演劇教育実践記録・研究論文

田中 靖子 「地域社会における演劇教育―障害のある子もない子も共に演劇を！―『劇団きらきら』の実践記録」

第45回(平17年度)

◇演劇教育賞

該当作なし

◇演劇教育実践記録・研究論文

該当作なし

第46回(平18年)

◇演劇教育賞

福田 三津夫 「ことばと心の受け渡し」

◇演劇教育実践記録・研究論文

該当作なし

---

026 演劇功労者

　　日本演劇協会改組新発足3周年記念の「演劇人祭」が昭和29年8月26日に開催された折, 演劇界で功労のあった者を選んで表彰したのが始まりで, 以後5年毎に開催する「演劇人

祭」で表彰されている。

> 【**主催者**】（公社）日本演劇協会
>
> 【**選考委員**】同協会理事
>
> 【**選考方法**】会員の推薦による
>
> 【**選考基準**】〔対象〕演劇界にあって長くその道一筋に尽して来た者。特に華やかな演劇の陰にあって日本の演劇界を支えてきた者
>
> 【**締切・発表**】決定次第新聞紙上で発表、「演劇人祭」席上で表彰式
>
> 【**賞・賞金**】10名前後, 賞状と記念品

第1回（昭29年）
　市川 荒次郎（俳優）
　村田 嘉久子（俳優）
　川尻 清潭（歌舞伎座舞台監事）
　本山 荻舟（劇評家）
　水品 春樹（舞台監督）
　和田 精（舞台効果）
　松尾 嘉次郎（小道具）
　岩守 秀吉（小道具）
　細谷 政雄（背景画家）
　松村 光康（劇場頭取）

第2回（昭36年）
　秋山 安三郎（演劇評論家）
　遠藤 為春（劇場監事室）
　小林 徳二郎（プロデューサー）
　小清水 清助（男衆）
　佐々木 千里（劇場経営）
　杉本 彦治（大道具）
　竹柴 薪助（狂言作者）
　福田 宗吉（放送効果）
　藤宮 勢以（観客係）
　守 美雄（劇団理事）

第3回（昭40年）
　倉沢 小三郎（劇場従業員）
　小林 良太郎（かつら製造）
　祖父江 新一（俳優支配人）
　田中 栄三（評論家）
　中村 兵蔵（音調効果）
　英 太郎（俳優）
　久松 喜世子（俳優）
　藤岡 寅次郎（企画者）

　丸茂 富次郎（照明器具製作）
　矢部 栄吉（舞台製作）

第4回（昭45年）
　田中 良（舞台美術家）
　坪内 士行（演劇学者）
　尾上 多賀之丞（3世）（歌舞伎俳優）
　竹柴 定吉（歌舞伎狂言作者）
　長谷川 音太郎（長谷川舞台相談役）
　浜村 米蔵（演劇学者）
　伊藤 亀太郎（松竹衣裳顧問）
　野村 清一郎（新国劇俳優）
　杵屋 栄二（長唄三味線）
　中村 藤吉（歌舞伎附打ち）
　浅井 勇（御園座嘱託）
　柚木 久枝（歌舞伎座案内主任）

第5回（昭50年）
　杵屋 栄左衛門（歌舞伎音楽）
　柳 永二郎（劇団新派）
　久板 栄二郎（劇作家）
　巖谷 槇一（劇作・演出家）
　森屋 善之助（藤浪小道具竹細工師）
　釘町 久磨次（舞台美術家）
　田中 伝左衛門（11世）（歌舞伎囃子協会会長）
　江口 高男（音響効果）
　観堂 春子（東京宝塚劇場舞台照明係）
　荒木 輝代子（新橋演舞場案内主任）

第6回（昭60年）
　荒島 鶴吉（舞台美術家）
　嵐 璃珏（歌舞伎俳優）
　根津 ミヨ（衣裳方）

初瀬 乙羽（俳優）
竹本 扇太夫（歌舞伎竹本・太夫）
江口 甲之助（組紐製作）
中村 梅花（歌舞伎俳優）
秋元 松代（劇作家）
益田 喜頓（俳優）
尾上 寅之助（大道具の棟梁）
丸井 不二夫（元マネージャー）
田坂 改三（松竹・企画芸文室）
小田島 實之輔（狂言作者）
繁岡 鑒一（舞台美術）
小川 昇（舞台照明）
尾上 多賀蔵（歌舞伎俳優）
田島 かつ（かつら製作）
三津田 健（俳優）
山本 長之助（舞台衣裳方）
利倉 幸一（演劇評論）
毛利 錠作（舞台背景画）
淀橋 太郎（劇作・演出家）
中江 良夫（劇作）
土井 新次（大道具・小道具製作）

第7回（平2年）
加賀屋 鶴助（歌舞伎俳優）
村瀬 幸子（女優）
田中 千禾夫（劇作家・演出家）
島田 正吾（俳優）
五反田 豊正（三代目甲冑師）
稀音家 政吉次（歌舞伎下座附師）
吉田 治三郎（大道具）
渡辺 武雄（郷土芸能振付）
那須 武雄（床山）
演劇界（演劇雑誌）

第8回（平7年）
北条 秀司（劇作家）
千田 是也（俳優・演出家）
遠藤 慎吾（演劇評論）
水木 洋子（劇作家）
北川 勇（舞台美術家）
阿木 翁助（劇作家）
戌井 市郎（演出家）

第9回（平12年）
◇特別功労者

滝沢 修（劇団民芸, 俳優）
◇功労者
原 千代海（演劇評論家）
村上 元三（劇作家, 小説家）
秋元 松代（劇作家）
堀江 史郎（劇作家, 演劇評論家）
中村 又五郎（2世）（歌舞伎俳優）
片谷 大陸（演劇制作者）
森安 善次郎（演劇評論家）
吉田 玉男（人形浄瑠璃文楽座人形遣い）
織田 音也（舞台美術家）
白沢 純（藤浪小道具社長）
千谷 道雄（演劇評論家）

第10回（平17年）
◇特別功労者
北林 谷栄（劇団民芸, 俳優）
◇功労者
伊井 義太朗（俳優）
鈴木 光枝（文化座, 俳優）
浜田 寅彦（俳優）
森 光子（俳優）
中村 雀右衛門（4世）（歌舞伎俳優）
一条 久枝（俳優）
戸部 銀作（演劇評論家）
真山 美保（演出家）
清水 彰（俳優）
朝倉 摂（舞台美術家）

第11回（平22年）
◇特別功労者
河竹 登志夫（演劇研究評論家）
◇功労者
長岡 輝子（俳優・演出家）
春日野 八千代（宝塚歌劇団名誉理事）
南 美江（俳優）
中村 小山三（俳優）
藤間 紋寿郎（日本舞踊家）
中嶋 八郎（舞台美術家）
淡島 千景（俳優）
丹阿弥 谷津子（俳優）
津上 忠（劇作・演出家）
長谷川 勘兵衛（歌舞伎大道具）

花柳 寿南海（日本舞踊家）　　　　　　　山田 庄一（演出家）
大城 立裕（作家）
大滝 秀治（俳優）

027 扇町ミュージアムスクエア戯曲賞

　扇町ミュージアムスクエア10周年記念事業の一環として，平成6年に創設された。関西演劇界の活性化を願い，新人の発掘と同時に，中堅劇作家への刺激となることを目的とする。

【主催者】 大阪ガス（株）

【選考委員】（第21回）生田萬，佐藤信，鈴江俊郎，鈴木裕美，渡辺えり

【選考方法】 公募

【選考基準】〔対象〕関西2府4県に在住，または関西を主たる活躍の場とする劇作家で前年1月から12月までに書き下ろしの上，上演された作品に限る。旧作の改定版は対象外。一人一作品に限る

【締切・発表】 2月20日〜4月10日（消印有効）。（第21回）応募期間は平成26年2月20日〜4月10日まで，入選発表は11月中旬〜12月中旬の予定

【賞・賞金】 大賞（1名）：賞金30万円，佳作（1名）：賞金10万円。大賞受賞作品を翌年の3月末日までに再演する場合には，追加で50万円を助成します。（第21回）2016年3月末日が対象

【URL】 http://www.ogbc.co.jp/

第1回（平6年）
◇大賞
　松田 正隆（劇団時空劇場）「坂の上の家」
◇佳作
　岩崎 正裕（劇団199Q太陽族）「レ・ボリューション」
第2回（平7年）
◇大賞
　鈴江 俊郎（劇団八時半）「ともだちが来た」
◇特別賞
　松田 正隆（劇団時空劇場）「海と日傘」
第3回（平8年）
◇大賞
　内藤 裕敬（栃木・劇団南河内万歳一座）「夏休み」
◇佳作
　蟷螂 襲（兵庫・劇団PM/飛ぶ教室）「嵐のとなりの寝椅子」

第4回（平9年）
◇大賞
　岩崎 正裕（劇団199Q太陽族主宰）「ここからは遠い国」
◇佳作
　花田 明子（三角フラスコ主宰）「鈴虫のこえ，宵のホタル」
第5回（平10年）
◇大賞
　蟷螂 襲（PM/飛ぶ教室）「滝の茶屋のおじちゃん」
◇佳作
　久野 那美 「パノラマビールの夜」
第6回（平11年）
◇大賞
　土田 英生（劇団MONO代表）「その鉄塔に男たちはいるという」
◇佳作
　中田 あかね（TPプロデュース代表）「YS」

第7回（平12年）
　◇大賞
　　樋口 美友喜（劇団アグリー・ダックリン）
　　「深流波―シンリュウハ」
　◇佳作
　　酒井 宏人（劇団ワイアー）「Vegetable
　　Kingdom」
第8回（平13年）
　◇大賞
　　樋口 美友喜（劇団Ugly duckling）「ひとよ
　　一夜に18片」
　◇佳作
　　山岡 徳貴子（魚灯）「祭りの兆し」
第9回（平14年）
　◇大賞
　　サカイ ヒロト（劇団W'IRE）「mju：：：
　　zikal（ミューーージカル）」
　◇佳作
　　芳崎 洋子（AI・HALL SHOWCASE
　　SELLECTION/のはら工房）「コンコン
　　トントン ポロンぽろん」
第10回（平15年）
　◇大賞
　　山口 茜（魚船プロデュース）「他人（初期
　　化する場合）」
　◇佳作
　　中村 賢司（鋼鉄猿廻し一座）「てのひらの
　　さかな」
第11回（平16年）
　◇大賞
　　ごまのはえ（劇団ニットキャップシア
　　ター）「愛のテール」
　◇佳作
　　大竹野 正典（くじら企画）「夜,ナク,鳥」
第12回（平17年）
　◇大賞
　　水沼 健（壁の花団）「壁ノ花団」
　◇特別賞
　　ごまのはえ（劇団ニットキャップシア
　　ター）「ヒラカタノート」
　◇佳作
　　司辻 有香（個未来）「愛と悪魔」

第13回（平18年）
　◇大賞
　　竹内 佑（デス電所）「音速漂流歌劇団」
　◇佳作
　　大正 まろん（流星倶楽部）「昼下がりのミ
　　ツバチ」
第14回（平19年）
　◇大賞
　　該当なし
　◇佳作
　　田辺 剛（下鴨/車窓）「旅行者」
第15回（平20年）
　◇大賞
　　サリngROCK（突劇/金魚）「愛情マニア」
　◇佳作
　　棚瀬 美幸（南船北馬一団）「ななし」
第16回（平21年）
　◇大賞
　　大竹野 正典（くじら企画）「山の声」
　◇佳作
　　土橋 淳志（A級MissingLink）「裏山の犬に
　　でも喰われろ！」
第17回（平22年）
　◇大賞
　　はしぐち しん（コンブリ団）「ムイカ」
　◇佳作
　　山崎 彬（悪い芝居）「嘘ツキ,号泣」
第18回（平23年）
　◇大賞
　　林 慎一郎（極東退屈道場）「サブウェイ」
　◇佳作
　　稲田 真理（中崎町ミュージアムスクエア）
　　「幸福論」
第19回（平24年）
　◇大賞
　　稲田 真理（伏兵コード）「留鳥の根」
　◇佳作
　　土橋 淳志（A級Missing Link）「限定解除,
　　今は何も語れない」
第20回（平25年）
　◇大賞
　　中村 賢司（空の驛舎）「追伸」

◇特別賞
　林 慎一郎（極東退屈道場）「タイムズ」
◇佳作

肥田 知浩（甘もの会）「はだしのこどもは
　にわとりだ」

---

028 大阪東ライオンズクラブ歌舞伎奨励賞

　大阪東ライオンズクラブが創立30周年記念事業の一環として，歌舞伎のわき役や裏方の育成，助成に役立てるため日本俳優協会に寄付した。これを基金として平成5年に創設された。第1回の受賞以後は「日本俳優協会賞」へ統合された。

【主催者】（社）日本俳優協会

【締切・発表】（第1回）平成5年5月発表

【賞・賞金】賞金10万円

第1回（平5年）
　西川 栄一（狂言作者）"関西で唯一の狂言作者であり，上方歌舞伎を上演するうえで欠かすことのできない大切な存在であ

る"
　堀本 太朗（狂言方）"関西の狂言方の第一人者であり，上方歌舞伎独特の仕掛ものは，氏の独断場である"

---

029 大谷竹次郎賞

　松竹創業者のひとりである故大谷竹次郎氏の歌舞伎に対する功績を顕彰するため，昭和47年に創設された。

【主催者】松竹（株），（公財）松竹大谷図書館

【選考委員】水落潔，奈河彰輔，平岩弓枝，古井戸秀夫，齋藤雅文，大谷信義，安孫子正

【選考方法】非公募

【選考基準】〔対象〕毎年1月から12月までに歌舞伎俳優によって上演された新作歌舞伎脚本，新作舞踊劇脚本の最優秀作に贈られる。〔資格〕原則として女優が参加出演する作品は除く。音楽は和洋不問。〔基準〕芸術的純粋度のみにかたよらず，娯楽性に富んだものを第一義として，脚色，改訂のケースを含め，広義の歌舞伎脚本を対象とする

【締切・発表】大谷竹次郎の誕生日（12月13日）にちなみ，毎年12月中旬の各新聞紙上，翌年1月の松竹系各座筋書にて発表

【賞・賞金】50万円，副賞・松竹大谷図書館賞（レリーフ）。該当作品がない場合，2篇以内で佳作を選び，賞金は1篇20万円とし，特例として奨励賞を授賞する場合もある

第1回（昭47年度）
　該当作なし
第2回（昭48年度）
　該当作なし

第3回（昭49年度）
　北条 秀司 「春日局」
◇奨励賞
　田中 喜三 「信康」

第4回（昭50年度）
　該当作なし
第5回（昭51年度）
　田中 喜三 「小堀遠州」
第6回（昭52年度）
　池波 正太郎 「市松小僧の女」
第7回（昭53年度）
　該当作なし
第8回（昭54年度）
　宇野 信夫 「山椒大夫」〔森鷗外原作〕
　市川 森一 「黄金の日々」〔城山三郎原作〕
第9回（昭55年度）
　該当作なし
第10回（昭56年度）
　安田 栄一郎 「殉死禁令」
第11回（昭57年度）
　該当作なし
第12回（昭58年度）
　該当作なし
第13回（昭59年度）
　野口 達二 「若き日の清盛」
第14回（昭60年度）
　該当作なし
第15回（昭61年度）
　梅原 猛 「ヤマトタケル」
第16回（昭62年度）
　該当作なし
第17回（昭63年度）
　田中 喜三 「武田信玄」
第18回（平1年度）
　該当作なし
第19回（平2年度）
　該当作なし
第20回（平3年度）
　萩原 雪夫 「さくら川」
第21回（平4年度）
　奈河 彰輔 「倭仮名在原系図（やまとがな
　　ありわらけいず）―蘭平物狂」「慙紅葉
　　汗顔見世（はじもみじあせのかおみせ）
　　―伊達の十役」
　◇奨励賞
　岡野 竹時 「忠度」

第22回（平5年度）
　該当者なし
第23回（平6年度）
　該当者なし
第24回（平7年度）
　該当者なし
第25回（平8年度）
　該当者なし
第26回（平9年度）
　該当作なし
第27回（平10年度）
　榎本 滋民 「鶴賀松千歳泰平―上意討ち―」
第28回（平11年度）
　横内 謙介 「新・三国志」
第29回（平12年度）
　該当者なし
第30回（平13年度）
　瀬戸内 寂聴 「源氏物語」
第31回（平14年度）
　立松 和平 「道元の月」
　◇奨励賞
　今井 豊茂 「三国一夜物語」
第32回（平15年度）
　野田 秀樹 「野田版鼠小僧」
第33回（平16年度）
　該当作なし
第34回（平17年度）
　今井 豊茂 「NINAGAWA 十二夜」
第35回（平18年度）
　該当作なし
　◇奨励賞
　岡本 さとる 「浪花騒擾記」
第36回（平19年度）
　齋藤 雅文 「竜馬がゆく 立志篇」
第37回（平20年度）
　該当作品なし
　◇奨励賞
　岩豪 友樹子 「江戸宵闇妖鉤爪」
第38回（平21年度）
　該当作品なし
第39回（平22年度）
　該当作品なし

第40回（平23年度）
　該当作品なし
　◇奨励賞
　G2「東雲烏恋真似琴」
　国立劇場文芸課　「開幕驚奇復讐譚」

第41回（平24年度）
　該当作品なし
第42回（平25年度）
　今井 豊茂　「新作 陰陽師 滝夜叉姫」

---

030 沖縄市戯曲大賞

　戯曲を全国的に公募することにより，沖縄市を広く県内外にアピールするとともに市内をはじめ，県下の文学界に話題を提供し，より多くの戯曲作家の輩出に寄与する。また入賞作品を舞台化し，演劇活動の場を提供することにより，舞台演出家，俳優などの舞台芸術関係に大きな刺激をもたらし，沖縄市を舞台芸術の発信地とすることを目的とする。第12回（平成20年）をもって終了。

【主催者】沖縄市，沖縄市文化協会

【選考方法】公募

【選考基準】〔資格〕不問。〔対象〕場所，時代背景，フィクション・ノンフィクションは問わず，日本語によるオリジナル未発表作品。〔原稿〕400字詰原稿用紙70枚〜100枚程度。2枚以内のあらすじを添付，表紙にタイトル，枚数，氏名，年齢，住所，電話番号を明記

【賞・賞金】大賞：賞状と賞金50万円，佳作：賞状と賞金15万円

第1回（平9年度）
　◇大賞
　　大城 貞俊（県立開邦高校教諭）「山のサバニ」
　◇佳作
　　上田 真弓　「ホエタマカイの夜」
第2回（平10年度）
　◇大賞
　　重 庄太郎　「流星群の夜」
　◇佳作
　　名護 宏英（詩人）「プロンプター」
第3回（平11年度）
　◇大賞
　　上里 和美（歯科医師）「カフェ・ライカム」
　◇佳作
　　鈴木 次郎　「南の島のアリス」
第4回（平12年度）
　◇大賞
　　中里 友豪（詩人）「越境者」
　◇佳作

　　屋良 美枝子（県立公文書館臨仕）「バースデイ行進曲」
第5回（平13年度）
　◇大賞
　　又吉 博美（公務員）「太陽のマニマニ」
　◇佳作
　　南原 あい（戯曲作家）「受き取い清らさ」
第6回（平14年度）
　◇大賞
　　伊地知 ナナコ（劇作家・演出家）「上等番長」
　◇佳作
　　武田 浩（作家）「光らない蛍」
第7回（平15年度）
　◇大賞
　　友寄 総市浪（高校生）「オキナワニフルユキ」
　◇佳作
　　山脇 立嗣（劇団所属）「空みつけた」

第8回（平16年度）
　◇大賞
　　国吉 真治（沖縄県読谷村）「沖縄村立いや
　　し隊」
　◇佳作
　　宮里 政充（沖縄県那覇市）「ベートーベン
　　によろしく」
第9回（平17年度）
　◇大賞
　　上原 利彦（沖縄県本部町）「ぼくらはみん
　　な生きている」
　◇佳作
　　宮原 邦夫（沖縄県那覇市）「雲の墓標」
第10回（平18年度）
　◇大賞

野上 卓（神奈川県）「私はなぜアンネ・フ
　ランクリンを告発したのか」
　◇佳作
　　池神 泰三（東京都）「ステンレス・ライフ」
第11回（平19年度）
　◇大賞
　　山脇 立嗣（京都府京都市）「白雨至りて」
　◇佳作
　　當山 忠（沖縄県沖縄市）「ユクイ石」
第12回（平20年度）
　◇大賞
　　吉村 健二（埼玉県狭山市）「はい,
　　チーズ！」
　◇佳作
　　真謝 稔（沖縄県那覇市）「漂流の民」

---

031 小田島雄志・翻訳戯曲賞

　毎年優れた翻訳戯曲を提供した人物を対象に小田島雄志氏本人が選考を行い顕彰する。平成20年に創設,10年間をめどとして開催する

【主催者】小田島雄志

【選考委員】小田島雄志

【選考基準】その年の1～12月に上演された翻訳戯曲の翻訳者

【締切・発表】（第6回）平成25年12月発表, 平成26年1月14日授賞式

【賞・賞金】副賞：10万円

【URL】http://www.owlspot.jp/odashima_award/

第1回（平20年）
　薛 珠麗（演出家・翻訳家）「バーム・イ
　　ン・ギリヤド」
　佐藤 康（翻訳家）「瀕死の王」
第2回（平21年）
　新野 守広（翻訳家・立教大学教授）「火の
　　顔」「崩れたバランス」
　広田 敦郎（翻訳家）「コースト・オブ・
　　ユートピア ユートピアの岸へ」
第3回（平22年）
　平川 大作（翻訳家・大手前大学准教授）
　　「モジョ ミキボー」
　小川 絵梨子（演出家・翻訳家）「今は亡き

　　ヘンリー・モス」
第4回（平23年）
　高橋 知伽江（劇作家・翻訳家）「秘密はう
　　たう A Song at Twilight」「出番を待ち
　　ながら」
　須藤 鈴（翻訳家）「ケーキマン」
　◇特別賞
　　富永 由美（翻訳家・演出家・俳優）「悪魔
　　たち」
第5回（平24年）
　阿藤 智恵（劇作家・演出家・翻訳家）
　　「シュペリオール・ドーナツ」
　林 立騎（ドイツ語翻訳者・演劇研究者）

「光のない。」「光のないⅡ」「雲。家。」　　　　　家）「まくべっと」
第6回（平25年）　　　　　　　　　　　　　　谷 賢一（作家・演出家・翻訳家）「最後の
　中村 まり子（女優・演出家・翻訳家・劇作　　　　精神分析－フロイトVSルイス－」

032 小野宮吉戯曲平和賞

　俳優，劇作家であった故小野宮吉を記念して，未亡人関鑑子の基金提供により，昭和12年に「小野宮吉戯曲賞」を制定。2回で中止していたが，昭和41年故人の30回忌を機会に，「小野宮吉戯曲平和賞」の名前で復活。その後，昭和48年関鑑子死去に伴い中止となる。

【主催者】小野家，音楽センター

第1回（昭12年）
　久板 栄二郎 「北東の風」
第2回（昭13年）
　久保 栄 「火山灰地」
復活第3回（昭42年）
　山田 民雄 「かりそめの出発」「北赤道海流」
第4回（昭43年）
　大橋 喜一 「ゼロの記録」
第5回（昭44年）
　高橋 治 「告発」

第6回（昭45年）
　飯沢 匡 「もう一人のヒト」
第7回（昭46年）
　該当作なし
第8回（昭47年）
　本田 英郎 「朝鮮海峡」
第9回（昭48年）
　勝山 俊介 「風成の海碧く」
　土屋 清 「河」
第10回（昭49年）
　該当作なし

033 O夫人児童青少年演劇賞

　我が国の児童青少年演劇は，一般の演劇と同様に男性の指導者を主軸として今日に至っている。もとより出演者や創造活動，劇団経営等には多くの女性を迎え，その功績は何ら異なるところがない。こうした児童青少年演劇界での女性の積極的な活動を期待して，社団法人日本児童演劇協会（現・公益社団法人日本児童青少年演劇協会）は，昭和59年（1984）に匿名婦人の寄付を受け「O夫人児童演劇賞」を設定した。第13回（平成9年度）まで実施の後，休止。平成16年度（平成17年授賞）より「O夫人児童青少年演劇賞」の名称で再開した。今後の児童青少年演劇において，女性の活動が期待され，その多面的な進出を必要とされている中，女性の積極的な活動をうながし，これまでの業績を称えるものとする。

【主催者】公益社団法人日本児童青少年演劇協会（旧・社団法人日本児童演劇協会）

【選考委員】（第22回より）松谷みよ子（作家），横溝幸子（演劇評論家），内木文英（日本児童青少年演劇協会会長）

【選考方法】推薦者の推薦による

【選考基準】〔対象〕児童青少年演劇の創造普及に貢献した女性

【締切・発表】受賞結果は同協会機関誌『児童青少年演劇』誌上に発表，例年12月

【賞・賞金】正賞：レリーフ（河野正造作），副賞：賞金30万円

【URL】 http://www.linkclub.or.jp/~jcta/

第1回（昭60年度）
　小百合 葉子（劇団たんぽぽ主宰）
第2回（昭61年度）
　竹内 とよ子（人形劇団プーク）
第3回（昭62年度）
　伊藤 巴子（劇団仲間）
第4回（昭63年度）
　中島 茜（劇団風の子北海道）
第5回（平1年度）
　岸田 今日子（演劇集団円）
第6回（平2年度）
　広瀬 多加代（劇団R・N・C）
第7回（平3年度）
　小森 美巳（演劇集団円演出）
第8回（平4年度）
　小池 タミ子
第9回（平5年度）
　浅野 晗子（劇団らくりん座）
第10回（平6年度）
　如月 小春（劇団NOISE）
第11回（平7年度）
　小林 美実（宝仙学園短期大学教授）
第12回（平8年度）
　西村 和子（人形劇団クラルテ）

第13回（平9年度）
　西田 豊子（劇作家・演出家）
第14回（平16年度）
　神田 成子（劇団風の子）
第15回（平17年度）
　かめやま ゆたか（有限会社いちょう座代表
　取締役）
第16回（平18年度）
　石川 君子（有限会社ひとみ座代表取締役）
第17回（平19年度）
　上保 節子（劇団たんぽぽ）
第18回（平20年度）
　細沼 淑子（劇団風の子）
第19回（平21年度）
　松本 則子（人形劇団クラルテ）
第20回（平22年度）
　中村 芳子（NPO法人「劇団道化」副理事
　長）
第21回（平23年度）
　井上 幸子（人形劇団プーク）
第22回（平24年度）
　永野 むつみ（人形劇団ひぽぽたあむ）
第23回（平25年度）
　いずみ 凜（脚本家）

034 神奈川県演劇脚本コンクール

　学校や地域劇団などの演劇活動に広く利用される独創性豊かな優れた演劇脚本を募集するため、昭和52年から開始された。平成11年度で募集停止し、平成13年度より「かながわ戯曲賞＆ドラマリーディング」に移行。

【主催者】 神奈川県

【選考委員】 藤木宏幸, 宮下展夫, 八木柊一郎

【選考方法】 公募

【選考基準】 〔資格〕日本国内の在住者。国籍・年齢は不問。〔応募規定〕(1) 未発表（印刷, 上演, 放送等）の創作脚本。脚色ものは除く。(2) 時代, 対象, 題材等は自由。(3) 400字詰原稿用紙150枚以内

【賞・賞金】 最優秀賞（1名）：賞金50万円と賞状, 優秀賞（1名）：賞金10万円と賞状, 奨励賞（4名）：賞金5万円と賞状, 入選（若干名）：賞状と記念品。入賞作品のうち一編を翌

年度神奈川芸術祭において，神奈川県内劇団に委託上演

第1回（昭52年度）
◇第2位
　池葉 岑 「黄色い部屋のある風景」
◇第3位
　多勢 繁子 「弔いの島」
　屋島 二郎 「幻の窯」
第2回（昭53年度）
◇第2位
　多勢 繁子 「ハロー・ダーリン……！」
◇第3位
　大石 汎 「今様竹取物語」
　新井 光 「離島」
　若宮 善治 「夕立の午後」
　大沢 久美子 「ぼくの恐竜」
第3回（昭54年度）
◇第2位
　佐藤 京子 「老女たちの挽歌」
　渡辺 芳江 「衷心の声」
◇第3位
　浅原 章江 「PIERO……！」
　大石 汎 「過去」
　中川 信夫 「流氷」
第4回（昭55年度）
◇第1位
　篠崎 洋子 「クイーン・エリザベス・Ⅱ」
◇第2位
　黒羽 英二 「閉じ込められて」
◇第3位
　大石 汎 「過ぎし戦」
　中川 信夫 「父の休日」
　若宮 善治 「アインシュタインは正しかっ
　　たか？」
第5回（昭56年度）
◇第2位
　有馬 千恵子 「母を呼ぶ声」
　蒔村 由美 民話『不知火の松』より 川崎・
　　夜光町
◇第3位
　大石 汎 「弟の家」

後藤 翔如 戯曲『信田森の狐』
高橋 育子 「乳母車」
第6回（昭57年度）
◇第2位
　岡部 晋一 「ロボット」
　中川 信夫 「大幸福」
◇第3位
　宮本 久美子 「七夕の夜」
　高橋 ますみ 「やがて忘れる」
　土屋 真澄 「雲隠異聞」
第7回（昭58年度）
◇第2位
　土屋 真澄 「梅雨の客」
　松田 伸子 「リージェンシー・ブルー」
◇第3位
　田井 木の実 「おばあちゃんとオートバイ」
　長嶺 恵子 「回転扉」
第8回（昭59年度）
◇第1位
　多勢 文乃 「サバイバルトレーニング」
◇第3位
　高橋 育子 「約束」
　土屋 真澄 「雀百まで」
　井之上 京子 「表彰状」
　高橋 ますみ 「びわの実」
　蒔村 由美 「おしゃべりな孤独」
第9回（昭60年度）
◇第1位
　伊東 まり子 「友達」
◇第2位
　白鳥 明子 「ポップコーン」
◇第3位
　土屋 真澄 「神様の掃除機」
　田代 博美 「冷蔵庫パラダイス」
　荻原 恵子 「オフィス畑でつかまえて」
第10回（昭61年度）
◇第2位
　小林 いわい 「狂った霊安室」
　河野 玲子 「話し相手」

◇第3位
　五塔 倫太郎 「白髪抄」
　高橋 ますみ 「ずいずいずっころばし」
　亀掛川 博正 「聖夜の来訪者」
第11回（昭62年度）
◇最優秀賞
　佐賀 充 「見張り塔からずっと」
◇優秀賞
　松田 伸子 「星も光りぬ E LUCEVAN LE
　　STELLE」
◇奨励賞
　内田 史子 「手紙泥棒」
　武田 貴久子 「月の砂漠を」
　黒沢 由紀子 「りんご」
　堀江 安夫 「ほろ酔い亭 人情噺1977」
第12回（昭63年度）
◇優秀賞
　桜井 睦子 「赤ちゃんはボタンがお好き」
　高橋 ますみ 「別れを待つ間」
◇奨励賞
　遠藤 明子 「朝を向かえる前に」
　今井 良春 「江戸隣接。川の町」
　櫛引 順子 「かくれんぼ」
　佐藤 富保 「宏が帰ってくる」
第13回（平1年度）
◇最優秀賞
　黒沢 由紀子 「百人目の家政婦」
◇優秀賞
　小林 いわい 「つくり話」
◇奨励賞
　高橋 ますみ 「不機嫌な天使」
　田畑 喜十 「きんぎんすなご」
　小池 倫代 「花かげろう」
　武田 貴久子 「グラス一杯の土曜日」
第14回（平2年度）
◇最優秀賞
　該当者なし
◇優秀賞
　田中 政雄 「濡れ落葉防止条令」
　遠藤 明子 「杏子伝説」
第15回（平3年度）
◇最優秀賞

　該当者なし
◇優秀賞
　井上 学 「ラヴ・シート」
　花房 りみ 「笑うほたる」
第16回（平4年度）
◇最優秀賞
　松田 伸子 「指環物語」
第17回（平5年度）
◇最優秀賞
　該当者なし
◇優秀賞
　右来 左往 「HELLO,EARTH〜心地好く
　　秘密めいた空っぽ」
　日塔 淳子 「聖者の行進」
第18回（平6年度）
◇最優秀賞
　該当者なし
◇優秀賞
　別役 慎司 「少年たちのロボット」
　小野田 至郎 「風鈴の家」
第19回（平7年度）
◇最優秀賞
　該当者なし
◇優秀賞
　菊地 晃三 「しずく（ある復活）」
　藤原 美鈴 「逞しき女々」
第20回（平8年度）
◇優秀賞
　幕内 覚 「MEMORIAM—夏の記憶」
　鈴木 正彦 「そして，神戸」
第21回（平9年度）
◇優秀賞
　北野 まりこ 「虹に願いを—同級生バー
　　ジョン」
第22回（平10年度）
◇優秀賞
　鈴木 正則 「良平の応援歌—喜びも悲しみ
　　も幾年月」
　岩崎 正則 「大山田消防団第GO部」
　西湯 広之 「エイトカウント」
第23回（平11年度）
◇優秀賞

菰田　由美　「50/50─fifty/fifty」
宮武　徇史　「海に湧く雲」

---

035 観世寿夫記念法政大学能楽賞

　シテ方観世流の旗手・故観世寿夫氏の能界・劇界における業績を記念し, 遺族からの寄附に大学の拠金を加えて基金とし, 昭和54年6月に設立された。

【主催者】 法政大学

【選考委員】 (第35回) 松本雍 (能楽評論家), みなもとごろう (演劇評論家), 西野春雄 (法政大学名誉教授), 観世銕之丞 (観世流シテ方能楽師), 福田好朗 (法政大学常務理事), 徳安彰 (法政大学常務理事), 宮本圭造 (法政大学能楽研究所長), 山中玲子 (法政大学能楽研究所専任所員)

【選考方法】 関係者の推薦に基づき, 選考委員による選考会議で決定

【選考基準】 〔対象〕(1) 能楽の研究・評論に顕著な業績を挙げた人 (又はグループ)。(2) 顕著な舞台成果を挙げた能楽師 (又は団体)。(3) 能楽の普及活動, 能楽と他の分野との交流などに顕著な業績のあった人 (又は団体)。〔資格〕(1) 授賞の対象となる業績や成果は, 3年以内のものが主体であること。なお, 物故者は原則として没後満1年以内であること。(2) 過去に国家的 (人間国宝・芸術院会員) な顕彰を受けていないこと

【締切・発表】 推薦締切は11月末〜12月初旬, 観世寿夫氏の命日である12月7日前後に発表し, 1月中に贈呈式

【賞・賞金】 2名 (または団体) 以内, 賞状と賞金30万円

【URL】 http://nohken.ws.hosei.ac.jp

第1回 (昭54年)

　香西 精 "昭和37年刊行の『世阿弥新考』をはじめ, 『続世阿弥新考』『能謡新考』などにまとめられた, 世阿弥や能に関するすぐれた論考を多年にわたって発表し続け, 能楽研究を大きく進展させた功績"

　白石 加代子 "昭和49年から53年にかけて, 「トロイアの女」「バッコスの信女」等で能役者観世寿夫と共演し, 伝統芸能と現代劇の接点を演技表現を通して明らかにした功績"

第2回 (昭55年)

　野村 万之丞 "昭和55年9月26日の野村万蔵追善会での「花子」をはじめ, 狂言・間狂言ともに卓越した成果, 及び狂言の伝統的技法の確かさを強く印象づける演技"

　吉越 立雄 "多年能楽の写真一筋に打ち込み, この分野で新鮮な映像を生み出すこ

とに大きく貢献。及び昭和54年末の「幽玄─観世寿夫の世界」写真展 (西武美術館) の成果"

第3回 (昭56年)

　森 茂好 "昭和56年11月12日の「近藤乾三の会」での「江口」をはじめ, 一曲の情趣と格調を高め, ワキの本分を的確に果たした好演が多く, 能に占めるワキの重要性を強く印象づけた功績"

　大阪能楽観賞会 "発足以来二十余年, すぐれた企画に基づく質の高い能楽の公演や各種の講座・見学会を毎年開催し, 能楽の普及に大きく貢献"

第4回 (昭57年)

　松本 恵雄 "昭和57年10月10日の「大原御幸」(近藤乾三の会) をはじめ, 能楽の特質を深く印象づける好演が多く, シテと

しての芸格の高さ, 地頭 (じがしら) とし
ての力倆ともに抜群である"

能楽観賞の会 "全流にわたる優れた演者を
揃えた番組によって, 水準の高い能楽の
公演を定期的に主催し続け, 能楽の普及
に大きく貢献"

第5回 (昭58年)

片山 博太郎 "昭和58年10月30日の東京公
演での「景清」をはじめ, 氏の近年の舞
台には緻密な芸風に基づく優れた成果と
斯界の範とすべき研究熱心さ"

堂本 正樹 "現代の眼で伝統芸術の特質を
解明した好著で, 番外謡曲研究の成果も
十分反映している氏の近著『能・狂言の
芸』(昭和58年6月, 東京書籍刊)"

第6回 (昭59年)

横道 万里雄 "近著『能楽逍遙』に研究・
批評・評論を一体化させた成果を見せた
氏は, かねて能楽の演出への関与に意欲
的で, 近年も古曲「雲林院」や「父之尉
風流」の演出決定に主導的役割を果たし
た"

一噌 幸政 "能の笛方として, 卓越した技で
観客を魅了することで定評があったが,
近年はとみに豊麗かつ力強さを増した演
奏によって, 能の音楽性・演劇性を高め,
一番の能の成功に大きく寄与"

第7回 (昭60年)

野村 万作 "氏の近年の舞台は, 万作の会で
の「連歌盗人」をはじめ, 狂言・間狂言
ともに卓越した成果が多い。他分野に進
出した「子午線の祀り」でも, 狂言の技
法を生かす新しい語り物への期待を抱か
せた"

黒川能 上座・下座 "幾多の困難を克服し
て伝統の継承と技芸の錬磨に努め, 地元
で神事芸能として特色ある活動を展開し
続けるのみならず, 東京公演で観客に絶
大な感銘を与えるなど, 近年の意欲的な
活動"

第8回 (昭61年)

茂山 千五郎 (12世) "昭和61年4月25日の

茂山狂言会での異流共演「磁石」をはじ
め, 近年の氏の舞台活動には狂言の本質
を深く印象づける好演が多い。強靱な技
術に基づく自在な演技で楽しさを横溢さ
せる芸風"

八嶌 正治 "近著『世阿弥の能と芸論』(昭
和60年11月, 三弥井書店) は, 世阿弥の芸
論の流れを体系的に把握しようと試みた
労作で, 芸論研究と作品研究とを有機的
に結びつけた成果"

第9回 (昭62年)

北村 治 "能の大倉流小鼓方として, 常に高
い水準を保持する堅実な芸風にかねて定
評があったが, 近年は特に, 曲趣を把握し
た演奏によって観客を魅了し, 多くの催
しで能の成功に大きく寄与"

荻原 達子 "多年, 鉄仙会の企画・運営に携
わって同会の発展の寄与するのみなら
ず, 高質の能の実現をめざす他の企画へ
も積極的に協力し, 能楽プロデュースの
仕事を開拓してきた功績"

第10回 (昭63年)

友枝 喜久夫 "喜多流長老たる氏の芸には
すでに定評があるが, 近年は特に, 62年11
月友枝会の老女物「檜垣」, 63年4月喜多
会別会での「弱法師」などで的確澄明な
演技を見せ, 壮者をしのぐ活動を展開"

伊藤 正義 "63年10月に下巻が刊行された
新潮日本古典集成『謡曲集』全3冊は, 氏
の広範な学識を背景とする緻密・斬新な
注釈や卓越した各曲解題によって先行諸
注を越え, 謡曲注解に新機軸を打ち出し
た大業"

第11回 (平1年)

金春 惣右衛門 (22世) "多年, 金春流太鼓
方として優れた技芸を示すと共に, 常に
安定した堅実な技によって演能の底流を
支えている。能の囃子を理論的に把握
し, 能の音楽としての囃子全般に対する
目配りの行き届いている比類なき功績"

後藤 淑 "第一部資料編が多年にわたる採
訪調査を基礎に, 中世仮面の背景として

の芸能の広がりをも明示している近著『中世仮面の歴史的民俗学的研究』（多賀出版, 昭和62年刊）"

第12回（平2年）

宝生 閑（ワキ方下掛り宝生流）"下掛り宝生流ワキ方として幅広い活動を展開し, ワキの本分を的確に果たした演技によって曲の情趣と演劇性を高め, 今日の能を支えている。不足がちなワキ方の後継者養成に尽力している功績も大きい"

橋の会（代表・中村雄二郎）"昭和45年の結成以来, 古曲の復曲, 古演出の試演, 能舞台とは異なる環境での演能など, 観世寿夫の遺志継承をめざす意欲的な企画に基づく質の高い公演を30回にわたって実現し, 能界に大きな刺激を与え続けている"

第13回（平3年）

粟谷 菊生（シテ方喜多流）"喜多流の重鎮としての氏の演技の重厚さには定評があったが, 平成3年3月3日の「粟谷能の会」での「卒都婆小町」をはじめ, 近年の氏の舞台には芸力・気力の充実をしめす好演が多い"

狂言共同社 "名古屋の和泉流狂言師の結社として明治24年に結成以来100年, 各自が他に職を持ちつつ舞台活動を続け, 面・装束を共有財産とする等, 家・個人を越えた独特の運営形態で, なごやかで洒脱な芸風を保持し続けている"

第14回（平4年）

茂山 千之丞（狂言方大蔵流）"大蔵流狂言役者として, 兄千五郎を支えつつ, 京の狂言に新風を吹き込み, 新作狂言「死神」ほかの演出や復曲, 他ジャンルとの交流にも精力的に取り組み, また優れた話術と文才で狂言の普及に大きく貢献している"

増田 正造（能楽研究家）"氏の近著「能と近代文学」は, 能が近代文学にどう扱われたかを広く渉猟・検証しつつ, そこに時代と能との関係を探った労作であり, ま

た多年にわたる, 能の企画・出版などを通じての普及活動の功績も顕著である"

第15回（平5年）

安福 建雄（高安流大鼓方）, 柿原 崇志（高安流大鼓方）, 亀井 忠雄（葛野流大鼓方）"能楽大鼓方として優れた力量を示し, 曲趣を適確に把握した堅実かつ安定した技芸によって現代の能楽を支えている。かつて能楽の囃子方で最も後継者難が心配されていた大鼓方は, 三氏の成長によって盤石の安定を得たと言える"

第16回（平6年）

山本 東次郎（4世）（喜多流シテ方）"狂言大蔵流山本家の古格を厳守しながらも, 清新な眼で登場人物の役柄を把握し, 真摯な演技で格調高い狂言を演じ続けている。狂言に不可欠な「和」の精神を具現している山本会の主宰者としての力量も大きい"

友枝 昭世（大蔵流狂言方）"確固たる基礎技術に立脚し, 常に緻密にして情趣豊かな演技を見せる氏の能は, 近年とみに安定度と深みを増し, 喜多流のみならず, 能界を代表するシテ方との評価を不動のものとしつつある"

第17回（平7年）

一噌 仙幸（笛方一噌流）"堅実な技術の上に立つ情趣豊かな氏の笛は, 近年, その深さと清澄さを増し, 一曲の能の創造と成功に大きく寄与している。とくに〈檜垣〉（梅若六郎）,〈楊貴妃〉（友枝昭世）など本三番目物における卓越した演奏が高く評価されている"

梅若 六郎（シテ方観世流）"揺るがぬ基礎技術に立脚し, 能本の不備や演出を正して作品の主題を復活させようと努める氏の演技は, 近年とみに充実し, 埋もれた能の復曲に賭ける情熱と成果も高く評価される。メトロポリタン美術館の演能や, ニューヨーク薪能でも, 企画・内容ともに質の高い舞台を創造した"

第18回（平8年）

　高橋 章（宝生流シテ方）“定評ある堅実な謡い方と，舞い手としての充実が評価された”

　天野 文雄（大阪大学文学部教授）「翁猿楽研究」による能楽史研究への貢献が評価された

第19回（平9年）

　大槻 文蔵（観世流シテ方）“古作の復曲，新作活動への積極的参加が評価された”

　橋本 朝生（山梨大学教授）“近著「狂言の形成と展開」などの狂言研究が評価された”

第20回（平10年）

　山本 順之（観世流シテ方）“特に地頭としての実力が評価された”

　田口 和夫（文教大教授）「能・狂言─中世文芸論考」の業績が評価された

第21回（平11年）

　浅見 真州（観世流シテ方）“格調高い演能が評価された”

　竹本 幹夫（早稲田大教授）「観阿弥・世阿弥時代の能楽」などの業績が評価された

第22回（平12年）

　山本 孝（大鼓方大倉流）“作品の内面世界を表現しようとする真摯な情熱と的確な技術が評価された”

　味方 健（能楽研究者，シテ方観世流）“著書「能の理念と作品」の研究成果が評価された”

第23回（平13年）

　近藤 乾之助（シテ方宝流）“緻密で集中度の高い技術と作品の内面を掘り下げる演出力が評価された”

　西村 聡（金沢大学文学部助教授）“著書「能の主題と役造型」の研究成果が評価された”

第24回（平14年）

　横山 貴俊（幸流小鼓方）“幸流の正統を守り伝える上演活動”

　三宅 晶子（横浜国立大学教授）“著書「歌舞能の確立と展開」で，世阿弥による歌

舞能の確立から元雅・禅竹の新風樹立に至る軌跡を克明にたどった作品研究”

第25回（平15年）

　茂山 忠三郎（大蔵流狂言方）“狂言「木六駄」でおおらかな温かな笑いを生み出した”

　野村 四郎（観世流シテ方）“能「采女（うねめ）」などで見せた卓抜した演技が評価された”

第26回（平16年）

　小林 責（武蔵野大学名誉教授，狂言研究家）“能界と学界をつなぐ重要な役割を果たしており，梅若実日記刊行会の主要メンバーとして「梅若実日記」の刊行に貢献した”

　山本 則直（大蔵流狂言方，日本能楽会員）“文蔵」などの卓抜した舞台成果”

第27回（平17年）

　河村 隆司（観世流シテ方）“作品の本質を捉えて舞台に現出する豊かな芸力，「姥捨」などで見せた卓越した舞台成果”

　桜間 金記（金春流シテ方）“能「卒塔婆小町」や「砧」の卓越した舞台成果，新しい演劇創造への参加など真摯な取り組み”

第28回（平18年）

　片山 慶次郎（観世流シテ方）“清楚で気品高い趣きと作品の内面に迫る深い精神性を併せ持つ舞台成果”

　宮本 圭造（大阪学院大学助教授）“著書「上方能楽史の研究」での，前人未踏の分野の開拓とめざましい研究成果”

第29回（平19年）

　塩津 哲生（シテ方喜多流）“深い作品理解と精緻な構想，重厚な演技力により，常に意欲的で達成度の高い舞台を作り上げている”

　香川 靖嗣（シテ方喜多流）“故喜多実より受け継いだ正確な技術と堅実さを持ち味とする氏の能は，観る者に深い感銘を与え，また地頭としても数多くの能を支えている”

　大谷 節子（能楽研究者）“著書『世阿弥の

中世』は,古代から中世に至る膨大な資料を広い視野で見渡し,そこに蓄積された知の集積を世阿弥が個々の作品に取り込んでいく様を的確に読み取りつつ,独自の鋭い感性で作品の魅力を描き出した"

第30回（平20年）

浅井 文義（シテ方観世流）"シテとして優れた舞台成果を見せるだけでなく,地頭としても多くの舞台に欠かせない存在になっている"

Thomas Hare（能楽研究者）"著書『Zeami-Performance Notes』（Columbia University Press,2008）は,演出・技法にも目を配り最新の研究成果を踏まえた翻訳の水準は傑出しており,国際的な世阿弥能楽論研究の基礎を打ち立てた"

第31回（平21年）

表 章（能楽研究者）"50年以上にわたり常に新たな問題提起と発見をおこなってきた氏は,著書『観世流史参究』でも最先端の研究成果を問うている。能楽研究が学問分野として確固たる位置を占めることになったのも,氏の活躍に負うところが大きい"

宝生 欣哉（脇方下掛宝生流）"言葉の明晰さや力強さに加え,近年は技術的に成熟し,脇の本分を守りつつも役の性根を十分に理解した的確な演技によって充実した舞台成果を挙げている"

第32回（平22年）

大坪 喜美雄（シテ方宝生流）"長年の研鑽を重ね流儀を支える中核の位置にある氏の能は,技術の堅実さと巧まざる品格によって,宝生流の良き伝統を示している"

岩崎 雅彦（能楽研究者）"著書『能楽演出の歴史的研究』は,間狂言の形成と展開

に注目し,斬新な視点と資料による裏付けで多くの新見を示した"

第33回（平23年）

石田 幸雄（狂言方和泉流）"明快な口跡と的確な人物表現により狂言の良き品格を示している。アド役としての過不足のない演技にも長け,古典・新作を問わず,数々の舞台の成功に大きく寄与している"

藤田 六郎兵衛（笛方藤田流）"的確な技術と深い作品理解に裏打ちされた氏の笛は,得難い調子と位を創り出して多くの舞台成果に貢献している。優れた後継者を育てていることも高く評価される"

第34回（平24年）

羽田 昶（能楽研究者）"能楽の演出技法研究を重ねてきた氏は,くわえて評論や解説,復曲等の幅広い活動を通じ,常に能の実演と研究,演者と観客とを繋ぐ役割を果たしてきた"

粟谷 能夫（シテ方喜多流）"伝統的喜多流の芸系を踏まえ流儀の中核として充実した舞台を展開しており,後進の指導にも力を尽くし,地頭・副地頭として多くの舞台の成功を支えている"

第35回（平25年）

國川 純（大鼓方高安流）"師匠安福春雄氏譲りの気迫あふれる芸を基本としつつ,堅実な技に裏打ちされた緩急自在の演奏によって独自の気品ある芸風を確立している"

高桑 いづみ（能楽研究者）"謡や囃子の歴史的変遷を音楽面から明らかにする様々な業績によって,能楽研究に新境地を切り開いてきた。近年は鼓胴・能管といった古楽器研究でも新たな成果を挙げている"

---

036 菊田賞

雑誌「東宝」再刊を機に,劇作および評論の新人を発掘するために創設された賞。

【主催者】東宝株式会社

【選考委員】（戯曲部門）飯沢匡, 尾崎宏次, 倉橋健, 中野実, 遠藤慎吾（評論部門）池島信平, 戸板康二, 扇谷正造, 安藤鶴夫, 広末保, 森岩雄, 杉山誠

【選考基準】未発表の原稿を募集, 応募作の中から選んだ

【締切・発表】結果および作品は「東宝」誌上に発表

【賞・賞金】戯曲100万円, 評論50万円

第1回（昭43年）
　◇戯曲
　　柴田 夏余　「二人が恋ふる君ゆえに」
　◇評論
　　該当作なし
第2回（昭44年）
　◇戯曲

該当作なし
　◇評論
　　斎藤 偕子　「REVOLTの演劇」「REVOLT
　　　の演劇再論」「行動の演劇の回復」「一つ
　　　の演劇の風土」「演劇宇宙の回復を……」
　　藤田 洋　「演劇年表」

037 菊池寛賞

　昭和13年に菊池寛の提唱により創設されたときは, 先輩作家に敬意を表して顕彰するための賞で, 45歳以下の作家, 評論家が選考委員となり, 46歳以上の作家に贈られた。一時中断したのち, 故人となった菊池寛の日本文化の各方面に遺した功績を記念して, 昭和27年に復活。賞の対象も同氏が生前特に関係の深かった文学, 映画・演劇, 放送, 新聞雑誌, 出版など文化活動一般に広げて授賞するように変更された。

【主催者】公益財団法人 日本文学振興会

【選考委員】東海林さだお, 半藤一利, 平岩弓枝, 養老孟司

【選考方法】関係者のアンケートによる

【選考基準】〔対象〕前年9月1日～当該年8月末日の1年間に発表された著書, 映画・演劇, 放送, 新聞などにおいて最も清新で創造的な業績をあげた個人・団体

【締切・発表】毎年「文藝春秋」12月号誌上にて発表

【賞・賞金】正賞置時計, 副賞100万円

【URL】http://www.bunshun.co.jp/award/kikuchi/index.htm

第1回（昭13年）
　徳田 秋声　「仮装人物」（経済往来 10年7月
　　号～13年8月号）
第2回（昭14年）
　武者小路 実篤　"文学業績"
　里見 弴　"文学業績"
　宇野 浩二　"文学業績"
第3回（昭15年）
　室生 犀星　「戦死」（中央公論 6月号）

田中 貢太郎　"生前の文学業績"
第4回（昭16年）
　久保田 万太郎　"文学業績"
　長谷川 時雨　"文学業績"
　中村 吉蔵　"生前の功労"
第5回（昭17年）
　佐藤 春夫　「芬夷行」（文芸春秋 12月号）
　上司 小剣　「伴林光平」

第6回（昭18年）

　川端 康成 「故園」「夕日」（文芸, 日本評論）

復活第1回（昭28年）

　吉川 英治 「新・平家物語」（朝日新聞社）

　水木 洋子 "映画のシナリオ"

　俳優座演劇部研究所 "演劇活動"

　週刊朝日編集部（代表・扇谷正造）"雑誌編集"

　読売新聞社会部（代表・原四郎）"同社会部の暗黒面摘発活動"

　岩波書店 「写真文庫」

第2回（昭29年）

　永田 雅一 "日本映画の海外進出の活動"

　中島 健蔵 "著作権確立に関する努力"

　横山 泰三 「プーサン」

　朝日新聞 "第三頁の総合解説面"

　石井 桃子 "児童文学活動"

　岩田 専太郎 "挿絵および表紙絵"

第3回（昭30年）

　木村 伊兵衛 "日本写真界に尽くした功績, 特に外遊作品"

　安部 光恭 "世界的ニュース「ビキニの灰」のスクープ"

　徳川 夢声 "年毎に円熟を示している著述・話術・演芸などの活躍"

　阿部 真之助 "自由且つ気骨ある政治評論家として, 民衆の政治意識を高めた近年の活動"

　石山 賢吉 "雑誌経営ならびに編集者としての一貫して変わらぬ精進"

第4回（昭31年）

　荒垣 秀雄 "「天声人語」（朝日新聞）の執筆"

　長谷川 伸 "多年の文学活動と「日本捕虜志」大衆文芸連載"

　花森 安治, 暮しの手帖編集部 "婦人家庭雑誌に新しい形式を生み出した努力"

　河竹 繁俊 "多年にわたる歌舞伎研究"

　淡島 千景 "本年度に於ける演技の著しい進歩"

第5回（昭32年）

　正宗 白鳥 "いよいよ盛んな批評活動"

水谷 八重子（初代）"常に新生面を拓く努力"

長谷川 一夫 "三十年にわたるたゆまぬ精進"

毎日新聞社会部 "「官僚にっぽん」その他一連の連載記事"

大修館書店 "諸橋大漢和辞典の出版への苦心"

依田 孝喜 "記録映画「マナスルに立つ」のカメラマンとしての功績"

第6回（昭33年）

　野村 胡堂 "庶民の英雄「銭形平次」（オール読物連載）を主題として, 27年に渡り420余編を創作した功績"

　川端 康成 "世界ペン大会開催への努力と功績"

　市川 寿海（3世）"劇壇の最長老として益々新鮮にして円熟のその演技"

　石川 武美 "婦人家庭雑誌の創造と確立, またその大型化のための編集経営活動"

　昭和女子大学近代文学研究室 "共同研究「近代文学研究叢書」54巻刊行への真摯なる態度"

第7回（昭34年）

　真山 美保 "新劇の大衆化, 特に文化に恵まれない地方公演の成果"

　NHKテレビ芸能局 "「私の秘密」企画の苦心とその成功"

第8回（昭35年）

　菊田 一夫 "ロングラン新記録「がめつい奴」の脚本, 演出の努力"

　石井 茂吉 "写真植字機の発明ならびに写植文字の筆者としての功績"

　長谷川 路可 "イタリア, チビタベッキア修道院における日本26聖人殉教大壁画の完成"

　東芝日曜劇場 "KRテレビ開局以来一貫した正統演劇を放送し, テレビ番組の質的向上をめざした製作関係者及びスポンサーの努力"

第9回（昭36年）

　花柳 章太郎 "「京米」「夢の女」等の名演

技と, 多年にわたる演劇への功績"

岡田 桑三 "氏を中心とする科学映画への
貢献"

伊藤 正徳 "太平洋戦争外史ともいうべき
一連の作品"

NHKテレビバス通り裏スタッフ "多くの
家庭で親しまれ, 700回を越えるそのス
タッフ一同の努力"

三原 修 "作戦統率の妙を得て, 最下位球団
をしてよく優勝させた努力"

吉田 幸三郎 "有形無形文化財の保存・保
護に尽力した功績"

第10回 (昭37年)

子母沢 寛 "「逃げ水」「父子鷹」「おとこ
鷹」等, 幕末明治を時代的背景にした一
連の作品"

ドナルド・キーン "古典並びに現代日本文
学の翻訳による海外への紹介"

伊藤 熹朔 "40年にわたる舞台美術確立と
後進育成の功績"

石原 登 (国立きぬ川学院長) "28年の長き
にわたって独自の理論と実践により非行
少年の補導に当たり顕著な成果を上げ
た"

第11回 (昭38年)

伊藤 整 "「日本文壇史」(群像連載, 講談
社)"

川口 松太郎 "30年に渡り作者と同時に指
導者として「新派」を育成し続けた功績"

点字毎日編集部 "点字新聞の創始者として
の40年間の努力"

吉川弘文館, 日本歴史学会 "「人物叢書」
100巻の刊行"

堀江 謙一 "単身ヨットを駆って世界最初
の太平洋横断をした快挙"

第12回 (昭39年)

日本近代文学館の設立運動 "高見順, 小田
切進らを中心として開館にまで漕ぎつけ
た努力と功績"

宝塚歌劇団 "レビュー, ショーの先駆とし
て50年健全な娯楽を提供し続けた努力と
多数の女優を輩出した功績"

三宅 周太郎 "永年劇評を続け, 且つ文楽の
保護など斬界に尽くした功績"

本多 勝一, 藤木 高嶺 (朝日新聞記者) "未
開民族 (カナダ・エスキモー) の間に挺
身しての画期的な報道"

第13回 (昭40年)

亀井 勝一郎 "「日本人の精神史研究」をは
じめ, 永年にわたる日本人の魂の遍歴を
考察した功績"

中国新聞 "地域社会に密着する地元紙とし
て暴力団追放キャンペーンを展開, 徹底
した報道活動を続けた勇気"

みすず書房現代史資料編集部 "貴重な記
録・資料を多年にわたり, 苦心の末, 収
集・整理し刊行した意義"

大宅 壮一 "マスコミにおける評論活動生
活50年"

第14回 (昭41年)

司馬 遼太郎 "新鮮な史眼による小説「竜
馬がゆく」(全5巻)「国盗り物語」(全4
巻) の完結に対して"

石坂 洋次郎 "常に健全な常識に立ち, 明快
な作品を書きつづけた功績"

毎日新聞外信部 "「燕山夜話」のいち早い
紹介批評し, 中国文化大革命の核心を追
求した鋭敏な感覚"

博物館明治村 "民間独自の力で明治の文化
財の保存再現の努力"

第15回 (昭42年)

吉屋 信子 "半世紀にわたる読者と共に歩
んだ衰えない文学活動"

宮田 輝 "「ふるさとの歌まつり」での軽妙
な司会と丹念な構成企画"

青蛙房 "特殊文献特に失われつつある江戸
時代風俗研究書の永年にわたる良心的な
出版"

第16回 (昭43年)

海音寺 潮五郎 "歴史伝記文学作家として
の努力と功績"

渋谷 天外 (2世) "新喜劇のリーダーとし
て, 同時に優れた作者館直志として永年
に渡り大衆に健全な笑いを提供してき

た"

毎日新聞教育の森村松喬を中心とする取材グループ "3年にわたり一貫して戦後日本の教育の批判と向上を目ざしたシリーズ全巻の完結"

読売新聞 "「昭和史の天皇」の六百数十回におよぶ的確な調査に基づいた終戦時の生きた記録を興味深く叙述している点"

布川 角左衛門 "永年に渡り著作権出版権の擁護に活動、「日本出版百年史年表」編集長としての努力"

第17回（昭44年）

石川 達三 "社会派文学への積年の努力"

大仏 次郎 "「三姉妹」に代表される劇作活動"

日本経済新聞文化部 "バラエティーと創意に富む紙面づくりに対して"

第18回（昭45年）

松本 清張 "「昭和史発掘」を軸とする意欲的な創作活動"

江藤 淳 "評伝「漱石とその時代」の優れた業績に対して"

新潟日報 "特集「あすの日本海」の地域社会を原点として未来圏を描く積極的な企画構成"

平凡社 "「東洋文庫」の精密な注解を付した稀覯名著の復刻"

西川 鯉三郎 "文芸作品の舞踊化および日本舞踊に新鮮な流風を創った功績"

第19回（昭46年）

水上 勉 "独自の伝記文学「宇野浩二伝」"

尾上 多賀之丞（3世）"歌舞伎の脇役として、たゆまざる努力とその至芸"

黛 敏郎 "テレビ番組「題名のない音楽会」の卓抜な企画と独創的な司会に対して"

土門 拳 "ライフワーク写真集「古寺巡礼」の完成"

ハロルド・ストラウス "出版編集人として日本文学をひろく海外に紹介した功績"

第20回（昭47年）

豊平 良顕 "戦後沖縄の伝統文化全般にわたり保護推進してきた功績"

永井 竜男 "市民生活の哀歓をみごとに結晶させた作家活動"

倉林 誠一郎 "労作「新劇年代記 全3巻」の完成"

武原 はん "地唄舞の今日の隆盛をもたらした功績"

山田 洋次 "庶民感覚にあふれる映画「男はつらいよ」シリーズに対して"

第21回（昭48年）

吉村 昭 "「戦艦武蔵」「関東大震災」など一連のドキュメント作品"

小林 秀雄 "「八丈実記」(緑地社)の原本を10年がかりで公刊した業績"

北条 秀司 "演劇協会の創始者として、また劇作家として演劇文化に貢献"

土方 定一 "鎌倉近代美術館長としての卓抜な企画力による業績"

第22回（昭49年）

丹羽 文雄 "多年にわたり「文学者」を主宰し、後進育成につくした努力"

東京空襲を記録する会 "貴重な記録「東京大空襲・戦災誌 全5巻」の完成"

城戸 四郎 "50数年にわたり、一貫して日本映画の発展につくした功績"

NHKラジオ日曜名作座スタッフ "優れたラジオ文芸として、17年間、日本文学の理解・普及につとめた功績"

第23回（昭50年）

高木 俊朗 "「陸軍特別攻撃隊」その戦争記録文学としての出色"

サンケイ新聞社会部 "連続爆破事件犯人逮捕のスクープ"

萱野 茂 "「ウエペケレ集大成」を刊行し、アイヌの伝統文化を自らの手で守り続ける独自性"

近藤 日出造 "漫画で政治を大衆に近づけた多年の功績"

第24回（昭51年）

戸板 康二 "近代批評を織り込んだ歌舞伎評を書いて30年、劇評の権威を貫いた功績"

毎日新聞社 "「宗教を現代に問う」で時代

が要請しながら取り上げられなかった宗教問題に取り組み，日本人と信仰の現在的な態様をとらえた独自性"

TBSテレビ時事放談スタッフ "巧みな話術で社会時評を一千回，20年つづけ，政治を市民に接近させた細川隆元ほかのスタッフの努力"

入江 泰吉 "「花火和」「万葉大和路」「古色大和路」京都奈良の寺社風物と自然とを索めて6年，みごとな写真芸術に仕上げた三部作の色彩美"

第25回（昭52年）

川崎 長太郎 "私小説をひたむきに書きつづけて半世紀，近作に実った精進の足跡"

E.G.サイデンステッカー "「源氏物語」英訳（完訳）をはじめ日本文学の研究紹介につくした功績"

宇野 信夫 "継承困難な歌舞伎劇の唯一の伝承者として，現在も活躍しつづける貴重な劇作・演出家"

井上 安正（読売新聞記者）"弘前大学教授夫人殺し再審に関する報道を身をもって示した新聞記者の執念"

畑 正憲 "ムツゴロウものをはじめ，数多の作品で人と動物の心のふれあいを描き，北海道に "動物王国" を造るまで，その全生活を賭けた環境の文学"

水本 光任，サンパウロ新聞 "ブラジル在住の日本人75万人に対する邦字新聞としての報道，啓蒙，親善に果たした役割"

第26回（昭53年）

木村 毅 "明治文化研究者として一時代を画し，文化交流に在野から幾多の貢献をし，常に時代の先導的役割を果たした"

五味川 純平 "「人間の条件」「戦争と人間」「ノモンハン」「御前会議」など一連の作品によって太平洋戦争の錯誤と悲惨を問い直す執念とその戦争文学としての結実"

毎日新聞記者の目 "部署にとらわれず，適材の記者を選び，自由にペンを運ばせて新聞記事に新風をもたらした企画"

沢田 美喜，日本テレビ放送網 "「子供たちは七つの海を越えた」（7月12日放映）で，サンダースホームの歴史と現実を見事に映像化した"

植村 直己 "犬ぞりによる単独北極点到達とグリーンランド縦断─日本の青年の声価を内外に高めた二大冒険"

第27回（昭54年）

山口 瞳 "独自の手法により，自分の家族の生涯を赤裸々に綴った私小説「血族」に対して"

松竹演劇部・歌舞伎海外公演スタッフ "昭和3年の訪ソ公演より，本年2月のアメリカ公演まで15ケ国の海外公演を行ない，文字通り「歌舞伎は旅する大使館」と賞讃されるまでに至った文化交流に尽くした努力"

柴田 穂 "「毛沢東の悲劇」（サンケイ新聞連載中）をはじめ，文化大革命当時から終始一貫，真実の報道によって読者に説得力のある分析と予見をうち出してきた新聞記者魂に対して"

文学界同人雑誌評グループ（久保田正文・駒田信二・小松伸六・林富士馬）"20数年にわたって同人雑誌評を試み，文学を志す者に大きな励みを与えるとともに，数多くの作家を育成した功績"

第28回（昭55年）

福田 恒存 "昭和29年「平和論の進め方についての疑問」を発表以来26年間変らない言論を貫き通してきた毅然たる評論活動"

大岡 信 "「折々のうた」によって朝日新聞第1面に活性を与えたこの珠玉のコラムは歴史の流れに立って詩歌のこころと魅力を広く読者に植えつけた"

井上 靖，NHKシルクロード取材班 "井上氏の西域小説にかけた永年の情熱が，NHKのドキュメンタリー制作陣によって世界で初めて映像化された"

講談社 "50有余年に渡り激動の時代を生き抜いてきた人々の感情を，「昭和万葉

集」4万5千首の短歌に託した国民の昭和
史全20巻の完成に対して"

第29回（昭56年）

　山本 七平 "日本人の思想と行動を独自の
　　視点からとらえたいわゆる「山本学」の
　　創造に対して"

　川喜多 かしこ，高野 悦子 "岩波ホールを
　　拠点として世界の埋もれた名画を上映す
　　る「エキプ・ド・シネマ」運動の主宰者
　　としての努力"

　開高 健 "「ベトナム戦記」から「アメリカ
　　縦断記」に至る国際的視野に立つ優れた
　　ルポルタージュ文学に対して"

　中央公論社 "「フロイス日本史 全12巻」に
　　おいて散逸した一級資料を収集し，判読
　　困難な原典写本からの完訳を実現させた
　　松田毅一，川崎桃太の功績"

第30回（昭57年）

　宇野 千代 "透徹した文体で情念の世界を
　　凝視しつづける強靱な作家精神"

　東京新聞 "「裁かれる首相の犯罪—ロッ
　　キード疑獄全記録」昭和52年1月初公判
　　以来の裁判記録を欠かさず報道してきた
　　ユニークな紙面構成"

　塩野 七生 "イタリアの歴史を通して現代
　　の日本に問いかける鋭い洞察力に富んだ
　　「海の都の物語」その他の著作"

　大宅壮一文庫 "我が国唯一の雑誌図書館と
　　して，昭和46年以来，社会に寄与してきた
　　実績"

第31回（昭58年）

　竹山 道雄 "一貫して時流を批判し，常に人
　　間とは何かを探り続けた勇気ある発言—
　　著作集全8巻刊行を機として"

　サンケイ新聞社行革取材班 "一連の行革
　　キャンペーン—特に大きな反響を呼んだ
　　武蔵野市退職金問題を報道し，地方自治
　　体改革の先べんをつけた"

　立花 隆 "徹底した取材と卓抜した分析力
　　により幅広いニュージャーナリズムを確
　　立した文筆活動"

　山藤 章二 "独自のイラストによる「ブ

ラック＝アングル」「世相あぶり出し」
などの痛烈な風刺"

第32回（昭59年）

　永井 路子 "難解な資料をもとに複雑な中
　　世社会のすがたを歴史小説に導入して新
　　風をもたらした"

　山本 夏彦 "軽妙辛辣な文体で歪んだ世相
　　を諷刺し，常識の復権に寄与し続ける現
　　代稀少のコラムニスト"

　日本経済新聞連載企画サラリーマン "日本
　　の企業を支えるサラリーマンの生きがい
　　と苦悩を，すべて実在の人物を通したド
　　キュメントとして5年間にわたり報道し，
　　読者の共感を呼んだ"

　橋田 寿賀子 "家庭内における人情の機微
　　と世相批評をみごとにドラマの中に再現
　　し，特に「おしん」はこの1年の話題をさ
　　らった"

第33回（昭60年）

　河盛 好蔵 "明晰にして中正，旺盛な意欲と
　　豊かな常識とを合わせもったモラリスト
　　としての文筆活動"

　山田 太一 "家庭や職場等のごく平凡な日
　　常を，抜群のドラマに仕上げて，人間愛を
　　訴えつづけている"

　読売新聞大阪社会部シリーズ戦争担当者
　　"戦争を庶民の視点からとらえ，新聞記者
　　が語りついだ10年におよぶ努力"

　田沼 武能 "世界78ヵ国，20年にわたって，
　　戦火・飢餓に苦しみながらも純真さを失
　　わない子供たちを撮りつづけ，感動的な
　　成果をあげた"

　日本航空写真文化社，末永 雅雄〔監修〕
　　"「日本史・空から読む」で日本の遺跡を
　　はじめて精密な航空写真に撮り，古代人
　　の文化，生活を解明して，古代史の研究に
　　大きな貢献をした"

第34回（昭61年）

　野口 冨士男 "「感触的昭和文壇史」で著者
　　みずからの見聞をもとに，多彩なエピ
　　ソードをちりばめて生き生きと描いた"

　沢地 久枝 "ミッドウェー海戦を克明に跡

づけるとともに, 不明だった戦死者3419
名を全く個人的な努力で掘り起こした"

徳岡 孝夫 "気鋭のジャーナリストとして
の文筆活動のかたわら, 時代の書の翻訳
紹介に優れた業績をあげている"

槇 佐知子 "「医心方」とともに古代医書の
双璧とされながら, 難解ゆえに幻の書と
いわれた「大同類聚方」を初めて解説し
た"

第35回 (昭62年)

村松 剛 "「醒めた炎―木戸孝允」で維新三
傑の一人・木戸孝允の思想と行動を通じ
て今まで無視されてきた日本精神史の部
分を照射した功績"

笠 智衆 "昭和の時代とともに俳優生活を
始め, その間愛される父親像の原型を演
じ続けてきた名バイプレイヤー"

岩波書店 "岩波文庫創刊60年「万人の必読
すべき古典的価値ある書」という理想を
掲げて60年, 発行部数3億冊, 日本人の文
化的水準向上に貢献"

大山 康晴 "15世名人, A級在位40年いまな
お現役棋士として活躍する一方, 将棋界
の発展につくした"

第36回 (昭63年)

池波 正太郎 "大衆文学の真髄である新し
いヒーローを創出し, 現代の男の生き方
を時代小説の中に活写, 読者の圧倒的支
持を得た"

林 健太郎 "戦後40年間空白に曝されてき
た歴史教育を社会科の枠から独立させ,
本来の姿に復活させた"

白川 義員 "「聖書の世界」「中国大陸」「仏
教伝来」など, 世界の大自然を "地球再
発見による人間性回復" を理念として撮
り続けている"

日本近代文学館 "設立以来25年にわたっ
て「近代日本文学」の資料収集保存に献
身し, 文学振興に大きな役割を果たして
きた"

加藤 芳郎 "40年ナンセンス漫画一筋,「こ
の人をおいて昭和の漫画は語れない」と

いわしめた異能の才"

第37回 (平1年)

藤沢 周平 "江戸市井に生きる人々の思い
を透徹した筆で描いて, 現代の読者の心
を摑み, 時代小説に新境地をひらいた"

NHKスペシャル忘れられた女たちのス
タッフ "繁栄の影に忘れられ, 40年も放
置されてきた満州開拓団残留婦人の昭和
を感動的にとらえた歴史的映像に対し
て"

筑摩書房 "「明治文学全集」で厳しい出版
状況を克服して達成された明治の文化遺
産の集大成, 索引を含む全100巻完成に
対して"

石井 勲 "漢字を正しく知ることは美しく
正しい心を養い, 文化遺産を継承する能
力を養うとの信念から, 幼児教育に画期
的な石井式漢字教育の指導法を樹立し
た"

第38回 (平2年)

八木 義徳 "純文学40有余年。私小説の精
髄をひたむきに追求し, 独自の境地を守
り抜いた"

永山 武臣 "伝統歌舞伎を現代の演劇とし
て国民の間に間に広く浸透させ, あわせ
て海外公演を積極的に推進し, 文化交流
と国際親善につくした功績"

児島 襄 "明治維新から太平洋戦争, さらに
戦後まで―外交史, 戦史をふまえた独自
の視点から日本の現代史を詳細に書き続
けた"

兼高 かおる "海外旅行がまだ夢であった
昭和34年の第1回放映から30余年,「兼高
かおる世界の旅」で未知の国々を紹介
し, われわれの身近なものとした"

島田 謹二 "日本における比較文学研究の
創始者。あえて軍人研究をテーマに選び,
秋山真之, 広瀬武夫という2人の典型的な
明治軍人の肖像をいきいきと描いた"

第39回 (平3年)

白川 静 "東アジア古代文化への広い視野
を生かし, いかに漢字が国語として摂取

されたかを研究,「字統」「字訓」でその成果を示した"

山崎 豊子 "大型社会派作家として「白い巨塔」「不毛地帯」「大地の子」—綿密な取材と豊かな構成力で多数の読者を魅了した"

信濃毎日新聞社 "「扉を開けて」で増大する外国人就労問題を地方の視点で捉え,その対応について提言,日本の国際化への未知を示唆した"

秋山 ちえ子 "ラジオ番組「秋山ちえ子の談話室」で庶民の良識を語り続けること34年間,ただの1度も休むことなく,1万回を目前に迎えた快挙に対して"

思潮社 "困難な出版状況に耐え,現代詩文庫(第1期・100冊)をはじめとする詩作品の刊行を続けて35年,詩壇を支えてきた真摯な努力"

アルフォンス・デーケン "迫り来る高齢化社会に生きる人々に指標を与え,日本に初めて「死生学」という新らしい概念を定着させた"

第40回(平4年)

黒岩 重吾 "古代に材をとり巷説伝承を越えて,雄大な構想と艶やかな感情で,時代に光芒を放つ新しい人間像を創出した一連の歴史ロマンに対して"

島田 正吾 "卒寿を前になお矍鑠。盟友・辰巳柳太郎倒れ新国劇解散の悲運にも屈せず,青春の追慕の「ひとり芝居・白野弁十郎」でパリ公演を果たし,伝統の旗を振りつづける執念"

NHKモスクワ支局 "「ソ連崩壊」など一連のニュース番組によって,共産主義の実態と崩壊を映像が持つ有無を言わせぬ迫真力を持って存分に伝えた,その取材の前線を担当した功労に対して"

産経新聞産経抄担当者 "20有余年にわたり時にユーモラスに,時にするどく世相を活写し,新聞コラムに新たな楽しさを与えてくれる,優れた観察眼に対して"

ひめゆり平和祈念資料館 "戦争を知らない世代が増えてきた今,鉄の暴風・沖縄戦で犠牲になった女学生たちの悲惨をきわめた全容を,戦争と教育という観点から遺品とジオラマで再現・展示した努力"

第41回(平5年)

杉森 久英(作家) "数々の強烈な個性を的確且つ辛辣な筆致で描いて伝記小説に一時代を画し,現代も汪兆銘伝に取り組み新生面を開拓しつつある活力に"

劇団四季(代表・浅利慶太) "創立40年,築地小劇場以来の演劇体質を否定し,斯界に新風を吹き込むとともに,はじめてミュージカルを日本に定着させ,多数の観客動員に成功した"

秦 郁彦(拓殖大学教授) "近著「昭和史の謎を追う」など斬新かつ公正な昭和史観の確立と「日本陸海軍総合事典」「戦前期日本官僚制の制度・組織・人事」等,日本近現代史研究資料を編纂集成した功績"

上坂 冬子(ノンフィクション作家) "時代を直視し事物の正邪を率直勇敢に表現する旺盛な言論活動と,そのノンフィクション作家としての史眼に"

中 一弥(挿絵画家) "歴史・時代小説の挿絵を時代に忠実に,情感豊かにひとすじに描き続けた努力に対して"

第42回(平6年)

田辺 聖子 "王朝期から現代まで幅広く多彩な文筆活動に加えて,「花衣ぬぐやまつわる…」「ひねくれ一茶」などの評伝作品に新たな達成を果たした"

エドウィン・マクレラン "「こゝろ」「暗夜行路」などの優れた翻訳(英訳)の業績のみならず,幾多の研究者を育成して,米国有力大学に教官として奉職せしめ,今日の日本文学研究の隆盛を導いた"

和田 誠 "イラストレーション,ブックデザイン,推理小説の翻訳,エッセイ,映画製作の全ての分野で一級の業績を上げた上質かつ今日的なマルチタレントぶりに対して"

日本テレビ放送網 "システィーナ礼拝堂の

壁画修復作業費用を全額負担するかたわら,13年に及び修復作業をくまなく映像で記録し,世界的文化財の保護と日欧友好に尽くした功績に対して"

中島 みち "優れた評論により医療と法律の接点,及び医療・福祉の場の陽のあたらぬ部門の啓蒙・改善に尽くした功績,とくに「看護の日」の発案,制定への努力"

安田 祥子,由紀 さおり "全国くまなく「童謡コンサート」の巡演を重ね,先人の残した美しい日本童謡を次代に伝え,正しい日本語を普及すべく努めたこの10年間の精進と成果"

第43回（平7年）

野茂 英雄 "快投が,震災,オウム,不況—暗い世相に沈む日本人の心に唯一明るい灯を点じ,いらだちを増す日米関係に好ましい影響を与えた"

江川 紹子 "6年余りオウム真理教の真実解明に沈着冷静な取材活動を行い,教団を追い詰めた勇気と努力"

柳田 邦男 "ノンフィクションのジャンル確立をめざし,積み重ねてきた功績"

NHK名古屋放送局中学生日記制作スタッフ "いじめ,不登校など思春期の子供が直面する諸問題に正面から取り組んだドラマ制作34年の成果"

東京裁判資料刊行会 "東京裁判で却下された弁護側資料の再収集・編集の努力"

佐藤 喜徳 "戦場体験を記録した小冊子「集録『ルソン』」を独力で編集・発行し続け,戦史資料として結実させた努力"

第44回（平8年）

城山 三郎 "「もう,きみには頼まない—石坂泰三の世界」などで伝記文学の新地平を開いた"

孤蓬 万里〔編著〕 "台湾にあって生活実感豊かな短歌を編集した"

有森 裕子 "バルセロナ五輪の銀メダル獲得後,足の故障や精神的悩みを克服してアトランタ五輪で銅メダルに輝き,さわやかな生き方で感動を与えた"

読売新聞社健康・医療問題取材班 "長期連載「医療ルネサンス」の企画"

朝の読書運動 "児童・生徒に読書に親しむ習慣を定着させた"

市川 猿之助（3世）"スーパー歌舞伎の創造などでファン層を広げ,若手俳優の育成にも功績を上げた"

NHKテレビドラマ大地の子制作スタッフ "日中近現代史を日中共同制作により映像化"

第45回（平9年）

山田 風太郎 "「戦中派不戦日記」「忍法帖小説」などで大衆文芸に新たな面白さをもたらした"

中坊 公平（弁護士）,山陽放送報道部 "中坊氏は産廃訴訟住民側弁護団長,住宅金融債権管理機構社長を務め,山陽放送はその活動を報道し続ける"

吉川弘文館国史大辞典 "総項目5万4千余,全15巻17冊の本格歴史大辞典を制作"

阿久 悠 "30年にわたって約5千百の作詞をした"

東海林 さだお "ナンセンス漫画の旗手としてサラリーマンの哀歓を描く一方,「丸かじり」シリーズなど雑誌読み物に新しい領域を開いた"

第46回（平10年）

平岩 弓枝 "江戸の風物,人情を豊かに謳いあげ,日本の情緒を満喫させる「御宿かわせみ」シリーズ,世の悪を一手に引き受けた幕閣・鳥居甲斐守忠耀を描く「妖怪」など,歴史・時代小説に独自の世界を確立した"

木津川 計 "芸能の衰亡は民族の興亡にまで関わるとの理念に基づき,私費を投じて季刊「上方芸能」を刊行し続けて30年。上方の伝統芸能と大衆芸能の継承と発展に尽くし,次代を担う人材を育てた"

ソ連における日本人捕虜の生活体験を記録する会 "抑留者62万人,うち6万人が死亡した過酷なソ連強制労働体験を,延べ

326人が執筆し, 14年かけて全8巻にまとめあげた。思想や信条にとらわれず体験事実を尊重する編集方針を貫き, 後世に貴重な記録を残した"

桜井 よしこ "従軍慰安婦, エイズ, 政官の腐敗, 税制, 教育など多岐に渡る諸問題を, 粘り強く追求し, 現下の「日本の危機」の本質を鋭く証す言論活動に対して"

村上 豊 "卓抜で変幻な挿絵や斬新な構図と豊かな彩りの装幀で, 画家として出版ジャーナリズムに新生面を拓いた"

NHKラジオ深夜便制作スタッフ "若者向けであった深夜の放送の中に中高年齢層にも聴くに耐える心やさしい番組を定着させるとともに, 定時ニュースや緊急災害時の速報など, ラジオの役割の再認識とメディアとしての可能性を拡げた"

第47回（平11年）

産経新聞毛沢東秘録取材班 "膨大な内部資料や回想記を渉猟し, これまで報道されなかった多くの事実をもとに, 日本のジャーナリズムが初めて毛沢東と文化大革命の全体像を鮮明に浮かび上がられた歴史ドキュメント"

井上 ひさし "戦中戦後の庶民の真実の姿を活写した「東京セブンローズ」の完成, こまつ座の座付き作者としての活躍, ことばをめぐる軽妙洒脱なエッセーなど, 多岐にわたる文学活動の充実"

中村 又五郎（2世） "立ち役から老役, 老女形まで広い芸域のますますの円熟に加え, 30年にわたり国立劇場の伝承者養成事業に携わり伝統芸能の土台を支える後進の育成を続けた功績"

宮脇 俊三 "旧国鉄全線完乗をはじめ世界の鉄道に乗車を続け, これまでレールファンの読み物だった鉄道紀行を文芸の一ジャンルとして確立した"

国立天文台すばるプロジェクトチーム "宇宙を見通す目, 巨大望遠鏡「すばる」を日本で初めて外国領土ハワイのマウナケア山頂につくる。その構想から完成まで

の20年間の研究者, スタッフたちの情熱と努力"

小沢 征爾, サイトウ・キネン・フェスティバル松本実行委員会 "教育者・斎藤秀雄の門下生を中心に結成されたサイトウ・キネン・オーケストラによる音楽会を開催し, 松本から最高水準の音楽を世界に送り続ける"

第48回（平12年）

佐藤 愛子 "紅緑, ハチローそして愛子…, 欲望と情念に惑わされる佐藤一族の壮絶な生の姿を, 12年の歳月をかけて20世紀の歴史のなかに描いた大河小説「血脈」の完成"

古山 高麗雄 "著者自らも戦った大東亜戦争・ビルマ戦線での死者と生者のありのままを,「断作戦」「龍陵会戦」「フーコン戦記」の三部作に書き続けて20年, 戦争のむなしさを語り伝える作家活動"

金丸座のこんぴら歌舞伎 "香川県琴平町に現存する最古の芝居小屋「金丸座」での歌舞伎公演を昭和60年以来, 町をあげて継続し, 江戸文化の伝統を現代に蘇らせ, 新しい息吹を与えた"

永 六輔 "放送タレントとしてTBSラジオ「土曜ワイド」などを担当し, 庶民感覚あふれる内容と語り口でラジオ放送に一層の親しみと楽しみを与えつづけてきた活動"

佐々 淳行 "社会の治安を乱す破壊活動との戦いに半生を尽くし, その切実な体験を「完本危機管理のノウハウ」にまとめて刊行するなど, 広く一般に危機管理の要諦を訴えた功績"

田村 亮子 "日本人の精神を高揚させたシドニー五輪での金メダル獲得。国民の期待を一身に背負い悲願を達成した, その弛まざる努力に対して"

第49回（平13年）

丸谷 才一 "創作, 批評, 書評, エッセイから対談, 挨拶まで, 多ジャンルにわたる知的にして旺盛な文筆活動により, 日本文学

に豊かな広がりをもたらした"

宮崎 駿 "世界的にも高水準のアニメーション作品を20年以上にわたって製作し, 世代を越えて人々に感動を与えつづけた"

毎日新聞旧石器遺跡取材班 "衝撃のスクープ・旧石器発掘捏造の取材・報道によって考古学界を根底から揺さぶり, 日本の先史時代を大きく見直す役割を果たした"

NHK・プロジェクトX制作スタッフ "戦後日本を築き上げた名も無き人々の挑戦の物語を描き, 元気を喪失している多くの日本人に明日への勇気を与えた"

双葉 十三郎 "半世紀以上に及ぶ, 高い見識とユーモア精神に溢れた映画批評の集大成「西洋シネマ大系―ぼくの採点表」全6巻の刊行"

イチロー "米国大リーグの選手として攻走守にわたる卓越した野球術を発揮し, 日本人のみならず米国人まで魅了した活躍"

第50回 (平14年)

五木 寛之 "デビュー以来, 現代性に富んだ作品を常に世に問い続けてきた作家活動。また多岐にわたる文明批評, とりわけ日本人の高い精神性を平易な文章で説き, 広汎な読者を獲得した功績"

杉本 苑子 "独自の視点と手法により歴史上の人物に新しい光をあてた豊潤な作品群に対して。またテレビラジオ放送講座によって日本の歴史を親しみのあるものとした功績"

松本 幸四郎 (9世) "歌舞伎役者の枠を越えて, 26歳のときミュージカル「ラ・マンチャの男」に出演, 今年千回上演を達成するなど, その充実した舞台活動に対して"

倉本 聡, フジテレビ・北の国から制作出演スタッフ "21年間に及ぶ前人未踏の長期シリーズにより日本人の原点を見つめなおし, 世代を超えて感動を与えた"

国谷 裕子, NHKテレビ・クローズアップ現代制作スタッフ "発足以来10年, 1600回を超える番組で, 身近な暮らしから政治, 経済, 国際情勢まで, 現代が抱える諸問題を平易かつ的確にレポートし続けてきた功績"

風間 完 "長年にわたり新聞, 雑誌に小説挿絵を描きつづけ, 情感あふれる美人画, 風景画で独自の境地に達した画業"

第51回 (平15年)

渡辺 淳一 "時代の抱えるテーマに果敢に挑み, 多くの読者を獲得した"

沢木 耕太郎 "ノンフィクション作品においてユニークで清新なスタイルを確立"

紀伊國屋ホール "若い演劇人に表現の場を与え, 日本の演劇や芸能を地道に育てた"

長岡 輝子 "長年にわたって舞台女優, 演出家として活動, 方言を生かした朗読で宮沢賢治の新たな魅力を引き出した"

国華 (雑誌) "創刊以来百十余年, 質の高い図版と論考ですぐれた美術工芸品を世界に紹介"

夢路 いとし, 喜味 こいし "60年以上第一線に立ち, 近代漫才の本道をいく話芸で日本の大衆芸能を豊かにした"

第52回 (平16年)

宮城谷 昌光 "中国古代王朝という前人未踏の世界をロマンあふれる雄渾な文体で描き, 多くの読者を魅了した功績"

木村 光一, 地人会 "被爆した子供たちや母親たちの手記, 日記などで原爆の悲惨さを訴える朗読劇「この子たちの夏－1945・ヒロシマ ナガサキ」を20年にわたって全国で上演, また台本を公開して自主上演に協力し, 多大な感銘を与え続けた実績"

中村 勘九郎 (5世) "「コクーン歌舞伎」「野田版研辰の討たれ」「平成中村座」など歌舞伎の新たな可能性を探る様々な試みを成功させ, この7月にはニューヨークで「平成中村座」の「夏祭浪花鑑」を公演し高い評価を受けるなど, 歌舞伎の魅

力を世界に広げた功績"

北海道新聞道警裏金疑惑取材班 "北海道警
の裏金疑惑を長期にわたって追及し, 組
織ぐるみの腐敗構造を明らかにした功
績"

保阪 正康 "独力で冊子「昭和史講座」の
刊行を続け, 無名の人々の証言や貴重な
史料を残すべく努めるなど, 一貫した昭
和史研究の仕事に対して"

平凡社 (日本歴史地名大系) "地名研究の
精髄を集約した郷土の歴史事典を25年に
わたって刊行し続けた志と尽力に対し
て"

第53回 (平17年)

津本 陽 "「乾坤の夢」「薩南示現流」など,
歴史小説, 剣豪小説に新境地を開き, さら
に戦記文学へと幅を広げる旺盛な作家活
動"

蜷川 幸雄 "歌舞伎座7月公演
「NINAGAWA十二夜」において, シェイ
クスピアと歌舞伎を見事に融合させた画
期的な舞台を創造。歌舞伎の可能性を飛
躍させた演出に対して"

黒田 勝弘 "四半世紀にわたり韓国に特派
員として駐在し, その政治, 経済, 歴史, 文
化のみならず日韓関係全般を, 広く深く
報道し続けた功績"

テレビマンユニオン "表現の自立を目指し
た放送人たちが民放から独立, 以来35年,
「遠くへ行きたい」をはじめとする良質で
息の長い番組を制作し続けてきた実績"

野見山 暁治, 窪島 誠一郎, 無言館 (戦没
画学生慰霊美術館) "絵を描き続けるこ
とを願いながら戦没した画学生たちの遺
作を集めて展示し, 人々の心に感動を与
え続けている営為に対して"

日本スピンドル製造 "JR福知山線の事故
に際して, 社員約230人が現場へ急行, 負
傷者の救助に当った決断と行動力をたた
え, 救援活動に駆けつけた多くの人々の
代表として"

第54回 (平18年)

いしい ひさいち "「鏡の国の戦争」「忍者
無芸帖」「ののちゃん」など特異なキャ
ラクター作りと鋭い風刺の効いた4コマ
漫画を衰えぬパワーで描き, 多くの読者
を楽しませてきた手腕に対して"

黒柳徹子と「徹子の部屋」"本人のたゆま
ぬ精進とスタッフの協力により, 30年間1
回も休むことなく良質かつヴィヴィッド
な対談番組を送りつづけている努力に対
して"

八木書店『徳田秋聲全集』"明治・大正・
昭和三代にわたって活躍した作家の膨大
な作品の発掘につとめ, 10年間の歳月を
かけて43巻に及ぶ貴重な大全集を刊行し
た"

旭川市旭山動物園 "人間と動物との新しい
触れ合い方を多彩に創出し, 廃園の危機
から10年あまりで「入園者数日本一」ま
で育て, 新たな動物園のスタイルを創設
すると共に, 地方活性化の新しい可能性
を提示した"

竹中文良と「ジャパン・ウェルネス」"医
師としての知見とがん患者としての体験
をもとに, がん患者とその家族の心の問
題を追求する執筆活動の傍ら, NPO
「ジャパン・ウェルネス」を設立, 多くの
患者と家族の心のケアにつとめた功績に
対して"

第55回 (平19年)

阿川 弘之 "『阿川弘之全集』全二十巻に結
実した六十年に及ぶ端正で格調高い文業
と, 今なお旺盛な執筆活動に対して"

市川 団十郎 (12世) "様々の困難を乗り越
えて, パリ・オペラ座での史上初の歌舞
伎公演を成功させ, 日本の伝統文化の価
値を国際的に認識させた"

講談社「全国訪問おはなし隊」"キャラバ
ンカーに児童書を積んで全国を巡回し,
幼稚園, 図書館, 公民館, 書店などで, 各地
のボランティアと共に, 読み聞かせや紙
芝居など, 子どもたちと本との出会いの

場をひろげている"

桂 三枝 "永年にわたり幅広い活躍を続け,また上方落語協会会長として六十年ぶりの落語定席「天満天神繁昌亭」の建設,運営に尽力,上方落語を隆盛にみちびく"

小沢 昭一 "TBSラジオ「小沢昭一の小沢昭一的こころ」で三十五年にわたり中高年へ励ましのメッセージを送り続け,また亡びゆく風俗や放浪芸の記録と紹介にも大きな役割を果たしている"

マツノ書店 "地方の一個人古書店でありながら,明治維新史に関する貴重な文献の復刻出版などすでに二百点以上を刊行,社会的文化的貢献をおこなっている"

第56回(平20年)

宮尾 登美子 "「櫂」「一絃の琴」「松風の家」から今年出版された「錦」まで,日本の伝統文化や歴史の中の女性の生き方をテーマに数々の名作を執筆し続けている"

安野 光雅 "絵画,デザイン,装幀,文筆など多方面にわたるすぐれた業績と,その結晶ともいうべき「繪本平家物語」「繪本三国志」の刊行に対して"

北九州市立松本清張記念館 "地方財政が厳しい折から各地の公立文学館などが苦戦するなか,水準の高い研究誌を刊行しつつ,多彩な企画展を催すなど,健闘しながら開館十周年を迎えた"

かこ さとし "「だるまちゃんとてんぐちゃん」「からすのパンやさん」など,絵本作家,児童文学者としてのユニークな活動と,子供の遊びについての資料集成「伝承遊び考」全四巻の完成"

羽生 善治 "永世名人をはじめとする数々のタイトルを獲得し,将棋界の頂点に立ちながら,将棋の創造性,魅力をさまざまな形で発信している"

第57回(平21年)

佐野 洋 "作家生活50年,特に著作「推理日記」(現在第11巻)は,30年以上にわたって丹念にミステリー作品を論評した,貴重な推理小説文壇史となっている"

本木 雅弘,映画「おくりびと」制作スタッフ "映画化の企画・実現に尽力。主演した「おくりびと」はアカデミー賞外国語映画賞を受賞し,言語や宗教の壁を越えて,日本映画の実力を世界に示した"

坂東 玉三郎 "泉鏡花の戯曲「海神別荘」「天守物語」の決定版ともいえる優れた舞台をつくりあげた。正統的な歌舞伎のみならず近代劇,映像,中国昆劇と,その活躍の場をひろげている"

今井書店グループ,本の学校 "「地域から」を原点に,米子で「生涯読書の推進」「出版界や図書館界の明日を問うシンポジウム」「職能教育としての業界書店人研修」につとめてきた努力に対して"

蓬田 やすひろ "歴史・時代小説の挿絵画家・装丁家として永年にわたり活躍,独自の繊細で流麗な画風は多くの人に愛されている"

高見山 大五郎 "ジェシーと呼ばれ,明るいキャラクターと異文化のもとで厳しい稽古に耐える姿が共感を呼んだ。大相撲の国際化に貢献し,世界各国から力士が集まる道を拓く"

第58回(平22年)

筒井 康隆 "作家生活五十年,常に実験的精神を持って,純文学,SF,エンターテインメントに独自の世界を開拓してきた"

金子 兜太 "自由闊達な精神のもと,九十歳を越えてなお旺盛な句作を続けて現代俳句を牽引し,その魅力を全身で発信している"

NHKスペシャル「無縁社会」 "家族,ふるさと,地域や企業社会で人間の絆を失い,急速に孤立化する日本人。世代を超えて広がる新たな現代社会の病巣を丁寧な取材で抉りだし,警鐘を鳴らしている"

JAXA「はやぶさ」プロジェクトチーム "プロジェクトがスタートして十五年,打ち上げてから七年,小惑星「イトカワ」に着陸し,数々の困難を克服して帰還を果たす。日本の科学技術力を世界に知ら

しめ、国民に希望と夢を与えてくれた"

吉岡 幸雄 "「染司よしおか」五代目当主として、伝統的な染色法による豊かな日本の色を探求し、古代色の復元と技法も究明した。東大寺等の伝統行事、国文学、国宝修復など幅広い分野に貢献している"

中西 進，「万葉みらい塾」"グローバルな視点から「万葉集」の研究・普及に務める。七年前から始めた小中学生のための出前授業は四十七都道府県すべてを巡り、古代の心の豊かさを伝え続けている"

第59回（平23年）

津村 節子 "夫・吉村昭の闘病から壮絶な死までを描いた『紅梅』は、作家という存在の厳しさを改めて世に示し、多くの人々に深い共感と感銘を与えた"

新藤 兼人 "独立プロを率いて多くの傑作映画を世に送り出し、九十九歳の日本最高齢現役監督として、今年は『一枚のハガキ』（監督・脚本・原作）を完成させた"

石巻日日新聞社，河北新報社 "3・11東日本大震災で被災、数々の困難に直面しながら、地元新聞社としての役割と責務をそれぞれの報道において果たした、そのジャーナリズム精神に対して"

前新 透 「竹富方言辞典」"前新透氏が二十七年の歳月をかけて採集した方言を収録し、日本最南端の出版社から刊行されたこの辞典は、琉球語と日本語の古層、民俗を研究するための貴重な文化遺産である〔南山舎〕"

澤 穂希 "日本女子サッカーの歴史を切り拓き、「なでしこJAPAN」の中心選手として活躍、チームをまとめあげたリーダーシップに対して"

水戸岡 鋭治 "今春に開通した九州新幹線など、永年にわたり手がけてきた斬新な鉄道デザインの数々は、上品さ・遊び心・和の風合いと最新技術を大胆に融合させ、列車旅の世界を革新した"

第60回（平24年）

曾野 綾子 "永年にわたる文学者としての業績、鋭く社会問題に斬り込んだ評論活動、JOMAS（海外邦人宣教者活動援助後援会）を通じた開発途上国の貧困救援活動への献身"

高倉 健 "最新作「あなたへ」をはじめとする五十有余年におよぶ活躍と、孤高の精神を貫き、独自の境地を示す映画俳優としての存在感"

東京新聞「原発事故取材班」"福島第一原発事故はなぜ起きたのかを調査報道の手法で探り、情報を隠蔽しようとする政府・東京電力を告発し続けた果敢なるジャーナリズム精神に対して"

近藤 誠 "乳房温存療法のパイオニアとして、抗がん剤の毒性、拡大手術の危険性など、がん治療における先駆的な意見を、一般人にもわかりやすく発表し、啓蒙を続けてきた功績"

伊調 馨，吉田 沙保里 "ロンドン五輪の女子レスリングで金メダルを獲得し、日本人女子として初の五輪三連覇という偉業を成し遂げた"

新潟県佐渡トキ保護センター "トキを日本に甦らせるため、人工繁殖、自然放鳥を地道に継続し、2012年4月、36年ぶりの自然下における繁殖を成功させた努力に対して"

第61回（平25年）

中川 李枝子，山脇 百合子 "誕生五十周年を迎える「ぐりとぐら」シリーズや「いやいやえん」など、数々の名作絵本、童話によって、子供たちの豊かな想像力と感性を育んできた功績"

竹本 住大夫（7世）"八十八歳のいまも文楽の人気太夫として活躍。戦後の文楽を牽引し、昨年、病気で倒れた後もリハビリを経て舞台に復帰、語り続ける情熱に対して"

NHKスペシャルシリーズ「深海の巨大生物」"国立科学博物館およびJAMSTEC（海洋研究開発機構）との十年余の調査を経て、世界で初めて伝説のダイオウイカの撮影に成功。深海の生物の映像を広

く紹介し, 国民的関心を呼んだ"

中村 哲 "医師としてパキスタン・アフガ
ニスタンの山岳地帯で医療活動を行な
う。また, アフガン難民の対策事業, 井戸
掘りによる水源確保など三十年にわたる
その活動と努力に対して"

サザンオールスターズ "デビュー三十五周
年の今日まで, その音楽性, キャラク
ター, メッセージで現代日本の文化に多
大な影響を与えてきた。これからも走り
続ける日本を代表するバンドに"

---

038 菊池寛ドラマ賞

　高松市出身の作家・菊池寛氏の功績と名誉を永久に讃えるため, 全国から演劇作品を
公募し優れた作品を選び, 演劇界の活性化に寄与することを目的に創設された。平成9年
終了。

【主催者】高松市, 文芸春秋

【選考委員】野口達二, 山田太一, 井上ひさし, 福田逸, 大山勝美

【選考方法】公募

【選考基準】〔資格〕国籍不問。〔対象〕題材は自由。新歌舞伎, 新派, 現代劇の戯曲, テ
レビドラマのシナリオなど。但し, 未発表のものに限る。〔原稿〕400字詰原稿用紙で
50枚〜100枚。3枚程度の梗概を添付

【締切・発表】第7回は平成8年7月1日から9年6月30日まで募集, 発表は10月入賞者に直
接通知および「別冊文芸春秋」12月発売号誌上に掲載, 12月贈呈式

【賞・賞金】入選作(1篇): 正賞100万円, 副賞時計, 佳作(3篇以内): 正賞各50万円, 副賞
時計, 受賞作品の上演権, 放送権, および出版権は, 発表の日から1年間, 主催者側に帰属

第1回 (平4年)

　棚橋 順子　「願わくは」

◇奨励賞

　木庭 久美子　「カサブランカ」

　関口 多景士　「意地無情」

◇佳作

　冬木 諒平　「PHOTO・1945」

　一ノ木 風子　「花結勝男節塩梅」

　ぜんとう ひろよ　「墓場で花見」

　椎名 初美　「親の教育は誰がする?」

第2回 (平5年)

　荒馬 間　「水汲 (く) み女」

◇佳作

　麻青 夏海　「地上げ前」

　吉田 公平　「秋月葛葉裏留賀書」(新歌舞
伎)

第3回 (平6年)

　野口 卓　「風の民」(現代劇)

◇佳作

　岩本 宣明　「新聞記者」(現代劇)

　野口 泰久　「平蜘蛛」(歌舞伎)

　千葉 多喜子　「ビトルギの鈴」(シナリオ)

第4回 (平7年)

　鷹政 満伸　「撫子 (なでしこ)」

◇佳作

　三国 洋子　「沖明かり」

　石川 勝利　「風炎」

第5回 (平7年)

　該当作なし

第6回 (平8年)

　中村 守己　「八木山峠」

◇佳作

　大竹 章義　「祖父帰る」

　　江馬 道夫 「桐の花影」　　　　　　　　雨野 士郎 「貧福ぶへん譚」
第7回（平9年）　　　　　　　　　　　　松本 朋子 「雲の絵本」
　　該当作なし　　　　　　　　　　　　　米村 憲治 「安政の遠足異聞」
◇佳作

---

039 岸田演劇賞

　　岸田国士を記念して新潮社により昭和28年に創設された賞。創作戯曲，翻訳戯曲の中からすぐれたものを選んで授賞した。36年以降は白水社主催の「新劇」戯曲賞と合併し，「新劇」岸田戯曲賞，さらに岸田国士戯曲賞に改められた。

【主催者】 新潮社

【選考基準】 創作戯曲，翻訳戯曲の中からすぐれたものを選定

【締切・発表】 年1回，結果は新潮，芸術新潮などに発表

第1回（昭29年）　　　　　　　　　　　　　　などフランス戯曲の訳業
　　木下 順二 「風浪」　　　　　　　　第5回（昭33年）
　　飯沢 匡 「二号」　　　　　　　　　　　安部 公房 「幽霊はここにいる」
第2回（昭30年）　　　　　　　　　　　　　青江 舜二郎 「法隆寺」
　　福田 恒存 "「シェイクスピア全集」の訳業"　第6回（昭34年）
　　三島 由紀夫 「白蟻の巣」　　　　　　　田中 千禾夫 「マリアの首」
第3回（昭31年）　　　　　　　　　　　第7回（昭35年）
　　小山 祐士 「二人だけの舞踏会」　　　　中村 光夫 「パリ繁昌記」
第4回（昭32年）
　　鈴木 力衛 「タルチュフ」（モリエール著）

---

040 岸田國士戯曲賞

　　故岸田国士を記念して新潮社により昭和28年に創設された岸田演劇賞を，白水社により昭和29年創設された「新劇」戯曲賞が吸収合併し，名称も「新劇」岸田戯曲賞と改められた。第23回より，現在の名称に変更された。新人劇作家を対象とし，演劇界に寄与することを目的としている。

【主催者】 白水社

【選考委員】 岩松了，岡田利規，ケラリーノ・サンドロヴィッチ，野田秀樹，松尾スズキ，松田正隆，宮沢章夫

【選考方法】 推薦含む。対象作を座談会にて選考

【選考基準】 〔対象〕原則として1年間に雑誌発表または単行本にて活字化された作品。ただし画期的な上演成果を示したものに限って，選考委員等の推薦を受ければ，生原稿・台本の形であっても例外的に選考の対象となる

【締切・発表】 例年2～3月に選考会が行われる

【賞・賞金】正賞時計, 副賞賞金20万円, 受賞作は単行本化（白水社刊行）

【URL】http：//www.hakusuisha.co.jp/kishida/

第1回（昭30年）
　該当作なし
第2回（昭31年）
　大橋 喜一　「楠三吉の青春」
　小幡 欣治　「畸型児」
第3回（昭32年）
　該当作なし
第4回（昭33年）
　堀田 清美　「島」
第5回（昭34年）
　該当作なし
第6回（昭35年）
　小林 勝　「檻」（新日本文学6月号）
　早坂 久子　「相聞」（悲劇喜劇3月号）
第7回（昭36年）
　該当作なし
第8回（昭37年）
　宮本 研　「日本人民共和国」（テアトロ11月号）,「メカニズム作戦」（新日本文学3月号）
　八木 柊一郎　「波止場乞食と六人の息子たち」（新劇5月号）,「コンベアーは止まらない」（テアトロ8月号）
第9回（昭38年）
　山崎 正和　「世阿弥」
第10回（昭39年）
　人見 嘉久彦　「友絵の鼓」（新劇8月号）
　菅 竜一　「女の勤行」（テアトロ4月号）
第11回（昭40年）
　該当作なし
第12回（昭41年）
　川俣 晃自　「関東平野」（新劇9月号）
　広田 雅之　「砂と城」（新劇10月号）
第13回（昭43年）
　別役 実　「マッチ売りの少女」「赤い鳥の居る風景」
第14回（昭44年）
　秋浜 悟史　「幼児たちの後の祭り」

第15回（昭45年）
　唐 十郎　「少女仮面」（新劇11月号）
第16回（昭46年）
　佐藤 信　「鼠小僧次郎吉」（季刊同時代新劇第1号）
第17回（昭47年）
　井上 ひさし　「道元の冒険」（テアトル・エコー上演台本）
第18回（昭49年）
　清水 邦夫　「ぼくらが非情の大河を下るとき」（桜社上演台本）
　つか こうへい　「熱海殺人事件」（文学座アトリエ公演台本）
第19回（昭50年）
　該当作なし
第20回（昭51年）
　石沢 富子　「琵琶伝」
第21回（昭52年）
　該当作なし
第22回（昭53年）
　太田 省吾　「小町風伝」（新劇10月号）
　ちねん せいしん　「人類館」（テアトロ2月号）
第23回（昭54年）
　岡部 耕大　「肥前松浦兄妹心中」（テアトロ6月号）
第24回（昭55年）
　斎藤 憐　「上海バンスキング」
第25回（昭56年）
　竹内 銃一郎　「あの大鴉, さえも」（新劇12月号）
第26回（昭57年）
　山崎 哲　「うお伝説」「漂流家族」
第27回（昭58年）
　渡辺 えり子　「ゲゲゲのげ」（新劇10月号）
　山元 清多　「比置野（ピノッキオ）ジャンバラヤ」（新日本文学11月号）
　野田 秀樹　「野獣降臨」（新潮社）

第28回（昭59年）
　　北村 想 「十一人の少年」（白水社）
第29回（昭60年）
　　岸田 理生 「糸地獄」（出帆新社）
第30回（昭61年）
　　川村 毅 「新宿八犬伝・第1部」
第31回（昭62年）
　　該当作なし
第32回（昭63年）
　　大橋 泰彦 「ゴジラ」（新劇10月号）
第33回（平1年）
　　岩松 了 「蒲団と達磨」（新劇12月号）
第34回（平2年）
　　該当作なし
第35回（平3年）
　　坂手 洋二 「ブレスレス」
第36回（平4年）
　　横内 謙介 「愚者には見えないラ・マン
　　　チャの王様の裸」（テアトロ4月号）
第37回（平5年）
　　宮沢 章夫 「ヒネミ」
　　柳 美里 「魚の祭」
第38回（平6年）
　　鄭 義信 （劇団新宿梁山泊）「ザ・寺山」
第39回（平7年）
　　鴻上 尚史 「スナフキンの手紙」
　　平田 オリザ 「東京ノート」
第40回（平8年）
　　鈴江 俊郎 「髪をかきあげる」
　　松田 正隆 「海と日傘」
第41回（平9年）
　　松尾 スズキ 「ファンキー！―宇宙は見え
　　　る所までしかない」
第42回（平10年）
　　深津 篤史 「うちやまつり」
第43回（平11年）
　　ケラリーノ・サンドロヴィッチ（別名
　　　＝KERA）「フローズン・ビーチ」

第44回（平12年）
　　永井 愛 「兄帰る」
第45回（平13年）
　　三谷 幸喜 「オケピ！」
第46回（平14年）
　　該当作なし
第47回（平15年）
　　中島 かずき 「アテルイ」
第48回（平16年）
　　倉持 裕 「ワンマン・ショー」
第49回（平17年）
　　岡田 利規 （演劇ユニット チェルフィッ
　　　チュ主宰）「三月の5日間」
　　宮藤 官九郎 （劇団大人計画）「鈍獣」
第50回（平18年）
　　佃 典彦 （劇団B級遊撃隊主宰）「ぬけがら」
　　三浦 大輔 （劇団ポツドール主宰）「愛の渦」
第51回（平19年）
　　該当作なし
第52回（平20年）
　　前田 司郎 「生きてるものはいないのか」
第53回（平21年）
　　蓬莱 竜太 「まほろば」
　　本谷 有希子 「幸せ最高ありがとうマ
　　　ジで！」
第54回（平22年）
　　柴 幸男 「わが星」
第55回（平23年）
　　松井 周 「自慢の息子」
第56回（平24年）
　　ノゾエ 征爾 「○○トアル風景」
　　藤田 貴大 「かえりの合図、まってた食卓，
　　　そこ、きっと、しおふる世界。」
　　矢内原 美邦 「前向き！ タイモン」
第57回（平25年）
　　赤堀 雅秋 「一丁目ぞめき」
　　岩井 秀人 「ある女」

---

041 **紀伊國屋演劇賞**

　　芸術鑑賞の気運を醸成し,現代日本における文化・芸術の交流の場として,昭和39年紀伊國屋書店により紀伊國屋ホールが開設された。さらに新しい芸術創造の進展に寄与するため,41年に創設された。

【主催者】紀伊國屋書店

【選考委員】（平成26年）大笹吉雄（演劇評論家）, 長谷部浩（東京芸術大学教授）, 村井健（演劇評論家）, 小田島恒志（早稲田大学文学学術院教授）, 高井昌史（紀伊國屋書店社長）

【選考方法】6月と12月に審査委員会を開き,上半期,下半期を併せて12月の審査会にて最終決定

【選考基準】〔対象〕毎年1月から12月までに東京において上演される現代演劇公演で,最も大きな活躍をみせ,優秀な演劇活動を行った個人・団体

【締切・発表】例年12月発表,贈呈式は翌年1月

【賞・賞金】団体賞：賞状と賞金200万円。個人賞：賞状,賞金50万円

【URL】http：//www.kinokuniya.co.jp/c/label/

第1回（昭41年）

◇団体賞

　　劇団青俳 “「オッペンハイマー事件」「あの日たち」「地の群れ」の上演”

◇個人賞

　　秋浜 悟史 “劇団三十人会公演「ほらんばか」の作・演出”

　　米倉 斉加年 “劇団民芸公演「ゴドーを待ちながら」「私のかわいそうなマラート」及び「ラヴ」の演技”

　　馬場 恵美子 “劇団新人会公演「マリアの首」における静の演技”

　　村松 英子 “劇団NLT公演「リュイ・ブラス」におけるイスパニア王妃の演技”

第2回（昭42年）

◇団体賞

　　東京演劇アンサンブル（旧=三期会）“「蛙昇天」「マクバード」「グスコー・ブドリの伝記」などの上演”

◇個人賞

　　中村 伸郎 “劇団NLT公演「朱雀家の滅亡」の演技”

　　伊藤 孝雄 “劇団民芸公演「白い夜の宴」「汚れた手」の演技”

　　今井 和子 “劇団青年座公演「友達」演劇集団変身公演「極楽金魚」の演技”

　　吉田 日出子 “劇団自由劇場公演「あたしのビートルズ」「赤目」の演技”

第3回（昭43年）

◇団体賞

　　劇団青年座 “「坂本龍馬についての一夜」「友達」「蝙蝠」「夜明けに消えた」「禿の女歌手」などの上演”

◇個人賞

　　東野 英治郎 “劇団俳優座公演「あらいはくせき」の演技”

　　吉野 佳子 “劇団文学座公演「美しきものの伝説」の演技”

　　加賀 まりこ “蝎座公演「夏」の演技”

　　草間 靖子 “劇団民芸公演「汚れた手」(再演)の演技”

　　村井 志摩子 “新宿文化プロデュース公演「線路の上にいる猫」蝎座プロデュース公演「スラビークの夕食」におけるチェコの戯曲の翻訳と演出”

第4回（昭44年）

◇団体賞

　　劇団三十人会 “「喜劇・秋浜悟史」(英雄たち,りんごの秋,しらけおばけ)「おもて切り」の公演におけるアンサンブルのとれた劇団活動”

◇個人賞

芥川 比呂志 "劇団雲公演「ブリストヴィルの午後」「薔薇の館」の演出"

安部 真知 "劇団俳優座公演「狂人なおもて往生をとぐ」紀伊國屋演劇公演「棒になった男」の装置"

佐藤 信 "劇団自由劇場公演「おんなごろしあぶらの地獄」演劇センター68/69公演「鼠小僧次郎吉」の作・演出及び劇団自由劇場の劇団活動を推進"

奈良岡 朋子 "劇団民芸公演「しあわせな日々」「かもめ」の演技"

ニコラ・バタイユ "アートシアター演劇公演「15の未来派の作品」の演出"

第5回（昭45年）

◇団体賞

テアトル・エコー "昭和45年における井上ひさしの作品を中心に新しい喜劇の方向をうち出した劇団活動"

◇個人賞

別役 実 "「街と飛行船」「不思議の国のアリス」その他の脚本"

長岡 輝子 "俳優座劇場プロデュース公演「メテオール」の演技"

大滝 秀治 "劇団民芸公演「審判」の演技"

中村 たつ "俳優座劇場プロデュース公演「冬の花」の演技"

荒木 かずほ "劇団東京芸術座公演「志村夏江」の演技"

第6回（昭46年）

◇団体賞

劇団青年座 "「抱擁家族」「写楽考」を上演した舞台成果"

◇個人賞

矢代 静一 "岩田豊雄記念公演「パレスチナのサボテン」劇団青年座公演「写楽考」の脚本"

早野 寿郎 "劇団俳優小劇場公演「新劇寄席」などの演出"

名古屋 章 "岩田豊雄記念公演「釘」の演技"

伊藤 牧子 "劇団三十人会公演「鎮魂歌抹殺」「おもて切り」の演技"

栗原 小巻 "劇団俳優座公演「そよそよ族の叛乱」の演技"

松江 陽一 "アトリエ・41公演小劇場ミュージカル「ファンタスティックス」の企画・制作"

第7回（昭47年）

◇団体賞

該当者なし

◇個人賞

飯沢 匡 "「沈氏の日本夫人」「騒がしい子守唄」の戯曲"

北林 谷栄 "劇団民芸公演「泰山木の木の下で」の演技"

大橋 也寸 "「人命救助法」の演出"

阪上 和子 "劇団青年座公演「写楽考」（再演）現代劇センター公演「カンガルー」の演技"

坂部 文昭 "劇団文学座公演「沈氏の日本夫人」紀伊國屋演劇公演「騒がしい子守唄」の演技"

◇特別賞

俳優座劇場舞台美術部 "長年にわたる新劇の舞台美術製作につくした努力"

第8回（昭48年）

◇団体賞

劇団四季 "「スルース」「イエス・キリスト＝スーパースター」などの公演活動"

◇個人賞

渡辺 浩子 "劇団民芸公演「血の婚礼」の演出"

江守 徹 "日生劇場三月公演「オセロー」の演技"

佐々木 すみ江 "手の会公演「移動」の演技"

吉行 和子 "立動舎・西武劇場公演「焼跡の女俠」などの演技"

第9回（昭49年）

◇団体賞

劇団民芸 "「きぬという道連れ」「才能とパトロン」金芝河作品などの上演"

◇個人賞

仲代 達矢 "劇団俳優座公演「リチャード
　三世」安部公房スタジオ公演「友達」の
　演技"
市原 悦子 "岩波ホール演劇シリーズ第1回
　公演「トロイアの女」の演技"
田中 邦衛 "紀伊國屋演劇公演「緑色のス
　トッキング」の演技"
太地 喜和子 "五月舎公演「越後つついし
　親不知」「藪原検校」の演技"
高田 一郎 "劇団民芸公演「才能とパトロ
　ン」の舞台装置"

第10回（昭50年）
◇団体賞
　該当者なし
◇個人賞
　秋元 松代 "「アディオス号の歌」の戯曲"
　細川 ちか子 "劇団民芸公演「セールスマ
　　ンの死」におけるリンダの演技"
　鈴木 忠志 "早稲田小劇場公演「夜と時計」
　　の作・演出"
　新井 純 "68/71公演「阿部定の犬」の演技"
　金井 彰久 "矢代静一作・浮世絵師三部作
　　（写楽考，北斎漫画，淫乱斎英泉）の企画・
　　制作"

第11回（昭51年）
◇団体賞
　劇団文学座 "昭和51年における活発な劇
　　団活動"
◇個人賞
　浅利 慶太 "「ジーザス・クライスト＝スー
　　パースター」の演出"
　清水 邦夫 "「夜よ，おれを叫びと逆毛で充
　　す青春の夜よ」の戯曲"
　木の実 ナナ "井上ひさし作「雨」の演技"
　李 礼仙 "状況劇場公演「下町ホフマン」
　　「おちょこの傘持つメリーポピンズ」の
　　演技"
　吉田 日出子 "結城人形座公演「盟三五大
　　切」冥の会公演「天守物語」などの演技"
◇特別賞
　森繁 久弥 "ミュージカル「屋根の上の
　　ヴァイオリン弾き」のテヴィエの演技"

第12回（昭52年）
◇団体賞
　劇団未来劇場 "サンタ・マリアの不倫な
　　関係」「猿」の舞台成果"
◇個人賞
　日下 武史 "劇団四季公演「汚れた手」
　　「ヴェニスの商人」の演技"
　新橋 耐子 "五月舎公演「雨」アトリエ・
　　41公演「山吹」の演技"
　西田 敏行 "矢代静一作・浮世絵師三部作
　　「写楽考」の演技"
　今井 和子 "矢代静一作・浮世絵師三部作
　　「北斎漫画」の演技"
　五十嵐 康治 "矢代静一作・浮世絵師三部
　　作「淫乱斎英泉」の演出"
　妹尾 河童 "結城人形座公演「ヴォイツェ
　　ク」村井志摩子作「レトナ通りにて」に
　　おける舞台装置"

第13回（昭53年）
◇団体賞
　秋田雨雀・土方与志記念青年劇場 "「夜の
　　笑い」「かげの砦」の舞台成果"
◇個人賞
　滝沢 修 "劇団民芸公演「その妹」の演出
　　及び演技"
　加藤 剛 "劇団俳優座公演「野鴨」の演技"
　藤野 節子 "劇団四季公演「桜の園」「ひば
　　り（雲雀）」の演技"
　根岸 とし江 "劇団つかこうへい事務所公
　　演「ひものはなし（2）」の演技"
　藤原 新平 "文学座アトリエ公演「海ゆか
　　ば水漬く屍」などの別役実作品の演出"
　出口 典雄 "シェイクスピア・シアターに
　　おける諸作品の演出活動"

第14回（昭54年）
◇団体賞
　オンシアター自由劇場 "「上海バンスキン
　　グ」などの作品を上演した劇団活動"
◇個人賞
　井上 ひさし "「しみじみ日本・乃木大将」
　　「小林一茶」の戯曲"
　小沢 昭一 "新しい芸能研究室主催「唸る，

語る,小沢昭一の世界」芸能座公演「し
みじみ日本・乃木大将」の演技”

野村 万作 “山本安英の会公演「子午線の
祈り」の演技”

渡辺 美佐子 “立動舎公演「オッペケペ」
五月舎・紀伊國屋書店提携公演「小林一
茶」の演技”

松本 典子 “木冬社公演「楽屋」ジャン・
ジャンプロデュース公演「女中たち」の
演技”

梅野 泰靖 “劇団民芸公演「亡命者」の演
技”

第15回（昭55年）

◇団体賞

つかこうへい事務所 “「つかこうへい三部
作（いつも心に太陽を,熱海殺人事件,蒲
田行進曲）」の連続公演”

◇個人賞

宇野 重吉 “劇団民芸公演「わが魂は輝く
水なり一源平北越流誌」企画制作パル
コ・内藤音楽事務所「古風なコメディ」
の演出”

北村 和夫 “劇団文学座公演「結婚披露宴」
「花咲くチェリー」の演技”

有馬 稲子 “五月舎公演「はなれ瞽女おり
ん」三越劇場公演「噂の二人」の演技”

河内 桃子 “劇団俳優座公演「背信」の演
技”

佐藤 慶 “三越＋五月舎提携公演「イーハ
トーボの劇列車」の演技”

土岐 八夫 “劇団青年座の「五人の作家に
よる連続公演」の舞台監督の成果”

◇特別賞

砂田 明 “「海よ母よ子どもらよ」の水俣乙
女塚勧進公演”

第16回（昭56年）

◇団体賞

シェイクスピアシアター “シェイクスピア
全37作品の上演を果した劇団活動”

◇個人賞

関 弘子 “シリーズ語り近松門左衛門作品
三連続上演の演技”

山崎 努 “演劇集団円公演「冬のライオン」
の演技”

松下 砂稚子 “劇団文学座公演「一九八一・
嫉妬」「三人姉妹」の演技”

辻 由美子 “東京演劇アンサンブル公演
「セチュアンの善人」の演技”

松金 よね子 “テアトル・エコー公演「地
下は天国」の演技”

◇特別賞

本田 延三郎 “五月舎を主宰し,永年にわた
るプロデュース公演の成果”

第17回（昭57年）

◇団体賞

劇団民芸 “昭和57年における小山祐士作
「十二月」などの意欲的な公演活動”

◇個人賞

北林 谷栄 “劇団民芸公演「朝を見ること
なく」「タナトロジー」の演技”

木村 光一 “劇団文化座公演「越後つつい
し親不知」地人会公演「化粧」の演出”

大間知 靖子 “演劇集団円公演「アトリエ」
の演出”

佐々木 愛 “劇団文化座公演「越後つつい
し親不知」の演技”

加藤 健一 “加藤健一モノローグ・ドラマ
「審判」つかこうへい事務所公演「蒲田
行進曲」の演技”

◇特別賞

中村 伸郎 “ジャン・ジャン10時劇場イヨ
ネスコ作「授業」の10年間508回にわた
る上演の成果”

第18回（昭58年）

◇団体賞

演劇集団円 “別役実作「うしろの正面だあ
れ」谷川俊太郎作「どんどこどん」など
を上演した活発な劇団活動”

◇個人賞

南 美江 “サンシャイン劇場における「サ
ド侯爵夫人」の演技”

遠藤 啄郎 “横浜ボートシアター公演「仮
面劇・小栗判官・照手姫」の脚本・演出”

平井 道子 “テアトル・エコー公演「ジン

ジャーブレッド・レディ」の演技"

平 淑恵 "劇団文学座公演「黄昏のメルヘン」の演技"

風間 杜夫 "五月舎公演「朝・江戸の酔醒」の演技"

第19回（昭59年）

◇団体賞

劇団転形劇場 "太田省吾作・演出「水の駅」「小町風伝」「死の薔薇」の三部作連続上演，及びオーストラリア公演の成果"

◇個人賞

小沢 栄太郎 "劇団俳優座公演「遁走譜」の演技"

野中 マリ子 "劇団俳優座公演「華やかなる鬼女たちの宴」の演技"

松本 典子 "木冬社公演「ラヴレター——愛と火の精神分析」の演技"

酒井 洋子 "テアトル・エコー公演「サンシャイン・ボーイズ」の訳・演出"

角野 卓造 "文学座アトリエの会公演「ハイキング」の演技"

◇特別賞

劇団仲間 "「乞食と王子」1479回，「森は生きている」1193回に及ぶ長期公演の成果"

第20回（昭60年）

◇団体賞

こまつ座 "「日本人のへそ」「頭痛肩こり樋口一葉」「きらめく星座——昭和オデオン堂物語」を上演した活発な公演活動"

◇個人賞

嵐 圭史 "山本安英の会公演「子午線の祀り」（第三次公演）の演技"

南風 洋子 "地人会公演「噂の二人」の演技"

緑 魔子 "劇団第七病棟公演「ビニールの城」の演技"

岡安 伸治 "劇団世仁下乃一座公演「太平洋ベルトライン」などの作・演出"

後ά 加代 "俳優座劇場プロデュース公演「聖火」の演技"

野田 秀樹 "劇団夢の遊眠社公演「白夜の

女騎士」「彗星の使者」「宇宙蒸発」三部作の作・演出"

◇特別賞

いずみ たく "「洪水の前」「歌麿」など永年にわたる創作ミュージカルの制作・作曲の成果"

坂本 長利 "ひとり芝居「土佐源氏」の海外を含む809回におよぶ公演の成果"

第21回（昭61年）

◇団体賞

該当者なし

◇個人賞

川口 敦子（劇団俳優座） "劇団俳優座公演「門——わが愛」における野中お米の演技に対して"

三田 和代（サン・アート） "俳優座劇場プロデュース公演「ナイト，マザー おやすみ，母さん。」におけるジェシー・ケイツの演技に対して"

山崎 哲（転位・21） "転位・21公演「ジロさんの憂鬱——練馬一家五人殺人事件」「エリアンの手記——中野富士見中学校事件」の作・演出及び東京乾電池公演「まことむすびの事件」の作に対して"

箕浦 康子（劇団民芸） "劇団民芸公演「るつぼ——セイラムの魔女」におけるエリザベス・プロクターの演技に対して"

佐藤 B作（劇団東京ヴォードヴィルショー） "佐藤B作プロデュース公演「吉ちゃんの黄色いカバン」におけるガタやんの演技に対して"

夏木 マリ（エヌ・エンタープライズ） "劇団民芸公演「転落の後に」におけるマギーの演技に対して"

イッセー尾形（森田オフィス） "山藤米子企画，森田オフィス公演「イッセー尾形の都市生活カタログPART3」の成果に対して"

市堂 令（劇団青い鳥） "劇団青い鳥公演「いつかみた夏の思い出」「青い実たべた」の作・演出に対して"

第22回（昭62年）
　◇団体賞
　　劇団第三舞台 "鴻上尚史作・演出「朝日の
　　ような夕日をつれて'87」の舞台成果に
　　対して"
　◇個人賞
　　三津田 健（文学座）"文学座公演「ジョバ
　　ンニの父への旅」における男4，及び企
　　画・制作パルコ「諸国を遍歴する二人の
　　騎士の物語」における騎士1の演技に対
　　して"
　　八木 柊一郎 "戯曲「国境のある家」（劇団
　　青年座公演）に対して"
　　大橋 芳枝（かとう企画）"劇団前進座公演
　　「たいこどんどん」における甲子屋おと
　　きの演技に対して"
　　大田 創（テアトル・エコー）"勝田演劇事
　　務所プロデュース「ジェニーの肖像」，
　　及びテアトル・エコー公演「日射病」の
　　美術に対して"
　　渡辺 えり子（劇団3○○）"劇団3○○公演
　　「瞼の女 まだ見ぬ海からの手紙」の作・
　　演出に対して"
　◇特別賞
　　沖縄芝居実験劇場 "大城立裕作「世替りや
　　世替りや」の舞台成果に対して"
第23回（昭63年）
　◇団体賞
　　演劇集団ぐるーぷえいと "川崎照代作・藤
　　原新平演出「塩祝申そう 一部/塩祝申そ
　　う 二部/鰹群」の公演活動に対して"
　◇個人賞
　　米倉 斉加年（劇団民芸）"博品館劇場・劇
　　団民芸公演「ドストエーフスキイの妻を
　　演じる老女優」における彼の演技に対し
　　て"
　　浅利 香津代（グランパパプロダクション）
　　"こまつ座・紀伊國屋書店提携公演「雪
　　やこんこん―湯の花劇場物語」における
　　佐藤和子の演技に対して"
　　岡部 耕大（劇団「空間演技」）"戯曲「亜也
　　子―母の桜は散らない桜」（劇団青年座

　　公演）に対して"
　　岸田 理生（岸田事務所＋楽天団）"中島葵
　　プロデュース公演「終の栖 仮の宿」の
　　作・演出に対して"
　　高畑 淳子（劇団青年座）"加藤健一事務所
　　公演「第二章」におけるジェニファー・
　　マローンの演技に対して"
第24回（平1年）
　◇団体賞
　　俳優座劇場 "「サムとハロルド」「十二人の
　　怒れる男たち」などのプロデュース公演
　　の成果に対して"
　◇個人賞
　　村瀬 幸子（劇団俳優座）"劇団俳優座公演
　　「有福詩人」におけるおかよの演技に対
　　して"
　　三国 連太郎（エーピーシー）"松竹公演
　　「ドレッサー」における座長の演技に対
　　して"
　　宇野 誠一郎 "こまつ座公演「十一ぴきの
　　ネコ」の音楽に対して"
　　北村 想（プロジェクト・ナビ）"プロジェ
　　クト・ナビ 本多劇場提携公演「雪をわ
　　たって…第二稿・月のあかるさ」の作・
　　演出に対して"
　　戸田 恵子（青二プロダクション）"松原敏
　　春プロデュース公演「渾身愛三部作」に
　　おける木戸アイコ・川村安代（2役），村
　　上則子の演技に対して"
第25回（平2年）
　◇団体賞
　　文学座アトリエの会「グリークス」の企画
　　製作スタッフ
　◇個人賞
　　内田 稔 "俳優座劇場ワークショップ・20
　　劇団昂提携公演「チャリング・クロス街
　　84番地」におけるフランク・ドエルの演
　　技"
　　寺田 路恵 "文学座アトリエの会公演「グ
　　リークス」におけるクリュタイメストラ
　　の演技"
　　たかべ しげこ "劇座・パルコ提携公演―

人芝居「リリアン」の演技"

横山 由和 "音楽座公演「シャボン玉とん
だ宇宙までとんだ」「とってもゴースト」
の脚本・演出"

黒木 里美 "木冬社公演「帰宅」における
妻、及び「弟よ」における樽崎りょうの
演技"

第26回（平3年）

◇団体賞

該当者なし

◇個人賞

杉村 春子 "松竹・文学座提携公演「ふる
あめりかに袖はぬらさじ」におけるお園
の演技"

朝倉 摂 "松竹公演「薔薇の花束の秘密」
「蜘蛛女のキス」の装置"

加藤 剛 "劇団俳優座公演「わが愛」三部
作「波」における見並行介、「門」におけ
る野中宗助、「心」における先生の演技"

水原 英子 "劇団民芸公演「民衆の敵」に
おけるストックマン夫人、「大桜剣劇団」
における吉野さくらの演技"

佐藤 オリエ "松竹公演「薔薇の花束の秘
密」における付添婦の演技"

大谷 亮介 "東京壱組公演「分からない国」
「箱の中身」「お金」の企画・演出"

第27回（平4年）

◇団体賞

東京サンシャインボーイズ "「12人の優し
い日本人」「もはやこれまで」などの公
演の優れた成果"

◇個人賞

中村 美代子 "木冬社・シアターX提携公
演「冬の馬」における大庭かつの演技"

新村 礼子 "劇団昴公演「セールスマンの
死」におけるリンダの演技"

すま けい "こまつ座公演「人間合格」に
おける中北芳吉の演技"

西川 信広 "文学座アトリエの会公演「マ
イ チルドレン！ マイ アフリカ！」の
演出"

毬谷 友子 "劇団夢の遊眠社公演「贋作桜

の森の満開の下」における夜長姫、地人
会公演「弥々」における弥々の演技"

第28回（平5年）

◇団体賞

音楽座 "「アイ・ラブ・坊っちゃん」及び
三作品連続公演「マドモアゼル・モー
ツァルト」「とってもゴースト」「シャボ
ン玉とんだ宇宙までとんだ」などの公演
の舞台成果"

◇個人賞

福田 善之 "木山事務所プロデュース公演
「一人ミュージカル壁の中の妖精」の
作・演出、東京演劇アンサンブル公演
「幻灯辻馬車」の脚本"

仲代 達矢 "無名塾・松竹提携公演「リ
チャード三世」におけるリチャードの演
技"

岩松 了 "演劇集団円公演「鳩を飼う姉妹」
の作、竹中直人の会公演「こわれゆく男」
の作・演出"

デヴィッド・ルヴォー "TPT公演「テ
レーズ・ラカン」「あわれ彼女は娼婦」
「背信」の演出"

春風 ひとみ "木山事務所プロデュース公
演「一人ミュージカル壁の中の妖精」の
演技"

第29回（平6年）

◇団体賞

木冬社 「悪童日記」「わが夢にみた青春の
友」における優れたアンサンブル

◇個人賞

藤田 傳 "劇団1980公演「行路死亡人考」
の作・演出"

木山 潔 「岸田国士シリーズ」をはじめ年
間の企画制作活動

加藤 健一 "加藤健一事務所公演「パパ,I
LOVE YOU！」におけるヒューバー
ト・ボニー医師、モノローグ・ドラマ
「審判」におけるアンドレイ・ヴァホフ
大尉の演技"

宮田 慶子 "劇団青年座創立四拾周年記念
公演「MOTHER―君わらひたまふこと

なかれ」，アプローチ公演「セレーノに
降る雪」の演出"

高橋 紀恵 "文学座公演「マイ チルドレ
ン！ マイ アフリカ！」におけるイザベ
ルの演技"

第30回（平7年）

◇団体賞

地人会 "敗戦五十年目の夏に上演する連続
3公演（朗読劇「この子たちの夏1945・
ヒロシマ ナガサキ」，構成劇「アンマー
たちの夏」，一人芝居ふたつ「瀋陽の月」
「花いちもんめ」）の成果"

◇個人賞

津嘉山 正種 "劇団青年座公演「つくづく
赤い風車—小林一茶」における葛飾北
斎，ひょうご舞台芸術第9回公演
「GHETTO/ゲットー」におけるゲンス
の演技"

倉野 章子 "文学座公演「野分立つ」にお
ける佐和子の演技"

竹内 銃一郎 "JIS企画公演「月ノ光」の
作・演出"

栗山 民也 "ひょうご舞台芸術第9回公演
「GHETTO/ゲットー」の演出"

ヴィッキー・モーティマー "TPT公演
「チェンジリング」，近代能楽集より「葵
上」の装置"

第31回（平8年）

◇団体賞

劇団青年座 "「三文オペラ」「審判」「ベク
ター」などの舞台成果"

◇個人賞

里居 正美 "民芸公演「壊れたガラス」の
演技"

片山 万由美 "俳優座公演「京都の虹」の
演技"

永井 愛 "二兎社公演「僕の東京日記」の
作・演出"

平 淑恵 "松竹・文学座提携公演「華岡清
洲の妻」と三越劇場・文学座提携公演
「女の一生」の演技"

今井 朋彦 "文学座アトリエの会公演「水

面鏡」の演技"

第32回（平9年）

◇団体賞

兵庫県立ピッコロ劇団 "「風の中の街」「わ
たしの夢は舞う」の舞台成果"

◇個人賞

北林 谷栄 "民芸公演「黄落」の脚色"

島 次郎 "THE・ガジラ公演「PW」などの
美術と座・新劇Part 2「どん底」の装置"

キムラ 緑子 "戦後一幕物傑作選「秋の歌」
の演技"

鐘下 辰男 "「PW」の作・演出と「寒花」
の戯曲"

堤 真一 "T・P・T「ピアノ」とNODA・
MAP「キル」の演技"

第33回（平10年）

◇団体賞

カクスコ "「空き室あり！」「見積無料」の
舞台成果"

熊倉 一雄 "「サンシャイン・ボーイズ」の
演技"

岩崎 加根子 "「エヴァ，帰りのない旅」「あ
なたまでの6人」の演技"

沢田 祐二 "「ポップコーン」「ルル」の照
明"

若村 麻由美 "「テレーズ・ラカン」の演技"

内野 聖陽 "「みみず」「カストリ・エレ
ジー」「野望と夏草」の演技"

第34回（平11年）

◇団体賞

木山事務所 "松田正隆3部作と「はだしの
ゲン」上演の企画と舞台成果"

◇個人賞

岸田 今日子 "「猫町」「遠い日々の人」の
演技"

堀尾 幸男 "「マトリョーシカ」「ロボット」
「パンドラの鐘」の舞台美術"

野田 秀樹 "「パンドラの鐘」の戯曲"

宮本 裕子 "「パパに乾杯」「かもめ」の演
技"

市川 染五郎（7世）"「マトリョーシカ」の
演技"

第35回（平12年）
　◇団体賞
　　二兎社 "「萩家の三姉妹」の優れた舞台成果"
　◇個人賞
　　小沢 昭一 "「唐来参和」の演技"
　　湯浅 実 "「明治の柩」の演技"
　　蜷川 幸雄 "「グリークス」の演出"
　　麻実 れい "「二十世紀」「グリークス」の演技"
　　小曽根 真 "「二十世紀」「欲望という名の電車」の音楽"
　　鈴木 裕美 "「高き彼物」「OUT」の演出"
第36回（平13年）
　◇団体賞
　　新国立劇場運営財団 "「時代と記憶」連続上演シリーズおよび「コペンハーゲン」の優れた舞台成果"
　◇個人賞
　　加藤 治子 "新国立劇場公演「こんにちは, 母さん」の演技"
　　鵜山 仁 "新国立劇場公演「コペンハーゲン」, ひょうご舞台芸術公演「ペギーからお電話!?」の演出"
　　吉田 鋼太郎 "シェイクスピア・シアター公演「ハムレット」, 東京グローブ座公演「リチャード二世」の演技"
　　マキノ ノゾミ "劇団青年座公演「赤シャツ」の作, 劇団M.O.P.公演「黒いハンカチーフ」の作・演出"
　　秋山 菜津子 "ひょうご舞台芸術公演「プルーフ/証明」, TPT公演「ブルールーム」の演技"
第37回（平14年）
　◇団体賞
　　文学座 "「大寺学校」をはじめとする三創立者記念公演などの活発な年間の活動に対して"
　◇個人賞
　　辻 万長 "ひょうご舞台芸術公演「ロンサム・ウェスト」におけるコールマン, こまつ座公演「雨」における徳の演技に対

して"
　　大竹 しのぶ "シス・カンパニー公演「売り言葉」における智恵子, シアターコクーン公演「欲望という名の電車」におけるブランチ, こまつ座公演「太鼓たたいて笛ふいて」における林芙美子の演技に対して"
　　松井 るみ "遊機械オフィス企画制作「ピッチフォーク・ディズニー」の舞台美術, 新国立劇場公演「太平洋序曲」の美術に対して"
　　坂手 洋二 "燐光群公演「屋根裏」「最後の一人までが全体である」, 演劇集団円公演「BLIND TOUCH」の戯曲に対して"
　　寺島 しのぶ "シアターコクーン公演「欲望という名の電車」におけるステラの演技に対して"
第38回（平15年）
　◇団体賞
　　ひょうご舞台芸術 "「ニュルンベルク裁判」の優れた舞台成果に対して"
　◇個人賞
　　唐 十郎 "唐組公演「泥人魚」の作・演出および演技に対して"
　　藤木 孝 "劇団昴公演「ナイチンゲールではなく」におけるウェーレンの演技に対して"
　　久世 龍之介 "加藤健一事務所公演「木の皿」「詩人の恋」の演出に対して"
　　松 たか子 "野田地図（NODA・MAP）公演「オイル」における富士の演技に対して"
　　藤原 竜也 "Bunkamuraシアターコクーン公演「ハムレット」におけるハムレットの演技に対して"
第39回（平16年）
　◇団体賞
　　TPT "「エンジェルス・イン・アメリカ」「ナイン THE MUSICAL」などの優れた舞台成果に対して"
　◇個人賞
　　浜田 寅彦 "劇団俳優座公演「足摺岬」における朴沢健二郎, 俳優座劇場プロ

デュース公演「十二人の怒れる男たち」における陪審員九号の演技に対して"

高橋 巌 "劇団青年座公演下北沢5劇場同時公演のすべての音響に対して"

立石 凉子 "世田谷パブリック・シアター＋コンプリシテ共同制作「エレファント・バニッシュ」における女, 演劇集団 円・シアターX提携公演「ビューティークィーン・オブ・リーナン」におけるモーリーン・フォーランの演技に対して"

千葉 哲也 "新国立劇場公演「THE OTHER SIDE/線のむこう側」における国境警備隊員, 「胎内」における花岡金吾の演技に対して"

加藤 忍 "加藤健一事務所公演「コミック・ポテンシャル」における女優アンドロイド/ジェシー, 「バッファローの月」におけるロザリンドの演技に対して"

第40回（平17年）

◇団体賞

該当者なし

◇個人賞

平 幹二朗 "パルコ 企画製作「ドレッサー」における座長の演技に対して"

斎藤 憐 "劇団俳優座公演「春, 忍び難きを」の戯曲に対して"

梅沢 昌代 "新国立劇場公演「箱根強羅ホテル」における秋山テルの演技に対して"

浅野 和之 "自転車キンクリートSTORE公演「ブラウニング・バージョン」におけるアンドルウ・クロッカーハリス, パルコプロデュース公演「12人の優しい日本人」における陪審員1号の演技に対して"

野村 萬斎 "世田谷パブリックシアター公演「敦 山月記・名人伝」の構成・演出に対して"

七瀬 なつみ "新国立劇場公演「屋上庭園」におけるその妻, 「動員挿話」における友吉妻数代の演技に対して"

第41回（平18年）

◇団体賞

シス・カンパニー "「父帰る」「屋上の狂人」「ヴァージニア・ウルフなんかこわくない？」「漠のゆりかご」の優れた舞台成果に対して"

◇個人賞

鈴木 瑞穂 "俳優座劇場プロデュース公演「女相続人 THE HEIRESS」におけるオースティン・スロウパー, 「夜の来訪者」における倉持幸之助の演技に対して"

たかお 鷹 "文学座公演「ゆれる車の音 九州テキ屋旅日記」における上原丈太郎, ホリプロ/天王洲銀河劇場主催「錦鯉」における坂口九州男の演技に対して"

鈴木 聡 "ラッパ屋公演「あしたのニュース」の脚本・演出, グループる・ばる公演「八百屋のお告げ」の戯曲に対して"

島田 歌穂 "地人会公演「飢餓海峡」における杉戸八重の演技に対して"

宮沢 りえ "野田地図（NODA・MAP）公演「ロープ」におけるタマシイの演技に対して"

第42回（平19年）

◇団体賞

NODA・MAP "「THE BEE」(日本バージョン・ロンドンバージョン), 「キル」の優れた舞台成果"

◇個人賞

別役 実 "木山事務所公演「やってきたゴドー」, 文学座アトリエの会公演「犬が西むきゃ尾は東 －「にしむくさむらい」後日譚－」の戯曲"

服部 基 "パルコ・プロデュース公演「コンフィダント・絆」, 新国立劇場「コペンハーゲン」, NODA・MAP公演「キル」の照明"

木場 勝己 "新国立劇場公演「氷屋来たる」におけるラリー・スレイド, こまつ座＆シス・カンパニー公演「ロマンス」における晩年チェーホフほかの演技"

竹下 景子 "地人会公演「朝焼けのマンハッタン」における稲垣愛子, あるす

ぽっと公演「海と日傘」における佐伯直子の演技"

松本 修 "MODE公演「変身」, 世田谷パブリックシアター公演「審判」「失踪者」の構成・演出"

第43回（平20年）

◇団体賞

　トム・プロジェクト "風間杜夫ひとり芝居「コーヒーをもう一杯」「霧のかなた」および「ダモイ〜収容所（ラーゲリ）から来た遺書〜」などの活潑な年間の活動"

◇個人賞

　金内 喜久夫 "俳優座劇場プロデュース公演「真実のゆくえ」におけるサー・デーヴィッド・メトカーフ, 新国立劇場公演「舞台は夢 イリュージョン・コミック」におけるプリダマンの演技"

　樫山 文枝 "三越劇場・劇団民藝提携公演「海霧」における平出さよの演技"

　謝 珠栄 "TSミュージカルファンデーション公演「タン・ビエットの唄」「Calli（カリィ）〜炎の女カルメン〜」「AKURO悪路」の演出・振付"

　鄭 義信 "新国立劇場公演 日韓合同公演「焼肉ドラゴン」の戯曲"

　深津 絵里 "世田谷パブリックシアター＋コンプリシテ公演「春琴（しゅんきん）谷崎潤一郎『春琴抄』『陰翳礼賛』より」の演技"

第44回（平21年）

◇団体賞

　流山児★事務所 "「ユーリンタウン」「ハイライフ」「田園に死す」の優れた舞台成果"

◇個人賞

　鳳 蘭 "Bunkamuraシアターコクーン公演「雨の夏, 三十人のジュリエットが還ってきた」における弥生俊, Quaras企画・製作「COCO」におけるココ・シャネルの演技"

　市村 正親 "ホリプロ/銀河劇場公演「炎の人」におけるヴィンセント・ヴァン・

ゴッホの演技"

　中嶋 朋子 "新国立劇場公演「ヘンリー六世」におけるマーガレットの演技"

　前川 知大 "イキウメ公演「関数ドミノ」の作・演出, 世田谷パブリックシアター公演「奇ッ怪〜小泉八雲から聞いた話」の構成・脚本・演出"

　浦井 健治 "新国立劇場公演「ヘンリー六世」におけるヘンリー六世の演技"

第45回（平22年）

◇団体賞

　華のん企画 "「チェーホフ短編集1+2」, 子供のためのシェイクスピア「お気に召すまま」の優れた舞台成果"

◇個人賞

　大塚 道子 "劇団俳優座・シアターX提携公演「樫の木坂四姉妹」における葦葉しをの演技"

　中嶋 しゅう "シーエイティプロデュース製作「BLUE/ORANGE」におけるロバート・スミス, シーエイティプロデュース, ジェイ・クリップ企画・製作「今は亡きヘンリー・モス」におけるヘンリー・モスの演技"

　髙瀬 久男 "幹の会＋リリック プロデュース公演「冬のライオン」, 文学座アトリエの会「カラムとセフィーの物語」の演出"

　古田 新太 "NODA・MAP公演「ザ・キャラクター」における家元の演技"

　栗田 桃子 "こまつ座公演「父と暮せば」における美津江, 文学座公演「くにこ」における向田邦子の演技"

第46回（平23年）

◇団体賞

　パルコ "「国民の映画」「猟銃」「想い出のカルテット」の優れた舞台成果"

◇個人賞

　飯沼 慧 "文学座アトリエの会公演「にもかかわらずドン・キホーテ」における男3の演技"

　橋爪 功 "新国立劇場公演「ゴドーを待ち

ながら」におけるヴラジミール, 演劇集団円公演「ウエアハウスcircle」におけるオリベトオルの演技"

三谷 幸喜 "ホリプロ主催「ろくでなし啄木」, 株式会社パルコ公演「国民の映画」シス・カンパニー公演「ベッジ・パードン」の作・演出"

中津留 章仁 "中津留章仁Lovers Vol.3「黄色い叫び」, トラッシュマスターズ公演「背水の孤島」の作・演出"

中谷 美紀 "株式会社パルコ公演「猟銃」における薔子・みどり・彩子の演技"

第47回 (平24年)
◇団体賞
こまつ座 "「井上ひさし生誕77フェスティバル2012」における舞台成果"
◇個人賞
東 憲司 "文学座アトリエの会公演「海の眼鏡」の戯曲, 劇団桟敷童子公演「泳ぐ機関車」の作・演出"

那須 佐代子 "劇団青年座公演「THAT FACE その顔」におけるマーサ, 新国立劇場公演「リチャード三世」におけるエリザベスの演技"

神野 三鈴 "パルコ・プロデュース公演「三谷版 桜の園」における ワーリャ, こまつ座&ホリプロ公演「組曲虐殺」における伊藤ふじ子の演技"

佐々木 蔵之介 "二兎社公演「こんばんは,

父さん」における佐藤鉄馬の演技"

浜田 信也 "イキウメ公演「ミッション」における神山清武,「The Library of Life まとめ*図書館的人生(上)」における佐久間の演技"

第48回 (平25年)
◇団体賞
劇団東京ヴォードヴィルショー "「パパのデモクラシー」「その場しのぎの男たち」の優れた舞台成果"
◇個人賞
草笛 光子 "パルコ・プロデュース公演「ロスト イン ヨンカーズ」におけるミセス・カーニッツの演技"

池田 成志 "イキウメ公演「獣の柱 まとめ*図書館的人生(下)」における寺田量治および森永太二, NODA・MAP公演「MIWA」における半・陰陽の演技"

二村 周作 "シス・カンパニー公演「今ひとたびの修羅」, 新国立劇場公演「OPUS/作品」, 世田谷パブリックシアター公演「クリプトグラム」の美術"

小川 絵梨子 "名取事務所公演「THE PILLOWMANピローマン」, 新国立劇場公演「OPUS/作品」の演出"

林田 麻里 "TRASHMASTERS公演「来訪者」における姜秀英(ジェシュウイン),「極東の地, 西の果て」における伊武沢凪の演技"

---

042 キャビン戯曲賞

　関西における新進劇作家の発掘をめざし昭和57年に創設された。昭和60年, 当初の目的を達成し, 関西演劇の環境変化に対応して終了,「テアトロ・イン・キャビン賞」に継承した。

【主催者】京阪神エルマガジン社

第1回 (昭57年)
該当作なし
◇準入選
四夜原 茂 「碧星序説・明智小五郎事件帳

過去を買う女」
◇佳作
秋山 シュン太郎 「人力ヒコーキのバラード」

高階 紀一　「狢（むじな）」
安田 光堂　「猿飛佐助」
第2回（昭58年）
　小野 小町　「りんご姫」
　◇佳作
　剋私 夢創　「風景を買う男」
　闇黒 光　「遙かな丘に鐘が鳴る」

第3回（昭59年）
　該当作なし
　◇準入選
　江嶋 みおう　「記念撮影」
　闇黒 光　「河内カルメン」
　◇佳作
　石井 研二　「ここ過ぎて光のみやこへ」
　洞口 ゆずる　「イカロスの封印」

---

043 倉林誠一郎記念賞

　現代演劇の制作に長く携わり，俳優座劇場社長を務めた故倉林誠一郎氏の遺志により，俳優座劇場が基金を設立し，演劇の発展に功績のあった団体，個人に贈る賞を創設。対象は現代演劇で優れた制作活動をした人，長年演劇を側面から支えた人，年度内に優秀な作品を上演した団体に贈られる。俳優など表舞台の人より，制作など裏方で活躍している人を顕彰する。第10回を以て終了。

【主催者】 俳優座劇場

【選考委員】 選考委員長：宮下展夫，北倉美智子，水谷内助義，西川信広，原田恒雄

【選考方法】 推薦

【賞・賞金】 個人：賞金50万円，団体：賞金100万円

【URL】 http://www.haiyuzagekijou.co.jp/

第1回（平13年）
◇個人賞
　金井 彰久 “制作者として長年の企画制作とプロデュース公演の先駆者”
　佐藤 正隆 “制作者として「リタの教育」などロングラン公演に挑戦”
◇団体賞
　文学座アトリエの会 “2000年度に上演した「文学座アトリエ50周年記念3作品連続公演」の企画”
第2回（平14年）
◇個人賞
　坪松 裕（民芸）“長年の演劇制作と演劇鑑賞会の創立，推進への尽力”
　杉本 了三（現代演劇協会）“長年の演劇制作と国際交流への貢献”
　田村 惠（音映）“音響効果確立への貢献と後継者の育成”

矢野 森一（スーパースタッフ・ヤンヤ）“舞台監督としての幅広い知識と舞台監督を業として組織化した功績”
◇団体賞
　該当なし
第3回（平15年）
◇個人賞
　中西 和久 “ひとり芝居を多くのところで上演し，「しのだづま考」はじめ3部作など優れた作品を作り上げてきた制作姿勢に対して”
　高橋 巌 “音響効果の分野において卓越した技量により，優れた成果を挙げ舞台芸術に貢献すると共に優秀な後継者の育成に努めている”
◇団体賞
　ベニサン・スタジオ “長年にわたり演劇創造の場である多くの稽古場をジャンルを

問わず提供し，舞台芸術の振興に貢献した"

第4回（平16年）

◇個人賞

寺川 知男（松竹パフォーマンス）"長年にわたり演劇の国際交流を裏方として推進した功績"

藤田 良勝（アトリエ百号画房）"背景画の伝統と技術を守り，優れた舞台美術の創造に寄与した業績"

◇団体賞

東京演劇集団 風 "レパートリーシステムの確立をめざし，特色ある世界演劇祭を実現した成果"

第5回（平17年）

◇個人賞

木山 潔（木山事務所）"長年にわたり演劇制作を続けた実績と昨年上演されたレパートリーシアター「この道はいつか来た道'04」の成果"

佐藤 哲夫（アトリエ・フォルム）"舞台美術でスチロールなどを使い，材質感を出す独特の手法で，劇的効果を高める作品を長年にわたり作り続けた成果"

◇団体賞

劇団青年座 "創立以来，創作劇中心の上演姿勢と昨年度の創立50周年記念として5劇場同時公演を同一地域で行った意欲とその成果"

第6回（平18年）

◇個人賞

広渡 常敏 "「ブレヒトの芝居小屋」の運営，演出"

秦 和夫 "演劇音響効果の分野での多大な貢献と後継者育成"

◇団体賞

演劇集団円 "「次世代の劇作家書き下ろしシリーズ」で3作品の連続公演"

第7回（平19年）

◇個人賞

若生 昌 "俳優座衣装部の確立等，演劇衣装の分野で貢献"

流山児 祥 "流山児★事務所「パラダイス一座」公演などの企画制作"

◇団体賞

シアターX "名作劇場シリーズ，国際舞台芸術祭シリーズなどの企画上演"

第8回（平20年）

◇個人賞

三宅 博 "長年にわたり舞台監督の分野での多大な貢献と後継者の育成"

島倉 二千六 "舞台美術の分野において優れた技法により背景画の重要性を確立した業績"

◇団体賞

二兎社 "生活に直結した視線で描く永井愛作品を上演している企画・制作の成果"

第9回（平21年）

◇個人賞

阿部 義弘 "演劇の幅広い国際交流を長年にわたって推進してきた業績と優れた企画"

上田 亨 "演劇音楽の分野での優れた業績でその重要性の確立に貢献してきた成果"

◇団体賞

人形劇団プーク "長年にわたる人形劇の上演姿勢と優れた企画・制作の成果"

第10回（平22年）

◇個人賞

細野 利郎 "舞台かつらの分野において優れた技法により多大な貢献と後継者の育成"

霞 雄吉 "舞台靴の分野において優れた伝統の継承と向上による多大な貢献"

◇団体賞

劇団桟敷童子 "地域と結びついた拠点作りと優れた企画・制作の成果"

044 劇作家協会新人戯曲賞

　発表の機会の少ない新人の才能を発掘，上演へと結びつけていくことを最終目標として実施。応募は劇作家協会会員に限らず，すべての劇作家を志す人に門戸を開いている。最終選考会は公開で行われ，その参観は，希望者は誰でも可能である。

【主催者】日本劇作家協会

【選考委員】（第19回）川村毅，鴻上尚史，坂手洋二，鈴江俊郎，佃典彦，マキノノゾミ，渡辺えり

【選考方法】公募。最終選考会は公開で行い，その場で受賞作を決め発表

【選考基準】〔資格〕不問（自分で新人と思う者）。〔対象〕1人1作品。応募締切日からさかのぼって1年以内に書かれた作品で，書籍あるいは雑誌に未発表のもの（上演していても可）。原作のあるものの脚色は不可。〔原稿〕原稿用紙でもワープロでも可。枚数自由。別にあらすじと，希望する審査員3名を記すこと

【締切・発表】例年概ね応募受付が夏，12月中旬発表

【賞・賞金】劇作家協会新人戯曲賞（1編）：正賞，副賞賞金50万円。最終候補作（例年5〜6本）は，「優秀新人戯曲集」として出版。著作権は応募者にそのまま帰属

【URL】http://www.jpwa.org/

第1回（平7年度）
　長谷川 孝治（弘前劇場）「職員室の午後」
第2回（平8年度）
　杉浦 久幸（劇団もっきりや）「あなたがわかったと言うまで」
第3回（平9年度）
　泊 篤志（劇団飛ぶ劇場）「生態系カズクン」
第4回（平10年度）
　夏井 孝裕（reset-N）「knob」
第5回（平11年度）
　高野 竜 「ハメルンのうわさ」
第6回（平12年度）
　小里 清（演劇集団フラジャイル）「Hip Hop Typhoon」
第7回（平13年度）
　棚瀬 美幸（南船北馬一団）「帰りたいうちに」
第8回（平14年度）
　芳崎 洋子（糾〜あざない〜）「ゆらゆらと水」
第9回（平15年度）
　黒岩 力也 「カナリア」

第10回（平16年度）
　ひょうた 「東おんなに京おんな」
第11回（平17年度）
　田辺 剛 「その赤い点は血だ」
第12回（平18年度）
　岳本 あゆ美 「ダム」
第13回（平19年度）
　黒川 陽子 「ハルメリ」
第14回（平20年度）
　ナカヤマ カズコ 「しびれものがたり」
第15回（平21年度）
　横山 拓也 「エダニク」
第16回（平22年度）
　平塚 直隆 「トラックメロウ」
　鹿目 由紀 「ここまでがユートピア」
第17回（平23年度）
　柳井 祥緒 「花と魚」
第18回（平24年度）
　原田 ゆう 「見上げる魚と目が合うか？」
第19回（平25年度）
　刈馬 カオス 「クラッシュ・ワルツ」

045 劇団前進座創立60周年記念脚本募集

　昭和6年5月に創立した劇団前進座が，創立45周年時の脚本募集に引き続き，平成3年の60周年を記念して脚本を募集したもの。

【主催者】 劇団前進座，矢の会

【選考委員】 阿木翁助（劇作家），井上ひさし（作家・劇作家），木下順二（劇作家），神坂次郎（作家），浜村道哉（演劇評論家），松本清張（作家），前進座：津上忠，高瀬精一郎，田島栄

【選考方法】 公募

【選考基準】 〔対象〕脚本。ジャンル不問〔資格〕プロ，アマを問わない。共作も可。未発表創作作品に限る〔原稿〕400字詰原稿用紙60〜150枚程度。（上演時間1時間〜2時間半程度を基準とする）「あらすじ」と「創作意図」を各400字以内にまとめて添付

【締切・発表】 締切は平成2年12月末日（消印有効），発表は平成3年5月，「月刊前進座」誌上，及び入選者に通知

【賞・賞金】 入選作（1篇）：100万円，佳作（1篇）：30万円。上演権は，3年5月より3年間，劇団前進座が保有

（平3年）

　該当作なし

◇奨励賞

雨野 士郎 「幽霊裁き」（三幕場五場）

井東 一太 「少年と船」（プロローグとエピローグのある九場）

046 国民演劇脚本

　情報局が，国民演劇樹立促進のため，昭和16年より「国民映画脚本」と同時に，「国民演劇脚本」を募集した。

【主催者】 情報局

【選考委員】 長谷川伸，上泉秀信，長田秀雄，中野実，久保田万太郎

【締切・発表】 審査結果は「週報」，「国民演劇」などに発表

【賞・賞金】 情報局総裁賞1,000円，情報局賞500円

第1回（昭16年）

◇情報局総裁賞

　秋月 桂太 「耕す人」

◇情報局賞

　松崎 博臣 「灯消えず」

　真田 与四男 「松風記」

第2回（昭17年）

◇情報局賞

　鵜田 忠元 「注精衛」

　久藤 達郎 「たらちね海」

第3回（昭18年）

　該当作なし

第4回（昭19年）
◇情報局賞

有馬 頼義　「晴雪賦」
千早 梅　「ともしび」
武田 政子　「筑紫合戦」

---

047 国立劇場歌舞伎脚本募集

　歌舞伎振興のため，新作歌舞伎脚本の創作が望まれている今日，その奨励を目的に広く一般より募集し，新鮮な感覚を持った創作脚本を賞する。

【主催者】 独立行政法人日本芸術文化振興会（国立劇場）

【選考委員】 大笹吉雄，岡崎哲也，竹田真砂子，西川信廣，茂木七左衞門（日本芸術文化振興会理事長）

【選考方法】 公募

【選考基準】 〔対象〕テーマは自由。未発表の創作戯曲作品。但し舞踊劇は除く。共作でも可。〔原稿〕400字詰原稿用紙30枚以上100枚以内。原稿の初めに400字詰5枚以内の"ねらいとあらすじ"を添付

【締切・発表】 （平成25・26年度）平成26年3月31日締切,10月発表

【賞・賞金】 優秀作（1篇）：賞金200万円，佳作（若干篇）：賞金50万円，入選作の上演権は3年間国立劇場が保有。入選作とは別に将来を期待・嘱望される応募者には公益財団法人清栄会より奨励賞（10万円）が授与される

【URL】 http : //www.ntj.jac.go.jp/

（昭53年度）
　該当作なし（佳作3篇）
（昭54年度）
　該当作なし（佳作4篇）
（昭55年度）
　該当作なし（佳作2篇）
（昭56年度）
　該当作なし（佳作3篇）
（昭57年度）
　該当作なし
◇佳作
　高橋 晋太郎　「高館」
　篠原 秋生　「佐渡の世阿弥」
　芦川 照葉　「北洲霊異記」
（昭58年度）
　該当作なし
◇佳作
　小笠原 恭子　「浮世の桜 夢の絵草紙―浮世又兵衛物語」

（昭59年度）
　該当作なし
◇佳作
　小笠原 恭子　「月雪花北国女人記」
（昭60年度）
　該当作なし
（昭61年度）
　該当作なし
◇佳作
　多地 映一（本名＝田村順一）「貧乏神始末」
　鈴木 正昭　「定家闘諍」
（昭62年度）
　該当作なし
◇佳作
　小野 恵子　「星月夜逢魔宇治橋―橋姫と頼政」
　中嶋 愛悦　「勤番侍」
（昭63年度）
◇1席

該当作なし
◇2席
矢口 耕一（本名=東長一郎）「無明舟一夜誦経」
◇佳作
筒井 実 「日照雨」
南谷 ヒロミ 「紅葉染旧不来方」
（平1年度）
該当作なし
（平2年度）
◇第1席
該当作なし
◇第2席
岡野 竹時 「忠度」
（平3年度）
◇第1席
該当作なし
◇第2席
該当作なし
◇佳作
古川 美幸 「信義の旗風」
岡野 竹時 「冬桜」
紅屋 めのう（本名=岩佐初子）「大力茶屋」
（平4年度）
◇第1席
該当作なし
◇第2席
該当作なし
◇佳作
野口 泰久 「蝮の血」
平野 英男 「桜卒塔婆―重衡と千手」
松沢 佳子 「世を思ふ―後鳥羽上皇と藤原定家」
（平5年度）
◇優秀作
• 2席
紺屋 七津 「松平忠直豊後配流始末」
◇佳作
筒井 実 「俊寛還る」
（平6年度）
◇優秀作
該当者なし
◇佳作
筒井 実 「寿々と義高」
雨野 士郎 「土佐坊の討たれ―堀川夜討ち始末―」
（平7年度）
◇優秀作
該当者なし
◇佳作
岩豪 友樹子 「班雪白骨城」
岡野 竹時 「宵年名残簪」
（平8年度）
◇優秀作
羽生 栄 「灼咲鉦初花」
◇佳作
五十川 晶子 「安宅の関異聞 青海破」
松永 喜久代 「東洲在綺羅浮世絵」
（平9年度）
◇優秀作
浪江 恵子 「鬼武蔵」
◇佳作
該当者なし
（平10年度）
◇優秀作
岡野 竹時 「実朝」
◇佳作
伊藤 浩一 「義姫物語」
清水 一朗 「舌打ち阿弥陀」
（平11年度）
◇優秀作
岡野 竹時 「会津開城」
◇佳作
八坂 夏生 「伊達葛色里夢解」
（平12年度）
◇優秀作
該当者なし 「実朝」
◇佳作
中川 真智子 「香妃」
羽生 栄 「由比浜波間新絹」
森山 治男 「その時娘は裏木戸に」
（平13年度）
◇優秀作
羽生 栄 「竹撓ふ―江馬細香伝―」

◇佳作

　浦田 祐子 「天正十一年三月三日」

　森 真実 「散雪葉月操」

（平14年度）

◇優秀作

　浦田 祐子 「はぐれ仮名不忠義士伝」

◇佳作

　森 真実 「雪月歌―今様遊女抄―」

（平15年度）

◇優秀作

　該当なし

◇佳作

　岸田 栄次郎 「白柄組始末」

　森 真実 「翡翠神社花嫁譚―雪信と西鶴―」

　森山 治男 「小刀屋善助」

（平16年度）

◇優秀作

　藤田 恵子 「橋姫」

（平18年度）

◇優秀作

　該当なし

◇佳作

　藤田 恵子 「紺青鬼」

　篠崎 隆雄 「人情話『甘ったれ鬼』」

　森山 治男 「豊寿丸変相」

（平20年度）

◇優秀作

　松永 喜久代 「満月兎青海波戯」

◇佳作

　森山 治男 「崇禅寺雪見草」

　篠崎 隆雄 「金唐革裂目縫針」

◇奨励賞

　斎岡 歩 「古今橋渡人形」

（平21・22年度）

◇優秀作

　該当作なし

◇佳作

　浪江 惠子 「三巴恋見枡」

　鶴 祥一郎 「鎌倉山離愁赤橋」

◇奨励賞

　平岡 桃（本名＝山岸真生子）「中納言と虫
　　めづる姫君」

（平23・24年度）

◇優秀作

　該当作なし

◇佳作

　森 真実 「『上瑠璃』絵巻物語－岩佐又兵
　　衛越前記－」

　山崎 赤絵 「這上成功名怪我」

◇奨励賞

　吉井 三奈子 「花里亡者純真夢」

048 国立劇場文楽賞

　昭和56年、人形浄瑠璃文楽座技芸員の技芸奨励のために創設された。国立劇場におけ
る文楽の年間公演を通じて特に優れたものに贈られる。

【主催者】 独立行政法人日本芸術文化振興会

【選考方法】 日本芸術文化振興会主催の文楽公演（東京国立劇場4回，大阪国立文楽劇場5
回）の全9公演を審査

【選考基準】〔資格〕1年間（第24回より4月～3月を対象とする）に日本芸術文化振興会が
主催する文楽公演に出演する人形浄瑠璃文楽座の技芸員および文楽関係者。〔対象〕
大賞：特に技芸優秀と認められ，優れた業績をあげた者。優秀賞：優秀な演奏・演技
を示し，新生面をひらいた者。奨励賞：若手技芸員のなかで将来有望と認められ，技芸
研鑽を積み重ねている者。特別賞：大賞・優秀賞・奨励賞の選考対象以外の重要無形
文化財保持者等で，特に後輩の模範として認められた者。または技芸員が作曲・補曲
など文芸面で著しい功績をあげたり，急遽代役で立派に責を果たした場合，また，舞台

関係者等で特に顕著な功績のあった者

【締切・発表】毎年3月末頃発表, 国立文楽劇場4月公演初日表彰式

【賞・賞金】大賞 (原則として1名), 優秀賞 (原則として1名), 奨励賞 (原則として2名), 特別賞 (原則として1名)

【URL】http://www.ntj.jac.go.jp/

第1回 (昭56年)
◇大賞
　吉田 文雀 (人形)
◇優秀賞
　竹本 伊達路大夫 (別名＝竹本伊達大夫)
　　(大夫)
◇奨励賞
　豊竹 呂大夫 (大夫)
　鶴澤 清介 (三味線)
◇特別賞
　大江 巳之助
第2回 (昭57年)
◇大賞
　竹本 文字大夫 (別名＝竹本住大夫) (大夫)
◇優秀賞
　豊松 清十郎 (人形)
◇奨励賞
　豊竹 咲大夫 (大夫)
　桐竹 一暢 (人形)
◇特別賞
　鶴澤 燕三 (5世) (三味線)
第3回 (昭58年)
◇大賞
　該当者なし
◇優秀賞
　竹本 織大夫 (5世) (大夫)
◇奨励賞
　野沢 勝司 (三味線)
　吉田 簑太郎 (人形)
◇特別賞
　桐竹 勘十郎 (2世) (人形)
第4回 (昭59年)
◇大賞
　竹本 文字大夫 (別名＝竹本住大夫) (大夫)
◇優秀賞

　鶴澤 清治 (三味線)
◇奨励賞
　竹本 千歳大夫 (大夫)
　野沢 錦弥 (三味線)
◇特別賞
　吉田 玉男 (人形)
第5回 (昭60年)
◇大賞
　吉田 簑助 (人形)
◇優秀賞
　豊竹 呂大夫 (大夫)
◇奨励賞
　吉田 文吾 (人形)
　鶴澤 燕二郎 (三味線)
◇特別賞
　竹本 南部大夫 (大夫)
第6回 (昭61年)
◇大賞
　該当者なし
◇優秀賞
　野澤 錦糸 (4世) (三味線)
　豊竹 嶋大夫 (大夫)
◇奨励賞
　桐竹 紋寿 (人形)
　野沢 錦弥 (三味線)
◇特別賞
　竹本 住大夫 (7世) (大夫)
第7回 (昭62年)
◇大賞
　吉田 文雀 (人形)
◇優秀賞
　豊竹 呂大夫 (大夫)
◇奨励賞
　吉田 簑太郎 (人形)

豊澤 富助（三味線）
◇特別賞
　竹本 津大夫（4世）（大夫）
第8回（昭63年）
◇大賞
　吉田 簑助（人形）
◇優秀賞
　鶴澤 清治（三味線）
　豊竹 呂大夫（大夫）
◇奨励賞
　竹本 千歳大夫（大夫）
◇特別賞
　野澤 錦糸（4世）（三味線）
第9回（平1年）
◇大賞
　鶴澤 清治（三味線）
◇優秀賞
　豊竹 咲大夫（大夫）
◇奨励賞
　野沢 錦弥（三味線）
　竹本 緑大夫（大夫）
　鶴澤 清二郎（三味線）
◇特別賞
　竹本 越路大夫（4世）（大夫）
第10回（平2年）
◇大賞
　該当者なし
◇優秀賞
　竹本 織大夫（5世）（大夫）
　豊竹 十九大夫（大夫）
◇奨励賞
　桐竹 一暢（人形）
　鶴澤 燕二郎（三味線）
◇特別賞
　吉田 玉五郎（人形）
第11回（平3年）
◇大賞
　竹本 織大夫（5世）（大夫）
◇優秀賞
　吉田 作十郎（人形）
◇奨励賞
　竹沢 団治（三味線）

吉田 和生（人形）
吉田 玉女（人形）
◇特別賞
　長谷川 貞信（4世）（芝居絵師）
第12回（平4年）
◇大賞
　該当者なし
◇優秀賞
　鶴澤 清介
　吉田 文吾
◇奨励賞
　竹本 緑大夫
　竹本 津駒大夫
第13回（平5年）
◇大賞
　該当者なし
◇優秀賞
　竹本 伊達大夫（大夫）
　竹沢 団六（三味線）
◇特別賞
　三村 幸一（写真家）
◇奨励賞
　豊竹 英大夫（大夫）
　吉田 簑太郎（人形）
第14回（平6年）
◇大賞
　竹本 織大夫（5世）
◇優秀賞
　豊澤 富助
◇奨励賞
　鶴沢 清友
　豊竹 呂勢大夫
◇特別賞
　吉田 玉男
第15回（平7年）
◇大賞
　鶴澤 清治（三味線）
◇優秀賞
　吉田 文昇（人形）
◇特別賞
　吉田 文雀（人形）
◇奨励賞

竹本 千歳大夫（大夫）
鶴澤 燕二郎（三味線）
第16回（平8年）
◇大賞
　該当者なし
◇優秀賞
　桐竹 紋寿（女形人形）
　野沢 錦弥（三味線）
◇特別賞
　名越 昭司（文楽かつら・床山）
◇奨励賞
　竹本 文字久大夫（大夫）
　竹澤 宗助（三味線）
第17回（平9年）
◇大賞
　吉田 作十郎（立ち役人形）
◇優秀賞
　豊竹 嶋大夫（大夫）
◇特別賞
　和田 時男（小道具）
◇奨励賞
　竹本 千歳大夫（大夫）
　鶴澤 清二郎（三味線）
第18回（平10年）
◇大賞
　豊竹 咲大夫（大夫）
　鶴澤 清介（三味線）
◇優秀賞
　吉田 簑太郎（人形）
◇奨励賞
　竹本 津駒大夫（大夫）
第19回（平11年）
◇大賞
　該当者なし
◇優秀賞
　豊澤 富助（三味線）
　桐竹 紋寿（人形）
◇奨励賞
　豊竹 松香大夫（大夫）
　竹澤 宗助（三味線）
◇特別賞
　竹本 文蔵（文楽協会）

第20回（平12年）
◇大賞
　該当者なし
◇優秀賞
　竹本 伊達大夫（大夫）
　野澤 錦糸（5世）（三味線）
◇奨励賞
　竹本 文字久大夫（大夫）
　鶴澤 清二郎（三味線）
　吉田 清之助（人形）
◇特別賞
　豊竹 呂大夫（大夫）
第21回（平13年）
◇大賞
　豊竹 嶋大夫（大夫）
◇優秀賞
　吉田 文吾（人形）
◇奨励賞
　竹本 津駒大夫（大夫）
◇特別賞
　鶴沢 燕二（三味線）
　吉田 簑助（人形）
第22回（平14年）
◇大賞
　該当者なし
◇優秀賞
　豊竹 英大夫（大夫）
　鶴澤 清介（三味線）
　吉田 簑太郎（現・桐竹勘十郎）（人形）
◇奨励賞
　豊竹 呂勢大夫（大夫）
◇特別賞
　竹本 越路大夫（4世）（大夫）
　吉田 玉男（人形）
第23回（平15年）
◇大賞
　豊竹 咲大夫（大夫）
◇優秀賞
　桐竹 勘十郎（3世）（人形）
◇奨励賞
　豊竹 呂勢大夫（大夫）
◇特別賞

三宅 晟介（写真家）

第24回（平16年度）

◇大賞

　桐竹 紋寿（人形）

◇優秀賞

　吉田 玉女（人形）

◇奨励賞

　吉田 簑二郎（人形）

　鶴澤 清志郎（三味線）

◇特別賞

　竹本 住大夫（7世）（大夫）

第25回（平17年度）

◇大賞

　該当者なし

◇優秀賞

　鶴澤 清二郎（三味線）

　鶴澤 燕二郎（現・鶴澤燕三）（三味線）

　吉田 和生（人形）

◇奨励賞

　吉田 堪弥（人形）

第26回（平18年度）

◇大賞

　豊竹 咲大夫（大夫）

◇優秀賞

　吉田 玉也（人形）

◇奨励賞

　豊竹 咲甫大夫（大夫）

　野澤 喜一朗（三味線）

◇特別賞

　吉田 簑助（人形）

第27回（平19年度）

◇大賞

　桐竹 勘十郎（3世）（人形）

◇優秀賞

　吉田 玉女（人形）

　竹澤 宗助（三味線）

◇奨励賞

　吉田 幸助（人形）

　豊竹 睦大夫（大夫）

◇特別賞

　竹本 住大夫（7世）（大夫）

第28回（平20年度）

◇大賞

　桐竹 勘十郎（3世）（人形）

◇優秀賞

　豊竹 呂勢大夫（大夫）

　野澤 錦糸（5世）（三味線）

　豊松 清十郎（人形）

◇奨励賞

　豊竹 咲甫大夫（大夫）

　吉田 一輔（人形）

第29回（平21年度）

◇大賞

　該当者なし

◇優秀賞

　鶴澤 清介（三味線）

　鶴澤 燕三（6世）（三味線）

　吉田 玉也（人形）

◇奨励賞

　竹本 相子大夫（大夫）

　吉田 玉佳（人形）

◇特別賞

　鶴澤 清治（作曲）

第30回（平22年度）

◇大賞

　豊竹 咲大夫（大夫）

◇優秀賞

　竹本 千歳大夫（大夫）

　吉田 玉女（人形）

◇奨励賞

　野澤 喜一朗（三味線）

　豊竹 芳穂大夫（大夫）

◇特別賞

　久我 敬一郎（小道具, 追贈）

第31回（平23年度）

◇大賞

　桐竹 勘十郎（3世）（人形）

◇優秀賞

　鶴澤 藤蔵（2世）（三味線）

◇奨励賞

　吉田 簑紫郎（人形）

　豊竹 睦大夫（大夫）

　鶴澤 寛太郎（三味線）

第32回（平24年度）
　◇大賞
　　吉田 玉女（人形）
　◇優秀賞
　　豊竹 呂勢大夫（大夫）
　　豊澤 富助（三味線）
　◇奨励賞
　　桐竹 紋臣（人形）
　　豊竹 靖大夫（大夫）
　◇特別賞
　　桐竹 勘十郎（3世）（作・演出）
　　鶴澤 清介（作曲）

第33回（平25年度）
　◇大賞
　　野澤 錦糸（5世）（三味線）
　◇優秀賞
　　竹本 千歳大夫（大夫）
　　吉田 玉志（人形）
　◇奨励賞
　　吉田 玉勢（人形）
　　鶴澤 清丈（三味線）
　◇特別賞
　　竹本 住大夫（7世）（大夫）

049 コクーン戯曲賞

　劇作家と演出家と劇場との出会いの場として広く一般に公募し、既成の枠にとらわれない、優れた舞台を生み出す事を目的とし、シアターコクーンのレパートリーとしての上演を前提として創設した。賞名を「シアターコクーン戯曲賞」から「コクーン戯曲賞」に改称。第4回をもって終了。

【主催者】 Bunkamura

【選考委員】（第4回）蜷川幸雄、岩松了、串田和美、野田秀樹、松尾スズキ、渡辺えり子

【選考方法】 公募

【選考基準】〔対象〕戯曲。ジャンルは演劇全般（ストレートプレイ、ミュージカル等）。題材自由。脚色、翻案や民話・伝承・歌謡等に依拠したものも可（原作・典拠を付記）。シアターコクーンでの上演を前提とした未発表作品。ただし、既発表、既上演したものをシアターコクーン向けに改稿したもの、非商業同人誌、自家出版での既発表は可。〔資格〕プロ、アマを問わず、共作も可。〔原稿〕400字詰原稿用紙使用。ワープロ原稿は40字×20行。冒頭に10枚以内で「あらすじ」「ねらい」を明記

【締切・発表】（第4回）平成11年6月末日締切、該当作なしで終了

【賞・賞金】 賞金300万円（上演料含む）。著作権は原著者に帰属。上演権は3年間Bunkamuraに帰属。他の2次使用は話し合いによる

第1回（平5年）
　台場 達也 「NEVER SAY DREAM」
第2回（平7年）
　鈴江 俊郎、狩場 直史 「零（こぼ）れる
　果実」

第3回（平9年）
　春口 洋 「Zenmai—金色の草原に立つ時
　限爆弾を持った少年」
第4回（平11年）
　該当作なし

050 子どもが上演する劇・脚本募集

　　子どもたちの演劇活動を豊かにし, 活性化するために昭和54年に創設された。第1回, 第2回は入選・準入選のみだったが, 第3回から特選として「晩成書房戯曲賞」を設け, 賞金を贈っている。

【主催者】日本演劇教育連盟

【選考委員】ふじたあさや, 小森美巳, 辰嶋幸夫, 水野久

【選考方法】公募

【選考基準】〔対象〕小学校〜高等学校で上演可能な舞台劇, 人形劇, 野外劇など。〔資格〕脚色ものは, 原作者の許可済のものに限る。〔原稿〕上演する児童, 生徒の年齢に適した長さとする

【締切・発表】毎年度3月31日締切,「演劇と教育」8+9月合併号誌上で発表

【賞・賞金】特選1編(晩成書房戯曲賞), 入選及び準入選, 各々数編

【URL】http : //www4.ocn.ne.jp/~enkyoren/

第1回(昭54年度)
　該当作なし
第2回(昭55年度)
　該当作なし
第3回(昭56年度)
　梶本 暁代 「おれたちの象, ポチ…」
　中村 明弘 「ぼくらヘッポコサーカス団」
第4回(昭57年度)
　深沢 直樹 「裁かれるものは…」
第5回(昭58年度)
　該当作なし
第6回(昭59年度)
　該当作なし
第7回(昭60年度)
　北野 茨 「OH・END！ されど応援」
第8回(昭61年度)
　伊藤 慈雄 「それでも青春」
第9回(昭62年度)
　海谷 修子 「とんがり山の梨の木」
第10回(昭63年度)
　該当作なし
第11回(平1年度)
　◇特選
　　北野 茨 「逆光少女」
第12回(平2年度)
　◇特選
　　該当作なし

第13回(平3年度)
　◇特選
　　伊藤 慈雄 「コチドリの干潟(うみ)」
　　かめおか ゆみこ 「月が見ていた話」
第14回(平4年度)
　◇特選
　　斎藤 俊雄 「降るような星空」
第15回(平5年度)
　　溝口 貴子 「逃亡者―夢を追いかけて」
第16回(平6年度)
　◇特選
　　椙山女学園高校演劇部 「まにまに」
第17回(平7年度)
　◇特選
　　堀 潮 「リトルボーイズ・カミング」
第18回(平8年度)
　該当作なし
第19回(平9年度)
　該当作なし
(平11年度)
　該当作なし
(平12年度)
　◇特選
　　該当作なし
　◇入選
　　田部井 泰 「不思議の国のアリスたち」
　　大貫 政明 「母さんに乾杯！―命のリレー」

亀谷 みどり 「家を生むニワトリ」
上田 昭子 「不在の存在―あるいは少年少
　　女達の断片」
(平13年度)
◇特選
　該当作なし
◇入選
　高橋 よしの 「なずなとあかり」
　金子忍&平塚市立南原中学校2000年度三年
　　二組 「ムササビたちの冒険」
(平14年度)
◇特選
　該当作なし
◇入選
　志野 英乃 「迷い猫預かってます。」
　三神 房子 「おいらはだんご虫」
(平15年度)
◇特選
　志野 英乃 「スワローズは夜空に舞って」
◇入選
　大橋 慰佐男 「KITCHEN&DINING」
(平16年度)
◇特選
　該当作なし
◇入選
　佐藤 ゆかり 「華の応援団―チャチャ
　　チャッCHEER！」
(平17年度)
◇特選
　該当作なし
◇入選
　志野 英乃 「空のできごと」
(平18年度)
◇特選
　該当作なし

◇入選
　該当作なし
(平19年度)
◇特選
　該当作なし
(平20年度)
◇特選
　該当作なし
(平21年度)
◇入選
　該当作なし
◇準入選
　宮城県立白石高等学校定時制四学年生徒一
　　同 「仇討ち三姉妹」
(平22年度)
◇入選
　小沼 朝生〔翻案・脚色〕 「ハムレット」
　戸澤 文生 「旅立つときに」
(平23年度)
◇入選
　該当作なし
◇準入選
　酒井 真愛 「青い春」
(平24年度)
◇入選
　小林 円佳 「大地讃頌 - 2011 -」
◇準入選
　河野 大地 「臥牛ヶ丘ブルース」
(平25年度)
◇特選
　佐藤 雅通 「シュレーディンガーの猫～
　　Our Last Question～」
◇準入選
　河野 大地 「うめ！(朗読劇)」

051 催花賞

　昭和63年「観世新九郎家文庫」が服部康治氏より寄贈されたことを記念して設立され
た服部記念法政大学能楽振興基金に基づく事業の一つとして, 功績の著しい能楽三役 (囃
子方・ワキ方・狂言方), および三役の研究や能楽振興に貢献された個人・団体, 能楽の普
及・発展に貢献された個人・団体に贈られる賞。名称は能楽囃子方・観世新九郎家の先

祖で「船弁慶」「紅葉狩」などの作者として著名な観世小次郎信光の技芸を称えて明国の人が揮毫した額「催花」に因んでいる。

【主催者】法政大学

【選考委員】法政大学能楽研究所専任・兼任所員

【選考方法】関係者の推薦に基づき所員会議で候補者を選び, 能楽賞選考委員による選考会議で決定

【選考基準】〔対象〕(1) 三役の長老 (ほぼ70歳以上) で優れた技能を発揮するとともに, 後継者の育成, 流儀の維持・発展, 地域能界の振興などに顕著な貢献をした人。(2) 囃子方や三役に関する研究, および地方能楽に関する研究に顕著な業績を上げた人 (又は団体)。(3) 能楽の後継者養成に顕著な貢献をした人 (又は団体)。(4) 能楽の普及・振興に顕著な貢献をした人 (又は団体)。〔留意点〕(1) すでに国家的な顕彰を受けている人 (人間国宝・芸術院会員など) は対象から除く。(2) 観世寿夫記念法政大学能楽賞の受賞者は対象から除く。(3) 基金の由来を考慮し, 中央以外の地方での地道な活動等の貢献を重視し, また囃子方を重視する

【締切・発表】推薦締切は11月末〜12月初旬, 法政大学能楽賞と同時に発表し, 1月中に贈呈式

【賞・賞金】賞状と賞金30万円

【URL】http://nohken.ws.hosei.ac.jp

第1回 (昭63年)

　守家 金十郎 (観世流太鼓方) "大鼓観世流の唯一の継承者として, 戦前には京城で, 戦後には岡山市を中心に, 地道な活動で地方能楽の発展に貢献し, 90歳を越えるまで演奏し続けてきた囃子方の最長老であり, 後継者の育成にも努力し, 一昨年には, 能楽界の了承を得て, かつて「宝生錬三郎派」と呼ばれていたのを本来の名称たる「観世流」に戻す悲願を達成している"

第2回 (平1年)

　三島 太郎 (金春流太鼓方) "大正初年以来, 70年にわたって太鼓金春流の技芸に研鑽を重ね, 的確・堅実な芸で阪神の能楽界の興隆に貢献してきた囃子方の長老で, 米寿を迎えた現在もなお矍鑠として活動し続けている"

第3回 (平2年)

　柿原 繁蔵 (太鼓方高安流) "多年, 大鼓高安流の技芸に研鑽を重ね, 終始九州を離れず, 八十歳を迎えた現在も活発に活動している囃子方の古老で, 九州での能楽の普及・発展に甚大な貢献を続けている"

第4回 (平3年)

　岡 次郎右衛門 (ワキ方高安流) "多年, ワキ方高安流の技芸に研鑽を重ね, 終始京都を離れず, 85歳を迎える現在も活発に活動しているワキ方の最長老で, 京都をはじめ関西での演能を支え, 能楽の普及・発展に甚大な貢献を続けている"

第5回 (平4年)

　前西 芳雄 (京都能楽養成会専務理事) "昭和39年に発足した京都能楽養成会の専務理事として後継者養成に尽力しているのみならず, 能楽の普及活動や研究活動にも精力的に取り組み, 多年, 京都能界の世話役に徹して活動してきた功績が甚大である"

第6回 (平6年)

　古川 七郎 (狂言方大蔵流) "多年, 家業の傍ら大蔵流狂言の研鑽に努め, 青少年のために瀬戸内海の島嶼部や山間僻地での学校巡演を継続したり, 市民狂言会を定

着させるなど, 地道な努力を続けている。
愛媛能楽協会会長として能楽の普及と後
進の指導に尽力した功績も甚大である"

第7回 (平7年)

　曽和 博朗 (小鼓方幸流) "多年, 家芸であ
る幸流小鼓の研鑽に努め, 高度の技芸に
よって京都の囃子方の中心的存在として
縦横に活動するのみならず, 能楽協会京
都支部等の役員を歴任して地域の能楽振
興に寄与し, 京都能楽養成会講師として
後継者育成に尽力するなど, 能界への貢
献が甚大である"

第8回 (平8年)

　善竹 幸四郎 (狂言方大蔵流) "上方風の濃
い味わいを基盤にしつつ, 加齢とともに
枯淡さを増した個性豊かな舞台成果を上
げた"

第9回 (平9年)

　大原 紋三郎 (新城狂言同好会会長) "富永
神社祭礼能の伝統保持の業績が評価され
た"

第10回 (平10年)

　油谷 光雄 (国立能楽堂・元企画制作課長)
"開かれた国立能楽堂を目指して新鮮な
公演を実現した"

第11回 (平11年)

　檜 常太郎 (檜書店社長) "家業の謡本出版
を超えた能振興への貢献"

第12回 (平12年)

　野村 又三郎 (狂言方和泉流) "野村派の芸
統を守り続け, 後継者を育てた功績など"

第13回 (平13年)

　山口鷺流狂言保存会 "結成以来, 毛利藩に
伝えられた鷺流狂言の保存伝承に努め,
定期公演や狂言教室を開くなど, 普及と
伝承者の育成に尽力した功績"

第14回 (平14年)

　田中 允 (故人) (元青山学院大教授) "幸流
小鼓方として活動しながら廃絶された謡
曲を研究, 「番外謡曲」「未刊謡曲集」を
まとめ上げた"

第15回 (平15年)

　横浜能楽堂 (代表・山崎有一郎) "平成8年
の開館以来, 次々と斬新な企画を打ち出
してきた"

第16回 (平16年)

　能楽タイムズ (代表・丸岡圭一) "創刊以
来, 演者と観客を結ぶ全流にわたる月刊
情報誌として報道・舞台評論・研究・随
想等を掲載し, 能楽の普及に尽くした業
績"

第17回 (平17年)

　東海能楽研究会 (代表・筧鉱一) "名古屋
を中心に東海地方の能楽史研究や次世代
への継承・普及に尽くした"

第18回 (平18年)

　観世 元信 (観世流太鼓方) "中央だけでな
く地方各地で活動し, 能楽の発展を支え
る囃子方の育成にも尽力"

第19回 (平19年)

　河村 総一郎 (石井流大鼓方) "石井流大鼓
の芸道に精進し, 流是をよく守り伝えて
きた。名古屋での秘曲・大曲上演には欠
かせない囃子方として多くの能の成功に
寄与しており, 長年にわたり名古屋の能
楽界を支えてきた"

第20回 (平20年)

　権藤 芳一 (古典芸能評論家) "京都観世会
館の事務局長を勤め, 能をはじめとする
古典芸能全般の評論と普及に大きな役割
を果たし, 関西における能狂言の公演に
ついての情報発信を一貫して続けてき
た"

第21回 (平21年)

　福井 四郎 (扇制作者) "老舗十松屋の工房
責任者として舞扇の制作に携わってきて
おり, 江戸時代以来の扇制作の伝統の維
持・継承に果たしてきた"

第22回 (平22年)

　三島 元太郎 (金春流太鼓方) "長年にわた
りその確実で安定した技量によって東西
の多くの舞台を支えるとともに, 後継者
育成にも多大な尽力を続けてきた。人望

が篤く, 特に関西の囃子方の要として重要な役割を果たしている"

第23回 (平23年)

一色町能楽保存会 "地域を挙げてその伝統の保存・継承に努めるとともに, 伊勢を舞台に精力的な演能活動を展開している。猿楽の成立を考える上できわめて重要な呪師の芸能を今に伝えている点や, 地域の人々の献身的な努力と熱意のもと

に能楽の振興が図られている点も高く評価される"

第24回 (平24年)

喜多流大島能楽堂 "通算235回に及ぶ定期能を行い, 質の高い能・狂言の催しを長年にわたって地域に提供してきた。地元の伝承に取材した新作能や英語能の制作など, 能楽の新たな可能性を探る試みに意欲的に取り組んでいる"

---

052 斎田喬戯曲賞

　児童劇作家・故斎田喬氏の業績を記念し, 日本児童劇全集 (小学館) の印税をおもな基金として, 昭和36年に制定された。発表・上演された児童劇, 学校劇, 人形劇などのうち優秀な創作戯曲に贈られる。

【主催者】(公社) 日本児童青少年演劇協会

【選考委員】ふじたあさや, 別役実, 内木文英

【選考方法】自薦, 他薦

【選考基準】〔対象〕前年4月から当年3月までに発表 (上演, 印刷) された児童劇 (人形劇・影絵劇も含む), 学校劇の創作戯曲

【締切・発表】例年7月～9月締切,9月～10月頃発表

【賞・賞金】ブロンズ像と賞金10万円

【URL】http://www.linkclub.or.jp/~jcta

第1回 (昭36年)

　該当作なし

第2回 (昭37年)

　多田 徹 "「ボタっ子行進曲」〔劇団風の子上演〕"

第3回 (昭38年)

　該当作なし

第4回 (昭39年)

　該当作なし

第5回 (昭44年)

　飯沢 匡 "「みんなのカーリ」〔劇団四季上演〕"

第6回 (昭45年)

　該当作なし

第7回 (昭46年)

　井上 ひさし "「十一ぴきのネコ」〔テアト

ル・エコー上演〕"

第8回 (昭47年)

　筒井 敬介 "「ゴリラの学校」〔劇団NLT上演〕,「何にでもなれる時間」〔演劇と教育〕"

第9回 (昭48年)

　かたおか しろう "「大阪城の虎」〔関西芸術座上演〕"

第10回 (昭49年)

　該当作なし

第11回 (昭50年)

　ふじた あさや "「さんしょう太夫」〔前進座上演〕"

第12回 (昭51年)

　◇佳作賞

　　小寺 隆韶 「かげの砦」

荒木 昭夫 「つちぐも」
第13回（昭52年）
　該当作なし
第14回（昭53年）
　該当作なし
第15回（昭54年）
　該当作なし
第16回（昭55年）
　水上 勉 "「あひるの靴」〔面白半分3月臨時
　増刊号〕"
第17回（昭56年）
　該当作なし
第18回（昭57年）
　菅井 建 「龍になって」
第19回（昭58年）
　該当作なし
第20回（昭59年）
　該当作なし
第21回（昭60年）
　別役 実 「不思議の国のアリスの『帽子屋
　さんのお茶の会』」
第22回（昭61年）
　谷川 俊太郎 「いつだって今だもん」
第23回（昭62年）
　神田 成子 「突然の陽ざし」
第24回（昭63年）
　該当作なし
第25回（平1年）
　該当作なし
第26回（平2年）
　中村 欽一 「パナンペ・ペナンペ物語」（群
　馬中芸上演）
第27回（平3年）
　該当作なし
第28回（平4年）
　斉藤 紀美子 「すみれさんが行く」（青年劇
　場上演）
第29回（平5年）
　該当作なし
第30回（平6年）
　溝口 貴子 「逃亡者―夢を追いかけて」

第31回（平7年）
　高瀬 久男 （文学座） 「あした天気になあ
　れ！」（劇団うりんこ上演）
第32回（平8年）
　平石 耕一 （東京芸術座） 「ブラボー！
　ファーブル先生」（東京芸術座上演）
第33回（平9年）
　該当作なし
第34回（平10年）
　木村 裕一 「あらしのよるに」（演劇集団円
　上演）
第35回（平11年）
　熊井 宏之，中村 芳子 「にわか師三代」
　（劇団道化上演）
第36回（平12年）
　福田 善之 「壁の中の妖精」（木山事務所上
　演）
第37回（平13年）
　該当作なし
第38回（平14年）
　石原 哲也 「チェンジ・ザ・ワールド」
第39回（平15年）
　該当作なし
　◇優秀賞
　山崎 清介，田中 浩司 「シェイクスピアを
　盗め！」
　いずみ 凜 「ナガサキ'ん グラフィティ」
第40回（平16年）
　該当作なし
第41回（平17年）
　該当作なし
第42回（平18年）
　小川 信夫 「多摩川に虹をかけた男―田中
　兵庫物語」
第43回（平19年）
　さねとう あきら 「のんのんばあとオレ」
第44回（平20年）
　該当者なし
第45回（平21年）
　該当者なし
第46回（平22年）
　該当者なし

第47回（平23年）
　　該当者なし
第48回（平24年）
　　篠原 久美子　「空の村号」

第49回（平25年）
　　該当者なし

---

053 シアターアーツ賞

　演劇批評に新しい地平を開く新進気鋭の批評家の発掘・育成を目的として，平成7年に創設された。

【主催者】国際演劇評論家協会（AICT）日本センター

【選考委員】（第18回）野田学，柾木博行，萩原健，事務局：井上優

【選考基準】〔対象〕舞台芸術（演劇・舞踊・オペラ・ミュージカルなど）についての批評，論文。但し，未発表のものに限る。〔応募規定〕400字詰め原稿用紙30枚程度

【締切・発表】（第19回）平成26年12月31日応募締切（必着），受賞作品を「シアターアーツ」誌に掲載

【賞・賞金】賞金5万円

【URL】http://theatrearts.activist.jp/

第1回（平7年度）
　　野村 幸弘　「土方巽と日本美術」
第2回（平8年度）
　　受賞作なし
第3回（平10年度）
　　受賞作なし
第4回（平12年度）
　　受賞作なし
第5回（平13年度）
　　古後 なおこ　「アクション芸術の現在形：クリストフ・シュリンゲンジーフのパフォーマンス・プロジェクト『オーストリアを愛してね！』」
第6回（平14年度）
　　該当者なし
第7回（平15年度）
　　永野 曜一　「『名のり』と『名付け』―秋元松代論」
第8回（平16年度）
　　該当者なし
第9回（平17年度）
　　塚本 知佳　「『処女』の喪失と維持―『終わりよければすべてよし』におけるセクシュアリティの力学」
第10回（平18年度）
　　該当者なし
第11回（平19年度）
　　該当者なし
第12回（平20年度）
　　該当者なし
第13回（平21年度）
　　該当者なし
第14回（平22年度）
　　該当者なし
第15回（平23年度）
　　該当者なし
第16回（平24年度）
　　該当者なし
第17回（平25年度）
　　堀切 克洋　「翻訳（不）可能な文化をめぐる旅－ジャン＝ミシェル・ブリュイエール『たった一人の中庭』－」
第18回（平26年度）
　　該当者なし

054 **シティロード・メモリアル・ベストテン〔演劇部門〕**

　昭和52年, 月刊誌「シティロード」誌の読者選出ベストテン「メモリアルコンサート」「メモリアルシネマ」に続いて「メモリアルプレイ」として創設された。開始時より脚本家, 演出家, 俳優の個人賞も設けられている。平成2年度からは「シティロード」執筆者選出に変わり, 4年度を持って中止された。

【主催者】シティロード (エコー企画)

【選考方法】シティロード執筆者による選出

【選考基準】〔対象〕ベスト・プレイ：平成元年度の場合, 平成元年に上演された演劇舞台・舞踏の中でもっとも印象に残った作品。ベスト作家・演出家：平成元年最もその活躍が印象に残った作家・演出家。ベスト俳優・舞踏手：平成元年最もその活躍が印象に残った俳優・舞踏手

【締切・発表】発表は2月下旬発売の「CITY ROAD」3月号誌上

第1回 (昭52年度)

◇メモリアルプレイ

- 1位
  つかこうへい事務所　「戦争で死ねなかったお父さんのために」
- 2位
  天井棧敷　「中国の不思議な役人」
- 3位
  劇団四季　「ウエスト・サイド物語」
- 4位
  状況劇場　「蛇姫様」
- 5位
  転形劇場　「小町風伝」
- 6位
  早稲田小劇場　「鏡と甘藍」
- 7位
  安部公房スタジオ　「水中都市」
- 8位
  文学座　「にしむくさむらい」
  シェイクスピアシアター　「オセロー」
- 10位
  劇団インカ帝国　「春の館」
  未来劇場　「サンタマリアの不倫な関係」

◇作家・演出家

- 1位
  別役 実
- 2位
  つか こうへい (つかこうへい事務所)
- 3位
  浅利 慶太 (劇団四季)
- 4位
  寺山 修司 (天井棧敷)
- 5位
  太田 省吾 (転形劇場)
- 6位
  蜷川 幸雄
- 7位
  藤原 新平 (文学座)
- 8位
  程島 武夫 (転形劇場)
- 9位
  早野 寿郎
  伊野 万太 (劇団インカ帝国)

◇俳優・舞踏手

- 1位
  三浦 洋一
- 2位
  小林 薫 (状況劇場)
- 3位
  鹿賀 丈史 (劇団四季)

- ●4位
  市村 正親（劇団四季）
- ●5位
  坂東 玉三郎
- ●6位
  鳳 蘭
- ●7位
  根津 甚八（状況劇場）
- ●8位
  平田 満（つかこうへい事務所）
- ●9位
  小沢 昭一（芸能座）
  品川 徹（転形劇場）

第2回（昭53年度）

◇ベスト・プレイ

- ●1位
  天井桟敷　「奴婢訓」
- ●2位
  状況劇場　「ユニコン物語」
- ●3位
  天井桟敷　「観客席」
- ●4位
  状況劇場　「河童」
- ●5位
  東京キッドブラザース　「ひとつの同じ
  　ドア」
- ●6位
  劇団四季　「カッコーの巣をこえて」
- ●7位
  早稲田小劇場　「サロメ」
  文学座アトリエ　「海ゆかば水漬く屍」
- ●9位
  空間演技　「日輪」
- ●10位
  転形劇場　「風枕」

◇ベスト作家・演出家

- ●1位
  寺山 修司（天井桟敷）
- ●2位
  唐 十郎（状況劇場）
- ●3位
  東 由多加（東京キッドブラザース）

- ●4位
  別役 実
- ●5位
  浅利 慶太（劇団四季）
- ●6位
  鈴木 忠志（早稲田小劇場）
- ●7位
  岡部 耕大（空間演技）
- ●8位
  藤原 新平（文学座アトリエ）
- ●9位
  和田 史郎（斜光社）
- ●10位
  笹原 茂朱（夜行館）

◇ベスト俳優・舞踏手

- ●1位
  根津 甚八（状況劇場）
- ●2位
  小林 薫（状況劇場）
- ●3位
  鹿賀 丈史（劇団四季）
- ●4位
  新高 恵子（天井桟敷）
- ●5位
  白石 加代子（早稲田小劇場）
- ●6位
  若松 武（天井桟敷）
  豊川 潤（真空艦）
- ●7位
  小林 勝也（文学座アトリエ）
- ●8位
  岸田 今日子
- ●9位
  田中 泯
  吉田 日出子（自由劇場）

第3回（昭54年度）

◇ベスト・プレイ

- ●1位
  天井桟敷　「レミング」
- ●2位
  劇団第七病棟　「ふたりの女」
- ●3位

つかこうへい事務所 「広島に原爆を落とす日」
- 4位
  早稲田小劇場 「家庭の医学」
- 5位
  劇団四季 「コーラスライン」
- 6位
  パルコ企画 「青ひげ公の城」
- 7位
  68 71「ブランキ殺し上海の春」
  斜光社 「Z」
- 8位
  状況劇場 「青頭巾」
- 9位
  つかこうへい事務所 「いつも心に太陽を」
- 10位
  つかこうへい事務所 「初級革命講座・飛龍伝」

◇ベスト作家・演出家
- 1位
  寺山 修司（天井棧敷）
- 2位
  つか こうへい（つかこうへい事務所）
- 3位
  浅利 慶太（劇団四季）
- 4位
  唐 十郎（状況劇場）
- 5位
  鈴木 忠志（早稲田小劇場）
- 6位
  流山児 祥（演劇団）
- 7位
  竹邑 類（ザ・スーパー・Co.）
- 8位
  竹内 純一郎（斜光社）
- 9位
  佐藤 信（黒色テント68/71）
- 10位
  太田 省吾（転形劇場）

◇ベスト俳優・舞踏手
- 1位
  緑 魔子（第七病棟）
- 2位
  小林 薫（状況劇場）
- 3位
  風間 杜夫（つかこうへい事務所）
- 4位
  若松 武（天井棧敷）
- 5位
  平田 満（つかこうへい事務所）
- 6位
  蔦森 皓佑（早稲田小劇場）
- 7位
  市村 正親（劇団四季）
- 8位
  塩野谷 正幸（演劇団）
- 9位
  田村 連（ザ・スーパー・Co.）
- 10位
  市川 染五郎（6世）

第4回（昭55年度）
◇ベスト・プレイ
- 1位
  つかこうへい事務所 「蒲田行進曲」
- 2位
  つかこうへい事務所 「いつも心に太陽を」
- 3位
  劇団四季 「エレファント・マン」
- 4位
  つかこうへい事務所 「熱海殺人事件」
- 5位
  天井棧敷 「観客席」
- 6位
  夢の遊眠社 「赤穂浪士」
- 7位
  オンシアター自由劇場 「上海バンスキング」
- 8位
  つかこうへい事務所 「初級革命講座・飛龍伝」
- 9位
  転位・21 「うお伝説」
- 10位
  加藤健一企画，エー・ワン 「審判」

◇ベスト作家・演出家
- 1位
  つか こうへい（つかこうへい事務所）
- 2位
  浅利 慶太（劇団四季）
- 3位
  寺山 修司（天井桟敷）
- 4位
  野田 秀樹（夢の遊眠社）
- 5位
  唐 十郎（状況劇場）
- 6位
  流山児 祥（演劇団）
- 7位
  山崎 哲（転位・21）
- 8位
  蜷川 幸雄
- 9位
  太田 省吾（転形劇場）
- 10位
  串田 和美（オンシアター自由劇場）

◇ベスト役者・舞踏手
- 1位
  風間 杜夫
- 2位
  市村 正親（劇団四季）
- 3位
  平田 満（つかこうへい事務所）
- 4位
  加藤 健一（エー・ワン）
- 5位
  柄本 明（東京乾電池）
- 6位
  吉田 日出子（オンシアター自由劇場）
- 7位
  若松 武（天井桟敷）
- 8位
  野田 秀樹（夢の遊眠社）
- 9位
  塩野谷 正幸（演劇団）
- 10位
  新高 恵子（天井桟敷）

第5回（昭56年度）
◇ベストプレイ
- 1位
  つかこうへい事務所　「銀ちゃんのこと」
- 2位
  夢の遊眠社　「ゼンダ城の虜」
- 3位
  オンシアター自由劇場　「上海バンスキ
  ング」
- 4位
  第2次演劇団　「碧い彗星の一夜」
- 5位
  天井桟敷　「百年の孤独」
- 6位
  転形劇場　「水の駅」
- 7位
  転位・21　「漂流家族」
- 8位
  西武劇場　「下谷万年町物語」
- 9位
  つかこうへい事務所　「熱海殺人事件」
- 10位
  転位・21　「うお伝説」

◇ベスト作家・演出家
- 1位
  つか こうへい（つかこうへい事務所）
- 2位
  野田 秀樹（夢の遊眠社）
- 3位
  寺山 修司（天井桟敷）
- 4位
  太田 省吾（転形劇場）
- 5位
  流山児 祥（第2次・演劇団）
- 6位
  山崎 哲（転位・21）
- 7位
  北村 想
- 8位
  浅利 慶太（劇団四季）
- 9位
  唐 十郎（状況劇場）

- 10位
  蜷川 幸雄
◇ベスト役者・舞踏手
- 1位
  風間 杜夫
- 2位
  野田 秀樹（夢の遊眠社）
- 3位
  加藤 健一
- 4位
  伊藤 蘭
- 5位
  吉田 日出子（オンシアター自由劇場）
- 6位
  市村 正親（劇団四季）
- 7位
  柄本 明（東京乾電池）
- 8位
  根岸 季衣
- 9位
  若松 武（天井棧敷）
- 10位
  平田 満
第6回（昭57年度）
◇ベスト・プレイ
- 1位
  つかこうへい事務所　「蒲田行進曲」
- 2位
  本多企画プロデュース　「秘密の花園」
- 3位
  加藤健一企画　「寿歌」
- 4位
  状況劇場　「新・二都物語」
- 5位
  夢の遊眠社　「野獣降臨」
- 6位
  つかこうへい事務所　「寝盗られ宗介」
- 7位
  劇団3○○　「ゲゲゲのげ」
- 8位
  加藤 健一〔企画〕　「審判」
- 9位

つかこうへい事務所　「新版 いつも心に太陽を」
- 10位
  天井棧敷　「レミング」
◇ベスト作家・演出家
- 1位
  つか こうへい（つかこうへい事務所）
- 2位
  唐 十郎（状況劇場）
- 3位
  野田 秀樹（夢の遊眠社）
- 4位
  北村 想
- 5位
  渡辺 えり子（劇団3○○）
- 6位
  寺山 修司（天井棧敷）
- 7位
  流山児 祥（第2次・演劇団）
- 8位
  太田 省吾（転形劇場）
- 9位
  別役 実
- 10位
  山崎 哲（転位・21）
◇ベスト役者・舞踏手
- 1位
  風間 杜夫（つかこうへい事務所）
- 2位
  加藤 健一
- 3位
  平田 満（つかこうへい事務所）
- 4位
  柄本 明
- 5位
  李 礼仙（状況劇場）
- 6位
  野田 秀樹（夢の遊眠社）
- 7位
  緑 魔子（第七病棟）
- 8位
  上杉 祥三（夢の遊眠社）

●9位
　根岸 季衣
●10位
　吉田 日出子（オンシアター自由劇場）
第7回（昭58年度）
◇ベスト・プレイ
●1位
　夢の遊眠社 「小指の思い出」
●2位
　劇団四季 「CATS」
●3位
　転位・21 「子供の領分」
●4位
　夢の遊眠社 「大脱走」
●5位
　第七病棟 「おとことおんなの午后」
●6位
　マクドナルド 「あしながおじさん」
●7位
　状況劇場 「住み込みの女」
●8位
　夢の遊眠社 「走れメルス」
●9位
　五月舎 「朝・江戸の酔醒」
●10位
　加藤健一事務所 「ザ・シェルター」
◇ベスト作家・演出家
●1位
　野田 秀樹（夢の遊眠社）
●2位
　山崎 哲（転位・21）
●3位
　浅利 慶太（劇団四季）
●4位
　唐 十郎（状況劇場）
●5位
　寺山 修司（天井桟敷）
●6位
　北村 想（彗星'86）
●7位
　渡辺 えり子（劇団３○○）
●8位

蜷川 幸雄
●9位
　井上 ひさし
●10位
　斎藤 憐
◇ベスト俳優・舞踏家
●1位
　野田 秀樹（夢の遊眠社）
●2位
　原田 知世
●3位
　上杉 祥三（夢の遊眠社）
●4位
　風間 杜夫
●5位
　加藤 健一（加藤健一事務所）
●6位
　吉田 日出子（オンシアター自由劇場）
●7位
　山崎 努
●8位
　藤井 びん（転位・21）
●9位
　渡辺 美佐子
●10位
　梅沢 富美男（梅沢武生劇団）
第8回（昭59年度）
◇ベスト・プレイ
●1位
　夢の遊眠社 「回転人魚」
●2位
　劇団四季 「CATS」
●3位
　夢の遊眠社 「野獣降臨」
●4位
　転位・21 「ホタルの栖」
●5位
　状況劇場 「あるタップダンサーの物語」
●6位
　第三エロチカ 「ニッポンウォーズ」
●7位
　第七病棟 「ふたりの女」

- 8位
  第三舞台　「モダン・ホラー」
- 9位
  第三エロチカ　「ジェノサイド」
- 10位
  青い鳥　「ある日せっせと」

◇ベスト作家・演出家
- 1位
  野田 秀樹（夢の遊眠社）
- 2位
  山崎 哲（転位・21）
- 3位
  唐 十郎
- 4位
  北村 想（転形劇場）
- 5位
  蜷川 幸雄
- 6位
  川村 毅（第三エロチカ）
- 7位
  市堂 令（青い鳥）
- 8位
  渡辺 えり子（劇団3○○）
- 9位
  鴻上 尚史（第三舞台）
- 10位
  井上 ひさし

◇ベスト役者・舞踏手
- 1位
  上杉 祥三（夢の遊眠社）
- 2位
  野田 秀樹（夢の遊眠社）
- 3位
  加藤 健一（加藤健一事務所）·
- 4位
  李 礼仙（状況劇場）
- 5位
  木野 花（青い鳥）
- 6位
  風間 杜夫
- 7位
  石橋 蓮司（第七病棟）

- 8位
  四谷 シモン
- 9位
  吉田 日出子（オンシアター自由劇場）
- 10位
  渡辺 えり子（劇団3○○）

第9回（昭60年度）
◇ベスト・プレイ
- 1位
  夢の遊眠社　「宇宙蒸発」
- 2位
  第七病棟　「ビニールの城」
- 3位
  夢の遊眠社　「白夜の女騎士」
- 4位
  第三エロチカ　「新宿八犬伝第一巻犬の
  誕生」
- 5位
  青い鳥　「シンデレラ」
- 6位
  第三舞台　「朝日のような夕日をつれて」
- 7位
  転位・21　「水の柩」
- 8位
  劇団3○○　「ゲゲゲのゲ」
- 9位
  夢の遊眠社　「彗星の使者」
- 10位
  状況劇場若衆　「少女都市からの呼び声」

◇ベスト作家・演出家
- 1位
  野田 秀樹（夢の遊眠社）
- 2位
  北村 想
- 3位
  唐 十郎
- 4位
  川村 毅
- 5位
  蜷川 幸雄
- 6位
  山崎 哲（転位・21）

- 7位
  鴻上 尚史（第三舞台）
- 8位
  市堂 令（青い鳥）
- 9位
  石橋 蓮司（第七病棟）
- 10位
  渡辺 えり子（劇団３○○）

◇ベスト役者・舞踏手

- 1位
  上杉 祥三（夢の遊眠社）
- 2位
  緑 魔子（第七病棟）
- 3位
  野田 秀樹（夢の遊眠社）
- 4位
  木野 花（青い鳥）
- 5位
  石橋 蓮司（第七病棟）
- 6位
  加藤 健一（加藤健一事務所）
- 7位
  李 礼仙（状況劇場）
- 8位
  大高 洋夫（第三舞台）
- 9位
  段田 安則（夢の遊眠社）
- 10位
  銀粉蝶（ブリキの自発団）

第10回（昭61年度）

◇ベスト・プレイ

- 1位
  夢の遊眠社 「半神」
- 2位
  第三舞台 「ハッシャ・バイ」
- 3位
  夢の遊眠社 「小指の思い出」
- 4位
  青い鳥 「青い実をたべた」
- 5位
  転位・21 「エリアンの手記」
- 6位

夢の遊眠社 「石舞台七変化」

- 7位
  第三エロチカ 「ラスト・フランケンシュタイン」
- 8位
  ブリキの自発団 「夜の子供」
- 9位
  プロジェクト・ナビ 「想稿・銀河鉄道の夜」
- 10位
  第三舞台 「スワン・ソングの聴こえる場所」

◇ベスト作家・演出家

- 1位
  野田 秀樹（夢の遊眠社）
- 2位
  山崎 哲（転位・21）
- 3位
  鴻上 尚史（第三舞台）
- 4位
  川村 毅（第三エロチカ）
- 5位
  北村 想（プロジェクト・ナビ）
- 6位
  市堂 令（青い鳥）
- 7位
  蜷川 幸雄
- 8位
  生田 萬（ブリキの自発団）
- 9位
  唐 十郎（状況劇場）
- 10位
  井上 ひさし

◇ベスト役者・舞踏手

- 1位
  上杉 祥三（夢の遊眠社）
- 2位
  野田 秀樹（夢の遊眠社）
- 3位
  大地 真央
- 4位
  木野 花

- ●5位
  段田 安則（夢の遊眠社）
- ●6位
  芹川 藍（青い鳥）
- ●7位
  大高 洋夫（第三舞台）
- ●8位
  神 ひろし（神ひろし事務所）
- ●9位
  木内 みどり
- ●10位
  銀粉蝶（ブリキの自発団）
  森田 彰（神ひろし事務所）

第11回（昭62年度）
◇ベスト・プレイ
- ●1位
  第三舞台　「モダンホラー特別編」
- ●2位
  夢の遊眠社　「明るい冒険」
- ●3位
  夢の遊眠社　「野獣降臨」
- ●4位
  第三舞台　「朝日のような夕日をつれて'87」
- ●5位
  第三エロチカ　「フリークス」
- ●6位
  第七病棟　「湯毛の中のナウシカ」
- ●7位
  劇団3〇〇　「オールドリフレイン」
- ●8位
  オフィス・ザ・サードステージ　「朝日の
  ような夕日をつれて〜天の磐戸編」
- ●9位
  青い鳥　「ゆでたまご」
- ●10位
  ピーター・ブルック〔演出〕　「カルメン
  の悲劇」
◇ベスト作家・演出家
- ●1位
  鴻上 尚史（第三舞台）
- ●2位
  野田 秀樹（夢の遊眠社）

- ●3位
  木野 花
- ●4位
  蜷川 幸雄
- ●5位
  北村 想（プロジェクト・ナビ）
- ●6位
  川村 毅（第三エロチカ）
- ●7位
  渡辺 えり子（劇団3〇〇）
- ●8位
  唐 十郎
- ●9位
  ピーター・ブルック
- ●10位
  市堂 令（青い鳥）
◇ベスト役者・舞踏手
- ●1位
  上杉 祥三（夢の遊眠社）
- ●2位
  野田 秀樹（夢の遊眠社）
- ●3位
  真田 広之（JACジャパン・アクション・ク
  ラブ）
- ●4位
  大高 洋夫（第三舞台）
- ●5位
  加藤 健一（加藤健一事務所）
- ●6位
  小須田 康人（第三舞台）
- ●7位
  木野 花
- ●8位
  緑 魔子（第七病棟）
- ●9位
  山下 裕子（第三舞台）
- ●10位
  嶋田 久作

第12回（昭63年度）
◇ベスト・プレイ
- ●1位
  第三舞台　「天使は瞳を閉じて」

- 2位
  夢の遊眠社　「半神」
- 3位
  「大恋愛」
- 4位
  第三エロチカ　「ボディウォーズ」
- 5位
  M.M.M.「SKIN」
- 6位
  自転車キンクリート　「MIDNIGHT
  　　UPRIGHT」
- 7位
  「ビッグ・リバー」
- 8位
  遊◎機械 全自動シアター　「僕の時間の深
  　　呼吸Vol.2」
- 9位
  夢の遊眠社　「彗星のジークフリード」
- 10位
  劇団四季　「オペラ座の怪人」

◇ベスト作家・演出家

- 1位
  鴻上 尚史（第三舞台）
- 2位
  野田 秀樹（夢の遊眠社）
- 3位
  川村 毅（第三エロチカ）
- 4位
  木野 花
- 5位
  蜷川 幸雄
- 6位
  唐 十郎
- 7位
  青井 陽治
- 8位
  飴屋 法水（M.M.M.）
- 9位
  金 盾進（新宿梁山泊）
- 10位
  ピーター・ブルック

◇ベスト俳優・舞踏手

- 1位
  上杉 祥三（夢の遊眠社）
- 2位
  野田 秀樹（夢の遊眠社）
- 3位
  郷田 和彦（第三エロチカ）
- 4位
  加藤 健一（加藤健一事務所）
- 5位
  大高 洋夫（第三舞台）
- 6位
  真田 広之
- 7位
  嶋田 久作（M.M.M.）
- 8位
  京 晋佑（第三舞台）
- 9位
  市村 正親（劇団四季）
- 10位
  風間 杜夫

第13回（平1年度）

◇ベスト・プレイ

- 1位
  第三舞台　「ピルグリム」
- 2位
  オフィス・ザ・サードステージ　「真夏の
  　　夜の夢」
- 3位
  流山児★事務所〔プロデュース〕　「青ひ
  　　げ公の城」
- 4位
  自転車キンクリート　「水に絵を描く」
- 5位
  上杉祥三プロデュースチーム　「暴君
  　　（BROKEN）四谷怪談」
- 6位
  夢の遊眠社　「贋作・桜の森の満開の下」
- 7位
  第三エロチカ　「ボディウォーズ2」
- 8位
  ピナ・バウシュ・ヴッパタール舞踊団
  　　「カーネーション」

- 9位
  新宿梁山泊 「千年の孤独」
- 10位
  「野田版・国性爺合戦」
◇ベスト作家・演出家
- 1位
  鴻上 尚史（第三舞台）
- 2位
  野田 秀樹（夢の遊眠社）
- 3位
  佐藤 信（68/71黒色テント）
- 4位
  木野 花
- 5位
  北村 想（プロジェクト・ナビ）
- 6位
  上杉 祥三（夢の遊眠社）
- 7位
  宮本 亜門
- 8位
  市川 猿之助（3世）
- 9位
  唐 十郎（唐組）
- 10位
  蜷川 幸雄
◇ベスト俳優・舞踏手
- 1位

  前川 麻子（品行方正児童会）
- 2位
  大高 洋夫（第三舞台）
- 3位
  上杉 祥三（夢の遊眠社）
- 4位
  加藤 健一（加藤健一事務所）
- 5位
  篠井 英介（花組芝居）
- 6位
  真田 広之
- 7位
  柄本 明
- 8位
  イッセー尾形
- 9位
  円城寺 あや（夢の遊眠社）
- 10位
  野田 秀樹（夢の遊眠社）
第14回（平2年度）
　◇第1位
  新宿梁山泊 「人魚伝説」
第15回（平3年度）
  維新派 「少年街」
第16回（平4年度）
  勅使川原三郎+KARAS 「NO-JECT」
  松本 修 「わたしが子どもだったころ」

055 松竹株式会社創業90周年記念新作歌舞伎脚本懸賞募集

　創業90周年を記念して，歌舞伎の発展に寄与する清新な，創造精神に充ち溢れた新作歌舞伎の脚本を募集。継続は行っていない。

【主催者】松竹株式会社

【選考委員】川口松太郎，永山武臣（松竹社長），茂木千佳史（歌舞伎座支配人）

【選考方法】題材自由，女方を用いる歌舞伎のための未発表創作脚本に限り，脚色作品，舞踊劇は不可。上演時間1時間及至1時間半まで（400字詰原稿用紙で50枚から80枚前後）新人，既成作家，年令不問。800字以内の梗概添附

【締切・発表】昭和60年5月末日締切（当日消印有効），昭和60年10月上旬，新聞，演劇専門誌，松竹系各座筋書

【賞・賞金】当選作1編300万円, 佳作数編に各30万円

（昭60年）

石井 公一郎 「甲斐源氏夢旗挙（かいげん　　　　　　　じゆめのはたあげ）」

---

056 尚美オリジナル・ミュージカル脚本賞

　平成10年ミュージカル学科の新設を記念してオリジナル・ミュージカルの脚本を募集。バリオホール（小規模）で上演可能な2時間前後のもの, 出演者は10名程度, 全国巡演を想定した普遍的な作品を募集。第1回のみで終了。

【主催者】尚美学園

【選考委員】瀬川昌久, 中村哮夫, 橘市郎, 赤松憲樹

【選考方法】公募

【選考基準】〔対象〕ミュージカル脚本〔原稿〕400字詰原稿用紙120枚程度。原稿の1枚目にタイトル, 氏名（本名）性別, 年齢, 職業, 住所（自宅）を明記。2枚目から800字程度のあらすじと登場人物名の一覧表及びイメージ・キャストを添付。ワープロ原稿は20字×20行で無地用紙に印字。原稿は右肩を綴じ, 通し番号をふる

【締切・発表】（第1回）平成9年12月31日締切（当日消印有効）, 平成10年1月下旬入賞者に通知

【賞・賞金】賞金100万円, バリオホールでの20回公演

第1回　　　　　　　　　　　　　　　　　　ディース」

本間 成一 「ブルーストッキング・レ

---

057 初日通信大賞

　演劇誌「初日通信」が昭和60年にその年を振り返るために始めたもので, 当初は執筆者の選考によっていたが, 第3回から年間50本以上の舞台を観た人による投票制となった。芝居マニアの選出によって新しい演劇界が映し出されている。第7回をもって終了された。また「初日通信」は平成8年4月11日発行号をもって刊行が終了となった。

【主催者】初日通信

【選考委員】1年間に50本以上の舞台を観ている人

【選考方法】所定の用紙に観た芝居50本以上を記入の上, 投票

【選考基準】〔対象〕前年の1年間に公演された舞台

【締切・発表】例年, 締切は1月中旬, 発表は1月下旬, 受賞式は3月上旬

【賞・賞金】賞状とトロフィー

第1回（昭60年度）

◇作品賞

68 71赤いキャバレー 「宮沢賢治第貳旅
　行記」
俳優座劇場プロデュース 「窓を開ければ
　港が見える」
◇主演男優賞
　野田 秀樹 「彗星の使者」
　イッセー尾形 "一連のライブ活動の演技
　　で"
◇主演女優賞
　吉田 日出子 「星の王子さま」「幻の水
　　族館」
　辻 由美子 「セチュアンの善人」
◇助演男優賞
　金 守珍 「ジャガーの眼」「少女都市から
　　の呼び声」
　小林 正和 「密林の王者」「寿歌西へ」
◇助演女優賞
　芹川 藍 「CLOUD9」「一日の楽天」
　松金 よね子 「日本人のへそ」
◇客演賞
　大鷹 明良 「風花の駅」
◇演出賞
　J・A・シーザー 「砂漠の動物園」「アウト
　　オブ マン」
　鴻上 尚史 「朝日のような夕日をつれて」
　　「もうひとつの地球にある水平線のある
　　ピアノ」
◇脚本賞
　高橋 いさを 「ボクサア」
第2回（昭61年度）
◇作品賞
　山海塾 「卵熱」
　パルコプロデュース 「トーチソング・ト
　　リロジー」
◇主演男優賞
　若松 武 「LAST ASIA」ほか
　柄本 明 「まことむすびの事件」「お茶と
　　説教」
◇主演女優賞
　芹川 藍 「想稿 銀河鉄道の夜」
　高泉 淳子 "一連の遊◎機械/全自動シア
　　ター公演の演技で"

◇助演男優賞
　岸野 幸正 「ミスター・シンデレラ」
　小須田 康人 「デジャ・ヴュ'86」「LAST
　　ASIA」「ハッシャ・バイ」
◇助演女優賞
　室井 滋 「LAST ASIA」
　戸田 恵子 「十二夜」「まだ見ぬ幸せ」「踊
　　れ！艦隊のレディたち」
◇客演賞
　大鷹 明良 「Good Night」
　小田 豊 「新・山月記」
◇演出賞
　太田 省吾 「↑（やじるし）」「風の駅」
　鴻上 尚史 「デジャ・ヴュ'86」「ハッ
　　シャ・バイ」
◇脚本賞
　山崎 哲 「まことむすびの事件」「エリア
　　ンの手記」ほか
　安田 雅弘 「PaRT-2」
◇劇団賞
　夢の遊眠社
　東京乾電池
第3回（昭62年度）
◇作品賞
　第三舞台 「朝日のような夕日をつれて'87」
◇主演男優賞
　中村 伸郎 「清国を遍歴する二人の騎士の
　　物語」
　加藤 健一 「セイムタイム ネクストイ
　　ヤー」ほか
◇主演女優賞
　高泉 淳子 「学習図鑑」「僕の時間の深呼
　　吸Vol.2」
◇助演男優賞
　六平 直政 「パイナップル爆弾」「カルメ
　　ン夜想曲」
　筧 利夫 「朝日のような夕日をつれて'87」
　　「モダン・ホラー特別篇」
　杉山 良一 「夜曲」
◇助演女優賞
　篠崎 はるく 「学習図鑑」「僕の時間の深
　　呼吸Vol.2」

◇舞台美術賞
　新宿梁山泊 「カルメン夜想曲」
◇演出賞
　金 守珍 「パイナップル爆弾」「カルメン
　　夜想曲」
　鴻上 尚史 「朝日のような夕日をつれ
　　て'87」「モダン・ホラー特別篇」
◇脚本賞
　別役 実 「諸国を遍歴する二人の騎士の物
　　語」ほか
　高橋 いさを 「アメリカの夜」ほか
◇劇団賞
　遊◎機械 全自動シアター
第4回（昭63年度）
◇作品賞
　秘法零番館 「ひまわり」
◇主演男優賞
　柄本 明 「蒲団と達磨」「マーちゃんの神
　　曲」ほか
◇主演女優賞
　高泉 淳子 「ベビールーム」ほか
◇助演男優賞
　綾田 俊樹 「ザ・シェルター」ほか
◇助演女優賞
　歌川 雅子 「ほどける呼吸」「MIDNIGHT
　　UPRIGHT」
　西山 水木 「寿歌」「帝国エイズの逆襲」
　　ほか
◇演出賞
　竹内 銃一郎 「ひまわり」
◇脚本賞
　岩松 了 「蒲団と達磨」ほか
◇舞台美術賞
　新宿梁山泊 "一連の新宿梁山泊公演の美
　　術"
◇劇団賞
　自転車キンクリート
第5回（平1年度）
◇作品賞
　流山児★事務所 「青ひげ公の城」
◇主演男優賞
　池田 成志 「真夏の夜の夢」「広島に原爆

を落とす日」ほか
◇主演女優賞
　前川 麻子 「センチメンタル・アマレッ
　　ト・ポジティブ」「何日君再来」ほか
◇助演男優賞
　大高 洋夫 「ピルグリム」ほか
◇助演女優賞
　西山 水木 「暴君四谷怪談」「おかしな二
　　人」「ザ・ヴァージンズ」ほか
　深浦 加奈子 「青ひげ公の城」ほか
◇演出賞
　佐藤 信 「青ひげ公の城」ほか
◇脚本賞
　鴻上 尚史 「ピルグリム」ほか
◇舞台美術賞
　M.M.M.「SKIN#2」
◇劇団賞
　新宿梁山泊
第6回（平2年度）
◇作品賞
　加藤健一事務所 「セイムタイム・ネクス
　　トイヤー」
◇主演男優賞
　加藤 健一 "一連の加藤健一事務所公演の
　　演技に対して"
◇主演女優賞
　高畑 淳子 "「セイムタイム・ネクストイ
　　ヤー」他の演技に対して"
◇助演男優賞
　渡辺 いっけい "「一人二役」「○×式ゴ
　　ドーを待ちながら」他の演技に対して"
◇助演女優賞
　高畑 淳子 "「レンド・ミー・ア・テナー」
　　の演技に対して"
◇劇団賞
　加藤健一事務所
◇演出賞
　金 盾進 "「人魚伝説」の演出に対して"
◇脚本賞
　北村 想 "「屋上のひと」「砂と星のあいだ
　　に」他の脚本に対して"
◇舞台美術賞

新宿梁山泊 「人魚伝説」
第7回 (平3年度)
◇作品賞
　東京サンシャインボーイズ 「ショウ・マ
　スト・ゴー・オン」
◇主演男優賞
　西村 雅彦 "「ショウ・マスト・ゴー・オ
　ン」他の演技に対して"
◇主演女優賞
　高泉 淳子 "一連の遊◎機械/全自動シア
　ター公演他の演技に対して"
◇助演男優賞
　吉田 紀之 "「Thirst」「ソカ」他の演技に
　対して"

◇助演女優賞
　高畑 淳子 "「女たちの『十二夜』」の演技
　に対して"
◇劇団賞
　東京サンシャインボーイズ
◇演出賞
　鈴木 勝秀 "「ソカ」他の演出に対して"
◇脚本賞
　三谷 幸喜 "「12人の優しい日本人」「ショ
　ウ・マスト・ゴー・オン」他の脚本に対
　して"
◇舞台美術賞
　遊◎機械 全自動シアター 「ラ・ヴィータ」

058 仙台劇のまち戯曲賞

　仙台開府四百年を記念し，これまで実施してきた舞台芸術振興事業「劇都（ドラマティック・シティ）仙台」の新たなステップとして平成13年に創設。地域の観客と演劇人とが，感動を深く共有しあうことのできるまちの実現を期待し，プロデュース公演での上演を前提として隔年で募集を行う。最終選考で，一般の観客も参加し，「公開戯曲リーディング」もあわせて実施する。第5回以降，休止。

【主催者】 仙台市，(公財) 仙台市市民文化事業団

【選考委員】 (第4回) 飯島早苗 (劇作家)，石川裕人 (劇作家・演出家)，高瀬久男 (演出家)，平田オリザ (劇作家・演出家)，宮田慶子 (演出家)

【選考方法】 公募

【選考基準】 (第4回)〔対象〕演劇の戯曲。〔資格〕問わない。〔応募規定〕日本語による新作戯曲で未発表未上演の作品。応募作品の数に制限はない。400字詰め原稿用紙 (縦書・A4サイズ) で200枚以内。ワープロ原稿の場合は縦書・A4サイズにて，400字詰め換算枚数を明記のこと。基本的に変則的な書式は認めない。読みづらい漢字にはルビを記入すること。他の戯曲，小説，映画などから引用した場合は，引用部分に作品名を明記する。「作品のあらすじ」を1000字以内にまとめ，応募作品に添付 (「作品のあらすじ」のほか「作品の意図・背景」を800字以内で添付することも可)

【締切・発表】 (第4回) 平成20年5月16日締切 (当日消印有効)，平成21年3月22日公開リーディングと最終選考・発表

【賞・賞金】 大賞 (1作品)：賞金200万円 (初演の上演料・税を含む)。佳作 (2作品程度)：賞金5万円。大賞受賞作品は，公益財団法人仙台市市民文化事業団と仙台市の主催公演として初演する予定。初演に係る上演権，放送権，その他，公開・出版に関する権利は主催者である公益財団法人仙台市市民文化事業団と仙台市に帰属する。また上演にあたりドラマドクターの指導を得て加除・変更を行うことがある

【URL】http://www.gekito.jp/

第1回（平13年度）
◇大賞
　キタモト マサヤ（京都市）「闇光る」
◇佳作
　千葉 研之（仙台市）「たま, ゆらら」
　平塚 直隆（名古屋市）「職人の森」
第2回（平15年度）
◇大賞
　柴 幸男（練馬区）「ドドミノ」
◇佳作
　丸尾 聡（川崎市）「飯縄おろし」
　岳本 あゆ美（川崎市）「レゾナンス―共振
　　―」

第3回（平17年度）
◇大賞
　中澤 日菜子（調布市）「ミチユキ→キサ
　　ラギ」
◇佳作
　神品 正子（港区）「七年目の夏」
　平塚 直隆（名古屋市）「自転車英雄」
第4回（平20年）
◇大賞
　平塚 直隆（愛知県名古屋市）「はだか道」
◇佳作
　笠島 清剛（福井県鯖江市）「送別会」
　金池 晴香（大阪府大阪市）「方舟・ARK」

059 せんだい短編戯曲賞

　年齢, 経験を問わず, 次代の演劇を担う人材を応援し続ける戯曲賞となることを目指し, 平成25年に創設。「上演時間おおむね60分以内の短編戯曲であること」「日本各地の制作者・プロデューサーが選考すること」「最終候補作の10作品程度がまとめられ冊子になること」が大きなポイントである。仙台から始まるこの戯曲賞が, 多くの出会いが生み, 日本の演劇を支えて変えていくような「場」になることを願うものである。

【主催者】（公財）仙台市市民文化事業団, 仙台市

【選考委員】（第2回）岡田康之（新潟 りゅーとぴあ）, 木元太郎（東京 こまばアゴラ劇場・アトリエ春風舎）, 平松隆之（名古屋 うりんこ劇場）, 相内唯史（大阪 インディペンデントシアター）ほか

【選考方法】公募

【選考基準】〔対象〕（第2回）平成24（2012）年3月11日以降に書かれ, 上演時間おおむね60分を上限とする戯曲で, かつ著作権・上演権・出版権が応募者本人にあるもの〔資格〕問わない〔応募条件〕日本語による新作戯曲。一人一作品。既発表, 既上演の作品でも可。但し, 同時期の他の賞との重複応募, 過去に他の賞で入選歴のある作品は不可。400字詰め原稿用紙に換算の際, おおむね100枚以内。他の戯曲, 小説, 映画などから引用した場合は, その作品名および引用箇所を明記する

【締切・発表】（第2回）平成26年3月15日締切（当日消印有効）, 5月下旬最終候補作品の発表, 7月上旬大賞作品発表。9月仙台市内で大賞作品のリーディング公演を開催。また, 最終候補作品（大賞作品含む）は, すべて1冊にまとめられ, 冊子として出版される

【賞・賞金】大賞：賞金総額50万円（受賞作品が複数の場合は, 選考委員が選考した結果に応じて賞金額が決定する）。最終候補作品（大賞作品含む）の上演権及び出版権は最終候補作品の発表から2年間, 公益財団法人仙台市市民文化事業団に帰属する

【URL】http://www.gekito.jp/

第1回（平25年）　　　　　　　　　横山 拓也（大阪府）「人の気も知らないで」
　◇大賞　　　　　　　　　　　　　綾門 優季（東京都）「止まらない子供たち
　　　　　　　　　　　　　　　　　　　　　　　　　が轢かれてゆく」

060 大衆演劇「一幕物」脚本

　昭和34年創設, 大衆演劇の新人戯曲家の発掘を目的に脚本を募集。第10回までで中止。
【主催者】文芸春秋新社
【選考委員】北条秀司, 菊田一夫, 中野実, 戸板康二, 川口松太郎
【選考基準】応募方式, 応募作の中から選んで授賞した
【締切・発表】選考結果および作品は「オール読物」誌上に発表, また明治座で上演された
【賞・賞金】記念品, 賞金10万円

第1回（昭35年）　　　　　　　　　第6回（昭40年）
　出雲 隆 「石の壺」　　　　　　　　該当作なし
第2回（昭36年）　　　　　　　　　第7回（昭41年）
　該当作なし　　　　　　　　　　　関川 周 「奥地の鷲」
第3回（昭37年）　　　　　　　　　西川 清之 「蝸牛の少将」
　青山 伯 「あげくの果」　　　　　第8回（昭42年）
第4回（昭38年）　　　　　　　　　安達 靖利 「艀, 海徳丸」
　戸口 茂美 「毒蛇」　　　　　　　第9回（昭43年）
第5回（昭39年）　　　　　　　　　該当作なし
　該当作なし　　　　　　　　　　　第10回（昭44年）
　　　　　　　　　　　　　　　　　深沢 幸雄 「包丁野郎」

061 大東京レビュー大賞

　東京のみならず日本全体のレビューの発展・向上のためその刺激材となるべく, 松竹歌劇団の後援団体SKD経済人クラブによって設立された。平成2年2月のSKD活動停止に伴い, 現在は休止されている。
【主催者】SKD経済人クラブ
【選考委員】（第1回）委員長・前野徹（SKD経済人クラブ特別顧問）, 小野寺紘毅（同代表世話人）, 伊藤俊彦（SKD団長）, 森洋三（東京新聞社演劇記者）, 尾形光寿（東京イベント学院理事）, 山田元彦（演出家）, 日花功（SKD経済人クラブ理事）, 松岡慶樹（SKD制作室長）
【選考方法】劇団記者, 演出家, SKD役員, SKD経済人クラブ役員の推薦による

【選考基準】〔対象〕過去1年間にSKDの舞台で活躍した人物

【締切・発表】第1回は昭和63年10月17日発表・表彰式を重ねた祝賀パーティが開催された

【賞・賞金】賞状,賞金計30万円と副賞記念品

第1回（昭63年）

◇最優秀文部大臣賞

　藤川 洋子（SKD特別大幹部）"今年最大の歌舞伎座公演「SKD夏のおどり」ではトップとしてよく舞台に励げみ,見事に夏のおどりを大成功させた"

◇最優秀経済企画庁長官賞

　甲斐 京子（SKD大幹部）"今年度の海外公演,国内各地の公演及び歌舞伎座公演で,常に中心的に唄と踊りに活躍"

◇最優秀SKD経済人クラブ賞

　高城 美輝（SKD大幹部）"夏のおどりでは抜群のダンシングで,全景にわたって活躍"

◇優秀賞東京都中央区長賞

　立花 梨恵（SKD幹部）"今年度のインド・ヨーロッパの海外公演・夏のおどりなど年間を通じてその努力を継続し,向上心に燃えて懸命に舞台を成し遂げたその成果に対して"

◇優秀賞東京都台東区長賞

　初音 ひかり（SKD幹部）"各公演で抜群のダンシングと演技で"

◇優秀新人賞東京都荒川区長賞

　春風 さや香（SKD幹部）"新人とは思えない舞台とダンスのすばらしさと,その努力に対して"

◇優秀チーム賞テレビ東京社長賞

　ファイブコメッツ（春樹未央,本州あき,由衣春菜,小真木蘭,春風さや香）（SKD幹部）"夏のおどりでも充分にレビューの楽しさを味合わせてくれたことに対して"

◇優秀奮斗賞電通賞

　明石 薫（SKD幹部）"全国各地公演で激しい踊りを続けて来たことに対して"

---

062 宝塚歌劇団年度賞

　昭和28年に設立され,宝塚歌劇の公演毎に表彰されていた「宝塚歌劇団演技賞」の後を受け,翌29年に年間賞として創設されて昭和30年より現在の名称となった。宝塚歌劇団1年間の舞台成果に対して,今後の成果を期する意味で贈られる。

【主催者】宝塚歌劇団

【選考委員】宝塚歌劇団理事長,常務理事,制作部長,プロデューサー,演出家

【選考基準】〔資格〕表彰時の退団者は除く在団生徒（但し団体賞,特別賞は除く）。〔対象〕前年4月から当年3月までの期間。(1)優秀賞：各公演において進歩が顕著であった者。(2)努力賞：特に精励であった者,特に秀逸な舞台実績があった者,公演における貢献度が特に顕著であった者,宝塚内外での活躍が顕著であった者。(3)新人賞：新人公演での活躍が顕著であった者,将来宝塚歌劇を背負って立つ豊かな素質を持っている者。(4)団体賞：各公演において,特に秀逸な場面（もしくは作品全体）に出演していた出演者。(5)特別賞：国内外を問わず,広く世間一般に宝塚歌劇をアピールすることに貢献した者。(6)レッスン奨励賞：レッスン出席回数が多く,技量の向上に顕著に努めた者

【締切・発表】宝塚歌劇団報に発表し,内部で表彰。その結果は「歌劇」「宝塚グラフ」

等の雑誌，および新聞で発表

【賞・賞金】賞状と賞品

（昭28年度）

◇主演演技賞

　春日野 八千代

　筑紫 まり

　新珠 三千代

◇助演演技賞

　大路 三千緒

　朝倉 道子

◇努力賞

　淀 かほる

　長谷川 季子

◇舞踊賞

　恵 ゆたか

◇特別舞踊賞

　天津 乙女

◇新人努力賞

　寿美 花代

◇音楽努力賞

　朝丘 雪路

◇舞踊努力賞

　千波 龍子

（昭29年度）

◇主演演技賞

　春日野 八千代

　神代 錦

◇助演演技賞

　大路 三千緒

◇舞踊賞

　四条 秀子

◇努力賞

　淀 かほる

◇新人演劇賞

　鳳 八千代

　長谷川 季子

◇映画賞

　八千草 薫

　寿美 花代

◇新人映画賞

　扇 千景

（昭30年度）

◇主演演技賞

　明石 照子

　寿美 花代

◇助演演技賞

　美吉 佐久子

　藤波 洸子

◇舞踊賞

　黒木 ひかる

　恵 ゆたか

◇音楽賞

　淀 かほる

　槇 克己

　大倉 玉子

◇新人演劇賞

　美杉 てい子

◇新人舞踊賞

　峯 京子

　内重 のぼる

　大空 美鳥

◇新人音楽賞

　麻鳥 千穂

（昭31年度）

◇主演演技賞

　筑紫 まり

　故里 明美

　淀 かほる

◇助演演技賞

　梓 真弓

　水代 玉藻

◇音楽賞

　宇治 かほる

　三鈴 寿子

◇努力賞

　曖 克美

　三鷹 恵子

◇舞踊賞

花空 季衣

◇新人演劇賞
　星空 ひかる
　水穂 葉子
　南城 照美
　浜 木綿子

◇新人音楽賞
　大町 桂子

◇新人舞踊賞
　若山 かず美
　藤里 美保
　松島 明美
　内重 のぼる

◇新人努力賞
　近衛 真理

（昭32年度）

◇主演賞
　淀 かほる

◇助演賞
　高田 和美
　神代 錦

◇舞踊賞
　南 悠子
　四条 秀子

◇音楽賞
　槙 克己

◇努力賞
　寿美 花代

◇新人演劇賞
　藤里 美保
　浜 木綿子

◇新人舞踊賞
　平 美千代

◇新人音楽賞
　加茂 さくら
　真木 弥生

◇新人努力賞
　内重 のぼる
　時 凡子

（昭33年度）

◇奨励賞
　真帆 志ぶき

南城 照美

◇努力賞
　南 悠子
　大路 三千緒
　寿美 花代
　緑 八千代
　美吉 佐久子
　明石 照子
　清川 はやみ

◇新人演劇賞
　夏 亜矢子
　内重 のぼる

◇新人音楽賞
　真木 弥生

◇新人舞踊賞
　大空 美鳥

◇新人努力賞
　初川 かすみ

（昭34年度）

◇奨励賞
　秩父 美保子
　雅 章子
　龍城 のぼる
　桃山 千蔵
　如月 美和子
　槙 克己

◇努力賞
　毬 るい子
　淀 かほる

◇新人演劇賞
　野辺 小百合

◇新人舞踊賞
　千波 静

◇新人努力賞
　平 美千代

◇特別努力賞
　美吉 佐久子
　明石 照子

（昭35年度）

◇努力賞
　寿美 花代
　淀 かほる

明石 照子
◇奨励賞
　那智 わたる
　内重 のぼる
　星空 ひかる
　夏 亜矢子
　大空 美鳥
　藤里 美保
　槇 克己
◇新人演劇賞
　穂波 しのぶ
◇新人努力賞
　八雲 楊子
（昭36年度）
◇舞踊賞
　近衛 真理
　月乃江 まどか
　和歌 鈴子
　千波 静
　幸 なほみ
◇声楽賞
　大町 桂子
　麻鳥 千穂
　八汐路 まり
　加茂 さくら
　朝香 久美
　藍 葉子
　如月 美和子
◇演技賞
　美吉 佐久子
　淀 かほる
　夏 亜矢子
　平 美千代
　藤里 美保
　那智 わたる
　内重 のぼる
　八雲 楊子
　明石 照子
　真帆 志ぶき
　寿美 花代
　秩父 美保子

（昭37年度）
◇演技賞
　美吉 佐久子
　淀 かほる
　星空 ひかる
　水穂 葉子
　夏 亜矢子
　平 美千代
　藤里 美保
　内重 のぼる
　上月 晃
　大路 三千緒
　松乃 美登里
　真帆 志ぶき
　加茂 さくら
　水代 玉藻
　那智 わたる
　橘 香久子
◇舞踊賞
　近衛 真理
　甲 にしき
　牧 美佐緒
　高城 珠里
◇声楽賞
　槇 克己
　大町 桂子
　八汐路 まり
　麻鳥 千穂
　如月 美和子
（昭38年度）
◇演技賞
　星空 ひかる
　美山 しぐれ
　大路 三千緒
　真帆 志ぶき
　那智 わたる
　立花 公子
　内重 のぼる
　明 左弓
　橘 香久子
　社 千代
◇舞踊賞

　高城 珠里
　安芸 ひろみ
◇声楽賞
　淀 かほる
　麻鳥 千穂
　美和久 百合
　如月 美和子
　水穂 葉子
　上月 晃
◇舞踊演技賞
　松乃 美登里
　千波 淳
◇声楽演技賞
　八汐路 まり
　加茂 さくら
（昭39年度）
◇演技賞
　水穂 葉子
　星空 ひかる
　大路 三千緒
　深山 しのぶ
　立花 公子
◇舞踊賞
　近衛 真理
　風 さやか
◇声楽賞
　如月 美和子
　加茂 さくら
　上月 晃
　麻鳥 千穂
　美和久 百合
　銀 あけみ
　白峰 万里子
　可奈 潤子
　姫 由美子
◇演技舞踊賞
　甲 にしき
　牧 美佐緒
　安芸 ひろみ
◇演技声楽賞
　那智 わたる
　真帆 志ぶき

　南原 美佐保
◇舞踊演技賞
　内重 のぼる
　松乃 美登里
◇声楽演技賞
　八汐路 まり
◇努力賞
　初風 諄
◇新人賞
　郷 ちぐさ
　汀 夏子
（昭40年度）
　美吉 左久子
　淀 かほる
　水穂 葉子
　那智 わたる
　上月 晃
　麻鳥 千穂
　近衛 真理
　甲 にしき
　郷 ちぐさ
　那賀 みつる
　内重 のぼる
　八汐路 まり
　古城 都
　大路 三千緒
　松乃 美登里
　真帆 志ぶき
　大 滝子
　千波 淳
　高城 珠里
　南原 美佐保
（昭41年度）
　美吉 左久子
　麻鳥 千穂
　近衛 真理
　甲 にしき
　八汐路 まり
　古城 都
　初風 諄
　松乃 美登里
　真帆 志ぶき

安芸 ひろみ

高城 珠里

上月 晃

南原 美佐保

（昭42年度）

麻鳥 千穂

近衛 真理

甲 にしき

八汐路 まり

古城 都

雛 とも子

松乃 美登里

真帆 志ぶき

牧 美佐緒

上月 晃

初風 諄

南原 美佐保

◇努力賞

郷 ちぐさ

那賀 みつる

笹 潤子

大 滝子

可奈 潤子

大原 ますみ

汀 夏子

富士 ます美

鳳 蘭

（昭43年度）

◇演技賞

麻鳥 千穂

近衛 真理

甲 にしき

八汐路 まり

古城 都

真帆 志ぶき

初風 諄

上月 晃

◇助演賞

美吉 左久子

大路 三千緒

◇努力賞

郷 ちぐさ

薫 邦子

笹 潤子

清 はるみ

大 滝子

砂夜 なつみ

牧 美佐緒

亜矢 ゆたか

大原 ますみ

汀 夏子

南原 美佐保

鳳 蘭

安奈 淳

（昭44年度）

◇演技賞

上月 晃

麻鳥 千穂

甲 にしき

八汐路 まり

古城 都

真帆 志ぶき

初風 諄

◇助演賞

水穂 葉子

瑠璃 豊美

◇努力賞

薫 邦子

郷 ちぐさ

笹 潤子

清 はるみ

牧 美佐緒

汀 夏子

大原 ますみ

南原 美佐保

鳳 蘭

安奈 淳

◇新人賞

花園 とよみ

麻生 薫

摩耶 明美

（昭45年度）

◇演技賞

真帆 志ぶき

牧 美佐緒
甲 にしき
薫 邦子
竹生 沙由里
古城 都
初風 諄
大 滝子
榛名 由梨
大路 三千緒
郷 ちぐさ
汀 夏子
小原 ますみ
鳳 蘭
安奈 淳
◇音楽賞
　水 はやみ
　笹 潤子
　高宮 沙千
◇舞踊賞
　羽山 紀代美
◇助演賞
　岸 香織
　水代 玉藻
◇努力賞
　瀬戸内 美八
　八汐 みちる
　景 千舟
　摩耶 明美
　衣通 月子
　松 あきら
◇新人賞
　小松 美保
　順 みつき
(昭46年度)
◇演技賞
　真帆 志ぶき
　甲 にしき
　薫 邦子
　竹生 沙由里
　古城 都
　初風 諄
　大 滝子

郷 ちぐさ
汀 夏子
鳳 蘭
大原 ますみ
安奈 淳
◇音楽賞
　笹 潤子
　水 はやみ
　高宮 沙千
　如月 美和子
◇舞踊賞
　近衛 杏
　榛名 由梨
◇努力賞
　瀬戸内 美八
　麻生 薫
　景 千舟
　順 みつき
　衣通 月子
　沢 かをり
◇助演賞
　岸 香織
(昭47年度)
◇特別賞
　真帆 志ぶき
　司 このみ
◇演技賞
　甲 にしき
　古城 都
　初風 諄
　大 滝子
　麻生 薫
　汀 夏子
　鳳 蘭
　安奈 淳
　大原 ますみ
◇音楽賞
　笹 潤子
　水 はやみ
　高宮 沙千
◇舞踊賞
　有花 みゆ紀

但馬 久美

◇助演賞

　麻月 鞠緒

◇努力賞

　瀬戸内 美八

　松 あきら

　順 みつき

　玉梓 真紀

　沢 かをり

　衣通 月子

◇新人賞

　麻実 れい

（昭48年度）

◇特別賞

　真帆 志ぶき

　初風 諄

◇演技賞

　麻月 鞠緒

　松 あきら

　瀬戸内 美八

　上原 まり

　大 滝子

　榛名 由梨

　麻生 薫

　汀 夏子

　順 みつき

　大原 ますみ

　鳳 蘭

　安奈 淳

◇音楽賞

　高宮 沙千

◇舞踊賞

　室町 あかね

◇努力賞

　千草 美景

　美里 景

　玉梓 真紀

　麻実 れい

　但馬 久美

　奈緒 ひろき

◇新人賞

　北原 千琴

（昭49年度）

◇特別賞

　初風 諄

　鳳 蘭

◇演技賞

　麻月 鞠緒

　榛名 由梨

　大 滝子

　汀 夏子

　但馬 久美

　順 みつき

◇音楽賞

　安奈 淳

　高宮 沙千

◇舞踊賞

　室町 あかね

　有花 みゆ紀

　松方 里佳

◇努力賞

　松 あきら

　叶 八千矛

　瀬戸内 美八

　美里 景

◇助演賞

　美吉 左久子

◇新人賞

　峰 さを理

　四季乃 花恵

◇奨励賞

　上原 まり

　北原 千琴

　潮 はるか

　麻実 れい

（昭50年度）

◇特別賞

　安奈 淳

　初風 諄

　大 滝子

　榛名 由梨

　汀 夏子

　鳳 蘭

◇演技賞

高宮 沙千
松 あきら
上原 まり
瀬戸内 美八
順 みつき
麻実 れい
但馬 久美
◇音楽賞
潮 はるか
◇舞踊賞
松本 悠里
室町 あかね
真咲 佳子
加奈 霞
◇努力賞
みさと けい
小松 美保
舞 小雪
◇助演賞
水穂 葉子
◇新人賞
風 かおる
◇奨励賞
寿 ひずる
紫城 いずみ
遙 くらら
（昭51年度）
◇特別賞
安奈 淳
榛名 由梨
汀 夏子
鳳 蘭
◇演技賞
松 あきら
瀬戸内 美八
小松 美保
順 みつき
麻実 れい
◇音楽賞
銀 あけみ
高宮 沙千
◇舞踊賞

室町 あかね
加奈 霞
◇努力賞
宝 純子
東 千晃
奈緒 ひろき
◇新人賞
大地 真央
（昭52年度）
◇大賞
安奈 淳
榛名 由梨
汀 夏子
鳳 蘭
◇優秀賞
松 あきら
みさと けい
上原 まり
瀬戸内 美八
小松 美保
順 みつき
麻実 れい
但馬 久美
◇演技賞
麻月 鞠緒
順 みつき
尚 すみれ
麻実 れい
◇音楽賞
銀 あけみ
高宮 沙千
邦月 美岐
潮 はるか
矢代 鴻
玉梓 真紀
◇舞踊賞
松本 悠里
室町 あかね
藍 えりな
松方 里佳
真咲 佳子
萬 あきら

加奈 霞
但馬 久美
千雅 てる子
◇秀逸賞
松 あきら
明日香 都
新城 まゆみ
汐見 里佳
江夏 淳
世 れんか
上条 あきら
大湖 かつら
紫城 いずみ
◇特別賞
水穂 葉子
◇努力賞
宝 純子
北原 千琴
寿 ひずる
舞 小雪
条 はるき
大地 真央
常 花代
東 千晃
城月 美穂
玉梓 真紀
風美 圭
洋 ゆり
峰 さを理
◇新人賞
山城 はるか
優 ひかり
遙 くらら
（昭53年度）
◇大賞
鳳 蘭
榛名 由梨
汀 夏子
◇優秀賞
但馬 久美
松 あきら
みさと けい

北原 千琴
順 みつき
麻実 れい
瀬戸内 美八
◇演技賞
上原 まり
藤城 潤
麻月 鞠緒
潮 はるか
汝鳥 伶
矢代 鴻
◇舞踊賞
松本 悠里
室町 あかね
真咲 佳子
加奈 霞
克美 仁
風間 イリヤ
◇秀逸賞
銀 あけみ
明日香 都
美野 真奈
麻里 光
潮 あかり
江夏 淳
有明 淳
世 れんか
正規 煌
岸 香織
上条 あきら
山城 はるか
四季乃 花恵
千雅 てる子
立 ともみ
洋 ゆり
月城 千晴
萬 あきら
藤 京子
◇特別賞
天津 乙女
◇努力賞
汐見 里佳

邦月 美岐
宝 純子
寿 ひずる
小松 美保
舞 小雪
粂 はるき
大地 真央
常 花代
尚 すみれ
城月 美穂
高汐 巴
新城 まゆみ
風美 圭
東 千晃
峰 さを理
遙 くらら
◇新人賞
平 みち
剣 幸
（昭54年度）
◇大賞
榛名 由梨
汀 夏子
◇優秀賞
松 あきら
順 みつき
みさと けい
大地 真央
麻実 れい
寿 ひずる
遙 くらら
瀬戸内 美八
峰 さを理
◇演技賞
淡路 通子
上原 まり
但馬 久美
汐見 里佳
藤城 潤
京 三紗
汝鳥 伶
麻月 鞠緒

洋 ゆり
◇音楽賞
明日香 都
矢代 鴻
潮 はるか
夢 まどか
◇舞踊賞
千雅 てる子
真桐 彩
芹 まちか
真咲 佳子
青樹 りょう
萬 あきら
風間 イリヤ
◇秀逸賞
松本 悠里
立 ともみ
美野 真奈
麻里 光
粂 はるき
未沙 のえる
優 ひかり
常 花代
千城 恵
風美 圭
月城 千晴
藤 京子
考 まりお
紫城 いずみ
愛原 さゆ美
◇奨励賞
潮 あかり
月丘 千景
真乃 ゆりあ
花鳥 いつき
◇努力賞
邦月 美岐
宝 純子
高汐 巴
平 みち
舞 小雪
五条 愛川

剣 幸
尚 すみれ
城月 美穂
山城 はるか
新城 まゆみ
東 千晃
◇新人賞
美雪 花代
桐 さと実
大浦 みずき
◇優秀団体グループ賞
"「花影記」第3場踊る女,「白夜わが愛」第
二部第2場朱鷺の精A,15場ともしびの女"
シック・シックス・レインボウ "「ラ・ベ
ルたからづか」第8場"
プチ・ヴィオレット "「ラ・ベルたからづ
か」第10場"
メルヘン・シンガーズ・カゲボウシ "「薔
薇パニック」第16場A"
シティ・キッド "「ビューチフル・シ
ティ」,「アンジェリク」第18場ダンス,
「ワンモア・ドリーム」出演者全員のア
ンサンブル"
(昭55年度)
◇特別大賞
春日野 八千代
◇大賞
榛名 由梨
◇優秀賞
松 あきら
順 みつき
みさと けい
大地 真央
麻実 れい
尚 すみれ
寿 ひずる
遙 くらら
瀬戸内 美八
東 千晃
峰 さを理
◇演技賞
岸 香織

麻月 鞠緒
新城 まゆみ
美野 真奈
藤城 潤
条 はるき
京 三紗
藤 京子
◇音楽賞
明日香 都
矢代 鴻
潮 あかり
◇舞踊賞
松本 悠里
芹 まちか
真咲 佳子
但馬 久美
風間 イリヤ
◇秀逸賞
宝 純子
北小路 みほ
真汐 ちなみ
有明 淳
優 ひかり
千城 恵
真乃 ゆりあ
箙 かおる
桐 さと実
美風 りざ
若宮 あいの
南風 まい
◇奨励賞
真桐 彩
未沙 のえる
未央 一
朝香 じゅん
◇努力賞
高汐 巴
平 みち
剣 幸
五条 愛川
山城 はるか
大浦 みずき

◇新人賞
　若葉 ひろみ
　奈々央 とも
　日向 薫
◇団体賞
　“「プレンティフル・ジョイ」第10場ダン
　　ス,「スリガナルの黒水仙」第10場,「新
　　源氏物語」廷臣・女房のコロス,「青き
　　薔薇の軍神」第13場バレエ”
　フュージョン・シンガー “「ファンシィー・
　　ゲーム」,「ラ・ビアン・ローズ」歌うト
　　リオ〔バウホール公演〕,「クレージーな
　　そよ風」子猫のダンス”
(昭56年度)
◇優秀賞
　寿 ひずる
　若葉 ひろみ
　大地 真央
　高汐 巴
　遙 くらら
　峰 さを理
◇努力賞
　平 みち
　剣 幸
　姿 晴香
　未沙 のえる
　真乃 ゆりあ
　潮 あかり
　風間 イリヤ
　大浦 みずき
◇新人賞
　郷 真由加
　杜 けあき
　秋篠 美帆
　南風 まい
◇団体賞
　月組 “「ザ・ビッグアップル」第15場”
　雪組 “「サン・オリエント・サン」第13場”
　星組 “「クレッシェンド」第8場”
(昭57年度)
◇優秀賞
　若葉 ひろみ

大地 真央
平 みち
遙 くらら
姿 晴香
◇努力賞
　大浦 みずき
　剣 幸
　春風 ひとみ
　山城 はるか
　南風 まい
　草笛 雅子
　正規 煌
　朝香 じゅん
　郷 真由加
　杜 けあき
　日向 薫
　翼 悠貴
　御織 ゆみ乃
　青樹 りょう
◇新人賞
　黒木 瞳
　紫苑 ゆう
◇団体賞
　花組 “「オペラ・トロピカル」第14場ダン
　　ス”
　月組 “「情熱のバルセロナ」第16場”
　雪組 “「ジャワの踊り子」第25場カゲコー
　　ラス”
　星組 “「ラブ・コネクション」第4場ダンス”
(昭58年度)
◇優秀賞
　大浦 みずき
　若葉 ひろみ
　剣 幸
◇努力賞
　瀬川 佳英
　秋篠 美帆
　仁科 有理
　箙 かおる
　上代 粧子
　湖条 れいか
　ひびき 美都

旺 なつき

こだま 愛

草笛 雅子

杜 けあき

日向 薫

◇新人賞

涼風 真世

◇特別賞

遙 くらら

◇団体賞

花組 "「ジュテーム」第7〜8場ダンス"

雪組 "「ハッピーエンド物語」第10場ダンス"

星組 "「オルフェウスの窓」第一部17場カゲコーラス"

（昭59年度）

◇優秀賞

湖条 れいか

杜 けあき

黒木 瞳

◇努力賞

朝香 じゅん

ありす 未来

郷 真由加

南風 まい

水原 環

常盤 幸子

翼 悠貴

春風 ひとみ

洲 悠花

涼風 真世

◇新人賞

一路 真輝

（昭60年度）

◇優秀賞

秋篠 美帆

こだま 愛

南風 まい

◇努力賞

ひびき 美都

舵 一星

郷 真由加

涼風 真世

古代 みず希

一路 真輝

紫苑 ゆう

安寿 ミラ

真矢 みき

春風 ひとみ

飛鳥 裕

文月 玲

あづみ れいか

燁 明

◇新人賞

水原 環

神奈 美帆

三城 礼

◇団体賞

花組 "「メモアール・ド・パリ」第7場"

月組 "「ヒート・ウェーブ」第5〜7場"

（昭61年度）

◇優秀賞

春風 ひとみ

杜 けあき

神奈 美帆

紫苑 ゆう

◇努力賞

ひびき 美都

梢 真奈美

水原 環

南 海里

涼風 真世

一路 真輝

三城 礼

出雲 綾

御織 ゆみ乃

安寿 ミラ

真矢 みき

郷 真由加

仁科 有理

洲 悠花

燁 明

◇新人賞

朝凪 鈴

毬藻 えり

◇団体賞

　花組 "「ショー・アップ・ショー」第16・
　17場"

（昭62年度）

◇優秀賞

　郷 真由加

　春風 ひとみ

　こだま 愛

　涼風 真世

　杜 けあき

　神奈 美帆

　南風 まい

◇努力賞

　峰丘 奈知

　紫 とも

　一路 真輝

　千珠 眺

　千秋 慎

　詩乃 優花

　小乙女 幸

　慶 一花

　毬藻 えり

◇新人賞

　友麻 夏希

　天海 祐希

　麻路 さき

◇特別賞

　剣 幸

（昭63年度）

◇優秀賞

　こだま 愛

　涼風 真世

　杜 けあき

　一路 真輝

◇努力賞

　真矢 みき

　香寿 たつき

　若央 りさ

　天海 祐希

　海峡 ひろき

　五峰 亜季

出雲 綾

橘 沙恵

波音 みちる

紫 とも

秋野 さとみ

毬藻 えり

麻路 さき

◇新人賞

　鮎 ゆうき

◇団体賞

　星組 "「戦争と平和」第一部23場ダンス"

　花組 "「ザ・ゲーム」第16場ダンス"

（平1年度）

◇優秀賞

　涼風 真世

　一路 真輝

　毬藻 えり

　麻路 さき

◇努力賞

　安寿 ミラ

　舵 一星

　久世 星佳

　羽根 知里

　紫 とも

　小乙女 幸

　高嶺 ふぶき

　轟 悠

　洲 悠花

　朋 舞花

　稔 幸

◇新人賞

　麻乃 佳世

◇特別賞

　大浦 みずき

（平2年度）

◇優秀賞

　涼風 真世

　天海 祐希

　一路 真輝

　毬藻 えり

◇努力賞

　真矢 みき

香坂 千晶
久世 星佳
麻乃 佳世
鮎 ゆうき
海峡 ひろき
高嶺 ふぶき
轟 悠
千秋 慎
稔 幸
◇新人賞
　愛華 みれ
　香寿 たつき
　純名 里沙
　白城 あやか
◇団体賞
　花組 "1〜2月宝塚大劇場公演ザ・フラッ
　　シュ第七場のダンス"
（平3年度）
◇優秀賞
　天海 祐希
　一路 真輝
　麻路 さき
◇努力賞
　美月 亜優
　詩乃 優花
　橘 沙恵
　若央 りさ
　久世 星佳
　麻乃 佳世
　海峡 ひろき
　純名 里沙
　英真 なおき
　出雲 綾
　白城 あやか
◇新人賞
　紫吹 淳
　森奈 みはる
　真織 由季
（平4年度）
◇優秀賞
　天海 祐希
　麻乃 佳世

紫 とも
◇新人賞
　匠 ひびき
　月影 瞳
　風花 舞
　花總 まり
　絵麻緒 ゆう
（平5年度）
◇優秀賞
　森奈 みはる
　天海 祐希
　麻乃 佳世
　白城 あやか
◇努力賞
　愛華 みれ
　紫吹 淳
　渚 あき
　真琴 つばさ
　風花 舞
　星野 瞳
　轟 悠
　花總 まり
　朋 舞花
　稔 幸
　真織 由季
　美々 杏里
　月影 瞳
◇団体賞
　雪組S5・造船所，轟 悠 ほか20名 "10〜12
　　月大劇場公演「コート・ダジュール」"
◇特別団体賞
　月組 "4〜5月大劇場公演「グランドホテ
　　ル」"
◇新人賞
　姿月 あさと
　汐風 幸
　和央 ようか
　星奈 優里
（平6年度）
◇優秀賞
　愛華 みれ（花組）
　真琴 つばさ（月組）

轟 悠（雪組）

稔 幸（星組）

◇努力賞

　紫吹 淳（花組）

　匠 ひびき（花組）

　夏河 ゆら（月組）

　姿月 あさと（月組）

　風花 舞（月組）

　香寿 たつき（雪組）

　和央 ようか（雪組）

　真織 由季（星組）

　真中 ひかる（星組）

◇特別賞

　安寿 ミラ（花組）

◇新人賞

　初風 緑（花組）

　千紘 れいか（花組）「哀しみのコルドバ」

　　他の新人公演における活躍

　湖月 わたる（星組）

◇団体賞

　花組 "「メガ・ヴィジョン」S8場・S9場

　　「サード・ヴィジョン」のダンスメン

　　バー"

（平7年度）

◇優秀賞

　香寿 たつき（雪組）

　純名 里沙（花組）

　花總 まり（雪組）

　紫吹 淳（星組）

◇努力賞

　渚 あき（花組）

　鈴懸 三由岐（花組）

　千紘 れいか（花組）

　美原 志帆（月組）

　汐風 幸（月組）

　樹里 咲穂（月組）

　矢吹 翔（雪組）

　星奈 優里（星組）

　絵麻緒 ゆう（星組）

◇新人賞

　伊織 直加（花組）

　千 ほさち（月組）

安蘭 けい（雪組）

貴咲 美里（雪組）

（平8年度）

◇優秀賞

　姿月 あさと（月組）

　風花 舞（月組）

　花總 まり（雪組）

　絵麻緒 ゆう（星組）

◇努力賞

　匠 ひびき（花組）

　千 ほさち（花組）

　汐風 幸（月組）

　祐輝 薫（月組）

　星野 瞳（月組）

　和央 ようか（雪組）

　星奈 優里（雪組）

　安蘭 けい（雪組）

　希 佳（星組）

　湖月 わたる（星組）

　陵 あきの（星組）

　月影 瞳（星組）

◇新人賞

　春野 寿美礼（花組）

　樹里 咲穂（月組）

　成瀬 こうき（月組）

　彩輝 直（星組）

◇団体賞

　月組 "「CAN-CAN」第3・11・16場に出演

　　のカンカンガール"

（平9年度）

◇優秀賞

　千 ほさち（花組）

　星奈 優里（星組）

　和央 ようか（宙組）

　湖月 わたる（宙組）

◇努力賞

　伊織 直加（花組）

　初風 緑（月組）

　嘉月 絵理（月組）

　樹里 咲穂（月組）

　楓 沙樹（月組）

　汐美 真帆（雪組）

彩輝 直（星組）

羽純 るい（星組）

朝海 ひかる（宙組）

◇新人賞

大鳥 れい（花組）

大和 悠河（月組）

貴城 けい（雪組）

妃里 梨江（星組）

◇団体賞

月組 「WEST SIDE STORY」作品全体

◇特別賞

真矢 みき（花組）

麻路 さき（星組）

◇レッスン奨励賞

愛音 羽麗（花組）

天勢 いづる（雪組）

久遠 麻耶（宙組）

（平10年度）

◇優秀賞

月影 瞳（雪組）

彩輝 直（星組）

花總 まり（宙組）

◇努力賞

春野 寿美礼（花組）

瀬奈 じゅん（花組）

大鳥 れい（花組）

千紘 れいか（月組）

檀 れい（月組）

大和 悠河（月組）

貴城 けい（雪組）

音羽 椋（星組）

夢輝 のあ（宙組）

◇新人賞

水 夏希（花組）

霧矢 大夢（月組）

紺野 まひる（雪組）

朝澄 けい（星組）

真飛 聖（星組）

久遠 麻耶（宙組）

◇団体賞

宙組 “「シトラスの風」第7章明日へのエナ
　　ジー”

◇特別賞

春日野 八千代（専科）

◇レッスン奨励賞

仙堂 花歩（花組）

良基 天音（月組）

室生 ルミ（月組）

（平11年度）

◇優秀賞

大鳥 れい（花組）

真琴 つばさ（月組）

轟 悠（雪組）

花總 まり（宙組）

◇努力賞

大空 祐飛（月組）

霧矢 大夢（月組）

成瀬 こうき（雪組）

未来 優希（雪組）

水 夏希（宙組）

久遠 麻耶（宙組）

彩輝 直（専科）

◇新人賞

該当者なし

◇団体賞

月組 「中国北京・上海公演」出演者全員

◇特別賞

姿月 あさと

◇レッスン奨励賞

琴 まりえ（星組）

天羽 珠紀（宙組）

織花 なるみ（宙組）

（平12年度）

◇優秀賞

愛華 みれ（花組）

紫吹 淳（月組）

稔 幸（星組）

香寿 たつき（星組）

◇努力賞

春野 寿美礼（花組）

美々 杏里（月組）

霧矢 大夢（月組）

朝海 ひかる（雪組）

紺野 まひる（雪組）

湖月 わたる（専科）
◇新人賞
　彩吹 真央（花組）
　西條 三恵（月組）
◇団体賞
　月組 “東京宝塚柿落とし公演 祝祭舞「いますみれ花咲く」作品全体・出演者全員”
◇特別賞
　轟 悠（雪組）
◇レッスン奨励賞
　未涼 亜希（花組）
　珠 まゆら（花組）
　涼麻 とも（星組）
（平13年度）
◇優秀賞
　渚 あき（星組）
　和央 ようか（宙組）
◇努力賞
　瀬奈 じゅん（月組）
　貴城 けい（宙組）
　水 夏希（雪組）
　樹里 咲穂（専科）
　檀 れい（専科）
◇新人賞
　映美 くらら（月組）
◇レッスン奨励賞
　花緒 このみ（雪組）
　天霧 真世（星組）
　十輝 いりす（星組）
◇団体賞
　花組 “「Cocktail」第22場ソウル・キッス”
　宙組 “「ベルサイユのばら 2001」2幕第15場フィナーレD〜オマージュ”
（平14年度）
◇優秀賞
　春野 寿美礼（花組）
　朝海 ひかる（雪組）
　檀 れい（専科）
◇努力賞
　大空 祐飛（宙組）
　未来 優希（雪組）
　愛 耀子（雪組）

初風 緑（専科）
◇新人賞
　蘭寿 とむ（花組）
　遠野 あすか（星組）
　壮 一帆（雪組）
　彩乃 かなみ（月組）
◇レッスン奨励賞
　夕霧 らい（花組）
　十輝 いりす（星組）
　遙海 おおら（宙組）
◇団体賞
　雪組 “「ON THE 5th」第19場Bプレイ・オン・ザ・5th B”
（平15年度）
◇優秀賞
　映美 くらら（月組）
　湖月 わたる（星組）
　安蘭 けい（星組）
◇努力賞
　汐美 真帆（星組）
　真飛 聖（花組）
　大和 悠河（宙組）
◇新人賞
　城咲 あい（月組）
　音月 桂（雪組）
　白羽 ゆり（雪組）
◇レッスン奨励賞
　夕霧 らい（花組）
　花影 アリス（宙組）
　葉室 ちあ理（宙組）
◇団体賞
　花組 “「飛翔無限」出演者全員”
　星組 “「王家に捧ぐ歌」出演者全員”
（平16年度）
◇優秀賞
　和央 ようか（宙組）
　花總 まり（宙組）
◇努力賞
　樹里 咲穂（専科）
　瀬奈 じゅん（月組）
　貴城 けい（宙組）
　水 夏希（雪組）

◇新人賞
　愛音 羽麗（花組）
　北翔 海莉（月組）
　柚希 礼音（星組）
　陽月 華（宙組）
◇レッスン奨励賞
　夕霧 らい（花組）
　香翔 なおと（宙組）
　綾音 らいら（宙組）
　春野 寿美礼（花組）
◇団体賞
　“日生劇場「花供養」出演者全員”
（平17年度）
◇優秀賞
　瀬奈 じゅん（月組）
　彩乃 かなみ（月組）
◇努力賞
　霧矢 大夢（月組）
　蘭寿 とむ（花組）
　白羽 ゆり（雪組）
◇新人賞
　桜乃 彩音（花組）
◇レッスン奨励賞
　香翔 なおと（宙組）
　雅 桜歌（宙組）
　千鈴 まゆ（宙組）
　湖月 わたる（星組）
◇団体賞
　月組 “「JAZZYな妖精たち」第1場Bプロ
　　ローグ（A）（アイリッシュ・ダンス）”
◇特別団体賞
　星組・雪組 “「ベルサイユのばら」作品全
　　体出演者全員”
（平18年度）
◇優秀賞
　春野 寿美礼（花組）
　白羽 ゆり（雪組）
◇努力賞
　彩吹 真央（雪組）
　音月 桂（雪組）
　遠野 あすか（星組）
　陽月 華（宙組）

◇新人賞
　夢咲 ねね（星組）
　早霧 せいな（雪組）
◇レッスン奨励賞
　雅 桜歌（宙組）
　夏城 らんか（花組）
　蘭乃 はな（花組）
◇団体賞
　宙組 “「NEVER SAY GOODBYE」出演
　　者全員”
　星組 “「ネオ・ダンディズム」第5章惜別－
　　オマージュ－出演者”
（平19年度）
◇優秀賞
　水 夏希（雪組）
　安蘭 けい（星組）
　遠野 あすか（星組）
◇努力賞
　高翔 みず希（花組）
　大空 祐飛（宙組）
　愛音 羽麗（花組）
　未来 優希（雪組）
　悠未 ひろ（宙組）
◇新人賞
　朝夏 まなと（宙組）
　野々 すみ花（宙組）
　龍 真咲（月組）
◇レッスン奨励賞
　天玲 美音（宙組）
　銀華 水（花組）
◇団体賞
　月組「MAHOROBA」第8場 吹雪－出演者
（平20年度）
◇優秀賞
　瀬奈 じゅん（月組）
　大和 悠河（宙組）
　桜乃 彩音（花組）
◇努力賞
　蘭寿 とむ（花組）
　柚希 礼音（星組）
　凰稀 かなめ（宙組）
◇新人賞

明日海 りお（花組）
羽桜 しずく（月組）
蒼乃 夕妃（月組）
◇レッスン奨励賞
大澄 れい（雪組）
千瀬 聖（雪組）
風海 恵斗（宙組）
◇団体賞
星組 “THE SCARLET PIMPERNEL」
　出演者全員”
（平21年度）
◇優秀賞
大空 祐飛（宙組）
真飛 聖（花組）
柚希 礼音（星組）
◇努力賞
壮 一帆（雪組）
北翔 海莉（月組）
龍 真咲（月組）
夢咲 ねね（星組）
◇新人賞
凪七 瑠海（月組）
望海 風斗（雪組）
◇特別賞
水 夏希（雪組）
◇レッスン奨励賞
航琉 ひびき（花組）
◇団体賞
星組 “「BOLERO」第19場愛のボレロ出演
　者”
◇団体賞
宙組 “「カサブランカ」作品全体出演者全
　員”
（平22年度）
◇優秀賞
霧矢 大夢（月組）
蒼乃 夕妃（月組）
野々 すみ花（宙組）
◇努力賞
風莉 じん（宙組）
憧花 ゆりの（月組）
紅 ゆずる（星組）

明日海 りお（花組）
蘭乃 はな（花組）
◇新人賞
真風 涼帆（星組）
舞羽 美海（雪組）
◇レッスン奨励賞
風津 りさ（星組）
真衣 ひなの（星組）
◇団体賞
宙組 “「ファンキー・サンシャイン」第5場
　日食〜サン・ライズ プラズマダンサー”
◇団体賞
星組 “宝塚花の踊り絵巻」第7場波の詩
　出演者”
（平23年度）
◇優秀賞
蘭寿 とむ（花組）
音月 桂（雪組）
蘭乃 はな（花組）
◇努力賞
涼 紫央（星組）
桜 一花（花組）
早霧 せいな（雪組）
白華 れみ（星組）
舞羽 美海（雪組）
◇新人賞
実咲 凜音（宙組）
愛希 れいか（月組）
◇レッスン奨励賞
鳳 いぶき（雪組）
◇団体賞
星組 “「ノバ・ボサ・ノバ」第24場アデー
　ウス・カルナバル”
（平24年度）
◇優秀賞
凰稀 かなめ（宙組）
龍 真咲（月組）
夢咲 ねね（星組）
明日海 りお（花組）
◇努力賞
華形 ひかる（専科）
緒月 遠麻（宙組）

沙央 くらま（月組）

紅 ゆずる（星組）

◇新人賞

愛月 ひかる（宙組）

芹香 斗亜（花組）

◇特別賞

柚希 礼音（星組）

◇団体賞

宙組 "「Amour de 99!! −99年の愛−」第18〜19場「シャンゴ」の場面"

◇特別団体賞

星組 "台湾公演出演者全員"

（平25年度）

◇優秀賞

壮 一帆（雪組）

愛希 れいか（月組）

◇努力賞

汝鳥 伶（専科）

北翔 海莉（月組）

星条 海斗（月組）

夢乃 聖夏（雪組）

朝夏 まなと（宙組）

真風 涼帆（星組）

◇新人賞

珠城 りょう（月組）

礼 真琴（星組）

咲妃 みゆ（雪組）

◇特別賞

"100周年に関連する公演や各種催し物への貢献に対して生徒全員"

◇団体賞

"「TAKARAZUKA 花詩集100!!」第19〜20場「100本のバラ」該当場面と出演者全員（100人ロケット）"

---

063 宝塚ミュージカル・コンクール

　「歌劇のまち・宝塚」という特性を活かし，新進ミュージカル劇団に「宝塚バウホール」での公演機会を提供して若手芸術家の育成を図るとともに，ミュージカル鑑賞者を拡充することを目的とする。第3回より今後の活躍が期待される個人等を表彰する「内海重典特別賞」を創設。平成15年より休止。

【主催者】 宝塚市，(財)宝塚市文化振興財団

【選考方法】 公募

【選考基準】 〔資格〕出演者が小学生以上で構成された30人以内の団体。〔対象〕80分以内のオリジナル作品。脚色作品，初演・再演を問わない

【締切・発表】 例年，申込期間は9月1日〜30日頃，入賞劇団発表は10月下旬頃。3賞発表は入賞公演の際に行う

【賞・賞金】 金賞：賞状と賞金30万円及び協賛副賞，銀賞：賞状と賞金20万円及び協賛副賞，銅賞：賞状と賞金10万円，内海重典特別賞：ブロンズ

第1回（平7年）

　さくらさくカンパニー（代表・佐藤明子）（広島市）「オドロパルスの夜に」

　星すばるジャズダンススタジオ（代表・西川真理子）（西宮市）「サンタに願いを…」

　カンパニー リズム オブ ライフ CAMPANY RHYTHM OF LIFE（代

表・佐竹毅）（尼崎市）「LIFE」

第2回（平8年）

◇金賞

　ミクル劇団（大阪府）「パートタイムハイスクール」

◇銀賞

　劇団チルドレン・ワークショップ（兵庫

県)「天使チチと悪魔っ子ダダ」
◇銅賞
　スタジオシャイニング(兵庫県)「光の中
　で―光太郎の夢」
第3回(平9年)
◇金賞
　劇団プチミュージカル(香川県)「あの夏
　の日のホオズキの…」
◇銀賞
　星すばるジャズダンススタジオ(京都府)
　「スーベニア」
◇銅賞
　ミュージカルカンパニーウエスト(大阪
　府)「宇宙から来たマイゴ」
◇内海重典特別賞
　白川 恵介(劇団プチミュージカル),小笠
　原 紫織 ほか12名
第4回(平10年)
◇金賞
　新オペラ座(大阪府)「LAMENTO」
◇銀賞
　東近江創作ミュージカル劇団クレムス(滋
　賀県)「Legend 湖(うみ)の伝説」
◇銅賞
　三重アクターズ養成所(三重県)「海 蒼い
　黄昏の中で…」
◇内海重典特別賞
　御崎 恵〔音楽・作曲・総指揮〕(新オペラ
　座)
第5回(平11年)
◇金賞
　下関市民ミュージカルの会(山口県)
　「ミュージカル・ジパング」
◇銀賞
　ミュージカルランドじゃめ・びゅ(三重
　県)「しあわせですか」
◇銅賞
　ミュージカルカンパニー クレムス(滋賀
　県)「湖(うみ)の未来伝説」
◇内海重典特別賞
　松井 由〔脚本・演出・音楽・出演〕
　(ミュージカルランドじゃめ・びゅ)

第6回(平12年)
◇金賞
　企画集団ミュー(三重県)「Oh！ My
　God」
◇銀賞
　星すばるジャズダンススタジオ(京都府)
　「ジョシュア～翼ひろげて」
◇銅賞
　ミュージカルスクールWITH(徳島県)
　「21世紀へのマーチ～RADETZKY for
　New Century」
◇内海重典特別賞
　星 すばる(星すばるジャズダンススタジ
　オ),西川 マリア〔振付〕
第7回(平13年)
◇金賞
　ミュージカル♪カンパニーR.O.D(兵庫
　県)「DEAR ANNE…」
◇銀賞
　星すばるジャズダンススタジオ(京都府)
　「今夜12時星ヶ丘遊園地」
◇銅賞
　九州アクターズクラブ(福岡県)
　「SISTER ACT～ペンギンたちのうた」
◇内海重典特別賞
　恒川 祐美(星すばるジャズダンススタジ
　オ) "脚本・演出・ホッシー君役に対し
　て"
第8回(平14年)
◇金賞
　ミュージカルランドじゃめ・びゅ(三重
　県)「DICE」
◇銀賞
　劇団プチミュージカル(香川県)「セルロ
　イドの樹の下で」
◇銅賞
　ミュージカルカンパニーウエスト(大阪
　府)「Let's Sing Together」
◇内海重典特別賞
　蓮井 良之(劇団プチミュージカル) "「セ
　ルロイドの樹の下で」時男役"

064 近松門左衛門賞

　劇作家・近松門左衛門とゆかりが深く,「近松のまち・あまがさき」をキーワードにした文化事業を展開している尼崎市が創設。近松の功績を顕彰するとともに,次代の演劇界を担う優れた劇作家を世に紹介し,新たな演劇作品の発掘,劇作家の育成を目的として,戯曲を全国から募集する。受賞作品は上演を行う予定。

【主催者】（公財）尼崎市総合文化センター,尼崎市

【選考委員】（第6回）岩松了（劇作家・演出家・俳優）,深津篤史（劇作家・演出家）,松岡和子（翻訳家・演劇評論家）,水落潔（演劇評論家）

【選考方法】公募

【選考基準】〔対象〕近松作品が発揮した演劇の力強さ,深さ,それを生んだ人間把握の新鮮さとの現代的連関を感じさせる作品。〔資格〕一切不問。〔応募規定〕日本語によるオリジナルの未発表,未上演の作品に限る（脚色は不可）。〔原稿〕400字詰め原稿用紙（縦書,A4サイズ）で,150枚以内。パソコン原稿の場合は,A4サイズに20字×20行（縦書）で150枚以内。「作品の概要,あらすじ」を800字以内にまとめて,応募作品に添付。作品原稿1部のみに「作品名,枚数,氏名（ペンネームがあればカッコ書き）,住所,電話番号,年齢」を明記し,そのコピー2部には,作品名のみ記入（計3部）。原稿をとじ,本文には左下にページ番号をいれる

【締切・発表】（第6回）平成25年7月1日締切（当日消印有効）,平成26年2月発表

【賞・賞金】受賞作（1篇）：正賞及び副賞200万円（ただし,副賞には出版権料,上演権料,放送権料,税を含む）

【URL】http://www.archaic.or.jp/chikamatsu/shou/index.html

第1回（平13年）
◇近松賞
　該当者なし
◇優秀賞
　菱田 信也（兵庫県）「いつも煙が目にしみる」
　宮森 さつき（東京都）「十六夜―いざよい」
第2回（平15年）
◇近松賞
　保戸田 時子（東京都）「元禄光琳模様」
第3回（平17年）
◇近松賞
　該当作なし
◇優秀賞
　泉 寛介（兵庫県三田市）「竹よ」

　保木本 佳子（大阪市）「女（め）かくし」
第4回（平19年度）
◇近松賞
　角 ひろみ（岡山県）「螢の光」
第5回（平21年度）
◇近松賞
　該当作品なし
◇優秀賞
　該当作品なし
第6回（平25年度）
◇近松賞
　上原 裕美 「砂壁の部屋」
◇優秀賞
　該当作品なし

065 坪内逍遙大賞

　日本近代文学・文化の先駆者で,新しい国劇の樹立をめざした坪内逍遙の功績をたたえるとともに,市民文化の向上をはかるため,生誕地の美濃加茂市の市制40周年を記念して,平成6年に創設された。第10回目までは毎年,第11回目からは隔年で実施。更に平成19年4月に早稲田大学と「文化交流に関する協定」を締結したことにより,同大賞を美濃加茂市と早稲田大学がそれぞれ隔年で実施することになった。

【主催者】美濃加茂市

【選考委員】委員長:岡室美奈子,伊藤洋,菊池明,篠田正浩,竹本幹夫,坪内ミキ子,美濃加茂市教育長

【選考方法】非公募

【選考基準】〔対象〕演劇に関する活動・著作のうち,坪内逍遙の功績を再認識させるような優秀なもの(さかのぼっての成果も含む)。全国を対象とし,個人・団体は不問。〔対象分野〕演劇に関する脚本,演技,演出,制作,舞台美術,その他の舞台活動,研究・評論

【締切・発表】坪内逍遙生誕日の5月22日に発表,授賞式は未定

【賞・賞金】賞状と賞金100万円,逍遙レリーフ楯

【URL】http://www.forest.minokamo.gifu.jp/

第1回(平6年)
　中村 歌右衛門(6世) "5世の父の芸統を受け継いで「桐一葉」の淀君など逍遙作品のヒロイン役を数多く演じた功績"

第2回(平7年)
　島田 正吾(俳優) "師の沢田正二郎の意志を継ぎ,劇団・新国劇を発展させた。坪内逍遙の目指した新しい国劇の創造の道を歩み続けた業績が顕著で,日本の演劇界の向上に大きく寄与した"

第3回(平8年)
　加藤 道子(女優) "女性の声優の草分けとして活動,ラジオドラマの芸術性を高め,その世界を確立"

第4回(平9年)
　劇団前進座 "民衆本位の演劇活動を実践し続けている功績"

第5回(平10年)
　野村 万作(狂言師) "日本の演劇文化の振興にもたらした功績"

第6回(平11年)
　小沢 昭一(俳優) "大衆に目を向けた間口の広い活動をし,自らも大衆芸能を研究して学問的な光を当てた"

第7回(平12年)
　仲代 達矢(俳優) "数多くの舞台や映画に出演するほか,俳優養成塾「無名塾」を主宰し今年で開設25年を迎える"

第8回(平13年)
　中村 雀右衛門(4世)(歌舞伎俳優) "新鮮さと古風さを併せ持つ舞台は,濃厚かつ品格に富み,らん熟した芸は女形として現代歌舞伎界の最高峰"

第9回(平14年)
　水谷 八重子(2世)(女優) "「佃の渡し」「深川不動」「瀧の白糸」など新派の舞台で活躍する一方,映画やテレビドラマ,音楽(ジャズ),朗読に積極的に取り組み,多くのヒット作を生み出した"

第10回(平15年)
　松本 幸四郎(9世)(歌舞伎俳優) "歌舞伎の舞台のみならず,現代劇やミュージカルでも活躍し,ミュージカル「ラ・マンチャの男」やシェークスピアの舞台は海

外でも高い評価を得た。また, 創作演劇
企画集団「シアターナインス」・歌舞伎
企画集団「梨苑座」を設立, 演劇の新た
な可能性にも挑戦する"

第11回（平18年）

観世 栄夫（能楽師）"古典能・復曲・創作
能など分野や国境を越えて能に取り組
み, 能界に常に新風を拭き込んだ。一方,
演劇・オペラ・歌舞伎・舞踊の演出の他
俳優としても活躍した"

第12回（平20年）

中村 吉右衛門（2世）（歌舞伎俳優）"義太
夫狂言の立役の第一人者として活躍する
とともに, 歌舞伎の新作にも意欲的にと
りくむ"

第13回（平22年）

片岡 仁左衛門（15世）（歌舞伎俳優）"現
代の歌舞伎を代表する立役俳優の一人
で, 上方歌舞伎の継承者としても人気・
実力ともに高く評価されているほか, テ
レビドラマでの時代劇や朗読, 映画への
出演など幅広い活躍で, 多くの人々を魅
了する"

第14回（平24年）

花柳 壽輔（4世）（日本舞踊家）"四世宗家
家元。古典の要素を活かしつつ, 常に新
しい舞台表現をめざして活躍。海外公演
も多数出演。後進の指導を熱心に行うと
ともに, 日本舞踊の各流派を超えた幅広
い活動に尽力している"

---

066 鶴屋南北戯曲賞

日本の演劇界の活性化, 発展を目的として創設された。

【主催者】光文文化財団

【選考委員】現役演劇記者

【選考方法】新聞社の現役演劇担当編集委員による推薦

【選考基準】〔対象〕その年に上演された日本語で書かれた戯曲

【締切・発表】3月東京会館で贈呈式

【賞・賞金】正賞シエラザード像, 副賞200万円

【URL】http : //www.mys-bun.or.jp/award/

第1回（平10年）

永井 愛 「ら抜きの殺意」

第2回（平11年）

野田 秀樹 「Right Eye」

第3回（平12年）

三谷 幸喜 「マトリョーシカ」

第4回（平13年）

マキノ ノゾミ 「高き彼物」

第5回（平14年）

ケラリーノ・サンドロヴィッチ 「室温〜
夜の音楽」

第6回（平14年度）

井上 ひさし 「太鼓たたいて笛ふいて」

第7回（平15年度）

唐 十郎 「泥人形」

第8回（平16年度）

坂手 洋二 「だるまさんがころんだ」

第9回（平17年度）

斎藤 憐 「春, 忍び難きを」

第10回（平18年度）

本谷 有希子 「遭難,」

第11回（平19年度）

別役 実 「やってきたゴドー」

第12回（平20年度）

鄭 義信 「焼肉ドラゴン」

第13回（平21年度）
　小幡 欣治　「神戸北ホテル」
第14回（平22年度）
　前川 知大　「プランクトンの踊り場」
第15回（平23年度）
　鈴木 聡　「をんな善哉」

第16回（平24年度）
　川村 毅　「4」
　東 憲司　「泳ぐ機関車」
第17回（平25年度）
　北村 想　「グッドバイ」

067 テアトロ・イン・キャビン戯曲賞

　関西における新進劇作家の発掘をめざし，昭和60年に創設された。前身は57年にスタートした「キャビン'85戯曲賞」。作品集発行，公演活動とともにテアトロ・イン・キャビン・事業の一翼として，関西演劇界の活性化に寄与した。平成3年当初の目的をほぼ達成したとして，第7回をもって終了となった。

【主催者】京阪神エルマガジン社

【選考委員】（第7回）秋浜悟史，佐藤信，清水邦夫，土居原作郎，別役実

【選考方法】公募

【選考基準】〔対象〕第7回は，平成2年11月1日から3年10月31日までの間に初演された作品（同期間中に同人誌等に掲載されたものを含む），あるいは同期間に書かれた未公開オリジナル作品〔資格〕関西在住者あるいは関西が活動の主たる場であると認められる人〔原稿〕400字詰原稿用紙50〜200枚

【締切・発表】（第7回）平成3年10月31日締切，4年2月25日選考会，26日受賞式

【賞・賞金】入選（1編）：50万円，佳作（2編）：5万円

第1回（昭60年）
　洞口 ゆずる　「狼は天使の匂い」
　森脇 京子　「シンデレラの子供たち」
第2回（昭61年）
　木村 玩　「それぞれのモノローグ」
　内藤 裕敬　「唇に聴いてみる」
第3回（昭62年）
　桃田 のん　「不眠のバルド」
　◇佳作
　川合 敏夫　「はるかなる波平」
　沢井 万七美　「水鏡」
第4回（昭63年）
　鈴江 俊郎　「区切られた四角い直球」
　◇佳作
　大竹野 正典　「夜が摑む」
　久野 邦美　「たとえば零れたミルクのように―'88銀河鉄道の夜」

第5回（平1年）
　窪田 吉宏　「大阪いかいの国際通り」
　◇佳作
　里山 圭子　「キエラ」
　右来 左往　「パノラマ・アワー〜ある夜ぼくらは理科教室で空を飛んだ」
第6回（平2年）
　神原 くみ子　「夜の客人」
　◇佳作
　三枝 希望　「件・KUDAN」
　石野 弘　「Wide Screen Baroque」
第7回（平3年）
　田中 守幸　「H_2O〜フクロオオカミにおける進化論について」
　◇佳作
　西田 シャトナー　「熱闘!!飛龍小学校」
　芳沢 多美子　「デクノボーの懸念」

068 テアトロ演劇賞

　昭和49年4月, 演劇雑誌「テアトロ」創刊40周年を記念して創設された。前年1年間の活動を対象に, 日本の現代演劇を前進させるのに顕著な功績のあった個人もしくは団体に対し贈られる。第19回をもって終了された。

【主催者】 テアトロ

【選考委員】 （第19回）石崎勝久, 大場建治, 渡辺保, 村井健, 利光哲夫

【選考方法】 約10人の演劇評論家の推薦による

【選考基準】 〔対象〕過去1年間において日本の現代演劇を前進させるのに顕著な功績のあった個人・団体

【締切・発表】 1月中旬にマスコミに対して発表, 2月11日発売の「テアトロ」3月号誌上にても発表, 3月10日に贈呈式

【賞・賞金】 賞金30万円と記念品（ブロンズ像）

第1回（昭48年度）
　村山 知義（演出家） "テアトロ賞制定記念, 生涯400本演出達成"
第2回（昭49年度）
　吉井 澄雄（舞台照明家） "「ロミオとジュリエット」「コンシェルジュリ」「オルフォイス」の照明"
第3回（昭50年度）
　増見 利清（俳優座, 演出家） "「どん底」「救われた…」「旅だち」の演出"
第4回（昭51年度）
　奈良岡 朋子（民芸, 俳優） "「奇蹟の人」「忍ぶ川」「七人みさき」の演技"
第5回（昭52年度）
　文学座 「にしむくさむらい」スタッフ
第6回（昭53年度）
　宇野 重吉（民芸, 演出家） 著書「チェーホフの『桜の園』について」
第7回（昭54年度）
　朝倉 摂（舞台美術家） "舞台装置"
第8回（昭55年度）
　清水 邦夫（劇作家） 「わが魂は輝く水なり」「青春の砂のなんと早く」「あの, 愛の一群たち」

第9回（昭56年度）
　日下 武史（四季, 俳優） "「ちいさき神のつくりし子ら」「エクウス」「幻の殺人者」の演技"
第10回（昭57年度）
　松竹 「アマデウス」スタッフ
第11回（昭58年度）
　別役 実（劇作家） 「うしろの正面だあれ」「星の時間」「メリーさんの羊」
第12回（昭59年度）
　浅利 慶太（四季, 演出家） "ミュージカル「CATS」の企画制作"
第13回（昭60年度）
　市川 猿之助（3世）
第14回（昭61年度）
　蜷川 幸雄（演出家） "「オイディプス王」「タンゴ・冬の終りに」などの演出"
第15回（昭62年度）
　井上 ひさし（こまつ座, 劇作家） "「昭和庶民伝」三部作"
第16回（昭63年度）
　該当者なし
第17回（平1年度）
　新宿梁山泊 「千年の孤独」
　◇特別賞

中村 伸郎　「ドラキュラ伯爵の秋」

第18回（平2年度）

清水 邦夫　「弟よ一姉, 乙女から坂本龍馬
　への伝言」（木冬社）

第19回（平3年度）

野田 秀樹　「赤穂浪士」「透明人間の蒸気」
　（夢の遊眠社）

---

069 テアトロ新人戯曲賞

演劇誌「テアトロ」創刊55周年を記念し, 新人に門戸を開くため, 平成元年に開設された。

【主催者】 テアトロ,（株）カモミール社

【選考委員】 渡辺保, 村井健, 斎藤偕子, 江原吉博, 小松幹生

【選考方法】 公募

【選考基準】〔資格〕なし。〔対象〕未発表・未上演のものに限らない。上演台本も含まれる。〔原稿〕400字詰原稿用紙50枚以上100枚まで。ワープロ可。他賞との重複投稿は不可

【締切・発表】 9月16日締切（当日消印有効）, 翌年「テアトロ」4月号にて発表

【賞・賞金】 入選（1本）：賞金10万円

第1回（平1年度）

該当作なし

第2回（平2年度）

横井 慎治　「形而上恋愛考」

第3回（平3年度）

該当作なし

第4回（平4年度）

該当作なし

◇佳作

佐藤 晴樹　「寺山修司の大冒険」

第5回（平5年度）

該当作なし

第6回（平6年度）

該当作なし

第7回（平7年度）

春日 太郎　「ストレイチルドレン」

広島 友好　「安吾往来」

第8回（平8年度）

翠 羅臼　「ルナパーク・ミラージュ」

第9回（平9年度）

野中 友博　「化蝶譚―けてふたん」

第10回（平10年度）

やの ひでのり　「ブドリよ, 私は未だ眠る

ことができない」

第11回（平11年度）

久米 一晃　「リンゴトナイフ」

第12回（平12年度）

該当作なし

第13回（平13年度）

森本 ジュンジ　「御伽童子」

第14回（平14年度）

該当作なし

第15回（平15年度）

該当作なし

第16回（平16年度）

山田 裕幸　「トリガー」

第17回（平17年度）

左藤 慶　「シーチキンパラダイス◎」

松本 邦雄　「アメリカ」

第18回（平18年度）

該当作なし

第19回（平20年）

該当作なし

◇佳作

新井 笙太　「猫と同じに」

中條 岳青　「あげとーふ」

第20回（平21年）
　坂本 正彦 「砂丘の片隅で」
◇佳作
　岩月 収 「みどり荘の『三人姉妹』」
第21回（平22年）
　登り山 美穂子 「金魚たちとコワレタ夜の
　　蝶番」
第22回（平23年）
　該当作なし
第23回（平24年）
　該当作なし
◇佳作

蓮見 正幸 「妹よ……」
松宮 信男 「臨床心理相談室」
第24回（平25年）
　該当作なし
◇佳作
　田口 萌 「My Home＝home ground（マイ
　　ホームグラウンド）」
石原 燃 「父を葬る」
村上 雅人 「淡雪涅槃」
きんたろ 「なつかしき廃棄物」
蓮見 正幸 「想い出のアルバム」

---

070 とべとべ賞

　演劇評論家・戸部銀作氏が，歌舞伎で後見を務めている役者を対象にした賞を創設。後見とは早変わりの手助けや，小道具の手助けなど，さまざまに主役を助ける仕事。

【主催者】戸部銀作

第1回（平12年）
　市川 寿猿 "市川猿之助門下の最古参で，猿之助の宙乗り5000回達成のすべてを裏から支えてきた。猿之助歌舞伎の陰の功労者"
第2回（平13年）
　市川 段四郎 "歌舞伎立役としての手本的な演技に対して"

---

071 名古屋演劇ペンクラブ年間賞

　演劇をはじめ広く芸能文化の発展育成に寄与することを目的として，昭和26年に創設された。

【主催者】名古屋演劇ペンクラブ

【選考委員】井手亮太，伊藤敬，加藤英嗣，川地重幸，桐山健一，清水義和，千田靖子，長江和弘，馬場駿吉，村上正樹，吉田豊

【選考方法】会員の推薦による

【選考基準】〔対象〕名古屋公演の成果あるいは活動が秀逸な者

【締切・発表】毎年12月下旬選考会を開き即日発表

【賞・賞金】記念楯

（昭27年度）
　中村 歌右衛門（6世）"「将門」の滝夜叉"
　松本 幸四郎（8世）"「将門」の光圀"
文学座 「竜を撫でた男」
（昭28年度）
　辰巳 柳太郎 "「井伊大老」の井伊大老"

市川 寿海（3世）"「忠臣蔵」の若狭助・勘平"

◇特別賞

御園座大道具

（昭29年度）

西川 鯉三郎 "「船遊女」企画, 作舞, 演技"

尾上 梅幸（7世）"「太十」の十次郎"

片岡 秀郎 "「沼津」の平作"

◇奨励賞

市川少女歌舞伎

劇団民芸 「セールスマンの死」

（昭30年度）

中村 勘三郎（17世）"「一条大蔵卿」の大蔵卿"

芥川 比呂志 "「ハムレット」のハムレット"

（昭31年度）

尾上 松緑（2世）"「供奴」「め組」の辰五郎"

西川 小光 "「いとはん」のおこう"

水谷 八重子（初代）"「薄雪太夫」の遊女薄雪"

（昭32年度）

花柳 章太郎 "「遊女夕霧」の夕霧"

島田 正吾 "「穂高」の由良井博士"

渋谷 天外（2世）「桂春団治（前・後編）」

（昭33年度）

西川 司津 "「竹生島」竜神"

小田 さだ "邦楽活動に対し"

尾上菊五郎劇団 「勧進帳」

松浦 竹夫 "「二号」の演出"

（昭34年度）

赤堀 鶴吉 「木賊苅」

実川 延二郎 "「女殺油地獄」の与兵衛"

俳優座 「千鳥」

（昭35年度）

西川 鯉三郎 "「鑓の権三」の権三,「今様望月」の刑部友房"

大谷 友右衛門（7世）"「吃又」のおとく,「怪談蛟鳴鳥」の菊次"

戌井 市郎 "「女の一生」「陽気な幽霊」の演出"

（昭36年度）

森繁 久弥 "「佐渡島他吉の生涯」の演出と演技"

前進座 「水滸伝」

和泉 保之 "狂言「髭櫓」「業平餅」"

（昭37年度）

西川 里喜代 「流星」

竹内 敏晴 "「八重山椿」作・演出"

西川 右近 "「八重山椿」作・作舞"

渡辺 宙明 "「八重山椿」音楽"

（昭38年度）

西川 小稲 "古典舞踊の伝承"

宇野 重吉 "「初恋」の演出"

市川 団十郎（11世）"「助六由縁江戸桜」の助六"

藤間 勘章 "「花競祭双紙」の構成・演出"

（昭39年度）

水野 鉄男 "新劇の普及"

山路 曜生 "創作舞踊活動"

沢村 訥升 "「女定九郎」の蝮のお市"

中村 賀津雄 "「越前竹人形」の喜助"

（昭40年度）

山田 五十鈴 "「佃の渡し」おきよ・おさよ"

滝沢 修 「夜明け前」

竹本 つばめ大夫, 野澤 喜左衛門（2世）「冥途の飛脚」

山田 昌 "放送・舞台の活動"

（昭41年度）

中村 鴈治郎（2世）"「沼津」の十兵衛"

市村 竹之丞 "「仮名手本忠臣蔵」の大星"

NLT 「サド侯爵夫人」

住田 こはつ（鳴物演奏者）

（昭42年度）

中村 扇雀（2世）"「吉田屋」の夕霧"

長谷川 一夫 "「朝の雪」の寺坂吉右衛門"

竹本 相生大夫 「壺坂」

奥田 敏子 「浄夜」

（昭43年度）

尾上 梅幸（7世）"「先代萩」の政岡"

市川 染五郎（6世）"「皇女和の宮」の帥の宮"

竹本 津大夫（4世）「近江源氏先陣館」

鬼頭 昭夫 "「白い炎」の福沢桃介"

(昭44年度)

市川 猿之助(3世) 「四の切」と「凄艶・四谷怪談」

藤山 寛美 "「丘の一本杉」の演技"

奈良岡 朋子 "「かもめ」の演技"

西川 鯉女 "「紀州道成寺」の白拍子"

(昭45年度)

坂東 三津五郎(8世) "「合邦」と「寺子屋」の演技"

尾上 多賀之丞(3世) "「合邦」の母親の演技"

草笛 光子 "「ラ・マンチャの男」のアルフォンザの演技"

杉村 春子 "「華岡青州の妻」の演技"

(昭46年度)

中村 伸郎 "「朱雀家の滅亡」の演技"

中村 芝翫(7世) "「建礼門院」の時子の演技"

尾上 松緑(2世) "「髪結新三」の演技"

◇特別賞

坂東 玉三郎 "歌舞伎界に与えた新風"

(昭47年度)

中村 錦之助 "「織田信長」の演技"

鶴澤 寛治(6世) "「嬢景清八嶋日記」の三味線"

北林 谷栄 "「泰山木の木の下で」の演技"

西川 長寿 "「今様望月」の刑部友房の演技"

◇特別賞

松野 哈爾美 "職場演劇の推薦"

◇特別選奨

中村 歌右衛門(6世)，中村 芝翫(7世)，中村 鴈治郎(2世)，片岡 我童 「伽羅先代萩・竹の間」

(昭48年度)

実川 延若(3世) "「奥の細道」路通「沼津」平作の演技"

千葉 蝶三朗 "「二階の奥さん」他の演技"

大滝 秀治 "「円空遁走曲」の演技"

◇特別賞

三波 春夫 "大衆演劇への寄与"

峯 研作(名古屋青年劇団)，大月 譲介，田

辺 正雄，秋津 五生，諸星 倬次 "多年にわたるアマチュア演劇への精進"

(昭49年度)

守田 勘弥 "「お富と与三郎」の演技"

大山 克巳 "「決斗高田の馬場」の演技"

三木 のり平 "「めおと泥坊」「人生劇場」の演技"

工藤 扇寿 "意欲的な舞踊活動"

(昭50年度)

中村 吉右衛門(2世) "「顔見世」の演技"

市川 翠扇 "「三婆」「婦系図」の演技"

細川 ちか子 "「セールスマンの死」の演技"

小島 朝岬 "長年の舞台美術への貢献"

御園座・顔見世 "「近江源氏先陣館」の成果"

中日劇場 "「春日の局」の舞台成果"

(昭51年度)

坂東 玉三郎 "「マクベス」の演技"

酒井 光子 "「銀のかんざし」の演技"

石井 ふく子 "「なつかしい顔」の演出"

西川 あやめ "「一中節・道成寺」の演技"

大村 一平 "「智恵子抄」の演技"

(昭52年度)

中村 勘三郎(17世)，中村 勘九郎(5世) "連獅子」の演技"

長山 藍子 "「秋のかげろう」の演技"

北村 和夫 "「女たち」の演技"

西川 茂太郎 "「鏡獅子」の演技"

(昭53年度)

尾上 辰之助 "「蘭平物狂」の殺陣の成果"

市川 猿之助(3世) "「舞踊特別公演」における猿翁十種集の演技"

橋田 寿賀子 "ストンウエルの作者功績"

花柳 寿江弘 "「時雨西行」の演技"

(昭54年度)

財津 一郎 "「マイフェア・レディ」の演技"

中村 扇雀(2世) "「顔見世」の演技"

山岡 久乃 "「夫婦」の演技"

内田 るり子 「勧進帳」

(昭55年度)

吉田 玉男 「源平布引滝」

内山 鶉 "「居酒屋」の演出"

赤堀 加鶴絵 「かりがね」
◇奨励賞
四条 栄美
◇特別賞
上意討ちスタッフ一同
（昭56年度）
芦屋 雁之助 "「裸の大将放浪記」の演技"
浅利 慶太 "「コーラスライン」「エレファント・マン」「オンディーヌ」の企画上演"
藤間 紫 "「おさん茂兵衛」の演技"
片岡 孝夫 "「御浜御殿」の演技"
西川 左近 "「十二段君が色音」の演技"
（昭57年度）
河原崎 国太郎 "「切られお富」の演技"
中村 歌右衛門（6世） "「壇浦兜軍記」阿古屋の演技"
浜 木綿子 "「異母姉妹」の演技"
松岡 伶子 "「火の鳥」の成果"
◇奨励賞
松川 佳澄
（昭58年度）
中村 芝翫（7世） "「年増」「熊谷陣屋」の演技"
藤原 新平〔演出〕，江守 徹〔演技〕 「シラノ・ド・ベルジュラック」
宇野 重吉 "「タナトロジー」「エレジー」の演出・演技"
西川 鯉次郎 "「おさん茂兵衛」の演技，「百夜菊恋乃通路」「吉野山」の作舞・構成"
（昭59年度）
片岡 仁左衛門（13世） "「新口村」の演技"
曽我廼家 鶴蝶 "「女の遺産」「隣人戦争」の演技"
吉田 簑助 "「染模様妹背門松」の人形"
劇団演集 "「楽園終着駅」の成果"
◇奨励賞
杵屋 六秋 "「名古屋をどり」他邦楽活動"
（昭60年度）
中村 富十郎（5世） "「暫」の演技"
司 葉子 "「紀ノ川」の演技"
京 マチ子 "「冬の蝶」の演技"
東 彰治 "優秀な舞台づくり"

（昭61年度）
中村 福助（8世） "「鳥辺山心中」の演技"
森 光子 "「放浪記」の演技"
赤木 春恵 "「新・となりの芝生」の演技"
◇特別賞
中日劇場 "「元禄御畳奉行の日記」の企画製作"
御園座舞台課 "「暴れん坊将軍」陽明門の製作"
（昭62年度）
淡島 千景 "「蛍」の演技"
山田 五十鈴 "「三味線お千代」の演技"
木の実 ナナ，細川 俊之 "「ショーガール」永年の実績"
◇奨励賞
坂東 八十助 "「修禅寺物語」の演技"
◇特別賞
海部 康男 "名鉄ホール30年の功績，地元演劇への貢献"
（昭63年度）
中村 勘九郎（5世） "「鏡獅子」の演技"
中村 梅之助 "「たいこどんどん」の演技"
泉 ピン子 "「旦那さま大事」の演技"
◇特別賞
上村 吉弥 "「合邦」の演技"
西川 里喜代 "「保名」の演技"
（平1年度）
中日劇場 "「リュウオー」の成果"
大空 真弓 "「時代屋の女房」の演技"
沢村 田之助 "「顔見世」の演技"
◇奨励賞
総合劇集団俳優館
（平2年度）
中村 又五郎（2世） 「夏祭」の三婦の演技
鳳 蘭 「王様と私」のアンナの演技
ミヤコ蝶々 "名鉄ホールでの長年にわたる演劇活動と演技"
◇奨励賞
演劇人冒険舎 "地元演劇への貢献と活動"
中村 児太郎 "顔見世における「藤娘」ほかの演技"
新内 仲三郎 "新内の普及と貢献"

（平3年度）

　沢村 藤十郎 “御園座顔見世における “平作娘・お米”の演技”

　大地 真央 “中日劇場「エニシング・ゴーズ」の演技”

　江守 徹 “名鉄ホール「人生はガタゴト列車に乗って」の演技”

◇奨励賞

　リアの会 “歴年に亘る演劇活動に対して”

　花柳 朱実 「鏡獅子」の演技

（平4年度）

　市川 団十郎（12世）“御園座顔見世「毛抜」の演技”

　杉浦 直樹 “中日劇場「恋ぶみ屋一葉」の演技”

　草笛 光子 “名鉄ホール「私はシャーリー・ヴァレンタイン」「女の遺産」の演技”

◇特別賞

　二村 利之 “地元演劇への貢献”

（平5年度）

　中村 雀右衛門（4世）“御園座顔見世「助六」揚巻の演技”

　渡辺 浩 “中日劇場「ミュージカルごんぎつね」の制作”

　市原 悦子 “名鉄ホール「その男ゾルバ」オルタンスの演技”

◇奨励賞

　工藤 扇弥 「扇弥会」の成果

◇特別賞

　テレビ愛知 “開局十周年の一連の記念芸能公演の成果”

　狂言共同社 「狂言共同社の百年」の出版

（平6年度）

　市川 右近 「八犬伝」親兵衛, ぬいの演技

　いまむら いづみ 「蛍」のお登勢の演技

　藤岡 琢也 「渡る世間は鬼ばかり」大吉の演技

　中村 松江 「寺子屋」戸浪の演技

　たかべ しげこ 「アイザック・ディネーセン」

（平7年度）

　加賀 まりこ “5月名鉄ホール「夕化粧」の演技”

　林 与一 “4月中日劇場「おはん」7月名鉄ホール「サムライぎらい」10月名鉄ホール「秋のかげろう」の成果”

　尾上 菊五郎（7世）“10月御園座吉例顔見世の演技”

　舟木 一夫 “10月中日劇場「雨ふりお月さん」の演技”

　松平 健 “12月御園座「暴れん坊将軍」の演技”

◇特別賞

　御園座 “百年にわたる地元演劇文化に対する貢献”

（平8年度）

　河原崎 権十郎 “10月御園座の「顔見世」の演技, 名鉄ホール7月「父に捧げる子守唄」自主制作の成果”

　大月 みやこ “7月中日劇場の「残菊物語」の演技”

◇奨励賞

　寺島 しのぶ, 勝村 政信 “2,3月の御園座「近松心中物語」の演技”

　竹本 津駒大夫 “10月愛知厚生年金会館の文楽公演の熱演”

（平9年度）

　佐久間 良子 “御園座6月「唐人お吉」の演技”

　松本 幸四郎（9世）“名鉄ホール8月の「ラ・マンチャの男」の演技と歌唱”

　沢口 靖子 “中日劇場10月「蔵」の演技”

　浅利 慶太 “名古屋ミュージカル劇場「オペラ座の怪人」のロングラン”

◇奨励賞

　スーパー一座 「リチャード三世」の成果

（平10年度）

　藤間 紫 「元禄港歌」の演技

　藤山 直美 「女やさかい」の演技

　植木 等 「続・名古屋嫁入り物語」の演技

　栗木 英章 「オセロ」の脚本・演技の成果

◇奨励賞

　中村 歌昇 「双蝶々曲輪日記」の演技

（平11年度）

浅丘 ルリ子 "御園座6月「濹東綺譚」のお雪と千代美の演技"

佐藤 B作 "名鉄ホール8月「戸惑いの日曜日」の鏑木研四郎の演技"

市村 正親 "中日劇場8月「ラ・カージュ・オ・フォール」のアルバンの演技"

（平12年度）

竹下 景子 "名鉄ホール6月「忍ばずの女」の演技"

尾上 菊五郎（7世）"御園座10月「ぢいさんばあさん」「文七元結」の演技"

富司 純子 "中日劇場11月「祇園の姉妹」の演技"

◇奨励賞

長縄 都至子 "アートピアホール11月「飢餓海峡」の演技"

（平13年度）

内田 寿子 "愛知県芸術劇場9月「時雨西行」の演技"

中村 鴈治郎（3世）"御園座10月「芦屋道満大内鑑」の演技"

朝丘 雪路 "御園座12月「出囃子女房」の演技"

◇奨励賞

内野 聖陽 "中日劇場5月「エリザベート」"

◇特別賞

中日劇場 "8月公演「友情・秋桜のバラード」の企画・製作"

（平14年度）

十朱 幸代 "御園座「雪国」の演技"

石丸 幹二 "新名古屋ミュージカル劇場「異国の丘」の演技"

野村 又三郎 "名古屋能楽堂「和泉流野村派狂言の会 『寝音曲』」の演技"

一路 真輝 "中日劇場「キス・ミー，ケイト」の演技"

竹下 景子 "名鉄ホール「樋口一葉」の演技"

（平15年度）

中村 吉右衛門（2世）"「積恋雪関扉」「一条大蔵譚」の演技"

池内 淳子 "「空のかあさま」の演技"

嵐 圭史 "「天平の甍」の演技"

水野 誠子 "「茉莉の実とりに」の演出"

西川 菊次郎 "「紅葉狩り」の演技"

（平16年度）

市川 海老蔵（11世），尾上 菊之助（5世）"御園座・顔見世「助六由縁江戸桜」での助六と揚巻の演技"

森 光子 "中日劇場「放浪記」通算1700回公演を達成"

石井 ふく子 "名鉄ホールでのストーンウェル公演の演出"

江崎 順子 "今池芸音劇場，劇団夏蝶「花いちもんめ」の演技"

（平17年度）

中村 勘三郎（18世），中村 勘太郎，中村 七之助 "「連獅子」の演技"

松 たか子 "「ラ・マンチャの男」の演技"

天野 天街 "「百人芝居・真夜中の弥次さん・喜多さん」の作・演出"

（平18年度）

坂田 藤十郎 "御園座「顔見世・襲名披露」の演技と成果"

熊谷 真実 "名鉄ホール「女たちの忠臣蔵」の演技"

山本 陽子 "中日劇場「いろどり橋」の演技"

日下 武史 "新名古屋ミュージカル劇場，劇団四季「鹿鳴館」の演技"

佃 典彦 "姫池052スタジオ，劇団B級遊撃隊「青空プリズン」の作・主演"

（平19年度）

尾上 菊五郎（7世）"舞踊劇「達陀」の舞台成果"

藤田 朋子 "「おんなの家」の演技"

鹿賀 丈史 "「ジキルとハイド」の演技"

西川 右近 "「名古屋をどり」60回に亘る舞台成果と日本舞踊への貢献"

（平20年度）

中村 時蔵（5世）"「金閣寺」の演技"

渡辺 えり "「恋はコメディー」の演技"

市川 段治郎 "「ヤマタケル」の演技"

岩川 均 "「授業」の演技・演出"

久田 勘鷗 "「道成寺」白拍子・蛇体の演技"

（平21年度）

中村 橋之助 "「仮名手本忠臣蔵」の演技"

宮本 信子 "「眉山」の演技"

市川 櫻香 "「黒谷」の演技,「海道下り」「千手」の脚本・振付"

前進座 "「さんしょう太夫」の舞台成果"

（平22年度）

市川 亀治郎 "「男の花道」「夏祭浪花鑑」「蜘蛛絲梓弦」の演技"

中村 梅雀 "「最後の忠臣蔵」の演技"

西田 直木 "「海の向こうに」の作・台本・作曲・演出"

本島 勲 "「あなたがそう思うのならそのとおり」の演出"

（平23年度）

坂東 三津五郎（10世）"「棒しばり」の演技"

笠原 章 "「一本刀土俵入」「新・水滸伝」の演技"

◇特別賞

若尾 隆子 "永年の女優活動に対し"

（平24年度）

坂東 玉三郎 "「ふるあめりかに袖はぬらさじ」の演技"

尾上 菊之助（5世）"「蝶の道行き」の演技"

小池 修一郎 "「エリザベート」の演出"

西川 茂太郎 "「春宵吹寄ばなし」の女形芸"

（平25年度）

中村 福助（9世）"「錦秋名古屋顔見世」の奮闘芸"

桐竹 勘十郎（3世）"「義経千本桜」源九郎狐の人形遣い"

鹿目 由紀 "「國語元年」の演出"

麻創 けい子 "「時代横町」の作・演出及び「クリスマス・キャロル」の脚本演出"

---

072 ニッセイ・バックステージ賞

　舞台芸術を裏から支え,優れた業績を挙げている舞台技術者＝広い意味での「裏方」さんたちに光を当て,その労苦に報いることを目的として,平成7年に創設された。

【主催者】（公財）ニッセイ文化振興財団

【選考委員】（第20回）池辺晋一郎,佐藤信,高田一郎,永井多惠子,野村萬,藤田洋,吉井澄雄,和田俊介

【選考方法】全国の舞台芸術有識者から推薦,選考委員会で審査の上決定

【選考基準】〔対象〕舞台芸術を裏から支え,優れた業績を挙げている舞台技術者（デザイナー・プランナーは除く）。原則として,現役で活躍中の個人。ただしニッセイ文化振興財団役職員並びに評議員は対象から除く

【締切・発表】（第20回）平成26年5月末に締切,10月中旬発表,贈賞式は11月下旬に日生劇場において

【賞・賞金】賞状と賞金100万円,年額50万円の年金（70歳支払開始,終身年金）と記念品。表彰者は毎年3名以内

【URL】http://www.nissaytheatre.or.jp/

第1回（平7年度）

那須 武雄 "歌舞伎「床山」"

河盛 成夫 "新劇衣裳製作"

名越 昭司 "文楽人形「かつら,床山」"

第2回（平8年度）

田中 好道 "舞台監督"

河内 正三 "オペラプロデューサー"

菅谷 マチ子 "歌舞伎衣裳"

第3回（平9年度）

中川 菊枝 "日本物舞台衣装の制作"

杉山 好二 "伝統芸能小道具製作"

百瀬 正二 "チェンバロの製作・修理・調律"

第4回（平10年度）

大村 いね "ホール案内業務"

小波 則夫 "琉球伝統芸能の琉髪結髪"

工藤 和夫 "大道具製作（背景）"

第5回（平11年度）

倉林 誠一郎 "演劇プロデューサー"

阿部 吉之助 "舞台照明"

和田 時男 "文楽小道具"

第6回（平12年度）

作本 秀信 "舞台音響効果"

松家 公 "小道具の製作"

椛野 明 "演劇道具の輸送"

第7回（平13年度）

岡田 文江 "演劇鑑賞団体の運営"

宮崎 隆男 "ステージマネージャー"

垣ケ原 美枝 "演劇の通訳"

第8回（平14年度）

皆川 和子 "児童合唱団運営"

松本 団升 "地芝居振り付け"

大井 昌子 "バレエ衣裳製作"

第9回（平15年度）

保坂 純子 "劇人形デザイン・製作"

山本 冨二夫 "大道具・背景画"

第10回（平16年度）

山根 淑子 "劇場運営・演劇プロデューサー"

藤野 級井 "小道具等特殊美術製作"

第11回（平17年度）

後藤 芳世 "歌舞伎背景画"

田原 進 "舞台監督"

第12回（平18年度）

伊藤 英子 "劇場運営"

山下 雄治 "調べ司"

第13回（平19年度）

板坂 晋治 "舞台美術"

新小田 大 "オペラ合唱"

第14回（平20年度）

原田 國利 "大道具大工"

小寺 洋子 "衣裳・小道具製作"

第15回（平21年度）

宇野 小四郎 "人形劇プロデューサー"

三浦 菊雄 "歌舞伎・床山"

第16回（平22年度）

川述 文男 "演劇鑑賞団体の運営"

及川 貢 "オペラ合唱指揮"

第17回（平23年度）

龍前 範子 "ライブラリアン"

川口 浩三 "舞台監督"

第18回（平24年度）

福井 四郎 "舞扇の製作"

山田 宏 "ピアノ調律"

第19回（平25年度）

金一 浩司 "舞台監督"

芝田 正利 "歌舞伎・ツケ打ち"

---

073 日本演劇学会河竹賞

　初代日本演劇学会会長，早稲田大学教授・故河竹繁俊博士を記念し，遺族からの弔慰金を基金として，昭和44年より開始された。同学会会員の優れた演劇研究書・論文を対象に贈られる。当初の名称は河竹賞であったが，第30回より日本演劇学会河竹賞と名称が変更された。

【主催者】日本演劇学会

【選考委員】委員長：井上理恵，委員：菊川徳之助，斎藤偕子，秋葉裕一，佐藤恵里，永田靖（2014-2016）

【選考方法】当該年度の会員の著書・論文を対象として審査する

【選考基準】〔資格〕同学会会員。〔対象〕当該年度1月から12月までに発表された, 原則として学会内の研究発表会における研究発表・報告・学会紀要に掲載の論文等の業績。および単行本・諸機関の紀要等に発表された研究論文・報告・資料などを含む各種の業績

【締切・発表】毎年, 学会春季大会席上で発表・授賞式。選考過程は学会紀要に発表する

【賞・賞金】賞状と賞金, 本賞は10万円, 奨励賞は3万円

【URL】 http://www.jstr.org

第1回 (昭44年)
　室木 弥太郎 「金平浄瑠璃正本集 全3巻」
第2回 (昭45年)
　小畠 元雄 「演劇学の基本問題」
第3回 (昭46年)
　今尾 哲也 「変身の思想」
第4回 (昭47年)
　角田 一郎 ほか 「農村舞台の総合的研究」
第5回 (昭48年)
　小笠原 恭子 「かぶきの誕生」
第6回 (昭49年)
　大山 功 「近代日本戯曲史 全4巻」
第7回 (昭50年)
　遠山 静雄 「日照演劇論」
第8回 (昭51年)
　後藤 淑 「能楽の起源」
第9回 (昭52年)
　山崎 構成 「曳山人形戯現状と研究」
第10回 (昭53年)
　歌舞伎評判記研究会 「歌舞伎評判記集成 全11巻」
第11回 (昭54年)
　石井 順三 "雑誌「芸能」の編集・発行"
第12回 (昭55年)
　利倉 幸一 「続々歌舞伎年代記 坤」
第13回 (昭56年)
　松本 伸子 「明治演劇論史」
第14回 (昭57年)
　渡辺 保 「忠臣蔵」「俳優の運命」
第15回 (昭58年)
　笹山 隆 「ドラマと観客」
　義太夫年表近世篇刊行会 「義太夫年表近

世篇 全5巻」
第16回 (昭59年)
　菅井 幸雄 「演劇創造の系譜」
第17回 (昭60年)
　毛利 三弥 「イプセンのリアリズム」
第18回 (昭61年)
　守屋 毅 「近世芸能興行史の研究」
第19回 (昭62年)
　横道 万里雄 「能劇の研究」
第20回 (昭63年)
　藤波 隆之 「近代歌舞伎論の黎明」
第21回 (平1年)
　須山 章信, 土田 衛 「歌舞伎絵尽し年表」
第22回 (平2年)
　内山 美樹子 「浄瑠璃史の十八世紀」
　吉田 節子 「江戸歌舞伎法令集成」
第23回 (平3年)
　該当者なし
第24回 (平4年)
　大岡 欽治 「関西新劇史」(東方出版)
　人形舞台史研究会 「人形浄瑠璃舞台史」 (八木書店)
第25回 (平5年)
　須田 悦生 「若狭猿楽の研究」(三弥井書店)
　和田 修 「金子一高日記」等の紹介
第26回 (平6年)
　白方 勝 「近松浄瑠璃の研究」(風間書房)
　高島 邦子 「20世紀アメリカ演劇―アメリカ神話の解剖」(図書刊行会)

第27回（平7年）

　松崎 仁 「歌舞伎・浄瑠璃・ことば」（八木書店）

第28回（平8年）

　野村 喬 「戯曲と舞台」（リブロポート）

　鳥居 フミ子 「近世芸能の発掘」（勉誠社）

第29回（平9年）

　該当者なし

第30回（平10年）

　該当者なし

第31回（平11年）

　竹内 道敬 「近世邦楽考」（南窓社）

第32回（平12年）

　井上 理恵 「近代演劇の扉をあける ドラマトゥルギーの社会学」（社会評論社）

　萩田 清 「上方板歌舞伎関係一枚摺考」（清文堂）

第33回（平13年）

　武井 協三 「若衆歌舞伎・野郎歌舞伎の研究」（八木書店）

第34回（平14年）

　小櫃 万津男 「日本新劇理念史 続明治中期編」（白水社）

第35回（平15年）

　西村 博子 「蚕娘の繊糸」（翰林書房）

　佐藤 恵里 「歌舞伎・俄研究」（新典社）

第36回（平16年）

　該当者なし

第37回（平17年）

　石沢 秀二 「祈りの懸け橋―評伝田中千禾夫」（白水社）

第38回（平18年）

　宮本 圭造 「上方能楽史の研究」（和泉書院）

　瀬戸 宏 「中国話劇成立史研究」（東方書店）

第39回（平19年）

　中村 哲郎 「歌舞伎の近代 作家と作品」（岩波書店）

　神山 彰 「近代演劇の来歴－歌舞伎の「一身二生」」（森話社）

第40回（平20年）

　天野 文雄 「世阿弥がいた場所－能大成期の能と能役者をめぐる環境」（ぺりかん社）

◇奨励賞

　小林 かおり 「じゃじゃ馬たちの文化史－シェイクスピア上演と女の表象」（南雲堂）

第41回（平21年）

　今西 雅章 「シェイクスピア劇と図像学－舞台構図・場面構成・言語表象の視点から」（彩流社）

第42回（平22年）

　大笹 吉雄 「新日本現代演劇史」（中央公論社）

第43回（平23年）

　斎藤 偕子 「19世紀アメリカのポピュラーシアター－国民的アイデンティティの形成」（論創社）

　小田中 章浩 「現代演劇の地層－フランス不条理演劇生成の基盤を探る」（ぺりかん社）

第44回（平24年）

　該当者なし

◇奨励賞

　伊藤 りさ 「人形浄瑠璃のドラマツルギー 近松以降の浄瑠璃作者と平家物語」（早稲田大学学術叢書）

第45回（平25年）

　渡辺 保 「明治演劇史」（講談社）

◇奨励賞

　笹山 啓輔 「演技術の日本近代」（森話社）

第46回（平26年）

　原 道生 「近松浄瑠璃の作劇法」（八木書店）

◇奨励賞

　岡田 万里子 「京舞 井上流の誕生」（思文閣出版）

074 日本演劇協会賞

　演劇文化の向上発展のため演劇各分野の中から特に優れた新人を一名選出して賞を贈り，演劇奨励の一助とするという主旨のもとに昭和41年創設された。その後第5回まで選考会が行われたが，以後中断。平成8年に復活した。復活第9回開催以降，休止中。

【主催者】（公社）日本演劇協会

【選考方法】選考委員による選考。資料として年間活動スタッフ一覧表を基とする

【選考基準】〔対象〕劇作家，演出家，舞台美術家，舞台照明家，音響効果家，演劇制作者の若手新人

【締切・発表】協会4月中旬（毎年）の総会で発表する。同時にマスコミへの発表も4月中旬

【賞・賞金】賞状及び賞金30万円

復活第1回（平8年）
　中嶋 正留（舞台美術家）
第2回（平9年）
　織田 紘二（国立劇場）
第3回（平10年）
　勝柴 次朗（舞台照明家）
第4回（平11年）
　平石 耕一（劇作家）
第5回（平12年）
　金井 勇一郎（金井大道具）

第6回（平13年）
　内藤 博司（音響効果家）
第7回（平14年）
　木村 信司（劇作・演出家）
第8回（平15年）
　水谷 龍二（劇作・演出家）
第9回（平16年）
　いのうえ ひでのり（演出家）

075 日本演劇興行協会脚本募集

　脚本は演劇の根幹であるとの認識から，隔年に全国から脚本を募集し，優秀な脚本を創作した新人作家を助成することを目的として創設された。

【主催者】（公社）日本演劇興行協会

【選考方法】公募

【選考基準】〔対象〕歌舞伎，時代劇，現代劇，ミュージカル〔原稿〕400字詰原稿用紙100枚以内。800字以内のあらすじを添付

【締切・発表】募集時の年度末締切

【賞・賞金】最優秀作（1編）：100万円，優秀作（2編）：50万円，佳作（若干）：20万円，著作権等の権利は日本演劇興行協会に帰属

第1回（平1年）
◇最優秀作
　該当作なし
◇優秀作

該当作なし
◇佳作
● 歌舞伎
　大場 美代子 「信長やおとら狐に合歓の花」

- 時代劇
  原田 励 「元禄不義物語」
- ミュージカル
  星 陽一 「カリスマ皇帝の神話」
  川北 亮一 「ネネ」

第2回（平3年）
◇最優秀作
　該当作なし
◇優秀作
- 歌舞伎
  筒井 実 「繁三と亀吉」
- 現代劇
  松永 尚三 「足利家の夫人達」
- 時代劇
  松沢 佳子 「野分物語」
◇佳作
- 現代劇
  赤見 有美子 「ネギとヴァイオリン」
- 喜劇
  本田 カヨ子 「天国からこんばんは」
  本田 忠勝 「神々のくしゃみ」
- ミュージカル
  藤田 恵子 「羊太夫風土記」

第3回（平5年）
◇最優秀作
　該当作なし
◇優秀作
- 歌舞伎
  藤浪 俊夫 「梅薫梶原山」
- 現代劇
  高林 大輔 「酔客万来」
- ミュージカル
  藤 圭実 「恋歌」
◇佳作
- 歌舞伎
  佐藤 善三 「壁一重」
- 時代劇
  椙山 宏治 「姥皮被衣譚」
- 喜劇
  武内 紅子 「小判知らずの長者」

第4回（平10年）
◇最優秀作
　該当作なし
◇優秀作
- 歌舞伎
  岩佐 初子 「お菊虫」
- 時代劇
  江連 卓 「稲妻お徳」
◇佳作
- 歌舞伎
  松島 美穂子 「桜恋抄」
- 現代劇
  岡野 耕作 「タニマチ先生土俵入り」
- ミュージカル
  武田 直樹 「オニたち」

第5回（平19年）
◇最優秀作
　該当作なし
◇優秀作
- 歌舞伎
  森山 治男 「秋小袖冥途万歳」
- ミュージカル
  柏倉 敏之 「ラストダンス」
◇佳作
- 現代劇
  伊藤 まゆみ 「天使のショーガール」
  本田 カヨ子 「うなずき婆奮闘記」
  辻本 久美子 「アカシアの花を過ぎて」

第6回（平21年）
◇最優秀作
　該当作なし
◇優秀作
- 時代劇
  篠崎 隆雄 「大津皇子」
◇佳作
- 歌舞伎
  山崎 赤絵 「寅吉参る」
- 現代劇
  本田 カヨ子 「愛加那」
- ミュージカル
  本間 成一 「ロマン」

076 日本シェイクスピア賞

　平成3年にイギリスで開催されたジャパン・フェスティバルの期間中,ロンドンの国際シェイクスピア・グローブ・センターで「日本のシェイクスピア展」が開かれた際に,この展覧会に協力した日本の演劇人や文化人が表彰された。これを機に日本シェイクスピア・グローブ・センターより日本人に贈る賞として「日本シェイクスピア賞」が創設された。平成6年度にロンドンの国際シェイクスピア・グローブ・センターが「グローブ賞」を設立したのを期に吸収され,中止された。

【主催者】駒沢大学シェイクスピア・インスティチュート,日本シェイクスピア・グローブ・センター

【選考委員】五泉八州男,喜志哲雄,委員長・菊池明,大場建治,荒井良雄

【選考方法】選考委員の推薦による

【選考基準】〔対象〕演劇賞:日本のシェイクスピア上演で功績のあったプロデューサーや演出家。男優賞(サー・ジョン・ギールグッド賞):国際的な仕事をした男優。女優賞(デイム・ジュディ・デンチ賞):シェイクスピアの女性役で優れた演技を示した女優に。学術賞(スタンリー・ウェルズ賞):翻訳と研究に対して。日英文化交流賞(サム・ワナメイカー賞):シェイクスピアを中心とした日英文化交流

【賞・賞金】ロンドンの国際シェイクスピア・グローブ・センターより表彰状,協賛のサッポロ・ビール,大和日英基金,グレイト・ブリテン・ササカワ財団,駒沢大学シェイクスピア・インスティチュートより記念品

第1回(平4年度)

◇演劇賞

　田村 晴也(東京グローブ座) "東京グローブ座における内外のシェイクスピア公演製作"

◇男優賞

　仲代 達矢(無名塾) "「ハムレット」「リチャード三世」等と映画「乱」の演技"

◇女優賞

　太地 喜和子(文学座) "文学座のシェイクスピア劇公演における演技"

◇学術賞

　小田島 雄志(翻訳家) "シェイクスピア全集の完訳と評論活動"

◇日英文化交流賞

　小池 滋(東京女子大教授) "英国文化研究"

　黒沢 宏(東京マドリガル・シンガーズ) "親子二代60年にわたるマドリガルの演奏活動"

第2回(平5年度)

◇演劇賞

　浅利 慶太(劇団四季) "日生劇場と四季のシェイクスピア上演"

◇男優賞

　松本 幸四郎(9世)(松竹)「ハムレット」や「オセロ」や「リア王」の演技

◇女優賞

　河内 桃子(俳優座) "俳優座のシェイクスピア劇公演の演技"

◇学術賞

　上野 美子(東京都立大学教授) "多くのシェイクスピアに関する学術論文と著書"

◇日英文化交流賞

　中岡 洋(駒沢大学教授) "ブロンテ姉妹を中心にした英文学研究"

077 日本児童青少年演劇協会賞

　昭和26年, 優れた児童向け創作戯曲の振興を目的に創設された。児童劇・学校劇の優れた脚本, またその普及向上に功労のあった個人・団体に贈られる。平成24年度より「日本児童演劇協会賞」から現在の名称となった。

【主催者】 (公社)日本児童青少年演劇協会

【選考委員】 北島春信, 小川信夫, 上保節子, 澤田修, 篠崎省吾, 水野久, 岩崎明, 岡部邦三郎, 副島功

【選考基準】 〔対象〕各年度(4月から翌3月)で, 児童演劇・学校劇に貢献した個人および団体

【締切・発表】 同協会機関誌「児童青少年演劇」誌上に発表, 授賞式は定期総会席上

【賞・賞金】 賞状, 楯と賞金5万円

【URL】 http://www.linkclub.or.jp/~jcta

(昭26年度)
◇奨励賞
　粉川 光一 「スサノオの笑い」
　吉岡 たすく 「ずんぐり」
　柴田 秀雄 「ぼうしかけ」
(昭27年度)
◇奨励賞
　小川 信夫 「うぐいすの鳴く峠」ほか
(昭28年度)
◇奨励賞
　尾崎 正三 「新聞配達」
(昭29年度)
◇奨励賞
　吉田 みや子 「ながあめ」
　中村 晋 「牝牛」
(昭30年度)
　生越 嘉治 「まっかっかの長者」ほか
(昭31年度)
　林 黒土 「花火」「青い火花」
◇指導員賞
　片岡 司郎 "布施四中演劇部集団創作「どこかで春が」の指導"
(昭32年度)
　該当者なし
(昭33年度)
　小池 タミ子 「童話劇二十選」

(昭34年度)
　村山 亜土 「新・猿蟹合戦」
　椎崎 篤 「おうむだけが知っている」
◇奨励賞
　滝井 純 「万年筆」
(昭35年度)
◇奨励賞
　森本 秀夫 「泉のほとり」
　窪野 冬彦 「傘太郎」
　竹内 永 「うちのとうちゃんえらいんだ」
(昭36年度)
　西郷 竹彦 "外国児童劇の翻訳と紹介"
◇奨励賞
　白波瀬 道雄 「原っぱの無人島」ほか
(昭37年度)
◇奨励賞
　劇団たんぽぽ
(昭38年度)
　道井 直次 "関西芸術座「おしょにん退治」の演出と関西児童演劇での功績"
(昭39年度)
　宇治 正美 "地域における青少年文化の向上"
(昭40年度)
　北島 春信 "子どものミュージカルを日本の学校劇の中に位置づけようとしている

こと”
（昭41年度）
　内藤 克紀，中島 茜，斎藤 多喜子 “劇団風
　　の子「三びきの子ぶた」における演技”
　こまの会 “機関誌「児童劇研究」の多年に
　　わたる刊行”
（昭42年度）
　蓑田 正治 「天狗の笛」
　三木 克彦 “多年にわたる地域での児童演
　　劇活動”
（昭43年度）
　人形劇団プーク “積年の劇団活動とくに行
　　届いた配慮のパンフレット”
　十日会 “10年にわたる着実な創作活動と
　　くにその結果としての「星座」の刊行”
　菅井 建 “中学校における学級共同創作を
　　はじめ諸活動”
（昭44年度）
　福岡子ども劇場 “こどものための演劇観客
　　づくりに画期的な成果を納め児童演劇の
　　向上に寄与”
　川崎市小学校学校劇研究会 “発足以来創作
　　劇発表会をはじめ川崎における演劇教育
　　運動の推進と学校演劇の向上に寄与”
（昭45年度）
　加藤 暁子 “海外人形劇作品の翻訳と演出”
（昭46年度）
　白波瀬 道雄 “地域における演劇教育の実
　　践研究”
（昭47年度）
　関矢 幸雄 “児童演劇における斬新な舞踊
　　振付と演出”
（昭48年度）
　伊藤 巴子 “多年にわたる児童劇のすぐれ
　　た演技”
　野呂 祐吉 “劇団造形による地域に根ざし
　　た優れた創造，啓蒙運動”
　内野 二郎 “中学校現場での優れた劇作術
　　とその熱心な演出指導”
　岐阜市学校劇研究会 “20余年にわたる学
　　校劇のたゆまざる業績”

（昭49年度）
　田島 義雄 “多年にわたる児童演劇の向上
　　発展，特に近年批評活動に尽力した功績”
　福岡学校劇の会 “学校劇研究と公開発表の
　　継続”
（昭50年度）
　土屋 友吉 “現代人形劇，児童演劇の発展普
　　及に制作活動を通して貢献”
　野村 敏雄 “地域児童文化への貢献と児童
　　劇作家としての独自な活動”
（昭51年度）
　大井 数雄 “多年にわたる海外の人形劇の
　　紹介と翻訳”
　須田 輪太郎 “意欲的な戯曲「金太郎の旗」
　　の創作”
　成城学園初等学校劇部 “きわめて積極的な
　　教育と演劇の融合その実践”
（昭52年度）
　野沢 たけし “富士宮市のアマチュア劇団
　　つくしによる児童演劇の普及向上”
　栗山 宏 “中学校演劇とくに「あまのじゃ
　　く」の演出とその実践録”
（昭53年度）
　宇野 小四郎 “現代的な視点に立った人形
　　劇の創作・演出にユニークな才能を発
　　揮。「日本のからくり人形」の研究・紹
　　介等日本の伝統人形劇とその技術面での
　　再評価に大きく寄与”
　くろだ ひろし “京都における長年の学
　　校・地域での演劇教育運動に対する貢献
　　と，児童劇団やまびこを創立，28年間子ど
　　もの人間的成長を追求し確実な成果をも
　　たらす”
　牧 杜子尾 “長年にわたり情熱的な創作意
　　欲で多くの学校劇脚本を発表し続け，中
　　野区・東京都の演劇教育活動の中核とし
　　て優れた実績を残す”
　劇団風の子・トランク劇場 “小形式の児童
　　演劇に画期的な創造を達成，今春3回目の
　　海外公演を果たし日本の児童演劇の声価
　　を世界に示す”

（昭54年度）

西村 松雄，蓑田 正治 "故斎田喬氏の業績を偲びつつ，生前の口述をもとにその遺書ともいうべき「斎田喬児童劇作十話」（晩成書房刊）の編集・発刊に尽くした功績"

（昭55年度）

辰嶋 幸夫 "現代中学生の状況を切りひらく数々の優れた脚本を創作，中学校演劇の中心的役割を果たす"

川崎市中学校演劇研究会 "多年にわたり中学校演劇の振興に尽し，特に継続的な創作劇研究やその発表に各校クラブ員の参加を図るなどの実践活動に対し"

（昭56年度）

松尾 桂一 "多年にわたり学校演劇の脚本創作に当り，特に川崎市小学校劇研究会の中心的メンバーとして尽力，学校演劇の推進に寄与"

内藤 克紀 "児童演劇専門俳優として多年にわたり困難な道を歩み，円型舞台形式による「陽気なハンス」の主演俳優として新しい演技を創造，わが国児童演劇の質的水準向上に寄与"

（昭57年度）

浅松 一夫 "長年にわたり中学校演劇に貢献，その成果を「なめくじとパイプ」「戦わぬもぐら」の脚本集に結晶させた"

（昭58年度）

大阪学校劇作研究同人会 "佐藤良和氏を中心に学校劇の創作活動を通し大阪の中学校演劇の推進に寄与"

（昭59年度）

山形児童劇研究会 "山形市児童劇団の運営指導を中心に多年にわたり地域の児童文化の普及・向上に寄与"

（昭60年度）

ひとみ座幼児劇場 "川崎を中心に幼稚園・保育園を対象として20年にわたり定期的に多彩な人形劇巡回公演を実施してきた功績"

椎崎 篤 "30余年にわたり優れた創作活動

を続け，その集大成として中学校脚本集「はやにえ」を刊行した業績"

（昭61年度）

時岡 茂秀 "中学校演劇の発展に指導的役割を果たし，海外児童演劇の翻訳・紹介に努めるなど，広い視野にたって日本の演劇教育に貢献"

（昭62年度）

金平 正 "長年にわたって学校劇の指導とその創作にあたり，演劇教育の普及・発展に寄与"

高比良 正司 "20余年の長きにわたり，全国の子ども・おやこ劇場運動の中心として日本の新しい児童文化運動を推進"

（昭63年度）

白石 晴二 "昭和38年，日本で初めて影絵の舞台公演を専門とする劇団角笛を設立，長年にわたり影絵劇の普及及び向上に貢献"

（平1年度）

清水 俊夫 "多年にわたる児童文化への貢献"

滝井 純 "学校劇の発展に寄与"

（平2年度）

岩崎 明 "長年にわたり教育現場で演劇教育の実践と脚本創作・研究家として優れた業績を残した"

丹下 進 "人形劇団むすび座の代表として名古屋市を拠点に精力的に活動"

（平3年度）

石塚 雄康 "能狂言を現代の子どもたちにも親しめるよう活性化し，その成果として「新解カチカチ山ほか」を出版"

川島 吾朗（故人） "長年にわたる学校劇，児童演劇への貢献と近年の「日本語音声」表現教育の研究推進"

（平4年度）

横山 良介

森田 勝也

（平5年度）

鈴木 郁郎

（平6年度）
　石川県演劇教育研究会 “地域の児童演劇の普及向上”

（平7年度）
　宮津 博 “児童演劇史に多大な功績を残した劇団東童の歴史を「児童演劇」紙に連載され多くの読者に感銘を与えた”
　石原 直也 “晩成書房の代表として演劇教育図書の出版など，演劇教育の普及向上に尽力された”

（平8年度）
　二宮 智恵子 “川崎市の小学校において，長年にわたり，演劇教育の普及向上に尽力。その集大成として脚本集『たろ天・じろ天』を刊行された”

（平9年度）
　谷 ひろし “長年にわたり人形劇の普及と向上に貢献，その集大成として人形美術脚本集『現代人形劇への夢』の刊行に結実された”
　神奈川県立青少年センター 児童文化課 “人形劇脚本コンクールなど，神奈川県内のアマチュア人形劇サークル活動への支援，質の向上に貢献された”

（平10年度）
　鵜山 仁 “'99都民芸術フェスティバル参加，日本児童・青少年演劇劇団協議会合同公演ミュージカル『ザ・ヒーローズ』において，斬新な演出で活気ある演劇空間を創出された”

（平11年度）
　木村 たかし “独創的な方法で児童創作劇の指導を開拓。児童創作『力をあわせてワン・ツー・スリー』ほかの指導で，新しい学校劇の方向を示された”
　劇団うりんこ “1999年度，海外の演出家による『あいつこいつきみは誰？』『ロビンソンとクルーソー』で優れた舞台を創出された”

（平12年度）
　佐藤 良和 “大阪府を中心に，長年にわたり創作劇活動を推進し，中学校・高校演劇の発展向上に貢献。その集大成として『自撰戯曲集』五巻を刊行された”

（平13年度）
　瀧本 妃呂美

（平14年度）
　下里 純子

（平15年度）
　塘添 亘男

（平16年度）
　岡田 陽

（平17年度）
　戎 一郎

（平18年度）
　香川 良成
　佐藤 嘉一

（平19年度）
　下山 久

（平20年度）
　田端 幸子

（平21年度）
　大野 幸則

（平22年度）
　山崎 和男

（平23年度）
　澤田 修

（平24年度）
　木俣 貞雄

（平25年度）
　大阪府中学校演劇協会

078 日本創作ミュージカル脚本賞

　様々なミュージカルが日本国内で上演されているなかで日本人によるオリジナルのヒット作が少ないという現状に着目し，平成4年に創設された。ミュージカルを対象にした日本で初の脚本賞。平成8年第5回をもって終了。

【主催者】東京アナウンス学院

【選考委員】鵜山仁（文学座），北川登園（読売新聞），鈴木完一郎（青年座），萩原朔美（演出家），成井豊（演劇集団キャラメルボックス），横山由和（脚本家・演出家）

【選考方法】公募

【選考基準】〔対象〕オリジナル作品。上演可能なミュージカル脚本未発表，未上演のものに限る

【締切・発表】毎年締切は5月10日，発表は9月

【賞・賞金】入選(1)賞金50万円，佳作：2万円

第1回（平4年）
　◇準入選
　　大橋 揺介（俳優）「時よ，箱舟—The Tokyo Ark」
　　佐々木 瑞枝（会社員）「ミスター・ショウコ」
　◇佳作
　　国分 一彦（会社員）「ライトバン」
　　水木 亮（高校教員）「無人島漂流記」
　　まご いずみ（翻訳業）「ナナ」
　　芥川 洋（公務員）「うずめ！」
第2回（平5年）
　◇準入選
　　佐々木 瑞枝（会社員）「アブラカタブラ宝探し」
　◇佳作
　　まご いずみ（翻訳業）「虹がでたら」
　　水木 亮（高校教員）「いのちみじかし恋せよ青春」
第3回（平6年）
　◇入選
　　佐々木 瑞枝（会社員）「セイレーンが聞こえない」
　◇佳作
　　赤見 有美子 「GO‐GO→TV‐SHOW！」

　　橘 あおい（編集者）「鮮やかな場面をあなたと」
　　矢野 寿男（教育評論）「芭蕉・青春グラフティー」
　　内藤 隆世（塾事務員）「COUNTRY」
第4回（平7年）
　◇入選
　　深沢 史子（コピーライター）「遙かなる楽園のデジャ・ヴ」
　◇佳作
　　王鷹 和海（イベントディレクター）「月下サーカス団」
　　松田 一葉（学生）「ガブローシュ」
　　橘 あおい（編集者）「風のジプシー」
第5回（平8年）
　◇入選
　　該当者なし
　◇準入選
　　伊江 智子（沖縄県那覇市）「月よ抱け・愛しき大地を 琉球戦国青春伝記」
　　愛阿 蓮慈（兵庫県神戸市）「ケハヤ！（蹴速）」
　◇佳作
　　小森 静（東京都渋谷区）「グラディス—わたしたちにかまわないで」
　　和見 良介（愛知県名古屋市）「グルメな女たち」

079 日本俳優協会賞

　故・坂東八重之助氏ご遺族の寄付による基金をもとに，平成7年に創設された。伝統演

劇である歌舞伎・新派のわき役俳優の育成と技芸の向上をはかることを目的とする。

【主催者】（公社）日本俳優協会

【選考委員】（平成25年）安孫子正（松竹株式会社専務取締役，演劇本部長），大島幸久（演劇ジャーナリスト），亀岡典子（産経新聞文化部編集委員），小玉祥子（毎日新聞社学芸部編集委員），中村正子（時事通信文化特信部記者），水落潔（演劇評論家），渡辺保（演劇評論家）

【選考方法】日本俳優協会が委嘱した選考委員が，毎月の舞台を見て候補者を推薦し，これを1年分まとめてその中から候補者を絞る。陰の功労者については，本協会理事・監事・評議員からも広く推薦を募り，これを選考委員会に提出して候補者の枠に加えて審議した上で候補者を選出し，理事会で決定する

【選考基準】〔対象〕日本俳優協会会員で，伝統演劇に携わる俳優（歌舞伎・新派の俳優）

【賞・賞金】年間2～4人前後。表彰状，賞牌と賞金各50万円。奨励賞・功労賞は30万円

【URL】 http://www.actors.or.jp/

第1回（平7年）

◇日本俳優協会賞

松本 幸右衛門 "歌舞伎座「鏡山旧錦絵」（平成6年9月）の奥女中桐島，歌舞伎座「寺子屋」（平成7年3月）の下男三助役など"

尾上 菊十郎 "国立劇場「暗闇の丑松」（平成6年4月）の湯屋番甚太郎，歌舞伎座「弁天娘女男白浪」（平成7年1月）の狼悪次郎など"

◇奨励賞

片岡 十蔵 "南座「勧進帳」（平成6年12月）の四天王，歌舞伎座「寿曽我対面」（平成7年1月）の梶原平次役など"

坂東 橘太郎 "歌舞伎座「寿曽我対面」（平成7年1月）の秦野四郎，歌舞伎座「仮名手本忠臣蔵」の竹森喜太八役など"

第2回（平8年）

◇日本俳優協会賞

山崎 権一 "国立劇場「裏表先代萩」（平成7年12月）の花売りなど"

一条 久枝 "新橋演舞場「遊女夕霧」（平成7年11月）の円玉女房お峯など"

◇奨励賞

沢村 宗丸 "明治座「鏡獅子」（平成7年）の胡蝶など"

第3回（平9年）

◇日本俳優協会賞

嵐 橘三郎 "「江戸の夕映」のそばや亭主などでの堅実な演技"

伊井 義太朗 "明治・大正の庶民のにおいを醸しだした「日本橋」での演技"

◇奨励賞

市川 猿四郎 "市川猿之助一門の立ち回りのシンとしての活躍"

◇功労賞

中村 小山三 "故・中村勘三郎から勘九郎，そして勘太郎，七之助兄弟に至る芸の伝承への貢献"

第4回（平10年）

◇日本俳優協会賞

中村 助五郎

中村 寿治郎

青柳 喜伊子

◇奨励賞

坂東 みの虫

◇特別賞

尾上 芙雀

第5回（平11年）

◇日本俳優協会賞

沢村 大蔵 "「瞼の母」の酔漢などの演技"

中村 芝喜松 "「葛の葉」の庄司の奥方などの演技"

◇奨励賞

　尾上 辰夫　"「歌舞伎会」などの成果"

第6回（平12年）

◇日本俳優協会賞

　中村 京妙

　小泉 まち子

◇奨励賞

　尾上 菊市郎

　中村 芳彦

第7回（平13年）

◇日本俳優協会賞

　片岡 松之助

　中村 四郎五郎

◇奨励賞

　中村 芝のぶ

　坂東 三津右衛門

◇功労賞

　尾上 音吉

第8回（平14年）

◇日本俳優協会賞

　中村 吉三郎　"「幡随長兵衛」の保昌武者之
　　助などの演技"

　中村 扇乃丞　"「心中天網島」のお杉などの
　　演技"

◇奨励賞

　松本 錦弥　"「怪談敷島譚」の船頭熊蔵など
　　の演技"

◇功労賞

　中村 時蝶　"四代にわたって万屋一家に仕
　　えてきた功績"

　柳田 豊　"永年新派のわき役として活躍を
　　続けている功績"

第9回（平15年）

◇日本俳優協会賞

　市川 升寿　"「半七捕物帳―春の雪解」のそ
　　ば屋女房おひろなどの演技"

　坂東 橘太郎　"「仮名手本忠臣蔵―六段目」
　　の判人源六などの演技"

◇奨励賞

　中村 吉之助　"「ぢいさんばあさん」の戸谷
　　主税などの演技"

第10回（平16年）

◇日本俳優協会賞

　中村 歌女之丞　"「夏祭浪花鑑」の三婦女房
　　おつぎなどの演技"

　片岡 松之亟　"「名月八幡祭」のお袋およし
　　などの演技"

◇奨励賞

　中村 又之助　"「御所五郎蔵」の土右衛門門
　　弟などの演技"

◇功労賞

　尾上 扇緑　"56年にわたり紀尾井町三代に
　　仕え、陰で支える貴重な存在としての功
　　績"

第11回（平17年）

◇日本俳優協会賞

　松本 幸太郎　"「御浜御殿」の小谷甚内など
　　の演技"

　市川 延夫　"「ヤマトタケル」のヤイレポな
　　どの演技"

◇奨励賞

　中村 鴈成　"「女殺油地獄」の河内屋娘おか
　　ちなどの演技"

　市川 新七　"「鏡獅子」の胡蝶などの演技"

◇功労賞

　中村 千弥　"歌舞伎役者らしい実直な生き
　　方"

第12回（平18年）

◇日本俳優協会賞

　中村 吉之助　"「盟三五大切」の判人長八実
　　はごろつき五平などの演技"

　市川 新蔵　"「義経千本桜」の申次の侍など
　　の演技"

◇奨励賞

　石原 舞子　"新派公演「京舞」のまつこ役
　　などが高い評価"

◇功労賞

　市川 左升　"女形として菊五郎劇団で味の
　　ある演技を見せる貴重な存在"

第13回（平19年）

◇日本俳優協会賞

　尾上 松太郎　"「仮名手本忠臣蔵 五段目」
　　の与市兵衛などの演技"

中村 京蔵 “「おちくぼ物語」の三の君などの演技”

伊藤 みどり “「明日の幸福」の内山豊子の演技”

◇功労賞

市川 八百稔 “子役の化粧や楽屋舞台の補佐として欠かせない貴重な存在”

◇特別賞

坂東 竹三郎 “上方狂言のわきの女形として貴重な存在。上方若手俳優の指導育成にも貢献”

第14回（平20年）

◇日本俳優協会賞

中村 鴈乃助 “近松座公演「吉田屋」の女房おきさ役での上方の香りと貫目のある演技”

田口 守 “三越劇場「婦系図」のめの惣などの演技”

◇奨励賞

山崎 咲十郎 “尾上菊五郎劇団の立廻りに欠かせない貴重な存在”

◇功労賞

片岡 當十郎 “十三代目片岡仁左衛門の弟子として永年にわたり松嶋屋に仕え，上方の芝居の貴重なわき役となった”

第15回（平21年）

◇日本俳優協会賞

中村 芝のぶ “「江戸育お祭佐七」の踊りのお軽など各役での充実した演技”

片岡 嶋之亟 “「盟三五大切」の長屋女房など，堅実にわきを勤めている”

◇奨励賞

瀬戸 摩純 “「鹿鳴館」の顕子などの好演で，充実した演技を見せた”

◇功労賞

尾上 緑三郎 “「魚屋宗五郎」の門番役。また，蜘蛛の糸の技術の伝承などの功績”

◇特別賞

市川 寿猿 “市川猿之助の宙乗りなど多くの技法を支えてきた功績。「ヤマトタケル」の老大臣と国造の妻ほかの演技”

第16回（平22年）

◇日本俳優協会賞

中村 山左衛門 “「一本刀土俵入」の船戸の弥八などの演技”

尾上 德松 “「三人吉三」の夜鷹おいぼなどの演技”

◇奨励賞

松本 錦一 “「元禄忠臣蔵」の矢頭右衛門七などの演技”

鳴原 桂 “「太夫さん」の喜美太夫などの演技”

片岡 千次郎 “「車引」の杉王丸などの演技”

◇功労賞

中村 仲太郎 “頭取としての功労。効果音の優れた技能”

◇特別賞

中村 吉之丞 “「毛谷村」の後室お幸などの演技”

第17回（平23年）

◇日本俳優協会賞

坂東 守若 “歌舞伎を支える「後見」の現役としての優れた技術”

◇奨励賞

片岡 松次郎 “「竜馬がゆく」の三吉慎蔵での好演などで存在感を際だたせている”

児玉 真二 “「麥秋」の矢部謙吉ほかの好演”

◇功労賞

市川 升助 “頭取の先頭に立つ仕事ぶり。幕内にあって皆をまとめ，安心して芝居に打ち込める点”

第18回（平24年）

◇日本俳優協会賞

松本 幸雀 “「筆幸」の長屋女房おつぎなどの演技”

◇奨励賞

澤村 國矢 “「弁天娘女男白浪」の浜松屋の鳶頭などの演技”

片岡 千壽郎 “「江戸唄情節」の娘お菊ほかの演技”

◇功労賞

片岡 市松 “名題下最長老として名題下をまとめている功績”

第19回（平25年）

◇日本俳優協会賞

中村 勘之丞 "「雪暮夜入谷畦道」のそばや亭主仁八などの役での活躍"

中村 蝶十郎 "「極付幡随長兵衛」の水野中間市介などの演技"

◇奨励賞

井上 恭太 "「滝の白糸」の村越欣弥などの演技"

中村 梅秋 "卓越した「とんぼ」の技術"

◇功労賞

坂東 玉之助 "「仮名手本忠臣蔵－七段目」の仲居などの演技"

◇特別賞

中村 歌江 "六代目中村歌右衛門のもとで培った女方としての豊富な知識と経験"

---

080 ぴあテン〔演劇部門〕

　昭和53年，それまで映画部門のみであった「ぴあテン＆もあテン」に新しく追加された部門。読者投票により1年間の演劇シーンの総括としてベストテンが決定されていたが，昭和62年度より年間ベストテン選出の意味合いを一層強調するため「ぴあテン」のみとなった。平成23年「ぴあ」が休刊となり「ぴあテン」も終了。

【主催者】ぴあ

【選考方法】各部門毎に15点満点制で，3作品まで投票した作品に自由配点

【選考基準】〔対象〕1月から12月までに上演された舞台の中で，最も印象に残ったと思う作品。邦洋は問わない

【締切・発表】3月1日発売のぴあ誌上または@ぴあ上で発表

【賞・賞金】第1位受賞アーティスト・劇団に記念楯

（昭53年度）

◇ぴあテン

- 1位
東京キッドブラザース 「失われた藍の色」
- 2位
天井棧敷 「奴碑訓」
- 3位
状況劇場 「河童」
- 4位
劇団四季 「カッコーの巣をこえて」
- 5位
東宝ミュージカル 「屋根の上のバイオリン弾き」
- 6位
つかこうへい事務所 「熱海殺人事件」
- 7位
東京キッドブラザース 「冬のシンガポール」
- 8位

東京キッドブラザース 「2月の夢」
- 9位
状況劇場 「ユニコン物語」
- 10位
冬哭社多摩小劇場 「ザ・ロンリー・キラー」

◇もあテン

- 1位
東京キッドブラザース 「冬のシンガポール」
- 2位
劇団四季 「エクウス」
- 3位
東宝ミュージカル 「屋根の上のバイオリン弾き」
- 4位
状況劇場 「少女仮面」
- 5位

天井桟敷　「奴碑訓」
- 6位
  劇団四季　「ウエストサイド物語」
- 7位
  つかこうへい事務所　「戦場で死ねなかったお父さんのために」
- 8位
  木の実 ナナ，細川 俊之　「ショーガール」
- 9位
  ミスター・スリム・カンパニー　「Mr. SLIM総集編」
- 10位
  天井桟敷　「身毒丸」

（昭54年度）

◇ぴあテン
- 1位
  劇団四季　「コーラスライン」
- 2位
  中野文吾プロデュース　「つよきもの＋火いたずら」
- 3位
  パルコ・オペラ　「フィガロの結婚」
- 4位
  劇団四季　「ジーザス・クライスト＝スーパースター」
- 5位
  パルコ78シアター平田満ひとり会　「いつも心に太陽を」
- 6位
  東京キッドブラザース　「オリーブの枝」
- 7位
  東京キッドブラザース　「街のメロス」
- 8位
  東京キッドブラザース　「哀しみのキッチン」
- 9位
  松竹，日生劇場　「音楽劇にんじん」
- 10位
  ミスター・スリム・カンパニー　「ヘッドライト」

◇もあテン
- 1位

劇団四季　「エクウス」
- 2位
  劇団民芸　「ペリカン」
- 3位
  劇団四季　「カッコーの巣をこえて」
- 4位
  二期会　「蝶々夫人」
- 5位
  劇団四季　「ジーザス・クライスト＝スーパースター」
- 6位
  東宝，帝国劇場　「屋根の上のヴァイオリン弾き」
- 7位
  ミスター・スリム・カンパニー　「ヘッドライト」
- 8位
  東京キッドブラザース　「冬のシンガポール」
- 9位
  つかこうへい事務所　「熱海殺人事件」
- 10位
  東京キッドブラザース　「失なわれた藍の色」

（昭55年度）

◇ぴあテン
- 1位
  劇団四季　「エレファント・マン」
- 2位
  劇団四季　「コーラスライン」
- 3位
  東宝ミュージカル　「屋根の上のヴァイオリン弾き」
- 4位
  東京キッドブラザース　「冬のシンガポール」
- 5位
  つかこうへい事務所　「蒲田行進曲」
- 6位
  薔薇座　「ローマで起こった奇妙な出来事」
- 7位
  つかこうへい事務所　「熱海殺人事件」

- 8位
  東京キッドブラザース 「哀しみのキッチン」
- 9位
  東宝 「ミュージカル アニーよ銃をとれ」
- 10位
  劇団四季 「かもめ」

◇もあテン

- 1位
  劇団四季 「コーラスライン」
- 2位
  東宝ミュージカル 「屋根の上のヴァイオリン弾き」
- 3位
  つかこうへい事務所 「熱海殺人事件」
- 4位
  劇団四季 「エクウス」
- 5位
  東京キッドブラザース 「冬のシンガポール」
- 6位
  劇団四季 「ジーザス・クライスト＝スーパースター」
- 7位
  劇団四季 「エレファント・マン」
- 8位
  東京キッドブラザース 「哀しみのキッチン」
- 9位
  状況劇場 「唐版・風の又三郎」
- 10位
  劇団四季 「ウエストサイド物語」

（昭56年度）

◇ぴあテン

- 1位
  新宿コマ劇場 「ピーター☆パン」
- 2位
  東京乾電池 「恐るべき副作用」
- 3位
  劇団四季 「エクウス」
- 4位
  オンシアター自由劇場 「上海バンスキ

ング」

- 5位
  劇団四季 「ジーザス・クライスト＝スーパースター」
- 6位
  つかこうへい事務所 「熱海殺人事件」
- 7位
  東京キッドブラザース 「青春のアンデルセン」
- 8位
  劇団四季 「オンディーヌ」
- 9位
  劇団四季 「コーラスライン」
- 10位
  東宝ミュージカル 「スウィーニィ・トッド」

◇もあテン

- 1位
  劇団四季 「コーラスライン」
- 2位
  劇団四季 「エレファント・マン」
- 3位
  つかこうへい事務所 「熱海殺人事件」
- 4位
  新宿コマ劇場 「ピーター☆パン」
- 5位
  東宝ミュージカル 「屋根の上のヴァイオリン弾き」
- 6位
  劇団四季 「ジーザス・クライスト＝スーパースター」
- 7位
  オンシアター自由劇場 「上海バンスキング」
- 8位
  東京乾電池 「恐るべき副作用」
- 9位
  劇団四季 「ウエストサイド物語」
- 10位
  劇団四季 「エクウス」

（昭57年度）

◇ぴあテン

- 1位
  つかこうへい事務所　「蒲田行進曲」
- 2位
  新宿コマ劇場　「ピーター☆パン」
- 3位
  東宝，帝国劇場　「屋根の上のヴァイオリン弾き」
- 4位
  三越ロイヤル・シアター　「ふしぎの国のアリス」
- 5位
  劇団四季　「エビータ」
- 6位
  サントリーブロードウェイミュージカル　「ダンシン」
- 7位
  劇団四季　「コーラスライン」
- 8位
  本多企画プロデュース　「秘密の花園」
- 9位
  博品館劇場　「キャバレー」
- 10位
  劇団四季　「アプローズ」

◇もあテン

- 1位
  新宿コマ劇場　「ピーター☆パン」
- 2位
  東宝，帝国劇場　「屋根の上のヴァイオリン弾き」
- 3位
  つかこうへい事務所　「蒲田行進曲」
- 4位
  劇団四季　「コーラスライン」
- 5位
  つかこうへい事務所　「熱海殺人事件」
- 6位
  三越ロイヤル・シアター　「ふしぎの国のアリス」
- 7位
  劇団四季　「エビータ」
- 8位
  オンシアター自由劇場　「上海バンスキング」
- 9位
  サントリーブロードウェイミュージカル　「ダンシン」
- 10位
  劇団四季　「ジーザス・クライスト＝スーパースター」

（昭58年度）

◇びあテン

- 1位
  劇団四季　「CATS」
- 2位
  三越ロイヤル・シアター　「あしながおじさん」
- 3位
  新宿コマ劇場　「ピーター☆パン」
- 4位
  夢の遊眠社　「小指の思い出」
- 5位
  薔薇座　「ローマで起こった奇妙な出来事」
- 6位
  シアターアプル　「ふしぎの国のアリス」
- 7位
  日生劇場　「にんじん」
- 8位
  サントリーブロードウェイミュージカル　「SOPHISTICATED LADIES」
- 9位
  劇団四季　「エビータ」
- 10位
  劇団四季　「ジーザス・クライスト＝スーパースター」

◇もあテン

- 1位
  劇団四季　「CATS」
- 2位
  新宿コマ劇場　「ピーター☆パン」
- 3位
  三越ロイヤル・シアター　「あしながおじさん」
- 4位
  東宝，帝国劇場　「屋根の上のヴァイオリ

ン弾き」
- 5位
    つかこうへい事務所　「蒲田行進曲」
- 6位
    劇団四季　「コーラスライン」
- 7位
    シアターアプル　「ふしぎの国のアリス」
- 8位
    つかこうへい事務所　「熱海殺人事件」
- 9位
    オンシアター自由劇場　「上海バンスキング」
- 10位
    劇団四季　「エビータ」

（昭59年度）

◇ぴあテン
- 1位
    劇団四季　「CATS」
- 2位
    スーパー・エキセントリック・シアター　「超絶技巧殺人事件」
- 3位
    サントリーブロードウェイミュージカル　「ザ・ウィズ」
- 4位
    新宿コマ劇場　「ピーター☆パン」
- 5位
    博品館劇場　「リトルショップ・オブ・ホラーズ」
- 6位
    スーパー・エキセントリック・シアター　「ディストピア西遊記」
- 7位
    劇団四季　「ジーザス・クライスト＝スーパースター」
- 8位
    神ひろし企画　「ザ・パッション」
- 9位
    薔薇座　「BENT－ねじまげられて」
- 10位
    夢の遊眠社　「回転人魚」

◇もあテン

- 1位
    劇団四季　「CATS」
- 2位
    新宿コマ劇場　「ピーター☆パン」
- 3位
    東宝，帝国劇場　「屋根の上のヴァイオリン弾き」
- 4位
    三越ロイヤル・シアター　「あしながおじさん」
- 5位
    つかこうへい事務所　「蒲田行進曲」
- 6位
    劇団四季　「コーラスライン」
- 7位
    サントリーブロードウェイミュージカル　「ザ・ウィズ」
- 8位
    オンシアター自由劇場　「上海バンスキング」
- 9位
    つかこうへい事務所　「熱海殺人事件」
- 10位
    劇団四季　「ジーザス・クライスト＝スーパースター」

（昭60年度）

◇ぴあテン
- 1位
    劇団四季　「コーラスライン」
- 2位
    スーパー・エキセントリック・シアター　「剣はペンより三銃士」
- 3位
    劇団四季　「CATS」
- 4位
    劇団四季　「ドリーミング」
- 5位
    新宿コマ劇場　「ピーター☆パン」
- 6位
    スーパー・エキセントリック・シアター　「日本武尊幻影星人」
- 7位

青い鳥　「シンデレラ」
- 8位
神ひろし企画事務所　「春の雪」
- 9位
劇団3○○　「ゲゲゲのげ」
- 10位
夢の遊眠社　「彗星の使者」
◇もあテン
- 1位
劇団四季　「CATS」
- 2位
劇団四季　「コーラスライン」
- 3位
新宿コマ劇場　「ピーター☆パン」
- 4位
スーパー・エキセントリック・シアター
「剣はペンより三銃士」
- 5位
つかこうへい事務所　「熱海殺人事件」
- 6位
神ひろし企画事務所　「転生」
- 7位
東宝，帝国劇場　「屋根の上のヴァイオリン弾き」
- 8位
オンシアター自由劇場　「上海バンスキング」
- 9位
青い鳥　「シンデレラ」
- 10位
三越ロイヤル・シアター　「あしながおじさん」

（昭61年度）
◇ぴあテン
- 1位
劇団四季　「CATS」
- 2位
ブロードウェイ　「コーラスライン」
- 3位
スーパー・エキセントリック・シアター
「活劇ウェスタン・リボンの騎士」
- 4位

ブロードウェイ　「42ND STREET」
- 5位
スーパー・エキセントリック・シアター
「ガラスの人物園プリーズ・プリーズ・ミー」
- 6位
劇団四季　「ウエストサイド物語」
- 7位
劇団四季　「コーラスライン」
- 8位
新宿コマ劇場　「ピーター☆パン'86」
- 9位
帝国劇場　「屋根の上のヴァイオリン弾き」
- 10位
ブロードウェイ　「ドリームガールズ」
◇もあテン
- 1位
劇団四季　「CATS」
- 2位
劇団四季　「コーラスライン」
- 3位
新宿コマ劇場　「ピーター☆パン」
- 4位
帝国劇場　「屋根の上のヴァイオリン弾き」
- 5位
ブロードウェイ　「コーラスライン」
- 6位
つかこうへい事務所　「熱海殺人事件」
- 7位
スーパー・エキセントリック・シアター
「活劇ウエスタン・リボンの騎士」
- 8位
劇団四季　「ウェストサイド物語」
- 9位
三越ロイヤル・シアター　「あしながおじさん」
- 10位
ブロードウェイ　「42ND STREET」
（昭62年度）
◇ぴあテン
- 1位
代々木体育館，大阪城ホール　「スターラ

イト・エクスプレス」

- ●2位
  東宝，帝国劇場　「レ・ミゼラブル」
- ●3位
  スーパー・エキセントリック・シアター
  「ディストピア西遊記」
- ●4位
  劇団四季　「CATS」
- ●5位
  新宿コマ劇場　「ピーター☆パン'87」
- ●6位
  第三舞台　「朝日のような夕日をつれて'87」
- ●7位
  夢の遊眠社　「野獣降臨」
- ●8位
  日生劇場　「ACB－恋の片道切符」
- ●9位
  シアターアプル　「小堺クンのおすましで
  SHOW（3）」
- ●10位
  NHKホール，厚生年金会館 ほか　「タン
  ゴ・アルゼンチーノ」

（昭63年度）

◇ぴあテン

- ●1位
  劇団四季　「オペラ座の怪人」
- ●2位
  厚生年金会館 ほか　「MAMA,I WANT
  TO SING」
- ●3位
  東宝，帝国劇場　「レ・ミゼラブル」
- ●4位
  劇団四季　「CATS」
- ●5位
  第三舞台　「天使は瞳を閉じて」
- ●6位
  夢の遊眠社　「半神」
- ●7位
  厚生年金会館　「グリース」
- ●8位
  サウンド コロシアムMZA　「ゴールデン・
  ボーイ」

- ●9位
  シアターアプル　「小堺クンのおすましで
  SHOW（4）」
- ●10位
  紀伊國屋ホール　「イッセー尾形の都市生
  活カタログPART5」

（平1年度）

◇ぴあテン

- ●1位
  劇団四季　「CATS」
- ●2位
  劇団四季　「オペラ座の怪人」
- ●3位
  東宝，帝国劇場 ほか　「レ・ミゼラブル」
- ●4位
  宝塚歌劇団　「ベルサイユのばら」
- ●5位
  第三舞台　「ピルグリム」
- ●6位
  スーパー・エキセントリック・シアター
  「メガ・デス・ポリス」
- ●7位
  夢の遊眠社　「贋作・桜の森の満開の下」
- ●8位
  シアターアプル ほか　「小堺クンのおすま
  しでSHOW（5）」
- ●9位
  ベニサン・ピット　「ナスターシャ」
- ●10位
  紀伊國屋ホール　「イッセー尾形の都市生
  活カタログPart6」

◇フラッシュ・バック80's

- ●1位
  劇団四季　「CATS」
- ●2位
  東宝，帝国劇場 ほか　「レ・ミゼラブル」
- ●3位
  劇団四季　「オペラ座の怪人」
- ●4位
  代々木体育館，大阪城ホール　「スターラ
  イト・エクスプレス」
- ●5位

新宿コマ劇場 ほか 「ピーター・パン」
- 6位
東京厚生年金会館 ほか 「MAMA,I WANT TO SING」
- 7位
劇団四季 「コーラスライン」
- 8位
宝塚劇場 「ベルサイユのばら」
- 9位
つかこうへい事務所 「蒲田行進曲」
- 10位
第三舞台 「朝日のような夕日をつれて」
（平2年度）
◇第1位
劇団四季 「オペラ座の怪人」
◇第2位
日生劇場 「から騒ぎ」（野田秀樹演出）
◇第3位
第三舞台 「ビー・ヒア・ナウ」
◇第4位
近鉄劇場 「阿国」（栗山民也演出）
◇第5位
銀座セゾン劇場 「飛龍伝'90」（つかこうへい演出）
◇第6位
夢の遊眠社 「三代目,りちやあど」
◇第7位
横浜アリーナ ほか 「スターライト・エクスプレス」
◇第8位
日生劇場 「マランドロ」（宮本亜門演出）
◇第9位
シアターアプル ほか 「小堺クンのおすましでSHOW Ⅵ」
◇第10位
スーパー・エキセントリック・シアター 「THE END of THE END」
（平3年度）
◇第1位
夢の遊眠社 「透明人間の蒸気」
◇第2位
劇団四季 「オペラ座の怪人」

◇第3位
吉本新喜劇 「吉本新喜劇 特別興行」
◇第4位
第三舞台 「朝日のような夕日をつれて'91」
◇第5位
劇団四季 「李香蘭」
◇第6位
第三舞台 「ハッシャ・バイ」
◇第7位
フランクフルト・バレエ団
◇第8位
劇団四季 「レ・ミゼラブル」
◇第9位
「イッセー尾形のとまらない生活」
◇第10位
「MAMA,I WANT TO SING PARTII」
（平4年度）
◇第1位
帝国劇場 「ミス・サイゴン」
◇第2位
劇団四季 「CATS」
◇第3位
夢の遊眠社 「ゼンダ城の虜」
◇第4位
夢の遊眠社 「贋作・桜の森の満開の下」
◇第5位
第三舞台 「天使は瞳を閉じて—インターナショナルヴァージョン」
◇第6位
劇団四季 「李香蘭」
◇第7位
なんば花月 「吉本新喜劇」
◇第8位
松竹ベニサン・ピット公演 「蜘蛛女のキス」
◇第9位
パルコSPACE PART3 ほか 「サンダーバードF.A.B.」
◇第10位
横浜アリーナ ほか 「ファシナシオン」
（平5年度）
◇第1位

帝国劇場　「ミス・サイゴン」
◇第2位
　日生劇場　「クレイジー・フォー・ユー」
◇第3位
　中野サンプラザ　「ロック・オペラ・ハムレット」
◇第4位
　サードステージ　「トランス」
◇第5位
　つかこうへい事務所　「熱海殺人事件」
◇第6位
　東京乾電池　「三人姉妹」
　東京サンシャインボーイズ　「彦馬がいく」
◇第8位
　「ピーター・パン」
◇第9位
　TPT「あわれ彼女は娼婦」
◇第10位
　「滅びかけた人類, その愛の本質とは…」
(平6年度)
◇第1位
　NODA・MAP　「キル」
◇第2位
　松本 人志　「寸止め海峡(仮題)」
◇第3位
　劇団四季　「ドリーミング」
◇第4位
　第三舞台　「スナフキンの手紙」
◇第5位
　アートスフィア　「サザエさん」
◇第6位
　帝国劇場　「レ・ミゼラブル」
　PARCO劇場　「出口なし！」
◇第8位
　アートスフィア　「月食」
　宝塚月組　「風と共に去りぬ」
◇第10位
　東京サンシャインボーイズ　「東京サンシャインボーイズの『罠』」
(平7年度)
◇第1位
　劇団四季　「CATS」

◇第2位
　劇団四季　「美女と野獣」
◇第3位
　PARCO劇場　「君となら」
◇第4位
　彩の国さいたま芸術劇場　「身毒丸」
◇第5位
　劇団四季　「オペラ座の怪人」
◇第6位
　NODA・MAP　「贋作 罪と罰」
◇第7位
　銀座セゾン劇場　「ハムレット」
◇第8位
　PARCO劇場　「ザ・ロッキーホラーショウ」
◇第9位
　帝国劇場　「サウンド・オブ・ミュージック」
◇第10位
　サンシャイン劇場　「アマデウス」
(平8年度)
◇第1位
　劇団四季, 赤坂ミュージカル劇場　「美女と野獣」
◇第2位
　青山円形劇場　「笑の大学」
◇第3位
　劇団四季, キャッツ・シアター　「CATS」
◇第4位
　PARCO劇場　「巌流島」
◇第5位
　シアターコクーン　「身毒丸」
◇第6位
　第三舞台　「リレイヤーIII」
◇第7位
　東京芸術劇場　「DORA～100万回生きたねこ」
◇第8位
　NODA・MAP　「赤鬼」
◇第9位
　NODA・MAP　「TABOO」
◇第10位

中日劇場 「回転木馬」

(平9年度)

◇第1位

NODA・MAP, シアターコクーン 「キル」

◇第2位

劇団四季, 赤坂ミュージカル劇場 「美女と野獣」

◇第3位

劇団四季, 名古屋ミュージカル劇場 「オペラ座の怪人」

◇第4位

帝国劇場 「レ・ミゼラブル」

◇第5位

PARCO劇場 「君となら～Nobody Else But You ’97」

◇第6位

PARCO劇場 「バイ・マルセルフ」

◇第7位

第三舞台, 紀伊國屋サザンシアター 「朝日のような夕日をつれて’97」

◇第8位

地球ゴージャスプロデュース, シアターコクーン 「紙のドレスを燃やす夜―香港大夜総会」

◇第9位

青山劇場 「ラ・マンチャの男」

◇第10位

劇団四季, 日生劇場 「クレイジー・フォー・ユー」

(平10年度)

◇第1位

劇団四季 「美女と野獣」

◇第2位

劇団四季 「オペラ座の怪人」

◇第3位

NODA・MAP 「ローリング・ストーン」

◇第4位

「身毒丸」

◇第4位

「ハムレット」

◇第6位

「銀河の約束」

◇第7位

「笑の大学」

◇第8位

「レ・ミゼラブル」

◇第9位

「RENT」,「こどもの一生」

(平11年度)

◇第1位

劇団四季 「ライオンキング」

◇第2位

劇団四季 「CATS」

◇第3位

NODA・MAP 「パンドラの鐘」

◇第4位

「大正四谷怪談」

◇第5位

「ローマの休日」

◇第6位

NODA・MAP 「半神」

◇第6位

「蒲田行進曲」

◇第8位

「パンドラの鐘」

◇第8位

「RENT」

◇第10位

「ウーマン・イン・ブラック～黒い服の女」

(平12年度)

◇第1位

劇団四季 「ライオンキング」

◇第2位

「オケピ!」

◇第3位

NODA・MAP 「カノン」

◇第4位

「キレイ―神様と待ち合わせした女」

◇第5位

「グリークス」

◇第6位

「奇跡の人」

◇第7位

「エリザベート」

◇第8位
　　「リバーダンス 2000」
◇第9位
　　地球ゴージャスプロデュース　「さくらの
　　うた」
◇第10位
　　「唐版 滝の白糸」
◇若い才能賞
　　藤原 竜也
（平13年度）
◇第1位
　　劇団四季　「CATS」
◇第2位
　　宝塚歌劇星組・宙組　「ベルサイユのばら
　　2001」
◇第3位
　　「大江戸ロケット」
◇第4位
　　「バッド・ニュース☆グッド・タイミング」
◇第5位
　　劇団四季　「ハムレット」
◇第6位
　　「毛皮のマリー」
◇第7位
　　「ジキル＆ハイド」
◇第8位
　　「異国の丘」
◇第9位
　　「キャバレー」
◇第10位
　　劇団四季　「ライオンキング」
（平14年度）
◇第1位
　　「アテルイ」
◇第2位
　　「ライオンキング」
◇第3位
　　「天保十二年のシェイクスピア」
◇第4位
　　「モーツァルト！」
◇第5位
　　「マンマ・ミーア」

◇第6位
　　「彦馬がゆく―HIKOMA, THE HERO.―」
◇第7位
　　「身毒丸」
◇第8位
　　「おかしな2人」
◇第9位
　　「春子ブックセンター」
◇第10位
　　「エレファント・マン」
（平15年度）
◇第1位
　　「阿修羅城の瞳」
◇第2位
　　「ハムレット」（藤原竜也主演）
◇第3位
　　つかこうへいダブルス2003『飛龍伝』」
◇第4位
　　「ライオンキング」
◇第5位
　　「マンマ・ミーア！」
◇第6位
　　「つかこうへいダブルス2003『幕末純
　　情伝』」
◇第7位
　　「オケピ！」
◇第8位
　　「オイル」（NODA・MAP）
◇第9位
　　「ウーマン・イン・ブラック～黒い服の女」
◇第10位
　　「レ・ミゼラブル」
（平16年度）
◇第1位
　　「SHIROH」
◇第2位
　　「ヘドウィグ・アンド・アングリーインチ」
◇第3位
　　「シブヤから遠く離れて」
◇第4位
　　「CATS」
◇第5位

「髑髏城の七人」(アカドクロ・古田新太主
　演)
◇第6位
　「ミス・サイゴン」
◇第7位
　「ライオンキング」
◇第8位
　「アイーダ」
◇第9位
　「ロミオとジュリエット」(藤原竜也主演)
◇第10位
　「エリザベート」
(平17年度)
◇第1位
　「Endless SHOCK」
◇第2位
　「ヘドウィグ・アンド・アングリーインチ」
◇第3位
　「SHIROH」
◇第4位
　「いのうえ歌舞伎『吉原御免状』」
◇第5位
　「天保十二年のシェイクスピア」
◇第6位
　「モーツァルト！」
◇第7位
　「あずみ～AZUMI on STAGE～」
◇第8位
　「WE WILL ROCK YOU」
◇第9位
　「オペラ座の怪人」
◇第10位
　「12人の優しい日本人」
(平18年度)
◇第1位
　「メタル マクベス」
◇第2位
　「SHOCK」
◇第3位
　「ダンス オブ ヴァンパイア」
◇第4位
　「リボンの騎士 ザ・ミュージカル」

◇第5位
　「マンマ・ミーア！」
◇第6位
　「Cat in the Red Boots」
◇第7位
　「オペラ座の怪人」
◇第8位
　「OUR HOUSE」
◇第9位
　「ライオンキング」
◇第10位
　「決闘！ 高田馬場」
(平19年度)
◇第1位
　「カリギュラ」
◇第2位
　「SHOCK」
◇第3位
　「魔法の万年筆」
◇第4位
　「朧の森に棲む鬼」
◇第5位
　「モーツァルト！」
◇第6位
　「コンフィダント・絆」
◇第7位
　「All Shook UP (オール・シュック・アッ
　プ)」
◇第8位
　「お気に召すまま」
◇第9位
　「シカゴ」
◇第10位
　「ヴェローナの二紳士～Two Gentlmen of
　Verona～」
(平20年度)
◇第1位
　新感線☆RX「五右衛門ロック」
◇第2位
　新感線プロデュース いのうえ歌舞伎☆號
　「IZO」
◇第3位

「Endress SHOCK」
◇第4位
　「グリース」
◇第5位
　宝塚歌劇宙組公演「雨に唄えば」
◇第6位
　宝塚歌劇星組東京特別公演「赤と黒」
◇第7位
　宝塚歌劇星組「THE SCARLET
　　PIMPERNEL」
◇第8位
　「グッドナイト スリイプタイト」
◇第9位
　「ラ・カージュ・オ・フォール〜籠の中の
　　道化たち〜」
◇第10位
　四季「ウェストサイド物語」
（平21年度）
◇第1位
　「ムサシ」
◇第2位
　「Endress SHOCK」
◇第3位
　「滝沢演舞城'09」
◇第4位
　「グリーンフィンガーズ」
◇第5位
　「見知らぬ乗客」
◇第6位
　「ANJIN イングリッシュサムライ」
◇第7位

「「R2C2」〜サイボーグなのでバンド辞め
　　ます！ 〜」
◇第8位
　「フェスティバル/トーキョー09秋「4.48サ
　　イコシス」
◇第9位
　「蛮幽鬼」
◇第10位
　「ネジと紙幣」
（平22年度）
◇第1位
　新国立劇場演劇「象」
◇第2位
　「Endress SHOCK」
◇第3位
　「K2」
◇第4位
　劇団☆新感線「薔薇とサムライ」
◇第5位
　「TALK LIKE SINGING」
◇第6位
　「おくりびと」
◇第7位
　「エリザベート」
◇第8位
　劇団四季「CATS」
◇第9位
　「インディゴの夜」
◇第10位
　劇団☆新感線「鋼鉄番長」

---

081 一幕物演劇脚本

　プラトン社の「女性」が大正11年10月「一幕物演劇脚本」を募集。

【選考委員】小山内薫, 久米正雄, 山本有三, 菊池寛

【賞・賞金】1等2000円,2等1000円,3等500円, 選外佳作100円

（大11年）
◇1等
　該当者なし

◇2等
　紀 久雄 「冥府」

横溝 小一郎 「陰徳」　　　　　　　　　　久保 泰造
◇選外第1席　　　　　　　　　　　　　　　土屋 義胤
志賀 勝　　　　　　　　　　　　　　　　◇選外第2席
久保 直方　　　　　　　　　　　　　　　中村 正常
大宅 壮一　　　　　　　　　　　　　　　野溝 七生 ほか17名

---

082 舞台芸術創作奨励賞

　我が国舞台芸術の振興に資するため,独創的で優れた舞台芸術創作作品(楽曲,戯曲等)を広く募ることにより,特色ある優れた舞台芸術作品の創作活動を促進することを目的とする。音楽部門は管弦楽曲,オペラ,合唱曲3分野をローテーションで,邦楽分野は平成11年度から国立劇場作曲コンクールと共同で毎年実施。現代演劇部門は毎年現代演劇の戯曲を対象とする。第27回(平16年度)より現代演劇部門のみの開催となる。第30回(平成19年度)を以て終了。

【主催者】文化庁

【選考方法】公募。選考委員には応募者の氏名,略歴等の情報は一切知らせずに選考

【選考基準】〔対象〕現代演劇(児童・青少年演劇を含む)のための日本語の戯曲とし,その様式は自由。〔資格〕同一部門で既に創作奨励賞特別賞を受賞したことのある者は除く。応募作品は未発表(未上演)のものに限る。〔応募規定〕原稿は400字詰原稿用紙90枚から150枚程度(ワープロ原稿可)

【賞・賞金】創作奨励賞特別賞(1作品以内):賞状と賞金100万円,佳作(3作品以内):賞状と賞金20万円

第1回(昭53年度)
◇現代舞踊部門
● 特別賞
大川 人士 「無門関」
前田 允 「ユーカラ'79」
◇現代演劇部門
● 特別賞
川崎 照代 「塩祝申そう」
第2回(昭54年度)
◇邦舞部門
● 特別賞
由井 宏典 「秘花妙～世阿望憶」
◇バレエ部門
● 特別賞
該当者なし
◇現代演劇部門
● 特別賞
該当者なし

第3回(昭55年度)
◇現代舞踊部門
● 特別賞
該当者なし
◇現代演劇部門
● 特別賞
ほし みつお 「鬼の宴」
森 治実 「じ・て・ん・しゃ」
第4回(昭56年度)
◇バレエ部門
● 特別賞
平田 裕一 「夜叉ヶ池」
● 佳作
該当者なし
◇現代演劇部門
● 特別賞
該当者なし
● 佳作

林 千代 「支流・本流」
矢田 弥八 「遠音囃子」
第5回（昭57年度）
◇現代舞踊部門
● 特別賞
該当者なし
● 佳作
石田 種生 「耳なし芳一」
執行 正俊 「愛の果実」
◇現代演劇部門
● 特別賞
日高 瞬 「闇夜のエトランゼ」
● 佳作
島田 三樹彦 「魔訶芬陀利華」
田畑 喜十 「安達ヶ原」
第6回（昭58年度）
◇現代演劇部門
● 特別賞
松田 章一 「島清, 世に敗けたり」
湯山 浩二 「おんぶおばけ」
● 佳作
田中 鉄雄 「伝道―井上伊之助伝」
田畑 喜十 「ある女の肖像」
第7回（昭59年度）
◇現代演劇部門
● 特別賞
ゆい きょうじ 「補陀落山へ詣ろうぞ」
● 佳作
黒沢 由紀子 「失恋ゲーム」
原田 励 「時を駆け抜ける―土佐勤王党始
末記」
第8回（昭60年度）
◇現代演劇部門
● 特別賞
木庭 久美子 「父親の肖像」
● 佳作
黒沢 由紀子 「ふたり」
田畑 喜十 「歳月」
第9回（昭61年度）
◇現代演劇部門
● 特別賞
田畑 喜十 「さくらの苑におぼろなる」

● 佳作
阿部 英郎 「みいちゃんという名の女の子」
保戸田 時子 「黒髪の」
第10回（昭62年度）
◇現代演劇部門
● 特別賞
兼平 陽子 「懐かしき人々」
堤 春恵 「仮装」
● 佳作
草部 和子 「鬼恋伝説」
小池 倫代 「風花の宿」
第11回（昭63年度）
◇現代演劇部門
● 特別賞
佐藤 健志 「ブロークン・ジャパニーズ」
● 佳作
鴨竹 一 「黙れ！」
桜井 睦子 「お菓子の家」
第12回（平1年度）
◇現代演劇部門
● 特別賞
小池 倫代 「恋歌がきこえる」
● 佳作
木村 繁 「ねむりの海へ」
さい ふうめい "星に願いを"
第13回（平2年度）
◇現代演劇部門
● 特別賞
今門 洋子 「苺ジゴロと一日花」
● 佳作
毛塚 由美子 「母さん」
小林 いわい 「うつろの舟の善人たち」
み群 杏子 「恋ごころのアドレス」
第14回（平3年度）
◇現代演劇部門
● 特別賞
平石 耕一 「橙色の嘘」
● 佳作
林 学 「クーランガッタ・スクランブル」
松沢 佳子 「生きて想いをさしょうより―
お夏西鶴顛末記」
み群 杏子 「ポプコーンの降る街」

第15回（平4年度）
◇現代演劇部門
● 特別賞
　井手 伊代子 「あざみの蜜」
　右来 左往 「ジャングル☆ジム〜STEEL
　　WOODのハックルベリー」
● 佳作
　日塔 淳子 「25時」
第16回（平5年度）
◇現代演劇部門
● 特別賞
　西岡 誠一 「幸せさがそ」
　森脇 京子 「鮮やかな朝」
● 佳作
　中村 守己 「竜門大納屋如末記―明日の無
　　い炭鉱」
　藤原 美鈴 「エイジアン・パラダイス」
第17回（平6年度）
◇現代演劇部門
● 特別賞
　杉浦 久幸 「水面鏡」
　田中 政雄 「若返る畳」
● 佳作
　坂本 真貴乃 「木の咲くとき」
第18回（平7年度）
◇現代演劇部門
● 佳作
　窪田 吉宏 「思い出してよ！」
　野田 治彦 「フィニタ・エスト・コメディ
　　ア―ベートーヴェン小伝」
第19回（平8年度）
◇現代演劇部門
● 特別賞
　松山 善三 「JUST HOLD ME」
● 佳作
　畠 祐美子 「行かせてッ！ 沢井一太郎の
　　憂鬱」
第20回（平9年度）
◇現代演劇部門
● 特別賞
　鳥海 二郎 「祭りはまだか」
　明神 慈 「Pictures」

● 佳作
　畠 祐美子 「東京すたいる」
　宮武 徇史 「木喰無明」
第21回（平10年度）
◇現代演劇部門
● 特別賞
　竹本 穣 「柘榴変」
　松沢 佳子 「夢見る言葉」
● 佳作
　松永 尚三 「無明長夜―異説四谷怪談」
　三宅 直子 「鳩笛の少年」
第22回（平11年度）
◇現代演劇部門
● 特別賞
　島田 九輔 「殯の海」
　平田 俊子 「甘い傷」
● 佳作
　石井 貴久 「ゾンビな夜」
　篠原 久美子 「ケプラー・あこがれの星海
　　航路」
第23回（平12年度）
◇現代演劇部門
● 特別賞
　渡辺 一功 「White Phase」
● 佳作
　岩田 正恢 「冬鳥」
　志賀 沢子 「食卓のない家」
　樋上 拓郎 「湯葉と文鎮―芥川龍之介小伝」
第24回（平13年度）
◇現代演劇部門
● 特別賞
　該当作なし
● 佳作
　阿藤 智恵 「セゾン・ド・メゾン〜セゾ
　　ン・ド・メゾン」
　今井 一隆 「温室の花」
　真壁 和子 「筆とキーの序曲」
第25回（平14年度）
◇現代演劇部門
● 特別賞
　阿藤 智恵 「中二階な人々」
● 佳作

新井 哲 「セ氏の妖女」
多賀谷 忠生 「逃亡の記憶」
岳本 あゆ美 「かつて東方に国ありき」
第26回（平15年度）
◇現代演劇部門
● 特別賞
今井 一隆 「痕―KON―」
● 佳作
西脇 秀之 「ホーム」
畠 祐美子 「それどころでない人」
横山 一真 「眠れぬ夜の戯れ」
第27回（平16年度）
◇現代演劇部門
● 特別賞
該当者なし
● 佳作
尾崎 太郎 「赤い大地の上に立ち」
三谷 るみ 「傾くまでの月を見しかな」
三井 快 「円山町幻花」

第28回（平17年度）
◇現代演劇部門
● 特別賞
三井 快 「漂流物」
● 佳作
霜 康司 「帰り花」
村木 直 「神の井」
第29回（平18年度）
◇現代演劇部門
● 佳作
尾崎 太郎 「おちゃらか山荘」
村木 直 「海士」
実村 文 「沈める町」
第30回（平19年度）
◇現代演劇部門
● 佳作
多賀谷 忠生 「葛飾応為～画狂人の娘～」
森嶋 也砂子 「染屋の女房」

083 文楽協会賞

過去一年間の公演や舞台生活を通じて技能などの上達や、舞台における成果に顕著なものがあった技芸員に贈る賞。

【主催者】（公財）文楽協会

【選考委員】人形浄瑠璃文楽座の幹部技芸員, 文楽協会専門委員, 関西芸能記者

【選考基準】〔対象〕人形浄瑠璃文楽座の若手技芸員

【締切・発表】毎年度3月下旬頃発表

【URL】http://www.bunraku.or.jp

第1回（昭47年）
◇大夫の部
豊竹 小松大夫
◇三味線の部
竹沢 団二郎
◇人形の部
桐竹 一暢
第2回（昭48年）
◇大夫の部
豊竹 咲大夫

◇三味線の部
該当者なし
◇人形の部
吉田 昇二郎
第3回（昭49年）
◇大夫の部
豊竹 嶋大夫
◇三味線の部
竹沢 団二郎
◇人形の部

吉田 簑太郎
第4回（昭50年）
◇大夫の部
　豊竹 嶋大夫
◇三味線の部
　鶴澤 清介
◇人形の部
　桐竹 一暢
第5回（昭51年）
◇大夫の部
　竹本 津駒大夫
◇三味線の部
　鶴澤 清介
◇人形の部
　桐竹 紋寿
第6回（昭52年）
◇大夫の部
　豊竹 英大夫
◇三味線の部
　鶴沢 浅造
◇人形の部
　吉田 簑太郎
第7回（昭53年）
◇大夫の部
　豊竹 松香大夫
◇三味線の部
　鶴沢 清友
◇人形の部
　吉田 簑太郎
第8回（昭54年）
◇大夫の部
　該当者なし
◇三味線の部
　野沢 勝司
◇人形の部
　吉田 玉女
第9回（昭55年）
◇大夫の部
　該当者なし
◇三味線の部
　野沢 勝司
◇人形の部

吉田 玉輝
第10回（昭56年）
◇大夫の部
　竹本 千歳大夫
◇三味線の部
　野沢 勝司
◇人形の部
　吉田 簑太郎
第11回（昭57年）
◇大夫の部
　竹本 津駒大夫
◇三味線の部
　野沢 勝司
◇人形の部
　吉田 簑太郎
第12回（昭58年）
◇大夫の部
　竹本 緑大夫
◇三味線の部
　野沢 勝司
◇人形の部
　吉田 玉女
第13回（昭59年）
◇大夫の部
　竹本 千歳大夫
◇三味線の部
　野沢 錦弥
◇人形の部
　豊松 清之助
第14回（昭60年）
◇大夫の部
　竹本 津国大夫
◇三味線の部
　鶴澤 燕二郎
◇人形の部
　吉田 玉輝
第15回（昭61年）
◇大夫の部
　竹本 千歳大夫
◇三味線の部
　野沢 錦弥
◇人形の部

吉田 簑太郎
第16回（昭62年）
　◇大夫の部
　　竹本 千歳大夫
　◇三味線の部
　　鶴澤 燕二郎
　◇人形の部
　　吉田 簑太郎
第17回（昭63年）
　◇大夫の部
　　竹本 千歳大夫
　◇三味線の部
　　野沢 錦弥
　◇人形の部
　　吉田 清之助
第18回（平1年）
　◇大夫の部
　　竹本 緑大夫
　◇三味線の部
　　鶴澤 清二郎
　◇人形の部
　　吉田 清之助
第19回（平2年）
　◇大夫の部
　　豊竹 呂勢大夫
　◇三味線の部
　　竹沢 団治
　◇人形の部
　　吉田 和生
第20回（平3年）
　◇大夫の部
　　竹本 千歳大夫
　◇三味線の部
　　竹沢 団治
　◇人形の部
　　吉田 玉也
第21回（平4年）
　◇大夫の部
　　竹本 三輪大夫
　◇三味線の部
　　野沢 錦弥
　◇人形の部

吉田 簑二郎
第22回（平5年）
　◇大夫の部
　　竹本 文字久大夫
　◇三味線の部
　　鶴澤 清二郎
　◇人形の部
　　吉田 清之助
第23回（平6年）
　◇大夫の部
　　豊竹 呂勢大夫
　◇三味線の部
　　竹沢 団治
　◇人形の部
　　吉田 清之助
第24回（平7年）
　◇大夫の部
　　竹本 文字久大夫
　◇三味線の部
　　鶴沢 清太郎
　◇人形の部
　　吉田 簑二郎
第25回（平8年）
　◇太夫の部
　　豊竹 呂勢大夫
　◇三味線の部
　　竹澤 宗助
　◇人形の部
　　吉田 玉英
第26回（平9年）
　◇太夫の部
　　竹本 文字久大夫
　◇三味線の部
　　鶴澤 清二郎
　◇人形の部
　　吉田 玉志
第27回（平10年）
　◇太夫の部
　　豊竹 呂勢大夫
　◇三味線の部
　　竹澤 宗助
　◇人形の部

吉田 簑二郎
第28回（平11年）
◇太夫の部
　豊竹 呂勢大夫
◇三味線の部
　竹澤 宗助
◇人形の部
　吉田 清三郎
第29回（平12年）
◇太夫の部
　豊竹 呂勢大夫
◇三味線の部
　野澤 喜一朗
◇人形の部
　吉田 幸助
第30回（平13年）
◇太夫の部
　豊竹 呂勢大夫
◇三味線の部
　鶴沢 清太郎
　鶴澤 清志郎
◇人形の部
　吉田 簑一郎
第31回（平14年）
◇太夫の部
　竹本 文字久大夫
◇三味線の部
　野澤 喜一朗
　鶴澤 清志郎
◇人形の部
　吉田 幸助
第32回（平15年）
◇太夫の部
　豊竹 咲甫大夫
◇三味線の部
　鶴澤 清志郎
◇人形の部
　吉田 清五郎
第33回（平16年）
◇太夫の部
　豊竹 新大夫
◇三味線の部

鶴澤 清志郎
◇人形の部
　吉田 一輔
第34回（平17年）
◇太夫の部
　該当者なし
◇三味線の部
　野澤 喜一朗
◇人形の部
　吉田 玉佳
◇特別賞
　該当者なし
第35回（平18年）
◇太夫の部
　豊竹 咲甫大夫
◇三味線の部
　鶴澤 清馗
◇人形の部
　桐竹 紋臣
第36回（平19年度）
◇太夫の部
　豊竹 睦大夫
◇三味線の部
　鶴澤 清丈
◇人形の部
　吉田 玉勢
第37回（平20年度）
◇太夫の部
　竹本 相子大夫
◇三味線の部
　鶴澤 寛太郎
◇人形の部
　吉田 簑紫郎
第38回（平21年度）
◇太夫の部
　豊竹 芳穂大夫
◇三味線の部
　豊澤 龍爾
◇人形の部
　吉田 簑紫郎
第39回（平22年度）
◇太夫の部

竹本 相子大夫
◇三味線の部
　鶴澤 寛太郎
◇人形の部
　桐竹 紋吉
第40回（平23年度）
◇太夫の部
　豊竹 芳穂大夫
◇三味線の部
　鶴澤 清馗
◇人形の部
　吉田 簑次
第41回（平24年度）
◇太夫の部

豊竹 希大夫
◇三味線の部
　鶴澤 清丈
◇人形の部
　吉田 玉誉
第42回（平25年度）
◇太夫の部
　豊竹 靖大夫
◇三味線の部
　鶴澤 寛太郎
◇人形の部
　吉田 玉翔

---

084 文楽なにわ賞

　我が国の最も優れた伝統芸能の一つとして，重要無形文化財に指定されている人形浄瑠璃文楽を生きた芸能として次の世代へ継承し，新しい時代の進展に対応するため，平成3年に創設された。新鮮な感覚を持った新作文楽の創作脚本を募りこれを公演することによって，鑑賞の機会を提供し，文楽の振興に資することを目的とする。終了した。

【主催者】 新作文楽脚本募集実行委員会，大阪市教育委員会，国立文楽劇場

【選考方法】 公募

【選考基準】 〔対象〕題材は自由。義太夫節として演奏できる形式の脚本（例・文楽公演プログラムの床本等）たとえば，古典の平明化を意図したもの，子供向けとして，おとぎ話・伝説・童話等に取材したもの，景事〈舞踊劇〉としては，市井の伝統的習俗等を取材したものなど〔資格〕未発表の創作脚本または既に発表された作品を脚本化したもの（景事〈舞踊劇〉を含む）。共作も可〔原稿〕B4サイズ，400字詰め原稿用紙60枚以内（景事〈舞踊劇〉の場合30枚以内）。3枚以内のねらいとあらすじを添付

【賞・賞金】 最優秀作（1編）：100万円，優秀作（1編）：50万円，佳作（若干）：20万円。脚本上演権は，作曲完成の日から3年間は国立文楽劇場（特殊法人日本芸術文化振興会）が保有

第1回（平3年度）
　雨野 士郎（本名＝西村清）（市川市）「茨田池（まんだがいけ）物語」
◇優秀作
　坂本 昌靖（東京都新宿区）「潑神楽玉興階梯（はいかぐらしゆつせのきざはし）〜しんでれら姫」
◇佳作

福西 依久子（八尾市）「理想現（ゆめうつつ）風車軍記」
第2回（平4年度）
　該当作なし
◇優秀作
　稲葉 しず子（本名＝稲葉静子）（半田市）「恋綱引（こいのつなひき）」
◇佳作

北市屋 安寛(本名＝石田寛人)(調布市)
「秋津見恋之手鏡(あきづにみるこひの
てかがみ)」
片山 剛(宝塚市)「斎宮暁白露(いつきの
みやあけのしらつゆ)」
春海 暢子(本名＝古沢典子)(東京都台東
区)「景事 二人長者(けいごと ふたりち
ようじや)」

第4回(平6年度)
　該当作なし
◇優秀作
　吉山 信乃(フリーライター)「ぎんたろう
坂田銀時のしんじつ」
◇佳作
　雨野 士郎(市川市)「箱根関茶壺騒動」

---

085 北海道戯曲コンクール

　北海道の舞台芸術における優れた人材の発掘・育成と，創作活動の促進をめざし，独創
的な戯曲を全国から募集。平成10,11,12年度に実施された。

【主催者】 (財)北海道文化財団

【選考委員】 (平成12年度)委員長：倉本聡(作家,富良野塾主宰),衛紀夫(演劇評論家),
鐘下辰男(劇作家,演出家,演劇集団THE・ガジラ主宰),鈴木喜三夫(演出家),西田豊
子(劇作家,演出家,劇団青芸所属)

【選考方法】 公募

【選考基準】 〔対象〕日本語による演劇のための戯曲。未発表作品。〔原稿〕400字詰原
稿用紙100〜150枚程度

【締切・発表】 平成12年度の応募締切は平成12年11月1日

【賞・賞金】 大賞(1作品)：賞状と賞金50万円,優秀賞(2作品)：賞状と賞金30万円,佳作
(2作品)：賞状と賞金10万円

第1回(平10年度)
◇大賞
　該当作なし
◇優秀賞
　辻本 久美子(名古屋市)「崖の上の蒼空」
　中村 守己(札幌市)「盆の銅鑼」
　山岡 徳貴子(京都市)「逃げてゆくもの」
◇佳作
　上野 久二(神戸市)「海峡」
　保戸田 時子(東京都)「山の架け橋」
第2回(平11年度)
◇大賞
　辻本 久美子(名古屋市)「鳥は今も歌うか」
◇優秀賞
　該当なし

◇佳作
　平塚 直隆(名古屋市)「居酒屋のゆうれい」
　永田 秀郎(釧路市)「傘おどり修羅」
　山脇 立嗣(京都市)「ここにいるよ」
　西川 美也子(東京都)「ふるさとは遠きに
ありて」
第3回(平12年度)
◇大賞
　宮森 さつき　「五月の桜」
◇優秀賞
　納谷 真大　「EASY LIAR」
　岩瀬 浩　「幻影」
◇佳作
　小林 祐子　「栄光への旅路」
　宇賀神 隆文　「散菊江戸紫浪藤」

086 毎日演劇賞

　昭和23年に創設され，1年間を通じ最高の業績を発揮し，特に演劇の進歩発展に資すると
ころ大なる演劇あるいは演劇関係の芸術家に贈られる賞。34年，毎日芸術賞へと統合さ
れた。

【主催者】毎日新聞社

【選考基準】〔対象〕演劇（舞踊劇・オペラ・バレエを含む），演劇関係の芸術家

第1回（昭23年度）

◇劇団賞

　俳優座　"「黄色い部屋」「女学者」をはじめ
　　1年間の全活動"

◇個人賞

● 演出

　小牧 正英　"東京バレエ団「白鳥の湖」の
　　演出"

● 演技

　実川 延若（3世）　"大阪中座1月「檻桜錦」
　　の春藤治郎左衛門"

　宮口 精二　"文学座「女の一生」「あさくさ
　　ばし」その他"

● 舞台装置

　河野 国夫　"日劇小劇場におけるバラ座の
　　諸公演その他の装置"

◇特別賞

　藤原義江歌劇団　"困難な欧劇団経営を克服
　　して「ドン・ファン」上演にまで達した
　　15年間の努力と成果"

第2回（昭24年度）

◇劇団賞

　文学座　"「ママの貯金」その他1年間の活
　　動"

◇個人賞

● 演出

　岡倉 志朗　"民芸「山脈」ぶどうの会「夕
　　鶴」"

● 脚本

　木下 順二　「夕鶴」

● 演技

　市川 寿海（3世）　"「次郎吉懺悔」の次郎吉
　　その他1年間の演劇活動"

● 演技別賞

　市川 照蔵，中村 吉之丞，市川 荒次郎，尾
　　上 鯉三郎　"歌舞伎座における脇役とし
　　ての1年間の演技活動"

● 舞台装置

　伊藤 熹朔　"俳優座「孤雁」"

第3回（昭25年度）

◇劇団賞

　該当者なし

◇個人賞

● 脚本

　森本 薫　"文楽座初演による「華々しき一
　　族」"

● 演技

　中村 時蔵（4世）　"「箱根霊験躄仇討」の勝
　　五郎，「妹背山婦女庭訓」の定高，「桂川
　　連理柵」のきぬ"

　中村 芝翫（6世）　"「娘道成寺」の花子，「妹
　　背山婦女庭訓」の雛鳥"

　田村 秋子　"「ヘッダ・ガブラー」のヘッダ"

● 装置

　小林 重資　"三越劇場及びピカデリー実験
　　劇場における新劇の背景画家としての功
　　績"

● 音楽

　団 伊玖磨　"「夕鶴」「ぶどうの会」三越劇
　　場における音楽"

● 照明

　穴沢 喜美男　"「娼婦マヤ」，「ヘッダ・ガブ
　　ラー」，「どん底」その他1年間の活動"

● 演出

　該当者なし

◇特別賞

大谷 竹次郎 "東京歌舞伎座再興の努力に
対して"
第4回（昭26年度）
◇劇団賞
尾上菊五郎劇団（含＝市川海老蔵）"「なよ
たけ抄」新橋演舞場,「青砥稿花紅彩画」
明治座等, 丸本物における業績"
◇個人賞
● 脚本
北条 秀司 "「王将終篇」（新橋演舞場・新国
劇）,「霧の音」（明治座・新国劇）"
● 演出
青山 杉作 "「夜の来訪者」（三越劇場・俳優
座）,「椎茸と雄弁」（三越劇場・俳優座）"
● 演技
滝沢 修 "「楊貴妃」の高力士（歌舞伎座）,
「炎の人」のゴッホ（新橋演舞場）"
花柳 章太郎 "「天守物語」における主導的
演技（新橋演舞場）"
● 音楽
マンフレット・グルリット "歌劇上演にお
ける指導指揮"
竹本 綱大夫（8世）, 竹沢 弥七（10世）
"「恋八卦昔暦」（大阪文楽座等）における
古曲への努力"
● 装置・照明
該当者なし
第5回（昭27年度）
◇劇団賞
中村吉右衛門劇団 「お国と五平」「西郷と
歌娘」
◇個人賞
● 脚本
該当者なし
● 演出
千田 是也 「天使」「襤褸と宝石」
● 演技
市川 海老蔵（9世）「若き日の信長」「源氏
物語」「盲長屋梅加賀鳶」
● 音楽
鶴澤 清六（4世）「壇浦兜軍記」
● 装置

織田 音也 「辰巳巷談」
● 照明効果
篠木 佐夫 「獄門帳」
第6回（昭28年度）
◇劇団賞
該当者なし
◇個人賞
● 脚本
該当者なし
● 演出
戌井 市郎 「島」ほか"
下村 正夫 「真空地帯」
● 演技
中村 勘三郎（17世）"「鬼一法眼三略巻」
の虎蔵,「其面影稲妻草紙」の名古屋山
三,「明治零年」の川村隼人"
花柳 章太郎 "「あぢさゐ」のきみ"
中村 扇雀（2世）"「曽根崎心中」のお初"
● 音楽
該当者なし
● 装置
三林 亮太郎 「東京踊り」
● 装置別賞
大阪歌舞伎座大道具製作部
● 照明
該当者なし
第7回（昭29年度）
◇劇団賞
花柳 章太郎, 水谷 八重子（初代）, 大矢
市次郎, 伊志井 寛, 英 太郎, 藤村 秀
夫, 瀬戸 英一, 市川 紅梅, 小堀 誠, 喜
多村 緑郎 ほか "新派俳優の緊密な結束
による1年間の業績"
◇個人賞
● 脚本
中野 実 「土曜日の天使」「おえんさん」
「明日の幸福」
● 演出
菅原 卓 「セールスマンの死」
● 演出別賞
藤間 勘十郎（6世）"歌舞伎劇（新作を含
む）における振付の業績"

- 演技
  市川 左団次（3世）“「絵本太功記」の操,
  「義経腰越状」の関女,「妹背山婦女庭
  訓」の求女,「たぬき」の蝶作”
  東山 千栄子 “「女の平和」のリューシスト
  ラテー,「かもめ」のアルカージナ”
- 演技別賞
  毛利 菊枝 “「肝っ玉おッ母ァとその子供た
  ち」における演技ならびに関西新劇界に
  つくした功績”
- 美術
  木村 荘八 “「浜松風恋歌」「黒船前後・続
  花の生涯」「浅瀬の波」「晶子曼陀羅」等
  における美術考証”

第8回（昭30年度）
◇劇団賞
  文楽座 “「曽根崎心中」「長町女腹切」「鑓
  の権三重帷子」（大阪文楽座）において近
  松物復活に努力した功績”
◇個人賞
- 脚本
  北条 秀司 “「山鳩」「太夫さん」（明治座）
  「末摘花」（歌舞伎座）など1年を通じての
  活躍”
- 演出
  該当者なし
- 演技
  中村 勘三郎（17世）“「鬼一法眼三略巻」
  の一条大蔵卿,「巷談宵宮雨」の龍達（新
  橋演舞場（,「末摘花」の末摘花（歌舞伎
  座）”
- 演技別賞
  中村 萬之助 “「足柄山紅葉色時」（山姥）の
  怪童丸,「戻駕色相肩」のかむろ（歌舞伎
  座）”
- 音楽
  該当者なし
- 美術
  北川 勇 “「どれい狩り」「幽霊」（俳優座劇
  場）など1年間に示した努力”
- 美術別賞
  金井大道具 “「藕糸曼陀羅 はすいとまんだ

ら」,「妹背山婦女庭訓 吉野川の段」（新
橋演舞場）,「太夫さん」（明治座）など1
年間の業績”

第9回（昭31年度）
◇劇団賞
  文学座 “「明暗」「ヤシと女」「肥前風土記」
  「鹿鳴館」を企画し,演技などにも多大の
  進歩を示す”
◇個人賞
- 脚本
  該当者なし
- 演出
  渋谷 天外（2世）“「桂春団治」（新橋演舞
  場）ほか松竹新喜劇における演出”
- 演技
  松本 幸四郎（8世）“「競伊勢物語」の紀有
  常（歌舞伎座）,「西山物語」の渡辺源太
  （新橋演舞場）,「今様薩摩歌」の菱川源
  五兵衛（明治座）などにおける演技”
- 音楽
  野澤 喜左衛門（2世）“「瓜子姫とあまん
  じゃく」（大阪三越劇場）の作曲ならびに
  文楽合同公演「妹背山婦女庭訓 吉野川
  の段」（新橋演舞場）の演奏”
- 美術別賞
  藤浪小道具 “「霧笛」（歌舞伎座）その他に
  おける良心的な製作”

第10回（昭32年度）
◇劇団賞
  該当者なし
◇個人賞
- 脚本
  該当者なし
- 演出
  大木 靖 “俳優座「蟹の町」その他最近の
  演出活動”
- 演技
  島田 正吾 “「牧野富太郎」の牧野富太郎,
  「風林火山」の山本勘助,大谷友右衛門
  「鳥辺山心中」のお染,「八幡祭小望月
  賑」の美代吉,「円朝」のおやい”
  山本 安英 “「おんにょろ盛衰記」の老婆”

- 音楽
  杵屋 六左衛門 "東おどり「母を恋ふる記」の作曲"
- 美術
  該当者なし
◇特別賞
  尾上 梅朝 "歌舞伎女形の伝承"
  坂東 八重之助 "菊五郎劇団における殺陣の指導"
第11回（昭33年度）
◇劇団賞
  該当者なし
◇個人賞
- 脚本
  川口 松太郎 "「銀座馬鹿」（新橋演舞場）をはじめとする新派劇への寄与"
- 演出
  千田 是也 "俳優座「幽霊はここにいる」（俳優座劇場）"

- 演技
  実川 延二郎 "「女殺油地獄」の与兵衛,「樽屋おせん」の樽屋庄介（大阪中座）,「むすめごのみ帯取池」の左馬之介（東京歌舞伎座）"
  中村 福助（7世）（成駒屋）"「半七捕物帳・春の雪解」の誰が袖（東京歌舞伎座）,「二人道成寺」の白拍子,「真景累ケ渕」の豊志賀（東横ホール）"
- 音楽
  黛 敏郎 "俳優座「幽霊はここにいる」の作曲（俳優座劇場）"
- 美術
  伊藤 亀太郎 "「本朝二十四孝」（新橋演舞場）「葛の葉」など衣裳考証設定における多年の功績"
◇特別賞
  田中 良 "「歌舞伎定式舞台図集」完成にいたる資料収集・研究の努力"

---

087 真山青果賞

　明治,大正,昭和の三代にわたって数多くの歴史劇を書いた真山青果の偉大な功績を記念するため,昭和57年に創設された。

【主催者】真山青果研究所

【選考方法】各方面からの推薦による

【選考基準】〔対象〕前年5月から当該年4月までに上演された真山青果戯曲の関係者（俳優,装置家,大道具,照明家,効果家,演劇評論家等）で,青果戯曲への真摯な取組み,作品への深い理解,舞台にかける情熱,表現技術等々をもって青果舞台の質を著しく高めたと認められる者。更に真山青果研究の分野での優れた業績をあらわした内外の研究者

【締切・発表】毎年夏から秋にかけての月末に発表

【賞・賞金】賞：賞状,正賞（記念品）と副賞100万円。奨励賞：賞状と賞金50万円

第1回（昭57年）
  片岡 孝夫 "「御浜御殿綱豊郷」の徳川綱豊郷"
第2回（昭58年）
  該当者なし
第3回（昭59年）
  中村 吉右衛門（2世）"「頼朝の死」の頼家

「将軍江戸を去る」「元禄忠臣蔵」等の演技"
  尾上 辰之助 "「慶喜命乞」の西郷吉之助「福沢諭吉」の朝吹伝之助"
◇奨励賞
  中村 勘九郎（5世）"「血笑記」の合宿稽古の情熱と舞台成果"

第4回（昭60年）
　　中村 富十郎（5世）"「将軍江戸を去る」の
　　　山岡鉄太郎「頼朝の死」の畠山重保"
第5回（昭61年）
　　中村 雀右衛門（4世）"「御浜御殿綱豊卿」
　　　のお喜世，「大石最後の一日」のおみの"
第6回（昭62年）
　　中村 歌右衛門（6世）"「元禄忠臣蔵」の瑤
　　　泉院"
　　永山 武臣 "「元禄忠臣蔵」通し上演という
　　　優れた企画に対して"
　◇奮闘賞
　　岩井 貴三郎，中村 吉五郎，松本 幸右衛
　　　門，松本 幸太郎 "「元禄忠臣蔵」の脇役
　　　としての奮闘に対して"
　◇新人賞
　　片岡 進之介 "「元禄忠臣蔵」の井関紋左衛
　　　門"
　　片岡 孝太郎 "「元禄忠臣蔵」の大石松之丞"
　　市川 染五郎（7世）"「元禄忠臣蔵」の細川
　　　内記"
第7回（昭63年）
　　該当者なし
第8回（平1年）
　　片岡 仁左衛門（13世）"「荒川の佐吉」の
　　　相模屋政五郎"
　◇奨励賞
　　中村 福助（8世）"「将軍江戸を去る」の高
　　　橋伊勢守"
　　沢村 藤十郎 "「天保遊俠録」の八重次"
　◇技能賞
　　中村 助五郎 "「天保遊俠録」「荒川の佐吉」
　　　「将軍江戸を去る」の脇役としての研鑽
　　　に"
第9回（平2年）
　◇大賞
　　中村 歌右衛門（6世）"「将軍頼家」におけ
　　　る尼御台政子の演技"
　◇青果賞
　　中村 福助（8世）"「将軍頼家」における源
　　　頼家の演技"
　　中村 勘九郎（5世）"「将軍江戸を去る」に

おける山岡鉄太郎，「荒川の佐吉」にお
　　　ける大工辰五郎の演技"
　◇奨励賞
　　中村 東蔵 "「将軍江戸を去る」における天
　　　野八郎，「将軍頼家」における清郡，「慶
　　　喜命乞」における益満休之助"
　　中村 歌昇 "「天保遊俠録」における松坂庄
　　　之助，「将軍江戸を去る」における天野
　　　八郎，「慶喜命乞」における村田新八"
　◇助演賞
　　中村 亀鶴 "「将軍頼家」における羽黒山の
　　　別当祐玄"
　　片岡 十蔵 "「慶喜命乞」における隊長樋口"
第10回（平3年）
　　該当者なし
第11回（平4年）
　◇大賞
　　片岡 仁左衛門（13世）"「江戸絵両国八景」
　　　における相模屋政五郎の演技"
　◇助演賞
　　中村 四郎五郎 "「江戸絵両国八景」におけ
　　　る会津部屋頭白熊忠助ほか"
　　中村 駒助 "「将軍頼家」における桂林坊実
　　　尊ほか"
　　坂本 橘太郎 "子供時代からの実績と「元
　　　禄忠臣蔵」におけるお坊主ほか"
第12回（平5年）
　◇真山青果名誉賞
　　中村 歌右衛門（6世）
　　片岡 仁左衛門（13世）
　◇青果賞
　　中村 芝翫（7世）"「御浜御殿綱豊郷」にお
　　　ける江島の演技"
　　中村 梅玉（4世）"「御浜御殿綱豊郷」にお
　　　ける綱豊の演技"
　　永山会長をはじめとする松竹株式会社演劇
　　　部の皆さん "大谷会長の遺志を継承して
　　　青果作品と戦前から250回以上上演しつ
　　　づけている"
　　長谷川社長を中心とする御園座の皆さん
　　　"名古屋に於ける青果劇上演の熱意"
　◇奨励賞

中村 松江 "「御浜御殿綱豊郷」におけるお喜世の演技"

◇敢闘賞

市川 升之亟, 中村 歌次, 中村 歌松, 中村 京志二郎, 中村 芝のぶ, 片岡 比奈三, 片岡 和之介, 中村 蝶十郎 "「御浜御殿綱豊郷」における序幕のお女中の演技"

◇助演賞

中村 又之助 "「御浜御殿綱豊郷」における浦尾の演技"

第13回（平6年）

該当者なし

第14回（平7年）

◇青果賞

市川 団十郎（12世）"「仮名屋小梅」における兼吉の演技"

片岡 孝夫 "「江戸絵両国八景」における荒川の佐吉の演技"

中村 吉右衛門（2世）"「大石最後の一日」における大石内蔵助の演技"

◇青果賞（劇団賞）

水谷良重さんを中心とした劇団我孤の皆さん "「仮名屋小梅」新橋演舞場公演の成果"

◇奨励賞

中村 福助（9世）"「大石最後の一日」におけるおみのの演技"

中村 橋之助 "「大石最後の一日」における磯貝十郎左衛門の演技"

◇新人賞

市川 新之助 "「仮名屋小梅」における浜本清の演技"

第15回（平8年）

◇青果賞

市川 猿之助（3世）"「江戸絵両国八景」における荒川の佐吉の演技"

市川 段四郎 "「江戸絵両国八景」における相模屋政五郎と「慶喜命乞」の西郷吉之助の演技"

◇奨励賞

中村 歌六 "「江戸絵両国八景」における大工辰五郎の演技"

市川 右近 "「慶喜命乞」における山岡鉄太郎の演技"

中村 時蔵（5世）"「御浜御殿」における祐筆江島の演技"

◇助演賞

尾上 芙雀 "「江戸絵両国八景」における茶屋女房の演技"

尾上 梅之助 "「江戸絵両国八景」における茶屋女の演技"

尾上 寿鴻 "「江戸絵両国八景」における忠助の演技"

第16回（平9年）

◇青果賞

沢村 宗十郎 "「頼朝の死」における尼御台政子の演技"

坂東 八十助 "「頼朝の死」における将軍頼家の演技"

◇奨励賞

市村 家橘 "「頼朝の死」における中野五郎の演技"

市川 染五郎（7世）"「頼朝の死」における畠山重保の演技"

松本 錦吾 "「頼朝の死」における定海の演技"

◇特別功労賞

河原崎 権十郎 "「荒川の佐吉」における政五郎の演技"

片岡 芦燕 "「荒川の佐吉」における仁兵衛の演技"

◇特別賞

相馬 清恒 "「荒川の佐吉」「頼朝の死」ほかの舞台照明"

◇助演賞

中村 歌江, 市川 左升, 松本 幸太郎, 実川 延郎, 坂東 橘太郎, 坂東 みの虫, 坂東 三平 "「頼朝の死」に出演"

第17回（平10年）

◇大賞

中村 鴈治郎（3世）

尾上 菊五郎（7世）

松本 幸四郎（9世）

片岡 我当

◇奨励賞
　中村 芝雀 (7世)
　坂東 秀調
◇特別賞
　沢村 藤十郎
　中村 梅玉 (4世)
　市川 左団次 (4世)
　中村 東蔵
　尾上 松助
　沢村 鉄之助
　川瀬 白秋
◇青果賞
　中嶋 八郎 (舞台美術)
　長谷川 勘兵衛 (大道具)
◇助演賞
　市川 高麗蔵
　片岡 亀蔵
　青柳 喜伊子
　田口 守
◇奮闘賞
　沢村 宗丸
◇新人賞
　尾上 辰之助
第18回 (平11年)
◇大賞
　中村 勘九郎 (5世) "「荒川の佐吉」におけ
　　る佐吉役"
　島田 正吾 "「荒川の佐吉」における相模屋
　　政五郎役"
◇青果賞
　中村 福助 (9世)
◇奨励賞
　中村 歌昇
　中村 橋之助
　坂東 弥十郎
　片岡 孝太郎
　中村 四郎五郎
　中村 助五郎
◇少年俳優優秀賞
　今井 勇

第19回 (平12年)
◇大賞
　中村 富十郎 (5世) "長年にわたる青果劇
　　への貢献"
　市川 団十郎 (12世) "「江戸城総攻め〜麟
　　太郎と吉之助」での西郷吉之助の好演"
◇奨励賞
　中村 東蔵
　市川 団蔵 (9世)
　市村 家橘
第20回 (平13年)
◇大賞
　片岡 仁左衛門 (15世)
　市川 段四郎
　沢村 宗十郎
◇青果賞
　片岡 孝太郎
◇青果賞・団体賞
　片岡 和之介, 片岡 比奈三, 坂東 玉朗, 中
　　村 東志二郎, 片岡 千次郎, 市川 笑子,
　　市川 笑羽, 市川 喜昇
◇少年俳優優秀賞
　沢村 圭津季
第21回 (平14年)
◇大賞
　中村 鴈治郎 (3世)
　中村 富十郎 (5世) "「頼朝の死」の尼御前
　　役"
　中村 吉右衛門 (2世) "「頼朝の死」の大江
　　広元役"
　中村 梅玉 (4世) "「頼朝の死」の源頼家役"
◇青果賞
　中村 歌昇 "「頼朝の死」の畠山重保役"
◇青果賞・助演賞
　嵐 橘三郎 "「頼朝の死」の熊野別当妙光房
　　定海役"
　中村 吉三郎 "「頼朝の死」の羽黒山別当慈
　　円房祐玄役"
◇青果賞・団体賞
　序幕法華堂門前の群衆出演者 「頼朝の死」
◇新人賞
　中村 勘太郎

088 ミュージカル・ベストテン

ミュージカル界における新しい才能の発掘とその成長への助成,またその才能がもたらす作品の向上とその結果としての日本のミュージカルの隆盛を目的とし昭和57年に設立された。我が国で初めての舞台作品のベストテン。

【主催者】 (株) ミュージカル出版社

【選考委員】 評論家：石井啓夫,岩波剛,大島幸久,小山内伸,川上博,小藤田千栄子,阪清和,扇田昭彦,中村桂子,萩尾瞳,水落潔,みなもとごろう,森洋三,藪下哲史,横溝幸子,ジャーナリスト：木村隆(スポーツニッポン),河野孝(日本経済新聞),小玉祥子(毎日新聞),祐成秀樹(読売新聞),髙橋由季(共同通信),中村正子(時事通信),西本ゆか(朝日新聞),林尚之(日刊スポーツ),平松澄子(産経新聞)

【選考基準】 〔対象〕前年に日本で上演されたミュージカル。但し,来日公演のミュージカル,東京を含む首都圏以外で上演されたミュージカルは除外。また初演(リメイク作品を含む)作に限る

【締切・発表】 毎年「ミュージカル」3・4月号誌上で発表

【賞・賞金】 トロフィー

【URL】 http://www.musicalmagazine.co.jp/

(昭57年度)

◇作品部門

- 第1位
 「屋根の上のヴァイオリン弾き」(帝国劇場)
- 第2位
 「アプローズ」(日生劇場)
- 第3位
 「キャバレー」(博品館劇場)
- 第4位
 「洪水の前」(シアターアプル)
- 第5位
 「エビータ」(日生劇場)
- 第6位
 「もっと泣いてよフラッパー」(博品館劇場)
- 第7位
 「ラ・マンチャの男」(梅田コマ劇場)
- 第8位
 「ピーター・パン」(新宿コマ劇場)
- 第9位
 「ミズーことし最高の女性」(日生劇場)
- 第10位

「雨の夏30人のジュリエットが還ってきた」(日生劇場)

◇スタッフ部門

- 第1位
 浅利 慶太〔演出〕 劇団四季公演「エビータ」「アプローズ」
- 第2位
 藤田 敏雄〔作・演出〕 いずみたく制作「洪水の前」「死神」
- 第3位
 渡辺 浩子〔演出〕 博品館劇場公演「キャバレー」
- 第4位
 串田 和美〔作・演出〕 博品館劇場公演「もっと泣いてよフラッパー」
- 第5位
 植田 紳爾〔演出〕 宝塚「ジャワの踊り子」「夜明けの序曲」
- 第6位
 矢代 静一 「洪水の前」「新カール物語」「戯れになすな恋」

- 第7位
  いずみ たく 「洪水の前」「死神」「日本ミュージカル事始め」
- 第8位
  東 由多加〔作・演出〕 東京キッドブラザース「ペルーの野球」
- 第9位
  柴田 侑宏〔脚本・演出〕 宝塚歌劇「小さな花がひらいた」
- 第10位
  清水 邦夫〔脚本〕 「雨の夏30人のジュリエットが還ってきた」
◇タレント部門
- 第1位
  森繁 久弥 「屋根の上のヴァイオリン弾き」
- 第2位
  前田 美波里 劇団四季「アプローズ」「コーラス・ライン」
- 第3位
  財津 一郎 シアターアプル公演「洪水の前」
- 第4位
  鳳 蘭 東宝ミュージカル「ミズ（ことし最高の女性）」
- 第5位
  吉田 日出子 自由劇場「もっと泣いてよフラッパー」
- 第6位
  草笛 光子 三越ロイヤル・シアター公演「ジプシー」
- 第7位
  松本 幸四郎（9世）大阪・梅田コマ劇場「ラ・マンチャの男」
- 第8位
  久野 綾希子 劇団四季の日生劇場・初演「エビータ」
- 第9位
  雪村 いづみ 雪村いづみ自主制作「旅立て女たち」
- 第10位
  順 みつき 宝塚より博品館劇場公演「キャバレー」

（昭58年度）
◇作品部門
- 第1位
  「ラ・マンチャの男」（帝国劇場）
- 第2位
  「CATS」（劇団四季）
- 第3位
  「上海バンスキング」（オンシアター自由劇場）
- 第4位
  「シカゴ」（シアターアプル）
- 第5位
  「ナイン」（東宝ミュージカル）
- 第6位
  「シェルブールの雨傘」（博品館劇場）
- 第7位
  「リリー・マルレーン」（シアターアプル）
- 第8位
  「タンジー」（松竹）
- 第9位
  「ショーガール」（西武パルコ）
- 第10位
  「アニーよ銃をとれ」（シアターアプル）
◇スタッフ部門
- 第1位
  浅利 慶太〔制作・演出〕 「CATS」
- 第2位
  白井 鉄造〔演出〕 「シェルブールの雨傘」
- 第3位
  藤田 敏雄〔演出〕 「リリー・マルレーン」
- 第4位
  中村 哮夫〔演出〕 「ラ・マンチャの男」
- 第5位
  福田 陽一郎〔作・演出〕 「ショーガール」
- 第6位
  鈴木 完一郎〔演出〕 「タンジー」
- 第7位
  いずみ たく〔作曲・編曲〕 「死神」ほか
- 第8位
  ジーン・フット〔振付・演出〕 「シカゴ」
- 第9位
  串田 和美〔演出〕 「上海バンスキング」

- 第10位
  内藤 法美〔音楽監督ほか〕 「シカゴ」
◇タレント部門
- 第1位
  松本 幸四郎（9世）「ラ・マンチャの男」
- 第2位
  草笛 光子 「シカゴ」
- 第3位
  上月 晃 「ラ・マンチャの男」ほか
- 第4位
  吉田 日出子 「上海バンスキング」
- 第5位
  前田 美波里 「ウェストサイド物語」ほか
- 第6位
  木の実 ナナ 「ショーガール」
- 第7位
  飯野 おさみ 「ウェストサイド物語」ほか
- 第8位
  久野 綾希子 「CATS」「エビータ」ほか
- 第9位
  桜田 淳子 「アニーよ銃をとれ」
- 第10位
  細川 俊之 「ナイン, ショーガール」
（昭59年度）
◇作品部門
- 第1位
  「リトル・ショップ・オブ・ホラーズ」（博
  品館劇場）
- 第2位
  「CATS」（劇団四季）
- 第3位
  「キャバレー（再演）」（博品館劇場）
- 第4位
  「日曜はダメよ！（再演）」（劇団四季）
- 第5位
  「屋根の上のヴァイオリン弾き（再演）」（東
  宝ミュージカル）
- 第6位
  「マイ・フェア・レディ（再演）」（東宝
  ミュージカル）
- 第7位
  「デュエット」（東宝ミュージカル）

- 第8位
  「リリー・マルレーン（再演）」（シアターア
  プル）
- 第9位
  「ユタと不思議な仲間たち」（劇団四季）
- 第10位
  「結婚についての物語（再演）」（パルコ）
◇アーチスト部門
- 第1位
  浅利 慶太〔演出〕 「CATS」ほか
- 第2位
  青井 陽治〔演出〕 「リトル・ショップ・
  オブ・ホラーズ」ほか
- 第3位
  藤田 敏雄〔演出〕 「リリー・マルレーン」
  ほか
- 第4位
  福田 陽一郎〔演出〕 「ショーガール」
- 第5位
  渡辺 浩子〔演出〕 「キャバレー」再演
- 第6位
  ポール・ホームズ〔演出〕 「リトル・
  ショップ・オブ・ホラーズ」
- 第7位
  宮島 春彦〔演出〕 「シュガー・ゲイム」
- 第8位
  串田 和美〔演出〕 「オオミステイク」
- 第9位
  宮川 泰〔音楽〕 「ショーガール」ほか
- 第10位
  テレンス・ナップ〔音楽〕 「マイ・フェ
  ア・レディ」
◇タレント部門
- 第1位
  真田 広之 「リトル・ショップ・オブ・ホ
  ラーズ」
- 第2位
  順 みつき 「キャバレー」ほか
- 第3位
  前田 美波里 「日曜はダメよ！」ほか
- 第4位
  尾藤 イサオ 「キャバレー」

- 第5位
  鳳 蘭 「デュエット，ミズ」
- 第6位
  加藤 敬二 「CATS」
- 第7位
  森繁 久弥 「屋根の上のヴァイオリン弾き」
- 第8位
  市村 正親 「日曜はダメよ！」ほか
- 第9位
  栗原 小巻 「マイ・フェア・レディ」
- 第10位
  木の実 ナナ 「ショーガール No.12」

（昭60年度）

◇作品部門

- 第1位
  「ラ・マンチャの男（再演）」（東宝ミュージ
  　カル）
- 第2位
  「ザ・ミュージックマン」（博品館劇場）
- 第3位
  「コーラスライン（再演）」（劇団四季）
- 第4位
  「シカゴ」（東宝ミュージカル）
- 第5位
  「歌麿」（劇団フォーリーズ）
- 第6位
  「ガイズ＆ドールズ」（宝塚歌劇・月組）
- 第7位
  「くたばれヤンキース」（松竹）
- 第8位
  「星の王子さま」（シアターアプル）
- 第9位
  「ドリーミング」（劇団四季）
- 第10位
  「ベイビー」（劇団薔薇座）

◇アーチスト部門

- 第1位
  浅利 慶太〔演出〕 「ドリーミング」ほか
- 第2位
  藤田 敏雄〔台本と演出〕 「歌麿」「女の
  　平和」
- 第3位

　いずみ たく〔作曲〕 「歌麿」

- 第4位
  佐藤 信 「星の王子さま」「マック・ザ・
  　ナイフ」
- 第5位
  山田 卓〔振付〕 「ドリーミング」ほか
- 第6位
  トニー・スティーブンス〔演出・振付〕
  　「シカゴ」
- 第7位
  井上 ひさし〔作・演出〕 「きらめく星座」
- 第8位
  斉藤 耕一〔演出〕 「ザ・ミュージック
  　マン」
- 第9位
  篠崎 光正〔演出〕 「ピンキー・スプー
  　ン・ダンス」
- 第10位
  上田 聖子〔作曲〕 「コカ・コー笑」

◇タレント部門

- 第1位
  鳳 蘭 「シカゴ」ほか
- 第2位
  戸田 恵子 「ザ・ミュージックマン」
- 第3位
  吉田 日出子 「幻の水族館」
- 第4位
  保坂 知寿 「ドリーミング」
- 第5位
  順 みつき 「ベイビー」ほか
- 第6位
  大地 真央 「ガイズ＆ドールズ」
- 第7位
  野口 五郎 「ザ・ミュージックマン」
- 第8位
  松本 幸四郎（9世）「ラ・マンチャの男」
- 第9位
  汀 夏子 「夢みるロージィ」
- 第10位
  麻実 れい 「シカゴ」

（昭61年度）

◇作品部門

- 第1位
  「ジェニーの肖像」(勝田安彦演出)
- 第2位
  「ロッキー・ホラー・ショー」(竹邑類演出)
- 第3位
  「ミスター・シンデレラ」(野沢那智演出)
- 第4位
  「パラダイス・オブ・ギンザ」(前田和則演出)
- 第5位
  「昨日,悲別で on stage」(倉本聡演出)
- 第6位
  「プリンセス・モリー」(トニィ・スティーブンス演出)
- 第7位
  「ザ・結婚」(石塚克彦演出)
- 第8位
  「さよならアラン」(栗山民也演出)
- 第9位
  「ドタ靴はいた青空ブギー」(串田和美演出)
- 第10位
  「青春の出発」(千葉真一演出)

◇アーチスト部門

- 第1位
  野沢 那智 「ミスター・シンデレラ」「踊れ艦隊のレディたち」
- 第2位
  竹邑 類〔演出〕 「ロッキー・ホラー・ショー」「マクベス」
- 第3位
  勝田 安彦〔翻訳〕 「ジェニーの肖像」の翻訳と演出,ほか
- 第4位
  石塚 克彦〔演出〕 「ザ・結婚」(ふるさと・きゃらばん)
- 第5位
  倉本 聡〔作・演出〕 「昨日,悲別で on stage」
- 第6位
  串田 和美〔演出・美術〕 「ドタ靴はいた青空ブギー」
- 第7位

千葉 真一〔製作・演出〕 「青春の出発」(JAC)

- 第8位
  謝 珠栄〔振付〕 「青春の出発」「銀河鉄道999」
- 第9位
  浅利 慶太〔演出〕 「ウェストサイド物語/キャッツ」
- 第10位
  福田 善之 「アニマル・フォーム」「ピーター・パン」

◇タレント部門

- 第1位
  大地 真央 「プリンセス・モリー」
- 第2位
  鳳 蘭 「シカゴ」「デュエット」
- 第3位
  戸田 恵子 「ミスター・シンデレラ」
- 第4位
  夏木 マリ 「ロッキー・ホラー・ショー」
- 第5位
  吉田 日出子 「ドタ靴はいた青空ブギー」
- 第6位
  藤木 孝 「お熱いのがお好き」ほか
- 第7位
  順 みつき 「ホワイト・クリスマス」
- 第8位
  麻実 れい 「シカゴ」
- 第9位
  志村 幸美 「CATS」
- 第10位
  島田 歌穂 「ロッキー・ホラー・ショー」

(昭62年度)

◇作品部門

- 第1位
  「レ・ミゼラブル」(ジョン・ケアード演出)
- 第2位
  「ミー&マイガール」(小原弘稔演出)
- 第3位
  「アイ・ガット・マーマン」(宮本亜門演出)
- 第4位
  「ジョージの恋人」(フラン・ソーダー演出)

- 第5位
「アパートの鍵貸します」（野沢那智演出）
- 第6位
「ハンス」（浅利慶太演出）
- 第7位
「王子と踊り子」（竹邑類演出）
- 第8位
「兄んちゃん」（石塚克彦演出）
- 第9位
「紫子─ゆかりこ─」（柴田侑宏演出）
- 第10位
「ANZUCHI（あづち）」（加藤直演出）

◇アーチスト部門
- 第1位
宮本 亜門〔構成・演出〕　「アイ・ガット・マーマン」
- 第2位
浅利 慶太〔演出〕　「ハンス」「JCS」江戸版「エビータ」
- 第3位
野沢 那智〔演出〕　「アパートの鍵貸します」ほか
- 第4位
小原 弘稔〔脚本・演出〕　「ミー＆マイガール」
- 第5位
青井 陽治〔翻訳・演出〕　「リトル・ショップ・オブ・ホラーズ」
- 第6位
山田 卓〔振付け〕　「ゴールデン・ボーイ」ほか
- 第7位
石塚 克彦〔脚本・作詞・演出〕　「兄んちゃん」
- 第8位
竹邑 類〔演出〕　「王子と踊り子」「はだかの王様」
- 第9位
寺本 建雄〔作曲・編曲・演奏〕　「兄んちゃん」
- 第10位
深沢 桂子〔編曲・演奏〕　「マイ・ガット・マーマン」

◇タレント部門
- 第1位
島田 歌穂　「レ・ミゼラブル」
- 第2位
鳳 蘭　「レ・ミゼラブル」「ジョージの恋人」
- 第3位
鹿賀 丈史　「レ・ミゼラブル」
- 第4位
剣 幸　「ミー＆マイガール」
- 第5位
大地 真央　「王子と踊り子」
- 第6位
諏訪 マリー　「アイ・ガット・マーマン」ほか
- 第7位
旺 なつき　「ジュディ・ガーランド」ほか
- 第8位
真田 広之　「リトル・ショップ・オブ・ホラーズ」
- 第9位
田中 利花　「アイ・ガット・マーマン」
- 第10位
中島 啓江　「アイ・ガット・マーマン」

（昭63年度）
◇作品部門
- 第1位
「オペラ座の怪人」（ハロルド・プリンス演出）
- 第2位
「スイート・チャリティー」（野沢那智演出）
- 第3位
「キス・ミー・ケイト」（岡田敬二演出）
- 第4位
「ビッグ・リバー」（マイケル・グライフ演出）
- 第5位
「シャボン玉とんだ宇宙までとんだ」（横山由和演出）
- 第6位
「12ヶ月のニーナ」（藤田敏雄演出）

- 第7位
  「SESSUE（雪洲）」（ラリー・ビルマン演出）
- 第8位
  「夢から醒めた夢」（浅利慶太演出）
- 第9位
  「王様と私」（中村哮夫演出）
- 第10位
  「イダマンテ」（市川猿之助演出）

◇アーチスト部門
- 第1位
  野沢 那智〔演出〕　「スイート・チャリティー」
- 第2位
  浅利 慶太〔プロデュース〕　「オペラ座の怪人」
- 第3位
  宮本 亜門〔演出〕　「ソング・ア・リトル」ほか
- 第4位
  岡田 敬二〔演出〕　「キス・ミー・ケイト」ほか
- 第5位
  謝 珠栄〔振付〕　「夢から醒めた夢」ほか
- 第6位
  北村 三郎〔プロデュース〕　「12ヶ月のニーナ」
- 第7位
  福田 陽一郎〔演出〕　「ショーガール」
- 第8位
  高平 哲郎〔脚本〕　「SESSUE—雪洲」
- 第9位
  筒井 広志　「シャボン玉とんだ，空までとんだ」
- 第10位
  市川 猿之助（3世）〔演出〕　「イダマンテ」ほか

◇タレント部門
- 第1位
  市村 正親　「オペラ座の怪人」ほか
- 第2位
  戸田 恵子　「スイート・チャリティ」

- 第3位
  真田 広之　「ビッグ・リバー」
- 第4位
  木の実 ナナ　「ショー・ガール」
- 第5位
  大浦 みずき　「キス・ミー・ケイト」
- 第6位
  土居 裕子　「シャボン玉とんだ」
- 第7位
  毬谷 友子　「ビック・リバー」「雪洲」
- 第8位
  山口 祐一郎　「オペラ座の怪人」
- 第9位
  保坂 知寿　「夢から醒めた夢」ほか
- 第10位
  沢田 研二　「ドン・ジョバンニ」

（平1年度）
◇作品部門
- 第1位
  「エニシング・ゴーズ」（宮本亜門演出）
- 第2位
  「ユタと不思議な仲間たち」（浅利慶太演出）
- 第3位
  「レイディー・デイ」（栗山民也演出）
- 第4位
  「ムラは3・3・7拍子」（石塚克彦演出）
- 第5位
  「とってもゴースト」（横山由和演出）
- 第6位
  「イッヒ・ビン・ヴァイル」（宮本亜門演出）
- 第7位
  「魅せられてヴェラ」（青井陽治演出）
- 第8位
  「海光」（市川猿之助演出）
- 第9位
  「会議は踊る」（阿古健演出）
- 第10位
  「ラヴ」（勝田安彦演出）

◇アーチスト部門
- 第1位
  宮本 亜門　「エニシング・ゴーズ」「私はヴァイル」

- 第2位
  浅利 慶太〔演出〕 「ユタと不思議な仲間たち」
- 第3位
  石塚 克彦〔作・演出〕 「ムラは3・3・7拍子」
- 第4位
  横山 由和〔作・演出〕 「とってもゴースト」
- 第5位
  市川 猿之助(3世)〔演出〕 「海光」「リュウオー」ほか
- 第6位
  寺本 建雄〔音楽〕 「ムラは3・3・7拍子」
- 第7位
  鵜山 仁〔演出〕 「ホフマン物語」「SFX-OZ」
- 第8位
  謝 珠栄〔振付〕 「カルメン」「11ぴきのネコ」ほか
- 第9位
  加藤 敬二〔振付〕 「ユタと不思議な仲間たち」
- 第10位
  中村 哮夫〔演出〕 「ラ・マンチャの男」「王様と私」

◇タレント部門
- 第1位
  大地 真央 「エニシング・ゴーズ」「海光」
- 第2位
  鳳 蘭 「魅せられてヴェラ」「王様と私」
- 第3位
  ちあき なおみ 「レイディー・デイ」
- 第4位
  松本 幸四郎(9世) 「ラ・マンチャの男」
- 第5位
  市村 正親 「オペラ座の怪人」ほか
- 第6位
  加藤 敬二 「ユタと不思議な仲間たち」
- 第7位
  土居 裕子 「ホフマン物語」「シャボン玉」
- 第8位

中島 啓江 「アイ・ガット・マーマン」ほか
- 第9位
  西城 秀樹 「坂本龍馬」
- 第10位
  大浦 みずき 「会議は踊る」「ロマノフの宝石」

(平2年度)
◇作品部門
- 第1位
  「その男ゾルバ」(中村哮夫演出)
- 第2位
  「20世紀号に乗って」(宮本亜門演出)
- 第3位
  「龍の子太郎」(遠藤啄郎演出)
- 第4位
  「アステア バイ・マイセルフ」(宮本亜門演出)
- 第5位
  「ユー Ah! マイ SUN 社員」(石塚克彦演出)
- 第6位
  「おお! 活動狂時代」(野沢那智演出)
- 第7位
  「ピノキオ」(宮本亜門演出)
- 第8位
  「マランドロ」(宮本亜門演出)
- 第9位
  「MASK―仮面」(ジャニー喜多川演出)
- 第10位
  「飛龍伝'90」(つかこうへい演出)

◇アーチスト部門
- 第1位
  宮本 亜門 「20世紀」「アステア…」「マランドロ」ほか
- 第2位
  中村 哮夫〔演出〕 「その男ゾルバ」
- 第3位
  横山 由和 「チェンジ」「とってもゴースト」ほか
- 第4位
  浅利 慶太 「オペラ座の怪人」「コーラスライン」ほか
- 第5位

勝田 安彦〔演出〕　「ジェニーの肖像」ほか
- 第6位
　石塚 克彦〔作・演出〕　「ユーAh！ マイ SUN社員」
- 第7位
　つか こうへい〔作・演出〕　「飛龍伝'90」ほか
- 第8位
　遠藤 啄郎〔脚本・演出〕　「龍の子太郎」
- 第9位
　謝 珠栄〔振付〕　「マイフェア・レディ」
- 第10位
　野沢 那智〔演出〕　「活動狂時代」「ミスターシンデレラ」

◇タレント部門
- 第1位
　藤田 まこと　「その男ゾルバ」
- 第2位
　大地 真央　「20世紀号に乗って」ほか
- 第3位
　安崎 求　「その男ゾルバ」ほか
- 第4位
　毬谷 友子　「ジェニーの肖像」
- 第5位
　土居 裕子　「チェンジ」「シャボン玉」
- 第6位
　石富 由美子　「とってもゴースト」
- 第7位
　吉田 日出子　「上海バイスキング」ほか
- 第8位
　戸田 恵子　「アステア・バイ・マイセルフ」
- 第9位
　山口 祐一郎　「オペラ座の怪人」
- 第10位
　田原 俊彦　「マランドロ」

（平3年度）
◇作品部門
- 第1位
　「李香蘭」（浅利慶太演出）
- 第2位
　「ブラッド・ブラザース」（グレン・ウォルフォード演出）

- 第3位
　「マドモアゼル・モーツァルト」（横山由和演出）
- 第4位
　「華麗なるギャツビー」（小池修一郎演出）
- 第5位
　「レイバー・オブ・ラブ」（石塚克彦演出）
- 第6位
　「バルセロナ物語」（栗山民也演出）
- 第7位
　「ゼアミ」（梶賀千鶴子演出）
- 第8位
　「ジプシー」（篠崎光正演出）
- 第9位
　「夏の夜の夢」（森泉博行演出）
- 第10位
　「スターマイツ」（菅野こうめい演出）

◇アーチスト部門
- 第1位
　小池 修一郎〔脚色・演出〕　「華麗なるギャッツビー」
- 第2位
　浅利 慶太〔制作・構成・台本・演出〕　「李香蘭」
- 第3位
　横山 由和〔脚本・演出〕　「マドモアゼル・モーツァルト」
- 第4位
　ボブ佐久間〔音楽〕　「夏の夜の夢」
- 第5位
　石塚 克彦〔脚本・演出〕　「レイバー・オブ・ラブ」
- 第6位
　宮本 亜門　「J・キャグニー」「エニシング・ゴース」
- 第7位
　栗山 民也〔演出〕　「バルセロナ物語」
- 第8位
　高平 哲郎　「ノエル＆ガーティ」「ザッツ・ジャパニーズ…」
- 第9位
　小室 哲哉〔音楽〕　「マドモアゼル・モー

ツァルト」
- 第10位

寺本 建雄〔音楽〕　「レイバー・オブ・
ラブ」

◇タレント部門
- 第1位

鳳 蘭　「ジプシー」「ハウ・ツウ・デイト」
- 第2位

松本 幸四郎（9世）「ゼアミ」
- 第3位

土居 裕子　「マドモアゼル・モーツァル
ト」「シャボン玉」
- 第4位

川平 慈英　「J・キャグニー」ほか
- 第5位

剣 幸　「カラミティ・ジェーン」ほか
- 第6位

大地 真央　「エニシング・ゴーズ」
- 第7位

山口 祐一郎　「ジーザス・クライスト＝
スーパースター」
- 第8位

杜 けあき　「華麗なるギャッツビー」
- 第9位

野村 玲子　「李香蘭」
- 第10位

順 みつき　「龍の子太郎」

（平4年度）

◇作品部門
- 第1位

「ミス・サイゴン」（N・ハイトナー演出）
- 第2位

「シティ・オブ・エンジェルズ」（S・ズワイ
バウム演出）
- 第3位

「阿国」（栗山民也演出）
- 第4位

「ソング・オブ・サイゴン」（大谷亮介演出）
- 第5位

「サウンド・オブ・ミュージック」（宮本亜
門演出）
- 第6位

「PUCK」（小池修一郎演出）
- 第7位

「コレット・コラージュ」（勝田安彦演出）
- 第8位

「サラリーマンの金メダル」（石塚克彦演出）
- 第9位

「アスペクツ・オブ・ラブ」（浅利慶太演出）
- 第10位

「九郎衛門」（浅利慶太演出）

◇アーチスト部門
- 第1位

宮本 亜門　「サウンド・オブ・ミュージッ
ク」「アイ・ガット・マーマン」
- 第2位

浅利 慶太　「アスペクツ・オブ・ラブ」
「九郎衛門」「李香蘭」ほか
- 第3位

小池 修一郎〔作・演出〕　「PUCK」
- 第4位

勝田 安彦〔演出〕　「コレット・コラー
ジュ」
- 第5位

植田 紳爾　「紫禁城の落日」「この恋は雲
の涯まで」
- 第6位

栗山 民也〔演出〕　「阿国」「下町のショー
ガール」
- 第7位

斎藤 憐〔脚本〕　「ソング・オブ・サイ
ゴン」
- 第8位

石塚 克彦〔作・演出〕　「サラリーマンの
金メダル」
- 第9位

いずみ たく〔音楽〕　「見はてぬ夢」
- 第10位

謝 珠栄〔構成・演出・振付〕　「リトル・
クッキー…」

◇タレント部門
- 第1位

市村 正親　「ミス・サイゴン」
- 第2位

木の実 ナナ 「阿国」「下町のショー
　ガール」
● 第3位
鳳 蘭 「ソング・オブ・サイゴン」
● 第4位
大地 真央 「サウンド・オブ・ミュー
　ジック」
● 第5位
旺 なつき 「コレット・コラージュ」
● 第6位
前田 美波里 「カルメン」
● 第7位
島田 歌穂 「スウィート・チャリティ」
● 第8位
小柳 ルミ子 「ジュディ・ガーランド」
● 第9位
土居 裕子 「マドモアゼル・モーツァルト」
● 第10位
志村 幸美 「アスペクツ・オブ・ラブ」
　「李香蘭」
（平5年度）
◇作品部門
● 第1位
「クレイジー・フォー・ユー」（M・オクレ
　ント演出）
● 第2位
「アイ・ラブ・坊っちゃん」（横山由和演出）
● 第3位
「グランドホテル」（T・チューン演出）
● 第4位
「リトルプリンス」（横山由和演出）
● 第5位
「レディー, ビー・グッド！」（小池修一郎
　演出）
● 第6位
「壁の中の妖精」（福田善之演出）
● 第7位
「ラ・カージュ・オ・フォール」（L・ヘイ
　バーマン演出）
● 第8位
「And the World Goes 'Round」（R・ギブ
　ス演出）, 「キャバレー」（T・スティーブ

ンス演出）
● 第10位
「忠臣蔵」（柴田侑宏演出）
◇アーチスト部門
● 第1位
横山 由和 「アイ・ラブ・坊っちゃん」
　「リトルプリンス」
● 第2位
浅利 慶太〔製作・演出〕「四季ミュージ
　カル諸作品」
● 第3位
勝田 安彦〔演出〕 「コレット・コラー
　ジュ」ほか
● 第4位
小池 修一郎〔演出〕 「レディ, ビー・グッ
　ド！」ほか
● 第5位
福田 善之〔作・演出〕 「壁の中の妖精」
● 第6位
石塚 克彦〔作・演出〕 「男のロマン女の
　フマン」
● 第7位
岡田 敬二〔演出〕 「グランドホテル」
　「B'way Boys」
● 第8位
柴田 侑宏〔作・演出〕 「忠臣蔵―花に散
　り雪に散り」
謝 珠栄〔演出〕 「姫ちゃんのリボン」
● 第10位
村上 信夫〔脚色・演出〕 「ワン・タッ
　チ・オブ・ヴィーナス」
◇タレント部門
● 第1位
加藤 敬二 「クレイジー・フォー・ユー」
● 第2位
市村 正親 「ラ・カージュ」「キャバレー」
　ほか
● 第3位
春風 ひとみ 「壁の中の妖精」
● 第4位
土居 裕子 「アイ・ラブ・坊っちゃん」
　「L・プリンス」

- 第5位
  大地 真央 「レディー，ビー・グッド！」
- 第6位
  杜 けあき 「忠臣蔵」「ガイズ・アンド・
  ドールズ」
- 第7位
  保坂 知寿 「クレイジー・フォー・ユー」
- 第8位
  涼風 真世 「グランドホテル」
  後藤 加代 「キャバレー」
- 第10位
  雪村 いづみ 「クッキング・ガール」
（平6年度）
◇作品部門
- 第1位
  「スクルージ」（吉岩正晴演出）
- 第2位
  「ラヴ」（勝田安彦演出）
- 第3位
  「泣かないで」（横山由和演出）
- 第4位
  「ファルセット」（M・セクストン演出）
- 第5位
  「シーソー」（謝珠栄演出）
- 第6位
  「ステッピング・アウト」（栗山民也演出）
- 第7位
  「裸になったサラリーマン」（石塚克彦演出）
- 第8位
  「人間になりたがった猫」（浅利慶太演出）
- 第9位
  「ブラック・ジャック 危険な賭け」（正塚晴
  彦演出）
- 第10位
  「若き日の唄は忘れじ」（大関弘政演出）
◇アーチスト部門
- 第1位
  浅利 慶太〔製作・演出〕 “劇団四季
  ミュージカル諸作品”
- 第2位
  勝田 安彦〔演出〕 「ラヴ」
- 第3位

　　妹尾 河童〔装置〕 「スクルージ」
- 第4位
  謝 珠栄〔演出・振付〕 「シーソー」「ブ
  ラック・ジャック」
- 第5位
  横山 由和〔演出〕 「泣かないで」「ホーム」
- 第6位
  正塚 晴彦〔作・演出〕 「ブラック・
  ジャック」
- 第7位
  植田 紳爾〔脚本・演出〕 「風と共に去
  りぬ」
- 第8位
  吉岩 正晴〔演出〕 「スクルージ」
- 第9位
  栗山 民也〔演出〕 「ステッピング・ア
  ウト」
- 第10位
  中村 哮夫〔演出〕 「ザ・クラブ」ほか
◇タレント部門
- 第1位
  市村 正親 「ラヴ」「スクルージ」ほか
- 第2位
  大地 真央 「マイ・フェア・レディ」
- 第3位
  鳳 蘭 「ラヴ」
- 第4位
  大浦 みずき 「シーソー」
- 第5位
  加藤 敬二 「クレイジー・フォー・ユー」
  ほか
- 第6位
  今津 朋子 「泣かないで」ほか
- 第7位
  西田 敏行 「屋根の上のヴァイオリン弾き」
- 第8位
  今井 清隆 「レ・ミゼラブル」
- 第9位
  岡 幸二郎 「レ・ミゼラブル」
  木の実 ナナ 「ステッピング・アウト」
（平7年度）
◇作品部門

- 第1位
  「美女と野獣」(浅利慶太演出)
- 第2位
  「アイリーン」(鵜山仁演出)
- 第3位
  「シー・ラヴズ・ミー」(釜紹人演出)
- 第4位
  「回転木馬」(N・ハイトナー演出)
- 第5位
  「星の王子さま」
- 第6位
  「リトル・ミー」(謝珠栄演出)
- 第7位
  「楽園伝説」(中村龍史演出)
- 第8位
  「国境のない地図」(植田紳爾, 谷正純演出)
- 第9位
  「ローン・ウルフ」(小池修一郎演出)
- 第10位
  「ハムレット」(J・ブロック演出)

◇再演賞
  「ラ・マンチャの男」(中村哮夫演出)

◇演出家賞
  中村 哮夫〔演出〕　「ラ・マンチャの男」
  「二人でお茶を」

◇特別賞
  浅利 慶太〔プロデュース〕　"劇団四季
  ミュージカル諸作品"

◇男優部門
- 第1位
  松本 幸四郎(9世)「ラ・マンチャの男」
- 第2位
  市村 正親　「回転木馬」「シー・ラヴズ・
  ミー」ほか
- 第3位
  今井 清隆　「CATS」「リトル・ミー」「美
  女と野獣」
- 第4位
  石丸 幹二　「アンデルセン」「ウェストサ
  イド物語」「オペラ座の怪人」
- 第5位
  畠中 洋　「アイ・ラブ・坊っちゃん」「星

の王子さま」
- 第6位
  石井 一孝　「シンデレラ」「アイリーン」
  「シー・ラヴズ・ミー」
  唐沢 寿明　「熱帯祝祭劇マウイ」
- 第8位
  芥川 英司　「ウェストサイド物語」「美女
  と野獣」
  川崎 麻世　「ブラッド・ブラザース」
  「キャバレー」
  柴田 恭兵　「ブラッド・ブラザース」

◇女優部門
- 第1位
  大地 真央　「サウンド・オブ・ミュージッ
  ク」「アイリーン」
- 第2位
  野村 玲子　「赤毛のアン」「李香蘭」「美女
  と野獣」
- 第3位
  大浦 みずき　「リトル・ミー」「The翔
  Show」
- 第4位
  鳳 蘭　「ラ・マンチャの男」
- 第5位
  島田 歌穂　「乾杯！ モンテカルロ」
  「シー・ラヴズ・ミー」
  土居 裕子　「アイ・ラブ・坊っちゃん」
  「星の王子さま」ほか
- 第7位
  麻実 れい　「ハムレット」
- 第8位
  涼風 真世　「回転木馬」「シー・ラヴ
  ズ・ミー」
- 第9位
  天海 祐希　「ME AND MY GIRL」ほか
- 第10位
  安寿 ミラ　「哀しみのコルドバ」「LAST
  DANCE」
  井料 瑠美　「CATS」「ウェストサイド物
  語」「オペラ座の怪人」
  志村 幸美　「赤毛のアン」「李香蘭」「美女
  と野獣」

（平8年度）
◇作品部門
- 第1位
  「蜘蛛女のキス」（H.プリンス演出）
- 第2位
  「エリザベート」（小池修一郎演出）
- 第3位
  「雨に唄えば」（J.ロッコ, 高平哲郎演出）
- 第4位
  「レイディ・イン・ザ・ダーク」（謝珠栄演出）
- 第5位
  「ハウ・トゥー・サクシード」（酒井澄夫演出）
- 第6位
  「CAN‐CAN」（谷正純演出）
- 第7位
  「DORA—100万回生きたねこ—」（F.ドゥクフレ演出）
- 第8位
  「アンネの日記」（鵜山仁演出）
- 第9位
  「エニシング・ゴーズ」（謝珠栄演出）
- 第10位
  「パパは家族の用心棒」（石塚克彦演出）
◇再演賞
  「エビータ」（浅利慶太演出）
◇演出家賞
  小池 修一郎　「エリザベート」
◇特別賞
  宝塚歌劇団 "「エリザベート」「CAN‐CAN」「ハウ・トゥー・サクシード」海外ミュージカル上演の成果"
◇男優部門
- 第1位
  市村 正親　「蜘蛛女のキス」「ラヴ」
- 第2位
  川平 慈英　「雨に唄えば」
- 第3位
  今井 清隆　「エビータ」「美女と野獣」
- 第4位
  西田 敏行　「屋根の上のヴァイオリン弾き」

- 第5位
  東山 紀之　「雨に唄えば」
- 第6位
  石丸 幹二　「イニヤ・ダーリン」「美女と野獣」
- 第7位
  宮川 浩　「蜘蛛女のキス」
- 第8位
  高嶋 政宏　「王様と私」
  羽根渕 章洋　「CATS」
- 第10位
  芝 清道　「エビータ」
◇女優部門
- 第1位
  一路 真輝　「エリザベート」「王様と私」
- 第2位
  麻実 れい　「蜘蛛女のキス」
- 第3位
  野村 玲子　「エビータ」「ミュージカル李香蘭」
- 第4位
  大地 真央　「エニシング・ゴーズ」
- 第5位
  安寿 ミラ　「レイディ・イン・ザ・ダーク」「フレンズ！」
- 第6位
  鳳 蘭　「ラヴ」「魔女の宅急便」
  田中 利花　「LADY DAY」
  吉田 日出子　「黄昏のボードビル」
- 第9位
  風花 舞　「CAN‐CAN」
- 第10位
  真矢 みき　「ハウ・トゥー・サクシード」
（平9年度）
◇作品部門
- 第1位
  「42ND STREET」（青井陽治演出）
- 第2位
  「アニーよ銃をとれ」（小池修一郎演出）
- 第3位
  「デュエット」（井上思演出）
- 第4位

「Buddy ～バディ・ホリー・ストーリー
～」(P.ミルズ演出)
- ●第5位
「Oh！ マイSUN社員」(石塚克彦演出)
- ●第6位
「青空 ～川畑文子物語～」(中村龍史演出)
- ●第7位
「西条八十物語 カナリア」(木村光一演出)
- ●第8位
「失われた楽園—ハリウッド・バビロン—」
（小池修一郎演出）
- ●第9位
「続・私の下町—姉の恋愛」(福田善之演出)
- ●第10位
「ザッツ・レビュー」(植田紳爾,石田昌也
演出)
◇再演賞
「レ・ミゼラブル」(J.ケアード,T.ナン演
出)
◇演出家賞
小池 修一郎 「アニーよ銃をとれ」「失わ
れた楽園」他
◇特別賞
宝塚歌劇団 "多様な作品創りの成果と5組
体制などの意欲的姿勢"
◇男優部門
- ●第1位
松本 幸四郎(9世) 「ラ・マンチャの男」
- ●第2位
市村 正親 「ラ・カージュ・オ・フォー
ル」「スクルージ」
- ●第3位
陣内 孝則 「Buddy」
- ●第4位
加藤 敬二 「クレイジー・フォー・ユー」
川崎 麻世 「デュエット」「レ・ミゼラブ
ル」「月の夜の物語」
- ●第6位
山口 祐一郎 「レ・ミゼラブル」
- ●第7位
村井 国夫 「レ・ミゼラブル」
- ●第8位

石川 禅 「アニーよ銃をとれ」「レ・ミゼ
ラブル」
- ●第9位
滝田 栄 「レ・ミゼラブル」
錦織 一清 「42ND STREET」
◇女優部門
- ●第1位
上月 晃 「FAME」「42ND STREET」
- ●第2位
大地 真央 「マイ・フェア・レディ」
- ●第3位
鳳 蘭 「ラ・マンチャの男」
- ●第4位
野村 玲子 「ミュージカル李香蘭」
- ●第5位
麻路 さき 「エリザベート」「誠の群像」
土居 裕子 「青空」
- ●第7位
安寿 ミラ 「デュエット」
- ●第8位
高橋 由美子 「アニーよ銃をとれ」
真矢 みき 「失われた楽園」「ブルー・ス
ワン」「ザッツ・レビュー」
- ●第10位
大浦 みずき 「ジェリーズ・ガールズ」
「GX999」
(平10年度)
◇作品部門
- ●第1位
「ライオンキング」(J.テイモア,浅利慶太演
出)
- ●第2位
「ローマの休日」(山田和也演出)
- ●第3位
「RENT」(M.ベンタ演出)
- ●第4位
「ロス・タラントス バルセロナ物語」(栗山
民也演出)
- ●第5位
「サウンド・オブ・ミュージック」(山田和
也演出)
- ●第6位

「ブルーストッキング・レディース―『青
　鞜』を生きた女達―」（中村哮夫演出）
- 第7位
「big」（永山耕三演出）
- 第8位
「ロマンス・ロマンス」（野沢那智演出）
- 第9位
「イコンの誘惑」（小池修一郎演出）
- 第10位
「ムーランルージュ」（伊藤大演出）
◇再演賞
「蜘蛛女のキス」（H.プリンス演出）
◇演出家賞
山田 和也 「サウンド・オブ・ミュージッ
　ク」「ローマの休日」
◇特別賞
浅利 慶太 "四季劇場の建設開場と「ライ
　オンキング」の上演他"
◇男優部門
- 第1位
山口 祐一郎 「ローマの休日」「レ・ミゼ
　ラブル」
- 第2位
市村 正親 「蜘蛛女のキス」「シー・ラヴ
　ズ・ミィ」
- 第3位
岡 幸二郎 「レ・ミゼラブル」「シュガー」
　「ひめゆり」「貧血鬼Dracula」
- 第4位
唐沢 寿明 「big」
- 第5位
西田 敏行 「屋根の上のヴァイオリン弾き」
- 第6位
山本 耕史 「RENT」
- 第7位
下村 尊則 「ライオンキング」
- 第8位
柳瀬 大輔 「ジーザス・クライスト＝スー
　パースター」「オペラ座の怪人」
- 第9位
今井 清隆 「オペラ座の怪人」
- 第10位

上条 恒彦 「屋根の上のヴァイオリン弾
　き」「ロス・タラントス」
早川 正 「ライオンキング」
◇女優部門
- 第1位
大地 真央 「サウンド・オブ・ミュージッ
　ク」「アイリーン」「ローマの休日」
- 第2位
安寿 ミラ 「ロマンス・ロマンス」
　「YOURS2」他
- 第3位
木の実 ナナ 「ロス・タラントス」
- 第4位
西田 ひかる 「ロス・タラントス」
- 第5位
一路 真輝 「王様と私」
野村 玲子 「ミュージカル李香蘭」
- 第7位
真矢 みき 「SPEAKEASY」
- 第8位
麻実 れい 「蜘蛛女のキス」
- 第9位
島田 歌穂 「レ・ミゼラブル」「ブッダ」
　「シー・ラヴズ・ミィ」
- 第10位
丹 靖子 「ライオンキング」
土居 裕子 「星の王子さま'98」「ブッダ」
　「34丁目の奇跡」
（平11年度）
◇作品部門
- 第1位
「リトル・ナイト・ミュージック」（J.マッ
　ケンジー演出）
- 第2位
「劇団四季ソング&ダンス〜ミュージカル
　の花束〜」（浅利慶太演出）
- 第3位
「カンパニー 〜結婚しない男〜」（小池修一
　郎演出）
- 第4位
「カルメン」（吉川徹演出）
- 第5位

「ブレヒト・オペラ」(佐藤信演出)
- 第6位
「ペーパー・ムーン」(栗山民也演出)
- 第7位
「アイ ラブ マイ ワイフ」(福田陽一郎演出)
「ワルツが聞こえる？」(勝田安彦演出)
- 第9位
「タンゴ・アルゼンチーノ」(小池修一郎演出)
- 第10位
「南太平洋」(山田和也演出)

◇再演賞
「ラ・マンチャの男」(中村哮夫演出)

◇演出家賞
J.マッケンジー 「リトル・ナイト・ミュージック」

◇特別賞
加藤 敬二 "「劇団四季ソング&ダンス」の構成・振付"

◇男優部門
- 第1位
松本 幸四郎(9世) 「ラ・マンチャの男」
- 第2位
市村 正親 「スクルージ」
- 第3位
石丸 幹二 「劇団四季ソング&ダンス」「アスペクツ・オブ・ラブ」
- 第4位
山口 祐一郎 「カンパニー」「レ・ミゼラブル」
- 第5位
沢田 研二 「ザ 近松」「ペーパー・ムーン」
- 第6位
村井 国夫 「レ・ミゼラブル」「ブレヒト・オペラ」
- 第7位
加藤 敬二 「劇団四季ソング&ダンス」
- 第8位
唐沢 寿明 「ビッグ」
川平 慈英 「アイ ラブ マイ ワイフ」
- 第10位
岡 幸二郎 「THE MUSICAL MAN」

「Nothing But Musical2」「レ・ミゼラブル」 など

◇女優部門
- 第1位
鳳 蘭 「カンパニー」「ラ・マンチャの男」「ブレヒト・オペラ」
- 第2位
麻実 れい 「リトル・ナイト・ミュージック」
- 第3位
大地 真央 「マイ・フェア・レディ」「カルメン」
- 第4位
春風 ひとみ 「42ND STREET」「壁の中の妖精」「ブレヒト・オペラ」
- 第5位
一路 真輝 「南太平洋」「王様と私」
- 第6位
安寿 ミラ 「リトル・ナイト・ミュージック」「Eve!!」
大浦 みずき 「レ・ミゼラブル」「リトル・ミー」「Che Tango'99」「ワルツが聞こえる？」
- 第8位
姿月 あさと 「エリザベート」「激情」
- 第9位
鈴木 ほのか 「Nothing But Musical2」「レ・ミゼラブル」「カルメン」
- 第10位
保坂 知寿 「アスペクツ・オブ・ラブ」
真矢 みき 「ビッグ」

(平12年度)
◇作品部門
- 第1位
「エリザベート」(小池修一郎演出)
- 第2位
「オケピ！」(三谷幸喜演出)
- 第3位
「壁抜け男…恋するモンマルトル」(A.サックス,浅利慶太演出)
- 第4位
「太平洋序曲」(宮本亜門演出)

- 第5位
  「ザ・キッチン」(木村光一, 前田清実演出)
- 第6位
  「ワンス アポン ァ マットレス」(青井陽治演出)
- 第7位
  「きみはいい人, チャーリー・ブラウン」(青井陽治演出)
- 第8位
  「劇団四季ソング&ダンス オーヴァー・ザ・センチュリー」(加藤敬二演出)
- 第9位
  「凱旋門」(謝珠栄演出)
- 第10位
  「星の王子さま」(ワームホールプロジェクト演出)

◇再演賞
　「ローマの休日」(山田和也演出)

◇演出家賞
　小池 修一郎 「エリザベート」

◇特別賞
　三谷 幸喜 "「オケピ!」の脚本・作詞・演出"

◇男優部門
- 第1位
  山口 祐一郎 「ローマの休日」「エリザベート」「レ・ミゼラブル」
- 第2位
  真田 広之 「オケピ!」
- 第3位
  石丸 幹二 「壁抜け男」
- 第4位
  市村 正親 「唄う市村座」「ザッツ・ジャパニーズ・ミュージカル2000」「星の王子さま」他
- 第5位
  加藤 敬二 「劇団四季ソング&ダンス オーヴァー・ザ・センチュリー」
- 第6位
  松本 幸四郎(9世) 「ラ・マンチャの男」
- 第7位
  内野 聖陽 「エリザベート」

- 第8位
  井上 芳雄 「エリザベート」
- 第9位
  岡 幸二郎 「ジョセフィン」「mama loves MAMBO」「新血鬼DRACULA」他
- 第10位
  畠中 洋 「ザ・キッチン」

◇女優部門
- 第1位
  大地 真央 「ローマの休日」「ワンス アポン ァ マットレス」
- 第2位
  一路 真輝 「エリザベート」
- 第3位
  前田 美波里 「ジョセフィン」「ワンス アポン ァ マットレス」
- 第4位
  鈴木 ほのか 「アイ・ラブ・ニューヨーク」「ザ・キッチン」「ぼくの失敗」「レ・ミゼラブル」
- 第5位
  木の実 ナナ 「ロス・タラントス」「出島」
- 第6位
  島田 歌穂 「ザ・リンク」「葉っぱのフレディ」「レ・ミゼラブル」
- 第7位
  轟 悠 「凱旋門」「華麗なる千拍子」
- 第8位
  土居 裕子 「きみはいい人, チャーリー・ブラウン」
- 第9位
  鳳 蘭 「ラ・マンチャの男」
- 第10位
  西田 ひかる 「ロス・タラントス」

(平13年度)

◇作品部門
- 第1位
  「ジキル&ハイド」(山田和也演出)
- 第2位
  「異国の丘」(浅利慶太演出)
- 第3位
  「天翔ける風に」(謝珠栄演出)

- 第4位
「シラノ ザ・ミュージカル」(K.V.ダイク演出)
- 第5位
「風と共に去りぬ」(山田和也演出)
- 第6位
「クリスマス・ボックス」(栗山民也演出)
- 第7位
「キャンディード」(宮本亜門演出)
- 第8位
「フットルース ～みんなHERO！～」(松原浩演出)
- 第9位
「花の業平 ～忍ぶの乱れ～」(尾上菊之丞演出)
- 第10位
「Una Noche TOKYO・午前零時・TANGO ZERO HOUR」(小池修一郎演出)
「～夢と孤独の果てに～ ルートヴィヒⅡ世」(植田景子演出)

◇再演賞
「エリザベート」(小池修一郎演出)

◇演出家賞
山田 和也 「風と共に去りぬ」「ジキル＆ハイド」

◇特別賞
木山事務所 「ミレット」初演,「はだしのゲン」「壁の中の妖精」再演

◇男優部門
- 第1位
鹿賀 丈史 「三文オペラ」「ジキル＆ハイド」
- 第2位
石丸 幹二 「異国の丘」
- 第3位
市村 正親 「シラノ ザ・ミュージカル」
- 第4位
山口 祐一郎 「エリザベート」「風と共に去りぬ」
- 第5位
東山 紀之 「新世紀 ～EMOTION～」「クリスマス・ボックス」

- 第6位
松本 幸四郎 (9世)「ラ・マンチャの男」
- 第7位
山本 耕史 「シラノ ザ・ミュージカル」「GODSPELL」
- 第8位
内野 聖陽 「エリザベート」
- 第9位
坂本 昌行 「フットルース」
- 第10位
石井 一孝 「キャンディード」

◇女優部門
- 第1位
マルシア 「ジキル＆ハイド」
- 第2位
大地 真央 「MAny moons agO Ⅱ」「風と共に去りぬ」
- 第3位
大浦 みずき 「Una Noche」「三文オペラ」「DANCE THEATER To The Party」
- 第4位
一路 真輝 「エリザベート」「DIVA2001」
- 第5位
香寿 たつき 「天翔ける風に」「花の業平」
- 第6位
保坂 知寿 「異国の丘」
- 第7位
鳳 蘭 「桜祭り狸御殿」「ラ・マンチャの男」
- 第8位
キム・ヨンジャ 「三文オペラ」
- 第9位
安寿 ミラ 「FEMALE vol.4」
- 第10位
島田 歌穂 「屋根の上のヴァイオリン弾き」「葉っぱのフレディ」

(平14年度)
◇作品部門
- 第1位
「モーツァルト！」(小池修一郎演出)
- 第2位
「コンタクト」(スーザン・ストローマン演

出）
- 第3位

「マンマ・ミーア！」（ポール・ガリントン
演出）
- 第4位

「フォーチュンクッキー」（謝珠栄演出）
- 第5位

「キス・ミー, ケイト」（吉川徹演出）
- 第6位

「Marlene マレーネ ～ディートリッヒス
トーリー～」（福田逸演出）
- 第7位

「プラハの春」（谷正純演出）
「Little Voice」（江守徹演出）
- 第9位

「カステル・ミラージュ ～消えない蜃気楼
～」（小池修一郎演出）
- 第10位

「太鼓たたいて笛ふいて」（栗山民也演出）

◇再演賞

「ラ・マンチャの男」（松本幸四郎演出）

◇演出家賞

小池 修一郎 「モーツァルト！」「カステ
ル・ミラージュ」

◇特別賞

浅利 慶太 “[海]劇場の創設,「ライオンキ
ング」ロングラン更新, 他”

◇男優部門
- 第1位

中川 晃教 「モーツァルト！」
- 第2位

市村 正親 「モーツァルト！」他
- 第3位

井上 芳雄 「モーツァルト！」
- 第4位

山口 祐一郎 「モーツァルト！」他
- 第5位

松本 幸四郎（9世） 「ラ・マンチャの男」
- 第6位

加藤 敬二 「コンタクト」
- 第7位

今井 清隆 「パナマ・ハッティー」「キス・

ミー, ケイト」
岡 幸二郎 「PIANO BAR」「ひめゆり」
- 第9位

鈴木 綜馬 「チャーリー・ガール」
「フォーチュンクッキー」
- 第10位

村井 国夫 「I do！ I do！」「フット
ルース」

◇女優部門
- 第1位

保坂 知寿 「マンマ・ミーア！」
- 第2位

松 たか子 「モーツァルト！」「ラ・マン
チャの男」
- 第3位

高久 舞 「コンタクト」
- 第4位

一路 真輝 「キス・ミー, ケイト」
- 第5位

大地 真央 「パナマ・ハッティー」他
- 第6位

大浦 みずき 「Marlene」
- 第7位

池田 有希子 「Little Voice」
- 第8位

安寿 ミラ 「ハムレット」「半神」他
- 第9位

鳳 蘭 「HONK！」「シンデレラ」
- 第10位

野村 玲子 「赤毛のアン」

（平15年度）

◇作品部門
- 第1位

「王家に捧ぐ歌—オペラ『アイーダ』より
—」（木村信司演出）
- 第2位

「雨に唄えば—SINGIN'IN THE RAIN—」
（中村一徳演出）
- 第3位

「砂の戦士たち」（謝珠栄演出）
- 第4位

「ブラッド・ブラザーズ」（G.ウォルフォー

ド演出）

- 第5位
「越路吹雪物語 〜夢の中に君がいる〜」（宮田慶子演出）
- 第6位
「I LOVE YOU 愛の果ては？」（山田和也演出）
- 第7位
「ファンタスティックス」（宮本亜門演出）
- 第8位
「十二夜」（鵜山仁演出）
- 第9位
「イーストウィックの魔女たち」（山田和也演出）
- 第10位
「PURE LOVE」（小池修一郎演出）

◇再演賞
「レ・ミゼラブル」（J.ケアード,T.ナン演出）

◇演出家賞
木村 信司 「王家に捧ぐ歌」「不滅の棘」

◇特別賞
浅利 慶太 "劇団創立50周年, 作品再演, 自由劇場建設他"

◇男優部門
- 第1位
山口 祐一郎 「レ・ミゼラブル」
- 第2位
池畑 慎之介 「越路吹雪物語」「阿国」
- 第3位
山本 耕史 「レ・ミゼラブル」「tick,tick…BOOM！」
- 第4位
井上 芳雄 「ファンタスティックス」「シンデレラストーリー」
- 第5位
岡 幸二郎 「レ・ミゼラブル」「十二夜」他
- 第6位
中川 晃教 「PURE LOVE」
- 第7位
川平 慈英 「I LOVE YOU 愛の果ては？」他

- 第8位
今井 清隆 「レ・ミゼラブル」「風と共に去りぬ」
唐沢 寿明 「ミー＆マイガール」
- 第10位
鹿賀 丈史 「ジキル＆ハイド」

◇女優部門
- 第1位
島田 歌穂 「ブラッド・ブラザーズ」「Freddie」
- 第2位
安蘭 けい 「王家に捧ぐ歌」「雨に唄えば」他
大地 真央 「十二夜」「風と共に去りぬ」
- 第4位
木の実 ナナ 「阿国」
- 第5位
春野 寿美礼 「エリザベート」「野風の笛」他
- 第6位
一路 真輝 「イーストウィックの魔女たち」
- 第7位
マルシア 「ジキル＆ハイド」「レ・ミゼラブル」
- 第8位
高橋 由美子 「レ・ミゼラブル」「花の紅天狗」
- 第9位
涼風 真世 「ミー＆マイガール」「イーストウィックの魔女たち」
- 第10位
堀内 敬子 「I LOVE YOU 愛の果ては？」

（平16年度）

◇作品部門
- 第1位
「INTO THE WOODS」（宮本亜門演出）
- 第2位
「ナイン」（D.ルヴォー演出）
- 第3位
「SHIROH」（いのうえひでのり演出）
- 第4位
「ファントム」（中村一徳演出）

- 第5位
「屋根の上のヴァイオリン弾き」（寺崎秀臣
演出）
- 第6位
「タン・ビエットの唄 ～美しい別れ～」（謝
珠栄演出）
- 第7位
「南十字星」（浅利慶太演出）
- 第8位
「WEST SIDE STORY」（J.マクニーリー
演出）
- 第9位
「ユーリンタウン」（宮本亜門演出）
- 第10位
「北の耀星 アテルイ」（中村哮夫演出）

◇再演賞
「ミス・サイゴン」（N.ハイトナー, F.ハンソ
ン演出）

◇演出家賞
宮本 亜門 「ユーリンタウン」「キャン
ディード」「INTO THE WOODS」「太
平洋序曲」

◇特別賞
岡崎 司 "「SHIROH」の作曲"

◇男優部門
- 第1位
市村 正親 「屋根の上のヴァイオリン弾
き」「ミス・サイゴン」
- 第2位
中川 晃教 「キャンディード」「himself」
「SHIROH」
- 第3位
山口 祐一郎 「エリザベート」
- 第4位
岡 幸二郎 「ミス・サイゴン」
- 第5位
三上 博史 「ヘドウィグ・アンド・アング
リーインチ」
- 第6位
井上 芳雄 「ミス・サイゴン」
- 第7位
錦織 一清 「WEST SIDE STORY」

「キャバレー」
福井 貴一 「ナイン」
- 第9位
今井 清隆 「ミス・サイゴン」
- 第10位
東山 紀之 「WEST SIDE STORY」

◇女優部門
- 第1位
大浦 みずき 「Dream by Dream」「ナ
イン」
- 第2位
一路 真輝 「エリザベート」
- 第3位
松 たか子 「ミス・サイゴン」
- 第4位
土居 裕子 「ひめゆり」「タン・ビエット
の唄」「ピッピ」
- 第5位
諏訪 マリー 「INTO THE WOODS」
- 第6位
和央 ようか 「ファントム」「BOXMAN」
- 第7位
保坂 知寿 「マンマ・ミーア！」
- 第8位
秋山 菜津子 「SHIROH」
- 第9位
池田 有希子 「ナイン」
島田 歌穂 「WEST SIDE STORY」他
シルビア・グラブ 「INTO THE
WOODS」他

（平17年度）
◇作品部門
- 第1位
「プロデューサーズ」（S.ストローマン, B.
バーンズ演出）
- 第2位
「Ernest in Love」（木村信司演出）
- 第3位
「ボーイ・フロム・オズ」（P.マッキンリー
演出）
- 第4位
「風を結んで」（謝珠栄演出）

演劇・舞踊の賞事典　303

- 第5位
「NEVER GONNA DANCE」（植田景子演出）
- 第6位
「長崎しぐれ坂―榎本滋民作『江戸無宿』より―」（植田紳爾演出）
- 第7位
「DAYTIME HUSTLER ～愛を売る男～」（小池修一郎演出）
- 第8位
「サマーハウスの夢」（宮崎真子演出）
- 第9位
「21C：マドモアゼル モーツァルト」（ワームホールプロジェクト演出）
- 第10位
「テネシー・ワルツ 江利チエミ物語」（村田大演出）

◇再演賞
「ナイン」（D.ルヴォー演出）

◇演出家賞
小池 修一郎 「エリザベート」「モーツァルト！」「I GOT MUSIC」「DAYTIME HUSTLER」

◇特別賞
宇崎 竜童 "「天保十二年のシェイクスピア」の音楽"

◇男優部門
- 第1位
鹿賀 丈史 「ジキル＆ハイド」「レ・ミゼラブル」
- 第2位
山口 祐一郎 「モーツァルト！」「エリザベート」他
- 第3位
市村 正親 「ペール・ギュントの旅」「モーツァルト！」
- 第4位
別所 哲也 「ナイン」「34丁目の奇跡」「レ・ミゼラブル」
- 第5位
坂本 昌行 「ボーイ・フロム・オズ」「NEVER GONNA DANCE」

- 第6位
井上 芳雄 「モーツァルト！」「エリザベート」他
- 第7位
川平 慈英 「最悪な人生のためのガイドブック」他
- 第8位
松本 幸四郎（9世）「ラ・マンチャの男」
- 第9位
井ノ原 快彦 「プロデューサーズ」
岡 幸二郎 「レ・ミゼラブル」「プロデューサーズ」他

◇女優部門
- 第1位
島田 歌穂 「テネシー・ワルツ」「ひめゆり」他
- 第2位
大地 真央 「マイ・フェア・レディ」他
- 第3位
大浦 みずき 「ナイン」「NEVER GONNA DANCE」他
- 第4位
鳳 蘭 「ボーイ・フロム・オズ」「ベルリン・トゥ・ブロードウェイ」他
- 第5位
一路 真輝 「エリザベート」
- 第6位
マルシア 「ジキル＆ハイド」「レ・ミゼラブル」
- 第7位
松 たか子 「ラ・マンチャの男」「コーカサスの白墨の輪」
- 第8位
鈴木 ほのか 「サマーハウスの夢」
- 第9位
樹里 咲穂 「Ernest in Love」「マラケシュ・紅の墓標」他
- 第10位
新妻 聖子 「21C：マドモアゼル モーツァルト」

（平18年度）

◇作品部門

- 第1位
「NEVER SAY GOODBYE―ある愛の軌跡―」（小池修一郎演出）
- 第2位
「アルジャーノンに花束を」（荻田浩一演出）
- 第3位
「ベガーズ・オペラ」（J.ケアード演出）
- 第4位
「メタル マクベス」（いのうえひでのり演出）
- 第5位
「AKURO 悪路」（謝珠栄演出）
- 第6位
「ダンス オブ ヴァンパイア」（山田和也演出）
- 第7位
「マリー・アントワネット」（栗山民也演出）
- 第8位
「ペテン師と詐欺師」（宮田慶子演出）
- 第9位
「スウィングボーイズ」（ハマナカトオル演出）
- 第10位
「グランドホテル」（G.ウォルフォード演出）

◇再演賞
「INTO THE WOODS」（宮本亜門演出）

◇演出家賞
小池 修一郎 「NEVER SAY GOODBYE」他

◇特別賞
フランク・ワイルドホーン “「NEVER SAY GOODBYE」の音楽”

◇男優部門
- 第1位
浦井 健治 「アルジャーノンに花束を」「ダンス オブ ヴァンパイア」
- 第2位
市村 正親 「ダンス オブ ヴァンパイア」「ペテン師と詐欺師」他
- 第3位
山口 祐一郎 「ダンス オブ ヴァンパイア」

「マリー・アントワネット」
- 第4位
内野 聖陽 「ベガーズ・オペラ」「メタル マクベス」
- 第5位
鹿賀 丈史 「ペテン師と詐欺師」
- 第6位
井上 芳雄 「マリー・アントワネット」「ミー＆マイガール」他
- 第7位
川平 慈英 「ゴルフ・ザ・ミュージカル」「フロッグとトード」他
- 第8位
坂元 健児 「AKURO 悪路」「OUR HOUSE」
- 第9位
岡 幸二郎 「グランドホテル」他
- 第10位
藤木 孝 「グランドホテル」

◇女優部門
- 第1位
島田 歌穂 「ベガーズ・オペラ」「テネシー・ワルツ」他
- 第2位
笹本 玲奈 「ベガーズ・オペラ」「マリー・アントワネット」他
- 第3位
新妻 聖子 「マリー・アントワネット」
- 第4位
松 たか子 「メタル マクベス」
- 第5位
湖月 わたる 「ベルサイユのばら」「愛するには短すぎる」
- 第6位
安寿 ミラ 「アルジャーノンに花束を」「田園に死す」他
涼風 真世 「マリー・アントワネット」「ミー＆マイガール」
- 第8位
朝海 ひかる 「ベルサイユのばら」「堕天使の涙」他
一路 真輝 「エリザベート」「アンナ・カ

レーニナ」

堀内 敬子 「ゴルフ・ザ・ミュージカル」
「ガールフレンズ」

（平19年度）

◇作品部門

● 第1位

「ウィキッド」（ジョー・マンテロ演出）

● 第2位

「スウィーニー・トッド」（宮本亜門演出）

● 第3位

「ウーマン・イン・ホワイト」（松本祐子演
出）

● 第4位

「ハレルヤ！」（鈴木裕美演出）

● 第5位

「蜘蛛女のキス」（荻田浩一演出）

● 第6位

「ライト イン ザ ピアッツァ」（G2演出）

● 第7位

「THE TAP GUY」（玉野和紀演出）

「タイタニック」（グレン・ウォルフォード
演出）

● 第9位

「ザ・ヒットパレード～ショウと私を愛し
た夫～」（山田和也演出）

● 第10位

「Damn Yankees～くたばれ！ ヤンキー
ス」（寺崎秀臣演出）

◇再演賞

「レ・ミゼラブル」（ジョン・ケアード演出）

◇演出家賞

鈴木 裕美 「ハレルヤ！」

◇特別賞

フジテレビジョン

◇男優部門

● 第1位

市村 正親 「スウィーニー・トッド」
「モーツァルト！」他

● 第2位

井上 芳雄 「モーツァルト！」「ロマン
ス」他

● 第3位

川平 慈英 「ハレルヤ！」「フロッグと
トード」他

● 第4位

浦井 健治 「蜘蛛女のキス」他

● 第5位

玉野 和紀 「THE TAP GUY」他

● 第6位

柳瀬 大輔 「ジーザス・クライスト＝スー
パースター」

● 第7位

岡 幸二郎 「レ・ミゼラブル」「タイタ
ニック」他

山本 耕史 「ヘドウィグ・アンド・アング
リーインチ」

● 第9位

西川 貴教 「ハウ・トゥー・サクシード」

● 第10位

石井 一孝 「蜘蛛女のキス」「BKLYN」

別所 哲也 「ウーマン・イン・ホワイト」他

◇女優部門

● 第1位

笹本 玲奈 「ウーマン・イン・ホワイト」他

● 第2位

濱田 めぐみ 「ウィキッド」

● 第3位

島田 歌穂 「ライト イン ザ ピアッ
ツァ」他

● 第4位

戸田 恵子 「ザ・ヒットパレード」
「ACTRESS」

● 第5位

湖月 わたる 「Damn Yankees」「オール・
シュック・アップ」

● 第6位

マルシア 「BKLYN」「ジキル＆ハイド」他

● 第7位

涼風 真世 「マリー・アントワネット」

新妻 聖子 「ライト イン ザ ピアッ
ツァ」他

春野 寿美礼 「アデュー・マルセイユ」他

堀内 敬子 「ザ・ヒットパレード」

（平20年度）
◇作品部門
- 第1位
  「スカーレット ピンパーネル」（小池修一郎演出）
- 第2位
  「愛と青春の宝塚～恋よりも生命よりも～」（鈴木裕美演出）
- 第3位
  「レベッカ」（山田和也演出）
- 第4位
  「CHICAGO」（ターニャ・ナルディーニ演出）
- 第5位
  「ガラスの仮面」（蜷川幸雄演出）
- 第6位
  「55Steps」（加藤敬二演出）
- 第7位
  「デュエット」（鈴木勝秀演出）
- 第8位
  「黎明の風－侍ジェントルマン白洲次郎の挑戦－」（石田昌也演出）
- 第9位
  「アプローズ～映画「イヴの総て」より～」（浜畑賢吉演出）
- 第10位
  「ウェディング・シンガー」（山田和也演出）
◇再演賞
  「ラ・カージュ・オ・フォール」（山田和也演出）
◇演出家賞
  小池 修一郎 「スカーレット ピンパーネル」他
◇特別賞
  謝 珠栄 “「タン・ビエットの唄」「Calli」「AKURO 悪路」の演出・振付”
◇男優部門
- 第1位
  市村 正親 「ラ・カージュ・オ・フォール」「ミス・サイゴン」他
- 第2位
  井上 芳雄 「ルドルフ」「ウェディング・シンガー」他
- 第3位
  石井 一孝 「デュエット」「愛と青春の宝塚」他
- 第4位
  鹿賀 丈史 「ラ・カージュ・オ・フォール」他
- 第5位
  山口 祐一郎 「レベッカ」他
- 第6位
  今井 清隆 「妊娠させて！」他
  坂本 昌行 「ボーイ・フロム・オズ」
  松本 幸四郎（9世）「ラ・マンチャの男」
- 第9位
  浦井 健治 「WILDe BEAUTY」他
- 第10位
  山崎 育三郎 「サ・ビータ」他
◇女優部門
- 第1位
  安蘭 けい 「スカーレット ピンパーネル」他
- 第2位
  シルビア・グラブ 「レベッカ」
- 第3位
  笹本 玲奈 「ルドルフ」他
- 第4位
  涼風 真世 「エリザベート」
- 第5位
  前田 美波里 「アプローズ」
- 第6位
  朝海 ひかる 「トライアンフ・オブ・ラブ」「Calli」他
- 第7位
  保坂 知寿 「デュエット」
  米倉 涼子 「CHICAGO」
- 第9位
  紫吹 淳 「愛と青春の宝塚」他
- 第10位
  大浦 みずき 「帰り花」他
  島田 歌穂 「ベガーズ・オペラ」
（平21年度）
◇作品部門

- 第1位
「COCO」(G2演出)
- 第2位
「アイーダ」(ロバート・フォールズ演出)
- 第3位
「この森で，天使はバスを降りた」(藤井清美演出)
- 第4位
「春のめざめ」(マイケル・メイヤー演出)
- 第5位
「ジェーン・エア」(ジョン・ケアード演出)
- 第6位
「グレイ・ガーデンズ」(宮本亜門演出)
- 第7位
「太王四神記－チュシンの星のもとに－」(小池修一郎演出)
- 第8位
「ユーリンタウン」(流山児祥演出)
- 第9位
「サンデー・イン・ザ・パーク・ウィズ・ジョージ」(宮本亜門演出)
- 第10位
「スーザンを探して」(G2演出)

◇再演賞
「屋根の上のヴァイオリン弾き」(寺崎秀臣演出)
◇演出家賞
G2 「COCO」「スーザンを探して」「Nice The Musical」
◇特別賞
荻野 清子
小曽根 真
シアタークリエ
◇男優部門
- 第1位
井上 芳雄 「シェルブールの雨傘」「組曲虐殺」他
- 第2位
市村 正親 「屋根の上のヴァイオリン弾き」他
- 第3位
石丸 幹二 「サンデー・イン・ザ・パー

ク・ウィズ・ジョージ」他
- 第4位
山口 祐一郎 「パイレート・クィーン」他
- 第5位
石川 禅 「パイレート・クィーン」他
- 第6位
浦井 健治 「シラノ」「回転木馬」他
鹿賀 丈史 「シラノ」
- 第8位
石井 一孝 「マイ・フェア・レディ」他
- 第9位
武田 真治 「ブラッド・ブラザーズ」他
- 第10位
岡 幸二郎 「The Games of Love」「COCO」他
藤岡 正明 「ブラッド・ブラザーズ」他

◇女優部門
- 第1位
鳳 蘭 「COCO」他
- 第2位
濱田 めぐみ 「アイーダ」
- 第3位
松 たか子 「ジェーン・エア」
- 第4位
剣 幸 「この森で，天使はバスを降りた」他
- 第5位
保坂 知寿 「スーザンを探して」「パイレート・クィーン」他
- 第6位
香寿 たつき 「天翔ける風に」「シェルブールの雨傘」他
- 第7位
大地 真央 「マイ・フェア・レディ」他
- 第8位
大塚 ちひろ 「この森で，天使はバスを降りた」
- 第9位
高野 菜々 「シャボン玉とんだ宇宙までとんだ」他
土居 裕子 「この森で，天使はバスを降りた」他
戸田 恵子 「サンデー・イン・ザ・パー

ク・ウィズ・ジョージ」他
（平22年度）
◇作品部門
- 第1位
「キャンディード」（ジョン・ケアード演出）
- 第2位
「サウンド・オブ・ミュージック」（浅利慶太演出）
- 第3位
「サイド・ショウ」（板垣恭一演出）
- 第4位
「カサブランカ」（小池修一郎演出）
- 第5位
「パル・ジョーイ」（吉川徹演出）
- 第6位
「プライド」（寺崎秀臣演出）
- 第7位
「キャバレー」（小池修一郎演出）
- 第8位
「カーテンズ」（ビル・バーンズ演出）
- 第9位
「ワンダフルタウン」（荻田浩一演出）
- 第10位
「愛と青春の旅だち」（石田昌也演出）
◇再演賞
「上海バンスキング」（串田和美演出）
◇演出家賞
小池 修一郎 「カサブランカ」「キャバレー」他
◇特別賞
謝 珠栄 "「Diana 月の女神ディアナ」他"
◇男優部門
- 第1位
井上 芳雄 「キャンディード」「モーツァルト！」他
- 第2位
市村 正親 「キャンディード」「モーツァルト！」
- 第3位
山口 祐一郎 「レベッカ」「エリザベート」他
- 第4位

坂本 昌行 「パル・ジョーイ」
- 第5位
石井 一孝 「マイ・フェア・レディ」「蜘蛛女のキス」
- 第6位
山崎 育三郎 「モーツァルト！」「サ・ビータ」他
- 第7位
城田 優 「エリザベート」
- 第8位
石丸 幹二 「エリザベート」他
- 第9位
田代 万里生 「ウーマン・イン・ホワイト」「ファンタスティックス」他
- 第10位
鈴木 綜馬 「サウンド・オブ・ミュージック」他
◇女優部門
- 第1位
新妻 聖子 「キャンディード」「プライド」
- 第2位
大地 真央 「マイ・フェア・レディ」
- 第3位
笹本 玲奈 「ガイズ＆ドールズ」「プライド」他
- 第4位
鳳 蘭 「カーランズ」「COCO」
- 第5位
彩吹 真央 「パル・ジョーイ」「COCO」
- 第6位
戸田 恵子 「今の私をカバンにつめて」
濱田 めぐみ 「マンマ・ミーア！」
- 第8位
阿知波 悟美 「キャンディード」
- 第9位
涼風 真世 「レベッカ」「モーツァルト！」
吉田 日出子 「上海バンスキング」
（平23年度）
◇作品部門
- 第1位
「ロミオ＆ジュリエット」（小池修一郎演出）
- 第2位

「ピアフ」（栗山民也演出）
- 第3位
　「GOLD〜カミーユとロダン〜」（白井晃演出）
- 第4位
　「スリル・ミー」（栗山民也演出）
- 第5位
　「ロミオとジュリエット」（小池修一郎演出）
- 第6位
　「三銃士」（山田和也演出）
- 第7位
　「眠れぬ雪獅子」（謝珠栄演出）
- 第8位
　「リタルダンド」（G2演出）
- 第9位
　「ゾロ ザ・ミュージカル」（クリストファー・レンショウ演出）
- 第10位
　「ロッキー・ホラー・ショー」（いのうえひでのり演出）

◇再演賞
　「レ・ミゼラブル」（ジョン・ケアード演出）
◇演出家賞
　小池 修一郎　「ロミオ&ジュリエット」他
◇特別賞
　フランク・ワイルドホーン “「GOLD」他の音楽”
　松井 るみ “「GOLD」「眠れる雪獅子」他の美術”
◇男優部門
- 第1位
　井上 芳雄　「三銃士」「TRIANGLE VOL. 2」他
- 第2位
　石丸 幹二　「GOLD」「日本人のへそ」
- 第3位
　山口 祐一郎　「ダンス オブ ヴァンパイア」他
- 第4位
　田代 万里生　「スリル・ミー」「マルグリット」他
　山崎 育三郎　「ロミオ&ジュリエット」「嵐

が丘」他
- 第6位
　新納 慎也　「スリル・ミー」「TRIANGLE VOL.2」
- 第7位
　石井 一孝　「ゾロ・ザ・ミュージカル」「三銃士」他
　浦井 健治　「ロミオ&ジュリエット」「エディット・ピアフ」他
- 第9位
　市村 正親　「スウィーニー・トッド」
　坂本 昌行　「ゾロ・ザ・ミュージカル」
◇女優部門
- 第1位
　新妻 聖子　「GOLD」「レ・ミゼラブル」
- 第2位
　大竹 しのぶ　「ピアフ」「スウィーニー・トッド」
- 第3位
　安蘭 けい　「エディット・ピアフ」「MITSUKO」
- 第4位
　笹本 玲奈　「ロッキー・ホラー・ショー」他
- 第5位
　樹里 咲穂　「サイド・ショウ」「ウェディングシンガー」
- 第6位
　一路 真輝　「リタルダンド」
　音月 桂　「ロミオとジュリエット」
- 第8位
　旺 なつき　「コレット・コラージュ」
- 第9位
　和音 美桜　「三銃士」「レ・ミゼラブル」
　涼風 真世　「ロミオ&ジュリエット」「CLUB SEVEN」

（平24年度）
◇作品部門
- 第1位
　「ダディー・ロング・レッグズ〜足ながおじさんより〜」（ジョン・ケアード演出）
- 第2位
　「サンセット大通り」（鈴木裕美演出）

- 第3位
  「オーシャンズ11」（小池修一郎演出）
- 第4位
  「ミス・サイゴン」（ローレンス・コナー演出）
- 第5位
  「ロバート・キャパ 魂の記録」（原田諒演出）
- 第6位
  「華やかなりし日々」（原田諒演出）
  「パルレ～洗濯～」（チュ・ミンジュ演出）
- 第8位
  「アリス・イン・ワンダーランド」（鈴木裕美演出）
- 第9位
  「ルドルフ ザ・ラスト・キス」（デヴィッド・ルヴォー演出）
- 第10位
  「RENT」（マイケル・グライフ演出）

◇再演賞
　「ラ・マンチャの男」（松本幸四郎演出）

◇演出家賞
　原田 諒 「ロバート・キャパ 魂の記録」
　「華やかなりし日々」

◇音楽賞
　フランク・ワイルドホーン 「ルドルフ
　ザ・ラスト・キス」「アリス・イン・ワ
　ンダーランド」他

◇振付賞
　玉野 和紀 「道化の瞳」「CLUB
　SEVEN」他

◇美術賞
　二村 周作 「サンセット大通り」「アリス・
　イン・ワンダーランド」他

◇男優部門
- 第1位
  井上 芳雄 「ダディ・ロング・レッグズ」
  「ルドルフ ザ・ラスト・キス」他
- 第2位
  松本 幸四郎（9世）「ラ・マンチャの男」
- 第3位
  市村 正親 「ミス・サイゴン」「ラ・カー

ジュ・オ・フォール」
　田代 万里生 「サンセット大通り」「ボ
　ニー＆クライド」他
- 第5位
  鈴木 綜馬 「サンセット大通り」「MY
  ONE AND ONLY」
- 第6位
  中川 晃教 「プロミセス・プロミセス」
  「CHESS in Concert」他
  三浦 春馬 「ZIPANG PUNK」「海盗セ
  ブン」
- 第8位
  石丸 幹二 「ジキル＆ハイド」「エリザベー
  ト」他
- 第9位
  山崎 育三郎 「ミス・サイゴン」
- 第10位
  賀来 賢人 「RENT」

◇女優部門
- 第1位
  濱田 めぐみ 「ボニー＆クライド」「ジキル
  ＆ハイド」他
- 第2位
  安蘭 けい 「サンセット大通り」「アリス・
  イン・ワンダーランド」他
- 第3位
  松 たか子 「ラ・マンチャの男」「ジェー
  ン・エア」
- 第4位
  柚希 礼音 「オーシャンズ11」
  「REON!!」他
- 第5位
  和音 美桜 「ルドルフ ザ・ラスト・キス」
  「デュエット」
- 第6位
  坂本 真綾 「ダディ・ロング・レッグズ」
- 第7位
  湖月 わたる 「DANCIN' CRAZY2」「カ
  ラミティ・ジェーン」他
- 第8位
  彩吹 真央 「サンセット大通り」「モン
  ティ・パイソンのスパマロット」他

● 第9位
　花總 まり 「エリザベート スペシャル ガ
　　ラ・コンサート」
　蘭寿 とむ 「復活」「サン＝テグジュペ
　　リ」他
（平25年度）
◇作品部門
● 第1位
　「レ・ミゼラブル」（ローレンス・コナー，
　　ジェームズ・パウエル演出）
● 第2位
　「ハロー・ドーリー！」（ロジャー・カステ
　　ヤーノ，寺崎秀臣演出）
● 第3位
　「100万回生きたねこ」（インバル・ピント，
　　アブシャロム・ポラック演出）
● 第4位
　「リトル マーメイド」（グレン・カサール演
　　出）
● 第5位
　「モンテ・クリスト伯」（山田和也演出）
● 第6位
　「ネクスト・トゥ・ノーマル」（マイケル・
　　グライフ演出）
● 第7位
　「南太平洋」（原田諒演出）
● 第8位
　「二都物語」（鵜山仁演出）
● 第9位
　「スクルージ クリスマルキャロル」（井上尊
　　晶演出）
● 第10位
　「月雲の皇子－衣通姫伝説より－」（上田久
　　美子演出）
◇再演賞
　「ピアフ」（栗山民也演出）
◇演出家賞
　インバル・ピント
　アブシャロム・ポラック 「100万回生きた
　　ねこ」
◇音楽賞
　ジェラール・プレスギュルヴィック 「ロ

ミオとジュリエット」
◇振付賞
　インバル・ピント，アブシャロム・ポラッ
　　ク 「100万回生きたねこ」
◇美術賞
　松井 るみ 「南太平洋」「ロックオペラ
　　モーツァルト」他
◇男優部門
● 第1位
　井上 芳雄 「二都物語」「ダディ・ロング・
　　レッグズ」他
● 第2位
　市村 正親 「スクルージ」「屋根の上の
　　ヴァイオリン弾き」他
● 第3位
　石丸 幹二 「モンテ・クリスト伯」「スマ
　　イル・オブ・チャップリン」
● 第4位
　森山 未來 「100万回生きたねこ」
● 第5位
　吉原 光夫 「レ・ミゼラブル」
● 第6位
　中川 晃教 「ロックオペラ モーツァル
　　ト」他
● 第7位
　福井 晶一 「レ・ミゼラブル」「船に
　　乗れ！」
● 第8位
　城田 優 「ロミオ＆ジュリエット」
● 第9位
　田代 万里生 「シラノ」「エニシング・
　　ゴーズ」「スクルージ」他
● 第10位
　浦井 健治 「二都物語」「スマイル・オブ・
　　チャップリン」
◇女優部門
● 第1位
　剣 幸 「ハロー・ドーリー！」他
● 第2位
　大竹 しのぶ 「ピアフ」「スウィーニー・
　　トッド」
● 第3位

花總 まり 「モンテ・クリスト伯」他
- 第4位

満島 ひかり 「100万回生きたねこ」
- 第5位

笹本 玲奈 「レ・ミゼラブル」「スクルージ」
- 第6位

安蘭 けい 「ネクスト・トゥ・ノーマル」他

濱田 めぐみ 「シラノ」「二都物語」他
- 第8位

柚希 礼音 「ロミオとジュリエット」「REON！Ⅱ」他
- 第9位

和音 美桜 「レ・ミゼラブル」
- 第10位

鳳 蘭 「屋根の上のヴァイオリン弾き」「DREAM, A DREAM」

谷原 志音 「リトルマーメイド」

新妻 聖子 「シルバースプーンに映る月」「トゥモロー・モーニング」他

---

089 メインフェスティバル・グリーン賞

池袋シアター・グリーンで毎年春夏秋の3回、小劇団を結集して開かれている「メインフェスティバル」で特に将来が期待される優秀な劇団に贈られていた。

【主催者】 池袋シアター・グリーン

【締切・発表】 第2回は昭和60年6月に発表,6月25日〜7月1日受賞記念公演

【賞・賞金】 賞金15万円

第1回（昭56年）

劇団2〇〇（現＝劇団3〇〇）

第2回（昭60年）

ランプティ・ハンプティ 「ZZZ…」

---

090 山本安英の会記念基金助成賞

演劇公演活動をはじめ、ことばの勉強,古典劇と現代演劇の統合をめざす活動をつづけてきた「山本安英の会」の精神にのっとり、演劇のみにとどまらず、広い文化領域で優れた能力を発揮した個人あるいは団体を顕彰するため、平成5年に創設された。

【主催者】 山本安英の会記念基金運営委員会

【選考委員】 尾崎宏次,倉橋健,岩波雄二郎,高野悦子,菅井幸雄ほか7名

【選考方法】 推薦

【締切・発表】 発表は当該年の翌年2〜3月

【賞・賞金】 賞状と賞金100万円程度

第1回（平5年度）

岡本 文弥（新内節）"長年,新内の改革,普及に努め,その本質を探求"

張 継青（南京昆劇団女優）,梁 谷音（上海昆劇団女優）"中国の伝統演劇である昆劇の創造に対して"

第2回（平6年度）

伊藤 巴子（劇団仲間女優）"1500回の上演をこえる「森は生きている」の成果と児童演劇普及の労に対して"

ブライアン・パウエル（オックスフォード・ギーブルカレッジ教授）"日本近代

演劇についての研究と戯曲「子午線の祀
り」の翻訳に対して"

松永 昌三（岡山大学教授）「中江兆民評
伝」の学問的成果に対して

第3回（平7年度）

山根 淑子（兵庫県立ピッコロ・シアター館
長）"現代演劇の諸分野を振興させた労
に対して"

第4回（平8年度）

羽田 澄子（映画監督）「痴呆性老人の世界」
「歌舞伎俳優片岡仁左衛門」全6部の完結
によって記録映画の独自な分野を開拓

北島 角子（沖縄芝居実験劇場女優）「島口
説」「アンマーたちの夏」をはじめとす
る舞台を通し，戦争による沖縄の悲劇と
苦しみを語りつづけたことに対して

ベアーテ・ウェーバー（森鷗外記念館理
事）"ドイツにある森鷗外記念館の運営
と長年にわたる日独文化交流の尽力に対
して"

第5回（平9年度）

北林 谷栄（女優）

クリスティ・ハキム（インドネシア・女優）

オペラシアターこんにゃく座

第6回（平10年度）

長岡 輝子（女優）

観世 栄夫（能楽師）

ヘルマ・サンダース・ブラームス（映画監
督）

第7回（平11年度）

藤原 智子（映画監督）

小幡 欣治（劇作家）

熊井 明子（花，香り研究者）

ダーナ・カルヴァドーヴァ（チェコ・カレ
ル大学教授）

南雲堂 "ブライアン・パウエル英訳「子午
線の祀り」（木下順二作）の出版事業に対
して"

第8回（平12年度）

金 梅子（韓国・舞踊家）

園 良昭（舞台美術家）

平塚らいてう記録映画製作委員会

劇団前進座付属養成所

民話会・ゆうづる（夕鶴の里資料館・語り
部の館付属の朗読グループ）

夕鶴記念館（天城会館）

---

091 湯浅芳子賞

　ロシア文学者の故湯浅芳子氏を記念して，平成6年に創設された。外国戯曲の上演と翻
訳で優れた成果をあげた団体と個人に資金を援助し，我が国の芸術文化の普及向上に寄与
することを目的とする。第15回で終了。

【主催者】湯浅芳子記念翻訳劇助成基金

【選考委員】岩波剛（演劇評論家），小田島雄志（東京大学名誉教授），瀬戸内寂聴（作家），
扇田昭彦（演劇評論家），牧原純（チェーホフ研究者），松岡和子（演劇評論家），みなも
とごろう（演劇評論家）

【選考基準】〔対象〕戯曲上演部門：国内で上演された外国戯曲であって，その内容が高
く評価された作品。翻訳・脚色部門：国内で上演された外国戯曲の原作であって翻訳
または脚色が優れたもの

【賞・賞金】戯曲上演部門：50万円，翻訳・脚色部門：50万円×2名

第1回（平5年度）

◇戯曲上演部門

TPT "「テレーズ・ラカン」「あわれ彼女

は娼婦（しょうふ）」「背信」の連続上演
に対して"

◇翻訳・脚色部門

吉田 美枝 "「テレーズ・ラカン」「あわれ
彼女は娼婦」「危険な関係」「スラブ・
ボーイズ」の翻訳に対して"

三田地 里穂 "「小さな勝利」「ヴァニ
ティーズ」の翻訳に対して"

第2回（平6年度）

◇戯曲上演部門

加藤健一事務所 "「パパ, アイ・ラブ・
ユー！」「イッツ・ショー・タイム！」
「審判」「ブラック・コメディ」の上演,
質の高い舞台作りに対して"

◇翻訳・脚色部門

松岡 和子 "「間違いの喜劇」「ロミオと
ジュリエット」「夏の夜の夢」「ローゼン
クランツとギルデンスターンは死んだ」
の翻訳に対して"

八木 柊一郎 "俳優座公演「カラマーゾフ
の兄弟」（ドストエフスキー原作）の脚色
を手がけた"

話劇人社中国現代戯曲集編集委員会 "中
国現代戯曲集・第一集」（晩成書房発行）
の編集・翻訳に対して"

第3回（平7年度）

◇戯曲上演部門

兵庫現代芸術劇場 "ひょうご舞台芸術公演
「GHETTO／ゲットー」の舞台成果に対
して"

◇翻訳・脚色部門

小田島 恒志 "「What a Sexy Dinner！」
「GHETTO／ゲットー」「FUNNY
MONEY」の翻訳に対して"

青井 陽治 "「ジェフリー」「ジェミニ」「ソ
フィストリー（詭弁）」「ラブ・レター
ズ」「セイムタイム・ネクストイヤー」
の翻訳に対して"

◇特別賞

劇団仲間 "「森は生きている」1600回上演
の成果に対して"

第4回（平8年度）

◇戯曲上演部門

シェイクスピアシアター "「アテネのタイ
モン」「間違いの喜劇」の上演"

◇翻訳・脚色部門

丹野 郁弓 "「幸せの背くらべ」「エニシン
グ・ゴーズ」の翻訳"

勝田 安彦 "「ＩＤＯ！ ＩＤＯ！―結婚物語」
「ラヴ」「フル・サークル」の翻訳"

第5回（平9年度）

◇戯曲上演部門

上田 美佐子

◇翻訳・脚色部門

毛利 三弥

小沢 僥謳

第6回（平10年度）

◇戯曲上演部門

佐藤正隆事務所 "「死と乙女」の舞台成果"

◇翻訳・脚色部門

高田 和文 "「ミランドリーナ・宿の女主人」
「天使たちがくれた夢は…？」の翻訳"

松本 修 "「プラトーノフ」の脚色"

第7回（平11年度）

◇戯曲上演部門

グローブ座カンパニー "「子供のための
シェイクスピア」シリーズの舞台成果に
対して"

◇翻訳・脚色部門

岩淵 達治 "「ブレヒト戯曲全集」全8巻の
個人全訳に対して"

菱沼 彬晁 "「長江―乗合い船」「幸せの
日々」「棋人」の翻訳に対して"

第8回（平12年度）

◇戯曲上演部門

劇団昴 "「肉体の清算」「罪と罰」「怒りの
葡萄」の舞台成果"

◇翻訳・脚色部門

鴇沢 麻由子 "「青春・最終章～僕たちの決
算」「ザ・ウィアー（堰）」の翻訳"

常田 景子 "「パウダー・ケグ」「パーフェ
クト・デイズ」「ツー・ポイント・ファ
イブ・ミニット・ライド」の翻訳"

第9回（平13年度）

◇戯曲上演部門

文学座アトリエの会 "「ペンテコスト」の
舞台成果"

◇翻訳・脚色部門

吉原 豊司 "「ハイ・ライフ」「サラ」「赤毛のアン」などの翻訳"

堀江 新二 "「結婚」の翻訳, モスクワ・エトセトラ劇場の来日公演「人物たち」の翻訳と文芸協力"

第10回 (平14年度)

◇戯曲上演部門

演劇制作体「地人会」 "「丘の上のイエッペ」「歌え, 悲しみの深き淵より」の舞台成果"

◇翻訳・脚色部門

小宮山 智津子 "「ピッチフォーク・ディズニー」「ささやく声」「宇宙でいちばん速い時計」「ヒカリ・カガヤク」の翻訳"

佐和田 敬司 "「オナー」「ストールン」「嘆きの七段階」の翻訳"

第11回 (平15年度)

◇戯曲上演部門

東京演劇集団 風 "「肝っ玉おっ母とその子供たち」「冬」「出口なし」などの舞台成果"

◇翻訳・脚色部門

山形 治江 "シアターコクーン公演「エレクトラ」の翻訳"

第12回 (平16年度)

◇戯曲上演部門

演劇集団円 "「Life×3」「ビューティークイーン・オブ・リーナン」の舞台成果"

◇翻訳・脚色部門

酒井 洋子 "「ルームサービス」「十二人の怒れる男たち」の翻訳とドラマトゥルグも務めた「THE CRISIS」の翻訳"

目黒 条 "「ピローマン」の翻訳"

第13回 (平17年度)

◇戯曲上演部門

自転車キンクリーツカンパニー "テレンス・ラティガン3作連続上演"

◇翻訳・脚色部門

白井 晃 "「偶然の音楽」の脚色"

山内 あゆ子 "「エドモンド」の翻訳"

第14回 (平18年度)

◇戯曲上演部門

東京演劇アンサンブル "「ガリレイの生涯」「セチュアンの善人」上演"

◇翻訳・脚色部門

徐 賀世子 "「ヴァージニア・ウルフなんかこわくない?」の翻訳"

鈴木 小百合 "「漂う電球」「アラブ・イスラエル・クックブック」の翻訳"

第15回 (平19年度)

◇戯曲上演部門

パニック・シアター "「ラスト・シーン」「ラウルの足あと」上演"

◇翻訳・脚色部門

岩切 正一郎 "「ひばり」「カリギュラ」の翻訳"

石川 樹里 "「呉将軍の足の爪」の翻訳"

---

092 読売演劇大賞

平成6年に創刊120周年を迎えた読売新聞の記念事業として創設された。古典から現代劇まで演劇全分野を網羅し, 21世紀をめざす文化への活力となることを目的とする。

【主催者】読売新聞社

【選考委員】(第21回) 青井陽治, 河合祥一郎, 七字英輔, 中井美穂, 萩尾瞳, 前田清実, みなもとごろう, 矢野誠一, 渡辺保

【選考方法】(第21回) 9人の選考委員の選んだ候補作品, 人の中から, 演劇関係者99人による投票を行い, それをもとに最終選考会で大賞, 杉村春子賞, 芸術栄誉賞を選出

【選考基準】〔対象〕前年1月から12月までに上演された, すべての演劇から最も優れた作品・人物。〔部門〕作品, 男優, 女優, 演出家, スタッフの5部門と, 新人が対象の杉村

　　春子賞, 長年の功績やすぐれた企画を顕彰する芸術栄誉賞

【締切・発表】例年1月末に決定, 発表は2月

【賞・賞金】正賞：ブロンズ像「蒼穹」, 副賞：大賞に賞金200万円, その他の最優秀各賞,
　　杉村春子賞, 芸術栄誉賞に賞金100万円

【URL】http://info.yomiuri.co.jp/culture/engeki/

第1回 (平5年)

◇大賞・最優秀作品賞
　「テレーズ・ラカン」(TPT)

◇最優秀男優賞
　加藤 敬二 "劇団四季「クレイジー・
　　フォー・ユー」のボビー役の演技"

◇最優秀女優賞
　藤間 紫 "杉浦直樹事務所＋総合ビジョン
　　「父の詫び状」の中牟田とめ役, 帝国劇場
　　「濹東綺譚」のお玉役の演技"

◇最優秀演出家賞
　木村 光一 "こまつ座「イーハトーボの劇
　　列車」, 地人会「はなれ瞽女おりん」の
　　演出"

◇最優秀スタッフ賞
　沢田 祐二 "TPT「テレーズ・ラカン」「背
　　信」, 銀座セゾン劇場「陽気な幽霊」の
　　照明"

◇選考委員特別賞
　梅若 六郎 "梅若六郎の会「護法」, 鎌倉芸
　　術館開館記念能「吉野静」の演出"

◇優秀作品賞
　「アイ・ラブ・坊っちゃん」(音楽座),「盛
　　綱陣屋」(松竹),「能・道成寺」(大槻能
　　楽堂),「エリザベス」(銀座セゾン劇場)

◇優秀男優賞
　大滝 秀治 「夏の盛りの蟬のように」,「君
　　はいま, 何処に…」(蟬の会, 劇団民芸)

　北村 和夫 「花咲くチェリー」(地人会)

　茂山 千五郎 (12世)「能『護法』」,「狂言
　　『禰宜山伏』」

　坂東 八十助 「歌舞伎『逆艪』『一谷嫩軍
　　記』『お艶殺し』」

◇優秀女優賞
　佐藤 オリエ 「テレーズ・ラカン」(TPT)

　白石 加代子 「百物語シリーズ・箪笥」(メ
　　ジャーリーグ)

　土居 裕子 「シャボン玉とんだ宇宙までと
　　んだ」(音楽座)

　藤 真利子 「テレーズ・ラカン」(TPT)

◇優秀演出家賞
　鈴木 忠志 「世界の果てからこんにちはI」
　　(劇団SCOT)

　関矢 幸雄 「寿劇『あゝ東京行進曲』」(劇
　　団1980)

　三谷 幸喜 「ラヂオの時間」「彦馬がゆく」
　　(東京サンシャインボーイズ)

◇優秀スタッフ賞
　石井 強司 "「土」「はなれ瞽女おりん」「ゆ
　　ずり葉」の美術"

　大田 創 "「馬かける男たち」の美術"

　倉本 政典 "「ジェイクス・ウィメン」の美
　　術"

　服部 基 "「ロレンザッチョ」,「四重奏」の
　　照明"

第2回 (平6年)

◇大賞・最優秀女優賞
　杉村 春子 "「ウェストサイドワルツ」,「恋
　　ぶみ屋一葉」,「ふるあめりかに袖はぬ
　　らさじ」の演技"

◇最優秀作品賞
　「恋ぶみ屋一葉」(松竹製作)

◇最優秀男優賞
　中村 勘九郎 (5世) "「寺子屋」「四谷怪談」
　　「魚屋宗五郎」の演技"

◇最優秀演出家賞
　三木 のり平 "「放浪記」の演出"

◇最優秀スタッフ賞
　朝倉 摂 "「泣かないで」「オレアナ」「エン
　　ジェルス・イン・アメリカ」の舞台美術"

◇選考委員特別賞
　ダムタイプ 「S/N」
◇優秀作品賞
　「泣かないで」(音楽座),「父と暮せば」(こ
　まつ座),「オレアナ」(パルコ)
◇優秀男優賞
　佐藤 伸行 「ホーム」(音楽座)
　杉浦 直樹 「恋ぶみ屋一葉」(松竹)
　笛田 宇一郎 「ジュリエット」(水戸芸術
　　館)
　三津田 健 「鼻」(文学座)
◇優秀女優賞
　今津 朋子 「泣かないで」(音楽座)
　梅沢 昌代 「父と暮せば」(こまつ座)
　新橋 耐子 「頭痛肩こり樋口一葉」(こまつ
　　座)
　森 光子 「放浪記」(芸術座)
◇優秀演出家賞
　鵜山 仁 「ローゼンクランツとギルデンス
　　ターンは死んだ」「父と暮せば」(メ
　　ジャーリーグ,こまつ座)
　江守 徹 「ウェストサイドワルツ」「恋ぶ
　　み屋一葉」(文学座,松竹)
　西川 信広 「マイチルドレン! マイアフ
　　リカ!」「オレアナ」「二十日鼠と人間」
　　「背信の日々」(文学座,パルコ,俳優座劇
　　場,文学座)
　松本 修 「わたしが子どもだったころ」
　　(MODE)
◇優秀スタッフ賞
　石井 みつる "「仮名手本ハムレット」「木
　　を揺らす―2」「百三十二番地の貸家」
　　「落葉日記」の美術"
　中越 司 "「ペール・ギュント」「夏の夜の
　　夢」「ローゼンクランツとギルデンス
　　ターンは死んだ」の美術"
　服部 基 "「泣かないで」,「ガラスの動物
　　園」,「ホーム」の照明"
　林 光 "「座・新劇」シリーズ3作品の音楽"
第3回 (平7年)
◇大賞・最優秀作品賞
　「GHETTO/ゲットー」(ひょうご舞台芸

術)
◇最優秀男優賞
　松本 幸四郎(9世) "「ラ・マンチャの男」
　　のセルバンテス,キハーナ,ドン・キホー
　　テ役の演技"
◇最優秀女優賞
　麻実 れい "「ハムレット」のハムレット
　　役,「エンジェルス・イン・アメリカ」の
　　天使役などの演技"
◇最優秀演出家賞
　栗山 民也 "「GHETTO/ゲットー」の演
　　出"
◇最優秀スタッフ賞
　堀尾 幸男 "「オセロー」,「GHETTO/
　　ゲットー」,「し」の美術"
◇選考委員特別賞
　該当者なし
◇優秀作品賞
　「ガイジン」(東京ルネッサンス推進委員
　　会),「わたしが子どもだったころ北海道
　　版」(MODE),「女中たち」(シアター
　　X),「沈黙」(劇団昴,MRT)
◇優秀男優賞
　今井 清隆 「美女と野獣」(劇団四季)
　片岡 孝夫 「菅原伝授手習鑑」「伊勢音頭
　　恋寝刃」(歌舞伎座)
　中村 吉右衛門(2世) 「実盛物語」「平家女
　　護嶋～俊寛」(歌舞伎座,国立劇場)
　山本 龍二 「パパのデモクラシー」(二兎
　　社)
◇優秀女優賞
　東 恵美子 「黄昏」(劇団青年座)
　倉野 章子 「三人姉妹」「野分立つ」(TPT,
　　文学座)
　佐藤 オリエ 「葵上」「班女」「エンジェル
　　ス・イン・アメリカ」(TPT,銀座セゾン
　　劇場)
　土居 裕子 「アイ・ラブ・坊っちゃん'95」
　　「星の王子さま」(音楽座)
◇優秀演出家賞
　青井 陽治 「ラヴ・レターズ」(パルコ)
　末木 利文 「命を弄ぶ男ふたり」「紙風船」

（木山事務所）

竹内 銃一郎 「月ノ光」「坂の上の家」「みず色の空,そら色の水」「氷の涯」「新・ハロー,グッバイ」（JIS企画,OMSプロデュース,劇団東京乾電池,彩の国さいたま芸術劇場）

松本 修 「旅路の果て」「わたしが子どもだったころオホーツク版」「わたしが子どもだったころ北海道版」（MODE）

◇優秀スタッフ賞

石井 みつる "「現代日本戯曲大系1」「雲の涯」の装置（水戸芸術館,木山潔プロデュース）"

島 次郎 "「月ノ光」,「つくづく赤い風車」,「赤い階段の家」の美術"

室伏 生大 "「星の王子さま」の照明"

和田 平介 "「水の国のガリバー」,「ソルネス」,「人さらい」の美術"

第4回（平8年）

◇大賞・最優秀女優賞

黒柳 徹子 「幸せの背くらべ」「マスター・クラス」

◇最優秀作品賞

「笑の大学」（パルコ）

◇最優秀男優賞

中村 鴈治郎（3世）"「時雨の炬燵」の紙屋治兵衛役,「葛の葉」の女房葛の葉,葛の葉姫役,「妹背山婦女庭訓」の定高役の演技"

◇最優秀演出家賞

蜷川 幸雄 "「身毒丸」「近松心中物語 それは恋」「夏の夜の夢」「1996・待つ」の演出"

◇最優秀スタッフ賞

石井 強司 "「シンガー」「水面鏡」「私はラッパポートじゃないよ」の美術"

◇選考委員特別賞

西川 信広

◇優秀作品賞

「身毒丸」（ホリプロ,メジャーリーグ），「マドモアゼル・モーツァルト」（音楽座），「水面鏡」（文学座アトリエの会），

「KAN-KAN」（ザ・スズナリ）

◇優秀男優賞

市川 猿之助（3世）春秋会「神結新三」,松竹「義経千本桜」

大槻 文蔵 東京清韻会別会「善界」

川平 慈英 松竹「雨に唄えば」

津嘉山 正種 ひょうご舞台芸術「シャドー・ランズ」

◇優秀女優賞

郡山 冬果 文学座アトリエの会「水面鏡」

白石 加代子 ホリプロ,メジャーリーグ「身毒丸」

寺島 しのぶ ポイント東京,松竹「近松心中物語 それは恋」

土居 裕子 音楽座「マドモアゼル・モーツァルト」

◇優秀演出家賞

生田 萬 ザ・スズナリ「KAN-KAN」

鐘下 辰男 演劇企画集団THE・ガジラ「六悪党」,水谷内助義プロデュース「廃墟」

高橋 昌也 銀座セゾン劇場「幸せの背くらべ」

◇優秀スタッフ賞

小室 哲哉 "音楽座「マドモアゼル・モーツァルト」の音楽"

島 次郎 "演劇企画集団THE・ガジラ「北辺のカモメ」「六悪党」,水谷内助義プロデュース「廃墟」の美術"

妹尾 河童 "ひょうご舞台芸術「シャドー・ランズ」の美術"

宮川 彬良 "ホリプロ,メジャーリーグ「身毒丸」の作曲,メジャーリーグ「幻の光」の音楽"

第5回（平9年）

◇大賞・最優秀演出家賞

鐘下 辰男 "「PW」「温室の前」「仮釈放」「どん底」の演出"

◇最優秀作品賞

「月の岬」（月の岬プロジェクト）

◇最優秀男優賞

坂東 玉三郎 "「壇浦兜軍記」の阿古屋役などの演技"

◇最優秀女優賞

　三田 和代 "「紙屋町さくらホテル」の園田
　　恵子役の演技"

◇最優秀スタッフ賞

　妹尾 河童 "「ドアをあけると…」などの美
　　術"

◇選考委員特別賞

　加藤 剛 "「門一わが愛」の野中宗助役など
　　の演技"

◇優秀作品賞

　「フユヒコ」(劇団青年座),「寒花」(文学座
　　アトリエの会),「仮釈放」(演劇企画集団
　　THE・ガジラ),「泣かないで'97」(TBS,
　　パルコ, ヒューマンデザイン)

◇優秀男優賞

　千葉 哲也 演劇企画集団THE・ガジラ「温
　　室の前」, 同「仮釈放」

　古田 新太 メジャーリーグ「ローゼンクラ
　　ンツとギルデンスターンは死んだ」,
　　NODA・MAP「キル」, 流山児★事務所
　　「愛の乞食」

　美輪 明宏 パルコ「双頭の鷲」

◇優秀女優賞

　今井 和子 劇団青年座「フユヒコ」

　今津 朋子 TBS, パルコ, ヒューマンデザイ
　　ン「泣かないで'97」

　川口 敦子 劇団俳優座「門 －わが愛－」,
　　こまつ座「マンザナ, わが町」

　西山 水木 演劇企画集団THE・ガジラ
　　「PW」, 結城座「昭和怪盗伝」, 演劇企画
　　集団THE・ガジラ「仮釈放」

◇優秀演出家賞

　金 盾進 オーツーコーポレーション・プロ
　　デュース「飛龍伝」

　西川 信広 文学座アトリエの会「寒花」

　平田 オリザ 月の岬プロジェクト「月の岬」

　宮田 慶子 劇団青年座「フユヒコ」

◇優秀スタッフ賞

　柴田 秀子 劇団青年座スタジオ「ジャン
　　ナ」, 劇団青年座「見よ, 飛行機の高く飛
　　べるを」の美術

　島 次郎 "演劇企画集団THE・ガジラ

「PW」, オペラシアターこんにゃく座
　　「ガリバー」, 演劇企画集団THE・ガジ
　　ラ「仮釈放」, 彩の国さいたま芸術劇場
　　「ひまわり」の美術"

　高橋 巖 "TPT「イサドラ」, パルコ, 松竹
　　「スカイライト」, 銀座セゾン劇場「ライ
　　オンのあとで」の音響"

　服部 基 "地人会「海の沸点」, TBS, パル
　　コ, ヒューマンデザイン「泣かないで
　　'97」, 新国立劇場「夜明け前」の照明"

第6回(平10年)

◇大賞・最優秀作品賞

　「エヴァ, 帰りのない旅」(ひょうご舞台芸
　　術)

◇最優秀男優賞

　内野 聖陽 "「カストリ・エレジー」のケン
　　役,「野望と夏草」の平清盛役の演技"

◇最優秀女優賞

　岩崎 加根子 "「エヴァ, 帰りのない旅」の
　　リル役,「あなたまでの6人」のウィーザ
　　役の演技"

◇最優秀演出家賞

　栗山 民也 "「エヴァ, 帰りのない旅」,
　　「メッカへの道」の演出"

◇最優秀スタッフ賞

　堀尾 幸男 "「エヴァ, 帰りのない旅」,
　　「Right Eye」の美術"

◇杉村春子賞

　宮本 裕子 "「エヴァ, 帰りのない旅」のエ
　　ヴァ役の演技"

◇選考委員特別賞

　島 次郎 "「いぬもあるけばぼうにあた
　　る」,「カストリ・エレジー」の美術"

◇優秀作品賞

　「敷地物狂」(大槻清韻会能楽堂),「あなた
　　までの6人」(劇団俳優座),「水の駅―3」
　　(演劇事務所<UZURA>, 世田谷パブ
　　リックシアター, 湘南台文化センター市
　　民シアター, 水戸芸術館ACM劇場),「時
　　の物置」(二兎社)

◇優秀男優賞

　梅若 六郎 大槻清韻会「敷地物狂」, 梅若

六郎の会「空海」

平 幹二朗 ポイント東京「王女メディア」

増沢 望 劇団俳優座「あなたまでの6人」

吉田 鋼太郎 シェイクスピア・シアター「ヴェニスの商人」

◇優秀女優賞

市原 悦子 新国立劇場「ディア・ライアー」

北林 谷栄 劇団民藝「根岸庵律女」）

草笛 光子 キャスター・ウェストエンド・シアター「エイミィズ・ヴュー」

宮本 裕子 ひょうご舞台芸術「エヴァ，帰りのない旅」

◇優秀演出家賞

青井 陽治 劇団俳優座「あなたまでの6人」

市川 猿之助（3世） 春秋会「摂州合邦辻」

鵜山 仁 ひょうご舞台芸術「陽ざかりの女たち」，俳優座劇場「疵だらけのお秋」

西川 信広 新国立劇場「野望と夏草」

◇優秀スタッフ賞

礒沼 陽子 TPT「娘に祈りを」の装置，同「楽屋」の美術

後藤 浩明 劇団俳優座「ロミオとジュリエット」，新国立劇場「野望と夏草」の音楽

室伏 生大 TBS，パルコ，ヒューマンデザイン「星の王子さま '98」の照明

第7回（平11年）

◇大賞・最優秀女優賞

森 光子 "「放浪記」の林芙美子役"

◇最優秀作品賞

「パンドラの鐘」（NODA・MAP）

◇最優秀男優賞

角野 卓造 "「温水夫妻」の温水浩一郎役，「おお，星条旗娘！」のアンディ役の演技"

◇最優秀演出家賞

坂手 洋二 "「天皇と接吻」の演出"

◇最優秀スタッフ賞

加藤 ちか "「トーキョー裁判1999」，「天皇と接吻」の美術"

◇杉村春子賞

市川 新之助 "「勧進帳」の弁慶役，「天守物語」の図書之助役の演技"

◇選考委員特別賞

松竹座 「仮名手本忠臣蔵」

◇優秀作品賞

「SOLID」（ウォーキング・スタッフ・インパクト），「天皇と接吻」（燐光群），「令嬢ジュリー」（TPT）

◇優秀男優賞

市川 団十郎（12世） 松竹・博多座「恋湊博多諷」，国立劇場「本朝廿四孝」，松竹・歌舞伎座「大杯觴酒戦強者」

中村 鴈治郎（3世） 松竹・松竹座「假名手本忠臣蔵」，国立劇場「本朝廿四孝」

中村 富十郎（5世） 松竹・歌舞伎座「盲長屋梅加賀鳶」「実盛物語」

野村 萬斎 新国立劇場「子午線の祀り」

◇優秀女優賞

麻実 れい ホリプロ「リトル・ナイト・ミュージック」，松竹「恋の三重奏」

大橋 弘枝 俳優座劇場「小さき神のつくりし子ら」

岸田 今日子 演劇集団円「猫町」「遠い日々の人」

富沢 亜古 TPT「令嬢ジュリー」

◇優秀演出家賞

小池 修一郎 宝塚歌劇団宙組「エリザベート」

デヴィッド・ルヴォー TPT「令嬢ジュリー」

内藤 裕敬 OMS「ここからは遠い国」

福田 善之 木山事務所「壁の中の妖精」

◇優秀スタッフ賞

礒沼 陽子 "TPT「令嬢ジュリー」の美術"

沢田 祐二 "銀座セゾン劇場「マレーネ」，TPT「令嬢ジュリー」の照明"

島 次郎 "演劇集団円「猫町」の装置，彩の国さいたま芸術劇場「伝染」の美術"

深川 定次 "演劇集団円「猫町」の効果"

第8回（平12年）

◇大賞・最優秀作品賞

「グリークス」（Bunkamura）

◇最優秀男優賞

平 幹二朗 "「テンペスト」「グリークス」"

の演技"

◇最優秀女優賞

　三田 和代 "「夜への長い旅路」の演技"

◇最優秀演出家賞

　蜷川 幸雄 "「テンペスト」「グリークス」の演出"

◇最優秀スタッフ賞

　甲斐 正人 "「エリザベート」の音楽監督,「出島」の音楽"

◇杉村春子賞

　目黒 未奈 "「心破れて」「マイ・シスター・イン・ディズ・ハウス」の演技"

◇選考委員特別賞

　木の実 ナナ "「ロス・タラントス」の演技"

◇優秀作品賞

　「怒濤」(新国立劇場),「夜への長い旅路」(新国立劇場),「萩家の三姉妹」(二兎社),「マイ・シスター・イン・ディス・ハウス」(文学座アトリエの会)

◇優秀男優賞

　小沢 昭一 シャボン玉座「唐来参和」

　真田 広之 パルコ「オケピ!」

　高橋 幸治 新国立劇場「怒涛」

　辻 万長 こまつ座「化粧二題」

◇優秀女優賞

　久世 星佳 自転車キンクリートSTORE「OUT」

　目黒 未奈 文学座アトリエの会「マイシスターインディスハウス」

　渡辺 美佐子 BUNKAMURA「グリークス」

◇優秀演出家賞

　鈴木 裕美 俳優座劇場プロデュース「高き彼物」,自転車キンクリートSTORE「OUT」

　髙瀬 久男 文学座アトリエの会「マイシスターインディスハウス」,佐藤正隆事務所「リタの教育」

　永井 愛 二兎社「萩家の三姉妹」

　マキノ ノゾミ 新国立劇場「怒涛」

◇優秀スタッフ賞

　前田 清実 "アトリエ・ダンカン「ロス・

タラントス」の振付"

　松井 るみ "劇団民藝「アンナ・カレーニナ」の装置"

　レギーナ・エッシェンベルグ "世田谷パブリックシアター「ロベルト・ズッコ」の美術"

　和田 平介 "劇団第七病棟「雨の塔」の美術"

第9回(平13年)

◇大賞・最優秀作品賞

　「こんにちは,母さん」(新国立劇場)

◇最優秀男優賞

　平田 満 "「こんにちは,母さん」,「アート」での演技"

◇最優秀女優賞

　加藤 治子 "「こんにちは,母さん」での演技"

◇最優秀演出家賞

　宮田 慶子 "「赤シャツ」「悔しい女」,「セイムタイム・ネクストイヤー」などの演出"

◇最優秀スタッフ賞

　島 次郎 "「アンチゴーヌ」,「コペンハーゲン」などの美術"

◇杉村春子賞

　秋山 菜津子 "「プルーフ/証明」,「ブルールーム」などでの演技"

◇選考委員特別賞

　高畑 淳子 "「セイムタイム・ネクストイヤー」「悔しい女」での演技"

◇優秀作品賞

　「上野動物園再々々襲撃」(青年団),「すべて世は事も無し」(加藤健一事務所),「コペンハーゲン」(新国立劇場),「ヴェニスの商人」(日欧舞台芸術交流会)

◇優秀男優賞

　今井 朋彦 俳優座劇場プロデュース「こわれがめ」,新国立劇場「コペンハーゲン」,世田谷パブリックシアター「職さがし」

　尾上 菊五郎(7世) 松竹・新橋演舞場「仮名手本忠臣蔵」,松竹・歌舞伎座「摂州合邦辻」,同「天一坊大岡政談」

中野 誠也 日欧舞台芸術交流会「ヴェニス
　の商人」

橋爪 功 演劇集団円「シラノ・ド・ベル
　ジュラック」

◇優秀女優賞

秋山 菜津子 ひょうご舞台芸術「プルーフ
　/証明」,TPT「ブルールーム」

寺島 しのぶ 新国立劇場「ピカドン・キジ
　ムナー」,ひょうご舞台芸術「プルーフ/
　証明」

長谷川 稀世 劇団青年座「赤シャツ」

◇優秀演出家賞

鵜山 仁 新国立劇場「コペンハーゲン」,
　ひょうご舞台芸術「ペギーからお電話!?」

加藤 健一 加藤健一事務所「すべて世は事
　も無し」

ケラリーノ・サンドロヴィッチ 青山円形
　劇場プロデュース「室温」

白井 晃 遊◎機械/全自動シアター「食卓
　の木の下で」,遊◎機械プロデュース
　「ムーン・パレス」,遊◎機械/全自動シ
　アター「ラ・ヴィータ」

◇優秀スタッフ賞

ヴィッキー・モーティマー "TPT「ブルー
　ルーム」の美術"

大田 創 "新国立劇場「こんにちは,母さ
　ん」,二兎社「日暮町風土記」の美術"

小竹 信節 遊◎機械/全自動シアター「食卓
　の木の下で」,同「ラ・ヴィータ」の美術

塩田 明弘 "東宝「エリザベート」,東宝,
　ホリプロ,フジテレビジョン「ジキル
　&ハイド」の指揮"

第10回（平14年度）

◇大賞・最優秀女優賞

大竹 しのぶ "「売り言葉」「太鼓たたいて
　笛ふいて」の演技"

◇最優秀作品賞

「太鼓たたいて笛ふいて」（こまつ座）

◇最優秀男優賞

木場 勝己 "「最後の一人までが全体であ
　る」などの演技"

◇最優秀演出家賞

坂手 洋二 "「屋根裏」などの演出"

◇最優秀スタッフ賞

松井 るみ "「ピッチフォーク・ディズ
　ニー」の美術"

◇杉村春子賞

中川 晃教 "「モーツァルト！」の演技"

◇芸術栄誉賞

浅利 慶太

◇選考委員特別賞

中村 吉右衛門（2世）"「仮名手本忠臣蔵」
　の演技"

◇優秀作品賞

「寺子屋」（松竹・歌舞伎座）

「雁の寺」（地人会）

「最後の一人までが全体である」（燐光群）

「モーツァルト！」（東宝,シアター・ドラ
　マシティ）

◇優秀男優賞

市村 正親 "「海の上のピアニスト」などの
　演技"

中川 晃教 "「モーツァルト！」の演技"

野村 萬斎 "「オイディプス王」などの演技"

◇優秀女優賞

麻実 れい "「くしゃみ」などの演技"

岸田 今日子 "「ブラインド・タッチ」の演
　技"

草笛 光子 "「W;t ウィット」の演技"

高橋 恵子 "「雁の寺」などの演技"

◇優秀演出家賞

木村 光一 "「雁の寺」などの演出"

小池 修一郎 "「モーツァルト！」の演出"

白井 晃 "「ピッチフォーク・ディズニー」
　などの演出"

西川 信広 "「ベンゲット道路」などの演出"

◇優秀スタッフ賞

田中 伸幸 "「ブラインド・タッチ」の舞台
　監督"

東儀 秀樹 "「オイディプス王」の音楽"

前田 文子 "「オイディプス王」などの衣裳"

横田 あつみ "「丘の上のイエッペ」などの
　美術"

第11回（平15年度）
◇大賞・最優秀演出家賞
　鵜山 仁 「兄おとうと」「Just Business」
　　「ニュルンベルク裁判」
◇最優秀作品賞
　「オイル」（NODA・MAP）
◇最優秀男優賞
　風間 杜夫 "「死と乙女」,「カラオケマン」
　　「旅の空」「一人」の演技"
◇最優秀女優賞
　寺島 しのぶ "「さぶ」「マッチ売りの少女」
　　「世阿弥」の演技"
◇最優秀スタッフ賞
　勝柴 次朗 "「エリザベート」「ニュルンベ
　　ルク裁判」「世阿弥」の照明"
◇杉村春子賞
　藤原 竜也 "「HAMLET」の演技"
◇芸術栄誉賞
　永山 武臣
◇選考委員特別賞
　「詩人の恋」（加藤健一事務所）
◇優秀作品賞
　「ペリクリーズ」（埼玉県芸術文化振興団,
　　ホリプロ）
　「AMERIKA」（MODE＋世田谷パブリック
　　シアター）
　「ニュルンベルク裁判」（ひょうご舞台芸術）
◇優秀男優賞
　加藤 健一 "「木の皿」などの演技"
　小林 勝也 "「Just Business」などの演技"
　すま けい "「人間合格」などの演技"
　藤原 竜也 "「HAMLET」の演技"
◇優秀女優賞
　麻実 れい "「桜の園」などの演技"
　池田 有希子 "「青ひげ公の城」などの演技"
　高畑 淳子 "「越路吹雪物語」の演技"
　辻 由美子 "「肝っ玉おっ母とその子供た
　　ち」などの演技"
◇優秀演出家賞
　唐 十郎 "「泥人魚」などの演出"
　久世 龍之介 "「詩人の恋」の演出"
　野田 秀樹 "「オイル」などの演出"

　松本 修 "「AMERICA」などの演出"
◇優秀スタッフ賞
　井手 茂太 "「AMERICA」の振付"
　金井 勇一郎 "「夢の仲蔵千本桜」などの美
　　術"
　島 健 "「PURE LOVE」の音楽"
　朴 勝哲 "「兄おとうと」のピアノ演奏"
第12回（平16年度）
◇大賞・最優秀男優賞
　大滝 秀治 "「巨匠」「浅草物語」の演技"
◇最優秀作品賞
　「赤鬼」（Bunkamura）
◇最優秀女優賞
　宮沢 りえ "「透明人間の蒸気」の演技"
◇最優秀演出家賞
　野田 秀樹 「赤鬼」
◇最優秀スタッフ賞
　礒沼 陽子 "「INTO THE WOODS」の美
　　術"
◇杉村春子賞
　尾上 菊之助（5世）"「京鹿子娘二人道成
　　寺」の演技など"
◇芸術栄誉賞
　宝塚歌劇団
◇選考委員特別賞
　「だるまさんがころんだ」（燐光群）
◇優秀作品賞
　「京鹿子娘二人道成寺」（松竹・歌舞伎座）
　「エンジェルス・イン・アメリカ」（t.p.t）
　「INTO THE WOODS」（新国立劇場）
◇優秀男優賞
　市村 正親 "「ミス・サイゴン」の演技"
　岡本 健一 "「タイタス・アンドロニカス」
　　の演技"
　片岡 仁左衛門（15世）"「義経千本桜」の
　　演技"
　小林 勝也 "「花よりタンゴ」の演技"
◇優秀女優賞
　麻実 れい "「タイタス・アンドロニカス」
　　などの演技"
　一路 真輝 "「エリザベート」の演技"
　キムラ 緑子 "「偶然の男」などの演技"

倉野 章子 "「夜からの声」の演技"
◇優秀演出家賞
　坂手 洋二 "「だるまさんがころんだ」の演出"
　蜷川 幸雄 "「タイタス・アンドロニカス」の演出"
　松本 雄吉 "「キートン」の演出"
　ロバート・アラン・アッカーマン "「エンジェルス・イン・アメリカ」の演出"
◇優秀スタッフ賞
　国井 正広 "「殺陣師段平」の殺陣"
　高橋 巌 "「エンジェルス・イン・アメリカ」の音響"
　中越 司 "「お気に召すまま」の美術"
　宮川 彬良 "「ハムレット」の音楽・ピアノ伴奏"

第13回（平17年度）
◇大賞・最優秀演出家賞
　蜷川 幸雄 "「幻に心もそぞろ狂おしのわれら将門」「メディア」「NINAGAWA十二夜」「天保十二年のシェイクスピア」の演出"
◇最優秀作品賞
　「歌わせたい男たち」（二兎社）
◇最優秀男優賞
　浅野 和之 "「ブラウニング・バージョン」「12人の優しい日本人」の演技"
◇最優秀女優賞
　戸田 恵子 "「歌わせたい男たち」の演技"
◇最優秀スタッフ賞
　金井 勇一郎 "「NINAGAWA十二夜」の美術"
◇杉村春子賞
　井上 芳雄 "「モーツァルト！」「エリザベート」の演技"
◇芸術栄誉賞
　唐 十郎
◇選考委員特別賞
　仲代 達矢 "「ドライビング・ミス・デイジー」の演技"
◇優秀作品賞
　「城」（新国立劇場）

「メディア」（Bunkamura）
「LAST SHOW」（パルコ）
「屋上庭園/動員挿話」（新国立劇場）
◇優秀男優賞
　尾上 菊之助（5世）"「NINAGAWA十二夜」などの演技"
　日下 武史 "「アンチゴーヌ」などの演技"
　段田 安則 "「幻に心もそぞろ狂おしのわれら将門」などの演技"
◇優秀女優賞
　大浦 みずき "「ナインTHE MUSICAL」などの演技"
　大竹 しのぶ "「メディア」の演技"
　七瀬 なつみ "「屋上庭園」などの演技"
　松 たか子 "「コーカサスの白墨の輪」などの演技"
◇優秀演出家賞
　串田 和美 "「コーカサスの白墨の輪」の演出"
　永井 愛 "「歌わせたい男たち」の演出"
　深津 篤史 "「父帰る」などの演出"
　松本 修 "「城」などの演出"
◇優秀スタッフ賞
　宇崎 竜童 "「ロック曽根崎心中」などの音楽"
　沢田 祐二 "「城」などの照明"
　島 次郎 "「城」などの美術"
　中越 司 "「KITCHEN」などの美術"

第14回（平18年度）
◇大賞・最優秀男優賞
　段田 安則 "「ヴァージニア・ウルフなんかこわくない？」「タンゴ・冬の終わりに」の演技"
◇最優秀作品賞
　「ヴァージニア・ウルフなんかこわくない？」（シス・カンパニー）
◇最優秀女優賞
　寺島 しのぶ "「書く女」の演技"
◇最優秀演出家賞
　串田 和美 "「東海道四谷怪談 北番」の演出"
◇最優秀スタッフ賞

二村 周作 "「血の婚礼」「アジアの女」「白
　野」の美術"
◇杉村春子賞
　草彅 剛 "「父帰る」「屋上の狂人」の演技"
◇芸術栄誉賞
　小幡 欣治
◇優秀作品賞
　「屋上の狂人」(シス・カンパニー)
　「スラブ・ボーイズ」(TPT)
　「NEVER SAY GOODBYE—ある愛の軌
　　跡—」(宝塚歌劇団宙組)
　「喜劇の殿さん」(劇団民芸)
◇優秀男優賞
　大滝 秀治 "「審判—神と人とのあいだ 第
　　一部—」などの演技"
　尾上 菊之助(5世) "「神霊矢口渡」の演技"
　草彅 剛 "「父帰る」などの演技"
　中村 吉右衛門(2世) "「元禄忠臣蔵第一
　　部」の演技"
◇優秀女優賞
　秋山 菜津子 "「タンゴ・冬の終わりに」の
　　演技"
　麻実 れい "「黒蜥蜴」の演技"
　草笛 光子 "「6週間のダンスレッスン」の
　　演技"
　島田 歌穂 "「ベガーズ・オペラ」などの演
　　技"
◇優秀演出家賞
　鵜山 仁 "「紙屋町さくらホテル」などの演
　　出"
　河原 雅彦 "「父帰る」などの演出"
　千葉 哲也 "「スラブ・ボーイズ」の演出"
　長塚 圭史 "「ウィー・トーマス」の演出"
◇優秀スタッフ賞
　小川 幾雄 "「ヴァージニア・ウルフなんか
　　こわくない?」などの照明"
　奥村 泰彦 "「錦鯉」などの美術"
　小峰 リリー "「フロッグとトード」などの
　　衣裳"
　山口 琇也 "「ベガーズ・オペラ」の作曲・
　　編曲・音楽監督"

第15回(平19年度)
◇大賞・最優秀作品賞
　「THE BEE」日本バージョン, ロンドン
　　バージョン(NODA・MAP)
◇最優秀男優賞
　野田 秀樹 "「THE BEE」の演技"
◇最優秀女優賞
　松 たか子 "「ひばり」「ロマンス」の演技"
◇最優秀演出家賞
　野田 秀樹 "「THE BEE」の演出"
◇最優秀スタッフ賞
　原田 保 "「エレンディラ」「ドラクル」の
　　照明"
◇杉村春子賞
　笹本 玲奈 "「ウーマン・イン・ホワイト」
　　の演技"
◇芸術栄誉賞
　戌井 市郎
◇選考委員特別賞
　橋爪 功 "「実験」「レインマン」の演技"
◇優秀作品賞
　「コンフィダント・絆」(パルコ),
　　「CLEANSKINS/きれいな肌」(新国立劇
　　場),「殿様と私」(文学座),「審判」(世
　　田谷パブリックシアター)
◇優秀男優賞
　北村 有起哉 新国立劇場
　　「CLEANSKINS/きれいな肌」
　坂田 藤十郎 国立劇場「摂州合邦辻」
　たかお 鷹 文学座「殿様と私」
◇優秀女優賞
　池内 淳子 松竹「華岡青洲の妻」, 東宝
　　「三婆」
　笹本 玲奈 ホリプロ「ウーマン・イン・ホ
　　ワイト」
　奈良岡 朋子 劇団民藝「坐漁荘の人びと」
　堀内 敬子 パルコ「コンフィダント・絆」
◇優秀演出家賞
　鈴木 裕美 東宝芸能「宝塚BOYS」, 新国
　　立劇場「たとえば野に咲く花のよう
　　に」, ホリプロ「ハレルヤ!」
　丹野 郁弓 劇団民藝「坐漁荘の人びと」

松本 修 世田谷パブリックシアター「審判」「失踪者」

◇優秀スタッフ賞

伊藤 雅子 世田谷パブリックシアター「審判」「失踪者」の美術

宇野 誠一郎 こまつ座/シス・カンパニー「ロマンス」の音楽

小山 博道 グループる・ばる「片づけたい女たち」の舞台監督

松井 るみ 地人会「ビルマの竪琴」, 世田谷パブリックシアター「国盗人」の美術

第16回（平20年度）

◇大賞・最優秀作品賞

「焼肉ドラゴン」（新国立劇場）

◇最優秀男優賞

平 幹二朗 "「リア王」「山の巨人たち」の演技"

◇最優秀女優賞

宮沢 りえ "「人形の家」の演技"

◇最優秀演出家賞

サイモン・マクバーニー "「春琴」の演出"

◇最優秀スタッフ賞

謝 珠栄 "「AKURO」の振り付け"

◇杉村春子賞

中村 勘太郎 "「仮名手本忠臣蔵」の演技"

◇芸術栄誉賞

TPT

◇選考委員特別賞

中村 吉右衛門（2世）"「逆櫓」「大老」の演技"

◇優秀作品賞

「春琴」（世田谷パブリックシアター/コンプリシテ）,「スカーレット・ピンパーネル」（宝塚歌劇団星組）,「表と裏と, その向こう」（イキウメ）,「人形の家」（シス・カンパニー）

◇優秀男優賞

市村 正親 ホリプロ「KEAN」, 東宝, ホリプロ「ラ・カージュ・オ・フォール」

小林 勝也 演劇企画集団THE・ガジラ「ゆらゆら」

申 哲振 新国立劇場「焼肉ドラゴン」

◇優秀女優賞

市原 悦子 演劇企画集団THE・ガジラ「ゆらゆら」

高 秀喜 新国立劇場「焼肉ドラゴン」

深津 絵里 世田谷パブリックシアター/コンプリシテ「春琴」

吉行 和子 ジェイ・クリップ, ヨオの会「アプサンス」

◇優秀演出家賞

鵜山 仁（ミュージカルカンパニーイッツフォーリーズ「天切り松人情闇がたり」, 新国立劇場「オットーと呼ばれる日本人」, 同「舞台は夢」

千葉 哲也 TPT「広い世界のほとりに」

前川 知大 イキウメ「表と裏と, その向こう」, 同「図書館的人生vol.2 盾と矛」

梁 正雄, 鄭 義信 新国立劇場「焼肉ドラゴン」

◇優秀スタッフ賞

今村 力 "the company「1945」の美術"

太田 雅公 "新国立劇場「舞台は夢」の衣装"

奥 秀太郎 TBS「黒猫」の映像

中川 隆一 演劇企画集団THE・ガジラ「ゆらゆら」の照明

第17回（平21年度）

◇大賞・最優秀作品賞

「ヘンリー六世」（新国立劇場）

◇最優秀男優賞

市村 正親 "「炎の人」の演技"

◇最優秀女優賞

鳳 蘭 "「雨の夏, 三十人のジュリエットが還ってきた」「COCO」「屋根の上のヴァイオリン弾き」の演技"

◇最優秀演出家賞

鵜山 仁 "「ヘンリー六世」の演出"

◇最優秀スタッフ賞

小曽根 真 "「組曲虐殺」の音楽・演奏"

◇杉村春子賞

浦井 健治 "「ダンスオブヴァンパイア」「ヘンリー六世」の演技"

◇芸術栄誉賞

井上 ひさし
◇選考委員特別賞
片岡 仁左衛門（15世）「御浜御殿綱豊卿」
「女殺油地獄の演技」
◇優秀作品賞
「太夫さん」（松竹・劇団新派），「炎の人」
（ホリプロ），「コースト・オブ・ユートピ
アーユートピアの岸へ」（Bunkamura），
「組曲虐殺」（こまつ座＆ホリプロ）
◇優秀男優賞
岡本 健一 新国立劇場「ヘンリー六世」
北大路 欣也 シーエイティプロデュース
「フロスト/ニクソン」
佐々木 蔵之介 パルコ「狭き門より入れ」
◇優秀女優賞
蒼井 優 シス・カンパニー「楽屋」
剣 幸 東宝「この森で，天使はバスを降り
た」，こまつ座「兄おとうと」
中嶋 朋子 新国立劇場「ヘンリー六世」
波乃 久里子 松竹・劇団新派「女の一生」，
同「おんなの家」
◇優秀演出家賞
栗山 民也 ホリプロ「炎の人」，こまつ座
＆ホリプロ「組曲虐殺」
高瀬 久男 加藤健一事務所「高き彼物」，
グレイクリスマスの会「グレイクリス
マス」
蜷川 幸雄 Bunkamura「コースト・オブ・
ユートピアーユートピアの岸へ」
前川 知大 イキウメ「関数ドミノ」，パル
コ「狭き門より入れ」
◇優秀スタッフ賞
伊藤 雅子 “新国立劇場「シュート・ザ・ク
ロウ」の美術・衣装，まつもと市民芸術
館「エドワード・ボンドのリア」の美術”
奥村 泰彦 “劇団M.O.P.「リボルバー」，演
劇集団円「コネマラの骸骨」の美術”
島 次郎 “（燐光群「BUG」，新国立劇場
「ヘンリー六世」の美術”
服部 基 “新国立劇場「ヘンリー六世」の
照明”

第18回（平22年度）
◇大賞・最優秀作品賞
「ザ・キャラクター」（NODA・MAP）
◇最優秀男優賞
浅野 和之 “シス・カンパニー「叔母との
旅」のヘンリー・プリング，トゥーリィ，
オトゥール役などの演技”
◇最優秀女優賞
麻実 れい “幹の会＋リリック「冬のライ
オン」のエレノア・オヴ・アキテーヌ
役,TPT「おそるべき親たち」のイヴォ
ンヌ役の演技”
◇最優秀演出家賞
蜷川 幸雄 “埼玉県芸術文化振興財団/ホリ
プロ「ヘンリー六世」，さいたまネクス
ト・シアター「美しきものの伝説」の演
出”
◇最優秀スタッフ賞
小野寺 修二 “シス・カンパニー「叔母と
の旅」のステージング，パルコ「ハー
パー・リーガン」の振付”
◇杉村春子賞
多部 未華子 “東京芸術劇場「農業少女」
の百子役の演技”
◇芸術栄誉賞
小田島 雄志
◇選考委員特別賞
熊倉 一雄 “テアトル・エコー「日本人の
へそ」の演出”
◇優秀作品賞
「叔母との旅」（シス・カンパニー），「Pal
Joey」（Quaras），「摂州合邦辻」（松竹・
日生劇場），「美しきものの伝説」（さいた
まネクスト・シアター）
◇優秀男優賞
尾上 菊之助（5世）“松竹・日生劇場「摂
州合邦辻」”
上川 隆也 “埼玉県芸術文化振興財団/ホリ
プロ「ヘンリー六世」”
チョウ・ソンハ “シーエイティプロデュー
ス「BLUE/ORANGE」，世田谷パブ
リックシアター＋コンプリシテ「春琴」”

橋爪 功 "NODA・MAP「ザ・キャラクター」"
◇優秀女優賞
阿知波 悟美 "東宝「キャンディード」"
大竹 しのぶ "埼玉県芸術文化振興財団/ホリプロ「ヘンリー六世」"
銀粉蝶 "二兎社「かたりの椅子」,世田谷パブリックシアター「ガラスの葉」"
多部 未華子 "東京芸術劇場「農業少女」"
◇優秀演出家賞
鈴木 裕美 "自転車キンクリートSTORE「富士見町アパートメント」,TPT「この雨 ふりやむとき」"
高瀬 久男 "幹の会+リリック「冬のライオン」,Pカンパニー「夏の砂の上」,文学座アトリエの会「カラムとセフィーの物語」"
前川 知大 "イキウメ「プランクトンの踊り場」,同「図書館的人生Vol.3食べもの連鎖」"
◇優秀スタッフ賞
小川 幾雄 "ヴィレッヂ・劇団,本谷有希子「甘え」,NODA・MAP「ザ・キャラクター」,シス・カンパニー「叔母との旅」,同「K2」の照明"
沢田 祐二 "こまつ座「シャンハイムーン」,新国立劇場「やけたトタン屋根の上の猫」の照明"
土岐 研一 "イキウメ「プランクトンの踊り場」,同「図書館的人生Vol.3食べもの連鎖」の美術"
乗峯 雅寛 "文学座アトリエの会「トロイアの女たち」,同「カラムとセフィーの物語」,同「ダーウィンの城」の美術"
第19回（平23年度）
◇大賞・最優秀演出家賞
前川 知大 "「奇ツ怪 其ノ弐」「太陽」の演出"
◇最優秀作品賞
「国民の映画」（パルコ）
◇最優秀男優賞
小日向 文世 "パルコ「国民の映画」のヨ

ゼフ・ゲッベルス役の演技"
◇最優秀女優賞
大竹 しのぶ "シス・カンパニー「大人は,かく戦えり」のヴェロニク・ウリエ役,東宝「ピアフ」のエディット・ピアフ役の演技"
◇最優秀スタッフ賞
松井 るみ "シス・カンパニー「トップ・ガールズ」,新国立劇場「雨」,東宝「GOLD ～カミーユとロダン～」の美術"
◇杉村春子賞
小川 絵梨子 "オフィスコットーネ「12人」,響人「夜の来訪者」,TPT「プライド」の演出"
◇芸術栄誉賞
別役 実
◇選考委員特別賞
「背水の孤島」（TRASHMASTERS）
◇優秀作品賞
「大人は,かく戦えり」（シス・カンパニー）,「奇ッ怪 其ノ弐」（世田谷パブリックシアター）,「猟銃」（パルコ,USINEC）
◇優秀男優賞
尾上 菊之助（5世）"松竹・コクーン歌舞伎「盟三五大切」,松竹・新橋演舞場「京鹿子娘道成寺」,同「髪結新三」"
段田 安則 "シス・カンパニー「大人は,かく戦えり」,パルコ「国民の映画」"
平 幹二朗 "Bunkamura/Quaras「サド侯爵夫人」,可児市文化芸術振興財団「エレジー」"
村井 国夫 "兵庫県立芸術文化センター「秘密はうたう」"
◇優秀女優賞
麻実 れい "シス・カンパニー「トップ・ガールズ」,梅田芸術劇場「みんな我が子」"
シルビア・グラブ "パルコ「国民の映画」"
中谷 美紀 "パルコ,USINEC「猟銃」"
三田 和代 "兵庫県立芸術文化センター「秘密はうたう」"
◇優秀演出家賞

小川 絵梨子 "オフィスコットーネ「12人」,響人「夜の来訪者」,TPT「プライド」"

中津留 章仁 "中津留章仁LOVERS「黄色い叫び」,TRASHMASTERS「背水の孤島」"

蜷川 幸雄 "Bunkamura/Quaras「あゝ,荒野」,さいたまゴールド・シアター「ルート99」"

三谷 幸喜 "パルコ「国民の映画」の演出"

◇優秀スタッフ賞

デヴィッド・フィン "パルコ,USINEC「猟銃」の照明"

原田 保 "世田谷パブリックシアター「奇ッ怪 其ノ弐」の照明"

福田 暢秀 "TRASHMASTERS「背水の孤島」の美術"

フランソワ・セガン "パルコ,USINE C「猟銃」の美術"

第20回(平24年度)

◇大賞・最優秀演出家賞

蜷川 幸雄 "さいたまネクスト・シアター「2012年・蒼白の少年少女たちによる『ハムレット』」,埼玉県芸術文化振興財団/ホリプロ「シンベリン」の演出"

◇最優秀作品賞

「NASZA KLASA」(文学座アトリエの会)

◇最優秀男優賞

中村 勘九郎(6世) "松竹・新橋演舞場「土蜘」の叡山の僧智籌実は土蜘の精役,松竹・コクーン歌舞伎「天日坊」の観音院弟子法策後に天日坊実は清水冠者義高役の演技"

◇最優秀女優賞

高畑 淳子 "東宝/コマ・スタジアム「ええから加減」の海野宇多恵役,こまつ座&ホリプロ「組曲虐殺」の佐藤チマ役の演技"

◇最優秀スタッフ賞

島 次郎 "文学座アトリエの会「NASZA(ナシャ)KLASA(クラサ)」,新国立劇場「リチャード三世」の美術"

◇杉村春子賞

中村 七之助 "松竹・平成中村座「於染久松色読販」の油屋娘お染など7役,松竹・コクーン歌舞伎「天日坊」の盗賊人丸お六実は今井四郎娘かけはし役の演技"

◇芸術栄誉賞

文学座アトリエの会

◇優秀作品賞

「2012年・蒼白の少年少女たちによる『ハムレット』」(さいたまネクスト・シアター),「負傷者16人」(新国立劇場),「エッグ」(NODA・MAP),「籠釣瓶花街酔醒」(松竹・新橋演舞場)

◇優秀男優賞

井上 芳雄 "東宝・シアタークリエ「ダディ・ロング・レッグズ」,こまつ座&ホリプロ1「組曲虐殺」"

千葉 哲也 "シス・カンパニー「トップドッグ/アンダードッグ」"

中村 七之助 "松竹・平成中村座「於染久松色読販」,松竹・コクーン歌舞伎「天日坊」"

古田 新太 "Bunkamura/大人計画「ふくすけ」,劇団☆新感線「ZIPANG PUNK 五右衛門ロックⅢ」"

◇優秀女優賞

あめく みちこ "新国立劇場「負傷者16人」,劇団東京ヴォードヴィルショー「竜馬の妻とその夫と愛人」"

大竹 しのぶ "埼玉県芸術文化振興財団/ホリプロ「シンベリン」,Bunkamura/大人計画「ふくすけ」"

清水 直子 "劇団俳優座LABO「バック オブ ライズ」,名取事務所「野がも」"

根岸 季衣 "新国立劇場「パーマ屋スミレ」,こまつ座&ホリプロ「しみじみ日本・乃木大将」"

◇優秀演出家賞

髙瀬 久男 "文学座アトリエの会5-6月公演「NASZA KLASA」の演出"

中津留 章仁 "TRASHMASTERS「狂おしき怠惰」,中津留章仁Lovers「水無月の

云々」"

原田 諒 "宝塚歌劇団宙組東京特別公演「ロバート・キャパ 魂の記録」, 宝塚歌劇団宙組「華やかなりし日々」"

東 憲司 "トム・プロジェクト「満月の人よ」, 劇団桟敷童子「泳ぐ機関車」"

◇優秀スタッフ賞

渥美 博 "加藤健一事務所「シュペリオール・ドーナツ」, TSミュージカルファンデーション「客家」のアクション"

大田 創 "テアトル・エコー「プロポーズプロポーズ」, 二兎社「こんばんは, 父さん」の美術"

沢田 祐二 "文学座アトリエの会「NASZA KLASA」の照明"

中西 紀恵 "さいたまネクスト・シアター「2012年・蒼白の少年少女たちによる『ハムレット』」の美術"

第21回（平25年度）

◇大賞・最優秀演出家賞

森 新太郎 "劇団昴「汚れた手」, 新国立劇場「エドワード二世」の演出"

◇最優秀作品賞

「エドワード二世」(新国立劇場)

◇最優秀男優賞

坂東 三津五郎(10世) "松竹・歌舞伎座「髪結新三」の髪結新三役, 同「棒しばり」の次郎冠者役の演技"

◇最優秀女優賞

中谷 美紀 "パルコ「ロスト・イン・ヨンカーズ」のベラ役の演技"

◇最優秀スタッフ賞

杉山 至 "風琴工房「国語の時間」, てがみ座「空のハモニカ」の美術"

◇杉村春子賞

満島 ひかり "ホリプロ「100万回生きたねこ」, 五反田団, Age Global Networks「いやむしろわすれて草」の演技"

◇芸術栄誉賞

朝倉 摂

◇選考委員特別賞

「治天ノ君」(劇団チョコレートケーキ)

◇優秀作品賞

「100万回生きたねこ」(ホリプロ), 「国語の時間」(風琴工房), 「片鱗」(イキウメ)

◇優秀男優賞

西尾 友樹 "劇団チョコレートケーキ「熱狂」, 同「治天ノ君」"

平 幹二朗 "劇団四季「鹿鳴館」, Bunkamura「唐版滝の白糸」"

森山 未來 "ホリプロ「100万回生きたねこ」"

安井 順平 "カタルシツ「地下室の手記」, イキウメ「片鱗」"

◇優秀女優賞

高泉 淳子 "パルコ「ホロヴィッツとの対話」, こどもの城劇場事業本部「ア・ラ・カルト2」"

剣 幸 "富山市民文化事業団「ハロー・ドーリー！」"

松本 紀保 "劇団チョコレートケーキ「治天ノ君」"

満島 ひかり "ホリプロ「100万回生きたねこ」, 五反田団, Age Global Networks「いやむしろわすれて草」"

◇優秀演出家賞

インバル・ピント, アブシャロム・ポラック "ホリプロ「100万回生きたねこ」"

小川 絵梨子 "名取事務所「ピローマン」, ランズファースト「帰郷」"

日澤 雄介 "劇団チョコレートケーキ「起て, 飢えたる者よ」, 同「治天ノ君」"

前川 知大 "カタルシツ「地下室の手記」, イキウメ「片鱗」"

◇優秀スタッフ賞

青木 タクヘイ "イキウメ「獣の柱 まとめ＊図書館的人生(下)」, 同「片鱗」の音響"

有村 淳 "ネルケプランニング「ロックオペラモーツァルト」, 宝塚歌劇団雪組「春雷」の衣装"

土岐 研一 "イキウメ「片鱗」の美術"

西野 淳 "ホリプロ「スウィーニー・トッド」, 東宝/ホリプロ「モンテ・クリスト伯」の指揮"

093 若手演出家コンクール

日本で唯一の舞台演出家の協会である日本演出者協会は，文化庁の支援を受け，若手演出家育成事業の一環として，平成13年度より「若手演出家コンクール」を創設した。書類と作品ビデオによる一次審査で選考された演出家の作品公演に，審査員が実際に赴き観劇するという二次審査を経て，さらに選考された優秀賞受賞者が，最終審査として作品を競演する。

【主催者】（一社）日本演出者協会

【選考委員】（平成26年度）青井陽治（カンパニー・ワン），瓜生正美（青年劇場），加藤ちか（舞台美術家），鐘下辰男（THE・ガジラ），木村繁（人形劇団むすび座），佐野バビ市（劇団東京ミルクホール），篠崎光正（電劇），智春（Cheeky* park），土橋淳志（A級Missing Link），平塚直隆（オイスターズ），村井健（演劇評論家）

【締切・発表】（平成26年度）平成26年3月4日～9日最終選考

【賞・賞金】最優秀賞：賞金50万円

【URL】http://jda.jp/

（平13年度）

◇最優秀賞

小林 七緒 「その鉄塔に男たちはいるという」（作・土田英生）

◇優秀賞

池田 祐佳理 「ひとよ一夜に18片」（作・樋口美友喜）

外輪 能隆 「紙風船」（作・岸田国士）

御笠ノ 忠次 「童貞散華」（作・御笠ノ忠次）

（平14年度）

◇最優秀賞

土橋 淳志（A級MissingLink）

◇優秀賞

伊地知 ナナコ（サッカリンサーカス）

北川 徹（HAPP）

吉田 小夏（青☆組）

（平15年度）

◇最優秀賞

西沢 栄治（JAM SESSION）

◇審査員特別賞

吉田 小夏（青☆組）

◇優秀賞

世志男（Soul Rynch）

武田 操美（鉛乃文檎）

三浦 香（衝突安全ボディー）

（平16年度）

◇最優秀賞

佐野 崇匡（東京ミルクホール）「大連☆純愛カーニバル ？ ドキッ，春だ！ 祭りだ！ 若手演出家コンクールだ！ 新入学おめでとう特別ディレクターズカット総集編2005～」

広田 淳一（ひょっとこ乱舞）「カリギュラ」

◇観客賞

左藤 慶（WANDELUNG）「vol 6.9 petitwande『オハコ△▼ロック♪』」

（平17年度）

◇最優秀賞

橋口 幸絵（千年王国）「古事記一幕・イザナキとイザナミ」

◇優秀賞

石橋 和加子（コスモル）「桃湯～ももゆ～」

笠井 友仁（hmp）「traveler」

前川 知大（イキウメ）「青の記憶」

（平18年度）
◇最優秀賞
　山口 茜
◇観客賞
　福原 充則
◇優秀賞
　江尻 浩二郎
　西村 太佑
　山田 能龍
（平19年度）
◇最優秀賞
　あごう さとし
◇観客賞
　あごう さとし
（平20年度）
◇最優秀賞
　智春
◇観客賞
　智春
（平21年度）
◇最優秀賞
　御笠ノ 忠次

◇観客賞
　長谷川 達也
（平22年度）
◇最優秀賞
　金 哲義
◇観客賞
　金 哲義
（平23年度）
◇最優秀賞
　平塚 直隆
◇観客賞
　村井 雄
（平24年度）
◇最優秀賞
　日澤 雄介
◇観客賞
　鈴木 アット
（平25年度）
◇最優秀賞
　スズキ 拓朗
◇観客賞
　シライ ケイタ

Ⅲ 舞 踊

094 あきた全国舞踊祭モダンダンスコンクール

　昭和57年,秋田県芸術舞踊協会設立と同時に開始されたモダンダンスだけのコンクール。石井漠,土方巽,大野一雄など日本を代表する現代舞踊の原点とも言える先人が誕生している秋田に,全国の新人舞踊家が集合し,ユニークで自由な舞台を創造することを目的とする。

【主催者】秋田県芸術舞踊協会

【選考委員】(第32回)石原完二(舞踊家),金井桃枝(舞踊家),桜井多佳子(舞踊評論家),柴内啓子(舞踊家),杉原ともじ(舞踊家),日比野京子(昨年度最優秀指導者),平多浩子(舞踊家),二見一幸(舞踊家),山野博大(舞踊評論家)

【選考方法】公募

【選考基準】〔部門〕研究生部門(各50曲):シニア:19歳以上の一般,ジュニア2部:中学生・高校生,ジュニア1部:小学生以下の者。〔応募規定〕研究生部門:時間4分以内で個性あふれる自由な作品。ソロ,群舞を問わず

【締切・発表】(第32回)12月7日〜8日開催

【賞・賞金】最優秀賞(グランプリ):賞状,楯,トロフィーと副賞10万円。最優秀群舞賞:副賞10万円。研究生部門シニア第1位:賞状と記念品,研究生部門ジュニア2部第1位:賞状と記念品,研究生部門ジュニア1部第1位:賞状と記念品,最優秀指導者賞:副賞10万円

【URL】 http://www.akicon.net/

第1回(昭57年)
◇最優秀賞
　川村 泉(藤井バレエ団教師)「笑顔の写真」
◇一般青年成人の部
　●1席
　　藤井 恵子(藤井バレエ団所属)「なすがままに」
　●2席
　　菊地 美佳子(たなはしあゆこバレエスクール)「狐面幻想」
　●3席
　　寺山 由佳子(奥村信子バレエ研究所)「旅…私のパンドラ」
◇ジュニアの部
　●1席

　　加賀谷 香(藤井バレエ団所属)「あこがれ」
　●2席
　　高橋 和子 ほか(平多浩子舞踊研究所)「竹人形」
　●3席
　　菅原 松枝(平多浩子舞踊研究所)「風さやか…初夏の頃」
◇学校の部
　●1席
　　佐々木 優子 ほか(由利高校)「輝ける青春」
　●2席
　　伊藤 裕香(秋田城南中学校)「愛のミラージュ」

●3席
棚谷 雪永（秋大附属中学校）「星の夜に
想う」
第2回（昭58年）
◇最優秀賞
藤井 恵子（秋田市）「春雨」
◇優秀指導者賞
棚谷 恵子（城南中学校）
◇特別賞
松尾 京子（九州女子高校）
◇研究生シニアの部
●第1位
藤井 恵子（秋田市）「春雨」
●第2位
釜川 千鶴（大曲市）「砂に語る」
●第3位
佐藤 みどり（秋田市）「遠い日のララバイ」
◇研究生ジュニアの部
●第1位
加賀谷 香（秋田市）「風のピアノ」
●第2位
間杉 尚子（本荘市）「釈迦に捧げるもの」
●第3位
本田 かおる（秋田市），和田 亜美，宝池 陶
子，小松 利里子，与良 厚子 「妖精たち」
◇学校シニアの部
●第1位
九州女子高校（福岡市）「お坊」
●第2位
由利高校（本荘市）「人生バラ色」
●第3位
高橋 美奈子（由利高）「想い」
◇学校ジュニアの部
●第1位
城南中学校（秋田市）「竿灯」
●第2位
富樫 牧子（城南中）「まぼろしのオアシス」
第3回（昭59年）
◇最優秀賞
高岡 由美（金沢市）「淡紅梅」
◇優秀指導者賞
松尾 京子（福岡）

◇研究生シニアの部
●第1位
二見 一幸，田保 知里，井上 あゆみ（神奈
川）「三本のローソク」
●第2位
加賀谷 香（秋田市）「「走れメロス」がラ
イバル」
●第3位
伊藤 好恵，得永 圭子（金沢市）「遙かなる
雲によせて」
◇研究生ジュニアの部
●第1位
高岡 由美（金沢市）「淡紅梅」
●第2位
本田 かおる（秋田市）「羊たちの丘」
●第3位
高島 ひとみ，大橋 美穂子，及川 早苗，千
葉 洋子，滝沢 茂美，渡辺 由香里，滝沢
明里，佐藤 玲子，小塚 織江，佐藤 麻
美子
小久保 旬子（仙台市）「雨あがりの空」
◇学校シニアの部
●第1位
九州女子高校（福岡）「ボーンホップ」
●第2位
九州女子高校（福岡）「シャドウ」
●第3位
和洋女子高（秋田市）「白淡恋」
◇学校ジュニアの部
●第1位
御野場中（秋田市）「遊園地」
●第2位
御野場中（秋田市）「チベタンドール」
●第3位
牛島小（秋田市）「ドラネコ・カンパニー」
第4回（昭60年）
◇最優秀賞
加賀谷 香（秋田市）「梅の花」
◇優秀指導者賞
川村 泉（秋田市）
◇研究生シニアの部
●第1位

加賀谷 香(秋田市)「梅の花」
- 第2位
  花沢 ふみ(秋田市)「ときめいて」
- 第3位
  二見 一幸(神奈川)「幻の声が聞こえる」
◇研究生ジュニアの部
- 第1位
  花沢 朝音(秋田市)「まぶしい…陽だまり」
- 第2位
  本田 かおる(秋田市)「水車小屋のある
  風景」
- 第3位
  宝池 陶子(秋田市)「鳥の来る公園」
◇学校高校の部
- 第1位
  九州女子高校 「獅子」
第5回(昭61年)
◇最優秀賞
  花沢 ふみ(秋田市)
◇優秀指導者賞
  平多 浩子(仙台市)
◇研究生シニア部
- 第1位
  花沢 ふみ(秋田市)「短い夏」
- 第2位
  高橋 厚子 ほか2名(東京都)「タッチ・オ
  ブ・ザ・ブルース」
- 第3位
  佐々木 朝子(東京都)「弥勒思惟像」
◇研究生ジュニア2部
- 第1位
  菅原 公枝(仙台市)「うたいやまない思
  い出」
- 第2位
  宇佐美 方子(青森市)「雨の中にひとり」
- 第3位
  和田 亜美(秋田市)「新しきものへ」
◇研究生ジュニア1部
- 第1位
  中野 舞(秋田市)「花のジュウタン」
- 第2位
  瀬河 寛司(神奈川)「アフリカ大地の詩」

- 第3位
  渡辺 由香里 ほか10名(仙台市)「THE・
  ZEN」
◇学校総合部門
- 第1位
  九州女子高校 「脱出」
- 第2位
  九州女子高校 「うごめく」
- 第3位
  国際武道大学 「海よ」
第6回(昭62年)
◇最優秀賞
  潮田 麻里 「孤悲─源氏物語より六条御
  息所」
◇優秀指導者賞
  柴内 啓子(岩手県)
◇研究生シニア部
- 第1位
  潮田 麻里(東京)「孤悲─源氏物語より六
  条御息所」
- 第2位
  時田 ひとし(東京)「天国への階段」
- 第3位
  蔭山 けい子, 小林 久美子(東京)「ぎっ
  ちょんちょんちゃんちゃらかちゃん」
◇研究生ジュニア部
- 第1位
  後藤 葉子(秋田)「雨上がりの虹」
- 第2位
  昆野 まり子, 阿部 夏子(宮城)「そよ風の
  語らい」
- 第3位
  瀬河 寛司(神奈川)「希望の大地」
◇研究生ジュニア2部
- 第1位
  金田 尚子(岩手)「風の約束」
- 第2位
  本田 かおる(秋田)「砕氷の音冴える」
- 第3位
  宝池 陶子(秋田)「シッダールタの道」
◇学校シニア部
- 第1位

九州女子高校（福岡）「闇の中から」
- 第2位
  九州女子高校（福岡）「忍」
- 第3位
  国際武道大学（千葉）「帰路, ふるさとへ」

◇学校ジュニア部
- 第1位
  松園中学校（岩手）「初霜の朝」
- 第2位
  太田東小学校（秋田）「ささらわらべ」
- 第3位
  外旭川小学校（秋田）「祭り」

第7回（昭63年）

◇最優秀賞
可西 晴香, 今井 真理子（富山）「楓雪」

◇最優秀指導者賞
可西 希代子（富山）

◇優秀指導者賞
本田 かおる（秋田）

◇研究生シニア部
- 第1位
  可西 晴香, 今井 真理子（富山）「楓雪」
- 第2位
  長野 美子（東京）「カプリース」
- 第3位
  金田 尚子（岩手）「秋風にうたう廃墟」

◇研究生ジュニア1部
- 第1位
  四日市 香織（富山）「あともう一日咲きたいの」
- 第2位
  中野 舞, 中野 円（秋田）「仲よしおるすばん」
- 第3位
  飯田 麗子（宮城）「冬の使者」

◇研究生ジュニア2部
- 第1位
  本田 かおる（秋田）「街のウインドー」
- 第2位
  永瀬 多美（神奈川）「悲しみの彼方へ」
- 第3位
  佐藤 東子（神奈川）「輝く泉のように」

◇学校部門
- 第1位
  東松園小学校（岩手）「ハンガリー舞曲」
- 第2位
  国際武道大学（千葉）「詩～モルダウによせて」
- 第3位
  外旭川小学校（秋田）「てまりうた」

第8回（平1年）

◇最優秀賞
大輪 ひとみ（東京）

◇最優秀指導者賞
金井 芙三枝（東京）

◇優秀指導者賞
棚谷 恵子, 棚谷 幸会（秋田）

◇研究生シニア部
- 第1位
  大輪 ひとみ（東京）「羅生門」
- 第2位
  坂本 秀子（東京）「慕情」
- 第3位
  織田 千里（神奈川）「アンニュイな街」

◇研究生ジュニア1部
- 第1位
  関根 典子（東京）「花霞」
- 第2位
  瀬河 寛司（神奈川）「光の階段」
- 第3位
  井谷 恵（秋田）「赤とんぼを追いかけて」

◇研究生ジュニア2部
- 第1位
  和田 亜美（秋田）「風の中のひとり」
- 第2位
  宝池 陶子（秋田）「やわらかい日差し」
- 第3位
  武田 亜矢（秋田）「蛍川」

◇学校部門（高校・大学の部）
- 第1位
  日本女子体育短期大学 「草原の輝き」
- 第2位
  日本女子体育短期大学 「ムーンフォレスト」

- 第3位
  岩手県立第2高等学校　「黒い瞳」
◇学校部門（中学校の部）
- 第1位
  岩手大学教育学部附属中学校　「冬の華」
◇学校部門（小学校の部）
- 第1位
  秋田市立外旭川小学校，仁井田小学校
  　「わらべうた」
第9回（平2年）
◇最優秀賞
  金田 尚子
◇研究生シニアの部
- 第1位
  金田 尚子
◇研究生ジュニア2部
- 第1位
  瀬河 寛司
◇研究生ジュニア1部
- 第1位
  長沼 陽子
◇学校部門（高校・大学の部）
- 第1位
  日本女子体育短期大学
◇内閣総理大臣賞
  柴内 啓子
◇秋田市長賞
  佐藤 みどり
第10回（平3年）
◇研究生シニアの部
- 第1位・文部大臣賞・教育長賞
  内田 香　「女豹」
- 第2位
  湊 真樹子　「朽ちていく花」
- 第3位
  諸橋 そのえ　「北の蛍」
◇学校の部シニア
- 第1位 文部大臣賞
  日本女子体育短期大学　「花をもったイブ
  たち」
◇学校の部ジュニア
- 第1位・AKT秋田テレビ賞

五戸町立五戸小学校　「くもの子散らせ」
◇研究生ジュニア1部
- 第1位・文部大臣賞・ABS秋田放送賞
  中野 舞，中野 円　「いつも二人で」
- 第2位
  多田 織栄　「春の坂道」
- 第3位
  川村 真奈，鈴木 裕　「楽しく踊ろう」
◇研究生ジュニア2部
- 第1位・文部大臣賞・秋田魁新報社賞
  瀬河 寛一，永松 祐子，瀬河 寛司　「揺
  れる」
- 第2位
  長沼 陽子　「花伝説」
- 第3位
  春日井 静奈　「光る森」
  昆野 まり子　「トレドの印象」
◇内閣総理大臣賞
  亜甲 絵理香
◇秋田市長賞
  服部 明子
第11回（平4年）
◇シニア部門
- 第1位・秋田魁新報社賞・県教育長賞
  沼田 真理子　「朧夜」
- 第2位
  高橋 香澄　「残照」
- 第3位
  熊沢 美加子　「光のシャワーに目覚めた朝
  のように」
◇ジュニア2部
- 第1位・ABS秋田放送賞
  瀬河 寛司　「聖戦」
- 第2位
  矢沢 亜紀　「裏通りのアイドル」
- 第3位
  昆野 まり子　「風の巡礼」
  加賀 普子，中野 舞，北嶋 彩子　「レモン
  花咲く国」
◇ジュニア1部
- 第1位・AKT秋田テレビ賞
  中野 円　「祈りの少女」

● 第2位
　川村 真奈 「夕暮れまで遊んだ日」
● 第3位
　上田 ゆう子 ほか6名 「いそぎんちゃく」
　黒崎 絢, 菅原 瑞愛, 木幡 律子 「おむす
　　びの詩」
◇最優秀指導者賞・内閣総理大臣賞
　川村 泉
◇秋田市長賞
　渡辺 宏美
第12回（平5年）
◇シニア部門
● 第1位・秋田魁新報社賞・県教育長賞
　佐藤 綾子 「秋風」
● 第2位
　井上 史愛 「裸足はやさしく」
● 第3位
　丸岡 有子 「LAMENT─挽歌」
◇ジュニア2部
● 第1位・ABS秋田放送賞
　昆野 まり子 「春の幻影」
● 第2位
　坂井 相子 「戦場に散る華」
● 第3位
　伊勢 花子 「水辺のささやき」
　豊島 生子, 野村 真弓, 志和 雅恵, 中新井
　　田 明子 「うつろいの庭」
◇ジュニア1部
● 第1位・AKT秋田テレビ賞
　川村 真奈 「とんぼのいのち」
● 第2位
　中野 円 「期待と不安」
● 第3位
　三枝 美穂 「妖精の森」
◇最優秀指導者賞・NHK賞
　塩穴 みち子
　谷口 明子
◇優秀指導者賞・市長賞
　服部 明子
第13回（平6年）
　◇シニア部門
　● 第1位・秋田魁新報社賞・県教育長賞

平多 量子 「悲歌─壁にかかれた詩」
● 第2位・NHK賞
　丸岡 有子 「愛憎の化石」
● 第3位・AAB秋田朝日放送賞
　高橋 香澄 「燃える夜景」
◇ジュニア2部
● 第1位・ABS秋田放送賞
　宇佐美 和奈 「ジュリエット・闇に沈む」
● 第2位
　春日井 静奈 「影を踏む」
● 第3位
　伊勢 花子 「時の流れの中で」
◇ジュニア1部
● 第1位・AKT秋田テレビ賞
　高田 真琴 「月光に遊ぶ」
● 第2位
　川村 真奈 「見てますか…」
● 第3位
　三枝 美穂 「精霊…光をあびて」
　米沢 麻佑子 「月下の道」
◇最優秀指導者賞・市長賞
　真船 さち子
第14回（平7年）
◇シニア部門
● 第1位・秋田魁新報社賞・県教育長賞
　丸岡 有子 「血に染まった十字架」
● 第2位・NHK秋田放送局賞
　高橋 香澄 「廃墟の蜃気楼」
● 第3位・AAB秋田朝日放送賞
　八木 ありさ 「水鏡」
◇ジュニア2部
● 第1位・県教育長賞・ABS秋田放送賞
　中野 円 「菜の花とノクターン」
● 第2位
　春日井 静奈 「雪を見ていた…」
● 第3位
　岡野 絵理子 「雪解けのアダージョ」
　伊勢 花子 「光る月」
◇ジュニア1部
● 第1位・県教育長賞・AKT秋田テレビ賞
　川村 真奈 「雪の日の約束」
● 第2位

米沢 麻佑子 「麦秋の島」
斉藤 あゆみ 「聖なる母に捧ぐ」
● 第3位
三枝 美穂 「風の笛」
井上 みな 「花祭り」
北村 尚美（黒沢智子バレエ研究所）
◇最優秀指導者賞・秋田市長賞
金井 芙三枝
第15回（平8年）
◇シニア部門
● 第1位・県教育長賞・サキガケ賞
井上 史愛 「冬の音匣（オルゴール）」
● 第2位・NHK賞
増子 浩介 「鳩の涙」
● 第3位・AAB賞
高橋 香澄 「流転の刻」
◇ジュニア2部門
● 第1位・県教育長賞・ABS賞
伊藤 花子 「燃える記憶」
● 第2位
坂井 相子 「果てぬ恋〜彼方へ〜」
● 第3位
春日井 静奈 「雨の詩」
坂田 守 「かかしの夜」
◇ジュニア1部門
● 第1位・県教育長賞・AKT賞
三枝 美穂 「砂丘伝説」
● 第2位
池田 美佳 「星降る街」
海野 香菜 「花物語」
● 第3位
松倉 春香 ほか6名 「土偶」
家入 悠 ほか4名 「海から陸へ」
◇指導者グランプリ市長賞
渡辺 宏美
◇最優秀群舞賞
松倉 春香 ほか6名 「土偶」
第16回（平9年）
◇シニア部門
● 第1位・秋田魁新報社賞・NHK秋田放送
賞・JR東日本こまち賞・秋田県教育長賞
高橋 香澄 「風の軌跡」

● 第2位
伊勢 花子 「春嵐」
● 第3位・AAB秋田朝日放送賞・JR東日本こ
まち賞・秋田県教育長賞
飯塚 真穂 「Wilonga」
◇ジュニア2部門
● 第1位・秋田県知事賞・NHK秋田放送局
賞・チャコット賞・ABS秋田放送賞・JR東
日本こまち賞・秋田県教育長賞
池田 美佳 「海, 夕映えて」
● 第2位
高田 真琴 「雪花」
● 第3位
川村 真奈 「月の船」
◇ジュニア1部門
● 第1位・AKT秋田テレビ賞
家入 悠 「夜道」
● 第2位
大内 万里江 「ときめきPOLKA」
● 第3位
富士 奈津子 「りんご畑の妖精」
◇最優秀指導者賞・秋田市長賞
柴内 啓子
◇最優秀群舞賞・毎日新聞社賞
為井 晶子 ほか14名 「花びらの波」
第17回（平10年）
◇シニア部門
● 第1位・秋田魁新報社賞・秋田県知事賞・
秋田県教育長賞
伊勢 花子 「さまよえる潮路」
● 第2位・NHK秋田放送局賞
今野 実津 「独り」
● 第3位・AAB秋田朝日放送賞
石川 雅実 「追憶の花」
◇ジュニア2部門
● 第1位・秋田県知事賞・秋田県教育長賞・
AKT秋田テレビ賞
大野 愛奈 「月華」
● 第2位
広瀬 望帆 「木霊のささやき」
● 第3位
家入 悠 「ダイス」

◇ジュニア1部門
● 第1位・秋田県知事賞・秋田県教育長賞・
AAB秋田朝日放送賞・チャコット賞・ABS
秋田放送賞
池田 美佳 「月の光蒼く」
● 第2位
三枝 美穂 「海からの神話」
● 第3位
高田 真琴 「回想」
◇最優秀指導者賞・秋田市長賞
柴内 啓子
◇最優秀群舞賞
小野 真理子 ほか2名 「花びらの小舟」
第18回（平11年）
◇シニア部門
● 第1位・秋田魁新報社賞・秋田県知事賞・
秋田県教育長賞
中村 友紀 「桑畑の雨」
● 第2位・NHK秋田放送局賞
李 桃碩，李 鎮宇 「暗闇の魚」
● 第3位・AAB秋田朝日放送賞
昆野 まり子 「晩秋の影」
◇ジュニア2部門
● 第1位・秋田県知事賞・秋田県教育長賞
西山 友貴 「Windness―アヴェロンの
少年」
● 第2位
森沢 美緒 「千代がくれた華」
● 第3位
高田 真琴 「霧の朝」
◇ジュニア1部門
● 第1位・秋田県知事賞・秋田県教育長賞
広瀬 望帆 「聖夜…導く光へ」
● 第2位
村山 由衣 「虹の彼方に」
● 第3位
山本 綾乃 「白鳥に教わった唄」
◇最優秀群舞賞
三東 瑠璃，呉松 綾子，富士 奈津子，小池
夕紀，宗宮 悠子 「天夢航海」
◇最優秀指導者賞
金井 美三枝 「桑畑の雨」

第19回（平12年）
◇シニア部門
● 第1位・秋田魁新報社賞・秋田県知事賞・
秋田県教育長賞
昆野 まり子 「砂紋」
● 第2位
石川 雅実 「夜想曲」
● 第3位
島田 美穂 「哀韻のかなたに」
◇ジュニア2部門
● 第1位・秋田県知事賞・秋田県教育長賞・
NHK秋田放送局賞
高瀬 譜希子 「昔からある場所」
● 第2位
川村 真奈 「Sweets to the Sweet」
● 第3位
三枝 美穂 「晩秋の道」
高比良 洋 「広野」
◇ジュニア1部門
● 第1位・秋田県知事賞・秋田県教育長賞・
AAB秋田朝日放送賞
広瀬 望帆 「花雫」
● 第2位
田中 さえら 「金魚―永遠に世なす法よ―」
● 第3位
広瀬 麻伊 「天使の声が聞こえる」
◇最優秀群舞賞・AKT秋田テレビ賞
荒木 祥美，竹内 晶子，桐島 美有希，吉村
泰加，金森 美幸，古井 晴香，山本 紗都
子，中島 蓉子，島 夕子 「雑草の詩」
◇最優秀指導者賞・秋田市長賞
柴内 啓子 「砂紋」
第20回（平13年）
◇シニア部門
● 第1位・秋田魁新報社賞・秋田県知事賞・
秋田県教育長賞
島田 美穂 「鉛の涕」
● 第2位
石川 雅実 「枇杷色の風」
● 第3位
野村 真弓 「堕天」
◇ジュニア2部門

- 第1位・秋田県知事賞・秋田県教育長賞・NHK秋田放送局賞
  加藤 真輝子 「永遠の光を求めて」
- 第2位
  田中 さえら 「紫紺ノばら」
- 第3位
  川村 真奈 「スノードロップ」

◇ジュニア1部門
- 第1位・秋田県知事賞・秋田県教育長賞・AAB秋田朝日放送賞
  水野 多麻紀 「心の小箱」
- 第2位
  金岡 千愛 「水色の思い出」
- 第3位
  金沢 理沙 「木霊っこ」

◇最優秀群舞賞・AKT秋田テレビ賞
  松下 美規, 笹川 真紀, 片岸 香里, 荒木 祥美 「闇に散る声」

◇最優秀指導者賞
  杉原 ともじ 「鉛の涕」

第21回（平14年）
◇シニア部門
- 第1位・秋田魁新報社賞・秋田県知事賞・秋田県教育長賞
  中村 真知子 「Torsader—歪みゆく形象」
- 第2位
  石川 雅実 「エピタフ—墓碑名—」
- 第3位
  瀧森 悠生 「Mondestrunken（月に酔い）」

◇ジュニア2部門
- 第1位・NHK秋田放送局賞・秋田県知事賞・秋田県教育長賞
  大内 万里江, 鳥海 みなみ, 蓬田 真菜, 石川 璃沙, 有明 望, 星 利沙 「怒りの鐘」
- 第2位
  富士 奈津子 「蒼い目の狼—MAGU—」
- 第3位
  日方 千智 「Dream」

◇ジュニア1部門
- 第1位・AAB秋田朝日放送賞・秋田県知事賞・秋田県教育長賞
  水野 多麻紀 「鼓動の輪舞」

- 第2位
  金子 祐加 「月のしずく」
- 第3位
  賓満 舞, 水野 多麻紀, 金子 祐加, 浅野 亜利沙, 高井 花純, 光岡 真里奈, 湯川 博子, 福島 里恵 「不思議の森で聞いた声」

◇最優秀群舞賞・AKT秋田テレビ賞
  大内 万里江, 鳥海 みなみ, 蓬田 真菜, 石川 璃沙, 有明 望, 星 利沙 「怒りの鐘」

◇最優秀指導者賞
  二見 一幸 「Torsader—歪みゆく形象」

第22回（平15年）
◇シニア部門
- 第1位・秋田魁新報社賞・秋田県知事賞・秋田県教育長賞
  高瀬 譜希子 「LAST PICTURE」
- 第2位
  荒木 まなみ 「鼓動する薔薇」
- 第3位
  横田 佳奈子 「pastorale—田園—」

◇ジュニア2部門・NHK秋田放送局賞・秋田県知事賞・秋田県教育長賞
- 第1位
  富士 奈津子 「富江と名づけられた人形」
- 第2位
  新保 恵 「炎昼」
- 第3位
  浜田 麻央 「あどけない話」

◇ジュニア1部門
- 第1位・AAB秋田朝日放送賞・秋田県知事賞・秋田県教育長賞
  金子 祐加 「心の破片」
- 第2位
  森川 由樹 「ココロニ花ヲ」
- 第3位
  伊藤 麻菜実 「HAPPYがやってくる」

◇最優秀群舞賞
  畠山 奈々, 鈴木 彩乃, 島浦 葵, 大久保 良美, 星野 明希 「月の隠れた晩に」

◇最優秀指導者賞
  高瀬 多佳子 「LAST PICTURE」

第23回（平16年）
　◇シニア部門
　　● 第1位・秋田魁新報社賞・秋田県知事賞・
　　秋田県教育長賞
　　　川村 真奈　「人魚の歌声」
　　● 第2位
　　　小林 泉　「crescent moon—三日月に黄色
　　　　の時間—」
　　● 第3位
　　　海保 文江　「転唱」
　◇ジュニア2部門
　　● 第1位・NHK秋田放送局賞・秋田県知事
　　賞・秋田県教育長賞
　　　新保 恵　「颷—すずかぜ—」
　　● 第2位
　　　水野 多麻紀　「RESET」
　　● 第3位
　　　山田 総子　「天使の影を踏んだ夜」
　◇ジュニア1部門
　　● 第1位・AAB秋田朝日放送賞・秋田県知事
　　賞・秋田県教育長賞
　　　橋本 奈々　「さとうきび畑の唄」
　　● 第2位
　　　永沢 麗奈　「暁の神子」
　　● 第3位
　　　森山 結貴　「星空のセレナーデ」
　◇最優秀群舞賞
　　　畠山 奈々, 鈴木 彩乃, 中野渡 萌, 大久保
　　　　良美, 長谷部 岬　「パ・パ・ラ・パ」
　◇最優秀指導者賞
　　　川村 泉　「人魚の歌声」
第24回（平17年）
　◇シニア部門
　　● 第1位・秋田魁新報社賞・秋田県知事賞
　　　小林 泉　「あるく魚とひとり言」
　　● 第2位
　　　荒木 まなみ　「真珠の翳」
　　● 第3位
　　　横田 佳奈子　「彼女的依存のバラード」
　◇最優秀群舞賞
　　　山田 総子, 高橋 茉那, 佐藤 宏美, 山村
　　　　沙葵, 山口 瑛里香, 加藤 詩乃　「幻日〜

　　　　Dreaming Day〜」
　◇ジュニア2部門
　　● 第1位・秋田県知事賞・秋田県教育長賞・
　　NHK秋田放送局賞
　　　高橋 茉那　「藁の楯」
　　● 第2位
　　　渡部 悠子　「いちめんに咲いていた」
　　● 第3位
　　　水野 多麻紀　「raindance—哀しくて」
　◇ジュニア1部門
　　● 第1位・秋田県知事賞・秋田県教育長賞・
　　AAB秋田朝日放送賞
　　　小川 真奈　「悲境・・・メデューサ」
　　● 第2位
　　　楠田 栞里, 土持 花奈子, 谷野 舞夏　「深
　　　　淵のバラード」
　　● 第3位
　　　杉村 香菜, 高橋 葵, 中野 亜理, 中村 有
　　　　貴, 杉山 友理, 中島 莉帆, 八重樫 琴美
　　　「そして, ここから」
　◇最優秀指導者賞
　　　湯原 園子　「あるく魚とひとり言」
第25回（平18年）
　◇シニア部門
　　● 第1位・秋田魁新報社賞・秋田県知事賞
　　　荒木 まなみ　「そして静かに脈うつ」
　　● 第2位
　　　海保 文江　「ふるさと—昼の静寂—」
　　● 第3位
　　　大竹 千春　「空気の形」
　◇ジュニア2部門
　　● 第1位
　　　木村 浩太　「飛べない・鳩」
　　● 第2位
　　　林 芳美　「麦の海に沈む果実」
　　● 第3位
　　　水野 多麻紀　「緑の中の朽ちた船」
　　　荻田 菜美, 新保 恵　「Because…空が青い
　　　　からバラが泣く」
　◇ジュニア1部門
　　● 第1位・秋田朝日放送賞・秋田県知事賞
　　　田中 萌子　「蓮の詩（はなのうた）」

● 第2位
　岸野 奈央　「スフィンクスの門」
● 第3位
　谷野 舞夏　「ここはどこ…私は誰…」
◇最優秀群舞賞
　鷹谷 美希, 木村 景, 高橋 佳奈子, 聿村 佳
　歩, 高橋 葵, 伊藤 真子　「Deep Forest」
◇あきたこまち賞
　谷野 舞夏, 太田 聖菜, 斉藤 花世, 岡崎
　千裕, 大野 仁美　「グラシアス—また会
　えるよね！」

第26回（平19年）
◇シニア部門
● 第1位・秋田魁新報社賞・秋田県知事賞
　海保 文江　「今日の風」
● 第2位
　大竹 千春　「景相」
● 第3位
　野村 真弓　「或る詩人の肖像」
◇ジュニア2部門
● 第1位・秋田県知事賞・NHK秋田放送局賞
　新保 恵　「鉄錆色の雫」
● 第2位
　山村 沙葵　「はじまりは舞曲で…」
● 第3位
　永森 彩乃　「花の名を忘れた蝶は…」
◇ジュニア1部門
● 第1位・秋田県知事賞・AAB秋田朝日放
　送賞
　矢島 茜　「戦火のなかで」
● 第2位
　鈴木 沙彩　「冬の足音」
● 第3位
　髙橋 歩美　「波紋の月」
◇最優秀群舞賞
　小林 咲穂, 菅原 理子, 筆村 佳歩, 杉村
　　香菜, 高橋 葵, 中村 有貴　「Traveling」
◇あきたこまち賞
　該当なし

第27回（平20年）
◇シニア部門
● 第1位・秋田魁新報社賞・秋田県知事賞

富士 奈津子　「白いカーネーション」
● 第2位
　所 夏海　「elegy －終の羽音－」
● 第3位
　蛯子 奈緒美　「柔らかな棘」
◇ジュニア2部門
● 第1位・秋田県知事賞・NHK秋田放送局賞
　水野 多麻紀　「ミネルヴァの梟」
● 第2位
　伊藤 有美, 渡部 悠子, 岸野 奈央, 阿久津
　理央　「小麦畑を渡る風」
● 第3位
　岸野 奈央　「月の中の女」
◇ジュニア1部門
● 第1位・秋田県知事賞・AAB秋田朝日放
　送賞
　関口 花梨　「赤紫のオッコルム」
● 第2位
　小澤 早嬉　「ビロードうさぎ」
● 第3位
　大坂 瑞貴　「Horizon」
◇最優秀指導者賞
　金井 桃枝　「白いカーネーション」
◇最優秀群舞賞
　伊藤 有美, 渡部 悠子, 岸野 奈央, 阿久津
　理央　「小麦畑を渡る風」
◇あきたこまち賞
　川合 十夢　「Cry」
　まえの よりこ　「いのーがにっくしんど
　　ろーむにつぐ」

第28回（平21年）
◇シニア部門
● 第1位・秋田魁新報社賞・秋田県知事賞・
　チャコット賞
　林 芳美　「beyond －その向こうに－」
● 第2位
　伊東 由里　「Rose～血跡に咲く～」
● 第3位
　木原 浩太　「誰もいなくなった部屋」
◇ジュニア2部門
● 第1位・秋田県知事賞・NHK秋田放送局
　賞・チャコット賞

森山 結貴 「ウスベニノキミノウタ」
● 第2位
　渡部 悠子 「詩歌の花を摘みながら」
● 第3位
　伊藤 有美 「九月の庭」
◇ジュニア1部門
● 第1位・秋田県知事賞・AAB秋田朝日放送賞・チャコット賞
　小澤 早嬉 「スゴン－布－」
● 第2位
　有明 歩 「彩りの森」
● 第3位
　鈴木 由奈 「朝露の蝶」
◇最優秀指導者賞
　池田 素子, 金井 桃枝 「beyond －その向こうに－」
◇最優秀群舞賞
　藤井 淳子, 加藤 明志 「偽りのある風景」
◇あきたこまち賞
　丸山 仁志 「TRAIN-TRAIN」
第29回（平22年）
◇シニア部門
● 第1位・秋田魁新報社賞・秋田県知事賞・チャコット賞
　斉藤 友美恵 「草上, 月とめまい」
● 第2位
　水野 多麻紀 「origin」
● 第3位
　新保 恵 「ココロ吐キカクル蟒」
◇ジュニア2部門
● 第1位・秋田県知事賞・NHK秋田放送局賞・チャコット賞
　高橋 玲美 「poiesis －壊れゆく物の叫び－」
● 第2位
　有明 歩 「風と鳥たちが対話する時間」
● 第3位
　岸野 奈央 「ガラスの空」
◇ジュニア1部門
● 第1位・秋田県知事賞・AAB秋田朝日放送賞・チャコット賞
　小澤 早嬉 「丘を往く夕方」

● 第2位
　杉本 舞花 「花の褥は流れる」
● 第3位
　田元 楓夏 「よみがえる光景」
◇最優秀指導者賞
　本間 祥公 「草上, 月とめまい」
◇最優秀群舞賞
　関口 花梨, 小澤 早嬉 「金魚〜永遠に世なす法よ〜」
◇あきたこまち賞
　龍崎 紗也加 「哀しみのエチュード」
第30回（平23年）
◇シニア部門
● 第1位・秋田魁新報社賞・秋田県知事賞・チャコット賞
　津田 ゆず香 「蟬, 刻々と」
● 第2位
　船木 こころ 「弧光」
● 第3位
　伊東 由里 「砂葬」
◇ジュニア2部門
● 第1位・秋田県知事賞・NHK秋田放送局賞・チャコット賞
　佐々木 奏絵 「時を刻む〜わたしの180秒〜」
● 第2位
　岸野 奈央 「すいかの匂い」
● 第3位
　江上 万絢 「見わたすかぎりの平原から」
◇ジュニア1部門
● 第1位・秋田県知事賞・AAB秋田朝日放送賞・チャコット賞
　伊藤 未唯 「しん・深と…」
● 第2位
　鳴海 春花 「蜉蝣」
● 第3位
　由元 美凪 「青い眼の人形」
◇最優秀群舞賞
　藤井 淳子, 加藤 明志, 伊藤 有美, 水島 晃太郎 「yearning to live」
◇あきたこまち賞
　利田 由未, 新村 梓, 加賀見 綾乃, 長谷川

絵理, 鳥海 大海, 澤田 栞里, 坪田 黎花, 玉木 李奈, 上田 百華, 松井 裕佳理, 渡 雛乃, 御後 あかり, 坂本 瑶果, 山口 京香, 髙田 葵 「広島の空に向かって歌おう」

第31回（平24年）

◇シニア部門

● 第1位・秋田魁新報社賞・秋田県知事賞・チャコット賞
　船木 こころ 「綴りゆく予感」

● 第2位
　小室 眞由子 「夜の雪〜零度の温もり」

● 第3位
　水島 晃太郎 「ブルー」

◇ジュニア2部門

● 第1位・秋田県知事賞・NHK秋田放送局賞・チャコット賞
　岸野 奈央 「水は再び透きとおる」

● 第2位
　宗像 亮 「汀ニテ夢ヲ見タ」

● 第3位
　今井 翠 「剝がれゆくわたしの…blue」

◇ジュニア1部門

● 第1位・秋田県知事賞・AAB秋田朝日放送賞・チャコット賞
　小野 優月 「彼方からの物語」

● 第2位
　木元 真理子 「悩める舞曲」

● 第3位
　松岡 あさひ 「雨の日, 水平線を見に…。」

◇最優秀群舞賞
　富士 奈津子, 林 芳美 「Bonappétit」

◇あきたこまち賞
　鈴木 良実, 中井 香里, 曽根 優芽那, 田中 ひまり, 水木 南沙, 木島 光彩 「はらペコ猫とワイルドマウス」

◇横山慶子奨励賞
　瀬戸 絢香, 小野 優月, 関口 沙慧花, 二戸

唯花, 安部 祐希, 入江 梨世, 光永 真都, 梶浦 夏歌, 菅原 藍子 「薯童謠」

第32回（平25年）

◇シニア部門

● 第1位・秋田魁新報社賞・秋田県知事賞・チャコット賞
　伊藤 有美 「飛蝗と風」

● 第2位
　小室 眞由子 「一瞬のうつろい−水面」

● 第3位
　北野 友華 「Last Flower」

◇ジュニア2部門

● 第1位・秋田県知事賞・NHK秋田放送局賞・チャコット賞
　宗像 亮 「暖かな氷壁」

● 第2位
　須﨑 汐理 「声なきコエ」

● 第3位
　有明 歩 「詩歌の花を摘みながら」

◇ジュニア1部門

● 第1位・秋田県知事賞・AAB秋田朝日放送賞・チャコット賞
　伊藤 颯希 「because〜空が青いからバラが泣く〜」

● 第2位
　長澤 ほのか 「別れのとき」

● 第3位
　小野 優月 「太陽を抱いた月」

◇最優秀群舞賞
　太田 早弥香, 高橋 茉那, 山田 総子, 三浦 水輝, 宗像 亮, 浅野 昌子, 山口 愛佳 「Blindness〜白い闇〜」

◇あきたこまち賞
　大前 光市 「目覚めよと叫ぶ声がきこえる」

◇横山慶子奨励賞
　鈴木 良実, 中井 香里, 曽根 優芽那, 田中 ひまり, 水木 南沙, 矢島 愛花, 秋山 心音, 小林 なみ 「小人の住む村」

---

095 アジア・パシフィック国際バレエ・コンクール

昭和62年, それまでの「全日本バレエコンクール」の対象をアジア地域に広げて「第1

回アジア・バレエ・コンクール」として開催。この時は「第5回全日本バレエコンクール」と同時開催であった。

【主催者】(社)日本バレエ協会

【選考委員】(第10回)マリリン・ロウ(オーストラリア),シャオ・スーホァ(中国),石田種生(日本),薄井憲二(日本),越智実(日本),笹本公江(日本),小林紀子(日本),牧阿佐美(日本),チェ・タエジ(韓国),スンニー・チャン・ヘン・キー(マレーシア),ヴァルジニャム・ジャミアンダグヴァ(モンゴル),ガリー・ハリス(ニュージーランド),リサ・マクーハ・エリザルデ(フィリピン),ゴー・ソー・キム(シンガポール),トラン・クック・クゥオン(ヴェトナム)

【選考方法】全日本バレエコンクールと同じ方式

【選考基準】〔資格〕ジュニアの部:13才〜18才,シニアの部:19才〜25才(それぞれ初日及び決勝日にその年齢に達している,若しくはその年齢であること)

【締切・発表】(第10回)平成17年8月17日〜21日に開催された。隔年開催

【賞・賞金】日本バレエ協会大賞(シニア部門1名):盾及び副賞奨学金100万円,出光興産特別奨学金(ジュニア部門1名):オーストラリア・バレエ学校留学及び奨学金230万円,ジュニア第1位:盾及び副賞15万円,東京新聞賞5万円,チャコット賞30万円,ジュニア第2位:盾及び副賞10万円,ジュニア第3位:盾及び副賞5万円,シニア第1位:盾及び副賞30万円,NHK日本放送協会会長賞状,チャコット賞50万円,シニア第2位:盾及び副賞20万円,シニア第3位:盾及び副賞10万円

【URL】http://www.j-b-a.or.jp/asiapacificbc_top.html

第1回(昭62年)

◇ジュニアの部

● 第1位
　ジョン・H.カーム(オーストラリア)

● 第2位
　レベッカ・F.イエーツ(オーストラリア)

● 第3位
　久保 紘一

● 第4位
　奈良岡 典子

● 第5位
　中村 恩恵

◇シニアの部

● 第1位
　ツアイ・リージュン(中華人民共和国)

● 第2位
　リサ・P.マクーハ(フィリピン)

● 第3位
　アンソニ・フィン(香港)

● 第4位

水野 英俊

● 第5位
　落合 恵利子

第2回(平1年)

◇ジュニアの部

● 第1位
　根岸 正信(牧阿佐美バレエ団)

● 第2位
　泉 梨花(江川幸作バレエ研究所)

● 第3位
　横瀬 美砂(横瀬三郎バレエ研究所)

● 入賞
　湯川 麻美子(江川幸作バレエ研究所)
　酒井 はな(牧阿佐美バレエ団)
　荒井 祐子(塚本洋子バレエ研究所)

◇シニアの部

● 第1位
　ソ・ホン・ワー(香港)

● 第2位
　リ・ウォン・クク(韓国)

- 第3位
  ウドバリン・バト＝エルデネ（モンゴル）
- 入賞
  野村 一樹（谷桃子バレエ団）
  山本 みさ（山路瑠美子バレエ研究所）
  北村 尚美（黒沢智子バレエ研究所）

第3回（平3年）
◇ジュニアの部
- 第1位
  ホーリー・スマート（オーストラリア）
- 第2位
  シモン・カルダモン（オーストラリア）
- 第3位
  市来 今日子
- 日本IBM賞第1位
  市来 今日子
- 日本IBM賞第2位
  大植 真太郎
- 日本IBM賞第3位
  中野 綾子
- 入賞
  ユ・スンジン（韓国）
  大植 真太郎
  中野 綾子
◇シニアの部
- 第1位
  森山 珠江
- 第2位
  有光 風花
- 第3位
  守屋 早苗
- 日本IBM賞第1位
  森山 珠江
- 日本IBM賞第2位
  有光 風花
- 日本IBM賞第3位
  守屋 早苗
- 入賞
  J.E.コーション（フィリピン）
  ウー・ペイ・ユエ（台湾）
  福岡 豊

第4回（平5年）
◇シニアの部
- 第1位
  キム・ヨン・グル（韓国）
- 第2位
  ホリカワ・ミワ（シンガポール）
- 第3位
  ソン・ジャン・クン（韓国）
- 入賞
  アドリアン・ヴァン・ヴィンケルーフ
  　（オーストラリア）
  グレセル・フェルナンデズ・ドミンゴ
  　（フィリピン）
◇ジュニアの部
- 第1位
  新井 崇
- 第2位
  ナタリー・ハモンド（オーストラリア）
- 第3位
  大森 結城
- 入賞
  浜中 未紀
  富村 京子
  上原 和久

第5回（平7年）
◇シニアの部
- 第1位
  カースティー・マーチン（オーストラリア）
- 第2位
  チェン・ジェングォ（中国）
- 第3位
  ユ・スンジン（韓国）
◇ジュニアの部
- 第1位
  浜中 未紀
- 第2位
  マシュー・ドネリー（オーストラリア）
- 第3位
  飯野 有夏

第6回（平9年）
◇シニアの部
- 第1位

ゲイリン・カンマーフィールド（ニュー
　ジーランド）
- ●第2位
　ジョ・ワンチョ（韓国）
- ●第3位
　吉岡 まな美
◇ジュニアの部
- ●第1位
　ドゥ・ジャイン（中国）
- ●第2位
　アダム・サーロウ（オーストラリア）
- ●第3位
　エリザ・フドゥリック（オーストラリア）
第7回（平11年）
　◇シニアの部
- ●最優秀賞
　シャ・ハイイン（シンガポール）
- ●第1位
　瀬島 五月
- ●第2位
　ヒ・ミンホワン（韓国）
- ●第3位
　浜中 未紀
　◇ジュニアの部
- ●第1位
　アンバー・スコット（オーストラリア）
- ●第2位
　大貫 真幹
- ●第3位
　富永 歩
第8回（平13年）
　◇シニアの部
- ●第1位
　河島 真之
- ●第2位
　ジャン・ジュン（シンガポール）
- ●第3位
　仙頭 由貴

◇ジュニアの部
- ●第1位
　アルダン・ドゥガーラ（モンゴル）
- ●第2位
　レミン・ウォートメイヤー（オーストラリ
　ア）
- ●第3位
　中島 文月
第9回（平15年）
　◇シニアの部
- ●第1位
　チュー・ルー（中国）
- ●第2位
　シャオ・ユエン（中国）
- ●第3位
　アルタンホヤグ・ドゥガライ（モンゴル）
　◇ジュニアの部
- ●第1位
　シャオ・チャオ・チュー（オーストラリア）
- ●第2位
　贄田 萌（日本）
- ●第3位
　ホアン・レイ（中国）
第10回（平17年）
　◇シニアの部
- ●第1位
　フー・リヤン（シンガポール）
- ●第2位
　堀口 純（日本）
- ●第3位
　寺田 亜沙子（日本）
　◇ジュニアの部
- ●第1位
　ステファニー・ウイリアムス（オーストラ
　リア）
- ●第2位
　タイ・キング＝ウォール（オーストラリア）
- ●第3位
　ユン・ジュン・シュアン（中国）

096 蘆原英了賞

　音楽・舞踊評論家,故蘆原英了氏の業績を記念して,昭和57年に創設された。シャンソン・バレエ・サーカス・ミュージカルなど幅広い芸術一般の分野で,表舞台に立ってはいないが地道に努力を続けている者に贈られる。

【主催者】蘆原多摩子

【選考委員】野口久光,石井好子,薄井憲二,大岡信,高野悦子,ベルナール・ドラン(フランス大使)

【選考方法】推薦

【選考基準】〔対象〕芸術一般で日頃脚光を浴びてはいないが地道な努力でその道を歩んできた者

【締切・発表】毎年3月発表

【賞・賞金】賞状,記念品と賞金50万円

第1回 (昭57年)
　ウォーリー臼井 (サーカス芸人) “サーカス人生一筋,後継者の育成にも努力した功績に対して”

第2回 (昭58年)
　佐藤 勇次 (バレエダンサー) “西ドイツカールスルーエ州立劇場での公演,及び帰朝して披露した数々の舞台成果に対して”

第3回 (昭59年)
　浜田 滋郎 (スペイン音楽研究) “スペイン,中南米の文学・音楽研究と著書「フラメンコの歴史」に対して”

第4回 (昭60年)
　中村 かおり (バレリーナ) “昭和59年度全国舞踊コンクール,全日本バレエコンクール1位入賞などの一連の活躍をたたえて”

第5回 (昭61年)
　戸田 恵子 (ミュージカル女優) “「グリース」「ザ・ミュージックマン」「踊れ艦隊のレディーたち」などのミュージカル作品の演技に対して”

第6回 (昭62年)
　田之倉 稔 (演劇評論家) “「イタリアのアヴァンギャルド」「ゴルドーニ劇場」「ピ

エロの誕生」などの著書・訳書を著した業績に対して”

第7回 (昭63年)
　堤 秀世 (動物調教師) “世界アニマルドリーム博,伊豆シャボテン公園におけるポニーやチンパンジーのステージショー等の活躍に対して”

第8回 (平1年)
　中村 敬子 (コンサート・プロモーター) “音楽プロモーションという営利活動の中で真に優れた芸術家だけを手がけてきたことに対して”

第9回 (平2年)
　西田 敬一 (サーカス文化の会主宰者) “中国雑技の研究,キグレサーカスに中国雑技指導員を招聘,欧州から招いた曲芸師や道化師の公演をプロデュースするなど,サーカスを通じて国際文化交流に尽力してきたことに対して”

第10回 (平3年)
　堀内 元 (ニューヨークシティ・バレエ団) “ニューヨークシティ・バレエ団員として活躍”

第11回 (平4年)
　日本フラメンコ協会 (代表・小島章司) “個性的な人の集団であるフラメンコと

いう芸術分野を一致団結させた"

第12回（平5年）

　ヨネヤマ ママコ（パントマイム舞踊家）

第13回（平6年）

　日本シャンソン協会

第14回（平7年）

　薄井 憲二（舞踊評論家）

第15回（平8年）

　阿久根 巌（東宝映画美術デザイナー）

「サーカスの歴史」「サーカス誕生 曲馬
団物語」

第16回（平9年）

　上田 美佐子（シアターX（カイ）プロ
　　デューサー）"演劇プロデュース"

第17回（平10年）

　国際サーカス村協会（群馬県東村）"サー
　　カス資料館を拠点にして，身体表現中心
　　に活動"

---

097 五木元賞

　舞台監督，照明家・故五木元氏（本名大庭一暉）の業績を記念し，舞踊を中心に舞台の裏で作品を支える者に光をあて顕賞することを目的として，昭和60年に創設された。第9回で終了。

【主催者】五木元賞運営委員会

【選考委員】宮地杭一（舞踊評論家），八巻献吉（舞踊評論家），山野博大（舞踊評論家），大庭三郎，（舞台美術家），藤本久徳（舞台美術家），いながきかつひこ（舞台美術家），小木直樹（照明家），岡田忠幸（照明家）

【選考方法】推薦

【選考基準】〔対象〕舞台を中心に舞台裏のスタッフ。デザイナーは除く

【締切・発表】毎年3月下旬締切

【賞・賞金】賞状とレリーフ楯

第1回（昭61年）

　森岡 肇（舞台監督）

第2回（昭62年）

　西田 薫子（衣裳製作）

第3回（昭63年）

　藤田 良勝（舞台背景画家）

第4回（平1年）

　北 博（舞台照明機器開発）

第5回（平2年）

　村田 徹（ホール照明技術管理）

第6回（平3年）

　松崎 政男（大道具技術）

第7回（平4年）

　香取 雅子（衣裳製作）

第8回（平7年）

　平多正於舞踊団（黒衣出演の40名）"「鶴
　　女」の布の踊り"

第9回（平8年）

　津久井 修一（大庭照明研究所）"照明技術
　　の研鑽に努めるとともに帝国劇場の照明
　　チーフオペレーターとして劇場運営に精
　　励し，その任を全うし指導の実をあげた"

---

098 江口隆哉賞

　現代舞踊の先駆者で現代舞踊協会元会長・故江口隆哉氏を記念して，昭和58年より開

始された。年間で最も優れた創作を発表した者に贈られる。

【主催者】（一社）現代舞踊協会

【選考委員】舞踊家,舞踊評論家,学識経験者等からなる選考委員会を設置

【選考方法】選考委員・推薦委員（9名前後）の推薦と討議による選考

【選考基準】〔対象〕過去1年間に最も優秀な創作舞踊を発表した者

【締切・発表】毎年3月上旬新聞発表,授賞式は3月の当協会通常総会後

【賞・賞金】賞状,賞牌と賞金30万円

【URL】 http://www.gendaibuyou.or.jp/about/award

第1回（昭58年度）
　西田 堯（西田堯舞踊団主宰）"前進座における'83西田堯舞踊団公演の成果"

第2回（昭59年度）
　藤井 公（東京創作舞踊団主宰）"東京創作舞踊団公演「砂漠のランボー」他の成果"

第3回（昭60年度）
　庄司 裕（庄司裕モダンダンスカンパニー主宰）"「鎮魂歌―夏の花」他の成果"

第4回（昭61年度）
　佐藤 桂子（佐藤桂子・山崎泰スペイン舞踊主宰），山崎 泰"「エレクトラ」に於けるフラメンコと現代舞踊の技法を駆使した作品の成果"

第5回（昭62年度）
　折田 克子（石井みどり・折田克子舞踊団主宰）"「パラダイス・ロスト」独創的な演出・振付の新鮮にして秀れた演技"

第6回（昭63年度）
　米井 澄江（日本女子体育大学非常勤講師）"「ささやかに幸福」等3公演における独創的な作品の成果"

第7回（平1年度）
　石井 晶子（石井晶子バレエ団主宰）"作品「海昏」における公害問題を群舞表現を通して優れた舞台効果を挙げた成果に対して"

第8回（平2年度）
　木佐貫 邦子"「element」における高度なソロ・ダンスの技術を駆使した透明な舞踊空間の創造"

第9回（平3年度）
　高瀬 多佳子"ダンス・リサイタルにおける成果"

第10回（平4年度）
　石井 かほる"作品「Wither」「Wither 2」における現代的なテーマを浮き彫りにしたざん新な創作"

第11回（平5年度）
　池田 瑞臣，和田 寿子"「道行模様裏方序の段の景」における日本の伝統を生かした卓抜な発想と明快な振り付け"

第12回（平6年度）
　該当者なし

第13回（平7年度）
　竹内 登志子"「ボレロ」「冬の終りのタンゴ」における個性的な創作に対して"

第14回（平8年度）
　加藤 燿子"「魅せられて中也詩」で現代人が忘れかけている素朴な人間考察を優れた舞台に仕上げた構成に対して"

第15回（平9年度）
　加藤 みや子「植物の睡眠」
　本田 重春「世紀末の憂鬱」

第16回（平10年度）
　金井 芙三枝"振り付けた「嵐が丘」が初演以来各地で再演を重ね,完成度が高まったことに対して"

第17回（平11年度）
　芙二 三枝子"生命をテーマに,精密な動きで構成したスケールの大きい作品「青坐」を23年ぶりに再演し,記念碑的な舞

台に仕上げた成果に対して"

第18回（平12年度）

中村 しんじ "主役の演技力を核として鋭く現代に切り込んで見せた独創的な作品「ピノッキオ」の成果に対して"

第19回（平13年度）

野坂 公夫 "作品「森羅」において，ことさらに奇をてらわず，日本独特の叙情をにじませながら現代における人間性の回復，自然と人間の調和を求めるメッセージを伝えることに成功した，その成果に対して"

第20回（平14年度）

アキコ・カンダ "「マーサへ」「バルバラを踊る」で偉大な芸術家への敬意を表現した"

上田 遙 "「原っぱ物語」「RED」などの娯楽性の高さと，優れた音楽家との共同作業を通してダンスの観客層を広げた功績"

第21回（平15年度）

森 嘉子
横山 慶子 「大地」

第22回（平16年度）

山田 奈々子 「カクレンボ ドコヘイッタノ・それぞれのモノローグ」（04年12月16日上演）

第23回（平17年度）

内田 香 「なみだ」

第24回（平18年度）

井上 恵美子 「狂詩曲」「かもめ食堂」「flor・花」

第25回（平19年度）

若松 美黄 "作品＜舞へ舞へ蝸牛＞において，いつまでも失わぬ若々しい発想と長い経験から打ち出す老練かつ多彩な表現を駆使して，殻にこもらぬ意表を突いた本領発揮の舞台を創造して観客を楽しませたその成果に対して"

第26回（平20年度）

平山 素子 "デュオ作品＜春の祭典＞において，ダンサー・振付家としての傑出した

テクニックのみならず，真に斬新な視点と演出を通して，おなじみストラビンスキーの曲を，魅力ある現代舞踊作品へと甦らせ完成させた，作者の高い創造性に対して"

第27回（平21年度）

能藤 玲子 "北海道札幌市に本拠をおき，悠揚迫らぬ大きなスケール作品を発表し続けている。2009年の創作舞踊団五十周年記念公演（10月30日北海道厚生年金会館）において，彼女の代表作の一つで多くの受賞歴をもつ『葦の行方』と新作『限られることの』を発表。人間の本質に鋭く迫る『葦の行方』と『限られることの』は，地震と群舞の関係において，動きを極限まで圧縮，そのなかに強烈なエネルギーを投入，さらに動きの質を変化，対比によって，人間の営みの複雑さと生命の愛おしさを表現，大きな成果をあげた"

加賀谷 香 "文化庁芸術団体人材育成支援事業・現代舞踊公演（2009年12月15日，16日於：新国立劇場小劇場）における自作ソロ作品『パレードの馬』は，吊るされたネットや照明によって重く閉ざされた空間を設定，そこにおける強靭，かつ柔軟な動きと，場を変化させる演奏家（ヴァイオリン・太田恵資氏）の音楽によって，心の深い闇との葛藤，相克を的確に表現した。前年に初演した作品だが，それらをさらに練り上げ，2009年度最大の収穫となった。他にも作家，ダンサーとして多くの公演に参加，年間をとおして卓越した成果をあげた"

第28回（平22年度）

中村 恩恵 "幼児からバレエを習得し，88年，ローザンヌ国際バレエコンクールにおいてプロフェッショナル賞を受賞，以後，ヨーロッパのいくつかのバレエ団に所属したが，1991年，ネザーランド・ダンス・シアターに入団，ヨーロッパにおけるモダンダンスとバレエの豊かな総合を実現したこの舞踊団において，ダンサーとしてのみならずコリオグラファーとしての

技量を磨くことになった。その成果は, 99年の退団以後, オランダはもとより, 日本において展開された自身の作品発表のなかに見事に生かされた。とりわけ, 2010年, 日本において発表されたデュエット「Les Fleurs Noirs」,「The Well-Tempered」はその音楽性, 造形性において見るものを深く感動させ, 日本現代舞踊の未来の重要な担い手であることを確信させた"

第29回 (平23年度)

ケイ・タケイ "文化人類学的視点からダンスをとらえ, 日本的ひいては汎アジア的身体性を探求, 独創的な作風を生み出した。近年は, 自然, 環境と身体との関係を軸に意欲的な創作を続けており, 昨年発表された「CHANTING HILL」「水溜り

をまたぐ女・かもめ」ほかの成果に対して"

第30回 (平24年度)

能美 健志 "「White Reflection」「AQUA」と劇場型野心作のあと, ソフトで軽妙なデュオ「リサージュ」を再演, その多才と領域の広さをあらためて証明した"

森山 開次 "「曼荼羅の宇宙」の舞台では, 従来からの強靭にして個性あふれる身体表現法をいっきょに開花させ, 密教にからむ特異なアジア的宇宙の描出に成功した"

二見 一幸 "新しい感覚の動きと美術, 映像, 音楽などとのコラボレーションにより, 精力的に作品を作り続け, とくに8月の『Even Horizon』は, 構成にも工夫がこめられ, 作品の格調を高めた成果に対して"

---

099 NBA全国バレエコンクール

優れた若きバレリーナにチャンスと夢を与えるために開催される。

【主催者】 特定非営利活動法人NBAバレエ団

【選考委員】 (第18回) ゲスト審査員：マーティン・フリードマン, マイケル・ピンク, デボラ・ヘス, ブライアン・ユ, ペドロ・カルネイロ, 岩田守弘, アンナマリー・ホームス, マイケル・シャノン, シモーナ・ノア, 寺田宜弘, 他評論家・舞踊家多数

【選考方法】 公募。芸術点・技術点で100点満点, 偏差値を採用

【締切・発表】 (第18回) 募集期間は平成26年10月1日〜11月30日, 定員に至ったとき締切。場所はメルパルクホールで開催。表彰式は平成27年1月8日メルパルクホールにて

【賞・賞金】 1位〜6位：表彰状を授与

【URL】 http : //www.nbaballet.org/

第1回 (平10年)

◇児童の部

● 第1位

　宇野 朱音 (ルイバレエアカデミー)「海賊 (パキータ.遅め)」

◇ジュニアの部

● 第1位

　加登 美沙子 (青い鳥バレエ団モトシマエツコ)

◇シニアの部

● 第1位

　重野 景子 (朋友バレエ重野良子)「パキータエトワール (遅め)」

◇コンテンポラリーの部

● 第1位

　秦 万実 (コデマリスタジオ)

第2回 (平11年)

◇児童の部

● 第1位

平田 桃子（山本礼子バレエ団付属研究所）「黒鳥（早め）」

◇ジュニアの部

● 第1位

大貫 真幹（佐々木バレエアカデミー）「眠り/デジーレ王子（遅め）」

◇シニアの部

● 第1位

鷹栖 千香（山本礼子バレエ団付属研究所）「海賊（バヤデル.早め）」

◇コンテンポラリーの部門

● 第1位

金田 洋子（金田.こうのバレエアカデミー）「黒の序章」

第3回（平12年）

◇児童の部

● 第1位

瀬戸山 裕子（白鳥バレエ学園）

◇ジュニアの部

● 第1位

斎藤 美帆（渡辺珠実バレエ研究所）

◇シニアの部

● 第1位

恵谷 彰（赤松優バレエ学園）

◇コンテンポラリーの部

● 第1位

福岡 雄大（ケイバレエスタジオ）

第4回（平13年）

◇小学生の部

● 第1位

福森 美咲子（佐々木バレエアカデミー）

◇中学生の部

● 第1位

福田 圭吾（ケイ・バレエスタジオ）

◇高校生の部

● 第1位

大貫 真希（佐々木バレエアカデミー）

◇シニアの部

● 第1位

佐藤 圭（山本礼子バレエ団付属研究所）

◇コンテンポラリーの部

● 第1位

福田 圭吾（ケイ・バレエスタジオ）「WITZ」

第5回（平14年）

◇小学生の部

● 第1位

高田 茜（高橋洋美バレエスタジオ）「海賊（バヤデル.早め）」

◇中学生の部

● 第1位

唐沢 秀子（朋友バレエ）「グランパクラシック（遅め）」

◇高校生の部

● 第1位

福岡 雄大（ケイバレエスタジオ）「海賊の男性.早め」

◇シニアの部

● 第1位

橋本 直樹（矢沢バレエスクール）「ドンキ/バジル.遅め」

◇コンテンポラリーの部

● 第1位

金田 あゆ子（金田・こうのバレエアカデミー）「BODY」

第6回（平15年）

◇小学生の部

● 第1位

望月 理沙（川崎みゆきバレエスクール）「キトリ」

◇中学生の部

● 第1位

贄田 萌（アクリ・堀本バレエアカデミー）「黒鳥」

◇高校生の部

● 第1位

大森 康正（伊藤京子バレエスタジオ）「ドンキ/バジル.」

◇シニアの部

● 第1位

志村 茜（石神井バレエアカデミー）「シルビア」

◇コンテンポラリーの部

- 第1位

富士 奈津子（金井桃枝舞踊研究所）
「MAGU—蒼い目の狼—」

第7回〔平16年〕

◇小学生の部

- 第1位

浅井 恵梨佳（神沢千景バレエスタジオ）
「オーロラ姫3幕・遅め」

◇中学生の部

- 第1位

河野 舞衣（菊地人美バレエスタジオ）「エ
スメラルダ（タンバリン）・遅め」

◇高校生の部

- 第1位

松井 学郎（佐々木三夏バレエアカデミー）
「ラ・シルフィード/ジェームス1幕・
早め」

◇シニアの部

- 第1位

竹中 優花（貞松・浜田バレエ団）「オーロ
ラ姫3幕・早め」

◇コンテンポラリーの部

- 第1位

金子 紗也（ケイ★バレエスタジオ）「Mue
（ミュ）」

第8回〔平17年〕

◇小学生の部

- 第1位

奥野 凛（村瀬沢子バレエスタジオ）「ドル
シネア」

◇中学生の部

- 第1位

影山 茉以（アクリ, 堀本バレエアカデ
ミー）「オーロラ姫3幕」

◇高校生の部

- 第1位

門 沙也香（渡辺郁子バレエスタジオ）
「オーロラ姫3幕」

◇シニアの部

- 第1位

福田 圭吾（ケイ★バレエスタジオ）「ダイ
アナとアクティオン 男性」

◇コンテンポラリーの部

- 第1位

吉田 千智（ケイ★バレエスタジオ）
「dependance」

第9回〔平18年〕

◇小学生の部

- 第1位

福田 侑香（北森由美バレエスタジオ）
「オーロラ姫3幕・早め」

◇中学生の部

- 第1位

奥村 彩（山路瑠美子バレエ研究所）「海賊
（パキータ）・遅め」

◇高校生の部

- 第1位

山本 佳奈（プルミエール・バレエ・ス
テューディオ）「キトリ・遅め」

◇シニアの部

- 第1位

安藤 紗織（京都バレエ専門学校）「エスメ
ラルダ（タンバリン）・遅め」

◇コンテンポラリーの部

- 第1位

竹中 優花（貞松・浜田バレエ団）「あなた
の声を聞かせて下さい」

第10回〔平19年〕

◇小学生の部

- 第1位

石井 眞乃花（KAORIバレエスタジオ）
「タリスマンの女性Va・遅め」

◇中学生の部

- 第1位

アクリ 瑠嘉（アクリ・堀本バレエアカデ
ミー）「コッペリアの男性ヴァリエショ
ン・早め」

◇高校生の部

- 第1位

浅田 良和（小柴葉朕バレエスクール）「ジ
ゼル2幕アルブレヒト・遅め」

◇シニアの部

- 第1位

奥田 花純（下村由理恵バレエアンサンブ

ル）

◇コンテンポラリーの部

- 第1位

堀口 純（新国立劇場バレエ団）「Piangere（涙）」

第11回（平20年）

◇小学生の部

- 第1位

齋藤 花恋エリーナ（KAORIバレエスタジオ）「キトリのヴァリエション・遅め」

◇中学生女子の部

- 第1位

オニール 八菜（岸辺バレエスタジオ）「グランパクラシックのヴァリエション・遅め」

◇中学生男子の部

- 第1位

田村 幸弘（黒沢智子バレエスタジオ）「ドンキ/バジルのヴァリエション・遅め」

◇高校生女子の部

- 第1位

高田 茜（高橋洋美バレエスタジオ）「ガムザッティ（バヤデルカ）・早め」

◇高校生男子の部

- 第1位

宮川 新大（坪田バレエ団附属坪田バレエスクール）「フランツ（コッペリア）・早め」

◇シニア女子の部

- 第1位

曽根原 彩納（長野バレエ団）「エスメラルダ（タンバリン）・遅め」

◇シニア男子の部

- 第1位

大門 智（貞松・浜田バレエ団）「クルミ割り王子のヴァリエション・遅め」

◇コンテンポラリーの部

- 第1位

新保 恵（金井桃枝舞踊研究所）「鉄錆色の雫」

第12回（平21年）

◇小学生の部

- 第1位

渡辺 千渚（アクリ・堀本バレエアカデミー）「オーロラ姫三幕のヴァリエション・遅め」

◇中学生女子の部

- 第1位

池田 理沙子（バレエスタジオDUO）「海賊（バヤデルカでのガムザッティのヴァリアシオン）・早め」

◇中学生男子の部

- 第1位

アクリ 瑠嘉（アクリ・堀本バレエアカデミー）「シルヴィア男性Va・チヤイコフスキー・パ・ド・ドゥより・早め」

◇高校生女子の部

- 第1位

石井 杏奈（杉原和子バレエアート）「エスメラルダ（タンバリン）・遅め」

◇高校生男子の部

- 第1位

大川 航矢（アカネバレエ教室）「パリの炎の男性ヴァリエション・早め」

◇シニア女子の部

- 第1位

大久保 彩香（ISバレエ・アカデミア）「エスメラルダのヴァリエション・遅め」

◇シニア男子の部

- 第1位

田辺 淳（黒沢智子バレエスタジオ）「ダイアナとアクティオン男性ヴァリエション・早め」

◇コンテンポラリーの部

- 第1位

松 理沙（和田朝子舞踊研究所）「漆黒の闇を駆け抜ける」

第13回（平22年）

◇小学生の部

- 第1位

長岡 佑奈（金田・こうのバレエアカデミー）「エスメラルダのヴァリエション・遅め」

◇中学生女子の部

- 第1位

岩城 舞（メグミバレエスクール）「エスメラルダ（タンバリン）・遅め」

◇中学生男子の部
- 第1位

  加藤 静流（アクリ・堀本バレエアカデミー）「パリの炎の男性ヴァリエション・早め」

◇高校生女子の部
- 第1位

  池田 理沙子（バレエスタジオ DUO）「黒鳥のヴァリエション・遅め」

◇高校生男子の部
- 第1位

  加藤 凌（アクリ・堀本バレエアカデミー）「ドンキ/バジルのヴァリエション・早め」

◇シニア女子の部
- 第1位

  涌田 美紀（ソウダバレエスクール）「グランパクラシックのヴァリエション・遅め」

◇シニア男子の部
- 第1位

  上月 佑馬（萩ゆうこバレエスタジオ）「ダイアナとアクティオン男性ヴァリエション・遅め」

◇コンテンポラリーの部
- 第1位

  高橋 玲美（金井桃枝舞踊研究所）「幻の樹形を見たり迷い花」

第14回（平23年）

◇小学生の部
- 第1位

  太田 倫功（小柳玲子バレエ教室）「白鳥/3幕王子のヴァリエション・早め」

◇中学生男子の部
- 第1位

  加藤 三希央（竹内ひとみバレエスクール）「パリの炎の男性ヴァリエション・早め」

◇中学生女子の部
- 第1位

  筒井 舞子（アクリ・堀本バレエアカデミー）「オーロラ姫三幕のヴァリエショ

ン・遅め」

◇高校生男子の部
- 第1位

  福士 宙夢（バレエスタジオDUO）「ドンキ/バジルのヴァリエション・遅め」

◇高校生女子の部
- 第1位

  菊地 桃花（Avec Coco福田純子バレエスタジオ）「スワニルダのヴァリエション・早め」

◇シニア男性の部
- 第1位

  大巻 雄矢（山本紗内恵バレエスクール）「海賊の男性ヴァリエション・遅め」

◇シニア女性の部
- 第1位

  大場 優香（竹内ひとみバレエスクール）「海賊（バヤデルカでのガムザッティのヴァリアシオン）・早め」

◇コンテンポラリーの部
- 第1位

  藤田 菜美（金田・こうのバレエアカデミー）「TATTOO」

第15回（平24年）

◇小学生の部
- 第1位

  竹津 栞奈（青い鳥バレエ団モトシマエツコ研究所）「黒鳥のヴァリエション・遅め」

◇中学生男子の部
- 第1位

  エリック・ウルハウス（Austrian Ballet School）「白鳥/3幕王子のヴァリエション・遅め」

◇中学生女子1-2年生の部
- 第1位

  佐藤 理央（竹内ひとみバレエスクール）「オーロラ姫・眠り第1幕より・遅め」

◇中学生女子3年生の部
- 第1位

  桑原 沙希（神澤千景バレエスタジオ）「オーロラ姫・眠り第1幕より・遅め」

◇高校生男子の部

- 第1位

  南沢 幸宏（小嶋バレエ教室）「海賊の男性ヴァリエション・遅め」

◇高校生女子の部

- 第1位

  宇多 優里香（ソウダバレエスクール）「エスメラルダ（タンバリン）・遅め」

◇シニア男性の部

- 第1位

  長谷川 元志（神澤千景バレエスタジオ）「パリの炎の男性ヴァリエション・遅め」

◇シニア女性の部

- 第1位

  大久保 彩香（ISバレエ・アカデミア）「グランパクラシックのヴァリエション・遅め」

◇コンテンポラリーの部

- 第1位

  小坂 こよみ（ソウダバレエスクール）「Folia」

第16回（平25年）

◇小学生の部

- 第1位

  住山 美桜（森仲悠子・森中健智バレエアカデミー）「黒鳥のヴァリエション・遅め」

◇中学生男子の部

- 第1位

  金 世友（C.J.G.Ballet Studio）「グランパクラシックの男性ヴァリエション・遅め」

◇中学生女子1-2年生の部

- 第1位

  中野 伶美（岸辺バレエスタジオ）「オーロラ姫第三幕のヴァリエション・遅め」

◇中学生女子3年生の部

- 第1位

  軽部 智子（森中牧バレエスタジオ）「エスメラルダ（タンバリン）・遅め」

◇高校生男子の部

- 第1位

  アクリ 士門（アクリ・堀本バレエアカデミー）「パリの炎の男性ヴァリエション・早め」

◇高校生女性の部

- 第1位

  荻原 モモ（山路瑠美子バレエ研究所）「金平糖のヴァリエション・遅め」

◇シニア男性の部

- 第1位

  兼城 将 「パリの炎の男性ヴァリエション・遅め」

◇シニア女性の部

- 第1位

  大久保 春香（isバレエ・アカデミア）「シルビアのヴァリエション・遅め」

◇コンテンポラリーの部

- 第1位

  佐野 基（ハルミバレエ）「KANADERU」

第17回（平26年）

◇小学生の部

- 第1位

  五十嵐 大地（新潟バレエスクール）「ドンキ/バジルのVa・遅め」

◇中学生男子の部

- 第1位

  太田 倫功（小柳玲子バレエ教室）「ドンキ/バジルのVa・早め」

◇中学生1-2年生女子の部

- 第1位

  大濱 彩音（エチュードバレエアカデミー）「オーロラ姫（眠れる森の美女 1幕）・予選専用曲・早め」

◇中学生3年生女子の部

- 第1位

  西内 里奈（畠中三枝バレエ教室）「黒鳥のVa・遅め」

◇高校生男子の部

- 第1位

  二山 治雄（白鳥バレエ学園）「シルヴィア男性Va・チヤイコフスキー・パ・ド・ドゥより・早め」

◇高校生女子の部

- 第1位

  萩原 ゆうき（CLASS-A BALLET）「メドーラ・海賊よりその2Va・遅め」

◇シニア男性の部
- 第1位
　加藤 大和（バレエスタジオDUO）「ジゼル2幕アルブレヒトVa・早め」

◇シニア女性の部
- 第1位

宇多 優里香（ソウダバレエスクール）「メドーラ・海賊よりその2Va・遅め」

◇コンテンポラリーの部
- 第1位

Zecharie Tan（Cheng Ballet Academy Pte Ltd）「A Day」

100 夏季定期公演賞

　独創的な新しい感覚の振付師および若く優れた舞踊手の発掘を目的として，賞としては昭和52年の第9回より開始された。日本バレエ協会の夏季定期公演において優秀な振付師と舞踊家に贈られる。平成11年7月の第31回をもって一時中止。

【主催者】 （社）日本バレエ協会

【選考委員】 島田広, 貝谷八百子, 谷桃子, 松山樹子, 松尾明美, 笹本公江, 川路明, 粕谷辰雄, 永江厳

【選考方法】 毎年7月下旬に行われる公演において選考

【選考基準】 〔資格〕同協会正会員

【締切・発表】 毎年4月中旬頃締切, 7月下旬に開催・発表

【賞・賞金】 振付賞, 優秀賞各賞金5万円

第9回（昭52年）
◇奨励賞
　望月 則彦
◇新人賞
　井川 けい子, 榎本 晴夫

第10回（昭53年）
◇奨励賞
　望月 則彦
◇新人賞
　瀬戸崎 律子, 篠原 聖一

第11回（昭54年）
◇奨励賞
　小川 亜矢子
◇新人賞
　佐藤 勇次

第12回（昭55年）
◇奨励賞
　関 直人
◇新人賞
　小西 裕紀子, 佐伯 茂

第13回（昭56年）
◇奨励賞
　小川 亜矢子
◇新人賞
　高木 俊徳, 菊田 広美

第14回（昭57年）
◇奨励賞
　高木 俊徳
◇新人賞
　山崎 敬子, 多々納 美和子

第15回（昭58年）
◇奨励賞
　吉田 千賀子
◇新人賞
　堀 登

第16回（昭59年）
◇奨励賞
　榎本 晴夫
◇新人賞
　坂本 登喜彦

斎藤 友佳理

第17回（昭60年）

　◇奨励賞

　　横瀬 三郎

　◇新人賞

　　池端 幹雄

第18回（昭61年）

　◇振付賞

　　岡田 祥造

　◇優秀賞

　　吉沢 真知子，岡田 祥造

第19回（昭62年）

　◇振付賞

　　鈴木 稔

　◇優秀賞

　　千野 真沙美，樫野 隆幸

第20回（昭63年）

　◇振付賞

　　岸 清子

　◇優秀賞

　　佐々木 三夏

第21回（平1年）

　◇振付賞

　　後藤 早知子

　◇優秀賞

　　大倉 現生，下村 由理恵

第22回（平2年）

　◇振付賞

　　野間 康子

　◇優秀賞

　　高瀬 浩幸

第23回（平3年）

　◇優秀賞

　　堀本 美和

　　岩田 守弘

第24回（平4年）

　◇優秀賞

　　山田 かおる

　　山本 みさ

第25回（平5年）

　◇優秀賞

　　伊能 貴子

　◇振付賞

　　佐多 達枝

第26回（平6年）

　◇優秀賞

　　山城 枝里子

第27回（平7年）

　◇優秀賞

　　原 麻衣子

　◇振付賞

　　佐藤 宏

第28回（平8年）

　◇特別賞

　　大島 早紀子

　◇優秀賞

　　奥山 由美子

第29回（平9年）

　◇特別賞

　　ヴィクトル・カバニアエフ

　◇優秀賞

　　十河 志織

第30回（平10年）

　◇優秀賞

　　倉田 重美

　　楢井 裕典

第31回（平11年）

　◇優秀賞

　　西山 優子

　　法村 圭緒

101 各流派合同新春舞踊大会

　新進日本舞踊家の登龍門として，昭和31年より開催，37年から授賞制度を設けている。最優秀者には文部科学大臣奨励賞が授与される。平成24年より文化庁との共催事業となり，文部大臣奨励賞の名称が「最優秀賞」に変更された。

【主催者】（公社）日本舞踊協会

【選考委員】同協会役員, 有識者, 舞踊評論家

【選考方法】同協会会員の申込による

【選考基準】〔資格〕50歳までの同協会会員。〔応募規定〕演目は古典的作品（新作を除く）とし, 1番の使用時間は20分以内。各派の特長を尊重するため他流の者と組んでの出演は不可

【締切・発表】1月下旬に審査委員会を開催, 協会ホームページで公表

【賞・賞金】賞状と賞牌

【URL】http：//www.nihonbuyou.or.jp/

（昭37年）

◇大会賞

花柳 紫鳳

内田 るり子

川口 秀延

坂東 勝皐鼓

坂東 寿美春

花柳 錦昇

青山 克巳

青山 良彦

花柳 桃輔

藤間 勘佐和

藤間 藤彩

花柳 秀邦

花柳 秀弘

（昭38年）

◇大会賞

青山 克巳

青山 良彦

花柳 秀邦

花柳 秀弘

花柳 奈千穂

花柳 豊華

坂東 弘

尾上 菊奈緒

尾上 菊雍

花柳 秀太良

水木 歌寿史

◇特別賞

花柳 秀邦

花柳 秀弘

（昭39年）

◇大会賞

藤間 藤衣

坂東 佳津

尾上 菊乃里

尾上 菊義

花柳 秀邦

花柳 秀弘

青山 克巳

青山 良彦

坂東 万寿代

坂東 栄美路

花柳 豊華

水木 歌寿史

藤間 秀太朗

花柳 桃輔

藤間 藤太郎

◇特別賞

坂東 佳津

（昭40年）

◇大会賞

藤間 藤彩

花柳 桃輔

坂東 佳津

花柳 奈千穂

水木 歌寿史

猿若 清友

花柳 寿芝

藤間 藤太郎

藤間 高和
藤間 高緑
西川 喜之輔
花柳 豊華
◇特別賞
藤間 藤太郎
（昭41年）
◇大会賞
花柳 昌生
花柳 茂珠
猿若 清友
坂東 百々三
五條 珠緒
藤間 藤太郎
西川 喜久泉
勝見 幸
西川 恵蔵
花柳 紗乙女
西川 喜之輔
◇特別賞
水木 歌寿史
（昭42年）
◇大会賞
猿若 清友
花柳 真貴人
花柳 鳴介
猿若 美実
西川 佳肖
中村 芝翠
川口 牡丹
花柳 茂珠
花柳 年久
藤間 秀太朗
松賀 藤雄
◇特別賞
猿若 美実
（昭43年）
◇大会賞
坂東 三津二郎
五條 珠緒
藤間 藤彩
西川 扇志

藤間 紋瑠里
花柳 茂珠
花柳 寿芝
楳茂都 梅延
花柳 維寿美
花柳 三千玲
藤間 聖章
花柳 寿美蔵
◇特別賞
花柳 桃輔
（昭44年）
◇大会賞
五條 珠緒
藤間 紋瑠里
花柳 寿芝
水木 歌明
松賀 藤雄
花柳 三千玲
花柳 維寿美
藤間 聖章
西川 矢扇
◇特別賞
藤間 藤彩
（昭45年）
◇大会賞
藤間 秀三
藤間 秀太朗
坂東 康代
花柳 国調
藤間 聖章
花柳 維寿美
花柳 三千玲
◇特別賞
五條 珠緒
（昭46年）
◇大会賞
吾妻 一葉
吾妻 節穂
藤間 秀三朗
藤間 藤朗
中村 桜
花柳 国調

花柳 百合輔
松賀 藤雄
藤間 紋瑠里
花柳 若水
若柳 光恭
藤間 十三路
西川 矢扇
花柳 園喜輔
坂東 三津梅
藤間 勘十代
◇特別賞
花柳 維寿美
花柳 三千玲
（昭47年）
◇大会賞
西川 扇生
藤間 勘十代
西川 扇二郎
吾妻 節穂
藤間 三津春
坂東 三津梅
藤間 掬穂
中村 桜
若柳 光恭
◇特別賞
藤間 秀太朗
（昭48年）
◇大会賞
吾妻 節穂
吾妻 豊隆
西川 扇生
花柳 元寿朗
花柳 寿乃嗣
若柳 吉恵以子
坂東 三津梅
花柳 寿美蔵
花柳 真貴夫
西川 扇二郎
◇特別賞
西川 扇生
（昭49年）
◇大会賞

吾妻 豊隆
中村 芝翠
花柳 錦女
花柳 奈美暉
藤間 勘十代
若柳 光恭
◇特別賞
中村 芝翠
（昭50年）
◇大会賞
泉 幸志
勝美 藤
中村 福富美
西川 扇一郎
西川 扇範
花柳 千和歌
花柳 奈千穂
花柳 若水
花柳 錦女
坂東 秀美
◇特別賞
吾妻 節穂
（昭51年）
◇大会賞
吾妻 寛穂
花柳 錦女
花柳 茂華
泉 多門
泉 幸志
中村 桜
松本 錦皇
花柳 万寿彦
◇特別賞
花柳 錦女
（昭52年）
◇大会賞
吾妻 豊隆
松本 錦皇
林 千枝
泉 幸志
花柳 喬多枝
西川 扇一郎

花柳 寿々菊

吾妻 寛穂

坂東 和加康

坂東 三千梅

◇特別賞

　吾妻 寛穂

（昭53年）

◇大会賞

　吾妻 春千穂

　猿若 久美恵

　林 千枝

　花柳 喜京美

　吾妻 徹穂

　吉村 ゆきえ

　花柳 君兆

　花柳 寿之吉

　西川 扇世史

　花柳 寿元

　花柳 寿々菊

　花柳 若水

◇特別賞

　吾妻 春千穂

（昭54年）

◇大会賞

　花柳 寿々菊

　吾妻 橘

　林 千枝

　吉村 ゆきえ

　泉 徳凰

　中村 福富美

　吾妻 徹穂

　西川 栄

　西川 扇一郎

◇特別賞

　吾妻 豊隆

（昭55年）

◇大会賞

　吾妻 徹穂

　吾妻 菜穂

　吾妻 橘

　吾妻 マリ

　花柳 真理子

花柳 寿則

西川 扇千代

坂東 和加康

坂東 寛二郎

坂東 利太郎

藤間 仁章

吉村 ゆきえ

花柳 寿世奈

花柳 東吾

花柳 寿臣

花柳 寿之吉

泉 徳凰

泉 磨保

◇特別賞

　吾妻 徹穂

（昭56年）

◇大会賞

　花柳 真理子

　泉 朱緒里

　西川 栄

　吾妻 橘

　藤間 巧

　花柳 春濤

　花柳 寿賀洲

　西川 喜晶

　泉 徳凰

　吾妻 菜穂

　花柳 喜京美

◇特別賞

　花柳 真理子

（昭57年）

◇大会賞

　泉 朱緒里

　吾妻 菜穂

　花柳 喜京美

　西川 鯉郎

　花柳 寿世奈

　花柳 東吾

　花柳 和

　吾妻 夕翠

　水木 由歌

　松見爾 舞穂

花柳 花舞美
◇特別賞
　泉 朱緒里
（昭58年）
◇文部大臣奨励賞
　西川 東扇 「傀儡師」
◇大会賞・芸団協奨励賞
　西川 東扇
　花柳 和
　花柳 京
　若柳 吉香
　花柳 輔太朗
　花柳 秀楽
　西川 扇千代
　西川 栄
　花柳 寿世奈
　花柳 東吾
（昭59年）
◇文部大臣奨励賞
　水木 由歌 「千代の友鶴」
◇大会賞・芸団協奨励賞
　水木 由歌
　花柳 輔太朗
　西川 扇千代
　花柳 秀楽
　西川 鯉之亟
　藤間 藤富三
　藤間 豊太郎
　泉 翔蓉
　坂東 寛二郎
　泉 裕紀
　花柳 寿之吉
　花柳 寿臣
（昭60年）
◇文部大臣奨励賞
　泉 翔蓉 「子守」
◇大会賞・芸団協奨励賞
　泉 翔蓉
　花柳 輔太朗
　花柳 京
　藤間 豊太郎
　藤間 掬穂

藤間 恵都子
西川 扇麗
若柳 吉香
花柳 芙寿晴
花柳 秀楽
（昭61年）
◇文部大臣奨励賞
　藤間 豊太郎 「年増」
◇大会賞・芸団協奨励賞
　藤間 恵都子
　藤間 豊太郎
　花柳 京
　西川 鯉之亟
　藤間 友香寿
　若柳 吉香
　坂東 寛二郎
　猿若 煌子
　猿若 由麻
　藤間 万惠
　西川 雅扇
　松本 幸龍
（昭62年）
◇文部大臣奨励賞
　藤間 恵都子 「北州」
◇大会賞・芸団協奨励賞
　藤間 恵都子
　藤間 いく子
　花柳 基幹
　若柳 庸子
　花柳 佐育
　松本 幸龍
　花柳 美寿晴
　藤間 万惠
　花柳 斐雅
　市山 七百蔵
　花柳 三姿
（昭63年）
◇文部大臣奨励賞
　花柳 美寿晴 「北州」
◇大会賞・芸団協奨励賞
　花柳 美寿晴
　花柳 基幹

藤間 いく子
西川 喜久乃輔
吉村 ゑん
花柳 喜乃鈴
（平1年）
◇文部大臣奨励賞
　花柳 基幹
◇大会賞・芸団協奨励賞
　花柳 基幹
　藤間 万惠
　花柳 瓧一
　泉 裕紀
　吉村 ゑん
　若柳 庸子
　林 さと枝
　花柳 雅方
　吾妻 若彌
　若柳 公子
　水木 歌惣
◇会長賞
　吾妻 橘
　吾妻 菜穂
　泉 幸志
　泉 徳凰
　中村 桜
　西川 栄
　西川 扇一郎
　西川 扇千代
　花柳 錦之輔
　花柳 和
　花柳 嶽
　花柳 喜京美
　花柳 京
　花柳 茂珠
　花柳 秀楽
　花柳 寿世奈
　花柳 寿之吉
　花柳 輔太朗
　花柳 寿々菊
　花柳 寿芝
　花柳 奈千穂
　林 千枝

坂東 寛二郎
藤間 いく子
藤間 勘十代
藤間 聖章
藤間 万惠
藤間 紋瑠里
松賀 藤雄
吉村 ゆきえ
若柳 吉香
若柳 光恭
（平2年）
◇文部大臣奨励賞
　花柳 瓧一　「越後獅子」
◇大会賞・芸団協奨励賞
　花柳 瓧一
　花柳 佐育
　若柳 庸子
　泉 延樹
　泉 裕紀
　市山 松之助
　林 さと枝
　花柳 雅方
　花柳 錦紗都
　花柳 紗保美
　西川 扇文女
◇会長賞
　泉 裕紀
　若柳 庸子
（平3年）
◇文部大臣奨励賞
　花柳 紗保美　「北州」
◇大会賞・芸団協奨励賞
　花柳 紗保美
　花柳 雅方
　山村 若有子
　市山 松之助
　林 太郎
　坂東 阿弥
　花柳 佐育
　吉村 桂章
　花柳 錦紗都
　林 さと枝

花柳 舞美輔
花柳 せいら
◇会長賞
花柳 佐育
花柳 雅方
林 さと枝
（平4年）
◇文部大臣奨励賞
該当者なし
◇大会賞・芸団協奨励賞
藤間 沙綺子
吉村 桂章
坂東 阿弥
花柳 せいら
泉 紫鳳
勝美 巴湖
花柳 錦紗都
花柳 鶴寿賀
山村 若有子
花柳 あらた
市山 松之助
◇会長賞
市山 松之助
花柳 錦紗都
（平5年）
◇文部大臣奨励賞
花柳 せいら　「娘道成寺」
◇大会賞・芸団協奨励賞
花柳 せいら
花柳 貴代人
花柳 珠絃
藤間 乾
山村 観扇
猿若 清恵
花柳 秀衛
泉 紫鳳
花柳 三春
坂東 阿弥
◇会長賞
坂東 阿弥
（平6年）
◇文部大臣奨励賞

花柳 舞美輔　「流星」
◇大会賞・芸団協奨励賞
花柳 舞美輔
西川 鯉之亟
勝美 巴湖
吉村 桂章
猿若 清恵
花柳 あらた
坂東 三扇秀
西川 鯉娘
志賀山 桜
山村 若有子
花柳 光沙
花柳 珠絃
花柳 奈卯女
◇会長賞
西川 鯉之亟
吉村 桂章
山村 若有子
（平7年）
◇文部大臣奨励賞
該当者なし
◇大会賞・芸団協奨励賞
花柳 寿郎
猿若 清恵
坂東 勝彦
猿若 節仔
坂東 若梢
勝美 巴湖
藤間 沙綺子
市山 竹松
花柳 あらた
西川 扇文女
花柳 珠絃
尾上 青楓
泉 紫鳳
花柳 笹公
七々扇 左恵
◇会長賞
泉 紫鳳
花柳 あらた
勝美 巴湖

花柳 珠絃

猿若 清恵

（平8年）

◇文部大臣奨励賞

　花柳 寿郎　「梅の春」

◇大会賞・芸団協奨励賞

　花柳 寿郎

　市山 竹松

　坂東 勝彦

　西川 扇文女

　尾上 青楓

　花柳 小三郎

　坂東 三扇秀

　泉 徳保

◇会長賞

　西川 扇文女

（平9年）

◇文部大臣奨励賞

　志賀山 桜　「越後獅子」

◇大会賞・芸団協奨励賞

　志賀山 桜

　尾上 紫

　花柳 笹公

　花柳 小三郎

　藤間 乾

　泉 徳保

　尾上 青楓

　七々扇 左恵

◇会長賞

　尾上 青楓

（平10年）

◇文部大臣奨励賞

　該当者なし

◇大会賞・芸団協奨励賞

　吉村 古ゆう

　花柳 小三郎

　尾上 紫

　泉 徳保

　花柳 鳳鞠

　市山 竹松

　花柳 貴代人

　花柳 奈卯女

花柳 和彩紀

若柳 里次朗

花柳 葉昌栄

◇会長賞

　泉 徳保

　市山 竹松

　花柳 小三郎

（平11年）

◇文部大臣奨励賞

　花柳 秀衛　「浅妻船」

◇大会賞・芸団協奨励賞

　花柳 秀衛

　藤間 乾

　尾上 紫

　若柳 里次朗

　七々扇 左恵

　坂東 以津緒

　藤間 樹太朗

　花柳 智寿彦

　坂東 若梢

　花柳 葉昌栄

◇会長賞

　尾上 紫

　七々扇 左恵

　藤間 乾

（平12年）

◇文部大臣奨励賞

　若柳 里次朗　「関三奴」

◇大会賞・芸団協奨励賞

　若柳 里次朗

　花柳 葉昌栄

　坂東 以津緒

　花柳 慶智

　坂東 若梢

　花柳 智寿彦

　水木 扇升

　猿若 裕貴

　花柳 笹公

　花ノ本 海

◇会長賞

　花柳 笹公

　花柳 葉昌栄

坂東 若梢

（平13年）

◇文部科学大臣奨励賞

坂東 以津緒 「流星」

◇大会賞・芸団協奨励賞

坂東 以津緒

西川 扇衛仁

若柳 公子

花柳 貴代人

藤間 織澄

猿若 裕貴

藤間 誉一

花柳 寿太一郎

花柳 佐栄秀

花柳 奈卯女

◇会長賞

花柳 貴代人

（平14年）

◇文部科学大臣奨励賞

花柳 寿太一郎 「流星」

◇大会賞・芸団協奨励賞

花柳 寿太一郎

花柳 慶智

花柳 佐栄秀

藤間 織澄

若柳 公子

坂東 三扇秀

猿若 裕貴

花ノ本 海

西川 扇重郎

藤間 誉一

◇会長賞

猿若 裕貴

坂東 三扇秀

若柳 公子

（平15年）

◇文部科学大臣奨励賞

藤間 織澄 「傀儡師」

◇大会賞・芸団協奨励賞

藤間 織澄

花柳 佐栄秀

五條 一

西川 大樹

花柳 寿菜

西川 扇衛仁

藤間 達也

西川 申晶

藤間 誉一

花柳 奈卯女

◇会長賞

花柳 佐栄秀

花柳 奈卯女

藤間 誉一

（平16年）

◇文部科学大臣奨励賞

西川 扇衛仁 「流星」

◇大会賞・芸団協奨励賞

西川 扇衛仁

藤間 藤椛

西川 大樹

西川 申晶

若柳 吉優人

西川 扇重郎

藤間 達也

水木 扇升

花柳 路太

若柳 美香康

藤間 三千恵

◇会長賞

該当者なし

（平17年）

◇文部科学大臣奨励賞

西川 大樹 「玉屋」

◇大会賞・芸団協奨励賞

西川 大樹

花柳 源九郎

花柳 錦翠美

西川 申晶

花柳 達真

藤間 達也

水木 扇升

西川 扇重郎

五條 詠佳

◇会長賞

西川 申晶
西川 扇重郎
藤間 達也
水木 扇升
（平18年）
◇文部科学大臣奨励賞
　花柳 寿菜　「梅の春」
◇大会賞・芸団協奨励賞
　花柳 源九郎
　若柳 延祐
　藤間 藤椛
　橘 幸慧
　花ノ本 海
　泉 彩菜
　花柳 龍知郎
　花柳 慶智
◇会長賞
　花ノ本 海
　花柳 慶智
（平19年）
◇文部科学大臣奨励賞
　花柳 源九郎　「流星」
◇大会賞・芸団協奨励賞
　五條 一
　藤間 藤椛
　花柳 昌克
　坂東 冨起子
　花柳 達真
　藤間 仁凰
　花柳 大日翠
　若柳 延祐
◇会長賞
　藤間 藤椛
（平20年）
◇文部科学大臣奨励賞
　花柳 達真　「傀儡師」
◇大会賞・芸団協奨励賞
　花柳 大日翠
　若柳 美香康
　若柳 薫子
　坂東 冨起子
　若柳 延祐

花柳 昌克
藤蔭 静寿
花柳 錦翠美
◇会長賞
　若柳 延祐
（平21年）
◇文部科学大臣奨励賞
　花柳 大日翠　「流星」
◇大会賞・芸団協奨励賞
　花柳 琴臣
　坂東 冨起子
　花柳 昌克
　花柳 龍知郎
　若柳 美香康
　吉村 藤園
◇会長賞
　花柳 昌克
　坂東 冨起子
　若柳 美香康
（平22年）
◇文部科学大臣奨励賞
　該当者なし
◇大会賞・芸団協奨励賞
　花柳 琴臣
　花柳 錦翠美
　藤間 仁凰
　花柳 龍知郎
　五條 詠佳
　西川 潤
　尾上 京
　花柳 九州光
◇会長賞
　花柳 錦翠美
　花柳 龍知郎
（平23年）
◇文部科学大臣奨励賞
　花柳 琴臣
◇大会賞・芸団協奨励賞
　花柳 幸舞音
　五條 詠佳
　尾上 京
　若柳 薫子

若柳 吉優人
花柳 九州光
花柳 吉史加
◇会長賞
　五條 詠佳
（平24年）
◇最優秀賞
　花柳 喜衛文華
◇大会賞・芸団協奨励賞
　花柳 路太
　花柳 寿美蔵
　花柳 吉史加
　花柳 昌鳳生
　花柳 輔蔵
　花柳 光朋美
　藤間 仁凰
◇会長賞

藤間 仁凰
（平25年）
◇最優秀賞
　泉 秀樹
◇大会賞・芸団協奨励賞
　花柳 路太
　花柳 輔蔵
　尾上 京
　若柳 薫子
　花柳 静久郎
　五條 絢巳
　花柳 昌鳳生
◇会長賞
　尾上 京
　花柳 路太
　若柳 薫子

---

102 河上鈴子記念現代舞踊フェスティバル優秀賞

　全国の支部から選抜されて出演し, 地域舞踊文化向上に寄与することを目的として平成元年に創設された,「現代舞踊フェスティバル」において最も優秀な作品に贈られる賞。

【主催者】（一社）現代舞踊協会

【選考委員】うらわまこと, 池田瑞臣, 金井芙三枝, 北井一郎, 正田千鶴, 花輪洋治, 田中いづみ

【選考方法】選考委員の投票と討議による

【選考基準】〔対象〕毎年8月に行われる「現代舞踊フェスティバル」公演で上演される作品の中から, 最も優秀な作品

【締切・発表】毎年9月に選考, 10月頃に新聞発表

【賞・賞金】賞状, 賞牌と賞金15万円

【URL】http://www.gendaibuyou.or.jp/about/award

第1回（平1年度）
　黒田 呆子（黒田呆子バレエスクール校長）
第2回（平2年度）
　該当者なし
第3回（平3年度）
　該当者なし
第4回（平4年度）
　倉知 外子

第5回（平5年度）
　石原 完二
第6回（平6年度）
　加藤 燿子
第7回（平7年度）
　横山 慶子
第8回（平8年度）
　該当者なし

第9回（平9年度）
　野々村 明子
第10回（平10年度）
　川村 泉
第11回（平11年度）
　柴内 啓子
第12回（平12年度）
　今岡 頌子
第13回（平13年度）
　能藤 玲子
第14回（平14年度）
　和田 朝己，和田 伊通子
第15回（平15年度）
　立石 美智子
第16回（平16年度）
　可西 晴香
第17回（平17年度）
　棚橋 鮎子

第18回（平18年度）
　服部 由香里
第19回（平19年度）
　該当者なし
第20回（平20年度）
　奥村 信子
第21回（平21年度）
　後藤 智江
第22回（平22年度）
　該当者なし
第23回（平23年度）
　横山 真理
第24回（平24年度）
　該当者なし
第25回（平25年度）
　高橋 裕子

---

103 河上鈴子スペイン舞踊賞

　我が国におけるスペイン舞踊の先駆者で，舞踊文化の発展に大きな足跡を残した故河上鈴子・現代舞踊協会前名誉会長を記念して，平成元年に創設された。

【主催者】（一社）現代舞踊協会

【選考委員】池野恵，伊地知優子，山田恵子，渥見利奈，北井一郎，加藤みや子，中村しんじ

【選考方法】選考委員・推薦委員（7名前後）の推薦と討議による選考

【選考基準】〔対象〕過去2年間に行われた公演で最も優秀な者

【締切・発表】隔年，3月上旬新聞発表，授賞式は3月の当協会通常総会後

【賞・賞金】賞状と賞金30万円

【URL】http://www.gendaibuyou.or.jp/about/award

第1回（平1年）
　岡田 昌己 "「ヴェロニカ・聖女伝」における演技に対して"
第2回（平2年）
　小島 章司 "「ジプシー・愛と掟」における円熟した演技に対して"
第3回（平3年）
　小松原 庸子 "舞踊団公演「コルドバの詩」で独特の舞踊世界を創造したことに対して"
第4回（平4年）
　佐藤 桂子，山崎 泰 "「欲望という名の電車」における卓抜な構成・演出と優れた演技に対して"
第5回（平5年）
　山田 恵子 "「メタモルフォーゼ・フラメンコ」における意欲的な創作に対して"

第6回（平6年）
　碇山 奈奈 "平成6年12月公演の「ジプシー
　　歌集」でフラメンコの高度な技法を駆使
　　した成果に対して"
第7回（平7年）
　該当者なし
第8回（平9年）
　該当者なし
第9回（平11年）
　小林 伴子 "カスタネットに強い思いを寄
　　せ,2年にわたりカスタニュエラ・カスタ
　　ニュエラに取り組んだことに対して"
第10回（平13年）
　蘭 このみ "「明烏」において女の情念を出
　　したすぐれた演技に対して"
第11回（平15年）
　鍵田 真由美, 佐藤 浩希

第12回（平17年）
　該当者なし
第13回（平19年）
　該当者なし
第14回（平21年）
　曽我辺 靖子 "作品「Al compas de la
　　luna」における月に寄せる想いと自然の
　　営みを美しく舞踊化した創作に対して"
第15回（平23年）
　該当者なし
第16回（平25年）
　高野 美智子 "作品「FLORES DE
　　PIEDRA」において, 原石が磨かれて宝
　　石となるように, 磨かれて輝きを増す女
　　性の美しさを見事に描き上げたことに対
　　して"

---

104 河上鈴子スペイン舞踊新人賞

　3月に開催される「ダンスプラン」のスペイン舞踊部門より最も優れた舞踊家に贈られる。現代舞踊協会 新人賞・新人振付賞（現代舞踊新人賞）の部門賞より分離。

【主催者】（一社）現代舞踊協会

【選考委員】杉原ともじ, 折田克子, 加藤みや子, 坂本秀子, 杉本亜利沙, 野坂公夫, 松永雅彦, 山田恵子

【選考方法】選考委員による選考

【選考基準】〔対象〕新人賞：3月に開催される「新人舞踊公演」のスペイン舞踊部門に出品した作品で特に優れた者

【締切・発表】3月選考, 4月に発表

【賞・賞金】賞状と賞金10万円

【URL】http://www.gendaibuyou.or.jp/about/award

（平8年度）
　梅村 智子
　谷 朝子
（平9年度）
　片桐 美恵
　武田 泉
（平10年度）
　関口 華恵

（平11年度）
　太田 英代
（平12年度）
　中田 佳代子
（平13年度）
　柏 麻美子
（平14年度）
　鈴木 千琴

（平15年度）
　東 陽子
（平16年度）
　鈴木 舞
（平17年度）
　北原 志穂
（平18年度）
　末木 三四郎
（平19年度）
　末木 三四郎
（平20年度）
　工藤 朋子

（平21年度）
　田中 菜穂子
（平22年度）
　富田 彩千恵
（平23年度）
　遠藤 美穂
（平24年度）
　該当者なし
（平25年度）
　松田 知也

105 北九州&アジア全国洋舞コンクール

　北九州市と全国およびアジア各国に広く交流の輪を広げ，わが国ならびにアジア洋舞界の次代を担う舞踊家の発掘育成に助し，発展貢献に貢献することを目的とし，平成3年から開始された。隔年開催。

【主催者】 北九州&アジア全国洋舞コンクール実行委員会

【選考委員】 （第12回）委員長：うらわまこと，全部門：白石裕史，深川秀夫，黒田呆子，A部門：貞松融，下村由理恵，関直人，朱美麗，B・C・D・E部門：渥見利奈，折田克子，金井芙三枝，劉美那，C・D・E部門：頼秀峰，李美南

【選考基準】 （第12回）〔資格〕A部門（バレエ）：ジュニア3：満6歳（小1）以上〜10歳（小5），ジュニア2：満11歳（小6）以上〜14歳（中3），ジュニア1：満15歳（高1）以上〜17歳（高3），シニア：満18歳（高卒）以上〜。B部門（モダンダンス）：ジュニア2：満5歳以上〜11歳（小6），ジュニア1：満12歳（中1）以上〜17歳（高3），シニア：満18歳（高卒）以上。C部門（ヴァリアス）：ジュニア：満4歳〜14歳（中3），シニア：満15歳（高1）以上。D部門（バリアフリー）：障害者の種別，年齢は問わない。E部門（オールド）：満60歳以上〔対象〕A部門：独創的なモダンバレエの参加も可。クラシックバレエはヴァリエーションのみとする。C部門：民族舞踊，児童舞踊，フラメンコ，ジャズダンス，民謡等。または，演劇的，ミュージカル的等，分野を越えたあらゆる発想の総合部。文部科学大臣賞：全部門シニア1位受賞曲のうち特に優れた国内1作品の演技者1名。BE MOVED GRAND PRIX（感動する最高賞）：全部門参加曲のうち特に優れた創造性豊かな作品の振付者1名。指導者賞：全部門参加曲のうち特に優秀な作品の指導者1名。国際交流賞：外国参加曲のうち最優秀と認めた1作品の演技者又は1団体。奨励賞：A部門バレエ参加曲のうち将来に期待のもてる演技者1名。チャレンジャー賞：D部門バリアフリー参加曲のうち特に優れた感性豊かな作品の演技者に与えられる。パワフル賞：E部門オールド参加曲のうち特に意欲あふれる作品の演技者に与えられる

【締切・発表】 （第12回）申込期間は平成25年6月1日〜20日。コンクールは8月22日〜25日，北九州ソレイユホールにて開催

【賞・賞金】 〔A・B・C部門シニア〕1位：賞金50万円とメダル，2位：賞金30万円とメダル，3位：賞金10万円とメダル。〔A部門ジュニア1・2・3，B部門ジュニア1・2，C部門

ジュニア〕1位：メダルと副賞,2位：メダルと副賞,3位：メダルと副賞。〔D部門〕バ
リアフリー（特別賞のほかは数曲を入賞とし，順位はつけない）：メダル，文部科学大
臣賞：賞状,BE MOVED GRAND PRIX（感動する最高賞）：表彰盾，賞金50万円，指
導者賞：表彰盾，賞金20万円，国際交流賞：表彰盾，賞金20万円，奨励賞：賞状，賞金20
万円，チャレンジャー賞：賞状，賞金10万円，準チャレンジャー賞：賞状，賞金5万円，パ
ワフル賞：賞状，賞金10万円，準パワフル賞：賞状，賞金5万円

【URL】http://www.kuroda-dance.com/concours/

第1回（平3年）
◇A部門ジュニア部
● 第1位
　市来 今日子（福岡県・田中千賀子バレエス
　タジオ）「コッペリア」第3幕よりスワ
　ニルダのヴァリエーション
● 第2位
　越田 絵里子（山口県・杉原和子バレエアー
　ト）「眠れる森の美女」第3幕よりオー
　ロラのヴァリエーション
● 第3位
　田中 ルリ（福岡県・田中千賀子バレエスタ
　ジオ）「眠れる森の美女」第3幕より
　オーロラのヴァリエーション
◇A部門シニア部
● 第1位
　杉原 小麻里（山口県・杉原和子バレエアー
　ト）「エスメラルダ」よりヴァリエー
　ション
● 第2位
　リエ・クロダ（福岡県・黒田バレエスクー
　ル）「海よ」
● 第3位
　金沢 千稲（東京都・牧阿佐美バレヱ団）
　「エスメラルダ」よりヴァリエーション
◇B部門ジュニア部
● 第1位
　大堀 滋子（東京都・平多正於舞踊研究所）
　「オレンジを持った少年」
● 第2位
　春日井 静奈（青森県・春日井バレエ・アー
　ト）「光る森」
● 第3位
　黒田 寧，黒田 由（福岡県・黒田バレエス

クール）「日曜日の白い雲」
◇B部門シニア部
● 第1位
　ミカ・クロダ（福岡県・黒田バレエスクー
　ル），ナナ・クロダ，リエ・クロダ，く
　ろだ みさ，くろだ くみこ 「ほたる抄」
● 第2位
　川野 眞子（神奈川県・池田瑞臣・和田寿子
　モダン・ダンス・スタジオ）「死後の世
　界のジュリエット」
● 第3位
　くろだ みさ（福岡県・黒田バレエスクー
　ル），リエ・クロダ 「ゴキブリ騒葬記」
◇C部門ヴァリアス
● 第1位
　ミカ・クロダ（福岡県・黒田バレエスクー
　ル），ナナ・クロダ，リエ・クロダ，く
　ろだ みさ，くろだ くみこ，佐加良 英治
　「ら・貧乏神」
● 第2位
　久貫 良子（福岡県・黒田バレエスクール），
　杉本 紗也佳，上田 聡子，斉藤 千秋，土
　田 香織，花田 千絵子，田中 優梨子，金
　子 恵美，鈴木 深央，岩谷 恵理奈，野中
　三紗子，村田 陽子 「夜店のお面」
● 第3位
　岩熊 朋美（福岡県・黒田バレエスクール），
　中山 英美，井ノ口 麻衣子，井上 美季，
　松下 妙子，柿瀬 真美，宮本 絵理子，西
　田 ふみ，宇都宮 裕香 「Wheel―風」
◇特別賞
● ビ・ムーブド・グランプリ（感動大賞）
　黒田 呆子（福岡県・黒田バレエスクール主
　宰）「B部門シニア1位」及び「C部門1

位」の振付
● 国際交流賞
　宗 定根（韓国・趙承美バレエ団）「「ドン・キ・ホーテ」第3幕よりバジルのヴァリエーション」のテクニック

第2回（平5年）
◇A部門ジュニア部
● 第1位
　森 伊佐（大阪府・ワクイバレエスクール）「エスメラルダ」よりエスメラルダのヴァリエーション
● 第2位
　藤田 清香（山口県・杉原和子バレエアート）「エスメラルダ」よりヴァリエーション
● 第3位
　熊野 文香（大分県・佐藤朱音バレエ研究所）「パキータ」よりヴァリエーション
◇A部門シニア部
● 第1位
　劉 承珍（韓国・漢陽大学校体育大学・舞踊学科）「コッペリア」第3幕のヴァリエーション
● 第2位
　リエ・クロダ（福岡県・黒田バレエスクール）「思いをこがす」
● 第3位
　加美 ゆかり（広島県・杉原小麻里バレエスタジオ）「エスメラルダ」よりヴァリエーション
◇B部門ジュニア部
● 第1位
　田中 千絵（石川県・ナカムラ・モダンバレエ研究所）「水仙の香り波間に漂う」
● 第2位
　黒田 寧（福岡県・黒田バレエスクール）「お守り袋」
● 第3位
　永井 啓子（石川県・ナカムラ・モダンバレエ研究所）「足の為のエチュード」
◇B部門シニア部
● 第1位

金 英美（韓国・SEOUL現代舞踊団）「A Diaryof cloudy day」
● 第2位
　ミカ・クロダ（福岡県・黒田バレエスクール），くろだ みさ 「途方にくれる」
● 第3位
　ナナ・クロダ（福岡県・黒田バレエスクール）「冬の舟」
◇C部門ヴァリアス
● 第1位
　ミカ・クロダ（福岡県・黒田バレエスクール），ナナ・クロダ，リエ・クロダ，くろだ みさ，くろだ くみこ 「炭坑節抒情」
● 第2位
　劉 英姫（朝鮮・白洪天舞踊研究所），任 美香，金 愛香 「朝鮮舞踊『チャングの踊り』」
● 第3位
　熊野 文香（大分県・佐藤朱音バレエ研究所）「春」
◇特別賞
● ビ・ムーブド・グランプリ（感動大賞）
　中村 祐子（石川県・ナカムラ・モダンバレエ研究所主宰）「B部門ジュニア1位」及び「B部門ジュニア3位」の振付
● 指導者賞
　涌井 三枝子（大阪府・ワクイバレエスクール主宰）「A部門ジュニア1位」の指導力
● 国際交流賞
　白 洪天（韓国・白洪天舞踊研究所主宰）「C部門2位」の優れた民族舞踊

第3回（平7年）
◇A部門ジュニア1
● 第1位
　荻本 美穂（福岡県・坂本バレエスタジオ）「眠れる森の美女」第3幕よりオーロラのヴァリエーション
● 第2位
　長田 佳世（大阪府・ワクイバレエスクール）「ジゼル」よりジゼルのヴァリエーション
● 第3位

立石 梨紗（大阪府・福本静江バレエ研究所）「眠れる森の美女」第1幕よりローズアダジオのヴァリエーション

◇A部門ジュニア2
● 第1位
柳原 麻子（大阪府・ワクイバレエスクール）「眠れる森の美女」第3幕より青い鳥のヴァリエーション
● 第2位
該当者なし
● 第3位
倉永 美沙（大阪府・地主薫エコールド・バレエ）「エスメラルダ」よりヴァリエーション

◇A部門シニア
● 第1位
越田 絵里子（山口県・杉原和子バレエアート）「エスメラルダ」よりヴァリエーション
● 第2位
該当者なし
● 第3位
岩切 里奈（大阪府・宮崎昇バレエスタジオ）「エスメラルダ」よりヴァリエーション

◇B部門ジュニア1
● 第1位
中野 円（秋田県・川村泉舞踊団）「菜の花とノクターン」
● 第2位
長田 佳世（大阪府・ワクイバレエスクール）「囀りに誘われて」
● 第3位
月形 悠紀子，高山 富美子（福岡県・黒田バレエスクール）「水辺月夜」

◇B部門ジュニア2
● 第1位
西 智佳，岩永 真美（福岡県・黒田バレエスクール）「リンゴを狙え」
● 第2位
中川 賢（富山県・和田朝子舞踊研究所）「樹―遙かな命を僕は知る」

● 第3位
工藤 奈緒子（秋田県・川村泉舞踊団）「この道の向こうに…」

◇B部門シニア
● 第1位
ミカ・クロダ（福岡県・黒田バレエスクール），ナナ・クロダ，リエ・クロダ，くろだ みさ 「ひとすじの光を求めて」
● 第2位
金田 尚子（岩手県・石井・折田舞踊研究所）「道なき地図」
● 第3位
鄭 武（中国・北京舞踏学院）「姫」

◇C部門ジュニア
● 第1位
亀田 舞香（福岡県・黒田バレエスクール），大田 真弓，宮本 せいら，植木 茜，久貫 悠美，久貫 聡子，郡司 恵利佳，入江 温子，シャルマ 紗花，高瀬 有衣子「お彼岸の遠足」
● 第2位
張 雅貞（台湾・王玲舞踏研究所），許 杏君，李 微，蕭 権君，楊 書綺，陳 宣均，呉 婉綺，陳 怡静，林 欣怡 「旗」

◇C部門シニア
● 第1位
ミカ・クロダ（福岡県・黒田バレエスクール），ナナ・クロダ，リエ・クロダ，くろだ みさ，くろだ くみこ，内山 由紀子，有馬 佐妃子 「聴覚不安症病棟」
● 第2位
金田 尚子，倉知 可英（岩手県・石井・折田舞踊研究所）「Twin faces」

◇特別賞
● ビ・ムーブド・グランプリ（感動大賞）
川村 泉（秋田県・川村泉舞踊団主宰）「B部門ジュニア1 1位」及び「B部門ジュニア2 3位」の冴えた振付による
● 指導者賞
宮城 昇（京都府・宮城昇バレエスタジオ主宰）"A部門上位入賞者の中で，特に優れ，多くの受賞者を出した指導力による"

● 国際交流賞
　鄭 武（中国・北京舞踏学院）"外国参加曲
　のうち, 最優秀と認められたB部門シニ
　ア第3位「姫」の演技による"

第4回（平9年）

◇特別賞

● ビ・ムーブド・グランプリ
　該当者なし

● 文部大臣賞
　くろだ くみこ ほか12名（福岡県）

● 指導者賞
　佐々木 美智子（大阪府）

● 国際交流賞
　韓国芸術綜合学校舞踊院（韓国）

◇A部門シニア

● 第1位
　秦 万実（東京都・コデマリ・スタジオ）
　「海賊」よりヴァリエーション

● 第2位
　松岡 梨絵（広島・芥川瑞枝バレエ研究所）
　「エスメラルダ」よりヴァリエーション

● 第3位
　張 雲圭（韓国・韓国芸術綜合学校舞踊院）
　「白鳥の湖」よりヴァリエーション

◇A部門ジュニア1

● 第1位
　金 志英（韓国・韓国芸術綜合学校舞踊院）
　「ドン・キホーテ」よりドルシネアの
　ヴァリエーション

● 第2位
　小松 見帆（広島県・小池バレエスタジオ）
　「サタネラ」よりヴァリエーション

● 第3位
　徳永 由貴（福岡県・杉原和子バレエアー
　ト）「海賊」よりヴァリエーション

◇A部門ジュニア2

● 第1位
　藤岡 千華（山口県・田中千賀子ジュニアバ
　レエ団）「エスメラルダ」よりヴァリ
　エーション

● 第2位
　槙 美晴（福岡県・坂本バレエスタジオ）

「パキータ」よりヴァリエーション

● 第3位
　李 娥英（韓国・韓国芸術綜合学校舞踊院）
　「Gavotte」

◇B部門シニア

● 第1位
　リエ・クロダ ほか5名（福岡県・黒田バレ
　エスクール）「南濤は碧し」

● 第2位
　金田 尚子（岩手県・石井・折田舞踊研究
　所）「記憶の雨」

● 第3位
　横山 真理（福島県・横山慶子舞踊団）
　「Focus」

◇B部門ジュニア1

● 第1位
　三枝 美穂（東京都・渡辺宏美モダンダンス
　スタジオ）「砂丘伝説」

● 第2位
　川村 真奈（秋田県・川村泉舞踊団）「あこ
　がれ」

● 第3位
　黒田 寧 ほか12名（福岡県・黒田バレエス
　クール）「Sei-Ya」

◇B部門ジュニア2

● 第1位
　伊藤 智子 ほか3名（山口県・黒田バレエス
　クール）「ともだち」

● 第2位
　大内 万里江（秋田県・川村泉舞踊団）「悩
　める舞曲」

● 第3位
　石川 璃沙（秋田県・川村泉舞踊団）「つぶ
　やき」

◇C部門シニア

● 第1位
　くろだ くみこ ほか12名（福岡県・黒田バ
　レエスクール）"さくらさくら"は散り
　にけり」

● 第2位
　林 志宗 ほか5名（台湾・奈姫舞踊団）
　「鉄漢」

- 第3位
  楊 穎(中国・北京舞踊学院)「凤采牡丹
  (牡丹を摘む鳳凰)」
◇C部門ジュニア
- 第1位
  林 美穂 ほか14名(山口県・黒田バレエス
  クール)「遊ぶ」
- 第2位
  名嶋 飛鳥 ほか10名(福岡県・黒田バレエ
  スクール)「メルヘンタイム」
- 第3位
  白石 麻美 ほか15名(山口県・加藤舞踊学
  院)「ねずみで候」
第5回(平11年)
◇特別賞
- ビ・ムーブド・グランプリ
  本間 祥公(千葉県)
- 文部大臣賞
  リエ・クロダ(福岡県)，ナナ・クロダ
- 国際交流賞
  韓国芸術綜合学校舞踊院(韓国)
- チャレンジャー賞
  伊与田 未亜(神奈川県)
◇A部門シニア
- 第1位
  盧 玕軟(韓国・韓国芸術綜合学校舞踊院)
  「ジゼル」よりジゼルのヴァリエーション
- 第2位
  金 埈範(韓国・漢陽大学校舞踊学科)
  「ラ・フィユ・マルガルデ」よりリーズ
  のヴァリエーション
- 第3位
  閔 弘壱(韓国・韓国芸術綜合学校舞踊院)
  「パキータ」よりヴァリエーション
◇A部門ジュニア1
- 第1位
  大西 詩乃(大阪府・北山・大西バレエ団)
  「シルヴィア」よりヴァリエーション
- 第2位
  竹内 翼(福岡県・坂本バレエスタジオ)
  「くるみ割り人形」より金平糖のヴァリ
  エーション

- 第3位
  湯浅 永麻(広島県・池本バレエスクール)
  「グラン・パ・クラシック」よりヴァリ
  エーション
◇A部門ジュニア2
- 第1位
  近永 朋香(広島県・池本バレエスクール)
  「ダイアナとアクティオン」よりダイア
  ナのヴァリエーション
- 第2位
  金 愛俐(韓国・KOREA BALLAT
  SCHOOL)「眠れる森の美女」よりオー
  ロラのヴァリエーション
- 第3位
  朴 뀢나(韓国・韓国芸術綜合学校舞踊院)
  「夏」
◇B部門シニア
- 第1位
  リエ・クロダ ほか1名(福岡県・黒田バレ
  エスクール)「波と鳥」
- 第2位
  今井 智美(千葉県・本間祥公ダンスバレエ
  アカデミー)「化身」
- 第3位
  福田 晶子(東京都・山中有子モダンバレエ
  スタジオ)「眠れない夜」
◇B部門ジュニア1
- 第1位
  高山 富美子(山口県・黒田バレエスクー
  ル)「私のなかの渦」
- 第2位
  古田 有紀(福岡県・黒田バレエスクール)
  「原爆記念日の夜」
- 第3位
  上野 天志(山梨県・南部美紗子ダンスユ
  ニット)「さまよう」
◇B部門ジュニア2
- 第1位
  久貫 聡子 ほか8名(福岡県・黒田バレエス
  クール)「人形たちの部屋」
- 第2位
  広瀬 望帆(東京都・渡辺宏美綜合芸術学

院）「聖夜―導く光へ」

- 第3位

　山田 総子（宮城県・高橋裕子モダンバレエ研究所）「冬のつばめ」

◇C部門シニア

- 第1位

　ナナ・クロダ ほか5名（福岡県・黒田バレエスクール）「不安な周辺」

- 第2位

　李 怡秦（台湾・欧陽慧珍舞蹈団）「龍之舞」

- 第3位

　大西 詩乃（大阪府・北山・大西バレエ団）「リズム・オブ・ゴールド」

◇C部門ジュニア

- 第1位

　鎌田 友里 ほか13名（山口県・黒田バレエスクール）「春の別れ」

- 第2位

　細川 治子 ほか8名（山口県・黒田バレエスクール）「本日開店」

- 第3位

　鐘 長宏（台湾・郭穂蓮舞蹈研究所）「剣舞」

第6回（平13年）

◇特別賞

- ビ・ムーブド・グランプリ

　黒田 呆子（福岡・黒田バレエスクール）

- 文部科学大臣賞

　リエ・クロダ（福岡・黒田バレエスクール），ナナ・クロダ，高山 富美子

- 指導者賞

　田中 千賀子（福岡・田中千賀子ジュニアバレエ団）

- 国際交流賞

　張 志（中国・広州軍区戦士舞踊団）

- チャレンジャー賞

　安田 蓮美（兵庫・藤田佳代舞踊研究所）

◇A部門バレエジュニア2

- 第1位

　中村 志歩（滋賀・畠中三枝バレエ教室）「エスメラルダ」よりエスメラルダのヴァリエーション

- 第2位

石橋 理恵（福岡・田中千賀子ジュニアバレエ団）「グラン・パ・クラシック」よりヴァリエーション

- 第3位

　小野 彩花（奈良・大西縁バレエスクール）「ラ・フィユ・マルガルデ」よりリーズのヴァリエーション

◇A部門バレエジュニア1

- 第1位

　福岡 雄大（大阪・ケイバレエスタジオ）「ダイアナとアクティオン」よりアクティオンのヴァリエーション

- 第2位

　近永 朋香（広島・池本バレエスクール）「シルヴィア」よりシルヴィアのヴァリエーション

- 第3位

　副 智美（福岡・田中千賀子ジュニアバレエ団）「くるみ割り人形」より金平糖の精のヴァリエーション

◇A部門シニア

- 第1位

　今泉 春香（兵庫・MRB松田敏子リラクゼーションバレエ）「パキータ」よりヴァリエーション

- 第2位

　岡田 周子（大阪・江川バレエスクール）「グラン・パ・クラシック」よりヴァリエーション

- 第3位

　渡辺 麻衣子（福岡・真弓バレエスクール）「グラン・パ・クラシック」よりヴァリエーション

◇B部門モダンジュニア2

- 第1位

　広瀬 望帆（東京・渡辺宏美綜合芸術学院）「月の船」

- 第2位

　秋山 夏希（東京・渡辺宏美綜合芸術学院）「深海の使者」

- 第3位

　藤本 真未（4名）（福岡・黒田バレエスクー

ル）「海辺に寄せる抒情」
◇B部門モダンジュニア1
● 第1位
　池田 美佳（秋田・吉沢蔦バレエスタジオ）
　「海・きらめく刻」
● 第2位
　高瀬 譜希子（東京・H・Tグループ）「昔
　からある場所」
● 第3位
　高比良 洋（福島・横山慶子舞踊団付属モダ
　ンバレエ研究所）「乾いた街」
◇B部門モダンシニア
● 第1位
　リエ・クロダ（3名）（福岡・黒田バレエス
　クール）「ある自閉の幻覚」
● 第2位
　張 志（中国・広州軍区戦士舞踊団）「怎○
　来 怎○去（来たるように 去りぬ）」
● 第3位
　趙 良姫（韓国・現代舞踊団 タム）「つぶや
　く砂漠」
◇C部門ヴァリアスジュニア
● 第1位
　康 香織（5名）（三重・李美南舞踊研究会・
　名古屋支部名古屋コリアンスクール）
　「希望の太鼓」
● 第2位
　李 蘭淑（2名）（広島・ミレ朝鮮舞踊研究
　所）「パラの舞」
● 第3位
　入江 温子（8名）（福岡・黒田バレエスクー
　ル）「月明かりのローズに魅せられて」
◇C部門ヴァリアスシニア
● 第1位
　ナナ・クロダ（8名）（福岡・黒田バレエス
　クール）「明日がある なんちゃって」
● 第2位
　黄 裕順（5名）（広島・ミレ朝鮮舞踊研究
　所）「高句麗壁画の舞姫」
● 第3位
　李 順和（福岡・フィマン福岡朝鮮舞踊研究
　所）「小太鼓の舞」

◇D部門バリアフリー
● 第1位
　安田 蓮美（兵庫・藤田佳代舞踊研究所）
　「天使が花のうえで」
第7回（平15年）
◇特別賞
● ビ・ムーブド・グランプリ
　二見 一幸（神奈川県）
● 文部科学大臣賞
　山本 亜実（大阪府）
● 指導者賞
　矢上 香織，矢上 久留美，矢上 恵子（大阪
　府）
● 国際交流賞
　金 板宣（韓国）
● チャレンジャー賞
　小西 一生（福岡県）
● A部門奨励賞
　徳永 由貴（大阪府）
◇A部門シニア
● 第1位
　山本 亜実（大阪府，佐々木美智子バレエス
　タジオ）「パキータ」よりVa.
● 第2位
　竹中 優花（大阪府，貞松・浜田バレエ団）
　「眠れる森の美女」第3幕よりオーロラの
　Va.
● 第3位
　柳原 麻子（大阪府，MRB松田敏子リラグ
　ゼーションバレエ）「ドン・キホーテ」
　第3幕よりキトリのVa.
◇A部門ジュニア1
● 第1位
　福田 圭吾（大阪府，ケイバレエスタジオ）
　「ドン・キホーテ」よりバジルのVa.
● 第2位
　藤岡 あや（大阪府，ケイバレエスタジオ）
　「エスメラルダ」よりダイアナのVa.
● 第3位
　穴井 宏美
◇A部門ジュニア2
● 第1位

辻 翔子（福岡県, 田中千賀子ジュニアバレエ団）「エスメラルダ」よりVa.
- 第2位
  蔡 智瑛（韓国, 韓国芸術総合学校）「Flame of Paris」
- 第3位
  篠原 奈月

◇B部門シニア
- 第1位
  成 暢鏞（韓国, 韓国芸術総合学校）「A Moment」
- 第2位
  中村 真知子（東京都, カンパニーカレイドスコープ）「Detail—揺れる曲線」
- 第3位
  金 板宣（韓国, 韓国芸術総合学校）「Dead Dream」

◇B部門ジュニア1
- 第1位
  三田 瑶子（山口県, 黒田バレエスクール）「新しい日の出の挽歌」
- 第2位
  瀬尾 美喜（山口県, 黒田バレエスクール）「失意の行方」
- 第3位
  時乗 奈々　「積乱雲」

◇B部門ジュニア2
- 第1位
  井本 妃南（福岡県, 黒田バレエスクール）「この空のどこにたどりつくのだろう」
- 第2位
  相沢 優（宮城県, 平多浩子舞踊研究所）「春うらら」
- 第3位
  高尾 千尋　「うつむかないでいたいけど」

◇C部門シニア
- 第1位
  曺 才赫（韓国, 韓国芸術総合学校）「心魂のこえ」
- 第2位
  リエ・クロダ ほか8名（福岡県, 黒田バレエスクール）「ノミの心臓」

- 第3位
  朴 ハヌル（韓国, 韓国芸術総合学校）「サルプリ」

◇C部門ジュニア
- 第1位
  入江 温子 ほか15名（福岡県, 黒田バレエスクール）「黒田節 弥生の賦」
- 第2位
  真鍋 郁 ほか11名（福岡県, 黒田バレエスクール）「ともに福」
- 第3位
  崔 錦美 ほか11名　「おちゃめな帽子」

第8回（平17年）

◇特別賞
- BE MOVED GRAND PRIX（感動する最高賞）
  吉沢 蔦（秋田県）
- 文部科学大臣賞
  廣岡 奈美（兵庫県）
- 指導者賞
  貞松 融（兵庫県）
- 国際交流賞
  陳 永佳（台湾）
- チャレンジャー賞
  梁 永泙（台湾）
- A部門奨励賞
  岡部 真由（福岡県）

◇A部門シニア
- 第1位
  廣岡 奈美（兵庫県, 貞松・浜田バレエ団）「エスメラルダ」よりVa.
- 第2位
  岡部 真由（福岡県, 坂本バレエスタジオ）「眠れる森の美女」第3幕よりオーロラのVa.
- 第3位
  三木 典子（大阪府, 佐々木美智子バレエスタジオ）「ドン・キホーテ」第3幕よりキトリのVa.

◇A部門ジュニア1
- 第1位
  美羽 礼加（大阪府, 北山大西バレエ団）

「海賊」よりVa.

- 第2位

的場 涼香（大阪府, 北山大西バレエ団）「ド
ン・キホーテ」第3幕よりキトリのVa.

- 第3位

池ヶ谷 秦

◇A部門ジュニア2

- 第1位

河村 智奈里（山口県, 黒木隆江バレエスタ
ジオ）「エスメラルダ」よりダイアナの
Va.

- 第2位

山本 景登（滋賀県, 畠中三枝バレエ教室）
「エスメラルダ」よりダイアナのVa.

- 第3位

伊藤 紗矢香

◇B部門シニア

- 第1位

池田 美佳（東京都, 吉沢蔦モダンバレエ研
究所）「風紋に忘れかけた時を刻み」

- 第2位

斉藤 友美恵（東京都, 本間祥公ダンスバレ
エアカデミー）「刻限のマリア」

- 第3位

森本 なか（東京都, 小林容子ダンスカンパ
ニー"Y"）「嘆き」

◇B部門ジュニア1

- 第1位

佐々木 彩香（福岡県, 黒田バレエスクー
ル）「行きづまりの散歩道」

- 第2位

井本 妃南（福岡県, 黒田バレエスクール）
「青い月を追う狐」

- 第3位

金 禮延

◇B部門ジュニア2

- 第1位

中島 雅（山口県, 黒田バレエスクール）
「旅立つとき」

- 第2位

塚田 寛子 ほか1名（福岡県, 黒田バレエス
クール）「姉妹」

- 第3位

鉢田 千波

◇C部門シニア

- 第1位

北見 京子 ほか1名（三重県, 北見典子バレ
エスクール）「I Just Can't Wait To Be
King」

- 第2位

陳 永佳 ほか2名（台湾）「草原暢想」

- 第3位

張 栄愛（愛知県, 李美南舞踊研究会名古屋
支部）「心のリズム」

◇C部門ジュニア

- 第1位

若松 杏由未 ほか8名（福岡県, 黒田バレエ
スクール）「黄門さん」

- 第2位

権 梨世（福島県, 玄佳宏朝鮮舞踊研究所）
「〈ムダンの舞〉いのり」

- 第3位

金 美華

第9回（平19年）

◇特別賞

- BE MOVED GRAND PRIX（感動する最
高賞）

リエ・クロダ（福岡県, 黒田バレエスクー
ル）

- 文部科学大臣賞

瀬島 五月（兵庫県, 貞松・浜田バレエ団）

- 指導者賞

貞松 融（兵庫県, 貞松・浜田バレエ団）

- 国際交流賞

安 男根（韓国, 韓国芸術綜合学校）

- チャレンジャー賞

林 信宏 他7名（台湾）「心の中の虹」盲目
のダンサーたち

- A部門奨励賞

富田 遥（大阪府）

◇A部門シニア

- 第1位

瀬島 五月（兵庫県, 貞松・浜田バレエ団）
「パキータ」よりエトワールのVa

● 第2位
　吉田 朱里（兵庫県, 貞松・浜田バレエ団）
　「ジゼル」第1幕よりジゼルのVa
● 第3位
　安藤 紗織（東京都, ラミール）「エスメラ
　ルダ」よりVa
◇A部門ジュニア1
● 第1位
　盆子原 美奈（広島県, 小池バレエスタジ
　オ）「眠れる森の美女」第1幕よりオー
　ロラ姫のVa
● 第2位
　井平 麻美（広島県, 小池バレエスタジオ）
　「サタネラ」よりVa
● 第3位
　上月 佑馬 「海賊」よりVa
◇A部門ジュニア2
● 第1位
　三原 花奈子（山口県, MBSマリバレエス
　クール）「サタネラ」よりサタネラのVa
● 第2位
　中村 友希子（山口県, MBSマリバレエス
　クール）「エスメラルダ」よりエスメラ
　ルダのVa
● 第3位
　田中 ひかる 「サタネラ」よりVa
◇B部門シニア
● 第1位
　リエ・クロダ（福岡県, 黒田バレエスクー
　ル）「白い時間」
● 第2位
　安 男根（韓国, 韓国芸術綜合学校）「招待
　されない…」
● 第3位
　柳 眞旭（韓国, 韓国芸術綜合学校）「遮ら
　れた光」
◇B部門ジュニア1
● 第1位
　朱 柯（中国, 同済大学電影学院舞踊専業）
　「寛路」
● 第2位
　井本 妃南（福岡県, 黒田バレエスクール）

「かげった森のバラード」
● 第3位
　石本 眞緒 「海の祭」
◇B部門ジュニア2
● 第1位
　塚田 寛子（福岡県, 黒田バレエスクール）
　「風は少女になりたくて」
● 第2位
　小野 真莉子（福岡県, 黒田バレエスクー
　ル）「草原の詩」
● 第3位
　橋本 茉侑子 「海の祭」
◇C部門シニア
● 第1位
　リエ・クロダ（福岡県, 黒田バレエスクー
　ル）「笑いじょうご」
● 第2位
　陳 永佳（広島県, 精華舞集）「劔宮の舞」
● 第3位
　李 蘭淑（広島県, 朝鮮大学校朝鮮舞踊部）
　「若き舞姫」
◇C部門ジュニア
● 第1位
　李 冠璇（台湾, 欧陽慧珍舞踏團）「小猿
　芝居」
● 第2位
　井上 知佳 他12名（福岡県, 黒田バレエス
　クール）「チョンマゲメルヘン」
● 第3位
　陳 亭潔 「虞姫（おもれひめ）」
第10回（平21年）
◇特別賞
● BE MOVED GRAND PRIX（感動する最
　高賞）
　ナナ・クロダ（福岡県, 黒田バレエスクー
　ル）
● 文部科学大臣賞
　ナナ・クロダ（福岡県, 黒田バレエスクー
　ル）
● 指導者賞
　金 賢子（韓国, 韓国芸術綜合学校）
● 国際交流賞

Lee sun tae（韓国, 韓国芸術綜合学校）

● チャレンジャー賞
張 育菱 他3名（台湾）

● 奨励賞
松本 真由美（兵庫県, 山本小糸バレエスクール）

◇A部門シニア

● 第1位
新倉 さやか（大阪府, MRB松田敏子リラクゼーションバレエ）「バヤデルカ」よりガムザッティのVa

● 第2位
碓氷 悠太（愛知県, 松岡怜子バレエ団）「パリの炎」より男性Va

● 第3位
松本 真由美（兵庫県, 山本小糸バレエスクール）「ライモンダ」第1幕よりライモンダのVa

◇A部門ジュニア1

● 第1位
藤井 真美（山口県, 黒木隆江バレエスタジオ）「ダイアナとアクティオン」よりダイアナのVa

● 第2位
井平 麻美（広島県, 小池バレエスタジオ）「サタネラ」よりVa

◇A部門ジュニア2

● 第1位
宮下 日奈（山口県, 杉原和子バレエアート）「ドン・キホーテ」よりドルシネアのVa

● 第2位
シン・ジョンユン（韓国, Academy of Korean Young Ballet School）「コッペリア」よりスワニルダのVa

◇A部門ジュニア3

● 第1位
髙瀬 海帆（大阪府, 大西縁バレエスクール）「コッペリア」第3幕よりスワニルダのVa

● 第2位
中玉利 単衣（山口県, MBSマリバレエスクール）「サタネラ」よりサタネラのVa

◇B部門シニア

● 第1位
Lee sun tae（韓国, 韓国芸術綜合学校）「burning blood」

● 第2位
Choi nak kwon（韓国, 韓国芸術綜合学校）「insensible missing」

● 第3位
高瀬 譜希子（東京都, 高瀬多佳子ダンスギャラリー）「RAINDROP」

◇B部門ジュニア1

● 第1位
石本 眞緒（福岡県, 黒田バレエスクール）「肩幅分の風」

● 第2位
田中 梨沙（福岡県, 黒田バレエスクール）「沐浴の嬉戯」

◇B部門ジュニア2

● 第1位
キム・ヨジン（韓国, Academy of Korean Young Ballet School）「解けないなぞ」

● 第2位
川﨑 寛弓（福岡県, 黒田バレエスクール）「かえっておいで わたしの星」

◇C部門シニア

● 第1位
ナナ・クロダ 他1名（福岡県）「雲上の潜かな波紋」

● 第2位
陳 繁宣（台湾, 方相舞踏團）「飛揚的節奏」

● 第3位
千 裕貴（兵庫県）「民族舞踊 "小太鼓の舞"」

◇C部門ジュニア

● 第1位
武下 琴音 他11名（福岡）「のぼせもん」

● 第2位
名越 晴奈（福岡県, 丸岡有子バレエ・モダンダンススタジオ）「ニットキャップマン」

第11回（平23年）

◇特別賞

● BE MOVED GRAND PRIX（感動する最

高賞）

　黒田　呆子（福岡県, 黒田バレエスクール）

● 文部科学大臣賞

　川﨑　麻衣（兵庫県, 貞松・浜田バレエ団）

● 指導者賞

　リエ・クロダ（福岡県）

● 国際交流賞

　韓　泰俊（韓国,Korea national university of art）

● チャレンジャー賞

　森田　かずよ（大阪府）「享受－ウケト メル－」

● 奨励賞

　川﨑　麻衣（兵庫県, 貞松・浜田バレエ団）

◇A部門シニア

● 第1位

　川﨑　麻衣（兵庫県, 貞松・浜田バレエ団）「ジゼル」第1幕よりジゼルのVa

● 第2位

　松本　真由美（兵庫県, 山本小糸バレエスクール）「ライモンダ」第2幕よりライモンダのVa

● 第3位

　水口　早織（大阪府, 佐々木美智子バレエスタジオ）「ドンキホーテ」第3幕よりキトリのVa

◇A部門ジュニア1

● 第1位

　大橋　真理（福岡県, 田中千賀子ジュニアバレエ）「白鳥の湖」第3幕よりオディールのVa

● 第2位

　河村　智奈里（山口県, 黒木隆江バレエスタジオ）「ドンキホーテ」3幕よりキトリのVa

◇A部門ジュニア2

● 第1位

　野久保　奈央（山口県, 黒田節子バレエスタジオ）「くるみ割り人形」第3幕より金平糖のVa

● 第2位

　渡邊　真砂珠（福岡県, 坂本バレエスタジ

オ）「眠れる森の美女」第1幕よりローズアダジオのVa

◇A部門ジュニア3

● 第1位

　多田　玲衣（山口県,MBSマリバレエスクール）「眠れる森の美女」第1幕よりオーロラ姫のVa

● 第2位

　安田　后花（山口県, 黒木隆江バレエスタジオ）「海賊」よりVa

◇B部門シニア

● 第1位

　林　鐘璟（韓国,Korea national university of art）「Stay」

● 第2位

　白坂　樹美（福岡県, 黒田バレエスクール）「とらわれ人」

● 第3位

　韓　泰俊（韓国,Korea national university of art）「Get backer タルファンジャ」

◇B部門ジュニア1

● 第1位

　石本　眞緒 他8名（福岡県, 黒田バレエスクール）「地の群像」

● 第2位

　寺田　真菜（福岡県, 黒田バレエスクール）「ひときれの青空を追う」

◇B部門ジュニア2

● 第1位

　深浦　綾乃（福岡県, 黒田バレエスクール）「友だちみつけたっ」

● 第2位

　渡辺　理心（福岡県, 黒田バレエスクール）「私は受験でいそがしい」

◇C部門シニア

● 第1位

　リエ・クロダ 他6名（福岡県, 黒田バレエスクール）「鳥がいく」

● 第2位

　村上　茉美 他4名（福岡県, 黒田バレエスクール）「デブが行く」

● 第3位

吉元 良太（福岡県）「交渉人」

◇C部門ジュニア

- 第1位

宇山 いずみ 他9名（福岡県, 黒田バレエスクール）「丸い地球のうた」

- 第2位

古賀 奏子 他3名（福岡県, 丸岡有子バレエ・モダンダンススタジオ）「海へやってきたカエルたち」

第12回（平25年）

◇特別賞

- BE MOVED GRAND PRIX（感動する最高賞）

黒田 呆子（福岡県, 黒田バレエスクール）

- 文部科学大臣賞

リエ・クロダ（福岡, 黒田バレエスクール）

- 指導者賞

小池 恵子（広島県, 小池バレエスタジオ）

- 国際交流賞

金 聖賢（韓国, 韓国芸術綜合学校）

- チャレンジャー賞

李 秀芬 他3名（台湾, 鳥興水舞集）「眺望」

- パワフル賞

坂見 和子（北海道）「じごくのさたも」

- A部門奨励賞

上西 加奈美（広島県, 小池バレエスタジオ）

◇A部門シニア

- 第1位

上西 加奈美（広島県, 小池バレエスタジオ）「パキータ」よりVa

- 第2位

松本 真由美（大阪府, 山本小糸バレエスクール）「シルヴィア」よりVa

- 第3位

藤井 真理子（兵庫県, 波多野澄子バレエ研究所）「眠れる森の美女」第1幕よりオーロラ姫のVa

◇A部門ジュニア1

- 第1位

広橋 結衣子（山口県, Mari Ballet Youth&School）「白鳥の湖」第3幕より

オディールのVa

- 第2位

渡邊 真砂珠（福岡県, 坂本バレエスタジオ）「エスメラルダ」のVa

- 第3位

森重 美沙季（福岡県, 坂本バレエスタジオ）「くるみ割り人形」第2幕より金平糖の精のVa

◇A部門ジュニア2

- 第1位

森岡 恋（広島県, 小池バレエスタジオ）「サタネラ」よりVa

- 第2位

大木 愛菜（広島県, 小池バレエスタジオ）「ダイアナとアクティオン」よりダイアナのVa

- 第3位

仲秋 連太郎（兵庫県, 貞松・浜田バレエ学園）「アレキナーダ」よりVa

◇A部門ジュニア3

- 第1位

三宅 啄未（香川県, 近藤バレエ研究所）「コッペリア」第3幕よりフランツのVa

小森 真里谷（福岡県, 田中千賀子バレエ団）「眠れる森の美女」第1幕よりオーロラ姫のVa

- 第3位

森脇 崇行（広島県, 小池バレエスタジオ）「サタネラ」よりVa

◇B部門シニア

- 第1位

金 聖賢（韓国, 韓国芸術綜合学校）「The Metamorphosis by Franz Kafka」

- 第2位

山本 裕（東京都, 石井みどり, 折田克子舞踊研究所）「風」

- 第3位

白坂 樹美（福岡県, 黒田バレエスクール）「密告」

◇B部門ジュニア1

- 第1位

寺田 真菜（福岡県, 黒田バレエスクール）

「腐ったレモンは捨てろ」
- 第2位
　小澤 早嬉（東京都, 金井桃枝舞踊研究所）「妖霧に浮く」
- 第3位
　的場 未宙（福岡県, 黒田バレエスクール）「じゃじゃ馬」

◇B部門ジュニア2
- 第1位
　渕本 奈々花（福岡県, 黒田バレエスクール）, 桃坂 ののか（福岡県, 黒田バレエスクール）「常夏色の夢」
- 第2位
　前田 季瑶乃（福岡県, 黒田バレエスクール）「待ち合わせ」
- 第3位
　中村 百穂（福岡県, 丸岡有子バレエモダンダンススタジオ）「満月の下で」

◇C部門シニア
- 第1位
　リエ・クロダ 他9名（福岡県, 黒田バレエスクール）「旅人とoasis」
- 第2位
　富士 奈津子（東京都, 金井桃枝舞踊研究所）「緋い芙蓉の密をスウ」
- 第3位
　山本 裕（東京都, 石井みどり, 折田克子舞踊研究所）「即興3：25」

◇C部門ジュニア
- 第1位
　深浦 綾乃 他12名（福岡県, 黒田バレエスクール）「鞠と殿様」
- 第2位
　川﨑 梨世 他15名（福岡県, 黒田バレエスクール）「満月ばやし」
- 第3位
　金 加詞（愛知県, 李美南舞踊研究会）「おちゃめな帽子」

---

106 グローバル松山樹子賞

　総合舞台芸術であるバレエにおいて演出家等で功績のあった者に贈られる賞。終了した。

【主催者】 グローバル国際交流基金

【賞・賞金】 賞金30万円

第1回（平4年）
　関 直人
第2回（平5年）
　堀内 完

第3回（平6年）
　横井 茂
第4回（平7年）
　小川 亜矢子

---

107 グローバル森下洋子・清水哲太郎賞

　バレリーナ森下洋子とバレエ・ダンサー清水哲太郎の活躍を記念して創設された, 若い有能な舞踊家, 舞踊界に多大な貢献のあった者に贈られる賞。終了した。

【主催者】 グローバル国際交流基金

【賞・賞金】 賞金100万円

第1回（昭62年）
　村松 道弥（音楽新聞社会長）

第2回（昭63年）
　吉田 都（英国サドラーズ ウェールズ・バ
　レエ団）
第3回（平1年）
　堀内 元（ニューヨーク・シティ・バレエ
　団）
第4回（平2年）
　熊川 哲也（英国ロイヤルバレエ団）

第5回（平3年）
　高部 尚子
第6回（平5年）
　下村 由理恵（英国スコティッシュ・バレエ
　団）
第7回（平6年）
　堀内 充
第8回（平7年）
　石井 潤

---

108 現代舞踊協会 奨励賞

　現代舞踊の奨励を目的として創設された。時代を創る現代舞踊公演（旧名称：新鋭・中堅舞踊家による現代舞踊公演）で上演された最優秀作品に贈られる。

【主催者】（一社）現代舞踊協会

【選考委員】野坂公夫，石井登，片岡康子，金井芙三枝，北井一郎，花輪洋治，立木燁子

【選考方法】選考委員による推薦と選考

【選考基準】〔対象〕時代を創る現代舞踊公演（旧名称：新鋭・中堅舞踊家による現代舞踊公演）の中より，最優秀作品に贈られる

【締切・発表】毎年，公演月（6月〜9月）の翌々月に新聞発表

【賞・賞金】賞状と賞金10万円

【URL】http://www.gendaibuyou.or.jp/about/award

第1回（昭48年度）
　該当者なし
第2回（昭49年度）
　該当者なし
第3回（昭50年度）
　金井 芙三枝
第4回（昭51年度）
　該当者なし
第5回（昭52年度）
　該当者なし
第6回（昭53年度）
　山田 恵子
第7回（昭54年度）
　該当者なし
第8回（昭55年度）
　該当者なし

第9回（昭56年度）
　該当者なし
第10回（昭57年度）
　有富 幸子
第11回（昭58年度）
　野々村 明子
第12回（昭59年度）
　日野 善子
第13回（昭60年度）
　池内 新子
第14回（昭61年度）
　藤井 尚美
第15回（昭62年度）
　該当者なし
第16回（昭63年度）
　石井 令子

第17回（平1年度）
　高橋 厚子
第18回（平2年度）
　該当者なし
第19回（平3年度）
　高瀬 多佳子
第20回（平4年度）
　藤井 香
第21回（平5年度）
　妻木 律子
第22回（平6年度）
　該当者なし
第23回（平7年度）
　石原 完二
第24回（平8年度）
　該当者なし
第25回（平9年度）
　内田 香
第26回（平10年度）
　仲野 恵子
第27回（平11年度）
　坂本 秀子
第28回（平12年度）
　◇群舞奨励賞
　内田 香
第29回（平13年度）
　◇奨励賞
　布山 さとみ
　◇群舞奨励賞
　山名 たみえ
第30回（平14年度）
　◇奨励賞
　三宅 冴子
　◇群舞奨励賞
　飯塚 真穂
第31回（平15年度）
　◇奨励賞
　有馬 百合子
　◇群舞奨励賞
　加藤 きよ子
第32回（平16年度）
　該当者なし

第33回（平17年度）
　◇奨励賞
　立石 美智子
　◇群舞奨励賞
　中野 真紀子
第34回（平18年度）
　該当者なし
第35回（平19年度）
　◇奨励賞
　渡辺 麻子
　◇群舞奨励賞
　曽我辺 靖子
第36回（平20年度）
　◇奨励賞
　菊地 尚子
第37回（平21年度）
　◇奨励賞
　米沢 麻佑子
　◇奨励賞
　ハンダ イズミ
第38回（平22年度）
　◇奨励賞
　海保 文江
　◇奨励賞
　宮本 舞
第39回（平23年度）
　◇奨励賞
　坂田 守
　◇群舞奨励賞
　二見 一幸
第40回（平24年度）
　◇奨励賞
　松本 直子
　◇群舞奨励賞
　野村 真弓
第41回（平25年度）
　◇奨励賞
　関口 淳子
　◇群舞奨励賞
　馬場 ひかり

109 現代舞踊協会 新人賞・新人振付賞

　新人育成を目的として創設され,オーディションにより選出された舞踊家による9月の「選抜新人舞踊公演」より優秀作品を選考し,ソロ作品に対して新人賞,群舞作品に対して新人振付賞が贈られる。

【主催者】 (一社)現代舞踊協会

【選考委員】 井上恵美子,池内新子,石井かほる,金井芙三枝,島田明美,野坂公夫,長谷川秀介

【選考方法】 選考委員による推薦と討議による選考

【選考基準】 〔対象〕新人賞:「選抜新人舞踊公演」において特に優れた舞踊を見せ,将来が期待される新人舞踊家。新人振付賞:同公演において3人以上で踊った作品で特に優れた制作者

【締切・発表】 9月選考,10月に発表

【賞・賞金】 各賞状と賞金10万円

【URL】 http://www.gendaibuyou.or.jp/about/award

第1回(昭45年度)
　加藤 みや子 「封印」
　菊地 純子 「青写真2」
第2回(昭46年度)
　花輪 洋治 「住居空間のデザイン」
第3回(昭47年度)
　泉 闊士 「風景」
第4回(昭48年度)
　萩谷 京子 「タヌキ」
第5回(昭49年度)
　坂本 信子 「そうして雪が降り始めた」
　　　　　　「静かなものへ」
第6回(昭50年度秋)
　藤井 正子 「冥土の女」
第6回(昭50年度春)
　本間 祥公 「馬・オクターブ」
第7回(昭51年度秋)
　後藤 智江 「時候の挨拶の手紙」
第7回(昭51年度春)
　小柳出 加代子 「嘆きのデザイン」
第8回(昭52年度秋)
　三上 真理子 「私のからだが藍色に日暮れてしまう」

第8回(昭52年度春)
　岡村 えり子 「小雪」
第9回(昭53年度秋)
　船橋 啓子 「夏の日」
第9回(昭53年度春)
　馬場 ひかり 「化身・不死鳥」
第10回(昭54年度秋)
　小池 幸子 「一葉の景」
第10回(昭54年度春)
　藤井 尚美 「放浪芸人の唄」
第11回(昭55年度秋)
　武元 賀寿子 「ノクターン」
第11回(昭55年度春)
　木佐貫 邦子 「雪の舟」
第12回(昭56年度秋)
　奥山 由紀枝 「虹への手紙」
第12回(昭56年度春)
　小林 容子 「焦がれて燃ゆる野辺の狐火」
第13回(昭57年度秋)
　黒沢 美香 「めもりーず」
　高橋 厚子 「孤独のスケッチ」
◇新人群舞賞
　藤井 尚美 "「英雄」の独自な創意"

第13回（昭57年度春）
　加納 宗 「或る日のカルメン」
第14回（昭58年度秋）
　地主 律子 「四行詩」
第14回（昭58年度春）
　北井 千都代 「祈り」
第15回（昭59年度秋）
　正木 聡 「見えない橋」
第15回（昭59年春）
　田中 いづみ 「冬のエンゼル」
　◇新人群舞賞
　藤井 香 "「空間に満ちている音楽」の新鮮
　　な表現"
第16回（昭60年度秋）
　藤井 香 「太陽」
第16回（昭60年度春）
　川村 泉 「赤い靴」
　◇新人群舞賞
　米井 澄江 "「Take a chance」の風刺的創
　　意に満ちた振付"
第17回（昭61年度秋）
　湯原 園子 「亜熱帯」
第17回（昭61年度春）
　戸島 千恵 「水面のオフィーリア」
第18回（昭62年度秋）
　津田 幸子 「鶺鴒 夏の終りに」
第18回（昭62年度春）
　松山 善弘，松山 典子 "「さまよいびとの
　　ためのアダージョ」の成果"
第19回（昭63年度秋）
　勝 珠美 "「波止場」における洗練された表
　　現"
　◇新人群舞賞
　高橋 厚子 "「ある女」の優れた構成振付"
第19回（昭63年度春）
　布山 さと美 "「紫のひともとゆゑに」のゆ
　　たかな表現"
　◇新人群舞賞
　小林 久美子 "主張の軽妙な表現"
第20回（平1年度秋）
　遠藤 彩子 "「青い小屋で月と暮らしてい
　　る」における軽妙な振付と演技"

◇河上鈴子スペイン舞踊新人賞
　曽我辺 靖子 "「ガロティン」の優秀な演技
　　に対して"
第20回（平1年度春）
　大輪 ひとみ
◇新人群舞賞
　熊沢 純子，熊沢 美子
第21回（平2年度秋）
　川野 眞子
◇河上鈴子スペイン舞踊新人賞
　鍵田 真由美
◇新人群舞賞
　湯原 園子
第21回（平2年度春）
　田保 知里
◇河上鈴子スペイン舞踊新人賞
　杉本 光代
第22回（平3年度秋）
　坂本 秀子
◇新人群舞賞
　渡辺 麻子
第22回（平3年度春）
　山口 弓貴子
◇新人群舞賞
　桂田 紀子
第23回（平4年度秋）
　五味 明美
◇河上鈴子スペイン舞踊新人賞
　加藤 美香
第23回（平4年度春）
　明尾 真弓
◇新人群舞賞
　田保 知里
◇河上鈴子スペイン舞踊新人賞
　石井 智子
第24回（平5年度）
◇新人賞
　金田 尚子
　湊 斐美子
◇新人群舞賞
　細川 江利子
　松原 美幸

丸岡 有子
◇河上鈴子スペイン舞踊新人賞
　池本 佳代
第25回（平6年度）
　池田 素子
　児玉 敏子
◇新人群舞賞
　伊沢 百恵
　横山 真理
◇河上鈴子スペイン舞踊新人賞
　鈴木 円
第26回（平7年度）
　秋本 美佳
　内田 香
　平多 量子
◇新人群舞賞
　島田 明美
　広田 早苗
◇河上鈴子スペイン舞踊新人賞
　佐藤 浩希
第27回（平8年度）
◇新人賞
　阿部 友紀子
　矢作 聡子
◇新人群舞賞
　該当者なし
第28回（平9年度）
◇新人賞
　三宅 冴子
◇新人群舞賞
　飯塚 真穂
第29回（平10年度）
◇新人賞
　小林 美沙緒
◇新人群舞賞
　該当者なし
第30回（平11年度）
◇新人賞
　室井 久美
　和田 伊通子
◇新人群舞賞
　該当者なし

第31回（平12年度）
◇新人賞
　新美 佳恵
◇新人振付賞
　吉越 仁美
第32回（平13年度）
◇新人賞
　宮本 舞
　菊地 尚子
◇新人振付賞
　該当者なし
第33回（平14年度）
◇新人賞
　小林 泉
◇新人振付賞
　阿部 由紀子
第34回（平15年度）
◇新人賞
　稲川 千鶴
◇新人振付賞
　該当者なし
第35回（平16年度）
◇新人賞
　小松 あすか
◇新人振付賞
　該当者なし
第36回（平17年度）
◇新人賞
　坂田 守
◇新人振付賞
　野村 真弓
第37回（平18年度）
◇新人賞
　山本 裕
◇新人振付賞
　該当者なし
第38回（平19年度）
◇新人賞
　山中 ひさの
　海保 文江
◇新人振付賞
　海保 文江

桑島 二美子

第39回（平20年度）

◇新人賞

池田 美佳

◇新人振付賞

該当者なし

第40回（平21年度）

◇新人賞

伊東 由里

◇新人振付賞

酒井 杏菜

第41回（平22年度）

◇新人賞

鈴木 いづみ

◇新人振付賞

該当者なし

第42回（平23年度）

◇新人賞

久住 亜里沙

◇新人振付賞

大橋 美帆

津田 ゆず香

第43回（平24年度）

◇新人賞

船木 こころ

◇新人振付賞

髙橋 純一

山岸 由佳，前川 玲

第44回（平25年度）

◇新人賞

小倉 藍歌

◇新人振付賞

鈴木 泰介

110 現代舞踊協会 優秀賞

時代を創る現代舞踊公演において奨励賞，群舞奨励賞の既受賞者より選出される。

【主催者】（一社）現代舞踊協会

【選考委員】野坂公夫，石井登，片岡康子，金井芙三枝，北井一郎，花輪洋治，立木燁子

【選考方法】選考委員による推薦と討議による選考

【選考基準】「時代を創る現代舞踊公演」において奨励賞・群舞奨励賞を授賞した者を対象とする

【締切・発表】毎年9月に発表する

【賞・賞金】賞状と賞金15万円

【URL】http://www.gendaibuyou.or.jp/about/award

第1回（平24年度）

内田 香 "作品「moon」において踊る情念とでも形容するほかない官能的な力強さに対して"

第2回（平25年度）

菊地 尚子 "作品「アトカタ」において，時代と向き合う切実なテーマを緻密な構成でダイナミックに表現，見応えのある作品に仕上げたことに対して"

111 こうべ全国洋舞コンクール

明日の日本の洋舞界を担う若手の登龍門となるべく，西日本では初の本格的な洋舞コ

ンクールとして, 昭和63年に創設された。

【主催者】 こうべ全国洋舞コンクール実行委員会, 共催：兵庫県洋舞家協会, 神戸市民文化振興財団, 神戸新聞社, 兵庫県, 神戸市

【選考委員】 (第27回) クラシックバレエ部門：〈決選〉漆原宏樹, 小山久美, 篠原聖一, 三谷恭三, 他兵庫県洋舞家協会会員, 〈予選〉川上恵子, 地主薫, 夏山周久, 樫野隆幸, 野間康子, 宮本東代子, 他協会員, モダンダンス部門：石井かほる, 大谷燠, 折田克子, 他協会員, 創作部門：石井かほる, 大谷燠, 折田克子, 黒田呆子, 藤井公, 三輝容子, 他協会員

【選考方法】 公募。予選を経て決選へ出場 (クラシック女性ジュニアのみ準決戦もあり)

【選考基準】 〔資格〕(シニアの部) モダンダンス：19歳〜30歳, クラシックバレエ：19歳〜30歳。(ジュニアの部) モダンダンス：14歳〜18歳, 8歳〜13歳, クラシックバレエ：14歳〜18歳, 10歳〜13歳 (平成26年4月1日現在)

【締切・発表】 (第27回) 募集期間は平成26年2月1日〜3月1日, 予選は5月3日〜5日, 決戦は5月5日〜6日

【賞・賞金】 グランプリ：30万円, シニア1位：賞状, メダル, 賞金50万円, シニア2位：賞状, メダル, 賞金30万円, シニア3位：賞状, メダル, 賞金20万円, 創作部門最優秀賞：賞状, 盾, 賞金50万円, 同優秀賞：賞状, 盾, 賞金20万円

第1回 (昭63年度)

◇グランプリ

布山 さと美 (東京, 庄司裕ダンスカンパニー)

◇モダンダンス・シニアの部

- 第1位

布山 さと美

- 第2位

勝 珠美 (東京, 庄司裕ダンスカンパニー)

- 第3位

広中 百合香 (大阪, 泉閣士舞踊研究所)

◇モダンダンス・ジュニアの部

- 第1位

納所 さやか (神奈川, 黒沢・下田モダンバレエ団)

- 第2位

梶原 暁子 (東京, 高沢加代子モダンバレエ団)

- 第3位

池原 めぐみ (神奈川, 黒沢・下田モダンバレエ団)

◇クラシックバレエ・シニアの部

- 第1位

水野 英俊 (京都)

- 第2位

神沢 千景 (愛知, 松岡玲子バレエ団)

- 第3位

中屋 知子 (和歌山)

◇クラシックバレエ・ジュニアの部

- 第1位

泉 梨花 (兵庫)

- 第2位

荒井 祐子 (愛知, 塚本洋子バレエスタジオ)

- 第3位

久保 紘一 (東京)

第2回 (平1年度)

◇グランプリ

田保 知里 (神奈川, 庄司裕モダンダンスカンパニー)

◇モダンダンス・シニアの部

- 第1位

田保 知里

- 第2位

ナナ・クロダ (福岡)

- 第3位

リエ・クロダ (福岡)

◇モダンダンス・ジュニアの部

- 第1位
  池原 めぐみ（神奈川）
- 第2位
  本田 幸子（千葉）
- 第3位
  藤井 愛（東京）
◇クラシックバレエ・シニアの部
- 第1位
  河口 智子（神奈川, 山路瑠美子バレエ研究
  所）
- 第2位
  三谷 久美子（兵庫, 貞松・浜田バレエ学園）
- 第3位
  松田 敏子（大阪）
◇クラシックバレエ・ジュニアの部
- 第1位
  塩谷 奈弓（大坂）
- 第2位
  湯川 麻美子（兵庫, 江川バレエスクール）
- 第3位
  荒井 祐子（愛知）
第3回（平2年度）
◇モダンダンス・シニアの部
- 第1位
  大輪 ひとみ
- 第2位
  リエ・クロダ
- 第3位
  二見 一幸
◇モダンダンス・ジュニアの部
- 第1位
  林 真穂子
- 第2位
  宮腰 さおり
- 第3位
  向後 晶代
◇クラシックバレエ・シニアの部
- 第1位
  横瀬 美砂
- 第2位
  神沢 千景
- 第3位

志賀 三佐枝
◇クラシックバレエ・ジュニアの部
- 第1位
  佐々木 陽平
- 第2位
  小川 亜矢子
- 第3位
  平塚 三奈
第4回（平3年度）
◇モダンダンス女性ジュニア
- 第1位
  小林 美沙緒
- 第2位
  西村 晶子
- 第3位
  小林 清香
◇モダンダンス女性シニア
- 第1位
  リエ・クロダ
- 第2位
  児玉 敏子
- 第3位
  湊 真樹子
◇モダンダンス男性シニア
- 第1位
  二見 一幸
- 第2位
  片山 守
- 第3位
  坂木 真司
◇クラシックバレエ女性ジュニア1部
- 第1位
  坂口 友美
- 第2位
  大森 結城
- 第3位
  久保 佳子
◇クラシックバレエ女性ジュニア2部
- 第1位
  泉 敦子
- 第2位
  田中 ルリ

- 第3位
  十河 志織
◇クラシックバレエ男性ジュニア1部
- 第1位
  秋定 信哉
- 第2位
  法村 圭緒
- 第3位
  大植 真太郎
◇クラシックバレエ女性シニア
- 第1位
  野間 彩
- 第2位
  杉原 小麻里
- 第3位
  有光 風花
◇クラシックバレエ男性シニア
- 第1位
  穴見 志保巳
- 第2位
  福岡 豊
- 第3位
  松下 真
第5回（平4年度）
◇モダンダンス女性ジュニア
- 第1位
  西村 晶子
- 第2位
  春日井 静奈
- 第3位
  町田 倫子
◇モダンダンス女性シニア
- 第1位・神戸市長賞
  湊 真樹子
- 第2位
  田中 奈穂子
- 第3位
  児玉 敏子
◇モダンダンス男性シニア
- 第1位
  坂木 真司
- 第2位

　片上 守
- 第3位
  顔 安
◇クラシックバレエ女性ジュニア1部
- 第1位
  前田 真由子
- 第2位
  佐久間 奈緒
- 第3位
  松浦 のぞみ
◇クラシックバレエ女性ジュニア2部
- 第1位
  河合 佑香
- 第2位
  西田 佑子
- 第3位
  田中 ルリ
◇クラシックバレエ男性ジュニア
- 第1位
  上原 和久
- 第2位
  市川 透
- 第3位
  池谷 亮一
◇クラシックバレエ女性シニア
- 第1位・特別賞
  中屋 知子
- 第2位
  野間 景
- 第3位
  金沢 千稲
◇クラシックバレエ男性シニア
- 第1位・神戸新聞社賞
  吉本 泰久
- 第2位
  梶原 将仁
- 第3位
  山本 隆之
第6回（平5年度）
◇グランプリ
  内田 香
◇モダンダンス女性ジュニア

- 第1位
  星野 有美子
- 第2位
  春日井 静奈
- 第3位
  温井 加奈子
◇モダンダンス女性シニア
- 第1位・神戸市長賞
  内田 香
- 第2位
  佐藤 綾子
- 第3位
  金田 尚子
◇モダンダンス男性シニア
- 第1位
  該当者なし
- 第2位
  増子 浩介
- 第3位
  川本 耕嗣
◇クラシックバレエ女性ジュニア1部
- 第1位
  田中 ルリ
- 第2位
  加美 ゆかり
- 第3位
  十河 志織
◇クラシックバレエ女性ジュニア2部
- 第1位
  中村 祥子
- 第2位
  田中 麻子
- 第3位
  西田 佑子
◇クラシックバレエ男性ジュニア
- 第1位
  大嶋 正樹
- 第2位
  新井 崇
- 第3位
  稲尾 芳文
◇クラシックバレエ女性シニア

- 第1位 兵庫県知事賞
  杉原 小麻里
- 第2位
  上村 未香
- 第3位
  望月 礼子
◇クラシックバレエ男性シニア
- 第1位
  輪島 ソロマハ
- 第2位
  山口 章
- 第3位
  松下 真

第7回（平6年度）
◇モダンダンス女性ジュニア
- 第1位
  斉藤 瑞穂 「忘れられて…」
- 第2位
  天野 美和子 「充ち足りた日々」
- 第3位
  笹本 真理子 「明日への行進」
◇モダンダンス女性シニア
- 第1位
  金田 尚子 「地平」
- 第2位
  丸岡 有子 「愛憎の化石」
- 第3位
  児玉 敏子 「永訣の朝」
◇モダンダンス男性シニア
  該当者なし
◇創作部門
- 優秀賞
  布山 さと美 「LONGING FOR THE SUN」
  ミカ・クロダ 「赤い川」
◇モダンダンス
- 第1位
  信田 洋子 「ローズアダジオ」のVa.
- 第2位
  田中 麻子 「ローズアダジオ」のVa.
  東野 恭子 「金平糖の精」のVa.
- 第3位

宮川 由起子 「歌の翼に」
池田 あや 「スワニルダ」のVa.
金田 あゆ子 「オーロラ姫」3幕のVa.

◇モダンダンス第1部
- 第1位
  明尾 真弓 「心の響」
- 第2位
  日野 理香 「気ままに変奏曲」
  出戸 弥生 「天使が眠りにつくとき」
- 第3位
  金田 尚子 「流砂」
  児玉 敏子 「引き裂れた夏」
  湊 真樹子 「羽衣」

◇モダンダンス・ジュニアの部
- 第1位
  蛯子 奈緒美 「オフェーリア・水の流れ」
- 第2位
  天野 美和子 「魚の物語」
  谷内 亜希 「寺院にかかる夕陽」
- 第3位
  小林 泉 「夏の午後」
  岩永 貴子 「ライト」
  深沼 弓美子 「我が想い白き雲にかかりて」

◇モダンダンス第2部
- 第1位
  染谷 亜利 「悲しい時にはダンスを」
- 第2位
  笹本 真理子 「渚の足あと」
  日下 樹里, 宮崎 藍子, 宮野 藍, 水野 友香, 原 奈津希, 水摩 ひとみ, 相川 貴代子, 船津 春香 「ピーターラビット」
- 第3位
  高島 かお莉, 松井 美樹 「お天気なので…」
  三東 瑠璃 「うたをうたってあげたい」
  山口 梨絵 「りんご娘の夏休み」

◇クラシックバレエ女性ジュニア2部
- 第1位
  田中 麻子 「エスメラルダ」よりVa.
- 第2位
  立石 梨紗 「眠れる森の美女」よりローズ・アダジオのVa.
- 第3位

杉本 純子 「眠れる森の美女」よりローズ・アダジオのVa.

◇クラシックバレエ女性ジュニア1部
- 第1位
  川村 真樹 「眠れる森の美女」よりローズ・アダジオのVa.
- 第2位
  河合 佑香 「海賊」よりVa.
- 第3位
  樋口 ゆり 「ドン・キホーテ」よりドルネシア姫のVa.

◇クラシックバレエ男性ジュニア
- 第1位
  山本 康介 「ドン・キホーテ」第3幕よりバジルのVa.
- 第2位
  吉本 真悟 「海賊」よりVa.
- 第3位
  恵谷 彰 「コッペリア」よりVa.

◇クラシックバレエ女性シニア
- 第1位
  富村 京子 「コッペリア」第3幕よりスワニルダのVa.
- 第2位
  畠山 かおる 「エスメラルダ」よりVa.
- 第3位
  太田 藤子 「パキータ」よりVa.

◇クラシックバレエ男性シニア
- 第1位
  上原 和久 「コッペリア」第3幕よりフランツのVa.
- 第2位
  香西 秀哉 「海賊」よりVa.
- 第3位
  仁科 宏之 「ドン・キホーテ」第3幕よりバジルのVa.

第8回（平7年度）
◇モダンダンス女性ジュニア
- 第1位
  赤地 志津子（中村祐子モダンバレエアカデミー）「野火」
- 第2位

岩永 貴子（井上恵美子モダンバレエスタジオ）「黒い影が」

● 第3位

天野 美和子（井上恵美子モダンバレエスタジオ）「光の楽園」

◇モダンダンス女性シニア

● 第1位

佐藤 綾子（塩穴みち子舞踊研究所）「悲しい告白」

● 第2位

池田 素子（池内新子バレエ・モダンダンススタジオ）「夜想曲」

● 第3位

石上 洋子（渡辺モダンダンスカンパニー）「いつか見た青い空」

◇モダンダンス男性ジュニア

● 第1位

中川 賢（和田朝子舞踊研究所）「樹—遙かな命を僕は知る」

● 第2位

貝川 鉄夫（平櫛バレエ姫路）「めざめ」

● 第3位

井上 素志（平櫛バレエ姫路）「一人ぼっちのバラード」

◇創作部門

金田 尚子，倉知 可英（石井みどり・折田克子舞踊研究所）「Twin Faces」

河合 美智子，松原 博司（今岡頌子モダンダンスカンパニー）「ある時間」

中谷 香音吏，今川 侑希子，布谷 佐和子，奥野 南海子，東野 祥子（泉克芳舞踊研究所）「イヴの記憶」

◇クラシックバレエ女性ジュニア1部

● 第1位

佐藤 智美（松岡伶子バレエ団）「パキータ」よりVa.

● 第2位

長田 佳世（ワクイバレエスクール）「ジゼル」第1幕よりジゼルのVa.

● 第3位

大岩 千恵子（松岡伶子バレエ団）「白鳥の湖」第3幕より黒鳥のVa.

◇クラシックバレエ女性ジュニア2部

● 第1位

大石 麻衣子（杉原和子バレエ・アート）「ドン・キホーテ」第3幕よりキトリのVa.

● 第2位

植村 麻衣子（塚本洋子バレエスタジオ）「ドン・キホーテ」第3幕よりキトリのVa.

● 第3位

柳原 麻子（ワクイバレエスクール）「眠れる森の美女」第3幕より青い鳥のフロリナ王女のVa.

◇クラシックバレエ男性ジュニア

● 第1位

恵谷 彰（赤松優バレエ学園）「バヤデルカ」よりVa.

● 第2位

吉本 真悟（京都バレエ専門学校）「ドン・キホーテ」第3幕よりバジルのVa.

● 第3位

藤野 暢央（江川バレエスクール）「チャイコフスキー」パ・ド・ドゥよりVa.

◇クラシックバレエ女性シニア

● 第1位

西山 裕子（小池バレエスタジオ）「グラン・パ・クラシック」よりVa.

● 第2位

横山 智美（島村好子バレエ研究所）「エスメラルダ」よりVa.

● 第3位

江川 由華（岡本バレエスクール）「海賊」よりVa.

◇クラシックバレエ男性シニア

● 第1位

鄭 南烈 「ドン・キホーテ」第3幕よりバジルのVa.

● 第2位

山本 隆之（ケイ・バレエスタジオ）「コッペリア」第3幕よりフランツのVa.

● 第3位

奥田 慎也（法村友井バレエ団）「白鳥の湖」第3幕より王子のVa.

第9回（平8年度）

◇モダン シニアの部

● 第1位

　平多 量子（平多正於舞踊研究所）「心の顔」

● 第2位

　石上 洋子（渡辺モダンダンスカンパニー）「憂鬱な羊の午後」

● 第3位

　渡辺 理恵子（平多正於舞踊研究所）「焼け跡のマリア」

◇モダン ジュニアの部

● 第1位

　岩永 貴子（井上恵美子モダンバレエスタジオ）「讃歌」

● 第2位

　山口 智子（井上恵美子モダンバレエスタジオ）「私は誰？」

● 第3位

　斉藤 友美恵（本間祥公ダンスバレエアカデミー）「哀愁のアンダルシア」

◇創作の部

● 最優秀賞

　該当者なし

● 優秀賞

　増子 浩介（田沢澄子バレエスタジオ）「匣の中の失楽」

◇クラシック 女性シニアの部

● 第1位

　吉岡 まな美（カヨ・マフネクラシックバレエスクール）「海賊」よりVa.

● 第2位

　岩切 里奈（宮城昇バレエスタジオ）「サタネラ」よりVa.

● 第3位

　伊藤 智子（貞松・浜田バレエ団・バレエ学園）「ジゼル」よりVa.

◇クラシック 男性シニアの部

● 第1位

　奥田 慎也（法村友井バレエ団, バレエ学校）「エスメラルダ」よりアクティオンのVa.

● 第2位

　柳本 雅寛（アート・バレエ難波津バレエ団・バレエスクール）「白鳥の湖」第3幕より王子のVa.

● 第3位

　佐々木 淳史（島田芸術舞踊学院）「白鳥の湖」第3幕より王子のVa.

◇クラシック 女性ジュニア1部

● 第1位

　大岩 千恵子（松岡伶子バレエ団）「エスメラルダ」よりVa.

● 第2位

　佐藤 由子（江川バレエスクール）「白鳥の湖」第3幕より黒鳥のVa.

● 第3位

　中平 絢子（野間バレエスクール）「眠れる森の美女」第1幕よりローズアダジオのVa.

◇クラシック 女性ジュニア2部

● 第1位

　木田 真理子（アート・バレエ難波津バレエ団・バレエスクール）「コッペリア」第3幕よりスワニルダのVa.

● 第2位

　井上 麻衣（福本静江バレエ研究所）「くるみ割り人形」より金平糖の精のVa.

● 第3位

　中村 陽子（田中千賀子ジュニアバレエ団）「コッペリア」第3幕よりスワニルダのVa.

◇クラシック 男性ジュニアの部

● 第1位

　西岡 裕典（竹内ひとみバレエスクール）「ドン・キホーテ」第3幕よりバジルのVa.

● 第2位

　貝川 鉄夫（貞松・浜田バレエ団・バレエ学園）「ドン・キホーテ」第3幕よりバジルのVa.

● 第3位

　末松 大輔（宮城昇バレエスタジオ）「ドン・キホーテ」よりVa.

第10回（平9年度）

◇モダン シニアの部

● 第1位

石上 洋子（渡辺モダンダンスカンパニー）
「虚空に哭く」
- 第2位
平山 素子 「黙示録」
- 第3位
高橋 香澄（柴内啓子現代舞踊研究所）「午後の自画像」
◇モダン ジュニアの部
- 第1位
笹本 真理子（井上恵美子モダンダンススタジオ）「炎ひそかに」
- 第2位
上原 かつひろ（井上恵美子モダンダンススタジオ）「海へ」
- 第3位
坂田 守（R Dance Club）「かかしの夜」
◇創作の部
- 最優秀賞
石原 完二（石原完二舞踊研究所）「パリ・解放後―父の祈りは深く」
- 優秀賞
水田 浩二（望月辰夫ダンスカンパニー）「On and Off」
ピーター・ゴライトリー（パフォーマンス・プロジェクト）「白夢」
◇クラシック 女性シニアの部
- 第1位
佐藤 由子（江川バレエスクール）「眠れる森の美女」第1幕よりローズ・アダジオのVa.
- 第2位
岩切 里奈（宮城昇バレエスタジオ）「サタネラ」よりVa.
- 第3位
越田 絵里子（杉原和子バレエアート）「サタネラ」よりVa.
◇クラシック 男性シニアの部
- 第1位
秋定 信哉（貞松・浜田バレエ団・バレエ学園）「エスメラルダ」よりVa.
- 第2位
恵谷 彰（赤松優バレエ学園）「エスメラルダ」よりVa.

- 第3位
西梶 勝（にしかじバレエ研究所）「パキータ」よりVa.
◇クラシック 女性ジュニア1部
- 第1位
加登 美沙子（青い鳥バレエ団モトシマエツコ研究所）「白鳥の湖」第3幕より黒鳥のVa.
- 第2位
木田 賀子（アート・バレエ難波津バレエ団・バレエスクール）「シルヴィア」よりVa.
- 第3位
大森 和子（スズキ・クラシック・バレエ・アカデミー）「海賊」よりVa.
◇クラシック 女性ジュニア2部
- 第1位
崔 由姫（真弓バレエスクール）「エスメラルダ」よりダイアナとアクティオンのVa.
- 第2位
牛村 麗子（青い鳥バレエ団モトシマエツコ研究所）「海賊」よりVa.
- 第3位
大西 詩乃（北山 大西バレエ団）「ドン・キホーテ」第2幕よりキューピットのVa.
◇クラシック 男性ジュニアの部
- 第1位
舩木 城（川口ゆり子バレエスクール）「眠れる森の美女」第3幕より王子のVa.
- 第2位
遅沢 佑介（橋本陽子エコールドゥバレエ）「ドン・キホーテ」第3幕よりバジルのVa.
- 第3位
辰巳 一政（ソウダバレエコンクール）「ラ・シルフィード」よりVa.
第11回（平10年度）
◇モダン シニアの部
- 第1位
飯塚 真穂（金井芙三枝舞踊団）「けしの庭で遊ぶ」

- 第2位

  平山 素子 「負の告白」
- 第3位

  沼田 真理子（金井芙三枝舞踊団）「夜会」

◇モダン ジュニア1部

- 第1位

  西村 晶子（黒沢輝夫・下田栄子モダンバレエスタジオ）「lonely moon」
- 第2位

  上原 かつひろ（井上恵美子モダンダンススタジオ）「祭り」
- 第3位

  平井 麻衣（今岡頌子モダンダンススタジオ）「私を葬らないで」

◇モダン ジュニア2部

- 第1位

  森沢 美緒（平多正於舞踊研究所）「木霊の光」
- 第2位

  米沢 麻佑子（黒沢輝夫・下田栄子モダンバレエスタジオ）「夢奏花」
- 第3位

  斉藤 あゆみ（伊藤淳子・武藤結花舞踊研究所）「私の声が聴こえますか？」

◇創作の部

- 最優秀賞

  飯塚 真穂（金井芙三枝舞踊団）「イリュージョン 影の羽音」
- 優秀賞

  川口 節子（川口節子バレエスタジオ）「夫婦」

  矢作 聡子（金井芙三枝舞踊団）「宴」

◇クラシック 女性シニアの部

- 第1位

  岩切 里奈（宮城昇バレエスタジオ）「眠れる森の美女」第1幕よりローズ・アダジオのVa.
- 第2位

  栗本 奈央（大屋政子バレエ研究所）「ジゼル」第1幕よりジゼルのVa.
- 第3位

  西尾 睦生（法村・友井バレエ学校）「エス

メラルダ」よりVa.

◇クラシック 男性シニアの部

- 第1位

  新井 崇 「ドン・キホーテ」第3幕よりバジルのVa.
- 第2位

  金 倉基（韓国国立バレエ団）「海賊」よりVa.
- 第3位

  末松 大輔（宮城昇バレエスタジオ）「ドン・キホーテ」第3幕よりバジルのVa.

◇クラシック 女性ジュニア1部

- 第1位

  大西 詩乃（北山・大西バレエ団）「シルヴィア」よりVa.
- 第2位

  白椛 祐子（黒沢智子バレエスタジオ）「海賊」よりVa.
- 第3位

  大久保 沙織（一の宮咲子バレエ研究所）「海賊」よりVa.

◇クラシック 女性ジュニア2部

- 第1位

  坂地 亜美（ソウダバレエスクール）「くるみ割り人形」より金平糖の精のVa.
- 第2位

  中村 恵理（長野バレエ団）「くるみ割り人形」より金平糖の精のVa.
- 第3位

  川口 智代（立脇千賀子バレエ研究所）「くるみ割り人形」より金平糖の精のVa.

◇クラシック 男性ジュニアの部

- 第1位

  遅沢 佑介（橋本陽子エコール・ドゥ・バレエ）「バヤデルカ」よりVa.
- 第2位

  平野 啓一（平野節子バレエスクール）「ジゼル」第2幕よりアルブレヒトのVa.
- 第3位

  京当 雄一郎（橘バレエ学校）「白鳥の湖」第3幕より王子のVa.

第12回（平11年度）

◇モダン シニアの部
- 第1位
  小林 美沙緒（黒沢・下田モダンバレエスタジオ）「生成する鳩」
- 第2位
  あわた めぐる（井上恵美子モダンダンススタジオ）「オアシス」
- 第3位
  吉村 佳恵（中村友美モダンバレエ教室）「桜月夜」

◇モダン ジュニア1部
- 第1位
  上原 かつひろ（井上恵美子モダンダンススタジオ）「レクイエム」
- 第2位
  平井 麻衣（今岡頌子モダンダンススタジオ）「影たちの記憶」
- 第3位
  坂田 守（R Dance Club）「戦いの丘」

◇モダン ジュニア2部
- 第1位
  西山 友貴（R dance Club）「Wildness─アヴェロンの少年」
- 第2位
  村井 由衣（TOM'S FACTORY）「悲しいかおで笑ってる」
- 第3位
  山本 綾乃　「ミ・チ・ル」

◇創作の部
- 最優秀賞
  矢作 聡子（金井芙三枝舞踊団）「空」
- 優秀賞
  平多 妙子，平多 量子　「赤の旋律」
- 第3位
  松原 秀種　「裂け目」

◇クラシック 女性シニアの部
- 第1位
  後藤 彩水（塚本洋子バレエスタジオ）「サタネラ」よりVa.
- 第2位
  吉田 朱里（貞松・浜田バレエ学園）「ジゼル」第1幕ジゼルのVa.
- 第3位
  長田 佳世（ワクイバレエスクール）「エスメラルダ」よりVa.

◇クラシック 男性シニアの部
- 第1位
  ルスラン・ベンチャーノフ（越智インターナショナルバレエ）「ドン・キホーテ」第3幕よりバジルのVa.
- 第2位
  西梶 勝（にしかじバレエ）「パキータ」よりVa.
- 第3位
  齊藤 拓（アサバレエスタジオ）「くるみ割り人形」より王子のVa.

◇クラシック 女性ジュニア1部
- 第1位
  木田 真理子（アート・バレエ難波津）「ジゼル」第1幕よりジゼルのVa.
- 第2位
  瀬島 五月（貞松・浜田バレエ学園）「パキータ」よりVa.
- 第3位
  坂地 亜美（バレエスタジオミューズソウダバレエスクール）「眠れる森の美女」第1幕よりローズ・アダジオのVa.

◇クラシック 女性ジュニア2部
- 第1位
  柳生 涼子（法村友井バレエ団，バレエ学校）「ドン・キホーテ」第2幕よりドルシネアのVa.
- 第2位
  中村 春奈（田中千賀子ジュニアバレエ団）「くるみ割り人形」より金平糖の精のVa.
- 第3位
  寺井 七海（松本道子バレエ団）「エスメラルダ」よりダイアナのVa.

◇クラシック 男性ジュニアの部
- 第1位
  大貫 真幹（佐々木三夏バレエアカデミー）「眠れる森の美女」よりデジレ王子のVa.
- 第2位

輪島 拓也（久富淑子バレエ研究所）「白鳥
の湖」第3幕より王子のVa.
● 第3位
高須 佑治（バレエスタジオミューズソウダ
バレエスクール）「ドン・キホーテ」第
3幕より
第13回（平12年度）
◇モダン シニアの部
● 第1位
中村 友紀（金井芙三枝舞踊団）「桑畑の雨」
● 第2位
あわた めぐる（井上恵美子モダンダンスス
タジオ）「実り」
● 第3位
吉村 佳恵（中村友美舞踊団・彩のくに舞踏
団）「雨」
◇モダン ジュニア1部
● 第1位
斉藤 涼子（井上恵美子モダンダンススタジ
オ）「雨のラプソディ」
● 第2位
高瀬 譜希子（H.T.Group）「風の涙」
● 第3位
呉松 綾子（金井桃枝舞踊研究所）「こんな
美しい朝に」
◇モダン ジュニア2部
● 第1位
山本 綾乃（平多正於舞踊研究所）「白鳥に
教わった唄」
● 第2位
本間 紗世（イリエ・ユキ/モダンバレエ研
究所）「芽ぶきを待つ」
● 第3位
福田 圭吾（ケイバレエスタジオ）「プレッ
シャー」
◇創作の部
● 最優秀賞
該当者なし
● 優秀賞
田中 俊行（田中バレエ・アート）「残香」
松永 茂子（石川みどり・折田克子舞踊団）
「包帯」

◇クラシック 女性シニアの部
● 第1位
松岡 梨絵（芥川瑞枝バレエ研究所）「ジゼ
ル」よりVa.
● 第2位
安田 尚子（アート・バレエ難波津）「眠れ
る森の美女」よりローズ・アダジオのVa.
● 第3位
高田 万里（法村友井バレエ団，バレエ学
校）「眠れる森の美女」よりローズ・ア
ダジオのVa.
◇クラシック 男性シニアの部
● 第1位
恵谷 彰（赤松優バレエ学園）「パリの炎」
よりVa.
● 第2位
末松 大輔（宮城昇バレエスタジオ）「ド
ン・キホーテ」よりバジルのVa.
● 第3位
瀬川 哲司（貞松・浜田バレエ学園，バレエ
団）
◇クラシック 女性ジュニア1部
● 第1位
吉田 真里日（美佳バレエスクール）「眠れ
る森の美女」よりローズ・アダジオのVa.
● 第2位
田中 亜矢子（アート・バレエ難波津）「サ
タネラ」よりVa.
● 第3位
丹羽 悠子（塚本洋子バレエスタジオ）「ジ
ゼル」よりジゼルのVa.
◇クラシック 女性ジュニア2部
● 第1位
多久田 さやか（鳥取シティバレエ）「エス
メラルダ」よりダイアナのVa.
● 第2位
藤岡 あや（杉原和子バレエアート）「くる
み割り人形」より金平糖の精
● 第3位
米沢 唯（塚本洋子バレエスタジオ）「ライ
モンダ」よりライモンダ第1のVa.
◇クラシック 男性ジュニアの部

- 第1位

  児玉 北斗（東京バレエワークス）「ドン・キホーテ」よりバジルのVa.

- 第2位

  平野 亮一（平野節子バレエスクール）「眠れる森の美女」より王子のVa.

- 第3位

  福岡 雄大（ケイバレエスタジオ）「シルヴィア」よりVa.

第14回（平13年度）

◇モダン シニアの部

- 第1位

  平井 麻衣（今岡頌子モダンダンススタジオ）「何故に」

- 第2位

  あわた めぐる（井上恵美子モダンダンススタジオ）「歌姫」

- 第3位

  矢作 聡子（金井芙三団舞踊団）「空の青さをとってあげたら うそをつく」

◇モダン ジュニア1部

- 第1位

  増田 陽子（西川菜穂子モダンダンス・スタジオ）「愛しい場所へ」

- 第2位

  池田 美佳（蔦モダンバレエ研究所）「海・きらめく刻」

- 第3位

  絹川 明奈（前多敬子バレエ教室）「羽搏つ期」

◇モダン ジュニア2部

- 第1位

  国光 由貴子（井上恵美子モダンダンススタジオ）「孤独の蝶」

- 第2位

  水野 多麻紀（水野聖子DANCING KIDS STUDIO）「日差し」

- 第3位

  浜田 麻央（原島マヤモダンバレエスタジオ）「炎の天使…ジャンヌ・ダルク」

◇創作の部

- 最優秀賞

該当者なし

- 優秀賞

  渡辺 理恵子，高橋 章子 「Depart ～妄想のパレード～」

  藤田 恭子（石井みどり・折田克子舞踊研究所）「黙黙の背」

◇クラシック 女性シニアの部

- 第1位

  松村 里沙（川口ゆり子バレエスクール・バレエ シャンブルウエスト）「パキータ」よりVa.

- 第2位

  森 伊佐（ワクイバレエ団）「ドン・キホーテ」よりキトリのVa.

- 第3位

  永橋 あゆみ（谷桃子バレエ団研究所）「ジゼル」よりジゼルのVa.

◇クラシック 男性シニアの部

- 第1位

  大柴 拓磨（大柴寛子バレエ教室）「ドン・キホーテ」よりバジルのVa.

- 第2位

  クードリャ・アンドレイ（A&Sバレエ教室）「サタネラ」よりVa.

- 第3位

  張 縁睿（田中バレエ・アート）「海賊」よりVa.

◇クラシック 女性ジュニア1部

- 第1位

  中村 春奈（田中千賀子ジュニアバレエ団）「白鳥の湖」より黒鳥のVa.

- 第2位

  出口 杏紗（ステップ・ワークスバレエ）「パキータ」よりVa.

- 第3位

  藤岡 あや（杉原和子バレエアート）「ドン・キホーテ」よりキトリのVa.

◇クラシック 女性ジュニア2部

- 第1位

  土肥 真夕菜（美佳バレエスクール）「くるみ割り人形」より金平糖のVa.

- 第2位

井原 由衣（美佳バレエスクール）「ドン・
キホーテ」よりドルシネアのVa.
● 第3位
近永 朋香（池本バレエスクール）「エスメ
ラルダ」よりダイアナのVa.
◇クラシック 男性ジュニアの部
● 第1位
福田 圭吾（ケイバレエスタジオ）「白鳥の
湖」より王子のVa.
● 第2位
福岡 雄大（ケイバレエスタジオ）「グラ
ン・パ・クラシック」よりVa.
● 第3位
浅田 良和（小柴葉朕バレエスクール）
「コッペリア」よりフランツのVa.
第15回（平14年度）
◇モダン シニアの部
● 第1位
坂田 守（ダンステアトロ21）「Way Out」
● 第2位
松田 英子（金井芙三枝舞踊団）「LUNA─
月の光の中で─」
● 第3位
小畑 留美子（金井芙三枝舞踊団）「Juliet」
◇モダン ジュニア1部
● 第1位
福岡 雄大（ケイバレエスタジオ）「Salut」
● 第2位
高比良 洋（横山慶子舞踊団）「乾いた街」
● 第3位
大縄 みなみ（井上恵美子モダンダンススタ
ジオ）「霧の中へ」
◇モダン ジュニア2部
● 第1位
島田 早矢香（井上恵美子モダンダンススタ
ジオ）「夕陽でタンゴ」
● 第2位
浜田 麻央（マヤバレエスタジオ）「渇き
の海」
● 第3位
水野 多麻紀（水野聖子DANCING KIDS
STUDIO）「心の小箱」

◇創作の部
● 最優秀賞
該当者なし
● 優秀賞
沼口 賢一（本田・佐藤モダンバレエ研究
所）「2breathe」
長沢 恵（石井みどり・折田克子舞踊研究
所）「気憶の路」
◇クラシック 女性シニアの部
● 第1位
田中 晶子（松本道子バレエ団）「くるみ割
り人形」より金平糖のVa.
● 第2位
鎌田 恵梨子（MRB松田敏子リラクゼー
ションバレエ）「バヤデルカ」よりガム
ザッティのVa.
● 第3位
李 娜（田中バレエ・アート）「パキータ」
よりVa.
◇クラシック 男性シニアの部
● 第1位
末松 大輔（宮城昇バレエスタジオ）「ド
ン・キホーテ」よりバジルのVa.
● 第2位
岡田 兼宜（ソウダバレエスクール）「エス
メラルダ」よりVa.
● 第3位
池上 彰朗 「ドン・キホーテ」よりバジル
のVa.
◇クラシック 女性ジュニア1部
● 第1位
松浦 友理恵（黒沢智子バレエスタジオ）
「パキータ」よりVa.
● 第2位
米沢 唯（塚本洋子バレエスタジオ）「白鳥
の湖」より黒鳥のVa.
● 第3位
浅見 紘子（下村由理恵バレエアンサンブ
ル）「エスメラルダ」よりVa.
◇クラシック 女性ジュニア2部
● 第1位
大下 結美花（鳥取シティバレエ）「くるみ

割り人形」より金平糖のVa.
- 第2位
  中村 志歩（畠中三枝バレエ教室）「エスメ
  ラルダ」よりダイアナのVa.
- 第3位
  石橋 理恵（田中千賀子ジュニアバレエ団）
  「くるみ割り人形」より金平糖の精のVa.

◇クラシック 男性ジュニアの部
- 第1位
  菊地 研（牧阿佐美バレエ団）「ドン・キ
  ホーテ」よりバジルのVa.
- 第2位
  荒井 英之（山路瑠美子バレエ研究所）「ド
  ン・キホーテ」よりバジルのVa.
- 第3位
  市橋 万樹（松岡怜子バレエ団）「ドン・キ
  ホーテ」よりバジルのVa.

第16回（平15年度）
◇モダン シニアの部
- 第1位
  小林 泉（湯原園子モダンバレエスタジオ）
  「ユメノヒトヒラ」
- 第2位
  小松 あすか（金井芙三枝舞踊団）
  「Voiceless―ココロノウター―」
- 第3位
  陽 かよ子（金井芙三枝舞踊団）「降ラナイ
  雨ヲ待ツ」

◇モダン ジュニア1部
- 第1位
  浜田 麻央（マヤバレエスタジオ）「月下独
  酌〜ふくろう〜」
- 第2位
  富士 奈津子（金井桃枝舞踊研究所）「富江
  と名づけられた人形」
- 第3位
  宗宮 悠子（金井桃枝舞踊研究所）「烏覆子,
  鳴く」

◇モダン ジュニア2部
- 第1位
  水野 多麻紀（水野聖子DANCING KIDS
  STUDIO）「鼓動の輪舞」

- 第2位
  舘 恵里加（前多敬子バレエ教室）「なくし
  ちゃった…」
- 第3位
  貝ヶ石 奈美（石原完二モダンダンス・スタ
  ジオ）「もう叫び声はとどかない」

◇創作の部
- 最優秀賞
  沼口 賢一（本田・佐藤モダンバレエ研究
  所）「On time」
- 優秀賞
  前澤 亜衣子（平田正於舞踊研究所）
  「Mind Game」
  田保 知里（ダンスカンパニーカレイドス
  コープ）「束縛のない肉体のポテン
  シャル」

◇クラシック 女性シニアの部
- 第1位
  山本 亜実（佐々木美智子バレエスタジオ）
  「パキータ」よりVa.
- 第2位
  柵木 佳子（松岡怜子バレエ団）「シルヴィ
  ア」よりVa.
- 第3位
  柳原 麻子（MRB松田敏子リラクゼーショ
  ンバレエ）「ドン・キホーテ」よりキト
  リのVa.

◇クラシック 男性シニアの部
- グランプリ1位
  福岡 雄大（ケイバレエスタジオ）「エスメ
  ラルダ」よりアクティオンのVa.
- 第2位
  江本 拓（山路瑠美子バレエ研究所）「白鳥
  の湖」より王子のVa.
- 第3位
  池上 彰朗 「ドン・キホーテ」よりバジル
  のVa.

◇クラシック 女性ジュニア1部
- 第1位
  柳生 涼子（法村・友井バレエ学校）「ライ
  モンダ」よりVa.
- 第2位

土肥 真夕菜（美佳バレエスクール）「シルヴィア」よりVa.
- ● 第3位
  大下 結美花（鳥取シティバレエ）「眠れる森の美女」よりローズ・アダジオのVa.

◇クラシック 男性ジュニア1部
- ● 第1位
  中島 哲也（橘バレエ学校）「眠れる森の美女」より王子のVa.
- ● 第2位
  清水 渡（白鳥バレエ学園）「海賊」よりVa.
- ● 第3位
  末原 雅広（ソウダバレエスクール）「パキータ」よりVa.

◇クラシック 女性ジュニア2部
- ● 第1位
  石橋 理恵（田中千賀子ジュニアバレエ団）「くるみ割り人形」より金平糖のVa.
- ● 第2位
  辻 翔子（田中千賀子ジュニアバレエ団）「ドン・キホーテ」よりドルネシアのVa.
- ● 第3位
  大久保 彩香（iSバレエ・アカデミア泉・下森バレエ団）「くるみ割り人形」より金平糖のVa.

◇クラシック 男性ジュニア2部
- ● 第1位
  住友 拓也（田口バレエ研究所）「海賊」よりVa.
- ● 第2位
  新井 誉久（インターナショナルバレエアカデミー）「ジゼル」よりペザントのVa.
- ● 第3位
  森田 維央（松岡怜子バレエ団）「コッペリア」よりフランツのVa.

第17回（平16年度）
◇モダン シニアの部
- ● 第1位
  高瀬 譜希子（高瀬多佳子ダンスギャラリー）「LAST PICTURE」
- ● 第2位
  陽 かよ子 「水・中・花」

- ● 第3位
  小松 あすか（金井芙三枝舞踊団）「Cest joil～ここちいい毎日から」

◇モダン ジュニア1部
- ● 第1位
  高橋 茉那（高橋裕子モダンバレエ研究所）「溺れる魚」
- ● 第2位
  藤村 祐子（二見・田保スタジオダンスエチュード）「孵化」
- ● 第3位
  山田 総子（高橋裕子モダンバレエ研究所）「滅びの蠱惑」

◇モダン ジュニア2部
- ● 第1位
  柴田 茉実（かやの木芸術舞踊学園）「オーケストラの少女」
- ● 第2位
  江戸 裕梨（前多敬子バレエ教室）「道化の涙」
- ● 第3位
  伊藤 麻菜実（和田朝子舞踏研究所）「Happyがやってくる」

◇創作の部
- ● 最優秀賞
  松本 直子（金井芙三枝舞踊団）「Cache Cache」
- ● 優秀賞
  前澤 亜衣子（平多正於舞踊研究所）「voiceless…」
  佐々木 紀子（ダンスカンパニーカレイドスコープ）「Lag Time」

◇クラシック 女性シニアの部
- ● 第1位
  金 允敬（Sejong University）「ジゼル」よりジゼルのVa.
- ● 第2位
  竹中 優花（貞松・浜田バレエ団）「シルヴィア」よりVa.
- ● 第3位
  廣岡 奈美（貞松・浜田バレエ団）「エスメラルダ」よりVa.

◇クラシック　男性シニアの部
- 第1位
  張 縁睿（田中バレエアート）「ドン・キホーテ」よりバジルのVa.
- 第2位
  今村 泰典（法村友井バレエ団）「エスメラルダ」よりVa.
- 第3位
  アンドリュー・エルフィンストン（貞松・浜田バレエ団）「眠れる森の美女」より王子のVa.

◇クラシック　女性ジュニア1部
- 第1位
  米沢 唯（塚本洋子バレエ団）「ドン・キホーテ」よりキトリのVa.
- 第2位
  美羽 礼加（北山大西バレエ団）「眠れる森の美女」よりローズ・アダジオのVa.
- 第3位
  大石 恵子（田中千賀子バレエ団）「くるみ割り人形」より金平糖のVa.

◇クラシック　男性ジュニア1部
- 第1位
  市橋 万樹（松岡伶子バレエ団）「海賊」よりVa.
- 第2位
  中川 リョウ（鳥取シティバレエ）「ドン・キホーテ」よりバジルのVa.
- 第3位
  中家 正博（法村・友井バレエ学校）「チャイコフスキー」パ・ド・ドゥよりVa.

◇クラシック　女性ジュニア2部
- 第1位
  浅井 恵梨佳（神沢千景バレエスタジオ）「くるみ割り人形」より金平糖のVa.
- 第2位
  藤原 彩香（青い鳥バレエ団モトシマエツコ研究所）「くるみ割り人形」より金平糖のVa.
- 第3位
  荒瀬 結記子（野間バレエスクール）「くるみ割り人形」より金平糖のVa.

◇クラシック　男性ジュニア2部
- 第1位
  大巻 雄矢（山本紗内恵バレエスクール）「白鳥の湖」より王子のVa.
- 第2位
  広島 裕也（清水洋子バレエスクール）「チャイコフスキー」パ・ド・ドゥよりVa.
- 第3位
  甲斐 俊介（下田春美バレエ教室）「ジゼル」よりペザントのVa.

第18回（平17年度）

◇モダン　シニアの部
- 第1位
  富士 奈津子（金井桃枝舞踊研究所）「あの頃」
- 第2位
  池田 美佳（蔦モダンバレエ研究所）「風紋に忘れかけた時を刻み」
- 第3位
  桂 由貴子（DANCE HOUSE）「地図から消えた村に生まれて」

◇モダン　ジュニア1部
- 第1位
  林 芳美（金井桃枝舞踊研究所）「・・もう，なわとびなんか…」
- 第2位
  新保 恵（金井桃枝舞踊研究所）「蜘蛛」
- 第3位
  岩浜 翔平（加藤みや子ダンススペース）「イグアナになっていたある日—カフカ変身より—」

◇モダン　ジュニア2部
- 第1位
  橋本 奈々（マヤバレエスタジオ）「さとうきび畑の唄」
- 第2位
  高井 花純（水野聖子 DANCING KIDS STUDIO）「冬の足音」
- 第3位
  安田 一斗（前多敬子バレエ教室）「星空の下で」

◇創作の部
- 最優秀賞
  該当者なし
- 優秀賞
  金井 桃枝（金井桃枝舞踊研究所）「雨にまつわる話」
  前澤 亜衣子（平多正於舞踊研究所）「シンシン沁……」

◇クラシック 女性シニアの部
- 第1位
  植村 麻衣子（塚本洋子バレエ団）「白鳥の湖」より黒鳥のVa.
- 第2位
  高田 万里（法村友井バレエ団）「グラン・パ・クラシック」よりVa.
- 第3位
  奈田 圭衣子（泉バレエ団・泉バレエ教室）「ドン・キホーテ」よりキトリのVa.

◇クラシック 男性シニアの部
- 第1位
  青木 崇（大阪バレエカンパニー）「ドン・キホーテ」よりバジルのVa.
- 第2位
  原田 祥博（ソウダバレエスクール）「ドン・キホーテ」よりバジルのVa.
- 第3位
  福田 圭吾（ケイ・バレエスタジオ）「パキータ」よりVa.

◇クラシック 女性ジュニア1部
- 第1位
  福井 かおり（徳島バレエ研究所）「ドン・キホーテ」よりキトリのVa.
- 第2位
  北村 由希乃（法村・友井バレエ学校）「ジゼル」よりジゼルのVa.
- 第3位
  田口 詩織（杉原和子バレエアート）「エスメラルダ」よりVa.

◇クラシック 男性ジュニア1部
- 第1位
  上田 尚弘（ケイ・バレエスタジオ）「パキータ」よりVa.

- 第2位
  清水 猛（白鳥バレエ学園）「海賊」よりVa.
- 第3位
  大巻 雄矢（山本紗内恵バレエスクール）「パキータ」よりVa.

◇クラシック 女性ジュニア2部
- 第1位
  相原 舞（ユミクラシックバレエスタジオ）「くるみ割り人形」より金平糖のVa.
- 第2位
  森高 万智（田中千賀子ジュニアバレエ団）「くるみ割り人形」より金平糖のVa.
- 第3位
  飯島 望未（ソウダバレエスクール）「くるみ割り人形」より金平糖のVa.

◇クラシック 男性ジュニア2部
- 第1位
  木村 琢馬（iSバレエ・アカデミア 泉・下森バレエ団）「白鳥の湖」より王子のVa.
- 第2位
  高田 樹（白鳥バレエ学園）「ドン・キホーテ」よりバジルのVa.
- 第3位
  猿橋 賢（下田春美バレエ教室）「パリの炎」よりVa.

第19回（平18年度）
◇モダン ジュニア1部
- 第1位
  幅田 彩加（黒沢輝夫・下田栄子モダンバレエスタジオ）「光のなかの盲（ひと）」
- 第2位
  新保 恵（金井桃枝舞踊研究所）「バルコニーに降りた天使」
- 第3位
  岩浜 翔平（加藤みや子ダンススペース）「片翼の翔き」

◇モダン ジュニア2部
- 第1位
  伊藤 麻菜実（和田朝子舞踊研究所）「モンスター」
- 第2位
  田中 萌子（黒沢輝夫・下田栄子モダンバレ

エスタジオ）「春・うらら…」
- 第3位
  たけだ 有里（稲葉厚子舞踊研究所）「八月
  に想う」

◇モダン シニアの部
- 第1位
  小松 あすか（金井芙三枝舞踊団）「Tom—
  ひとりぼっち—」
- 第2位
  大竹 千春（ダンスカンパニーカレイドス
  コープ）「esquisse—形をなし始める」
- 第3位
  瀬島 五月（貞松・浜田バレエ団）「そして
  私はそこへ帰る」

◇創作の部
- 最優秀賞
  該当者なし
- 優秀賞
  野村 真弓（金井芙三枝舞踊団）「良い知ら
  せは小さな声で語られる」
  富士 奈津子（金井桃枝舞踊研究所）「ただ
  ならぬ午睡」
- 奨励賞
  かじ のり子（藤田佳代舞踊研究所）「石
  の魚」

◇クラシック 女性ジュニア1部
- 第1位
  金子 扶生（地主薫エコール・ド・バレエ）
  「シルヴィア」よりVa.
- 第2位
  森高 万智（田中千賀子ジュニアバレエ団）
  「白鳥の湖」より黒鳥のVa.
- 第3位
  飯島 望未（ソウダバレエスクール）「白鳥
  の湖」より黒鳥のVa.

◇クラシック 女性ジュニア2部
- 第1位
  奥野 凛（村瀬沢子バレエスタジオ）「くる
  み割り人形」より金平糖のVa.
- 第2位
  田中 詩織（田中千賀子ジュニアバレエ団）
  「くるみ割り人形」より金平糖のVa.

- 第3位
  山内 未宇（船附菜穂美バレエスタジオ）
  「眠れる森の美女」よりフロリナ王女の
  Va.

◇クラシック 女性シニアの部
- 第1位
  廣岡 奈美（貞松・浜田バレエ団）「エスメ
  ラルダ」よりVa.
- 第2位
  山田 歌子（山路瑠美子バレエ研究所）「ジ
  ゼル」よりジゼルのVa.
- 第3位
  法村 珠里（法村友井バレエ団）「ドン・キ
  ホーテ」よりキトリのVa.

◇クラシック 男性ジュニア1部
- 第1位
  高田 樹（白鳥バレエ学園）「ドン・キホー
  テ」よりバジルのVa.
- 第2位
  福田 紘也（ケイ・バレエスタジオ）「くる
  み割り人形」より王子のVa.
- 第3位
  住友 拓也（法村・友井バレエ学校）「眠れ
  る森の美女」より王子のVa.

◇クラシック 男性ジュニア2部
- 第1位
  安田 一斗（前多敬子・田中勉バレエ教室）
  「パキータ」よりVa.
- 第2位
  仙波 良成（美佳バレエスクール）「ドン・
  キホーテ」よりバジルのVa.
- 第3位
  的場 斗吾（ISバレエ・アカデミア 泉・下森
  バレエ団）「白鳥の湖」より王子のVa.

◇クラシック 男性シニアの部
- 第1位
  大貫 真幹（Yamato City Ballet Jr.
  Company）「白鳥の湖」より王子のVa.
- 第2位
  原田 祥博（ソウダバレエスクール）「ド
  ン・キホーテ」よりバジルのVa.
- 第3位

奥村 康祐(地主薫バレエ団)「くるみ割り
人形」より王子のVa.

第20回(平19年度)

◇モダン シニアの部

● 第1位
所 夏海(Roussewaltz)「Black Dahlia」

● 第2位
大竹 千春(ダンスカンパニーカレイドス
コープ)「空気の形」

● 第3位
瀬島 五月(貞松・浜田バレエ団)「On the
Edge」

◇モダン ジュニア1部

● 第1位
鷹谷 美希(金田尚子舞踊研究所)「哀歌」

● 第2位
新保 恵(金井桃枝舞踊研究所)「鉄錆色
の雫」

● 第3位
木原 浩太(加藤みや子ダンススペース)
「飛べない・鳩」

◇モダン ジュニア2部

● 第1位
田中 萌子(黒沢輝夫・下田栄子モダンバレ
エスタジオ)「蓮の詩」

● 第2位
森山 結貴(金井桃枝舞踊研究所)「小袖
の春」

● 第3位
塚田 寛子(黒田バレエスクール)「風は少
女になりたくて」

◇創作の部

● 最優秀賞
該当者なし

● 優秀賞
野村 真弓(坂本秀子舞踊団)「禁じられた
遊び」
リエ・クロダ(黒田バレエスクール)「笑
いじょうご」

◇クラシック 女性シニアの部

● 第1位
藤本 華奈(法村・友井バレエ学校)「グラ

ン・パ・クラシック」よりVa.

● 第2位
浅野 真央(アート・バレエ難波津)「ジゼ
ル」よりジゼルのVa.

● 第3位
吉田 千智(ケイ・バレエスタジオ)「シル
ヴィア」よりVa.

◇クラシック 男性シニアの部

● 第1位
原田 祥博(ソウダバレエスクール)「ド
ン・キホーテ」よりバジルのVa.

● 第2位
上田 尚弘(ケイ・バレエスタジオ)「ド
ン・キホーテ」よりバジルのVa.

● 第3位
奥村 康祐(地主薫バレエ団)「ジゼル」よ
りアルブレヒトのVa.

◇クラシック 女性ジュニア1部

● 第1位
奥野 凛(村瀬沢子バレエスタジオ)「ライ
モンダ」よりVa.

● 第2位
毛利 実沙子(ソウバレダンススクール)
「エスメラルダ」よりダイアナのVa.

● 第3位
本田 千晃(ソウバレダンススクール)「ド
ン・キホーテ」よりキトリのVa.

◇クラシック 男性ジュニア1部

● 第1位
中野 吉章(エリート・バレエ・スタジオ)
「海賊」よりVa.

● 第2位
中ノ目 知章(東京バレエワークス)「眠れ
る森の美女」より王子のVa.

● 第3位
井植 翔太(法村・友井バレエ学校)「パリ
の炎」よりVa.

◇クラシック 女性ジュニア2部

● 第1位
オドノヒュー 英美(MBSマリバレエス
クール)「コッペリア」よりスワニルダ
のVa.

- 第2位

  片岡 久美子（田中バレエ・アート）「ド
  ン・キホーテ」よりドルシネアのVa.
- 第3位

  伊藤 沙矢加（杉原和子バレエアート）「エ
  スメラルダ」よりダイアナのVa.

◇クラシック 男性ジュニア2部

- 第1位

  仙波 良成（美佳バレエスクール）「ドン・
  キホーテ」よりバジルのVa.
- 第2位

  板谷 悠生（田中千賀子ジュニアバレエ団）
  「グラン・パ・クラシック」よりVa.
- 第3位

  北原 光（田口バレエ研究所）「ドン・キ
  ホーテ」よりバジルのVa.

第21回（平20年度）

◇モダン シニアの部

- 第1位

  大竹 千春（ダンスカンパニーカレイドス
  コープ）「景相」
- 第2位

  斉藤 友美恵（本間祥公ダンス・バレエアカ
  デミー）「深水花」
- 第3位

  乾 直樹（Piece of modern）「Last lullaby」

◇モダン ジュニア1部

- 第1位

  新保 恵（金井桃枝舞踊研究所）「優雅に叱
  責する自転車」
- 第2位

  島田 早矢香（井上恵美子モダンバレエスタ
  ジオ）「悲しい夕陽」
- 第3位

  水野 多麻紀（水野聖子-DANCING KIDS
  STUDIO）「檸檬の記憶」

◇モダン ジュニア2部

- 第1位

  谷野 舞夏（DANCE WORLD made in
  TAKANE）「光と闇のレクイエム」
- 第2位

  南 帆乃佳（平多正於舞踊研究所）「ほのか

なる光の中で－アンネの日記より－」
- 第3位

  山田 恵里（かやの木芸術舞踊学園）
  「PIANO MAN」

◇創作の部

- 最優秀賞

  該当なし
- 優秀賞

  木原 浩太（加藤みや子ダンススペース）
  「青雲－あおぐも－」

  古木 竜太 「BOW～キノウキョウアシタ
  ～」

◇クラシック 女性シニアの部

- 第1位

  川﨑 麻衣（貞松・浜田バレエ団）「ジゼ
  ル」よりVa.
- 第2位

  福井 かおり（徳島バレエ研究所）「アレチ
  ナーダ」よりVa.
- 第3位

  柳原 麻子（MRB松田敏子リラクゼーショ
  ンバレエ）「ドン・キホーテ」よりキト
  リのVa.

◇クラシック 男性シニアの部

- 第1位

  上田 尚弘（ケイ・バレエスタジオ）「エス
  メラルダ」よりVa.
- 第2位

  碓氷 悠太（松岡伶子バレエ団）「眠れる森
  の美女」より王子のVa.
- 第3位

  末原 雅広（ソウダバレエスクール）「パリ
  の炎」よりVa.

◇クラシック 女性ジュニア1部

- 第1位

  大久保 彩香（iSバレエ・アカデミア 泉・下
  森バレエ団）「白鳥の湖」より黒鳥のVa.
- 第2位

  上山 榛名（貞松・浜田バレエ団）「眠れる
  森の美女」よりオーロラのVa.
- 第3位

  原田 舞子（ダンススペース）「眠れる森の

美女」よりローズ・アダジオのVa.

◇クラシック 男性ジュニア1部

● 第1位

上月 佑馬（萩ゆうこバレエスタジオ）「エスメラルダ」よりVa.

● 第2位

田村 幸弘（黒沢智子バレエスタジオ）「ドン・キホーテ」よりバジルのVa.

● 第3位

大巻 雄矢（山本紗内恵バレエスクール）「エスメラルダ」よりVa.

◇クラシック 女性ジュニア2部

● 第1位

岡田 あんり（淳バレエ学園）「くるみ割り人形」より金平糖のVa.

● 第2位

菅井 円加（佐々木三夏バレエアカデミー）「ドン・キホーテ」よりドルシネアのVa.

● 第3位

種田 智美（法村・友井バレエ学校）「コッペリア」よりスワニルダのVa.

◇クラシック 男性ジュニア2部

● 第1位

藤島 光太（バレエスタジオGEM）「バヤデルカ」よりVa.

● 第2位

安井 悠馬（田中バレエ・アート）「パキータ」よりVa.

● 第3位

磯見 源（アート・バレエ難波津）「白鳥の湖」より王子のVa.

第22回（平21年度）

◇モダン シニアの部

● 第1位

林 芳美（金井桃枝舞踊研究所）「Beyond －その向こうに－」

● 第2位

池田 美佳 「LAST PARADISE」

● 第3位

松 理沙（和田朝子舞踊研究所）「漆黒の闇を駆け抜ける」

◇モダン ジュニア1部

● 第1位

江上 万絢（井上恵美子モダンバレエスタジオ）「遥かなる空に」

● 第2位

たけだ 有里（稲場厚子舞踊研究所）「川 － おそいくる自然の牙－」

● 第3位

根岸 早苗（マヤバレエスタジオ）「地雷ではなく花をください」

◇モダン ジュニア2部

● 第1位

寺田 真菜（黒田バレエスクール）「ガラスのリンゴ」

● 第2位

高木 望由（かやの木芸術舞踊学園）「花はどこへいった～地雷原に咲く一輪の花～」

● 第3位

林 真矢（かやの木芸術舞踊学園）「吾輩は猫である」

◇創作の部

● 最優秀賞

該当なし

● 優秀賞

寺杣 彩（加藤みや子ダンススペース）「朝ぼらけ」

和田 伊通子（和田朝子舞踊研究所）「Desire －人のものこそ欲しくなる－」

◇クラシック 女性シニアの部

● 第1位

佐々部 佳代（松岡伶子バレエ団）「ライモンダ」よりVa.

● 第2位

奥田 花純（下村由理絵バレエアンサンブル）「白鳥の湖」より黒鳥のVa.

● 第3位

吉田 千智（ケイ・バレエスタジオ）「シルヴィア」よりVa.

◇クラシック 男性シニアの部

● 第1位

茂木 恵一郎（山本禮子バレエ団）「ドン・キホーテ」よりバジルのVa.

● 第2位

　礒氷 悠太（松岡伶子バレエ団）「眠れる森
　の美女」より王子のVa.

● 第3位

　田辺 淳（黒沢智子バレエスタジオ）「海
　賊」よりVa.

◇クラシック 女性ジュニア1部

● 第1位

　早乙女 遥（Yamato City Ballet Jr.
　Company）「ドン・キホーテ」よりキト
　リのVa.

● 第2位

　吉田 早織（神澤千景バレエスタジオ）「白
　鳥の湖」より黒鳥のVa.

● 第3位

　山内 未宇（船附菜穂美バレエスタジオ）
　「海賊」よりVa.

◇クラシック 男性ジュニア1部

● 第1位

　アクリ 瑠嘉（アクリ・堀本バレエアカデ
　ミー）「コッペリア」よりフランツのVa.

● 第2位

　吉本 絃人（スタジオバレエ インターナ
　ショナル）「パリの炎」よりVa.

● 第3位

　寺田 智羽（田中俊行ジュニアバレエ団）
　「バヤデルカ」よりVa.

◇クラシック 女性ジュニア2部

● 第1位

　直塚 美穂（塚本洋子バレエ団）「ドン・キ
　ホーテ」よりドルシネアのVa.

● 第2位

　東野 瑞生（田中俊行ジュニアバレエ団）
　「コッペリア」よりスワニルダのVa.

● 第3位

　浦邉 玖莉夢（スタジオ アン・ドゥ・トロ
　ワ）「コッペリア」よりスワニルダのVa.

◇クラシック 男性ジュニア2部

● 第1位

　安井 悠馬（田中バレエ・アート）「パキー
　タ」よりVa.

● 第2位

　鈴木 詠翔（国立スタジオ・仁紫 高麗湖）
　「ジゼル」よりアルブレヒトのVa.

● 第3位

　田中 勇人（島田芸術舞踊学校）「くるみ割
　り人形」より王子のVa.

第23回（平22年度）

◇モダン シニアの部

● 第1位

　佐藤 宏美（Roussewaltz）「月夜にサク」

● 第2位

　伊東 由里（Roussewaltz）「Rose～血跡に
　咲く」

● 第3位

　木原 浩太（加藤みや子ダンススペース）
　「誰もいなくなった部屋」

◇モダン ジュニア1部

● 第1位

　森山 結貴（金井桃枝舞踊研究所）「ウスベ
　ニノキミノウタ」

● 第2位

　渡辺 はるか（モダンダンススタジオ アン
　シャンテ）「偽りの静けさ」

● 第3位

　高橋 玲美（金井桃枝舞踊研究所）「Poiesis
　～壊れゆく物の叫び～」

◇モダン ジュニア2部

● 第1位

　小澤 早嬉（金井桃枝舞踊研究所）「スゴ
　ン－布－」

● 第2位

　山室 有友美（前多敬子・田中勉バレエ教
　室）「まねき猫の休日」

● 第3位

　関口 花梨（金井桃枝舞踊研究所）「ヒルガ
　オは夏,昼ひらく…」

◇創作の部

● 最優秀賞

　該当なし

● 優秀賞

　木原 浩太（加藤みや子ダンススペース）
　「三体」

◇クラシック 女性シニアの部

- ●第1位
  松本 真由美（山本小糸バレエスクール）
  「ライモンダ」よりVa.
- ●第2位
  大久保 春香（iSバレエ・アカデミア 泉・下
  森バレエ団）「エスメラルダ」よりVa.
- ●第3位
  涌田 美紀（ソウダバレエスクール）「グラ
  ン・パ・クラシック」よりVa.

◇クラシック 男性シニアの部
- ●第1位
  上月 佑馬（萩ゆうこバレエスタジオ）「ド
  ン・キホーテ」よりバジルのVa.
- ●第2位
  塚本 士朗（貞松・浜田バレエ団・学園）
  「エスメラルダ」よりVa.
- ●第3位
  楊 在恒（宮下靖子バレエ団）「グラン・
  パ・クラシック」よりVa.

◇クラシック 女性ジュニア1部
- ●第1位
  菅井 円加（佐々木三夏バレエアカデミー）
  「シルヴィア」よりのVa.
- ●第2位
  岡田 あんり（ソウダバレエスクール）「タ
  リスマン」よりVa.
- ●第3位
  白井 沙恵佳（有紀バレエスタジオ）「アレ
  キナーダ」よりVa.

◇クラシック 男性ジュニア1部
- ●第1位
  石川 龍之介（白鳥バレエ学園）「ラ・シル
  フィード」よりVa.
- ●第2位
  長谷川 元志（神澤千景バレエスタジオ）
  「ラ・フィユ・マル・ガルデ」よりVa.
- ●第3位
  藤島 光太（バレエスタジオGEM）「ドン・
  キホーテ」よりバジルのVa.

◇クラシック 女性ジュニア2部
- ●第1位
  岡本 梓（福谷葉子バレエスタジオ）「エス

メラルダ」よりダイアナのVa.
- ●第2位
  芥 実季（杉原和子バレエアート）「エスメ
  ラルダ」よりダイアナのVa.
- ●第3位
  池田 絢音（一柳多鶴バレエ学園）「コッペ
  リア」よりスワニルダのVa.

◇クラシック 男性ジュニア2部
- ●第1位
  二山 治雄（白鳥バレエ学園）「バヤデル
  カ」よりソロルのVa.
- ●第2位
  速水 渉悟（稲尾光子バレエスクール）
  「コッペリア」よりフランツのVa.
- ●第3位
  中島 駿（田中俊行ジュニアバレエ団）「白
  鳥の湖」より王子のVa.

第24回（平23年度）

◇モダン シニアの部
- ●第1位
  伊東 由里（Roussewaltz）「JIKUU –
  時空–」
- ●第2位
  新保 恵（金井桃枝舞踊研究所）「ココロ吐
  キカクル蟒」
- ●第3位
  玉田 光子（坂本秀子舞踊団）「永遠に降る
  白い花」

◇モダン ジュニア1部
- ●第1位
  杉村 香菜（金田尚子舞踊研究所）「漂泊の
  詩人」
- ●第2位
  三﨑 彩（今岡頌子・加藤きよ子ダンスス
  ペース）「雪轍を踏んで」
- ●第3位
  たけだ 有里（稲場厚子舞踊研究所）「芽吹
  きの期（とき）を待つ」

◇モダン ジュニア2部
- ●第1位
  古賀 奏子（丸岡有子バレエ・モダンダンス
  スタジオ）「Blue Tears」

● 第2位
宮口 真緒（前多敬子・田中勉バレエ教室）
「月のうさぎ」

● 第3位
山室 有友美（前多敬子・田中勉バレエ教室）「黒い瞳の少女」

◇創作の部

● 最優秀賞
該当なし

● 優秀賞
池田 素子（MDS池内新子スタジオ）「in side/out side」

◇クラシック 女性シニアの部

● 第1位
山田 由佳（北本バレエスタジオ）「エスメラルダ」よりVa.

● 第2位
角井 志帆（佐々木美智子バレエスタジオ）「サタネラ」よりVa.

● 第3位
中浜 のぞみ（Y.S.BALLET COMPANY）「アレキナーダ」よりVa.

◇クラシック 男性シニアの部

● 第1位
末原 雅広（ソウダバレエスクール）「シルヴィア」よりVa.

● 第2位
水城 卓哉（貞松・浜田バレエ団・学園）「ライモンダ」よりVa.

● 第3位
上村 崇人（ソウダバレエスクール）「パキータ」よりVa.

◇クラシック 女性ジュニア1部

● 第1位
直塚 美穂（テアトル・ド・バレエ カンパニー）「バヤデルカ」よりVa.

● 第2位
池田 絢音（一柳多鶴バレエ学園）「ファラオの娘」第2幕よりアスピシアのVa.

● 第3位
久一 晏寿（島田芸術舞踊学校）「眠れる森の美女」よりローズ・アダジオのVa.

◇クラシック 男性ジュニア1部

● 第1位
出野 佑都（畠中三枝バレエ教室）「眠れる森の美女」より王子のVa.

● 第2位
有馬 和弥（赤松優バレエ学園）「海賊」よりVa.

● 第3位
正富 黎（野間バレエ団・バレエスクール）「ドン・キホーテ」よりバジルのVa.

◇クラシック 女性ジュニア2部

● 第1位
左右木 茉琳（左右木健一・くみバレエスクール）「コッペリア」よりスワニルダのVa.

● 第2位
矢野 まどか（真田由梨バレエスタジオ）「ドン・キホーテ」よりドルシネアのVa.

● 第3位
三澤 由華（真田由梨バレエスタジオ）「ドン・キホーテ」よりドルシネアのVa.

◇クラシック 男性ジュニア2部

● 第1位
金 世友（CJG BALLET STUDIO）「コッペリア」よりフランツのVa.

● 第2位
森川 礼央（田川陽子バレエアカデミー）「ラ・フィーユ・マル・ガルデ」よりVa.

● 第3位
戸田 昂希（厘奈クラシックバレエカンパニー）「ドン・キホーテ」よりバジルのVa.

第25回（平24年度）

◇モダン シニアの部

● 第1位
新保 恵（金井桃枝舞踊研究所）「向日葵の咲わぬ夏」

● 第2位
木原 浩太（加藤みや子ダンススペース）「ソラ」

● 第3位
津田 ゆず香（井上恵美子ダンスカンパ

ニー）「蟬,刻々と」

◇モダン ジュニア1部

● 第1位

南 帆乃佳（平多正於舞踊研究所）「ヘレン ケラーより〜見えない声〜」

● 第2位

林 真矢（かやの木芸術舞踊学園）「CHESS」

● 第3位

佐々木 奏絵（MDS池内新子・池田素子スタジオ）「夜想曲」

◇モダン ジュニア2部

● 第1位

堀内 翼（黒沢輝夫・下田栄子モダンバレエスタジオ）「一人ぽっちの夜」

● 第2位

宮口 真緒（前多敬子・田中勉バレエ教室）「そっと…蝶が」

● 第3位

恵土 莉鈴（かやの木芸術舞踊学園）「BEN 〜僕の友達〜」

◇創作の部

● 最優秀賞

該当なし

● 優秀賞

木原 浩太（加藤みや子ダンススペース）「しゃべりだす身体」

◇クラシック 女性シニアの部

● 第1位

大久保 彩香（iSバレエ・アカデミア 泉・下森バレエ団）「グラン・パ・クラシック」よりVa.

● 第2位

大久保 春香（iSバレエ・アカデミア 泉・下森バレエ団）「ドン・キホーテ」よりキトリのVa.

● 第3位

吉田 千智（K☆バレエスタジオ）「眠れる森の美女」よりオーロラのVa.

◇クラシック 男性シニアの部

● 第1位

塚本 士朗（貞松・浜田バレエ団・学園）

「ジゼル」よりアルブレヒトのVa.

● 第2位

上村 崇人（ソウダバレエスクール）「パキータ」よりVa.

● 第3位

稲毛 大輔（田中俊行バレエ団）「海賊」よりVa.

◇クラシック 女性ジュニア1部

● 第1位

酒井 那奈（ソウダバレエスクール）「アレキナーダ」よりVa.

● 第2位

太田 朱音（蔵本誠子バレエスクール）「シルヴィア」よりVa.

● 第3位

田中 美波（エトワールバレエスクール）「眠れる森の美女」よりローズ・アダジオのVa.

◇クラシック 男性ジュニア1部

● 第1位

速水 渉悟（稲尾光子バレエスクール）「ラ・シルフィード」よりVa.

● 第2位

アクリ 士門（アクリ・堀本バレエアカデミー）「アレキナーダ」よりVa.

● 第3位

隅谷 健人（k.classic ballet studio）「くるみ割り人形」より王子のVa.

◇クラシック 女性ジュニア2部

● 第1位

杉浦 優妃（蔵本誠子バレエスクール）「くるみ割り人形」より金平糖のVa.

● 第2位

稲垣 綾香（Ecole de ballet MU）「ドン・キホーテ」よりドルシネアのVa.

● 第3位

中島 春菜（川上恵子バレエスクール）「くるみ割り人形」より金平糖のVa.

◇クラシック 男性ジュニア2部

● 第1位

森川 礼央（田川陽子バレエアカデミー）「アレキナーダ」よりVa.

● 第2位

野中 悠聖（美佳バレエスクール）「ドン・キホーテ」よりバジルのVa.

● 第3位

益田 隼（Variation Ballet School）「パキータ」よりVa.

第26回（平25年度）

◇モダン シニアの部

● 第1位

津田 ゆず香（井上恵美子モダンバレエスタジオ）「twice born －鈴－」

● 第2位

河邉 こずえ（今岡頌子・加藤きよ子ダンススペース）「逢はなくもあやし」

● 第3位

三﨑 彩（今岡頌子・加藤きよ子ダンススペース）「夢想」

◇モダン ジュニア1部

● 第1位

須﨑 汐理（金井桃枝舞踊研究所）「声なきコエ」

● 第2位

佐野 基 「眠りの森の奇女」

● 第3位

林 真矢（かやの木芸術舞踊学園）「黒い雨」

◇モダン ジュニア2部

● 第1位

宮口 真緒（前多敬子・田中勉バレエ教室）「片隅のお人形」

● 第2位

由元 美凪（マヤバレエスタジオ）「桜の記憶」

● 第3位

宇山 いずみ（黒田バレエスクール）「祈り」

◇創作の部

● 最優秀賞

該当者なし

● 優秀賞

富士 奈津子（金井桃枝舞踊研究所）「緋い芙蓉の蜜をスウ」

◇クラシック 女性シニアの部

● 第1位

中村 友子（塚本洋子テアトル・ド・バレエカンパニー）「エスメラルダ」よりVa.

● 第2位

小坂 こよみ（ソウダバレエスクール）「パキータ」よりエトワールのVa.

● 第3位

太田 有花（松岡伶子バレエ団）「シルヴィア」よりVa.

◇クラシック 男性シニアの部

● 第1位

井澤 駿（バレエスタジオDUO）「ドン・キホーテ」よりバジルのVa.

● 第2位

水城 卓哉（貞松・浜田バレエ学園・バレエ団）「パキータ」よりVa.

● 第3位

長谷川 元志（神澤千景バレエスタジオ）「パリの炎」よりVa.

◇クラシック 女性ジュニア1部

● 第1位

佐々木 麻菜（エス バレエ スタヂオ）「アレキナーダ」よりVa.

● 第2位

嘉村 菜々美（MBSマリバレエスクール）「エスメラルダ」よりVa.

● 第3位

池田 絢音（一柳多鶴バレエ学園）「海賊」よりVa.

◇クラシック 男性ジュニア1部

● 第1位

西川 啓輔（蔵本誠子バレエスクール）「バヤデルカ」よりVa.

● 第2位

二山 治雄（白鳥バレエ学園）「シルヴィア」よりVa.

● 第3位

北原 光（法村友井バレエ学校）「ドン・キホーテ」よりバジルのVa.

◇クラシック 女性ジュニア2部

● 第1位

若林 侑希（れい美花Dance Studio）「くるみ割り人形」より金平糖のVa.

- 第2位
  志手 美毬（れい美花Dance Studio）「くる
  み割り人形」より金平糖のVa.
- 第3位
  吉川 美佳子（赤松優バレエ学園）「コッペ
  リア」第3幕よりスワニルダのVa.

◇クラシック 男性ジュニア2部
- 第1位
  北口 雅人（北口抄子バレエスタジオ）「ド
  ン・キホーテ」よりバジルのVa.
- 第2位
  益田 隼（Variation Ballet School）「バヤ
  デルカ」よりVa.
- 第3位
  野中 悠聖（美佳バレエスクール）「白鳥の
  湖」よりパ・ド・トロワのVa.

第27回（平26年度）
◇モダン シニアの部
- 第1位
  高瀬 瑶子 「warawonau」
- 第2位
  河邉 こずえ（今岡頌子・加藤きよ子ダンス
  スペース）「月の浮かぶ川」
- 第3位
  大橋 美帆（谷乃梨絵モダンダンススタジ
  オ）「素描～decent～」

◇モダン ジュニア1部
- 第1位
  小澤 早嬉（金井桃枝舞踊研究所）「妖霧に
  浮く」
- 第2位
  前田 樹里（ミツルモダンバレエスタジオ）
  「memory」
- 第3位
  杉本 舞花（MDS池内新子・池田素子スタ
  ジオ）「確かな物はこの夜の静けさ」

◇モダン ジュニア2部
- 第1位
  水野 心梨（かやの木芸術舞踊学園）「The
  little painter」
- 第2位
  川浪 ともな（iSバレエ・アカデミア 泉・

下森バレエ団）「春が来て…今」
- 第3位
  早坂 唯花（前多敬子・田中勉バレエ教室）
  「小さな妖精 クーナ」

◇創作の部
- 最優秀賞
  該当者なし
- 優秀賞
  水野 多麻紀（水野聖子DANCING KIDS
  STUDIO）「伯爵夫人と画壇のグリーン
  テーブル」

◇クラシック 女性シニアの部
- 第1位
  松浦 梨歩（MRB松田敏子リラクゼーショ
  ンバレエ）「海賊」よりVa.
- 第2位
  建守 咲央里（佐々木三夏バレエアカデ
  ミー）「ドン・キホーテ」よりキトリの
  Va.
- 第3位
  中浜 のぞみ（Y.S.BALLET COMPANY）
  「ドン・キホーテ」よりキトリのVa.

◇クラシック 男性シニアの部
- 第1位
  長谷川 元志（神澤千景バレエスタジオ）
  「くるみ割り人形」より王子のVa.
- 第2位
  水城 卓哉（貞松・浜田バレエ学園・バレエ
  団）「ライモンダ」よりVa.
- 第3位
  林 高弘（地主薫バレエ団）「パリの炎」よ
  りVa.

◇クラシック 女性ジュニア1部
- 第1位
  大谷 遥陽（佐々木三夏バレエアカデミー）
  「くるみ割り人形」より金平糖のVa.
- 第2位
  東川 実奈美（一柳多鶴バレエ学園）「海
  賊」よりVa.
- 第3位
  志手 美毬（れい美Dance Studio）「眠れる
  森の美女」よりローズ・アダジオのVa.

◇クラシック 男性ジュニア1部

● 第1位

　北口 雅人（北口抄子バレエスタジオ）「バヤデルカ」よりVa.

● 第2位

　仲秋 連太郎（貞松・浜田バレエ学園・バレエ団）「パキータ」よりVa.

● 第3位

　吉野 鷹臣（ISA BALLET SCHOOL）「ラ・シルフィード」よりVa.

◇クラシック 女性ジュニア2部

● 第1位

　土屋 景衣子（田中バレエ・アート）「エスメラルダ」よりダイアナのVa.

● 第2位

　寺岡 咲花（一柳多鶴バレエ学園）「ドン・キホーテ」よりドルシネアのVa.

● 第3位

　野田 美月（ソウダバレエスクール）「コッペリア」第3幕よりスワニルダのVa.

◇クラシック 男性ジュニア2部

● 第1位

　河野 琉也（Studio MAGGOT）「海賊」よりVa.

● 第2位

　増田 響（K.Classic Ballet Studio）「白鳥の湖」より王子のVa.

● 第3位

　秋山 天彦（貞松・浜田バレエ学園・バレエ団）「白鳥の湖」より王子のVa.

---

112 国立劇場舞踊公演奨励賞

　国立劇場「舞踊の魅力をさぐる―創作のために」公演において優秀と認められた作品に贈られる。平成元年度で終了した。

【主催者】国立劇場

【選考委員】五島宏治，戸部銀作，野村万之丞，福田一平，藤波隆之

【選考方法】国立劇場が委嘱した創作舞踊作品を試演会で上演し，その中の優秀作品数点を「舞踊の魅力をさぐる―創作のために」公演で上演

【選考基準】〔対象〕「舞踊の魅力をさぐる―創作のために」公演における優秀作品

【締切・発表】発表は公演終了数日後

【賞・賞金】賞状と賞金3〜5万円

（昭61年度）

　藤間 紋瑠里　「虚空の舟」

（昭62年度）

　吉村 雄輝夫　「相聞」

　花柳 寿美　「卑弥呼の涙」

（昭63年度）

　尾上 菊紫郎　「照手姫車引き」

（平1年度）

　新垣 典子　「相思樹うたき」

　吉村 雄輝園　「色一星辰譜より」

---

113 埼玉国際創作舞踊コンクール

　国内・海外のバレエ・モダンダンス研究者・愛好者から作品を公募し，コンクールを実施することにより，創造性豊かな優れた作品の発掘を目指し，我が国の新しい舞踊文化の振興と国際舞踊文化交流を図るため，昭和57年より開催された。第13回を以て終了。

【主催者】埼玉県舞踊協会

【選考方法】公募。予選（書類, ビデオ審査）を経て決選で決定

【選考基準】〔資格〕創作者は満20歳以上, 出演者は18歳以上で構成される3名以上10名以内の団体。〔対象〕新しく創作された作品で未発表のもの, 演技時間は10分～20分以内とする

【賞・賞金】グランプリ（1）：60万円, 最優秀賞（1）：30万円, 優秀賞（2）：各10万円, 特別賞（2）：各6万円

【URL】http://www.saitamaken-buyoukyokai.jp/

第1回（昭57年）

◇大賞
　加藤 みや子 「点と遠景とカンタータ」

◇最優秀賞
　黒沢 美香 「Fumky town」
　日野 善子 「群衆」

◇特別賞
　窪内 絹子 「女・Part Ⅲ」
　田中 俊行 「流るる砂」

第2回（昭59年）

◇大賞
　片岡 通人 「コリオ・リズム Ⅲ」

◇最優秀賞
　日野 善子 「冬の華」
　遠藤 節子 「村に雪が降る」

◇特別賞
　小黒 美樹子 「鏡」
　崖 清子（韓国）「サルリッタ」

第3回（昭61年）

◇大賞
　成都市歌舞劇団（中国）「鳴風の死」

◇最優秀賞
　マリオ・ロッシオ（西ドイツ）「石のかげに」
　石田 種生 「挽歌」

◇優秀賞
　松崎 すみ子 「プリ・デスティネイション」
　田中 俊行 「桜の森の満開の下」

◇特別賞
　リー・ランリー（マレーシア）「見ざる聞かざる言わざる」
　趙 承美（韓国）「魂の渇き」

第4回（昭63年）

◇大賞
　松崎 すみ子 「解き放つ」

◇最優秀賞
　藤井 香 「屋根の下」
　妻木 律子 「悲劇の相貌」

◇優秀賞
　マリア・フォン・ヘルツェン（フィンランド）「感覚」
　小森 紀子 「北の春」

第5回（平1年）

◇大賞
　ベルンハルト・ファウザー（西ドイツ）「GUELL」

◇最優秀賞
　ケンヴィン・マギー（アメリカ）「People Will Say We're in Love」
　ヴィクトール・V.セレッツ（キューバ）「GODOT」

◇優秀賞
　松山 善弘 「レクイエム・エテルナム」
　稲葉 枝美 「雪女」

◇特別賞
　河野 潤 「廃人たちのメロディー」
　南 貞鍋（韓国）「みんな出てこい, お月さまをとりに行こう」

第6回（平3年）

◇大賞
　二見 一幸 「光と影」

◇最優秀賞
　山口 弓貴子 「施無畏」
　角 正之 「水の夢」

◇優秀賞

ジョン・ミード（アメリカ）「覚醒の瞬間」
仲野 恵子 「山羊の午後」
◇特別賞
　ジャック・ハイム（フランス）「おやすみ
　　なさい」
　金 鮮愛（韓国）「満足」
◇奨励賞
　島田 美智子，細川 江利子，松原 美幸
　　「さりげない挑戦」
　具 本淑（韓国）「壁騒動」
　鄧 一鳴，顔 安，陳 風景（中国）「飛翔」
　藤原 悦子 「蛇性の淫」
第7回（平5年）
◇大賞
　能美 健志 「白昼夢」
◇最優秀賞
　山名 たみえ 「最後の手紙」
◇優秀賞
　松原 豊 「OUT・OF・THE・DREAM」
◇特別賞
　デービッド・A.ボーエン（バハマ）
　　「SPIDER」
　朴 銀花（韓国）「花と女達」
第8回（平6年）
◇大賞
　キム ・ソン（韓国）「島」
◇最優秀賞
　中村 隆彦 「私の場所」
◇優秀賞
　上田 仁美 「ジャンクション」
　顔 安（中国）「叫び」
◇特別賞
　レジーナ・ミランダ（ブラジル）「ムース
　　ブルッガーは踊る」
　セトヤストゥディ（インドネシア）「泡立
　　ち・興奮」
第9回（平8年）
◇第1位
　ナルシソ・メディナ（キューバ）「変身」
◇第2位
　顔 安（中国）「兵隊の魂」

村田 裕貴子（日本）「何人のオフェリア？」
◇第3位
　山名 たみえ（日本）「夜曲」
　藤原 悦子（日本）「AM12：00のプロセス」
第10回（平11年）
◇第1位
　ダグラス・アーサーブライス・ニエラス
　　（フィリピン）「心と魂のダンス」
◇第2位
　ディン・ウェイ（中国）「小川のせせらぎ」
◇第3位
　キム・ヒョンヒイ（韓国）「我から願う
　　のは」
　浅野 つかさ（日本）「CATE」
第11回（平13年）
◇第1位
　矢作 聡子（日本）「ダリ的リアリズムの
　　薔薇」
◇第2位
　中国残疾人芸術団（中国）「生命の翼」
◇第3位
　パク・ヘージュン（韓国）「20ジェナー@
　　台風前夜コム」
第12回（平15年）
◇第1位
　鄧 林 ほか（中国）「Gone With The
　　Wind」
◇第2位
　田保 知里（日本）「Nanoseconde─10億分
　　の1秒」
◇第3位
　チャン・ウンジョン（韓国）「Under-
　　Served」
第13回（平17年）
◇第1位
　キヴェラ・イェンニ（フィンランド）
　　「Red-Letter Days」
◇第2位
　チョル・シン・ジョン（韓国）「Evolution」
◇第3位
　高瀬 譜希子（日本）「5時の庭」

114 埼玉全国舞踊コンクール

　舞踊研究者の舞踊技術の向上をはかり,あわせて埼玉県民一般の舞踊芸術への鑑賞力を高めて舞踊芸術の普及をはかることを目的として,昭和43年に創設された。

【主催者】埼玉県舞踊協会

【選考方法】公募。予選,決選審査を経て選出

【選考基準】〔資格〕(クラシックバレエ部門)1部：高校3年以上,ジュニア部：中学2年～高校2年,2部：小学4年～中学1年,(モダンダンス部門)1部：高校卒業以上,ジュニア部：中学1年～高校3年,2部：4才～小学6年

【賞・賞金】賞状と記念楯

【URL】http://www.saitamaken-buyoukyokai.jp/

第1回(昭43年度)
◇第1部
● 1位
　栃沢 寿美(クラシック)
● 2位
　渡辺 淑子, 橋本 則子, 木原 めぐみ(モダン)
● 3位
　古谷 真知子, 木下 美智子(モダン)
◇第2部
● 1位
　芹沢 博子
● 2位
　柳沢 佳子, 荻山 直美, 田代 仁子
● 3位
　芹沢 博子, 田村 亮子, 岩渕 直子 ほか
第2回(昭44年度)
◇第1部
● 1位
　山本 教子, 西 優一(クラシック)
● 2位
　芹沢 博子(モダン)
● 3位
　新野 正代(モダン)
◇第2部・クラシックの部
● 1位
　坂本 佳里, 石山 佳代子
● 2位

　小林 弘子
● 3位
　安良岡 晴子, 山崎 恭子
◇第2部・モダンの部
● 1位
　浦井 典子, 住本 由美, 平田 千尋
● 2位
　金原 正子, 平田 千尋, 矢作 香緒里 ほか
● 3位
　金原 正子
第3回(昭45年度)
◇第1部
● 1位
　新野 正代
● 2位
　芹沢 博子
● 3位
　小川 まり, 本多 敏雄
　金子 京子, 伊藤 愛
◇第2部・クラシックの部
● 1位
　安良岡 晴子
● 2位
　神山 初恵
● 3位
　大沢 範子
◇第2部・モダンの部
● 1位

浦井 典子，住本 由美，平田 千尋
- 2位

山野 美恵子
- 3位

矢沢 きよみ

第4回（昭46年度）

◇第1部
- 1位

本間 祥公
- 2位

河上 正子
- 3位

深谷 正子

◇第2部・クラシックの部
- 1位

根岸 真由美
- 2位

高橋 元子
- 3位

山上 絵理

◇第2部・モダンの部
- 1位

浦井 典子，住本 由美，平田 千尋
- 2位

平田 千尋，島路 幸子 ほか
- 3位

新野 雄彦

第5回（昭47年度）

◇第1部
- 1位

村岡 美知子
- 2位

木原 夕子
- 3位

深谷 正子

◇第2部・クラシックの部
- 1位

権頭 伸子
- 2位

新井 玲子
- 3位

佐野 美智子

◇第2部・モダンの部
- 1位

住本 由美
- 2位

平田 千尋
- 3位

浦井 典子，矢作 香緒里 ほか

第6回（昭48年度）

◇第1部
- 1位

那須 藤代
- 2位

森岡 道代
- 3位

住本 由美

◇第2部・クラシックの部
- 1位

永渕 順子
- 2位

青木 玲子
- 3位

根岸 真由美

◇第2部・モダンの部
- 1位

山口 弓貴子
- 2位

平田 千尋
- 3位

永井 明子，市川 恵子，小柴 由美 ほか

第7回（昭49年度）

◇第1部
- 1位

横山 悦子

遠藤 展弘
- 2位

藤岡 江美
- 3位

木原 夕子

◇第2部・クラシックの部
- 1位

古川 文子
- 2位

青木 玲子
● 3位
根岸 真由美
◇第2部・モダンの部
● 1位
芹田 佐代美
● 2位
薄井 幸江
● 3位
荒木 好美，橋本 尚美，森 光子
第8回（昭50年度）
◇第1部
● 1位
黒沢 明子
田口 政子
● 2位
島路 幸子
● 3位
浦井 典子
◇第2部・クラシックの部
● 1位
宮本 和佳
● 2位
佐藤 美和
● 3位
青木 玲子
◇第2部・モダンの部
● 1位
北川 まゆみ
庭野 光代
● 3位
伊藤 裕子，平山 隆子，小林 香織
第9回（昭51年度）
◇第1部
● 1位
窪内 絹子
● 2位
三吉 三保子
● 3位
根岸 真由美
◇第2部・クラシックの部
● 1位

朝倉 万寿美
● 2位
宮本 和佳，栗原 めぐみ
● 3位
仲田 恭子
◇第2部・モダンの部
● 1位
田原 由子，森 文子，今板 ゆかり
● 2位
後藤 美恵
● 3位
伊藤 裕子
第10回（昭52年度）
◇第1部
● 1位
菊沢 和子
● 2位
津金 由美子
● 3位
五美 明美
◇第2部・クラシックの部
● 1位
中村 みゆき
● 2位
福田 恵美子
● 3位
出本 夏女
◇第2部・モダンの部
● 1位
原志 郁子
● 2位
野沢 弥生
● 3位
小暮 美由紀
第11回（昭53年度）
◇クラシックの部・第1部
● 1位
大岩 静江
● 2位
根岸 真由美
● 3位
木村 美佳

◇クラシックの部・第2部
- ●1位
  青木 智子
- ●2位
  亀井 美由紀，秦 朋子，宮地 信子
- ●3位
  堀本 美和

◇モダンの部・第1部
- ●1位
  原 久恵
- ●2位
  藤井 尚美
- ●3位
  鈴木 恵子，芹田 佐代美

◇モダンの部・第2部
- ●1位
  佐藤 麻衣子
- ●2位
  清野 いずみ
- ●3位
  森下 佳代子，大友 美夏，奈良 恭子 ほか

第12回（昭54年度）

◇クラシックの部・第1部
- ●1位
  木村 美佳
- ●2位
  前川 京子
- ●3位
  鈴木 由鶴恵

◇クラシックの部・第2部
- ●1位
  吉田 都
  清水 道子
- ●2位
  柳川 聡子
- ●3位
  山崎 由香子

◇モダンの部・第1部
- ●1位
  下河 宏美
- ●2位
  芹沢 博子

- ●3位
  藤井 香

◇モダンの部・第2部
- ●1位
  斉藤 牧子
- ●2位
  松川 有
- ●3位
  小暮 美由紀

第13回（昭55年度）

◇クラシックの部・第1部
- ●1位
  富田 夏生
- ●2位
  出本 綾女
- ●3位
  根岸 真由美

◇クラシックの部・第2部
- ●1位
  山崎 由香子
- ●2位
  勝又 まゆみ
- ●3位
  吉田 都

◇モダンの部・第1部
- ●1位
  田中 いづみ
- ●2位
  藤井 尚美
- ●3位
  藤枝 美奈子

◇モダンの部・第2部
- ●1位
  小坂 幸代
  山崎 麻里
- ●2位
  土橋 美穂
- ●3位
  青木 理江

第14回（昭56年度）

◇クラシックの部・第1部
- ●1位

服部 和香子
- 2位

貞松 正一郎, 鈴木 弘美
- 3位

日野 理香

◇クラシックの部・第2部
- 1位

町田 裕美子
- 2位

加藤 紅

関口 教子
- 3位

根岸 正信

◇モダンの部・第1部
- 1位

黒沢 美香
- 2位

藤井 尚美

戸島 千恵
- 3位

志保野 ひろみ

◇モダンの部・第2部
- 1位

村田 恵
- 2位

渡辺 りえ

饗庭 佐江子
- 3位

中村 英恵

第15回（昭57年度）

◇クラシックの部・第1部
- 1位

杉山 則子

茅野 真理
- 2位

北原 弘子

津金沢 千枝美
- 3位

佐野 明子

◇クラシックの部・第2部
- 1位

中村 かおり

佐久田 メグミ
- 2位

町田 裕美子

小高 絹子
- 3位

津金沢 かおる

◇モダンの部・第1部
- 1位

藤井 尚美
- 2位

藤井 香

長野 美子
- 3位

秋谷 ひとみ

◇モダンの部・第2部
- 1位

高橋 瑞里

岡本 会世
- 2位

内田 奈麻, 平野 智恵子 ほか14名

美村 英恵
- 3位

石川 直美

第16回（昭58年度）

◇クラシックの部・第1部
- 1位

山崎 由香子
- 2位

北原 弘子

森下 京子
- 3位

勝又 まゆみ

◇クラシックの部・第2部
- 1位

加藤 紅
- 2位

刀川 朋子

中村 かおり
- 3位

田中 祐子

◇モダンの部・第1部
- 1位

藤井 香
- 2位

　戸島 千恵

　三浦 ゆかり
- 3位

　長野 美子

◇モダンの部・第2部
- 1位

　伊藤 絵香

　青木 理江
- 2位

　高沢 嘉津子

　新美 佳恵
- 3位

　長石 恵理可

第17回（昭59年度）

　◇クラシックの部・第1部
- 1位

　北原 弘子
- 2位

　桜井 由紀子，坂本 登喜彦

　斎藤 友佳理
- 3位

　津金沢 千枝美

◇クラシックの部・第2部
- 1位

　宮内 真理子

　河口 智子
- 2位

　浪越 淳子

　佐藤 未夏
- 3位

　浅野 敬子

◇モダンの部・第1部
- 1位

　平多 まゆみ

　遠藤 彩子
- 2位

　戸島 千恵

　山口 弓貴子
- 3位

　三浦 ゆかり

◇モダンの部・第2部
- 1位

　島 美弥子

　原田 麻衣子
- 2位

　千竈 晃子

　高沢 嘉津子
- 3位

　梶原 暁子

第18回（昭60年度）

　◇クラシックの部・第1部
- 1位

　堀本 美和
- 2位

　河口 智子

　佐野 明子
- 3位

　真船 輝代

◇クラシックの部・第2部
- 1位

　荒川 まり子

　諏訪 裕美
- 2位

　浅野 敬子

　渡部 美咲
- 3位

　渡辺 麗

◇モダンの部・第1部
- 1位

　戸島 千恵

　田川 慶治
- 2位

　山名 たみえ

　加藤 由紀
- 3位

　横田 百合子

◇モダンの部・第2部
- 1位

　千竈 晃子
- 2位

　本沢 方美

　藤井 愛

- 3位
  荒川 靖子
第19回（昭61年度）
◇クラシックの部・第1部
- 1位
  佐野 明子
- 2位
  河口 智子
  津金沢 千枝美
- 3位
  佐久田 メグミ
◇クラシックの部・第2部
- 1位
  久保 紘一
- 2位
  奈良岡 典子
  加藤 学
- 3位
  中山 美香
◇モダンの部・第1部
- 1位
  時田 ひとし
- 2位
  北井 千都代
  上田 遙
- 3位
  細川 江利子
◇モダンの部・第2部
- 1位
  高沢 嘉津子
  岡野 満紀子
- 2位
  飛塚 綾子
  榎本 薫
- 3位
  藤井 愛
第20回（昭62年度）
◇クラシックの部・第1部
- 1位
  大畠 律子
  河口 智子
- 2位

山本 恵美
中山 美香
- 3位
  加藤 智子
◇クラシックの部・第2部
- 1位
  荒井 祐子
  大関 桂子
- 2位
  榊原 弘子
  岩下 恭子
- 3位
  鈴木 正彦
◇モダンの部・第1部
- 1位
  布山 さと美
  山口 弓貴子
- 2位
  安達 順子
  山元 美代子
- 3位
  川村 昇
◇モダンの部・第2部
- 1位
  池原 めぐみ
  菅原 朋子
- 2位
  納所 あすか
  藤井 愛
- 3位
  瀬河 寛司
第21回（昭63年度）
◇クラシックの部・第1部
- 1位
  志賀 三佐枝
  高野 知美
- 2位
  中山 美香
  高地 愛
- 3位
  加藤 学
◇クラシックの部・第2部

- 1位
  - 酒井 はな
  - 大岩 淑子
- 2位
  - 松村 里沙
  - 榊原 弘子
- 3位
  - 若狭 安寿
◇モダンの部・第1部
- 1位
  - 田浦 丹佳子
- 2位
  - 川村 昇
  - 五味 明美，秋本 美佳
- 3位
  - 宮田 尚子
◇モダンの部・第2部
- 1位
  - 来田 真生
  - 荻野 直子
- 2位
  - 高橋 愛
  - 納所 さやか
- 3位
  - 向後 晶代
第22回（平1年度）
　◇クラシックの部・第1部
- 1位
  - 徳井 美可子
  - 山本 みさ
- 2位
  - 森田 友里
  - 小山 理恵
- 3位
  - 安部 真由美
  - 守屋 早苗
  - 神田 あき
　◇クラシックの部・第2部
- 1位
  - 上野 水香
  - 吉野 純子
- 2位

正木 亮
秦 万実
- 3位
  - 宮下 ひとみ
  - 鈴木 由貴
  - 鎌田 美香
◇モダンの部・第1部
- 1位
  - 宮田 尚子
  - 五味 明美，秋本 美佳
- 2位
  - 川村 昇
  - 田保 知里
- 3位
  - 松永 雅彦
  - 坂本 秀子
  - 明尾 真弓
◇モダンの部・第2部
- 1位
  - 本田 幸子
  - 蛯子 奈緒美
- 2位
  - 池田 明子
  - 納所 さやか
- 3位
  - 谷垣 裕子
  - 谷内 亜希
  - 高橋 操
第23回（平2年度）
　◇クラシックの部・第1部
- 第1位
  - 伊藤 摩美子
  - 守屋 早苗
- 第2位
  - 若林 千世
  - 川田 二葉
- 第3位
  - 太田 美和
  - 原 麻衣子
  - 朝枝 めぐみ
　◇クラシックの部・第2部
- 第1位

古谷 智子

松田 豊子

- 第2位

榊原 有佳子

清水 さくら

- 第3位

中野 綾子

広瀬 尊子

公門 美佳

◇モダンの部・第1部

- 第1位

津田 幸子

- 第2位

二見 一幸

川野 眞子

- 第3位

児玉 敏子

安達 順子

田保 知里

◇モダンの部・第2部

- 第1位

池田 明子

鈴木 真由

- 第2位

長沼 陽子

谷内 亜希

- 第3位

多田 織栄

伊沢 真希子

池上 直子

第24回(平3年度)

◇クラシックの部・第1部

- 第1位

遠藤 千春

- 第2位

鈴木 恵美

- 第3位

清水 さくら

◇クラシックの部・第2部

- 第1位・第2位

大森 結城

- 第3位

前田 真由子

◇モダンの部・第1部

- 第1位

該当者なし

- 第2位

安達 順子

- 第3位

坂本 秀子

◇モダンの部・第2部

- 第1位

頓所 美命

星野 有美子

岡崎 絵梨香

本間 綾子

- 第2位

斉藤 瑞穂

蛯子 奈緒美

- 第3位

天野 美和子

第25回(平4年度)

◇クラシックの部・第1部

- 第1位

諏訪 裕美

- 第2位

吉松 布由子

小山内 裕子

- 第3位

森田 友理

白石 貴之

中沢 香理

◇クラシックの部・ジュニア部

- 第1位

加藤 理恵子

- 第2位

向山 雅子

松田 豊子

- 第3位

井上 智香子

田村 さゆり

橋本 康子

第26回(平5年度)

◇クラシックの部・第1部

- 第1位
  滝沢 美鈴
- 第2位
  中尾 美歩
  児玉 麗奈
- 第3位
  高田 麻名
  前田 新奈
  黒沢 優子

◇クラシックの部・ジュニア部
- 第1位
  大岩 千恵子
- 第2位
  山口 美果
  松田 豊子
- 第3位
  公門 美佳
  新井 崇
  信田 洋子

◇クラシックの部・2部
- 第1位
  飯野 有夏
- 第2位
  田中 麻子
  東野 泰子
- 第3位
  植村 麻衣子
  原嶋 里会
  粕谷 真理子

◇モダンの部・第1部
- 第1位
  リエ・クロダ
- 第2位
  児玉 敏子
  湊 斐美子
- 第3位
  日野 理香
  石上 洋子
  金田 尚子

◇モダンの部・ジュニア部
- 第1位
  本田 幸子

- 第2位
  天野 美和子
  笹本 真理子
- 第3位
  小林 泉
  坂井 相子
  宇佐美 和奈

◇モダンの部・第2部
- 第1位
  稲見 淳子
- 第2位
  斉藤 あゆみ
  原 奈津希
  浜田 明菜
- 第3位
  小泉 碧
  中里 絵美
  三枝 美穂

第27回（平6年度）
◇クラシックの部・第1部
- 第1位
  松田 豊子
- 第2位
  松原 帆里
  浅倉 由美子
- 第3位
  伊藤 真知子
  榊原 有佳子
  上原 和久

◇クラシックの部・ジュニア部
- 第1位
  富田 理恵子
- 第2位
  首藤 泉
  宮城 文
- 第3位
  渡部 美季
  佐伯 知香
  大村 麻子

◇クラシックの部・第2部
- 第1位
  田中 麻子

- 第2位
  植村 麻衣子
  東野 泰子
- 第3位
  遅沢 佑介
  丹羽 悠子
  大森 和子

◇モダンの部・第1部
- 第1位
  児玉 敏子
- 第2位
  横山 真理
  郡 真由美
  金田 尚子
- 第3位
  石上 洋子
  上田 仁美
  平多 量子

◇モダンの部・ジュニア部
- 第1位
  岩永 貴子
- 第2位
  宇佐美 和奈
  春日井 静奈
- 第3位
  天野 美和子
  福島 千賀子
  松田 英子

◇モダンの部・児童の部
- 第1位
  中川 賢
- 第2位
  井上 みな
  斉藤 涼子
- 第3位
  中村 智美 ほか8名
  中村 貴美子 ほか3名
  米沢 麻佑子

第28回（平7年度）
◇クラシックの部・第1部
- 第1位
  大岩 千恵子

- 第2位
  井上 智香子
  横山 智美
- 第3位
  秦 万実
  大関 路佳
  田中 ゆう子

◇クラシックの部・ジュニアの部
- 第1位
  大月 悠
- 第2位
  田中 麻子
  大森 和子
- 第3位
  雨森 景子
  河合 佑香
  吉田 咲子

◇クラシックの部・第2部
- 第1位
  山本 康介
- 第2位
  植村 麻衣子
  佐藤 瑛子
- 第3位
  丹羽 悠子
  伊勢田 由香
  山川 恵美

◇モダンの部・第1部
- 第1位
  湊 斐美子
- 第2位
  佐藤 綾子
  秦 万実
- 第3位
  金田 尚子
  平多 量子
  石井 里香

◇モダンの部・ジュニアの部
- 第1位
  赤地 志津子
- 第2位
  笹本 真理子

天野 美和子
- 第3位
　藤田 はるか
　田中 千絵
　小川 美奈子
◇モダンの部・第2部
- 第1位
　斉藤 あゆみ
- 第2位
　三枝 美穂
　小泉 碧
- 第3位
　呉松 綾子
　吉田 美保
　富井 愛

第29回（平8年度）
◇成人バレエ部門
- 第1位
　高桜 あみ
- 第2位
　渡部 美季
　大月 悠
- 第3位
　市山 美沙
　吉本 和代
　安藤 有紀
◇成人モダン部門
- 第1位
　金田 尚子
- 第2位
　平多 量子
　石上 洋子
- 第3位
　平山 素子
　上田 仁美
　本田 幸子
◇Jr.バレエ部門
- 第1位
　赤羽 美保
- 第2位
　大森 和子
　金田 あゆ子

- 第3位
　菊池 あやこ
　西岡 裕典
　井上 麻衣
◇Jr.モダン部門
- 第1位
　天野 美和子
- 第2位
　斉藤 あゆみ
　坂田 守
- 第3位
　斉藤 友美恵
　平井 麻衣
　春日井 静奈
◇児童バレエ部門
- 第1位
　寺山 春美
- 第2位
　倉永 美沙
　辻 久美子
- 第3位
　佐合 萌香
　鈴木 美波
　加藤 美紗子
◇児童モダン部門
- 第1位
　井上 みな
- 第2位
　三枝 美穂
　池田 美佳
- 第3位
　中山 真梨子
　高橋 香名
　藤岡 礼

第30回（平9年度）
◇成人バレエ部門
- 第1位
　古澤 友菜
- 第2位
　田村 さゆり
　小山内 裕子
- 第3位

京当 雄一郎
大滝 よう
鹿野 沙絵子
◇成人モダン部門
● 第1位
石上 洋子
● 第2位
平山 素子
佐藤 綾子
● 第3位
上田 仁美
三宅 冴子
斉木 香里
◇Jr.バレエ部門
● 第1位
植村 麻衣子
● 第2位
大森 和子
丹羽 悠子
● 第3位
原嶋 里会
遅沢 佑介
寺山 春美
◇Jr.モダン部門
● 第1位
北島 栄
● 第2位
井上 みな
笹本 真理子
● 第3位
三枝 美穂
平井 麻衣
斉藤 涼子
◇児童バレエ部門
● 第1位
小松 見帆
● 第2位
中村 恵理
富永 歩
● 第3位
鈴木 美波
浅見 紘子

宇野 朱音
◇児童モダン部門
● 第1位
家入 悠
● 第2位
富士 奈津子
山本 綾乃
● 第3位
坂口 頌子
長谷川 風立子
高田 智子
第31回（平10年度）
◇成人バレエ部門
● 第1位
奥田 さやか
● 第2位
原嶋 里会
柄本 奈美
● 第3位
小林 紀恵
馬場 先歩
熊谷 有梨
近江 奈央
◇成人モダン部門
● 第1位
飯塚 真穂
● 第2位
吉村 佳恵
清水 典人
● 第3位
三宅 冴子
関口 淳子
平山 素子
◇Jr.バレエ部門
● 第1位
丹羽 悠子
● 第2位
宮田 知穂
宮沢 身江
● 第3位
中村 恵理
寺山 春美

浅川 紫織
◇Jr.モダン部門
● 第1位
　上原 かつひろ
● 第2位
　斉藤 あゆみ
　平井 麻衣
● 第3位
　森沢 美穂
　三枝 美穂
　工藤 奈緒子
◇児童バレエ部門
● 第1位
　小林 桃子
● 第2位
　藤岡 あや
　米澤 真弓
● 第3位
　金子 紗也
　瀬戸山 裕子
　米沢 唯
◇児童モダン部門
● 第1位
　緒方 友梨佳
　緒方 亜弥佳
● 第2位
　山本 綾乃
　永山 絵理
● 第3位
　浜田 麻央
　中塚 皓平
　小池 夕紀
第32回（平11年度）
　◇成人バレエ部門
● 第1位
　佐藤 圭
● 第2位
　松原 帆里
　栗本 奈央
● 第3位
　江本 拓
　菅野 英男

後藤 彩水
◇成人モダン部門
● 第1位
　清水 典人
● 第2位
　中村 友紀
　吉村 佳恵
● 第3位
　昆野 まり子
　平井 麻衣
　福田 晶子
◇Jr.バレエ部門
● 第1位
　辻 久美子
● 第2位
　金田 洋子
　金子 紗也
● 第3位
　寺山 春美
　中村 恵理
　沖山 朋子
◇Jr.モダン部門
● 第1位
　井上 みな
　斉藤 あゆみ
● 第2位
　西山 友貴
　高瀬 譜希子
● 第3位
　米沢 麻佑子
　三東 瑠璃
　森沢 美緒
◇児童バレエ部門
● 第1位
　米沢 唯
● 第2位
　瀬戸山 裕子
　斉藤 温子
● 第3位
　相沢 優美
　奥田 花純
　巣山 葵

◇児童モダン部門
- 第1位
  村山 由衣
- 第2位
  浜田 麻衣
  木村 綾香
- 第3位
  広瀬 望帆
  佐藤 彩
  秋山 夏希

第33回（平12年度）
◇成人バレエ部門
- 第1位
  後藤 彩水
- 第2位
  瀬戸 加織
  渡辺 悠子
- 第3位
  藤光 香苗未
  平尾 麻実
  松村 尚美
◇成人モダン部門
- 第1位
  小林 美沙緒
- 第2位
  吉村 佳恵
  あわた めぐる
- 第3位
  斉木 香里
  菊地 尚子
  藤田 はるか
◇Jr.バレエ部門
- 第1位
  田中 理沙
- 第2位
  米沢 唯
  葛岡 絵美
- 第3位
  鈴木 礼奈
  金子 紗也
  下払 桃子
◇Jr.モダン部門

- 第1位
  浜田 麻央
- 第2位
  米沢 麻佑子
  高比良 洋
- 第3位
  大垣 由佳
  富士 奈津子
  斉藤 涼子
◇児童バレエ部門
- 第1位
  高田 茜
- 第2位
  米山 実加
  唐沢 秀子
- 第3位
  松岡 英理
  辻 晴香
  兼子 彩
◇児童モダン部門
- 第1位
  広瀬 望帆
- 第2位
  大山 樹里
  三吉 未玲，三吉 由梨，三吉 聖，森 佳野
- 第3位
  田中 さえら，川畑 奈都美，小林 明日香，
    松尾 優雅，吉田 友希子
  押見 莉奈，木村 綾香，瀬戸 万里奈，田中
    美紗子，西脇 美香，吉井 麻里，中野 茉
    由子，白井 小百合

第34回（平13年度）
◇成人バレエ部門
- 第1位
  金田 洋子
- 第2位
  海宝 暁子
  今井 智也
- 第3位
  下払 桃子
  西 貴子
  斉藤 佳奈子

◇成人モダン部門
- ● 第1位
  関口 淳子
- ● 第2位
  鈴木 教和
  島田 美穂
- ● 第3位
  中村 真知子
  平井 麻衣
  菊地 尚子
◇Jr.バレエ部門
- ● 第1位
  松井 学郎
- ● 第2位
  荒井 英之
  浅川 紫織
- ● 第3位
  上田 尚弘
  米沢 唯
  酒井 麻子
◇Jr.モダン部門
- ● 第1位
  高瀬 譜希子
- ● 第2位
  西山 友貴
  呉松 綾子
- ● 第3位
  大山 樹里
  高比良 洋
  斉藤 涼子
◇児童バレエ部門
- ● 第1位
  浅田 良和
- ● 第2位
  贄田 萌
  大下 結美花
- ● 第3位
  江戸 裕美
  福森 美咲子
  小泉 朝美
◇児童モダン部門
- ● 第1位

佐藤 希望
- ● 第2位
  秋山 夏希
  金沢 理沙
- ● 第3位
  嶋田 彩佳，松尾 優雅，吉成 美紅
  松田 ゆりな，中村 香耶
  広瀬 麻伊
第35回（平14年度）
◇成人バレエ部門
- ● 第1位
  西 貴子
- ● 第2位
  宇野 朱音
  小池 亜貴子
- ● 第3位
  宮田 知穂
  伊藤 優花
  根岸 澄宜
◇成人モダン部門
- ● 第1位
  島田 美穂
- ● 第2位
  青木 教和
  中村 真知子
- ● 第3位
  蛯子 奈緒美
  小畑 留美子
  上原 かつひろ
◇Jr.バレエ部門
- ● 第1位
  草野 洋介
- ● 第2位
  鈴木 礼奈
  中島 有加里
- ● 第3位
  相沢 優美
  浅田 良和
  星野 姫
◇Jr.モダン部門
- ● 第1位
  大熊 梨紗

- 第2位
  藤村 祐子
  藤田 さくら
- 第3位
  田中 さえら
  島田 早矢香
  丸市 美幸

◇児童バレエ部門
- 第1位
  影山 茉以
- 第2位
  太田 麻里衣
  河野 舞衣
- 第3位
  中村 志歩
  森 志乃
  石山 沙央理

◇児童モダン部門
- 第1位
  柴田 祥子
- 第2位
  鈴木 絢乃
  水野 多麻紀
- 第3位
  松尾 優雅
  下島 夏蓮
  三樹 亜佳里

第36回（平15年度）
◇成人バレエ部門
- 第1位
  柵木 佳子
- 第2位
  伊藤 優花
  根岸 澄宜
- 第3位
  坂東 ゆう子
  若生 愛
  小松原 千佳

◇成人モダン部門
- 第1位
  青木 教和
- 第2位

中村 真知子
大竹 千春
- 第3位
  前澤 亜衣子, 乾 直樹
  加藤 若菜
  高橋 あや乃

◇Jr.バレエ部門
- 第1位
  大下 結美花
- 第2位
  河野 舞衣
  清瀧 千晴
- 第3位
  井澤 諒
  和田 紗永子
  森 志乃

◇Jr.モダン部門
- 第1位
  富士 奈津子
- 第2位
  緒方 友梨佳, 緒方 亜弥佳
  幅田 彩加
- 第3位
  中塚 皓平
  水野 多麻紀
  北野 友華

◇児童バレエ部門
- 第1位
  森田 愛海
- 第2位
  浅井 恵梨佳
  渡辺 峻郁
- 第3位
  中村 悠
  塚原 美穂
  山谷 奈々

◇児童モダン部門
- 第1位
  高井 花純
- 第2位
  島浦 葵, 大久保 良美
  星野 明希, 鈴木 綾乃, 畠山 奈々

藤田 由希
- 第3位
  長谷川 瑠衣
  伊達 愛
  相沢 優

第37回（平16年度）

◇成人バレエ部門
- 第1位
  清瀧 千晴
- 第2位
  根岸 澄宜
  大森 康正
- 第3位
  荻原 彩花
  清水 猛
  角井 志帆

◇成人モダン部門
- 第1位
  高瀬 譜希子
- 第2位
  坂田 守
  上原 かつひろ
- 第3位
  蛯子 奈緒美
  中村 真知子
  前澤 亜衣子，乾 直樹

◇Jr.バレエ部門
- 第1位
  門 沙也香
- 第2位
  織山 万梨子
  河野 舞衣
- 第3位
  中村 真子
  森田 愛海
  茂木 恵一郎

◇Jr.モダン部門
- 第1位
  国光 由貴子
- 第2位
  幅田 彩加
  中塚 皓平

- 第3位
  高橋 茉那
  林 芳美
  大内 万里江

◇児童バレエ部門
- 第1位
  浅井 恵梨佳
- 第2位
  加瀬 栞
  相原 舞
- 第3位
  八城 満里菜
  山谷 奈々
  桜堂 詩乃

◇児童モダン部門
- 第1位
  橋本 奈々
- 第2位
  永沢 麗奈
  岸野 奈央
- 第3位
  安田 一斗
  千葉 馨
  高橋 玲美

第38回（平17年度）

◇成人バレエ部門
- 第1位
  和田 紗永子
- 第2位
  堀口 純
  関口 純子
- 第3位
  山口 真有美
  市橋 万樹
  冨吉 咲也子

◇成人モダン部門
- 第1位
  坂田 守
- 第2位
  小松 あすか
  池田 美佳
- 第3位

前澤 亜衣子，乾 直樹
富士 奈津子
蛯子 奈緒美
◇Jr.バレエ部門
● 第1位
河野 舞衣
● 第2位
浅井 恵梨佳
加瀬 栞
● 第3位
相原 舞
西玉 絵里奈
高田 茜
◇Jr.モダン部門
● 第1位
新保 恵
● 第2位
水野 多麻紀
酒井 杏菜
● 第3位
島田 早矢香
岩浜 翔平
幅田 彩加
◇児童バレエ部門
● 第1位
堀内 恵
● 第2位
橋田 有理佳
井上 加奈
● 第3位
嶋貫 郁
斉藤 絵美
田崎 菜々美
◇児童モダン部門
● 第1位
小川 真奈
● 第2位
田中 萌子
千葉 馨
● 第3位
島浦 葵
堀内 鈴

安田 一斗
第39回（平18年度）
◇クラシック・1部（成人の部）
● 第1位
大場 優香
● 第2位
増田 杏子
茂木 恵一郎
● 第3位
早矢仕 友香
長谷川 修子
伊東 真央
◇モダン・1部（成人の部）
● 第1位
上原 かつひろ
● 第2位
小林 泉
大竹 千春
● 第3位
磯島 未来
皆川 まゆむ
松田 英子
◇クラシック・2部（児童の部）
● 第1位
水谷 実喜
● 第2位
石崎 双葉
山本 景登
● 第3位
前沢 愛
佐々木 まどか
上野 祐未
◇モダン・2部（児童の部）
● 第1位
千葉 馨
● 第2位
江上 万絢
鬼本 佳織
● 第3位
南 帆乃佳
田中 萌子
箭野 早耶華

◇クラシック・ジュニアの部
- 第1位
  森山 温子
- 第2位
  中村 悠
  高田 茜
- 第3位
  山谷 奈々
  山岸 千紗
  土田 明日香
◇モダン・ジュニアの部
- 第1位
  林 芳美
- 第2位
  木原 浩太
  幅田 彩加
- 第3位
  池ヶ谷 奏
  花房 茉里奈
  小川 真奈

第40回（平19年度）
◇クラシック・1部（成人の部）
- 第1位
  浅井 友香
◇モダン・1部（成人の部）
- 第1位
  荒木 まなみ
◇クラシック・2部（児童の部）
- 第1位
  福田 汐里
◇モダン・2部（児童の部）
- 第1位
  舘 久瑠実
◇クラシック・ジュニアの部
- 第1位
  中ノ目 知章
◇モダン・ジュニアの部
- 第1位
  江上 万絢

第41回（平20年度）
◇クラシック・1部（成人の部）
- 第1位

廣岡 奈美
◇モダン・1部（成人の部）
- 第1位
  富士 奈津子
◇クラシック・2部（児童の部）
- 第1位
  阿部 裕恵
◇モダン・2部（児童の部）
- 第1位
  武内 奈央
◇クラシック・ジュニアの部
- 第1位
  堀沢 悠子
◇モダン・ジュニアの部
- 第1位
  正木 いづみ

第42回（平21年度）
◇クラシック・1部（成人の部）
- 第1位
  峯岸 伽奈
◇モダン・1部（成人の部）
- 第1位
  長谷川 まいこ
◇クラシック・2部（児童の部）
- 第1位
  阿部 夏香
◇モダン・2部（児童の部）
- 第1位
  小澤 早嬉
◇クラシック・ジュニアの部
- 第1位
  飯塚 絵莉
◇モダン・ジュニアの部
- 第1位
  水島 晃太郎

第43回（平22年度）
◇クラシック・1部（成人の部）
- 第1位
  石黒 優花
◇モダン・1部（成人の部）
- 第1位
  林 芳美

◇クラシック・2部（児童の部）
- 第1位
  畑戸 利江子

◇モダン・2部（児童の部）
- 第1位
  堀内 翼，堀内 朔良

◇クラシック・ジュニアの部
- 第1位
  鈴木 梨央

◇モダン・ジュニアの部
- 第1位
  佐々木 奏絵

第44回（平23年度）

◇クラシック・1部（成人の部）
- 第1位
  木暮 絵梨子

◇モダン・1部（成人の部）
- 第1位
  幅田 彩加

◇クラシック・2部（児童の部）
- 第1位
  武田 侑子

◇モダン・2部（児童の部）
- 第1位
  細井 瑞希，内田 彩月，本郷 仁珠

◇クラシック・ジュニアの部
- 第1位
  五十嵐 愛梨

◇モダン・ジュニアの部
- 第1位
  川合 十夢

第45回（平24年度）

◇クラシック・1部（成人の部）
- 第1位
  中村 友子

◇モダン・1部（成人の部）

- 第1位
  木原 浩太

◇クラシック・2部（児童の部）
- 第1位
  小畑 夏音

◇モダン・2部（児童の部）
- 第1位
  高城 菜都未

◇クラシック・ジュニアの部
- 第1位
  アクリ 士門

◇モダン・ジュニアの部
- 第1位
  千田 沙也加

第46回（平25年度）

◇クラシック・1部（成人の部）
- 第1位
  大谷 遥陽

◇モダン・1部（成人の部）
- 第1位
  髙橋 純一

◇クラシック・2部（児童の部）
- 第1位
  西澤 真優

◇モダン・2部（児童の部）
- 第1位
  松岡 あさひ

◇クラシック・ジュニアの部
- 第1位
  渡邊 綾

◇モダン・ジュニアの部
- 第1位
  宗像 亮

◇創作舞踊の部
- 第1位
  高橋 裕子

---

115 JDAダンスコンクール

　ジャズダンスの愛好家の親睦を図り，各ジャンルのダンス向上発展と隠れた優秀な才能の発掘を目指し，新しい舞踊文化の発展振興に寄与することを目的として，平成2年よ

り開始された。

【主催者】（一社）日本ジャズダンス芸術協会

【選考方法】公募

【選考基準】〔参加規定〕国籍，性別，プロ，アマ，協会員，非協会員不問。ジャンル不問。演技時間はジュニア部門，中高生部門，一般部門は3分以内，作者・作品部門は5分以内。ジュニア部門：小学生，中高生部門：中学生・高校生，一般部門：15歳以上（高校生以上）

【締切・発表】例年3月初旬より申込開始，4月初旬頃締切。第25回は平成26年5月2・3日メルパルクホールにて開催

【賞・賞金】ジュニア・シニア部門：賞状，トロフィー，副賞，アダルト部門：賞状，トロフィー，賞金。賞金総額は60万円

【URL】http：//www.jazz-dance-art.jp/

第1回（平2年）

◇グランプリ

河野 恵理 「I am Changing」

◇ソロ

- 第1位
石川 愛子（名倉ジャズダンススタジオ）「By myself」
- 第2位
黒住 千尋（KCR JAZZ DANCE CLUB）
- 第3位
高橋 哲也

◇群舞

- 第1位
ダンスグループ・u（浦辺日佐夫ジャズダンススタジオ）「シング，シング，シング」
- 第2位
Peace（ブロードウェイダンスセンター）
- 第3位
Chu‐Chu（STUDIO SCENE 28）

第2回（平3年）

◇グランプリ

CARAVAN（金光郁子＆バレエキャラバン）「ラ・クンパルシータ」

◇一般

- 第1位
杉本 亜利砂（金光郁子＆バレエキャラバン）「Vormos Nina」

- 第2位
MASASHI ACTION MACHINE「砂漠の花」
- 第3位
大神 孝子（金光郁子＆バレエキャラバン）「Too Darn Hot」
- 努力賞
Dance Gang（金光郁子＆バレエキャラバン）「Desire」
- 衣裳賞
紺野 千晶（金光郁子＆バレエキャラバン）「Sophisticated Lady」
- 振付賞
斉藤 美絵（金光郁子＆バレエキャラバン）「Spies In The Night」
- 技術賞
長谷川 いづみ（金光郁子＆バレエキャラバン）「Sexuality」

◇ジュニア

- 第1位
Dancing Fairies（金光郁子舞踊学園）「Trickle Trickle」
- 第2位
The Little Company（金光郁子舞踊学園）「Disco Mickey Mouse」
- 第3位
DANCING WARP Jr.「IN THE MOOD」

- 指導者賞

松本 絵利砂

第3回（平4年）

◇グランプリ

MASASHI ACTION MACHINE「群れ
（つばめ）」

◇一般ソロ

- 第1位

紺野 千晶（金光郁子＆バレエキャラバン）
「消されたライセンス」

- 第2位

大神 孝子（金光郁子＆バレエキャラバン）
「Dark in the night」

- 第3位

常石 哲司　「16ton」

◇一般群舞

- 第1位

HIP HIP HOLLY「ブルーライト.レッド
ライト」

- 第2位

Dance Gang（金光郁子＆バレエキャラバ
ン）「レゲエ#3」

- 第3位

M.トラップス ダンス・カンパニー 「ハウ
ス ザ グラスビート」

◇特別賞（ナイスファンキー賞）

M.トラップス ダンス・カンパニー 「ハウ
ス ザ グラスビート」

◇ジュニア

- 第1位

リトルカンパニー（金光郁子舞踊学園）
「オールモストグロウン」

- 第2位

ジャズダンス・スタジオ もんぺ 「スト
リートグループ」

- 第3位

シャーミィーキャッツ（金光郁子舞踊学
園）「シャムキャットダンス」

ダンシングエンジェルス（金光郁子舞踊学
園）「エンターティナー」

- 指導者賞

松本 絵利砂

第4回（平5年）

◇グランプリ

ムーランルージュ（金光郁子＆バレエキャ
ラバン）「can can」

◇一般ソロ

- 第1位

笹木 綾子（金光郁子＆バレエキャラバン）
「The CAT」

- 第2位

斉藤 美絵（金光郁子＆バレエキャラバン）
「My Favorite Things」

- 第3位

大神 孝子（金光郁子＆バレエキャラバン）
「You Gotta Have A Gimmick」

- 奨励賞

重盛 奈美子（金光郁子＆バレエキャラバ
ン）「Tequila」

◇一般グループ

- 第1位

HIP HIP HOLLY「ステップバイス
テップ」

- 第2位

ユキ＆コズエ・ダンス・パッション 「カ
ルメンスイート」

- 第3位

M.トラップス ダンス・カンパニー 「オー
バーナイトサクセス」

- 奨励賞

横山慶子舞踊団戯素団好組 「Rain」

◇ジュニア

- 第1位

プティキャラバン（金光郁子舞踊学園）
「Schu-Bi-Du-Bab」

- 第2位

あおり＆ガールズ（金光郁子舞踊学園）
「Shuffle」

- 第3位

リトルキャラバン（金光郁子舞踊学園）
「You're the One」

- 指導者賞

松本 絵利砂

第5回（平6年）

◇グランプリ

　HIP HIP HOLLY「THE BEAT ON
　　THREE GIRLS」

◇一般ソロ

● 第1位

　後藤 玲衣子（金光郁子＆バレエキャラバ
　　ン）「ペントハウスでの栄光」

● 第2位

　M「愛の終わりに」

● 第3位

　内田 さとみ（金光郁子＆バレエキャラバ
　　ン）「ジーザス」

◇一般グループ

● 第1位

　Power Bomb「Soul de Circus」

● 第2位

　M - fellows 「SCRAMBLE」

● 第3位

　ユキ＆コズエ・ダンス・パッション 「火
　　の鳥」

◇審査員特別賞

　スタジオB - WAY 「DANCE MIX」

◇ジュニア

● 第1位

　リトルキャラバン（金光郁子舞踊学園）
　　「I'm yours」

● 第2位

　アートスタジオ 「Give you Joy！―少女
　　たちの季節」

● 第3位

　プティキャラバン（金光郁子舞踊学園）
　　「仔猫」

● 指導者賞

　杉本 亜利砂

第6回（平7年）

◇グランプリ

　小牧 由美（浦辺日佐夫ジャズダンススタジ
　　オ）「SHOW GIRL」

◇一般ソロ

● 第1位

　該当者なし

● 第2位

　山引 康裕（家城比呂志ジャズダンススタジ
　　オ）「BABY YOU GOT WHAT IT
　　TAKES」

● 第3位

　岡田 紀代美（金光郁子＆バレエキャラバ
　　ン）「If It's Over」

◇一般グループ

● 第1位

　安藤 真紗美，北浜 竜也（宮崎渥巳ダンス
　　スタジオ）「サマータイム」

● 第2位

　スタジオB - WAY 「FUNKY IN JAZZ」

● 第3位

　ラフィング・キャッツ 「Movement」
　春日井ジャズダンスアカデミー
　　「Passion' Asia」

◇ジュニア

● 第1位

　リトルキャラバン（金光郁子舞踊学園）
　　「F・B・I」

● 第2位

　プティキャラバン（金光郁子舞踊学園）
　　「アラジン」

● 第3位

　キャラバンキッズ（金光郁子舞踊学園）
　　「エスパニアカーニ」

● 指導者賞

　杉本 亜利砂

第7回（平8年）

◇グランプリ

　キャメル（金光郁子＆バレエキャラバン）
　　「Too Darn Hot」

◇優秀賞

　真杉 亜弥子（榎戸利恵Withラフィング
　　キャッツ）「EARTH WIND」

◇ジュニア

● 優秀賞

　キャラバンキッズ（金光郁子舞踊学園）「ア
　　レキサンダーズ・ラグタイム・バンド」

◇シニア

● 優秀賞

Little J（ウメダヒサコジャズダンスミック
スファクトリー）「YAH!!」

第8回（平9年）

◇グランプリ

榎戸 利恵（榎戸利恵Withラフィング
キャッツ）「Repose」

◇優秀賞

染谷 恵美（家城比呂志ジャズダンススタジ
オ），山引 康裕　「ビン＆ヤッチ With
Duke」

◇ジュニア

● 優秀賞

キャラバンキッズ（金光郁子舞踊学園）
「Aトレーン」

◇シニア

● 優秀賞

リトルキャラバン（金光郁子舞踊学園）
「アラビア」

第9回（平10年）

◇グランプリ

該当者なし

◇優秀賞

東野 将（J.28STUDIO）「WALL（壁）」

◇ジュニア

● 優秀賞

M・A・Mジュニア（三代真史ジャズ舞踊
団）「スペース・ジャム」

◇シニア

● 優秀賞

木島孝子ダンスアクティブ（木島孝子ダン
スアクティブ）「Departure」

第10回（平11年）

◇グランプリ

該当者なし

◇アダルト

● 第1位

徳武 徹（三代真史ジャズ舞踊団）「サン
ダーボーイ」

◇ジュニア

● 第1位

M・A・Mジュニア（三代真史ジャズ舞踊
団）「ANTS」

◇シニア

● 第1位

川路真瑳バレエスタジオ（川路真瑳バレエ
スタジオ）「ピアノ・スター」

第11回（平12年）

◇グランプリ

CHINATU&MIDORI（木島孝子ダンスア
クティブ）「Two Persons」

◇アダルト

● 第1位

久我 千代子（浦辺日佐夫ジャズダンススタ
ジオ）「リリ・マレーネ」

◇ジュニア

● 第1位

M・A・Mジュニア（三代真史ジャズ舞踊
団）「Moving Men Jr」

◇シニア

● 第1位

MAXIMUM（ウメダヒサコジャズダンス
ミックスファクトリー）「Boogie
Thing」

第12回（平13年）

◇グランプリ

該当者なし

◇アダルト

● 第1位

吉野 有子（榎戸利恵Withラフィング
キャッツ）「NEXT STAGE」

◇ジュニア

● 第1位

M・A・Mジュニア（三代真史ジャズ舞踊
団）「nurse」

◇シニア

● 第1位

MJ-Teener（三代真史ジャズ舞踊団）「新
入社員」

第13回（平14年）

◇グランプリ

該当者なし

◇アダルト

● 第1位

新星キャラバン　「モネ “睡蓮”」

◇シニア
- 第1位
  リトルキャラバン 「ビッグ・ウェーブ」

◇ジュニア
- 第1位
  遠藤 和成 「旅人」

◇特別賞
  スタジオPAL 「ま・せ・が・き」

第14回（平15年）
◇グランプリ
  該当者なし

◇アダルト
- 第1位
  STUDIO フェーム 「アーバン・ジャングル」

◇シニア
- 第1位
  川路真瑳バレエスタジオ 「シングシング」

◇ジュニア
- 第1位
  SHOW 5「dream」

第15回（平16年）
◇グランプリ
  該当者なし

◇アダルト
- 第1位
  ANYTIME「欲望」

◇シニア
- 第1位
  MJ-Teener「Miss Doll」

◇ジュニア
- 第1位
  遠藤 和成 「My Way」

第16回（平17年）
◇グランプリ
  該当者なし

◇アダルト
- 第1位
  大浦&山響 「I was born to Love You！」

◇シニア
- 第1位
  GEMINI「鏡に映る私とわたし」

◇ジュニア
- 第1位
  チーキーリーベリー 「spybreak！」

第17回（平18年）
◇グランプリ
  Hope and Star「Endless Journey～終わりなき旅」

◇アダルト
- 第1位
  川崎 恭央 「ditty bopper」

◇シニア
- 第1位
  鈴木 竜 「渦―大都会に堕ちる―」

◇ジュニア
- 第1位
  遠藤 和成 「雨のワルツ」

第18回（平19年）
◇グランプリ
  CARAVAN&K「1920 U.S.A.」

◇一般
- 第1位
  鈴木 竜 「ふりむけば, ひとり。」

◇アマチュア
- 第1位
  キャラバン16 「Jesus, 人の望みの喜びよ」

◇中高生
- 第1位
  リトルキャラバン 「雪のソナタ」

◇ジュニア
- 第1位
  MIEKO FITNESS SQUAD「blast」

◇日本振付家協会賞
  r「alive」

◇チャコット賞
  キャラバン16 「Jesus, 人の望みの喜びよ」

第19回（平20年）
◇グランプリ
  塚本 愛 「キャバレー」

◇一般
- 第1位
  NFCC名古屋文化短期大学 「クリスタル

チャーム」
◇アマチュア
● 第1位
　ジャズダンスサークルACE 「The end of
　sight」
◇中高生
● 第1位
　小倉 奈画 「My Dream」
◇ジュニア
● 第1位
　北原佐智子STEPSTUDIOJr 「Swing」
第20回（平21年）
◇グランプリ
　小森 悠冊 「O'ne「オーネ」」
◇一般
● 第1位
　若林 美津枝 「Blues in the night」
◇アマチュア
● 第1位
　藤井 夢香 「Last Love Song」
◇中高生
● 第1位
　小倉 奈画 「一人のバラード」
◇ジュニア
● 第1位
　リトルキャラバン 「ミステリーゾーン」
第21回（平22年）
◇グランプリ
　山本 沙希 「Memory」
◇一般
● 第1位
　若林 美津枝 「ALL THAT JAZZ」
◇中高生
● 第1位
　小倉 奈画 「別れ」
◇ジュニア
● 第1位

北原佐智子STEPSTUDIOJr 「ベートー
　ヴェンとジャズを…」
第22回（平23年）
◇一般
● 第1位
　アオチャン，神谷 沙織 「blanca」
◇中高生
● 第1位
　MJ-RIMIKA「RIMIKA Part Ⅱ」
◇ジュニア
● 第1位
　北原佐智子STEPSTUDIOJr 「Chef」
第23回（平24年）
◇一般
● 第1位
　乗倉 奈津美 「Jolie Cogune」
◇中高生
● 第1位
　小倉 奈画 「たかなる想い」
◇ジュニア
● 第1位
　MMDC-Jr「Chef」
第24回（平25年）
◇作者・作品
● 第1位
　ダンスフュージョンCo 「フクシマ〜終わ
　らせない明日のために〜」
◇一般
● 第1位
　CEN&KEN「Darkness」
◇中高生
● 第1位
　MMDC Tiny sisters「Jumpin' Jive」
◇ジュニア
● 第1位
　MMDCジュニア 「ペンギン ウェイト
　レス」

116 JBDFプロフェッショナルダンス選手権大会

全国から選りすぐりの選手が集い，本年度の日本一を競う大会で，過去に名選手を輩出

した輝かしい歴史のある大会。

【主催者】（公財）日本ボールルームダンス連盟

【選考委員】（公財）日本ボールルームダンス連盟公認審査員

【選考基準】〔資格〕JBDF全国ランキング96位迄の選手及びJBDF各連盟（旧総局）より選抜された選手。但し,JBDF各連盟登録選手に限る。〔対象〕スタンダード：ワルツ,タンゴ,クイック,フォックストロット,ウィンナーワルツの5種目に優れた表現力を見せた技術的に最も優秀な舞踏家。ラテンアメリカン：サンバ,ルンバ,パソドブレ,チャチャ,ジャイブの5種目に優れた表現力をみせた優秀な舞踏家

【締切・発表】平成26年は9月14日申込締切,10月25日・26日新潟市「東総合スポーツセンター」にて開催

【賞・賞金】第1位：賞状と賞金25万円,第2位：賞状と賞金15万円,第3位：賞状と賞金10万円

（平12年）

◇スタンダード部門

● 第1位

　檜山 浩治, 檜山 公美子

◇ラテンアメリカン部門

● 第1位

　北條 明, 須田 雅美

（平13年）

◇スタンダード部門

● 第1位

　檜山 浩治, 檜山 公美子

◇ラテンアメリカン部門

● 第1位

　北條 明, 須田 雅美

（平15年）

◇スタンダード部門

● 第1位

　檜山 浩治, 檜山 公美子

◇ラテンアメリカン部門

● 第1位

　嶺岸 昭志, 三輪 恭子

（平16年）

◇スタンダード部門

● 第1位

　谷堂 誠治, 早野 恵美

◇ラテンアメリカン部門

● 第1位

　二宮 清, 平 富美英

（平17年）

◇スタンダード部門

● 第1位

　柳橋 慎太郎, 浅見 久美子

◇ラテンアメリカン部門

● 第1位

　大村 淳毅, 和田 恵

（平18年）

◇スタンダード部門

● 第1位

　谷堂 誠治, 早野 恵美

◇ラテンアメリカン部門

● 第1位

　大村 淳毅, 和田 恵

（平19年）

◇スタンダード部門

● 第1位

　谷堂 誠治, 早野 恵美

◇ラテンアメリカン部門

● 第1位

　大村 淳毅, 和田 恵

（平20年）

◇スタンダード部門

● 第1位

　谷堂 誠治, 早野 恵美

◇ラテンアメリカン部門

● 第1位

　中村 俊彦, 青柳 朋子

（平21年）

◇スタンダード部門

● 第1位

　河原 央，新井 いづみ

◇ラテンアメリカン部門

● 第1位

　織田 慶治，渡辺 理子

（平22年）

◇スタンダード部門

● 第1位

　橋本 剛，恩田 恵子

◇ラテンアメリカン部門

● 第1位

　織田 慶治，渡辺 理子

（平23年）

◇スタンダード部門

● 第1位

　橋本 剛，恩田 恵子

◇ラテンアメリカン部門

● 第1位

　織田 慶治，渡辺 理子

（平24年）

◇スタンダード部門

● 第1位

　河原 央，新井 いづみ

◇ラテンアメリカン部門

● 第1位

　織田 慶治，渡辺 理子

（平25年）

◇スタンダード部門

● 第1位

　浅村 慎太郎，遠山 恵美

◇ラテンアメリカン部門

● 第1位

　織田 慶治，渡辺 理子

---

117 島田豊賞

　昭和54年，永年にわたりわが国児童舞踊界の向上発展に尽力した故島田豊氏の業績と名誉を末長く偲び，後に続く児童舞踊家育成のために創設された。第9回をもって終了し，「全日本児童舞踊協会賞」へと継承された。

【主催者】 島田豊賞選考委員会（全日本児童舞踊協会）

【選考委員】（第9回）委員長・柿沢充，則武昭彦，泉田哲彦，若葉陽子，近藤有宜

【選考方法】 年度により公募または推薦

【選考基準】〔対象〕当該年度において活発な舞踊活動または優秀な作品を表した者。同協会の発展に寄与・貢献した協会員

【締切・発表】 例年5月に開催される同協会総会席上にて発表，6月の東京新聞主催・児童舞踊合同公演会場で授賞

【賞・賞金】 賞状，トロフィーと賞金10万円

第1回（昭54年）

　若葉 陽子（若葉舞踊研究会）

第2回（昭55年）

　賀来 良江（タンダバハ舞踊教室）

第3回（昭56年）

　島田 雅行（島田芸術舞踊学校）

第4回（昭57年）

　花蔭 美㐂（花蔭サークル）

第5回（昭58年）

　印牧バロー同人会

第6回（昭59年）

　平多 宏之（平多宏之・陽子舞踊研究所）

第7回（昭60年）
　柿沢 やすみ（柿沢やすみ舞踊研究所）
第8回（昭61年）
　北村 季佐子（北村季佐子児童舞踊研究所）

第9回（昭62年）
　近藤 有宜（近藤舞踊研究所）

---

118 世界バレエ&モダンダンスコンクール

　日本から世界へ文化発信する新しい国際交流事業として，平成5年より開催された。世界で唯一のクラシックバレエとモダンダンスを併催するコンクール。国内のバレエ・ダンス界の活性化，さらには我が国が国際的な舞踊芸術の拠点となることを目的とする。

【主催者】世界バレエ&モダンダンスコンクール実行委員会

【選考委員】（第5回）クラシックバレエ部門：委員長・マイヤ・プリセツカヤ（ロシア），ミカエル・ドナール（フランス），キム・ヘシク（韓国），ブルース・マークス（アメリカ），ガリーナ・サムソワ（イギリス），ヴァレンティン・エリザリエフ（ベラルーシ），牧阿佐美，薄井憲二，越智実。モダンダンス部門：委員長・三輝容子，ジジ・カチュレアニュ（フランス），マツ・エック（スウェーデン），スザンヌ・リンケ（ドイツ），ツ・メイリ（中国），藤井公，西田堯，関山三喜夫

【締切・発表】（第5回）平成17年7月9日〜17日愛知県芸術劇場，名古屋市民会館にて開催された

第1回（平5年）
◇クラシックバレエ部門・ワツラフ・ニジンスキー賞
　タン ・ヤン・ヤン（中国）
◇クラシックバレエ部門・ジュニアの部
● 第1位・女性
　タン ・ヤン・ヤン（中国）
● 第1位・男性
　該当者なし
● 第2位・女性
　シャオ ・ナン・ユー（中国）
● 第2位・男性
　該当者なし
● 第3位・女性
　荒井 祐子（日本）
● 第3位・男性
　秋定 信哉（日本）
◇クラシックバレエ部門・シニアの部
● 第1位・女性
　該当者なし
● 第1位・男性

該当者なし
● 第2位・女性
　ナタリア・ポレショウク（ロシア）
● 第2位・男性
　ヴィタリー・ポレショウク（ロシア）
● 第3位・女性
　神沢 千景（日本）
　リリア・マシキナ（ロシア）
● 第3位・男性
　スラヴォミル・ヴォジニヤク（ポーランド）
　ジン ・ホン・マ（中国）
● 振付特別賞
　キリル・シュモルゴナー（ロシア）
◇モダンダンス部門
● ワツラフ・ニジンスキー賞
　パスカル・モンルージュ（フランス）
　美枝・コッカムポー（スイス）
● 第1位
　パスカル・モンルージュ（フランス）
　美枝・コッカムポー（スイス）
● 第2位

片上 守(日本)
- 第3位
  ドリー・ピエル(ベルギー)
  ハイディ・デレマン(ベルギー)
  サンドラ・デールトーク(ベルギー)
  マリナ・サクラメント(ポルトガル)
- 振付特別賞
  片上 守(日本)
- 特別賞
  野々村 明子(日本)

第2回(平8年)
◇クラシックバレエ部門・審査特別賞ニジンスキー賞
　山本 康介
◇クラシックバレエ部門・ジュニアの部
- 金賞・男子
  該当者なし
- 金賞・女子
  上野 水香(日本)
- 銀賞・男子
  該当者なし
- 銀賞・女子
  浜中 未紀(日本)
- 銅賞・男子
  ラー ・イン(中国)
- 銅賞・女子
  植村 麻衣子(日本)
  ミッシェル・ワイルズ(アメリカ)
  ヴァネッサ・アンドレア・ザホリアン(アメリカ)
◇クラシックバレエ部門・シニアの部
- 金賞・男子
  アンドレイ・バタロフ(ロシア)
- 金賞・女子
  エグレ・シボカイテ(リトアニア)
- 銀賞・男子
  ドミトリー・ザバブーリン(ロシア)
- 銀賞・女子
  エレーナ・フィリピエワ(ウクライナ)
- 銅賞・男子
  スタニスラフ・イェルマコフ(エストニア)
- 銅賞・女子

ドミニカ・クリシュトフォルスカ(ポーランド)
◇モダンダンス部門・審査員特別賞ニジンスキー賞
　湊 斐美子(日本)
◇モダンダンス部門
- 金賞
  パトリシア・ヘンリケス(ポルトガル)
  ルイス・ダマス(ポルトガル)
- 銀賞
  ヨーヘン・ヘックマン(ドイツ)
  アドリアナ・モルテリッティ(イタリア)
- 銅賞
  パトリス・ルロイ(フランス)
  ユーナ・クラルス(ベルギー)
  マリナ・サクラメント(ポルトガル)
- 振付特別賞
  ヴァスコ・ヴェレンカンプ(ポルトガル)

第3回(平11年)
◇クラシックバレエ部門・ジュニアの部
- 金賞
  アリーナ・コジョカル(ルーマニア)
  ローランド・サラビア・オケンド(キューバ)
- 銀賞
  サラ・バーバラ・ラム(アメリカ)
  遅沢 佑介
- 銅賞
  ウェイ・ヤオ(中国)
  ユリヤ・ポルゴロドニク(ウクライナ)
  ルカシュ・スラヴィッツキー(チェコ)
◇クラシックバレエ部門・シニアの部
- 金賞
  田中 ルリ
  デニス・マトヴィエンコ(ウクライナ)
- 銀賞
  エレーナ・フィリピエワ(ウクライナ)
  ヨスバニ・ラモス・フォンテス(キューバ)
- 銅賞
  ナタリア・ポレショウク(ロシア)
  ルタ・イエゼルスキイテ(リトアニア)
  アントン・ボゴフ(スロヴェニア)

ベルナール・クルト・ブティエ（フランス）

◇モダンダンス部門

● 金賞

平山 素子

● 銀賞

顔 安（中国），黄 豆豆

ヨーヘン・ヘックマン（ドイツ），シャンタル・クラレ（フランス）

● 振付特別賞

大島 早紀子（日本）

ヨーナ・クラール（フランス）

第4回（平14年）

◇クラシックバレエ部門

● 金メダル

ジョウ・ヤン（中国）

メン・ニン・ニン（中国）

● 銀メダル

ジャン・セバスチャン・コロ（フランス）

プリシラ・ヨコイ（ブラジル）

● 銅メダル

越智 友則（日本）

ユ・ボ（中国）

アスタ・バゼヴィチュテ（リトアニア）

◇審査員特別賞

サルハツ・グッドル（トルコ）

植村 麻衣子（日本）

● ジュニア奨励賞

カルロス・カバジェーロ・オブイ（キューバ）

ポリーナ・セミオノワ（ロシア）

● 振付特別賞

E.ヴェソロスキ 「兄弟たち」

◇モダンダンス部門

● 金メダル

ユ・ソック・フン（韓国）

イ・ユン・キョン（韓国）「ロメオとジュリエット II」

● 銀メダル

パク・ウン・ソン（韓国）

キム・ソン・ヨン（韓国）「フェア・イズ・マイ・ムーン？」

● 銅メダル

エドワード・クルグ（ルーマニア）

ヴァレンチナ・トゥルク（スロベニア）「ファースト・レター」

● 審査員特別賞

アドリアナ・モルテリッティ（イタリア）

コルネリュ・ガニア（ルーマニア）「80%ポリエステル,20% ゴム」

◇振付特別賞

ユ・ソック・フン（韓国）

イ・ユン・キョン（韓国）

第5回（平17年）

◇クラシックバレエ部門

● 金メダル

ヤナ・サレンコ（ウクライナ）

アレクサンドル・ブーベル（ベラルーシ）

● 銀メダル

イリーナ・コレスニコワ（ロシア）

ダニイル・シムキン（ドイツ）

● 銅メダル

米沢 唯（日本）

マリアン・ワルター（ドイツ）

● ジュニア特別賞

ジャン・ジー（韓国）

キム・ヤンヨン（韓国）

● 審査員特別賞

アルセン・メフラビヤン（アルメニア）

アルマン・グリゴリアン（アルメニア）

● 振付特別賞

該当者なし

◇モダンダンス部門

● 金メダル

高頂（日本），谷 亮亮（中国）「Harmonious coexsistence（共生）」

王 廸（中国）「Watching」

● 銀メダル

アドリアナ・モルテリッティ（イタリア），コルネリュ・ガニア（ルーマニア）「Behind closed Eyelids」

アレヤンドロ・セルド・マルチネス（スペイン），サラ・アイスリン・レイノルズ（アイルランド），小尻 健太（日本）「アイ・メイク・ユー・オビオス」

● 審査員特別賞　　　　　　　　　　　　高 成明（中国）
　王 盛峰（中国）
● 振付特別賞

---

119 全国バレエコンクールin Nagoya

　　新人の発掘・育成により芸術文化の発展に寄与することを目的として平成3年に開始された。当初は「中部日本バレエ・コンクール」の名称であったが第6回より改称された。

【主催者】中部日本バレエ団

【選考委員】名誉総裁：ユーリー・グリゴロヴィッチ（モスクワ国立ボリショイ劇場バレエマスター），委員長：ユーリー・ヴァシュチェンコ（モスクワ国立ボリショイ劇場プリンシパル），タチアナ・タヤキナ（国立キエフバレエ団プリマバレリーナ），リュドミラ・セメニャカ（モスクワ国立ボリショイ劇場プリマバレリーナ），ワディム・ソロマハ（サンフランシスコバレエゲストプリンシパル），セルゲイ・ウサノフ（国際バレエコンクール連盟総裁）

【選考方法】公募

【選考基準】〔資格〕（女子部門）ジュニアA：小学生，ジュニアB：中学生，ジュニアC：高校生，シニア：年齢不問。（男子部門）ジュニアA：小学生〜中学2年生，ジュニアB：中学3年生〜高校3年生，シニア：年齢不問。〔参加規約〕男女，国籍不問。当コンクールで第1位入賞の同一部門への参加は不可

【締切・発表】第24回の申込締切は平成26年6月30日，8月26日〜30日名古屋市芸術創造センターで開催。発表は決選終了後の7月27日

【賞・賞金】女子/男子シニア第1位：10万円，第2位：7万円，第3位：5万円。女子ジュニアC第1位：7万円，第2位：5万円，第3位：3万円。女子/男子ジュニアB第1位：6万円，第2位：4万円，第3位：2万円。女子/男子ジュニアA第1位：5万円，第2位：3万円，第3位：2万円

第1回（平3年）

◇シニア

● 第1位
　鳥居 美穂子（越智インターナショナルバレエ）「ドン・キホーテ」よりキトリのヴァリアシオン

● 第2位
　山田 繭紀（越智インターナショナルバレエ）「海賊」よりヴァリアシオン

● 第3位
　野間 彩（野間バレエスクール）「海賊」よりヴァリアシオン

◇ジュニアB

● 第1位

　井野 早奈恵（ワクイバレエスクール）「海賊」よりヴァリアシオン

● 第2位
　市河 里恵（長野バレエ団）「眠れる森の美女」第1幕よりオーロラ姫のヴァリアシオン

● 第3位
　上原 和久（白鳥バレエ学園）「ドン・キホーテ」よりヴァリアシオン

◇ジュニアA

● 第1位
　渡辺 晃子（福本静江バレエ研究所）「グラン，パ，クラシック」よりヴァリアシオン

● 第2位

古沢 夏季（越智インターナショナルバレ
エ）「ドン・キホーテ」第3幕よりヴァ
リアシオン

● 第3位
富田 理恵子（伊藤美智子バレエスタジオ）
「くるみ割り人形」より金平糖の精の
ヴァリアシオン

第2回（平4年）
◇シニア
● 第1位
久嶋 江里子（越智インターナショナルバレ
エ）「白鳥の湖」より黒鳥のヴァリアシ
オン
● 第2位
森田 友理（スタジオ1番街 森田友紀バレエ
研究所）「眠れる森の美女」第1幕より
オーロラ姫のヴァリアシオン
● 第3位
上原 和久（白鳥バレエ学園）「ドン・キ
ホーテ」よりバジルのヴァリアシオン
◇パ・ド・ドゥ
● 第1位
該当者なし
● 第2位
西木 美佐子（宮下晴子バレエ団）「海賊」
よりグラン, パ・ド・ドゥ
● 第3位
隈本 有紀（岡本バレエスタジオ）「白鳥の
湖」より黒鳥と王子のグラン, パ・ド・
ドゥ
◇ジュニアC
● 第1位
神田 うの（三留バレエスクール）「眠れる
森の美女」よりオーロラ姫のヴァリアシ
オン
● 第2位
滝沢 美鈴（長野バレエ団）「海賊」より
ヴァリアシオン
● 第3位
寺田 宜弘（キエフ国立バレエ学校）「無益
な用心」よりヴァリアシオン
◇ジュニアB

● 第1位
田中 ルリ（田中千賀子ジュニアバレエ団）
「眠れる森の美女」よりオーロラ姫の
ヴァリアシオン
● 第2位
中村 祥子（田中千賀子ジュニアバレエ団）
「グラン, パ, クラシック」よりヴァリア
シオン
● 第3位
加藤 奈々（越智インターナショナルバレ
エ）「眠れる森の美女」よりオーロラ姫
のヴァリアシオン
◇ジュニアA
● 第1位
立石 梨紗（福本静江バレエ研究所）「海
賊」よりヴァリアシオン
● 第2位
風能 麻里（森田友紀バレエ研究所）「コッ
ペリア」よりスワニルダのヴァリアシ
オン
● 第3位
城野 志帆（田中千賀子ジュニアバレエ）
「コッペリア」よりスワニルダのヴァリ
アシオン
第3回（平5年）
◇シニア
● 第1位
大野 真紀（小田安子ダンスアカデミー）
「ドン・キホーテ」よりキトリのヴァリ
アシオン
● 第2位
島 知子（小田安子ダンスアカデミー）「海
賊」よりヴァリアシオン
● 第3位
吉岡 まな美（カヨ・マフネクラシックバレ
エスクール）「白鳥の湖」より黒鳥の
ヴァリアシオン
◇パ・ド・ドゥ
● 第1位
斎藤 由佳（波多野澄子バレエ研究所）
「ラ・シルフィード」よりパ・ド・ドゥ
ワジム・ソロマハ（越智インターナショナ

ルバレエ）「ラ・シルフィード」より
パ・ド・ドゥ
- 第2位
  島野 良子（中川千枝子バレエ研究所）「ド
  ン・キホーテ」よりパ・ド・ドゥ
- 第3位
  山本 悦子（小田安子ダンスアカデミー）
  「海賊」よりパ・ド・ドゥ
- パートナー賞
  森 恵寿（東京シティバレエ団）"第2位 島
  野良子との「ドン・キホーテ」パ・ド・
  ドゥに対して"

◇ジュニアC
- 第1位
  栗本 奈央（大屋政子バレエ研究所）「眠れ
  る森の美女」よりオーロラ姫のヴァリア
  シオン
- 第2位
  加藤 奈々（越智インターナショナルバレ
  エ）「海賊」よりヴァリアシオン
- 第3位
  新井 崇（萩ゆう子バレエスクール）「海
  賊」よりヴァリアシオン

◇ジュニアB
- 第1位
  志賀 育恵（田中千賀子ジュニアバレエ団）
  「ジゼル」よりヴァリアシオン
- 第2位
  岡部 舞（真弓バレエスクール）「眠れる森
  の美女」よりオーロラ姫のヴァリアシ
  オン
- 第3位
  中野 妙美（田中千賀子ジュニアバレエ団）
  「眠れる森の美女」よりオーロラ姫の
  ヴァリアシオン

◇ジュニアA
- 第1位
  倉永 美沙（地主薫エコール・ド・バレエ）
  「白鳥の湖」より黒鳥のヴァリアシオン
- 第2位
  中村 陽子（田中千賀子ジュニアバレエ団）
  「海賊」よりヴァリアシオン

- 第3位
  渡邊 智美（越智インターナショナルバレ
  エ）「エスメラルダ」よりヴァリアシ
  オン

第4回（平6年）
◇シニア
- 第1位
  勝見 祐子（コロラドバレエ団）「眠れる森
  の美女」よりオーロラ姫のヴァリアシ
  オン
- 第2位
  中武 啓吾（東京バレエワークス）「ラ・バ
  ヤデール」よりソロルのヴァリアシオン
- 第3位
  河野 あゆみ（江川バレエスクール）「海
  賊」よりヴァリアシオン

◇ジュニアC
- 第1位
  該当者なし
- 第2位
  寺田 宜弘（キエフ国立バレエ学校）「パリ
  の炎」よりヴァリアシオン
- 第3位
  恵谷 彰（赤松優バレエ学園）「眠れる森の
  美女」より王子のヴァリアシオン

◇ジュニアB
- 第1位
  立石 梨紗（福本静江バレエ研究所）「眠れ
  る森の美女」よりオーロラ姫のヴァリア
  シオン
- 第2位
  河野 良子（奥村バレエ学園）「ジゼル」よ
  りヴァリアシオン
- 第3位
  東野 泰子（伊藤美智子バレエスタジオ）
  「白鳥の湖」より黒鳥のヴァリアシオン

◇ジュニアA
- 第1位
  渡邊 智美（越智インターナショナルバレ
  エ）「エスメラルダ」よりヴァリアシ
  オン
- 第2位

井上 麻衣（福本静江バレエ研究所）「海賊」よりヴァリアシオン
- 第3位

坂地 亜美（福本静江バレエ研究所）「ドン・キホーテ」よりキトリのヴァリアシオン

第5回（平7年）

◇シニア
- 第1位

石堂 雅子（ユアサバレエスタジオ）「エスメラルダ」よりヴァリアシオン
- 第2位

田中 小百合（スズキ・バレエアート・スタジオ）「海賊」よりヴァリアシオン
- 第3位

長谷川 智佳子（大屋政子バレエ研究所）「ジゼル」よりヴァリアシオン

◇ジュニアC
- 第1位

荻本 美穂（坂本バレエスタジオ）「眠れる森の美女」よりオーロラ姫のヴァリアシオン
- 第2位

恵谷 彰（赤松優バレエ学園）「ラ・バヤデール」よりヴァリアシオン
- 第3位

藤野 暢央（江川バレエスクール）「チャイコフスキー，パ・ド・ドゥ」よりヴァリアシオン

◇ジュニアB
- 第1位

林 幸（東京バレエワークス）「白鳥の湖」より黒鳥のヴァリアシオンとコーダ
- 第2位

渡邊 智美（越智インターナショナルバレエ）「海賊」よりヴァリアシオン
- 第3位

庄島 早苗（田中千賀子ジュニアバレエ団）「眠れる森の美女」よりオーロラ姫のヴァリアシオン

◇ジュニアA
- 第1位

奥田 花純（田中千賀子ジュニアバレエ団）「チャイコフスキー，パ・ド・ドゥ」よりヴァリアシオン
- 第2位

細田 千代（川上恵子バレエ研究所）「ドン・キホーテ」よりキトリのヴァリアシオン
- 第3位

三木 雄馬（島田輝記バレエ研究所）「ドン・キホーテ」よりバジルのヴァリアシオン

第6回（平8年）

◇シニア
- 第1位・愛知県知事賞

中筋 賢一
- 第1位

渡部 美季
- 第3位

和田 亜希子

◇ジュニアC
- 第1位

八反 安未果
- 第2位

堀居 久美子
- 第3位

林 幸

◇ジュニアB
- 第1位

遅沢 佑介
- 第2位

渡邊 智美
田村 裕美

◇ジュニアA
- 第1位・名古屋市長賞

崔 由姫
加隅 圭都
- 第3位

中村 恵理

第7回（平9年）

◇シニア
- 第1位・愛知県知事賞

荻本 美穂

- 第2位
  岩切 里奈
- 第3位
  市川 透
◇ジュニアC
- 第1位
  小守 麻衣
- 第2位
  遅沢 佑介
- 第3位
  前野 香代子
◇ジュニアB
- 第1位
  倉永 美沙
- 第2位
  渡邊 智美
- 第3位
  岸本 茜
  清水 健太
◇ジュニアA
- 第1位・名古屋市長賞
  青木 里英子
- 第2位
  米澤 真弓
- 第3位
  森 絵里
  高橋 美文
第8回（平10年）
◇シニア
- 第1位
  堀野 愛
- 第2位
  マレンコ・ロマン
- 第3位
  池上 彰朗
◇ジュニアC
- 第1位
  渡邉 千洋
- 第2位
  児玉 北斗
- 第3位
  森田 郁美

◇ジュニアB
- 第1位
  新井 雅子
- 第2位
  清水 健太
  青木 里英子
- 第3位
  沖 恵美
◇ジュニアA
- 第1位・名古屋市長賞
  森 絵里
- 第2位
  高橋 美文
  青木 いつみ
- 第3位
  日比 マリア
◇パ・ド・ドゥ部門
- 第1位・名古屋市長賞
  坂東 ゆう子
- 第2位
  逸見 澄子
  田中 圭一
- 第3位
  ベンチャーノフ・ルスラン
第9回（平11年）
◇シニア
- 第1位・愛知県知事賞
  篠畑 順子
- 第2位
  田中 裕子
- 第3位
  宇佐美 幸恵
◇ジュニアC
- 第1位
  白石 あゆ美
- 第2位
  新井 雅子
- 第3位
  板垣 優美子
◇ジュニアB
- 第1位
  中村 恵理

- 第2位
  竹内 翼
- 第3位
  多久田 さやか
◇ジュニアA
- 第1位・名古屋市長賞
  高橋 美文
- 第2位
  上本 香織
- 第3位
  山崎 史華
  佐橋 美香

第10回（平12年）
◇シニア
- 第1位
  森田 郁美
- 第2位
  笠 綾乃
- 第3位
  グレゴリー・バリノフ
◇ジュニアC
- 第1位
  浅川 紫織
- 第2位
  西 貴子
- 第3位
  新井 雅子
◇ジュニアB
- 第1位
  巣山 葵
- 第2位
  森 絵里
- 第3位
  多久田 さやか
◇ジュニアA
- 第1位
  阿部 里奈
- 第2位
  中村 志歩
- 第3位
  高田 茜

第11回（平13年）
◇シニア
- 第1位・愛知県知事賞
  三宅 佑佳
- 第2位
  坂東 ゆう子
- 第3位
  藤光 香苗未
◇ジュニアC
- 第1位
  加藤 野乃花
- 第2位
  副 智美
- 第3位
  葛岡 絵美
◇ジュニアB
- 第1位
  森 絵里
- 第2位
  土屋 文乃
- 第3位
  佐藤 紫帆
◇ジュニアA
- 第1位・名古屋市長賞
  中村 志歩
- 第2位
  石橋 理恵
- 第3位
  小野 彩花

第12回（平14年）
◇シニア・愛知県知事賞
- 第1位
  杉岡 麻魅
- 第2位
  岡本 望
- 第3位
  アレクサンドル・ブーベル
◇ジュニアC
- 第1位
  しのだ 彩
- 第2位
  佐藤 萌子

- 第3位
  佐藤 紫帆
  小林 美沙
◇ジュニアB
- 第1位
  大下 結美花
- 第2位
  石橋 理恵
- 第3位
  中野 吉章
◇ジュニアA
- 第1位・名古屋市長賞
  森高 万智
- 第2位
  篠原 奈月
  森田 愛海
- 第3位
  高松 亜莉
第13回（平15年）
◇シニア
- 第1位・愛知県知事賞
  川東 まりこ
- 第2位
  宇佐美 幸恵
  吉田 千智
- 第3位
  柳原 麻子
◇ジュニアC
- 第1位
  中川 リョウ
  金村 麻由
- 第2位
  金子 紗也
- 第3位
  佐藤 紫帆
◇ジュニアB
- 第1位
  石原 古都
- 第2位
  安積 瑠璃子
- 第3位
  岸 双葉

◇ジュニアA
- 第1位・名古屋市長賞
  加瀬 愛美
- 第2位
  田中 晴菜
- 第3位
  池田 明日香
第14回（平16年）
◇シニア
- 第1位・愛知県知事賞
  法村 珠里
- 第2位
  梅本 こころ
- 第3位
  永木 舞
◇ジュニアC
- 第1位
  的場 涼香
- 第2位
  中家 正博
- 第3位
  大政 早織
◇ジュニアB
- 第1位
  岸 双葉
- 第2位
  森田 愛海
- 第3位
  中村 日向子
◇ジュニアA
- 第1位・名古屋市長賞
  田崎 菜々美
- 第2位
  白石 薫子
- 第3位
  本田 千晃
第15回（平17年）
◇女性シニア
- 第1位・愛知県知事賞
  岡部 真由
- 第2位
  吉田 千智

- 第3位
  中尾 早織
◇女性ジュニアC
- 第1位
  安積 瑠璃子
- 第2位
  大久保 沙耶
- 第3位
  美羽 礼加
◇女性ジュニアB
- 第1位
  森田 愛海
- 第2位
  水谷 優里
- 第3位
  松下 美登
◇女性ジュニアA
- 第1位・名古屋市長賞
  三澤 奈々
- 第2位
  白石 薫子
- 第3位
  清水 みな
◇男性シニア
- 第1位
  福田 紘也
- 第2位
  上田 尚弘
- 第3位
  パク・チャンモ
◇男性ジュニア
- 第1位
  中家 正博
- 第2位
  吉本 絃人
- 第3位
  北爪 弘史
第16回（平18年）
　◇女性シニア
　- 第1位・愛知県知事賞
　　梅本 こころ
　- 第2位

浜野 友里
- 第3位
  松本 真由美
◇女子ジュニアC
- 第1位
  志摩 李々子
- 第2位
  岸 双葉
- 第3位
  美羽 礼加
◇女子ジュニアB
- 第1位
  片山 実優
- 第2位
  近土 歩
- 第3位
  田崎 菜々美
◇女子ジュニアA
- 第1位・名古屋市長賞
  山本 景登
- 第2位
  日高 麻穂
- 第3位
  三原 花奈子
◇男性シニア
- 第1位
  該当者なし
- 第2位
  安楽 葵
- 第3位
  中村 憲哉
◇男性ジュニア
- 第1位
  該当者なし
- 第2位
  竹内 俊貴
- 第3位
  玉浦 誠
第17回（平19年）
　◇女性シニア
　- 第1位・愛知県知事賞
　　エカテリーナ・ボルチェンコ

- 第2位
  木下 友美
- 第3位
  曽根原 彩納
◇女子ジュニアC
- 第1位
  美羽 礼加
- 第2位
  久保 茉莉恵
- 第3位
  森 真琴
◇女子ジュニアB
- 第1位
  舞原 モカ
- 第2位
  オドノヒュー 英美
- 第3位
  片山 なつき
◇女子ジュニアA
- 第1位・名古屋市長賞
  片山 知穂
- 第2位
  黄 世奈
- 第3位
  植村 燿
◇男性シニア
- 第1位
  該当者なし
- 第2位
  竹内 俊貴
- 第3位
  宇佐見 直紀
◇男子ジュニアB
- 第1位
  池本 祥真
- 第2位
  上月 佑馬
- 第3位
  上嶋 啓悟
◇男子ジュニアA
- 第1位
  該当者なし

- 第2位
  久野 直哉
- 第3位
  島崎 笙太郎
第18回（平20年）
◇女性シニア
- 第1位・愛知県知事賞
  永木 舞
- 第2位
  的場 涼香
- 第3位
  川崎 さおり
◇女子ジュニアC
- 第1位
  森 真琴
- 第2位
  鈴木 就子
- 第3位
  林 菜津紀
◇女子ジュニアB
- 第1位・審査員特別賞
  山本 景登
- 第2位
  石井 眞乃花
- 第3位
  藤原 青依
◇女子ジュニアA
- 第1位・名古屋市長賞
  坂本 莉穂
- 第2位
  近藤 合歓
- 第3位
  広橋 結衣子
◇男性シニア
- 第1位
  竹内 俊貴
- 第2位
  該当者なし
- 第3位
  新垣 拓
◇男子ジュニアB
- 第1位

中ノ目 知章
- 第2位

市田 繕章
- 第3位

池内 寛人

◇男子ジュニアA
- 第1位

橋本 哲至
- 第2位

久野 直哉
- 第3位

速水 渉悟

第19回（平21年）

◇女性シニア
- 第1位・愛知県知事賞

的場 涼香
- 第2位

工藤 雅女
- 第3位

久保 茉莉恵

◇女子ジュニアC
- 第1位

高瀬 麻由良
- 第2位

林 菜津紀
- 第3位

松本 奈季

◇女子ジュニアB
- 第1位

西田 早希
- 第2位

岩城 舞
- 第3位

藤原 青依

◇女子ジュニアA
- 第1位・名古屋市長賞

翠川 栞
- 第2位

渡邊 真砂珠
- 第3位

稲垣 綾香

◇男性シニア
- 第1位

牧村 直紀
- 第2位

岸本 恭平
- 第3位

趙 載範

◇男子ジュニアB
- 第1位

宮川 新大
- 第2位

内堀 裕仁
- 第3位

松本 晃寛

◇男子ジュニアA
- 第1位

出野 佑都
- 第2位

石田 浩明
- 第3位

西川 啓輔

第20回（平22年）

◇女性シニア
- 第1位・愛知県知事賞

平林 万里
- 第2位

岸 双葉
- 第3位

曽根原 彩納

◇女子ジュニアC
- 第1位

迫 美憂
- 第2位

波多野 渚砂
- 第3位

西田 真里亜

◇女子ジュニアB
- 第1位

松井 美優
- 第2位

岡 咲良
- 第3位

赤松 優花

◇女子ジュニアA
- 第1位・名古屋市長賞
稲垣 綾香
- 第2位
矢野 まどか
- 第3位
左右木 茉琳
◇男性シニア
- 第1位
玉浦 誠
- 第2位
岸本 恭平
- 第3位
幸村 恢麟
◇男子ジュニアB
- 第1位
池内 寛人
- 第2位
林 高弘
- 第3位
久野 直哉
和田 遼一郎
◇男子ジュニアA
- 第1位
速水 渉悟
- 第2位
清沢 飛雄馬
- 第3位
上田 遊正
第21回（平23年）
◇女性シニア
- 第1位・愛知県知事賞
工藤 雅女
- 第2位
溝口 千紗
- 第3位
朴 慶順
◇女子ジュニアC
- 第1位
繁木 弥生
- 第2位
岡田 結衣

- 第3位
桂 奏
◇女子ジュニアB
- 第1位
加藤 舞
- 第2位
宮崎 あゆみ
- 第3位
湯本 沙季
◇女子ジュニアA
- 第1位・名古屋市長賞
竹津 栞奈
- 第2位
三澤 由華
- 第3位
髙瀬 海帆
◇男性シニア
- 第1位
上嶋 啓悟
- 第2位
金子 俊介
- 第3位
市田 繕章
野々山 亮
◇男子ジュニアB
- 第1位
久野 直哉
- 第2位
石田 浩明
- 第3位
高谷 遼
隅谷 健人
◇男子ジュニアA
- 第1位
戸田 昂希
- 第2位
益田 隼
- 第3位
野中 悠聖
第22回（平24年）
◇女性シニア
- 第1位・愛知県知事賞

菊田 梨乃
- 第2位

桂 奏
- 第3位

高木 優花

◇女子ジュニアC
- 第1位

内藤 亜仁

広橋 結衣子
- 第2位

平松 華子
- 第3位

森重 美沙季

◇女子ジュニアB
- 第1位

竹津 栞奈
- 第2位

大矢 彩乃
- 第3位

榊原 百萌奈

◇女子ジュニアA
- 第1位・名古屋市長賞

多田 玲衣
- 第2位

永久 メイ
- 第3位

大矢 夏奈

◇男性シニア
- 第1位

幸村 恢麟
- 第2位

稲毛 大輔
- 第3位

市田 繕章

◇男子ジュニアB
- 第1位

寺田 智羽
- 第1位・審査員特別賞

出野 佑都
- 第2位

西川 啓輔
- 第3位

北原 光

◇男子ジュニアA
- 第1位

三浦 宏規

益田 隼

北口 雅人
- 第2位

柳島 皇瑶
- 第3位

五十嵐 大地

第23回（平25年）

◇女性シニア
- 第1位

伊藤 真理子
- 第2位

大下 結美花
- 第3位

奥野 亜衣

◇女子ジュニアC
- 第1位

加藤 舞
- 第2位

荒井 玲那
- 第3位

椿原 せいか

◇女子ジュニアB
- 第1位

岸 美波
- 第2位

大矢 彩乃
- 第3位

西内 里奈

◇女子ジュニアA
- 第1位・名古屋市長賞

水口 優花
- 第2位

大矢 夏奈
- 第3位

川本 実夢

◇男性シニア
- 第1位

森本 亮介

- 第2位
  久野 直哉
- 第3位
  北原 光
◇男子ジュニアB
- 第1位
  喜連 歩
- 第2位
  太田 厚徳
- 第3位
  髙橋 海音
◇男子ジュニアA
- 第1位
  五十嵐 大地
- 第2位
  増田 慈
- 第3位
  増田 響
第24回（平26年）
◇女性シニア
- 第1位
  田中 利奈
- 第2位
  大下 結美花
- 第3位
  岸 双葉
◇女子ジュニアC
- 第1位
  西内 里奈
- 第2位
  本岡 真依
- 第3位
  増井 比奈子
◇女子ジュニアB

- 第1位
  増野 優花
- 第2位
  松本 有加
- 第3位
  榊原 双葉
◇女子ジュニアA
- 第1位・名古屋市長賞・審査員特別賞
  大矢 夏奈
- 第2位
  小田 七都海
- 第3位
  小林 璃子
◇男性シニア
- 第1位・愛知県知事賞
  久野 直哉
- 第2位
  和田 健太郎
- 第3位
  市田 繕章
◇男子ジュニアB
- 第1位
  柳島 皇瑶
- 第2位
  野村 天氣
- 第3位
  田淵 玲央奈
◇男子ジュニアA
- 第1位
  三宅 啄未
- 第2位
  河野 琉也
- 第3位
  清田 元海

---

120 全国舞踊コンクール

　　日本の舞踊芸術発展向上のため，次代を担う舞踊家の育成発掘を目的とし，昭和14年度より開始された。

【主催者】東京新聞

【選考委員】（第71回）バレエ一部・パ・ド・ドゥ部：牧阿佐美，うらわまことほか。バ

レエジュニア部：岡本佳津子，下村由理恵ほか。バレエ二部：酒井はな，大倉現生ほか。児童舞踊部：片岡康子，若葉紀美子ほか。邦舞第一・二部：三枝孝栄，西形節子ほか。現代舞踊一部：渥見利奈，藤井利子ほか。現代舞踊ジュニア部：井上恵美子，馬場ひかりほか。現代舞踊二部：平多実千子，坂木眞司ほか。創作舞踊部：折田克子，加藤みや子ほか

【選考方法】公募

【選考基準】（第71回）〔資格〕男女を問わない。現代舞踊第一部：19歳以上。現代舞踊ジュニア部：13歳以上18歳以下。現代舞踊第二部：12歳以下。バレエ第一部：19歳以上。バレエジュニア部：14歳以上18歳以下。バレエ第二部：8歳以上13歳以下。バレエパ・ド・ドゥ部：16歳以上。邦舞第一部：16歳以上。邦舞第二部：12歳以下。児童舞踊部：15歳以下。児童舞踊幼児部：3歳以上8歳以下。創作舞踊部：年齢を問わず。〔応募規定〕(1) バレエパ・ド・ドゥ部を除き全部門とも曲は自由。但し，予選，決選とも同じ内容。(2) バレエ以外はソロ，デュエット，アンサンブルのいずれを選んでもよい。(3) ソロ，デュエット，アンサンブルの同一人，または同一グループの同一部門への参加は1曲に限る。但し，児童舞踊部のアンサンブルはこの限りではない。(4) アンサンブルの参加人数は1曲当たり16名以内

【締切・発表】（第71回）申込期間はインターネットが平成25年12月1日〜26年1月31日24時まで。郵送は25年12月1日〜26年1月31日必着。予選・決選は3月24日〜4月4日めぐろパーシモンホール。発表は各部門決選終了後

【賞・賞金】コンクール賞，目黒区芸術文化振興財団賞，文部科学大臣奨励賞，東京都知事賞，各協会賞，エールフランス航空賞：賞状と日本〜ヨーロッパ往復航空券1枚，河藤たつろ記念団体奨励賞：賞状，楯，副賞金10万円。石井漠・はるみ指導者大賞：賞状，楯，副賞金10万円。平多正於賞：賞状，楯，副賞金10万円。みやこ賞：賞状と楯，副賞金10万円。バレエ奨励賞：賞状，賞牌。平岡斗南夫賞：賞状，楯，副賞金10万円。山田五郎賞：賞状と楯，副賞金10万円。平多宏之児童舞踊大賞：賞状と楯，副賞金10万円。すずらん賞：賞状，楯，副賞金10万円

【URL】http://www.tokyo-np.co.jp/event/buyocon/

第1回（昭14年度）
◇第1位
　若柳 光妙（本名＝高木妙子）
第2回（昭15年度）
◇児童部
　● 第1位
　　若山 洋
◇一般部
　● 第1位
　　前田 武津子
第3回（昭16年度）
◇児童部第一部
　● 第1位
　　須田 つや子

◇児童部第二部
　● 第1位
　　西田 奈都子
◇一般部第一部
　● 第1位
　　松本 京子
◇一般部第二部
　● 第1位
　　李 彩娥
第4回（昭17年度）
◇児童部第一部
　● 第1位
　　日比野 佳世子
◇児童部第二部

- 第1位・文部大臣賞
  荒野 悦子
◇一般部第一部
- 第1位
  高橋 瞳
◇一般部第二部
- 第1位
  加藤 礼子
第5回（昭18年度）
◇少国民部第一部
- 第1位
  日比野 佳世子
◇少国民部第二部
- 第1位
  小倉 延子
◇一般部第一部
- 第1位・文部大臣賞
  湯川 久子
◇一般部第二部
- 第1位
  倉田 美恵子，大内 幸子，小林 能子，新井
  幸子，石川 輝子
- 厚生舞踊部
  三田 耕子 ほか
第6回（昭24年度）
◇児童舞踊部
- 第1位・文部大臣賞
  河野 奎子 ほか4名
◇現代舞踊第一部
- 第1位・文部大臣賞
  彭城 秀子
◇現代舞踊第二部
- 第1位・文部大臣賞
  村田 温子
◇日本舞踊第一部
- 第1位・文部大臣賞
  片山 静江
◇日本舞踊第二部
- 第1位・文部大臣賞
  喜川 京子
第7回（昭25年度）
◇児童舞踊部

- 第1位・文部大臣賞
  佐藤 徳子
◇洋舞第一部
- 第1位・文部大臣賞
  石井 はるみ，江崎 司
◇洋舞第二部
- 第1位・文部大臣賞
  折田 克子
◇邦舞第一部
- 第1位・文部大臣賞
  田中 千代
◇邦舞第二部
- 第1位・文部大臣賞
  熊谷 真希子，小川 知子
◇創作舞踊部
- 第1位・文部大臣賞
  石井 はるみ〔作・演技〕　「スフィンクス
  の謎」
第8回（昭26年度）
◇児童舞踊部
- 第1位・文部大臣奨励賞
  平野 恵津子 ほか5名
◇洋舞第一部
- 第1位・文部大臣奨励賞
  安藤 三子
◇洋舞第二部
- 第1位・文部大臣奨励賞
  成相 蒼美，臼田 すぎ子
◇邦舞第一部
- 第1位・文部大臣奨励賞
  森 裕子
◇邦舞第二部
- 第1位・文部大臣奨励賞
  福田 和恵
◇創作舞踊部
- 第1位・文部大臣奨励賞
  池田 豊，黒岩 長一，関矢 幸雄　「地霊」
第9回（昭27年度）
◇児童舞踊部
- 第1位・文部大臣奨励賞
  平野 恵津子 ほか5名
◇洋舞第一部

● 第1位・文部大臣奨励賞
　三輝 容子
◇洋舞第二部
● 第1位・文部大臣奨励賞
　小野 和子
◇邦舞第一部
● 第1位・文部大臣奨励賞
　堀田 節子
◇邦舞第二部
● 第1位・文部大臣奨励賞
　神 紀美子
◇創作舞踊部
● 第1位・文部大臣奨励賞
　彭城 秀子〔作〕, 彭城 嘉子, 彭城 美恵子,
　彭城 公子, 彭城 留美子 「自画像」

第10回（昭28年度）
◇児童舞踊部
● 第1位・文部大臣奨励賞
　山中 正枝 ほか5名
◇洋舞第一部
● 第1位・文部大臣奨励賞
　藤枝 初実, 小松 恒穂
◇洋舞第二部
● 第1位・文部大臣奨励賞
　安藤 悦子
◇邦舞第一部
● 第1位・文部大臣奨励賞
　花柳 大和
◇邦舞第二部
● 第1位・文部大臣奨励賞
　渡辺 のり子, 渡辺 すみ子
◇創作舞踊部
● 第1位・文部大臣奨励賞
　安藤 三子〔作・演技〕, 堤 世王己, 小野
　和子, 図師 明子, 岸本 晴子, 杉山 久
　子, 牧岡 和子, 梅田 和子, 川口 真代
　「破調とそのヴァリエーション」

第11回（昭29年度）
◇児童舞踊部
● 第1位・文部大臣奨励賞
　小野 妙子 ほか5名
◇洋舞第一部

● 第1位・文部大臣奨励賞
　加藤 よう子
◇洋舞第二部
● 第1位・文部大臣奨励賞
　長田 ピン子, 山口 トモ世, 細川 信子
◇邦舞第一部
● 第1位・文部大臣奨励賞
　田島 澄子
◇邦舞第二部
● 第1位・文部大臣奨励賞
　呉 恵美子
◇創作舞踊部
● 第1位・文部大臣奨励賞
　関矢 幸雄〔作・演技〕, 花輪 敏子 「黒
　い沼」
◇高松宮賞
　関矢 幸雄 「黒い沼」

第12回（昭30年度）
◇児童舞踊部
● 第1位・文部大臣奨励賞
　小野 妙子 ほか5名
◇洋舞第一部
● 第1位・文部大臣奨励賞
　折田 克子
◇洋舞第二部
● 第1位・文部大臣奨励賞
　松本 京子
◇邦舞第一部
● 第1位・文部大臣奨励賞
　大石 喜久代
◇邦舞第二部
● 第1位・文部大臣奨励賞
　坪田 俊子
◇創作舞踊部
● 第1位・文部大臣奨励賞
　彭城 秀子〔作・演技〕 「月光を浴びた蛇」
◇高松宮賞
　彭城 秀子 「月光を浴びた蛇」

第13回（昭31年度）
◇児童舞踊部
● 第1位・文部大臣奨励賞
　小川 マリ子 ほか5名

◇洋舞第一部
- 第1位・文部大臣奨励賞
　木村 百合子
◇洋舞第二部
- 第1位・文部大臣奨励賞
　武藤 光子
◇邦舞第一部
- 第1位・文部大臣奨励賞
　福田 和恵
◇邦舞第二部
- 第1位・文部大臣奨励賞
　渡辺 幸子，菱山 寿子
◇創作舞踊部
- 第1位・文部大臣奨励賞
　志賀 美也子〔作・演技〕，上甲 康子，湯原
　　和子，上甲 知子，林 吉人，浦辺 日佐夫
　　「姉のアルバム」
◇高松宮賞
　志賀 美也子　「姉のアルバム」
第14回（昭32年度）
◇児童舞踊部
- 第1位・文部大臣奨励賞
　小川 マリ子 ほか5名
◇洋舞第一部
- 第1位・文部大臣奨励賞
　石井 かほる
◇洋舞第二部
- 第1位・文部大臣奨励賞
　中山 博子
◇邦舞第一部
- 第1位・文部大臣奨励賞
　花柳 嘉久輔，中山 佳子
◇邦舞第二部
- 第1位・文部大臣奨励賞
　斉藤 真由美
◇創作舞踊部
- 第1位・文部大臣奨励賞
　永田 千晴〔作・演技〕，厚木 凡人　「孤愁」
第15回（昭33年度）
◇幼児部
- 入賞
　足立 智恵子 ほか多数

◇児童舞踊部
- 第1位・文部大臣奨励賞
　市川 良子 ほか6名
◇洋舞第一部
- 第1位・文部大臣奨励賞
　泉 かをり，永田 千晴，大島 由紀，内藤
　　恭江，浜野 京子，林 多枝子，石川 尚
　　子，厚木 凡人
◇洋舞第二部
- 第1位・文部大臣奨励賞
　松丸 真弓
◇邦舞第一部
- 第1位・文部大臣奨励賞
　熊谷 真希子
◇邦舞第二部
- 第1位・文部大臣奨励賞
　白竹 博子，原 光子，工藤 由美子，菱山
　　寿子，渡辺 幸子
◇創作舞踊部
- 第1位・文部大臣奨励賞
　島田 正男〔作〕，小野 マリ子，浅川 高子，
　　小坂 尚子，田口 淑子，佐藤 裕子，小沢
　　佳子，三島 千加子　「青春（はる）」
第16回（昭34年度）
◇児童舞踊幼児部
- 入賞
　権田 かほる ほか多数
◇児童舞踊部
- 第1位・文部大臣奨励賞
　市川 良子 ほか6名
- 洋舞第1部
　厚木 凡人
◇洋舞第二部
- 第1位・文部大臣奨励賞
　友田 節子，友田 優子，友田 弘子，原田
　　妙子
◇邦舞第一部
- 第1位・文部大臣奨励賞
　牧 まゆ美
◇邦舞第二部
- 第1位・文部大臣奨励賞
　清水 美砂子，佐久間 富江

◇創作舞踊部
- 第1位・文部大臣奨励賞
　加藤 よう子〔作・演技〕　「野あざみ」
◇高松宮賞
　加藤 よう子　「野あざみ」
第17回（昭35年度）
◇児童舞踊幼児部
- 入賞
　丸子 睦美 ほか多数
◇児童舞踊部
- 第1位・文部大臣奨励賞
　見市 薫 ほか3名
◇洋舞第一部
- 第1位・文部大臣奨励賞
　伏江 朝子
◇洋舞第二部
- 第1位・文部大臣奨励賞
　鷲北 利美子
◇邦舞第一部
- 第1位・文部大臣奨励賞
　西崎 緑祐
◇邦舞第二部
- 第1位・文部大臣奨励賞
　後藤 まゆみ，小山 史子，袴田 きみ子
◇創作舞踊部
- 第1位・文部大臣奨励賞
　木村 百合子〔作・演技〕　「水泡を壁にか
　　ける氷魚」
第18回（昭36年度）
◇幼児部
- 入賞
　小林 和子 ほか多数
◇児童舞踊部
- 第1位・文部大臣奨励賞
　伊藤 るり子 ほか4名
◇洋舞第一部
- 第1位・文部大臣奨励賞
　古沢 美佐子
◇洋舞第二部
- 第1位・文部大臣奨励賞
　鍛冶田 早洋子
◇邦舞第一部

- 第1位・文部大臣奨励賞
　石井 清定
◇邦舞第二部
- 第1位・文部大臣奨励賞
　大城 洋子，渡辺 幸子，渡辺 侑香，菅原
　　智子，杉村 晴子
◇創作舞踊部
- 第1位・文部大臣奨励賞
　山田 奈々子〔作・演技〕　「何故！」
◇高松宮賞
　山田 奈々子　「何故！」
第19回（昭37年度）
◇幼児部
- 入賞
　麻生 ひとみ ほか多数
◇児童舞踊部
- 第1位・文部大臣奨励賞
　滝田 幸子 ほか11名
◇洋舞第一部
- 第1位・文部大臣奨励賞
　寺西 勤，伏江 朝子
◇洋舞第二部
- 第1位・文部大臣奨励賞
　武富 薫
◇邦舞第一部
- 第1位・文部大臣奨励賞
　花柳 茂珠
◇邦舞第二部
- 第1位・文部大臣奨励賞
　王 香織
◇創作舞踊部
- 第1位・文部大臣奨励賞
　金井 芙三枝〔作・演技〕，中島 久，大島
　　迪江，種子島 良子，松堂 ミネ子，村井
　　千枝　「砂の城」
◇高松宮賞
　金井 芙三枝　「砂の城」
第20回（昭38年度）
◇幼児部
- 入賞
　漆原 伸江 ほか多数
◇児童舞踊部

- 第1位・文部大臣奨励賞
  奥山 由紀枝 ほか5名
◇洋舞第一部
- 第1位・文部大臣奨励賞
  石川 尚子
◇洋舞第二部
- 第1位・文部大臣奨励賞
  加藤 みや子
◇邦舞第一部
- 第1位・文部大臣奨励賞
  舮居 桂子
◇邦舞第二部
- 第1位・文部大臣奨励賞
  森田 啓未，生野 桂子，杉田 典子，国井
  りえ子，輪島 万里江
◇創作舞踊部
- 第1位・文部大臣奨励賞
  可西 希代子〔作〕，伏江 朝子 「石像」
◇高松宮賞
  可西 希代子 「石像」
第21回（昭39年度）
◇幼児部
- 入賞
  中尾 朋子 ほか多数
◇児童舞踊部
- 第1位・文部大臣奨励賞
  鈴木 典子 ほか8名
◇洋舞第一部
- 第1位・文部大臣奨励賞
  牧野 京子
◇洋舞第二部
- 第1位・文部大臣奨励賞
  島森 マニ
◇邦舞第一部
- 第1位・文部大臣奨励賞
  渡辺 幸子
◇邦舞第二部
- 第1位・文部大臣奨励賞
  渡辺 侑香，笠原 葉子，菅原 智子
◇創作舞踊部
- 第1位・文部大臣奨励賞
  和田 寿子〔作・演技〕 「裁きへ続くぬれ

た顔」
◇高松宮賞
  和田 寿子 「裁きへ続くぬれた顔」
第22回（昭40年度）
◇児童舞踊部
- 第1位・文部大臣奨励賞
  麻生 ひとみ ほか5名
◇洋舞第一部
- 第1位・文部大臣奨励賞
  橋本 文子
◇洋舞第二部
- 第1位・文部大臣奨励賞
  村松 淳子
◇邦舞第一部
- 第1位・文部大臣奨励賞
  花柳 絹路
◇邦舞第二部
- 第1位・文部大臣奨励賞
  守尾 国子
◇創作舞踊部
- 第1位・文部大臣奨励賞
  松賀 藤雄〔作・演技〕，八森 豊，平部 恵
  治 「人」
◇高松宮賞
  松賀 藤雄 「人」
第23回（昭41年度）
◇児童舞踊部
- 第1位・文部大臣奨励賞
  越井 昌代 ほか17名
◇洋舞第一部
- 第1位・文部大臣奨励賞
  池内 新子
◇洋舞第二部
- 第1位・文部大臣奨励賞
  船橋 啓子
◇邦舞第一部
- 第1位・文部大臣奨励賞
  西原 和
◇邦舞第二部
- 第1位・文部大臣奨励賞
  渡 和子
◇創作舞踊部

- 第1位・文部大臣奨励賞
  庄司 裕〔作〕，長 可子，熊谷 邦夫，酒井
  　元令，岡本 高政，安部 高信，原山 習
  　「巨人と玩具」
◇特別賞
- 高松宮賞
  庄司 裕 「巨人と玩具」
- 団体奨励賞
  平多 正於
  花柳 千代
第24回（昭42年度）
◇児童舞踊部
- 第1位・文部大臣奨励賞
  鈴木 ひとみ ほか6名
◇洋舞第一部
- 第1位・文部大臣奨励賞
  亀ヶ谷 環
◇洋舞第二部
- 第1位・文部大臣奨励賞
  黒沢 美香
◇邦舞第一部
- 第1位・文部大臣奨励賞
  今井 綾子
◇邦舞第二部
- 第1位・文部大臣奨励賞
  松隈 伸子
◇創作舞踊部
- 第1位・文部大臣奨励賞
  浅井 令子〔作・演技〕，熊谷 邦夫，本多
  　弘明，多田 健一郎，日和佐 忠，戸田 雅
  　史 「白い幻」
◇特別賞
- 高松宮賞
  浅井 令子 「白い幻」
- 団体奨励賞
  可西 希代子
第25回（昭43年度）
◇現代舞踊第一部
- 第1位・文部大臣奨励賞
  日野 善子
◇現代舞踊第二部
- 第1位・文部大臣奨励賞

黒沢 美香
◇バレエ第一部
- 第1位・文部大臣奨励賞
  鳥居 ゆき子，深川 秀夫
◇バレエ第二部
- 第1位・文部大臣奨励賞
  針生 早苗
◇邦舞第一部
- 第1位・文部大臣奨励賞
  森脇 恵子
◇邦舞第二部
- 第1位・文部大臣奨励賞
  渡辺 玲子
◇児童舞踊部
- 第1位・文部大臣奨励賞
  土田下 裕子 ほか7名
◇創作舞踊部
- 第1位・文部大臣奨励賞
  花柳 千代〔作・演技〕，花柳 千和歌，花柳
  　千慶，花柳 千代澄美，花柳 千紗佳，花
  　柳 千真，花柳 千樹 「久遠」
◇特別賞
- 高松宮賞
  花柳 千代 「久遠」
- 団体奨励賞
  平岡 斗南夫，志賀 美也子
  中村 祐子
- 石井漠賞
  花柳 美根
第26回（昭44年度）
◇現代舞踊第一部
- 第1位・文部大臣奨励賞
  柳下 規夫
◇現代舞踊第二部
- 第1位・文部大臣奨励賞
  川村 みどり
◇バレエ第一部
- 第1位・文部大臣奨励賞
  山本 教子
◇バレエ第二部
- 第1位・文部大臣奨励賞
  竹本 恵子

◇邦舞第一部
- 第1位・文部大臣奨励賞
　佐久間 富江
◇邦舞第二部
- 第1位・文部大臣奨励賞
　武久 玲子
◇児童舞踊部
- 第1位・文部大臣奨励賞
　宮本 京子 ほか8名
◇創作舞踊部
- 第1位・文部大臣奨励賞
　真船 さち子〔作・演技〕，池田 真臣，河野
　潤，本多 弘明，石黒 豊子，小林 良子
　「病める双曲線」
◇特別賞
- 団体奨励賞
　橋本 知奈
- 石井漠賞
　向坂 幸子

第27回（昭45年度）
◇現代舞踊第一部
- 第1位・文部大臣奨励賞
　加藤 みや子
◇現代舞踊第二部
- 第1位・文部大臣奨励賞
　川村 みどり，角田 祐子
◇バレエ第一部
- 第1位・文部大臣奨励賞
　畑山 美江子
◇バレエ第二部
- 第1位・文部大臣奨励賞
　城 杉子
◇邦舞第一部
- 第1位・文部大臣奨励賞
　花柳 小喜代，花柳 真理弥
◇邦舞第二部
- 第1位・文部大臣奨励賞
　高橋 要子
◇児童舞踊部
- 第1位・文部大臣奨励賞
　長 龍子 ほか14名
◇創作舞踊部

- 第1位・文部大臣奨励賞
　花輪 洋治〔作・演技〕，谷津 勝，ヒゴマ
　サヒロ，立林 重光，岡村 えり子，後藤
　智江，光定 智子 「一人のアダム」
◇特別賞
- 高松宮賞
　花輪 洋治 「一人のアダム」
- 団体奨励賞
　可西 希代子
- 石井漠賞
　平多 正於

第28回（昭46年度）
◇現代舞踊第一部
- 第1位・文部大臣奨励賞
　長 可子
◇現代舞踊第二部
- 第1位・文部大臣奨励賞
　黒沢 美香
◇バレエ第一部
- 第1位・文部大臣奨励賞
　宮下 京子，三谷 恭三
◇バレエ第二部
- 第1位・文部大臣奨励賞
　横倉 明子
◇邦舞第一部
- 第1位・文部大臣奨励賞
　片山 緑
◇邦舞第二部
- 第1位・文部大臣奨励賞
　清川 雅子
◇児童舞踊部
- 第1位・文部大臣奨励賞
　川北 真澄 ほか7名
◇創作舞踊部
- 第1位・文部大臣奨励賞
　花柳 茂珠〔作・演技〕，花柳 茂園 「想蘊」
◇特別賞
- 団体奨励賞
　可西 希代子
- 石井漠賞
　黒沢 輝夫
　下田 栄子

第29回（昭47年度）
　◇現代舞踊第一部
　　●第1位・文部大臣奨励賞
　　　竹屋 啓子
　◇現代舞踊第二部
　　●第1位・文部大臣奨励賞
　　　長 龍子
　◇バレエ第一部
　　●第1位・文部大臣奨励賞
　　　志水 容子
　◇バレエ第二部
　　●第1位・文部大臣奨励賞
　　　吉川 由理，石井 淳
　◇邦舞第一部
　　●第1位・文部大臣奨励賞
　　　花柳 雅悠
　◇邦舞第二部
　　●第1位・文部大臣奨励賞
　　　常盤 基
　◇児童舞踊部
　　●第1位・文部大臣奨励賞
　　　西峯 詩織 ほか10名
　◇創作舞踊部
　　●第1位・文部大臣奨励賞
　　　柳下 規夫〔作・演技〕，小黒 美樹子，島村
　　　　二三枝 「バニシング」
　◇特別賞
　　●団体奨励賞
　　　橋本 知奈
　　●石井漠賞
　　　横井 茂
第30回（昭48年度）
　◇現代舞踊第一部
　　●第1位・文部大臣奨励賞
　　　泉 勝志
　◇現代舞踊第二部
　　●第1位・文部大臣奨励賞
　　　森本 美花
　◇バレエ第一部
　　●第1位・文部大臣奨励賞
　　　尾本 安代，間宮 則夫
　◇バレエ第二部

　　●第1位・文部大臣奨励賞
　　　岩越 千晴
　◇邦舞第一部
　　●第1位・文部大臣奨励賞
　　　福田 正美
　◇邦舞第二部
　　●第1位・文部大臣奨励賞
　　　源田 美和子
　◇児童舞踊部
　　●第1位・文部大臣奨励賞
　　　西峯 詩織 ほか10名
　◇創作舞踊部
　　●第1位・文部大臣奨励賞
　　　藤蔭 須美〔作・演技〕　「離」
　◇特別賞
　　●団体奨励賞
　　　市川 せつ子
　　　中村 祐子
　　●石井漠賞
　　　橋本 知奈
第31回（昭49年度）
　◇現代舞踊第一部
　　●第1位・文部大臣奨励賞
　　　坂本 信子
　◇現代舞踊第二部
　　●第1位・文部大臣奨励賞
　　　鈴木 延子
　◇バレエ第一部
　　●第1位・文部大臣奨励賞
　　　酒井 光子
　◇バレエ第二部
　　●第1位・文部大臣奨励賞
　　　前田 久美子
　◇邦舞第一部
　　●第1位・文部大臣奨励賞
　　　花柳 茂義実
　◇邦舞第二部
　　●第1位・文部大臣奨励賞
　　　平山 雅美
　◇児童舞踊部
　　●第1位・文部大臣奨励賞
　　　西峯 詩織 ほか8名

◇創作舞踊部
● 第1位・文部大臣奨励賞
河野 潤〔作・演技〕，竹屋 啓子，三宅 久
子，飯野 ケイ子，細野 美江子，辻元 早
苗 「アスファルトに咲いた赤い花」
◇特別賞
● 高松宮賞
河野 潤 「アスファルトに咲いた赤い花」
● 団体奨励賞
黒田 呆子
● 石井漠賞
中村 祐子

第32回（昭50年度）
◇現代舞踊第一部
● 第1位・文部大臣奨励賞
近正 文子
◇現代舞踊第二部
● 第1位・文部大臣奨励賞
桑田 みどり
◇バレエ第一部
● 第1位・文部大臣奨励賞
長谷川 和子，鵜飼 直也
◇バレエ第二部
● 第1位・文部大臣奨励賞
酒井 麻美
◇邦舞第一部
● 第1位・文部大臣奨励賞
花柳 衛菊
◇邦舞第二部
● 第1位・文部大臣奨励賞
石井 千賀子
◇児童舞踊部
● 第1位・文部大臣奨励賞
西峯 詩織 ほか9名
◇創作舞踊部
● 第1位・文部大臣奨励賞
加藤 みや子〔作〕，柳下 規夫，小黒 美樹
子，三吉 三保子，木原 夕子，川崎 佳
子，芦沢 博子 「白い国へ帰る」
◇特別賞
● 団体奨励賞
平多 正於

● 石井漠賞
市川 せつ子
第33回（昭51年度）
◇現代舞踊第一部
● 第1位・文部大臣奨励賞
鏑城 まさ子
◇現代舞踊第二部
● 第1位・文部大臣奨励賞
大樋 由美
◇バレエ第一部
● 第1位・文部大臣奨励賞
鈴木 由美
◇バレエ第二部
● 第1位・文部大臣奨励賞
近藤 若菜
◇邦舞第一部
● 第1位・文部大臣奨励賞
西川 瑞扇
◇邦舞第二部
● 第1位・文部大臣奨励賞
斉藤 有美
◇児童舞踊部
● 第1位・文部大臣奨励賞
西峯 詩織 ほか12名
◇創作舞踊部
● 第1位・文部大臣奨励賞
河野 潤〔作・演技〕，小暮 智子 「一輪ざ
しとその風景」
◇特別賞
● 団体奨励賞
黒田 呆子
● 石井漠賞
大胡 しづ子
第34回（昭52年度）
◇現代舞踊第一部
● 第1位・文部大臣奨励賞
船橋 啓子
◇現代舞踊第二部
● 第1位・文部大臣奨励賞
草ノ井 蓉子
◇バレエ第一部
● 第1位・文部大臣奨励賞

　北井 裕子
◇バレエ第二部
● 第1位・文部大臣奨励賞
　神沢 千景
◇邦舞第一部
● 第1位・文部大臣奨励賞
　西川 雅扇
◇邦舞第二部
● 第1位・文部大臣奨励賞
　板倉 敦子
◇児童舞踊部
● 第1位・文部大臣奨励賞
　仙田 直丈 ほか13名
◇創作舞踊部
● 第1位・文部大臣奨励賞
　野坂 公夫〔作・演技〕，坂本 信子，田口
　　政子，榎本 登志子，串田 光男 「ユーカ
　　リへの旅」
◇特別賞
● 団体奨励賞
　橋本 知奈
● 石井漠賞
　法村 牧緒
第35回（昭53年度）
　◇現代舞踊第一部
● 第1位・文部大臣奨励賞
　吉武 多佳子
　◇現代舞踊第二部
● 第1位・文部大臣奨励賞
　氷見 晴子
　◇バレエ第一部
● 第1位・文部大臣奨励賞
　田上 世津子
　◇バレエ第二部
● 第1位・文部大臣奨励賞
　渡辺 真智子
　◇邦舞第一部
● 第1位・文部大臣奨励賞
　西崎 珠江
　◇邦舞第二部
● 第1位・文部大臣奨励賞
　井上 香

◇児童舞踊部
● 第1位・文部大臣奨励賞
　仙田 直丈 ほか13名
◇創作舞踊部
● 第1位・文部大臣奨励賞
　柳下 規夫〔作・演技〕，船橋 啓子 「風の
　　来る…午後」
◇特別賞
● 団体奨励賞
　黒田 呆子
　黒田 輝夫
　下田 栄子
● 石井漠賞
　可西 希代子
第36回（昭54年度）
　◇現代舞踊第一部
● 第1位・文部大臣奨励賞
　本間 祥公
　◇現代舞踊第二部
● 第1位・文部大臣奨励賞
　岡田 智子
　◇バレエ第一部
● 第1位・文部大臣奨励賞
　鈴木 禎子
　◇バレエ第二部
● 第1位・文部大臣奨励賞
　堀内 元
　◇邦舞第一部
● 第1位・文部大臣奨励賞
　花柳 小童
　◇邦舞第二部
● 第1位・文部大臣奨励賞
　豊留 千絵，義田 恵美，鴨井 初子，堀江
　　洋子，佐々木 香織，小川 雅美
　◇児童舞踊部
● 第1位・文部大臣奨励賞
　新井 るり子 ほか10名
　◇創作舞踊部
● 第1位・文部大臣奨励賞
　岡村 えり子〔作・演技〕，花輪 洋治，児玉
　　克洋，船橋 啓子 「冬の鴎」
　◇特別賞

- 団体奨励賞
  倉島 照代
- 石井漠賞
  藤井 公，藤井 利子

第37回（昭55年度）
◇現代舞踊第一部
- 第1位・文部大臣奨励賞
  小池 幸子
◇現代舞踊第二部
- 第1位・文部大臣奨励賞
  山田 仁美
◇現代舞踊ジュニア部
- 第1位・文部大臣奨励賞
  秋本 美佳
◇バレエ第一部
- 第1位・文部大臣奨励賞
  井神 さゆり
◇バレエ第二部
- 第1位・文部大臣奨励賞
  中村 みゆき
◇バレエジュニア部
- 第1位・文部大臣奨励賞
  堀内 かおり，堀内 元
◇邦舞第一部
- 第1位・文部大臣奨励賞
  藤間 文園
◇邦舞第二部
- 第1位・文部大臣奨励賞
  森山 玲子
◇児童舞踊部
- 第1位・文部大臣奨励賞
  西條 抄子 ほか14名
◇創作舞踊部
- 第1位・文部大臣奨励賞
  船橋 啓子〔作・演技〕，柳下 規夫 「午後4
  時の川の流れ」
◇特別賞
- 団体奨励賞
  庄司 裕
- 石井漠賞
  堀内 完

第38回（昭56年度）
◇現代舞踊第一部
- 第1位・文部大臣奨励賞
  木佐貫 邦子
◇現代舞踊第二部
- 第1位・文部大臣奨励賞
  小山 みどり
◇現代舞踊ジュニア部
- 第1位・文部大臣奨励賞
  山田 仁美
◇バレエ第一部
- 第1位・文部大臣奨励賞
  大村 道子
◇バレエ第二部
- 第1位・文部大臣奨励賞
  佐藤 明美
◇バレエジュニア部
- 第1位・文部大臣奨励賞
  吉田 都
◇邦舞第一部
- 第1位・文部大臣奨励賞
  花柳 万里代
◇邦舞第二部
- 第1位・文部大臣奨励賞
  佐々木 京美
◇児童舞踊部
- 第1位・文部大臣奨励賞
  西條 抄子 ほか12名
◇創作舞踊部
- 第1位・文部大臣奨励賞
  後藤 智江〔作・演技〕，二宮 真由美，後藤
  直子，湯原 園子，笠原 裕子，花輪 洋治
  「土砂降り」
◇特別賞
- 団体奨励賞
  黒沢 輝夫，下田 栄子
  法村・友井バレエ学校
- 石井漠賞
  庄司 裕
- 高田せい子記念賞
  山田 仁美

第39回（昭57年度）
　◇現代舞踊第一部
　●第1位・文部大臣奨励賞
　　黒沢 美香
　◇現代舞踊第二部
　●第1位・文部大臣奨励賞
　　今野 初恵
　◇現代舞踊ジュニア部
　●第1位・文部大臣奨励賞
　　岡田 智子
　◇バレエ第一部
　●第1位・文部大臣奨励賞
　　池田 尚子
　◇バレエ第二部
　●第1位・文部大臣奨励賞
　　橋本 美奈子
　◇バレエジュニア部
　●第1位・文部大臣奨励賞
　　栗原 弥生
　◇邦舞第一部
　●第1位・文部大臣奨励賞
　　西川 喜由
　◇邦舞第二部
　●第1位・文部大臣奨励賞
　　橘川 りさ
　◇児童舞踊部
　●第1位・文部大臣奨励賞
　　中村 陽子 ほか12名
　◇創作舞踊部
　●第1位・文部大臣奨励賞
　　三上 真理子〔作・演技〕，本多 実男 「月
　　の女神の蕾こそ」
　◇特別賞
　●団体奨励賞
　　橋本 知奈
　●石井漠賞
　　黒沢 輝夫，下田 栄子
　●高田せい子記念賞
　　岡田 智子
第40回（昭58年度）
　◇現代舞踊第一部
　●第1位・文部大臣奨励賞

　　平多 実千子
　◇現代舞踊第二部
　●第1位・文部大臣奨励賞
　　小飯塚 みどり
　◇現代舞踊ジュニア部
　●第1位・文部大臣奨励賞
　　氷見 晴子
　◇バレエ第一部
　●第1位・文部大臣奨励賞
　　西 優一
　◇バレエ第二部
　●第1位・文部大臣奨励賞
　　塩谷 奈弓
　◇バレエジュニア部
　●第1位・文部大臣奨励賞
　　平元 久美
　◇邦舞第一部
　●第1位・文部大臣奨励賞
　　西川 扇麗
　◇邦舞第二部
　●第1位・文部大臣奨励賞
　　斉藤 有美
　◇児童舞踊部
　●第1位・文部大臣奨励賞
　　関 一葉 ほか9名
　◇創作舞踊部
　●第1位・文部大臣奨励賞
　　日野 善子〔作・演技〕　「夢を見た」
　◇特別賞
　●東京新聞大賞
　　日野 善子
　●団体奨励賞
　　橋本 知奈
　●石井漠賞
　　石川 恵津子
　●高田せい子記念賞
　　氷見 晴子
第41回（昭59年度）
　◇現代舞踊第一部
　●第1位・文部大臣奨励賞
　　正木 聡
　◇現代舞踊第二部

- 第1位・文部大臣奨励賞
  小飯塚 みどり
◇現代舞踊ジュニア部
- 第1位・文部大臣奨励賞
  三浦 千恵子
◇バレエ第一部
- 第1位・文部大臣奨励賞
  佐々木 三夏
◇バレエ第二部
- 第1位・文部大臣奨励賞
  宮内 真理子
◇バレエジュニア部
- 第1位・文部大臣奨励賞
  中村 かおり
◇邦舞第一部
- 第1位・文部大臣奨励賞
  青柳 有紀
◇邦舞第二部
- 第1位・文部大臣奨励賞
  宍戸 美穂
◇児童舞踊部
- 第1位・文部大臣奨励賞
  林 裕子 ほか8名
◇創作舞踊部
- 第1位・文部大臣奨励賞
  小池 幸子 「篭の鳥」
◇特別賞
- 団体奨励賞
  橋本 知奈
- 石井漠賞
  山本 礼子
- 高田せい子記念賞
  三浦 千恵子
第42回（昭60年度）
◇現代舞踊第一部
- 第1位・文部大臣奨励賞
  武元 賀寿子
◇現代舞踊第二部
- 第1位・文部大臣奨励賞
  高沢 嘉津子
◇現代舞踊ジュニア部
- 第1位・文部大臣奨励賞

  加賀谷 香
◇バレエ第一部
- 第1位・文部大臣奨励賞
  森本 由布子
◇バレエ第二部
- 第1位・文部大臣奨励賞
  堀川 美和，西口 香苗，西尾 睦生，山口
    彩，長竹 美保，西尾 美奈子
◇バレエジュニア部
- 第1位・文部大臣奨励賞
  坂西 麻美
◇邦舞第一部
- 第1位・文部大臣奨励賞
  花柳 比奈代
◇邦舞第二部
- 第1位・文部大臣奨励賞
  小飯塚 みどり
- 児童舞踊部
  小飯塚 みどり ほか14名
◇創作舞踊部
- 第1位・文部大臣奨励賞
  花柳 衛菊 「機織（鶴の恩返しより）」
◇特別賞
- 団体奨励賞
  法村・友井バレエ学校
- 石井漠賞
  高沢 加代子
- 高田せい子記念賞
  加賀谷 香
第43回（昭61年度）
◇現代舞踊第一部
- 第1位・文部大臣奨励賞
  波場 千恵子
◇現代舞踊第二部
- 第1位・文部大臣奨励賞
  堀内 剛
◇現代舞踊ジュニア部
- 第1位・文部大臣奨励賞
  小飯塚 みどり
◇バレエ第一部
- 第1位・文部大臣奨励賞
  栗原 弥生

◇バレエ第二部
● 第1位・文部大臣奨励賞
　永井 とも子
◇バレエジュニア部
● 第1位・文部大臣奨励賞
　渡部 美咲
◇邦舞第一部
● 第1位・文部大臣奨励賞
　小島 明美
◇邦舞第二部
● 第1位・文部大臣奨励賞
　田島 実奈子
◇児童舞踊部
● 第1位・文部大臣奨励賞
　小飯塚 みどり ほか12名
◇創作舞踊部
● 第1位・文部大臣奨励賞
　藤井 香〔作・演技〕 「永訣の朝」
◇特別賞
● 団体奨励賞
　橋本 知奈
● 石井漠賞
　関原 生子，関原 亜子
● 高田せい子記念賞
　小飯塚 みどり
第44回（昭62年度）
◇現代舞踊第一部
● 第1位・文部大臣奨励賞
　潮田 麻里
◇現代舞踊第二部
● 第1位・文部大臣奨励賞
　納所 さやか
◇現代舞踊ジュニア部
● 第1位・文部大臣奨励賞
　小飯塚 みどり
◇バレエ第一部
● 第1位・文部大臣奨励賞
　草刈 民代
◇バレエ第二部
● 第1位・文部大臣奨励賞
　泉 梨花
◇バレエジュニア部

● 第1位・文部大臣奨励賞
　中屋 知子
◇邦舞第一部
● 第1位・文部大臣奨励賞
　茂木 暁美
◇邦舞第二部
● 第1位・文部大臣奨励賞
　小林 早紀
◇児童舞踊部
● 第1位・文部大臣奨励賞
　小飯塚 みどり ほか10名
◇創作舞踊部
● 第1位・文部大臣奨励賞
　上田 遙〔作・演技〕，地主 律子 「叫びと
　　囁き」
◇特別賞
● 団体奨励賞
　黒沢 輝夫，下田 栄子
● 石井漠賞
　宮城 昇
● 高田せい子記念賞
　小飯塚 みどり
● 平多正於賞
　黒沢 輝夫，下田 栄子
● 童心賞
　黒田 呆子
　橋本 知奈，橋本 祥恵，橋本 美恵
第45回（昭63年度）
◇現代舞踊第一部
● 第1位・文部大臣奨励賞
　藤井 恵子
◇現代舞踊第二部
● 第1位・文部大臣奨励賞
　岩原 由香
◇現代舞踊ジュニア部
● 第1位・文部大臣奨励賞
　小飯塚 みどり
◇バレエ第一部
● 第1位・文部大臣奨励賞
　松田 敏子
◇バレエ第二部
● 第1位・文部大臣奨励賞

吉田 恵
◇バレエジュニア部
● 第1位・文部大臣奨励賞
　小嶋 直也
◇邦舞第一部
● 第1位・文部大臣奨励賞
　西崎 八重
◇邦舞第二部
● 第1位・文部大臣奨励賞
　石田 万智，平山 由紀子
◇児童舞踊部
● 第1位・文部大臣奨励賞
　秋山 洋子 ほか13名
◇創作舞踊部
● 第1位・文部大臣奨励賞
　武元 賀寿子 「生ける花の恵み」
◇特別賞
● 団体奨励賞
　橋本 知奈
● 石井漠賞
　藤井 信子
● 高田せい子記念賞
　小飯塚 みどり
● 平多正於賞
　橋本 知奈
● 童心賞
　平多 宏之，平多 陽子
第46回（平1年度）
◇現代舞踊第一部
● 第1位・文部大臣奨励賞
　勝 珠美
◇現代舞踊第二部
● 第1位・文部大臣奨励賞
　吉森 梨香，松下 妙子，井上 美季，黒田
　　寧，黒田 由
◇現代舞踊ジュニア部
● 第1位・文部大臣奨励賞
　神田 英姫
◇バレエ第一部
● 第1位・文部大臣奨励賞
　新谷 真理子
◇バレエ第二部

● 第1位・文部大臣奨励賞
　松村 里沙
◇バレエジュニア部
● 第1位・文部大臣奨励賞
　平井 有紀
◇邦舞第一部
● 第1位・文部大臣奨励賞
　花柳 秀衛
◇邦舞第二部
● 第1位・文部大臣奨励賞
　該当者なし
◇児童舞踊部
● 第1位・文部大臣奨励賞
　高野 秦伸 ほか10名
◇創作舞踊部
● 第1位・文部大臣奨励賞
　仲野 恵子〔作・演技〕，岡庭 秀之 「山羊
　の譜」
◇特別賞
● 童心賞
　平多 宏之，平多 陽子
第47回（平2年度）
◇バレエ第一部
● 第1位・文部大臣奨励賞
　宮浦 久美子 「眠れる森の美女」第1幕よ
　りヴァリエーション
● 第2位
　守屋 早苗 「海賊」よりヴァリエーション
● 第3位
　森 恵寿 「ドン・キホーテ」より男性ヴァ
　リエーション
◇バレエ・パ・ド・ドゥ部
● 第1位・文部大臣奨励賞
　渡辺 れい 「海賊」よりパドゥドゥ
● 第2位
　永井 とも子 「グラン・パ・クラシック」
● 第3位
　神沢 千景，大寺 資二 「黒鳥」のパドゥ
　ドゥ
◇バレエ第二部
● 第1位・文部大臣奨励賞
　市河 里恵 「海賊」よりヴァリエーション

● 第2位
　中野 綾子 「海賊」よりヴァリエーション
● 第3位
　十河 志織 「ジゼル」第1幕よりジゼルの
　ヴァリエーション
◇バレエジュニア部
● 第1位・文部大臣奨励賞
　森田 健太郎 「白鳥の湖」第3幕より王子
　のヴァリエーション
● 第2位
　小川 亜矢子 「ジゼル」第1幕よりジゼル
　のヴァリエーション
● 第3位
　佐々木 陽平 「ドン・キホーテ」第3幕よ
　りヴァリエーション
◇創作舞踊部
● 第1位・文部大臣奨励賞
　竹内 登志子 「冬の終わりのタンゴ」
● 第2位
　高野 尚美 「秋刀魚のうた」
● 第3位
　二見 一幸 「闇に咲く言葉」
◇現代舞踊第一部
● 第1位・文部大臣奨励賞
　平多 利江 「月のミステリアス」
● 第2位
　津田 幸子 「夕桜あり」
● 第3位
　布山 さと美 「望郷─帰れぬ女」
◇現代舞踊ジュニア部
● 第1位・文部大臣奨励賞
　加藤 奈々 「月と珊瑚」
● 第2位
　中川 亜希 「冬枯れの中に咲く花は…」
● 第3位
　池原 めぐみ 「メモリーズ」
◇現代舞踊第二部
● 第1位・文部大臣奨励賞
　本田 幸子 「森の詩」
● 第2位
　中野 舞 「この道」
● 第3位

　小林 美沙緒 「光のダンス」
◇児童舞踊部
● 第1位・文部大臣奨励賞
　田中 千穂 ほか12名（平多宏之・陽子舞踊
　研究所）「ギリシャ神話より〈マスク〉」
● 第2位
　原 可奈子 ほか14名（平多宏之・陽子舞踊
　研究所）「馬ッコ わらッコ 祭りッコ」
● 第3位
　山本 高頂 ほか9名（平多武於舞踊研究所）
　「邪馬台国」
◇邦舞第一部
● 第1位・文部大臣奨励賞
　花柳 千涌 「荒れねずみ」
● 第2位
　岡田 晋一郎 「七福神」
● 第3位
　藤間 園雀 「紙うり」
◇邦舞第二部
● 第1位・文部大臣奨励賞
　望月 麻衣 「平成万才」
● 第2位
　竹村 友生香 「雨の五郎」
● 第3位
　山形 俊子 「万才」
◇特別賞
● 石井漠賞
　今村 博明
　川口 ゆり子
● 高田せい子記念賞
　加藤 奈々
● 河藤たつろ記念団体奨励賞
　平多宏之・陽子舞踊研究所
● 平多正於賞
　本間祥公ダンスバレエアカデミー
● 童心賞
　平多 武於，平多 結花 「天狗が住むとい
　ふ島」
● ルフトハンザドイツ航空賞
　宮浦 久美子
● みやこ賞
　花柳 千涌

藤間 聖章
- バレエ奨励賞
神沢 千景, 大寺 資二
第48回（平3年度）
◇バレエ第一部
- 第1位・文部大臣奨励賞
野間 彩 「海賊」よりヴァリエーション
- 第2位
逸見 智彦 「ジゼル」第2幕よりアルブレヒトのヴァリエーション
- 第3位
遠藤 睦子 「海賊」のヴァリエーション
◇バレエ・パ・ド・ドゥ部
- 第1位・文部大臣奨励賞
山本 みさ 「ドン・キホーテ」よりグランパドゥドゥ
- 第2位
国田 美和 「海賊」よりパドゥドゥ
- 第3位
新井 美紀子 「眠れる森の美女」第3幕よりグランパドゥドゥ
◇バレエ第二部
- 第1位・文部大臣奨励賞
滝本 小百合 「眠れる森の美女」第1幕よりオーロラ姫のヴァリエーション
- 第2位
上野 水香 「ドン・キホーテ」第2幕よりキトリのヴァリエーション
- 第3位
泉 敦子 「金平糖」のヴァリエーション
◇バレエジュニア部
- 第1位・文部大臣奨励賞
市河 里恵 「オーロラ姫」のヴァリエーション
- 第2位
吉田 恵 「海賊」よりヴァリエーションとコーダ
- 第3位
朝枝 めぐみ 「黒鳥」のヴァリエーションとコーダ
◇創作舞踊部
- 第1位・文部大臣奨励賞

高野 尚美 「姉妹」
- 第2位
二見 一幸 「パトス」
- 第3位
湯原 園子 「シベリアの墓標」
◇現代舞踊第一部
- 第1位・文部大臣奨励賞
津田 幸子 「地平線を見る」
- 第2位
田保 知里 「ジゼルの歌がきこえる」
- 第3位
大輪 ひとみ 「海にゆらぐ糸」
◇現代舞踊ジュニア部
- 第1位・文部大臣奨励賞
林 真穂子 「哀歌」
- 第2位
本田 幸子 「水草…陽光にゆれて」
- 第3位
渡辺 理恵子 「冬桜」
◇現代舞踊第二部
- 第1位・文部大臣奨励賞
小林 美沙緒 「物語曲（バラード）」
- 第2位
蛯子 奈緒美 「ジプシーの少女」
- 第3位
中野 舞, 中野 円 「茜色がどこまでも」
◇児童舞踊部
- 第1位・文部大臣奨励賞
石戸谷 知子 ほか11名 「長屋の花見」
- 第2位
田中 千穂 ほか15名 「般若童」
- 第3位
矢沢 亜紀 ほか8名 「故郷・遠い昔のある晴れた日」
◇邦舞第一部
- 第1位・文部大臣奨励賞
力石 啓子 「あやめ売り」
- 第2位
花柳 千代直 「猩々」
- 第3位
福井 佐洋子 「卯の花」
◇邦舞第二部

● 第1位・文部大臣奨励賞
　宮田 真沙子 「簪（かんざし）」
● 第2位
　井ノ口 薫 「あやめ売り」
● 第3位
　大林 薫 「松の緑」
◇特別賞
● 河藤たつろ記念団体奨励賞
　平多正於舞踊研究所
● 石井漠賞
　志賀 美也子
● 高田せい子記念賞
　林 真穂子
● 平多正於賞
　黒沢輝夫・下田栄子モダンバレエスタヂオ
● 童心賞
　太田 久乃 「森がないている」
● ルフトハンザドイツ航空賞
　野間 彩
● みやこ賞
　力石 啓子，花柳 千代
第49回（平4年度）
◇バレエ第一部
● 第1位・文部大臣奨励賞
　野間 景 「眠れる森の美女」第1幕より
　　ローズアダジオのヴァリエーション
● 第2位
　福岡 豊 「白鳥の湖」第3幕より王子の
　　ヴァリエーション
● 第3位
　橋本 尚美 「眠れる森の美女」第1幕より
　　オーロラ姫のヴァリエーション
◇バレエ・パ・ド・ドゥ部
● 第1位・文部大臣奨励賞
　山田 繭紀，戸部 信一 「眠れる森の美女」
　　第3幕よりグランパドゥドゥ
● 第2位
　島 知子，山口 章 「コッペリア」よりグラ
　　ンパドゥドゥ
● 第3位
　高橋 有里 「海賊」第2幕よりメドーラと
　　コンラッドのグランパドゥドゥ

◇バレエ第二部
● 第1位・文部大臣奨励賞
　松浦 のぞみ 「サタネラ」よりヴァリエー
　　ション
● 第2位
　森 伊佐 「チャイコフスキーのパドゥ
　　ドゥ」より女性のヴァリエーション
● 第3位
　青山 季可 「白鳥の湖」第3幕より黒鳥の
　　ヴァリエーション
◇バレエジュニア部
● 第1位・文部大臣奨励賞
　法村 圭緒 「ドン・キホーテ」よりバジル
　　のヴァリエーション
● 第2位
　徳永 桜子 「パキータ」よりヴァリエー
　　ション
● 第3位
　高橋 雪絵 「ジゼル」第1幕よりジゼルの
　　ヴァリエーション
◇創作舞踊部
● 第1位・文部大臣奨励賞
　松山 善弘 「Amplification―増幅」
● 第2位
　二見 一幸 「ROMANTIC DEATH」
● 第3位
　片上 守 「夜のステップ」
◇現代舞踊第一部
● 第1位・文部大臣奨励賞
　坂本 秀子 「桜の樹の下には…」
● 第2位
　田保 知里 「迷彩の森」
● 第3位
　大輪 ひとみ 「風よ静かに彼の岸へ」
◇現代舞踊ジュニア部
● 第1位・文部大臣奨励賞
　小林 美沙緒，林 真穂子 「誇らかな風景」
● 第2位
　本田 幸子 「月に恋したオンディーヌ」
● 第3位
　池原 めぐみ 「落葉のコンチェルト」
◇現代舞踊第二部

- 第1位・文部大臣奨励賞
  西村 晶子 「あの蝶は…」
- 第2位
  天野 美和子 「静かなたたかい」
- 第3位
  中野 舞, 中野 円 「いつも二人で」

◇児童舞踊部
- 第1位・文部大臣奨励賞
  田中 千穂 ほか13名 「猿祭楽」
- 第2位
  松井 理絵 ほか15名 「ねんど」
- 第3位
  青木 夕美 ほか12名 「蒼い狼・モンゴル
  の風に向って」

◇邦舞第一部
- 第1位・文部大臣奨励賞
  西崎 遙 「椿慕情」
- 第2位
  花柳 和彩紀 「春の鳥」
- 第3位
  坂東 三扇秀 「玉屋」

◇邦舞第二部
- 第1位・文部大臣奨励賞
  該当者なし
- 第2位
  倉田 美智子 「廓八景」
- 第3位
  竹村 友生香 「供奴」

◇特別賞
- 河藤たつろ記念団体奨励賞
  平多宏之・陽子舞踊研究所
- 石井漠賞
  金井 芙三枝
- 東京新聞大賞
  松山 善弘
- 高田せい子記念賞
  小林 美沙緒
  林 真穂子
- 平多正於賞
  黒沢輝夫・下田栄子モダンバレエスタヂオ
- 童心賞
  賀来 良江, 潮田 麻里 「ねんど」

平多 宏之, 平多 陽子 「おてもやん」
- ルフトハンザドイツ航空賞
  野間 景
- みやこ賞
  西崎 遙

◇バレエ奨励賞
  山田 繭紀, 戸部 信一

第50回（平5年度）
◇バレエ第一部
- 第1位・文部大臣奨励賞
  朝枝 めぐみ 「ドン・キホーテ」よりキト
  リのヴァリエーションとコーダ
- 第2位
  吉本 泰久 「海賊」より男性ヴァリエー
  ション
- 第3位
  小出 領子 「眠れる森の美女」第3幕より
  オーロラ姫のヴァリエーション

◇バレエ・パ・ド・ドゥ部
- 第1位・文部大臣奨励賞
  大森 結城 「眠れる森の美女」第3幕より
  オーロラとデジレのグランパドゥドゥ
- 第2位
  望月 礼子 「ドン・キホーテ」第4幕より
  キトリとバジルのグランパドゥドゥ
- 第3位
  宮川 貴子 「眠れる森の美女」第3幕より
  オーロラとデジレのグランパドゥドゥ

◇バレエ第二部
- 第1位・文部大臣奨励賞
  青山 季可 「エスメラルダ」よりヴァリ
  エーション
- 第2位
  中村 祥子 「パキータ」よりヴァリエー
  ション
- 第3位
  河合 佑香 「眠れる森の美女」第3幕より
  オーロラ姫のヴァリエーション

◇バレエジュニア部
- 第1位・文部大臣奨励賞
  石川 寛子 「シルビア」のヴァリエー
  ション

- 第2位
  田中 ルリ 「パキータ」よりヴァリエー
  ション
- 第3位
  十河 志織 「胡桃割人形」より金平糖の精
  のヴァリエーション

◇創作舞踊部
- 第1位・文部大臣奨励賞
  二見 一幸 「イリアス」
- 第2位
  能美 健志 「闇の中の記憶」
- 第3位
  山元 美代子 「雨の夜のモノローグ」

◇現代舞踊第一部
- 第1位・文部大臣奨励賞
  田保 知里 「寒月の女」
- 第2位
  内田 香 「夜叉ケ池」
- 第3位
  明尾 真弓 「回帰」

◇現代舞踊ジュニア部
- 第1位・文部大臣奨励賞
  小林 美沙緒 「SONNET」
- 第2位
  本田 幸子 「哀しみのジャンヌダルク」
- 第3位
  林 真穂子 「風の涙」

◇現代舞踊第二部
- 第1位・文部大臣奨励賞
  赤地 志津子 「ノクターン」
- 第2位
  西村 晶子 「ゆめ…」
- 第3位
  福島 千賀子 「ネロの愛した1枚の絵」

◇児童舞踊部
- 第1位・文部大臣奨励賞
  鈴木 真帆 ほか10名 「チャップリン」
- 第2位
  田原 梨恵 ほか11名 「恵比寿漫才よりめ
  で鯛 目出鯛」
- 第3位
  田中 るみ子 ほか12名 「神々の伝言」

◇邦舞第一部
- 第1位・文部大臣奨励賞
  坂東 三扇秀 「扇の的」
- 第2位
  久間 賀子 「祇園の夜桜」
- 第3位
  福井 佐洋子 「たぬき」
  藤間 園雀 「面売り」

◇邦舞第二部
- 第1位・文部大臣奨励賞
  該当者なし
- 第2位
  望月 厚典 「外記猿」
- 第3位
  井ノ口 薫 「島の千歳」

◇特別賞
- 河藤たつろ記念団体奨励賞
  黒沢輝夫・下田栄子モダンバレエスタヂオ
- 石井漠賞
  庄司 裕
- 東京新聞大賞
  二見 一幸
- 高田せい子記念賞
  小林 美沙緒
- 平多正於賞
  ナカムラ・モダンバレエ研究所
- 童心賞
  平多 宏之，平多 陽子 「安来の里」
- ルフトハンザドイツ航空賞
  朝枝 めぐみ
- みやこ賞
  坂東 三扇秀

第51回（平6年度）
◇創作舞踊部
- 第1位・文部大臣奨励賞
  能美 健志 「ソリチュード〜ひとりの抱擁」
- 第2位
  中村 隆彦 「月のしじま」
- 第3位
  山元 美代子 「私の石を探して」

◇現代舞踊第一部
- 第1位・文部大臣奨励賞

明尾 真弓 「離愁」

● 第2位

丸岡 有子，玉木 美帆，市橋 佳奈，矢作 聡子，高橋 香澄 「死者たちの刻」

● 第3位

金田 尚子 「地平」

内田 香 「花筺」

◇現代舞踊ジュニア部

● 第1位・文部大臣奨励賞

星野 有美子 「春のアンソロジー」

● 第2位

本田 幸子 「ノクターン」

● 第3位

西村 晶子 「水仙の花は白がいゝ…」

◇現代舞踊第二部

● 第1位・文部大臣奨励賞

斉藤 瑞穂 「忘れられて…」

● 第2位

高田 真琴 「月光に遊ぶ」

● 第3位

中野 円，岡野 絵理子，川村 真奈，工藤 奈緒子，小玉 みなみ，荻野 佑美子，石井 桃子，蓬田 真菜，大内 万里江，石川 璃沙，佐藤 果林 「桜の木の下で」

◇バレエ第二部

● 第1位・文部大臣奨励賞

田中 麻子 「エスメラルダ」よりヴァリエーション

● 第2位

立石 梨紗 「眠れる森の美女」第1幕よりオーロラのヴァリエーション

● 第3位

杉本 純子 「眠れる森の美女」第1幕よりローズ・アダジオのヴァリエーション

◇バレエジュニア部

● 第1位・文部大臣奨励賞

笠井 裕子 「眠れる森の美女」第1幕よりオーロラ姫のヴァリエーション

● 第2位

西山 瑠美子 「眠れる森の美女」よりローズ・アダジオのヴァリエーション

● 第3位

上原 和久 「コッペリア」第3幕よりフランツのヴァリエーション

◇バレエ第一部

● 第1位・文部大臣奨励賞

秋定 信哉 「バヤデルカ」よりヴァリエーション

● 第2位

原 麻衣子 「海賊」よりヴァリエーション

● 第3位

上村 未香 「シルビア」よりヴァリエーション

◇バレエ・パ・ド・ドゥ部

● 第1位・文部大臣奨励賞

吉本 泰久，永井 とも子 「ドン・キホーテ」第4幕よりグランパドゥドゥ

● 第2位

佐々木 ルミ，谷口 健一 「眠れる森の美女」第3幕よりオーロラとデジレのグランパドゥドゥ

● 第3位

小林 寿代 「眠れる森の美女」第3幕よりオーロラとデジレのグランパドゥドゥ

◇児童舞踊部

● 第1位・文部大臣奨励賞

佐藤 由美子 ほか14名 「コンポンチャム ―悲しみの中の少年たち」

● 第2位

森岡 千尋 ほか13名 「緑黄色のシンフォニー」

● 第3位

鈴木 衣美 ほか6名 「闘犬小冠者」

◇邦舞第一部

● 第1位・文部大臣奨励賞

西崎 真帆 「梅」

● 第2位

藤間 園雀 「紅うり」

● 第3位

黒沢 英恵 「梅」

◇邦舞第二部

● 第1位・文部大臣奨励賞

諸星 杏湖 「越後獅子」

● 第2位

望月 厚典 「廓八景」
● 第3位
　橋本 恵以 「初うぐいす」
◇特別賞
● 河藤たつろ記念団体奨励賞
　平多武於舞踊研究所
● 石井漠賞
　能美 健志
● 高田せい子記念賞
　星野 有美子
● 平多正於賞
　黒沢輝夫・下田栄子モダンバレエスタヂオ
● 童心賞
　賀来 良江，中野 真紀子 「金のガチョウ」
　平多 宏之，平多 陽子 「勇気ある愉快な
　　ゲーム」
● ルフトハンザドイツ航空賞
　秋定 信哉
● みやこ賞
　西崎 真帆
　花柳 和
● バレエ奨励賞
　吉本 泰久
　永井 とも子
● 指導者大賞
　下田 栄子
第52回（平7年度）
◇創作舞踊部
● 第1位・文部大臣奨励賞
　片上 守 「夜の旅」
● 第2位
　山元 美代子 「幻想の檻の中で」
● 第3位
　山名 たみえ 「蝶のためのレクイエム」
◇現代舞踊第一部
● 第1位・文部大臣奨励賞
　内田 香 「クロイツェル・ソナタ」
● 第2位
　平多 量子 「無極の砂丘」
● 第3位
　池田 素子 「夜想曲」
◇現代舞踊ジュニア部

● 第1位・文部大臣奨励賞
　本田 幸子 「Fall Love」
● 第2位
　西村 晶子 「盲目の少女」
● 第3位
　小林 美沙緒 「ジェット」
◇現代舞踊第二部
● 第1位・文部大臣奨励賞
　井上 みな 「花祭り」
● 第2位
　高田 真琴 「舞風」
● 第3位
　斉藤 あゆみ 「聖なる花に捧ぐ」
◇児童舞踊部
● 第1位・文部大臣奨励賞
　土岐 まどか ほか11名（平多宏之・陽子舞
　　踊研究所）「大地の鼓動―破壊からの旅
　　立ち」
● 第2位
　北尾 亜沙美 ほか14名（平多武於舞踊研究
　　所）「疎開―大将がいたあの頃」
● 第3位
　宮田 章子 ほか12名（平多正於舞踊研究
　　所）「ニングルの森」
◇バレエ第一部
● 第1位・文部大臣奨励賞
　西山 裕子 「バキータよりバリエーション」
● 第2位
　池谷 亮一 「ダイアナとアクティオン」
● 第3位
　吉岡 まな美 「黒鳥のバリエーション」
　前田 新奈 「グラン・パ・クラシックより
　　バリエーション」
◇バレエジュニア部
● 第1位・文部大臣奨励賞
　内田 紗矢花 「海賊よりバリエーション」
● 第2位
　松岡 真樹 「ローズアダジオのバリエー
　　ション」
● 第3位
　立石 梨紗 「オーロラのバリエーション」
◇バレエ第二部

- 第1位・文部大臣奨励賞
  飯野 有夏 「オディールのバリエーション」
- 第2位
  山本 康介 「バジルのバリエーション」
- 第3位
  東野 泰子 「金平糖のバリエーション」

◇バレエ・パ・ド・ドゥ部
- 第1位・文部大臣奨励賞
  西山 瑠美子, 正木 亮 「キトリとバジルの
  　　グラン・パ・ド・ドゥ」
- 第2位
  近藤 麻由美 「海賊よりグラン・パ・ド・
  　　ドゥ」
- 第3位
  田中 美和 「くるみ割り人形よりグラン・
  　　パ・ド・ドゥ」

◇邦舞第一部
- 第1位・文部大臣奨励賞
  西崎 香代 「あやめ」
- 第2位
  斉藤 有美 「晴天の鶴」
- 第3位
  藤間 園雀 「宝扇」

◇邦舞第二部
- 第1位・文部大臣奨励賞
  斉藤 一 「松の緑」
- 第2位
  斎藤 美智子 「藤娘」
- 第3位
  望月 厚典 「獅子の乱曲」

◇特別賞
- 高田せい子記念賞
  本田 幸子
- 河藤たつろ記念団体奨励賞
  平多宏之・陽子舞踊研究所
- 平多正於賞
  伊藤淳子舞踊研究所
- 童心賞
  久保 照子
- みやこ賞
  西崎 香代, 五條 三奈
- ルフトハンザドイツ航空賞

　　西山 裕子
- 指導者大賞
  関田 和代
- バレエ奨励賞
  西山 瑠美子, 正木 亮
- 石井漠賞
  片上 守

第53回 (平8年度)

◇創作舞踊部
- 第1位・文部大臣奨励賞
  松永 雅彦 「対話―それは心のパズル」
- 第2位
  藤原 悦子 「アダージョ―歪んだ二重奏」
- 第3位
  山名 たみえ 「境界線上の記憶」

◇現代舞踊第一部
- 第1位・文部大臣奨励賞
  平多 量子 「エフェソスの地から」
- 第2位
  児玉 敏子 「凍てる声」
- 第3位
  金田 尚子 「雨のあと」

◇現代舞踊ジュニア部
- 第1位・文部大臣奨励賞
  西村 晶子 「夕桜」
- 第2位
  松下 美規, 吉川 麻理, 荒木 祥美, 松崎
  　　舞, 寺田 理恵, 斎藤 遼子, 長田 清香,
  　　円池 亜衣子 「夏の日のレクイエム」
- 第3位
  伊勢 花子 「燃える記憶」

◇現代舞踊第二部
- 第1位・文部大臣奨励賞
  斉藤 あゆみ 「予感―アンネの日記より」
- 第2位
  井上 みな 「いのちの歌が聴こえる」
- 第3位
  中川 賢 「樹―遙かな命を僕は知る」

◇児童舞踊部
- 第1位・文部大臣奨励賞
  宮田 章子 ほか12名 (平多正於舞踊研究所)
  　　「『宮沢賢治・鹿踊りのはじまり』より」

- 第2位
  船戸 さやか ほか13名（かやの木芸術舞踊学園）「天国の国際会議」
- 第3位
  福島 千賀子 ほか11名（平多正於舞踊研究所）「原始の火―そして人類は」

◇バレエ第一部
- 第1位・文部大臣奨励賞
  橋本 尚美 「パキータよりバリエーション」
- 第2位
  井藤 未佳 「ジゼルよりバリエーション」
- 第3位
  伊藤 智子 「ジゼルよりバリエーション」

◇バレエジュニア部
- 第1位・文部大臣奨励賞
  松村 里沙 「シルビアよりバリエーション」
- 第2位
  志賀 育恵 「チャイコフスキーのパ・ド・ドゥより女性バリエーション」
- 第3位
  東野 泰子 「海賊のバリエーション」

◇バレエ第二部
- 第1位・文部大臣奨励賞
  該当者なし
- 第2位
  大西 詩乃 「眠れる森の美女第1幕よりローズアダージオのバリエーション」
- 第3位
  土岐 みさき 「眠れる森の美女第1幕よりローズアダージオのバリエーション」

◇バレエ・パ・ド・ドゥ部
- 第1位・文部大臣奨励賞
  大岩 千恵子 「白鳥の湖第3幕よりオディールとジークフリードのグラン・パ・ド・ドゥ」
- 第2位
  福岡 豊，塩谷 奈弓 「ジゼル第2幕よりジゼルとアルブレヒトのパ・ド・ドゥ」
- 第3位
  井上 寛子，陳 秀介 「海賊第2幕よりメドーラとコンラッドのグラン・パ・ド・ドゥ」

◇邦舞第一部
- 第1位・文部大臣奨励賞
  中野 三代子 「松の緑」
- 第2位
  藤原 寿々穂 「奇妙頂来」
- 第3位
  藤間 園雀 「大黒舞」

◇邦舞第二部
- 第1位・文部大臣奨励賞
  工藤 祐巳 「供奴」
- 第2位
  芦川 奈津江 「あすなろ」
- 第3位
  斎藤 美智子 「子守」

◇特別賞
- 高田せい子記念賞
  西村 晶子
- 河藤たつろ記念団体奨励賞
  平多正於舞踊研究所
- 平多正於賞
  伊藤淳子舞踊研究所
- 童心賞
  北川 恭子
- みやこ賞
  中野 三代子
- ルフトハンザドイツ航空賞
  橋本 尚美
- 指導者大賞
  今村 博明，川口 ゆり子
- バレエ奨励賞
  福岡 豊，塩谷 奈弓
- 石井漠賞
  松永 雅彦

第54回（平9年度）
◇創作舞踊部
- 第1位・文部大臣奨励賞
  平多 利江 「白日のモノローグ」
- 第2位
  肥後 宣子 「存在と記憶」
- 第3位
  布山 さと美 「LULLABY―閉ざされた心へ」

◇現代舞踊第一部
- 第1位・文部大臣奨励賞
  金田 尚子 「葡萄の門」
- 第2位
  石上 洋子 「虚空に哭く」
- 第3位
  丸岡 有子 「この白き手よ」

◇現代舞踊ジュニア部
- 第1位・文部大臣奨励賞
  西村 晶子 「円舞」
- 第2位
  田中 千絵 「冬ざくら」
- 第3位
  北島 栄 「哀しみの国境」

◇現代舞踊第二部
- 第1位・文部大臣奨励賞
  三枝 美穂 「砂丘伝説」
- 第2位
  大内 万里江 「悩める舞曲」
- 第3位
  井上 みな 「生命のシャワー」

◇児童舞踊部
- 第1位・文部大臣奨励賞
  藤井 康子 ほか（かやの木芸術舞踊学園）
  「愛の扉を叩け『平和を祈る少年たち』」
- 第2位
  田原 早希 ほか（平多正於舞踊研究所）「道
  成寺こどもあそびより『ずぼんぼ』」
- 第3位
  長瀬 真穂 ほか（かやの木芸術舞踊学園）
  「ロンドン・イートスエンドの子供達」

◇バレエ第一部
- 第1位・文部大臣奨励賞
  樋口 みのり 「白鳥の湖第三幕より黒鳥の
  バリエーション」
- 第2位
  佐藤 由子 「眠れる森の美女第一幕より
  ローズアダージオのバリエーション」
- 第3位
  越田 絵里子 「サタネラよりバリエー
  ション」

◇バレエジュニア部
- 第1位・文部大臣奨励賞
  神戸 里奈 「眠れる森の美女第3幕より
  オーロラのバリエーション」
- 第2位
  木田 賀子 「シルビアよりバリエーション」
- 第3位
  舩木 城 「白鳥の湖第三幕より王子のバリ
  エーション」

◇バレエ第二部
- 第1位・文部大臣奨励賞
  倉永 美沙 「海賊よりバリエーション」
- 第2位
  寺山 春美 「サタネラよりバリエーション」
- 第3位
  加登 美沙子 「白鳥の湖第三幕よりオ
  ディールのバリエーション」

◇バレエ・パ・ド・ドゥ部
- 第1位・文部大臣奨励賞
  北中 玲名，沖潮 隆之 「眠れる森の美女第
  三幕よりオーロラとデジレのグラン・
  パ・ド・ドゥ」
- 第2位
  森 さとみ 「ドン・キホーテ第四幕よりキ
  トリとバジルのグラン・パ・ド・ドゥ」
- 第3位
  吉田 恵，佐藤 雄基 「海賊第二幕よりメ
  ドーラとコンラッドのグラン・パ・ド・
  ドゥ」

◇邦舞第一部
- 第1位・文部大臣奨励賞
  原 聡，佐竹 永光 「石橋」
- 第2位
  西崎 和子 「蓬莱」
- 第3位
  宮沢 りか 「島の千歳」

◇邦舞第二部
- 第1位・文部大臣奨励賞
  斎藤 美智子 「舞扇」
- 第2位
  檜谷 智子 「七福神」
- 第3位
  神 真理子 「たなばた」

◇特別賞
- 高田せい子記念賞
  西村 晶子
- 河藤たつろ記念団体奨励賞
  平多正於舞踊研究所
- 平多正於賞
  渡辺宏美モダンダンススタジオ
- 童心賞
  平多 浩子 「ラ・ハート」
- みやこ賞
  原 聡（第一部）
  佐竹 永光（第一部）
  五條 三奈（第二部）
- ルフトハンザドイツ航空賞
  樋口 みのり
- 指導者大賞
  平多 宏之
- バレエ奨励賞
  北中 玲名
  沖潮 隆之
- 石井漠賞
  平多 利江
- 平岡斗南夫賞
  金田 尚子

第55回（平10年度）
◇創作舞踊部
- 第1位・文部大臣奨励賞
  大神田 正美
- 第2位
  阿部 友紀子
- 第3位
  佐久間 尚美，坂木 真司
◇現代舞踊第一部
- 第1位・文部大臣奨励賞
  渡辺 理恵子
- 第2位
  丸岡 有子
- 第3位
  新美 佳恵
◇現代舞踊ジュニア部
- 第1位・文部大臣奨励賞
  西村 晶子

- 第2位
  米沢 麻佑子
- 第3位
  中川 賢
◇現代舞踊第二部
- 第1位・文部大臣奨励賞
  大内 万里江
- 第2位
  田原 佳奈
- 第3位
  家入 悠
◇バレエ第一部
- 第1位・文部大臣奨励賞
  西梶 勝
- 第2位
  田中 ルリ
- 第3位
  松岡 真樹
◇バレエジュニア部
- 第1位・文部大臣奨励賞
  京当 雄一郎
- 第2位
  寺山 春美
- 第3位
  白桃 祐子
◇バレエ第二部
- 第1位・文部大臣奨励賞
  鈴木 美波
- 第2位
  中村 恵理
- 第3位
  平田 桃子
◇バレエ・パ・ド・ドゥ部
- 第1位・文部大臣奨励賞
  車田 千穂，窪田 弘樹
- 第2位
  佐倉 かおり
- 第3位
  頼光 麻衣子
◇邦舞第一部
- 第1位・文部大臣奨励賞
  井下 泰子

- 第2位
  枝木 茂
- 第3位
  渡辺 伸子
◇邦舞第二部
- 第1位・文部大臣奨励賞
  井ノ口 望
- 第2位
  兵頭 磨耶
- 第3位
  桧谷 佳子

第56回（平11年度）
◇創作舞踊部
- 第1位・文部大臣奨励賞
  山名 たみえ 「枯れて行く点景…顔…」
- 第2位
  浅野 つかさ 「Fly at 0」
- 第3位
  平多 妙子，平多 量子 「Conversation―心の顔」
◇現代舞踊第一部
- 第1位・文部大臣奨励賞
  伊勢 花子 「さまよえる潮路」
- 第2位
  小林 美沙緒 「生成する鳩」
- 第3位
  新美 佳恵 「蒼の華」
◇現代舞踊ジュニア部
- 第1位・文部大臣奨励賞
  上原 かつひろ 「レクイエム」
- 第2位
  米沢 麻佑子 「彼岸花」
- 第3位
  西山 友貴 「Wildness―アヴェロンの少年」
◇現代舞踊第二部
- 第1位・文部大臣奨励賞
  家入 悠 「ダイス」
- 第2位
  大野 愛奈 「月の華」
- 第3位
  中塚 皓平 「聞こえない響」

◇児童舞踊部
- 第1位・文部大臣奨励賞
  佐合 瑠那 ほか（かやの木芸術舞踊学園）「誰が為に鐘は鳴る―ボスニアの空の下で」
- 第2位
  赤尾 博子 ほか（北川舞踊研究所）「小犬―やっぱり捨てたくない」
- 第3位
  志津 えりか ほか（かやの木芸術舞踊学園）「アルゼンチンの子供達のレクイエム」
◇バレエ第一部
- 第1位・文部大臣奨励賞
  田村 さゆり 「眠れる森の美女第一幕よりローズアダジオのⅤ」
- 第2位
  後藤 彩水 「サタネラよりⅤ」
- 第3位
  白桃 祐子 「眠れる森の美女第三幕よりオーロラのⅤ」
◇バレエジュニア部
- 第1位・文部大臣奨励賞
  大貫 真幹 「ラ・シルフィード第一幕よりジェームスのⅤ」
- 第2位
  児玉 北斗 「ドン・キホーテ第三幕よりバジルのⅤ」
- 第3位
  沖山 朋子 「眠れる森の美女第三幕よりオーロラのⅤ」
◇バレエ第二部
- 第1位・文部大臣奨励賞
  平田 桃子 「オディールのⅤ」
- 第2位
  井原 由衣 「眠れる森の美女第一幕よりローズアダジオのⅤ」
- 第3位
  吉田 沙代 「くるみ割り人形より金平糖の精のⅤ」
◇バレエ・パ・ド・ドゥ部
- 第1位・文部大臣奨励賞
  田辺 まゆ，梶原 将仁 「ドン・キホーテ第

四幕よりキトリとバジルのGP」
- 第2位
  エリカ・バルテス大園，ヴァレンティン・バルテス　「ジゼル第二幕よりジゼルとアルブレヒトのP」
- 第3位
  芳賀 望，フランシス・チョン　「ドン・キホーテ第四幕よりキトリとバジルのGP」

◇邦舞第一部
- 第1位・文部大臣奨励賞
  鶴岡 泰重　「梅の栄」
- 第2位
  中山 照子　「菊」
- 第3位
  青木 有子　「鷺娘」

◇邦舞第二部
- 第1位・文部大臣奨励賞
  兵頭 磨耶　「玉屋」
- 第2位
  増田 裕里子　「越後獅子」
- 第3位
  加藤 有紀　「松の緑」

◇特別賞
- 石井漠賞
  山名 たみえ
- 河藤たつろ記念団体奨励賞
  かやの木芸術舞踊学園
- 高田せい子記念賞
  上原 かつひろ
- 平岡斗南夫賞
  伊勢 花子
- 平多正於賞
  R Dance Club
- 童心賞
  佐々木 秀子　「きの子のダンス」
- みやこ賞
  鶴岡 泰重（1部）
  花柳 紗保美（2部）
- 指導者大賞
  井上 恵美子
- バレエ奨励賞
  田辺 まゆ，梶原 将仁

- ルフトハンザドイツ航空賞
  田村 さゆり

第57回（平12年度）
◇創作舞踊部
- 第1位・文部大臣奨励賞
  佐久間 尚美，坂木 真司　「暁闇の波をまとう」
- 第2位
  阿部 友紀子　「たわいもない愛の調査」
- 第3位
  藤原 悦子　「罪と罰と第三者」

◇現代舞踊第一部
- 第1位・文部大臣奨励賞
  中村 友紀　「桑畑の雨」
- 第2位
  清水 典人　「花」
- 第3位
  島田 美穂　「哀韻のかなたに」

◇現代舞踊ジュニア部
- 第1位・文部大臣奨励賞
  米沢 麻佑子　「輪廻（サンサーラ）」
- 第2位
  高瀬 譜希子　「風の涙」
- 第3位
  上原 かつひろ　「声」

◇現代舞踊第二部
- 第1位・文部大臣奨励賞
  秋山 夏希　「光り苔」
- 第2位
  広瀬 望帆　「花雫」
- 第3位
  山本 綾乃　「白鳥に教わった唄」

◇児童舞踊部
- 第1位・文部大臣奨励賞
  佐合 瑠那 ほか（かやの木芸術舞踊学園）「誰が為に鐘は鳴るACT II～新たなる出発（たびだち）」
- 第2位
  青木 里弥 ほか（平多正於舞踊研究所）「畳っこ」
- 第3位
  遠藤 麻紗 ほか（和田朝子舞踊研究所）「す

　　ずめ百まで踊り忘れず」
◇バレエ第一部
● 第1位・文部大臣奨励賞
　恵谷 彰 「パリの炎より男性V」
● 第2位
　瀬川 哲司 「パキータよりV」
● 第3位
　市山 美沙 「ジゼル第1幕よりジゼルのV」
◇バレエジュニア部
● 第1位・文部大臣奨励賞
　平田 桃子 「眠れる森の美女第1幕より
　　ローズアダジオのV」
● 第2位
　平野 亮一 「ジゼル第2幕よりアルブレヒ
　　トのV」
● 第3位
　大柴 拓磨 「ドン・キホーテ第3幕よりバ
　　ジルのV」
◇バレエ第二部
● 第1位・文部大臣奨励賞
　井原 由衣 「白鳥の湖よりオディールのV」
● 第2位
　瀬戸山 裕子 「ラ・フォブリータよりV」
● 第3位
　中村 春奈 「白鳥の湖第3幕よりオディー
　　ルのV」
◇バレエ・パ・ド・ドゥ部
● 第1位・文部大臣奨励賞
　芳野 綾, 陳 秀介 「眠れる森の美女第3幕
　　よりオーロラとデジレのGP」
● 第2位
　鹿野 沙絵子 「眠れる森の美女第3幕より
　　オーロラとデジレのGP」
● 第3位
　江川 由華, 桑原 智昭 「ドン・キホーテ第
　　4幕よりキトリとバジルのGP」
◇邦舞第一部
● 第1位・文部大臣奨励賞
　竹田 秀晴 「供奴」
● 第2位
　鶴岡 幸子 「藤娘」
● 第3位

　武田 奈保 「越後獅子」
◇邦舞第二部
● 第1位・文部大臣奨励賞
　新井 奈生 「荒れねずみ」
● 第2位
　増田 裕里子 「供奴」
● 第3位
　武藤 強志 「玉兎」
◇特別賞
● 東京新聞大賞
　佐久間 尚美, 坂木 真司
● 河藤たつろ記念団体奨励賞
　かやの木芸術舞踊学園
● 高田せい子記念賞
　米沢 麻佑子
● 平岡斗南夫賞
　中村 友紀
● 平多正於賞
　渡辺宏美綜合芸術学院
● 童心賞
　平多 房子, 平多 美砂子, 平多 裕子
　　「畳っこ」
　和田 朝子 「すずめ百まで踊り忘れず」
● みやこ賞
　竹田 秀晴
　花柳 比奈代
● 指導者大賞
　関田 和代
● バレエ奨励賞
　芳野 綾, 陳 秀介
● ルフトハンザドイツ航空賞
　恵谷 彰
第58回 (平13年度)
◇創作舞踊部
● 第1位・文部科学大臣奨励賞
　矢作 聡子 「Fragment Fragments」
● 第2位
　村田 裕貴子 「特別でない出来事」
● 第3位
　阿部 友紀子 「たわいもない団欒」
◇現代舞踊第一部
● 第1位・文部科学大臣奨励賞

清水 典人 「とけていく足跡」
- 第2位
　菊地 尚子 「fragile〜繊細なる破壊」
- 第3位
　島田 美穂 「鉛の涕」

◇現代舞踊ジュニア部
- 第1位・文部科学大臣奨励賞
　米沢 麻佑子 「八月の綺想曲」
- 第2位
　高瀬 譜希子 「昔からある場所」
- 第3位
　井上 みな 「帰らない日々」

◇現代舞踊第二部
- 第1位・文部科学大臣奨励賞
　広瀬 望帆 「月の船」
- 第2位
　田中 さえら 「金魚－永遠に世なす法よ」
- 第3位
　酒井 杏菜 「峠」

◇児童舞踊部
- 第1位・文部科学大臣奨励賞
　かやの木芸術舞踊学園 「太陽の子供たち〜夢の学校」
- 第2位
　かやの木芸術舞踊学園 「森の先住の民『ニングルの叫び』」
- 第3位
　かやの木芸術舞踊学園 「わが町〜帰ってきた仲間」

◇バレエ第一部
- 第1位・文部科学大臣奨励賞
　佐藤 圭 「パキータよりV」
- 第2位
　永橋 あゆみ 「ジゼル第一幕よりジゼルのV」
- 第3位
　本島 美和 「白鳥の湖第3幕より黒鳥のV」

◇バレエジュニア部
- 第1位・文部科学大臣奨励賞
　金田 洋子 「グラン・パ・クラシックより女性V」
- 第2位

福岡 雄大 「白鳥の湖第3幕より王子のV」
- 第3位
　松井 学郎 「ラ・シルフィードよりジェームズのV」

◇バレエ第二部
- 第1位・文部科学大臣奨励賞
　米山 実加 「眠れる森の美女第1幕よりローズアダジオのV」
- 第2位
　浅田 良和 「コッペリア第3幕よりフランツのV」
- 第3位
　唐沢 秀子 「グランパクラシック」

◇バレエ・パ・ド・ドゥ部
- 第1位・文部科学大臣奨励賞
　佐々木 和葉, 冨川 祐樹 「眠れる森の美女第3幕よりオーロラとデジレのGP」
- 第2位
　吉田 朱里 「海賊第2幕よりメドーラとコンラッドのGP」
- 第3位
　貝川 鉄夫, 中川 美代子 「ドン・キホーテ第4幕よりキトリとバジルのGP」

◇邦舞第一部
- 第1位・文部科学大臣奨励賞
　藤間 胡掬 「春の鳥」
- 第2位
　桑島 真由美 「浜松風」
- 第3位
　大山 菜都子 「千代の友鶴」

◇邦舞第二部
- 第1位・文部科学大臣奨励賞
　山沢 弘子 「たけくらべ」
- 第2位
　高橋 美帆 「胡蝶の舞」
- 第3位
　山沢 優子 「手習子」

◇特別賞
- 東京新聞大賞
　矢作 聡子
- 河藤たつろ記念団体奨励賞
　かやの木芸術舞踊学園

- 高田せい子記念賞
  米沢 麻佑子
- 平岡斗南夫賞
  清水 典人
- 平多正於賞
  渡辺宏美綜合芸術学院
- 童心賞
  平多 房子，平多 美砂子，平多 裕子，川口 愛 「ハルニレは見ていた」
  横山 慶子，横山 真理 「ストーン・エイジ」
- みやこ賞
  藤間 胡掬
  畑 道代
- バレエ奨励賞
  佐々木 和葉，冨川 祐樹
- ルフトハンザドイツ航空賞
  佐藤 圭
- 指導者大賞
  該当者なし

第59回（平14年度）
◇創作舞踊部
- 第1位・文部科学大臣奨励賞
  渡辺 麻子 「時の旅人」
- 第2位
  肥後 宣子 「夜の淵」
- 第3位
  島田 美穂 「紅く塗り潰した空から鉄の星が降ってくる」
◇現代舞踊第一部
- 第1位・文部科学大臣奨励賞
  菊地 尚子 「地雷ではなく花を下さい」
- 第2位
  島田 美穂 「降り立つは金色の…」
- 第3位
  昆野 まり子 「花曲」
◇現代舞踊ジュニア部
- 第1位・文部科学大臣奨励賞
  米沢 麻佑子 「月」
- 第2位
  高瀬 譜希子 「はじまりの庭」
- 第3位
  高比良 洋 「乾いた町」

◇現代舞踊第二部
- 第1位・文部科学大臣奨励賞
  福士 宙夢 「僕はソネット」
- 第2位
  島田 早矢香 「夕陽でタンゴ」
- 第3位
  水野 多麻紀 「心の小箱」
◇児童舞踊部
- 第1位・文部科学大臣奨励賞
  後藤 晴香 ほか（かやの木芸術舞踊学園） 「No More LANDMINE―地雷はいらない」
- 第2位
  藤田 彩花 ほか（かやの木芸術舞踊学園） 「映画ほど素敵な商売はない」
- 第3位
  山田 真里奈 ほか（かやの木芸術舞踊学園） 「春駒，雪駒，暴れ駒」
◇バレエ第一部
- 第1位・文部科学大臣奨励賞
  海宝 暁子 「パキータよりパキータのⅤ」
- 第2位
  駒崎 友紀 「シルヴィアよりⅤ」
- 第3位
  宮城 文 「眠れる森の美女第一幕よりローズアダジオのⅤ」
◇バレエジュニア部
- 第1位・文部科学大臣奨励賞
  浅見 紘子 「エスメラルダ」
- 第2位
  福田 圭吾 「パキータより男性Ⅴ」
- 第3位
  松浦 友理恵 「パキータよりⅤ」
◇バレエ第二部
- 第1位・文部科学大臣奨励賞
  浅田 良和 「チャイコフスキーの男性Ⅴ」
- 第2位
  土肥 真夕菜 「眠れる森の美女よりローズアダジオのⅤ」
- 第3位
  贄田 萌 「眠れる森の美女第一幕よりオーロラ姫のⅤ」

◇バレエ・パ・ド・ドゥ部
● 第1位・文部科学大臣奨励賞
　副 智美，松島 勇気 「海賊第二幕よりメ
　　ドーラとコンラッドのGP」
● 第2位
　坂東 ゆう子，岡田 兼宣 「ドン・キホーテ
　　第四幕よりキトリとバジルのGP」
● 第3位
　原 美香，大柴 拓磨 「海賊第二幕よりメ
　　ドーラとコッラッドのGP」
◇邦舞第一部
● 第1位・文部科学大臣奨励賞
　西川 申晶 「梅」
● 第2位
　土屋 明日香 「蝶」
● 第3位
　金城 博恵，宮城 能舞 「加那ヨー天川」
◇邦舞第二部
● 第1位・文部科学大臣奨励賞
　平野 莉奈 「初子の日」
● 第2位
　木村 直弥 「供奴」
● 第3位
　倉知 朋美 「子守」
◇特別賞
● 東京新聞大賞
　渡辺 麻子
● 指導者大賞
　下村 由理恵
● バレエ奨励賞
　副 智美，松島 勇気
● 河藤たつろ記念団体奨励賞
　かやの木芸術舞踊学園
● 高田せい子記念賞
　米沢 麻佑子
● 平岡斗南夫賞
　菊地 尚子
● 平多正於賞
　黒沢輝夫・下田栄子モダンバレエ研究所
● 童心賞
　平多 実千子，平多 小百合，桜井 達樹，矢
　　沢 亜紀 「小春日和」

● みやこ賞
　西川 申晶
　五條 巳佳
● ルフトハンザドイツ航空賞
　海宝 暁子
第60回（平15年度）
◇邦舞第一部
● 第1位・文部科学大臣奨励賞
　五條 絢巳 「玉屋」
● 第2位
　小泉 友 「汐汲」
● 第3位
　若柳 薫子 「玉兎」
◇邦舞第二部
● 第1位・文部科学大臣奨励賞
　山沢 優子 「蝶」
● 第2位
　西田 美紅 「羽根の禿」
● 第3位
　大島 奈穂子 「玉兎」
◇創作舞踊部
● 第1位・文部科学大臣奨励賞
　田保 知里 「廃頽と祭政」
● 第2位
　江積 志織 「天界の荒野」
● 第3位
　肥後 宣子 「空間と時間の海」
◇現代舞踊第一部
● 第1位・文部科学大臣奨励賞
　島田 美穂 「弘誓の闇」
● 第2位
　青木 教和 「球根」
● 第3位
　宮本 舞 「Creek」
◇現代舞踊ジュニア部
● 第1位・文部科学大臣奨励賞
　富士 奈津子 「富江と名づけられた人形」
● 第2位
　丸市 美幸 「何処へ マリア」
● 第3位
　幅田 彩加 「コスモスの海」
◇現代舞踊第二部

- 第1位・文部科学大臣奨励賞
  水野 多麻紀　「鼓動の輪舞」
- 第2位
  福士 宙夢　「僕のバラード」
- 第3位
  柴田 茉実　「The little painter」
◇児童舞踊部
- 第1位・文部科学大臣奨励賞
  冨田 亜里沙 ほか（かやの木芸術舞踊学園）
  「いのちの詩―小児ガンと闘う少女―」
- 第2位
  宮崎 有彩 ほか（前多敬子バレエ教室）「か
  たかた からから からくり人形」
- 第3位
  筒田 智子 ほか（かやの木芸術舞踊学園）
  「Orphans（みなしごたち）～12月24日，
  気温0℃の中で～」
◇バレエ第一部
- 第1位・文部科学大臣奨励賞
  工藤 千枝　「ジゼル第1幕のV」
- 第2位
  伊藤 優花　「海賊よりV」
- 第3位
  中谷 友香　「エスメラルダよりV」
◇バレエジュニア部
- 第1位・文部科学大臣奨励賞
  井原 由衣　「白鳥の湖第3幕よりオディー
  ルのV」
- 第2位
  贄田 萌　「白鳥の湖第3幕よりオディー
  ルのV」
- 第3位
  星野 姫　「ジゼル第1幕よりジゼルのV」
◇バレエ第二部
- 第1位・文部科学大臣奨励賞
  中村 志歩　「エスメラルダよりエスメラル
  ダのV」
- 第2位
  丸尾 麻日花　「ジゼルよりジゼルのV」
- 第3位
  太田 麻里衣　「眠れる森の美女第1幕より
  ローズアダジオのV」

◇バレエ・パ・ド・ドゥ部
- 第1位・文部科学大臣奨励賞
  浅見 紘子　「眠れる森の美女第3幕より
  オーロラとデジレのGP」
- 第2位
  柴田 知世，今井 智也　「眠れる森の美女第
  3幕よりオーロラとデジレのGP」
- 第3位
  岡田 兼宜，佐藤 玲緒奈　「海賊第2幕より
  メドーラとコンラッドのGP」
◇特別賞
- 東京新聞大賞
  田保 知里
- 指導者大賞
  山口 美佳
- バレエ奨励賞
  柴田 知世
  今井 智也
- 河藤たつろ記念団体奨励賞
  かやの木芸術舞踊学園
- 高田せい子記念賞
  富士 奈津子
- 平岡斗南夫賞
  島田 美穂
- 平多正於賞
  水野聖子DANCING KIDS STUDIO
- 童心賞
  和田 朝子，和田 伊通子　「おいしい水」
- みやこ賞
  五條 絢巳
  畑 道代
- ルフトハンザドイツ航空賞
  工藤 千枝
第61回（平16年度）
◇邦舞第一部
- 第1位・文部科学大臣奨励賞
  飯田 栄志，武井 則男　「三社祭」
- 第2位
  高安 喜代美　「玉屋」
- 第3位
  葛西 輝子　「屋敷娘」
◇邦舞第二部

- 第1位・文部科学大臣奨励賞
  山沢 光子 「羽根の禿」
- 第2位
  山崎 萌子 「近江のお兼」
- 第3位
  工藤 悠生 「松の緑」
◇創作舞踊部
- 第1位・文部科学大臣奨励賞
  島田 美穂 「presence」
- 第2位
  江積 志織 「脆弱な心」
- 第3位
  飯塚 真穂 「風狂旅団」
◇現代舞踊第一部
- 第1位・文部科学大臣奨励賞
  青木 教和 「泥の花」
- 第2位
  上原 かつひろ 「硝煙の中で」
- 第3位
  昆野 まり子 「夜想―月の歌―」
◇現代舞踊ジュニア部
- 第1位・文部科学大臣奨励賞
  浜田 麻央 「あどけない話」
- 第2位
  高橋 茉那 「溺れる魚」
- 第3位
  厚見 紀子，冨田 亜里沙 「孤独という名の
  　列車に乗って～もう一人の私～」
◇現代舞踊第二部
- 第1位・文部科学大臣奨励賞
  福士 宙夢 「春のアンソロジー」
- 第2位
  柴田 茉実 「オーケストラの少女」
- 第3位
  柴田 祥子 「アラベスク」
◇児童舞踊部
- 第1位・文部科学大臣奨励賞
  鈴木 麻見 ほか（かやの木芸術舞踊学園）
  　「エイサー～熱き南風の響～」
- 第2位
  冨田 亜里沙 ほか（かやの木芸術舞踊学園）
  　「チェルノブイリの死の灰～子どもたち

の日記より～」
- 第3位
  江戸 裕梨 ほか（前多敬子バレエ教室）「か
  　くかくしかじか 角兵衛獅子」
◇バレエ第一部
- 第1位・文部科学大臣奨励賞
  川東 まりこ 「ジゼル第1幕よりジゼルの
  　V」
- 第2位
  テーラー 麻衣 「海賊第2幕よりメドー
  　ラのV」
- 第3位
  竹中 優花 「シルヴィアよりV」
◇バレエジュニア部
- 第1位・文部科学大臣奨励賞
  米沢 唯 「白鳥の湖第3幕よりオディー
  　ルのV」
- 第2位
  小野 絢子 「ジゼル第1幕よりジゼルのV」
- 第3位
  河野 舞衣 「エスメラルダよりエスメラル
  　ダのV」
◇バレエ第二部
- 第1位・文部科学大臣奨励賞
  浅井 恵梨佳 「眠れる森の美女第3幕より
  　オーロラ姫のV」
- 第2位
  森田 愛海 「白鳥の湖第3幕よりオディー
  　ルのV」
- 第3位
  加瀬 栞 「眠れる森の美女第1幕よりロー
  　ズアダージオのV」
◇バレエ・パ・ド・ドゥ部
- 第1位・文部科学大臣奨励賞
  柳原 麻子，恵谷 彰 「ドン・キホーテ第4
  　幕よりキトリとバジルのGP」
- 第2位
  瀬島 五月，アンドリュー・エルフィンス
  　トン 「くるみ割り人形第2幕より金平糖
  　の精のGP」
- 第3位
  後藤 彩水，ヤコブス・ウィルフリッツ

「ドン・キホーテ第4幕よりキトリとバジルのGP」

◇特別賞

● 東京新聞大賞
島田 美穂

● 指導者大賞
松田 敏子

● バレエ奨励賞
柳原 麻子
恵谷 彰

● 河藤たつろ団体奨励賞
かやの木芸術舞踊学園

● 高田せい子記念賞
浜田 麻央

● 平岡斗南夫賞
青木 教和

● 平多正於賞
黒沢 輝夫
下田栄子モダンバレエスタジオ

● 童心賞
高頂 「明日は,どこで遊ぼう」

● みやこ賞
飯田 栄志
武井 則男
畑 道代

● ルフトハンザドイツ航空賞
川東 まりこ

第62回(平17年度)

◇邦舞第一部

● 第1位・文部科学大臣奨励賞
五條 結巳 「神田祭」

● 第2位
青田 義則, 中村 輝幸, 中村 英俊 「寿式三番叟」

● 第3位
若見匠 祐助 「島の千歳」

◇邦舞第二部

● 第1位・文部科学大臣奨励賞
佐々木 愛沙 「狐ちょうちん」

● 第2位
新倉 実南子 「手習子」

● 第3位

広木 琴乃 「猩々」

◇創作舞踊部

● 第1位・文部科学大臣奨励賞
和田 伊通子 「Balance」

● 第2位
平多 宏之 「暗黒醜道〜明かりは見えたか〜」

● 第3位
上田 仁美 「雨の木」

◇現代舞踊第一部

● 第1位・文部科学大臣奨励賞
米沢 麻佑子 「蒔絵」

● 第2位
昆野 まり子 「ダナエ—黄金の雨—」

● 第3位
高瀬 譜希子 「LAST PICTURE」

◇現代舞踊ジュニア部

● 第1位・文部科学大臣奨励賞
柴田 茉実 「ハスラー」

● 第2位
北野 友華 「千の風」

● 第3位
高橋 茉那 「いろの無いカラス」

◇現代舞踊第二部

● 第1位・文部科学大臣奨励賞
伊藤 麻菜実 「Candy」

● 第2位
菊地 成美 「金魚のしずく」

● 第3位
岸野 奈央 「冬ものがたり」

◇児童舞踊部

● 第1位・文部科学大臣奨励賞
後藤 志帆 ほか (かやの木芸術舞踊学園)
「歓喜の歌—その時壁は崩れた—」

● 第2位
伊藤 里奈 ほか (かやの木芸術舞踊学園)
「新説・ミレーの[落穂拾い]」

● 第3位
松井 真利絵 ほか (平多武於舞踊研究所)
「深淵のバラード」

◇バレエ第一部

● 第1位・文部科学大臣奨励賞

青木 崇 「ドン・キホーテ第3幕よりバジ
ルのV」
- 第2位
山崎 有紗 「ドン・キホーテ第四幕よりキ
トリのV」
- 第3位
中谷 友香 「海賊よりV」
◇バレエジュニア部
- 第1位・文部科学大臣奨励賞
須田 まや 「ジゼル第一幕よりジゼルのV」
- 第2位
清瀧 千晴 「海賊より男性V」
- 第3位
清水 渡 「海賊より男性のV」
◇バレエ第二部
- 第1位・文部科学大臣奨励賞
中村 悠 「白鳥の湖第3幕よりオディール
姫のV」
- 第2位
加瀬 栞 「眠れる森の美女第一幕よりロー
ズアダージォのV」
- 第3位
相原 舞 「くるみ割り人形第2幕より金平
糖のV」
◇バレエ・パ・ド・ドゥ部
- 第1位・文部科学大臣奨励賞
植村 麻衣子, 森 充生 「眠れる森の美女第
3幕よりオーロラとデジレのGP」
- 第2位
小池 亜貴子, 碓氷 悠太 「白鳥の湖第3幕
よりオディールとジークフリートのGP」
- 第3位
室尾 由紀子 「ドン・キホーテ第四幕より
キトリとバジルのGP」
第63回(平18年度)
　◇邦舞第一部
- 第1位・文部科学大臣賞
若見匠 祐助 「卯の花」
- 第2位
今井 純子 「梅」
- 第3位
向井 信 「山神」

◇邦舞第二部
- 第1位・文部科学大臣賞
大木 貴斗 「玉屋」
- 第2位
土屋 神葉 「旅奴」
- 第3位
安達 琳太郎 「猿舞」
◇創作舞踊部
- 第1位・文部科学大臣賞
上田 仁美 「赤のフーガ」
- 第2位
木許 恵介 「虫のいろいろ」
- 第3位
江積 志織 「庭の雪」
◇現代舞踊第一部
- 第1位・文部科学大臣賞
横田 佳奈子 「彼女的依存のバラード」
- 第2位
前澤 亜衣子, 乾 直樹 「空惚けの瘡蓋」
- 第3位
小林 泉 「あるく魚とひとり言」
◇現代舞踊第二部
- 第1位・文部科学大臣賞
南 帆乃佳 「光 あるうちに…」
- 第2位
珍田 優奈 「棘あるばらと月」
- 第3位
佐藤 深花 「明かり たゆたう」
◇現代舞踊ジュニア部
- 第1位・文部科学大臣賞
幅田 彩加 「光のなかの盲」
- 第2位
酒井 杏菜 「黄金の花」
- 第3位
木原 浩太 「あの夏の赤い空」
◇児童舞踊部
- 第1位・文部科学大臣賞
滝田 真衣 ほか(かやの木芸術舞踊学園)
「きっと飛べると信じてた〜ライト兄弟
の夢〜」
- 第2位
筒田 智子 ほか(かやの木芸術舞踊学園)

「魂の唄〜神に捧げる平和の太鼓〜」
- 第3位
  川上 葵 ほか（かやの木芸術舞踊学園）「円空仏」

◇バレエ第一部
- 第1位・文部科学大臣賞
  大貫 真幹 「グラン・パ・クラシックより男性V」
- 第2位
  山田 歌子 「ジゼル第一幕よりV」
- 第3位
  奥村 康祐 「くるみ割り人形より王子のV」

◇バレエ第二部
- 第1位・文部科学大臣賞
  堀内 恵 「パキータよりエトワールのV」
- 第2位
  井澤 駿 「ラ・フィユ・マル・ガルデより男性のV」
- 第3位
  橋田 有理佳 「眠れる森の美女第3幕よりオーロラのV」

◇バレエジュニア部
- 第1位・文部科学大臣賞
  金子 扶生 「シルビアのV」
- 第2位
  森高 万智 「白鳥の湖第3幕よりオディールのV」
- 第3位
  高田 茜 「ジゼル第一幕よりジゼルのV」

◇バレエ・パ・ド・ドゥ部
- 第1位・文部科学大臣賞
  瀬島 五月，アンドリュー・エルフィンストン 「ドン・キホーテ第四幕よりキトリとバジルのGP」
- 第2位
  藤岡 あや，福田 圭吾 「エスメラルダよりダイアナとアクティオンのGP」
- 第3位
  竹中 優花，武藤 天華 「眠れる森の美女第3幕よりオーロラとデジレのGP」

第64回（平19年度）
◇邦舞第一部

- 第1位・文部科学大臣賞
  向井 信 「供奴」
- 第2位
  山沢 弘子 「玉兎」
- 第3位
  永山 玲緒奈 「麾（ぜい）」

◇邦舞第二部
- 第1位・文部科学大臣賞
  新倉 実南子 「汐汲」
- 第2位
  金子 奈津美 「うぐいす」
- 第3位
  村川 英央 「初陣」

◇創作舞踊部
- 第1位・文部科学大臣賞
  若野 信子 「夏秋草図」
- 第2位
  山口 華子 「checkpoint syndrome（検問所症候群）」
- 第3位
  さとう みどり 「存在は幻影をまとう」

◇現代舞踊第一部
- 第1位・文部科学大臣賞
  上原 かつひろ 「磔（はりつけ）」
- 第2位
  前澤 亜衣子，乾 直樹 「燥（はしゃ）ぐ脈―白濁の誘い―」
- 第3位
  荒木 まなみ 「そして静かに脈をうつ」

◇現代舞踊ジュニア部
- 第1位・文部科学大臣賞
  木原 浩太 「飛べない・鳩」
- 第2位
  伊藤 麻菜実 「ストイックな白」
- 第3位
  安田 一斗 「おわりのない海」

◇現代舞踊第二部
- 第1位・文部科学大臣賞
  田中 萌子 「蓮の詩」
- 第2位
  南 帆乃佳 「Luna〜一粒の涙〜」
- 第3位

阿久津 理央 「掬水月在手」
◇児童舞踊部
● 第1位・文部科学大臣賞
　早川 里奈 ほか（平多正於舞踊研究所）「十
　三月の謝肉祭」
● 第2位
　柴田 茉実 ほか（かやの木芸術舞踊学園）
　「MAMA, 僕は負けない〜戦場で見た母
　の夢〜」
● 第3位
　月村 真由 ほか（平多正於舞踊研究所）
　「にょきにょき竹のこ雛の宵」
◇バレエ第一部
● 第1位・文部科学大臣賞
　清瀧 千晴 「パキータより男性V」
● 第2位
　茂木 恵一郎 「ドン・キホーテよりバジ
　ルのV」
● 第3位
　奥村 康祐 「ジゼル第2幕よりアルブレヒ
　トのV」
◇バレエジュニア部
● 第1位・文部科学大臣賞
　大巻 雄矢 「パキータよりルシアンのV」
● 第2位
　吉田 恭平 「パキータより男性V」
● 第3位
　高田 樹 「ドン・キホーテ第3幕よりバジ
　ルのV」
◇バレエ第二部
● 第1位・文部科学大臣賞
　山田 翔 「コッペリア第3幕よりフラン
　ツのV」
● 第2位
　水谷 実喜 「眠れる森の美女第3幕より
　オーロラのV」
● 第3位
　本田 千陽 「サタネラのV」
◇バレエ・パ・ド・ドゥ部
● 第1位・文部科学大臣賞
　西田 佑子, 大貫 真幹 「眠れる森の美女第
　3幕よりオーロラとデジレのGP」

● 第2位
　奥田 花純 「海賊第2幕よりメドーラとコ
　ンラッドのGP」
● 第3位
　奥村 唯, 中野 吉章 「海賊第2幕よりメ
　ドーラとコンラッドのGP」
第65回（平20年度）
◇邦舞第一部
● 第1位・文部科学大臣賞
　藤間 掬里
● 第2位
　芳柳 悟
● 第3位
　若柳 弥生
◇邦舞第二部
● 第1位
　大木 日織
● 第2位
　安達 友音
● 第3位
　川崎 麗予
◇現代舞踊第一部
● 第1位・文部科学大臣賞
　松 理沙
● 第2位
　小林 泉
● 第3位
　木原 浩太
◇現代舞踊ジュニア部
● 第1位・文部科学大臣賞
　田中 萌子
● 第2位
　新保 恵
● 第3位
　南 帆乃佳
◇現代舞踊第二部
● 第1位・文部科学大臣賞
　舘 久瑠実
● 第2位
　矢島 茜
● 第3位
　佐々木 奏絵

◇バレエ第一部
- 第1位・文部科学大臣賞
  若林 優佳
- 第2位
  松本 真由美
- 第3位
  渡邉 千洋

◇バレエジュニア部
- 第1位・文部科学大臣賞
  峯岸 伽奈
- 第2位
  アクリ 瑠嘉
- 第3位
  上月 佑馬

◇バレエ第二部
- 第1位・文部科学大臣賞
  堀沢 悠子
- 第2位
  佐々木 万璃子
- 第3位
  石井 眞乃花

◇バレエ・パ・ド・ドゥ部
- 第1位・文部科学大臣賞
  高田 万里，青木 崇
- 第2位
  金子 扶生，奥村 康祐
- 第3位
  金子 紗也，福岡 雄大

◇創作舞踊部
- 第1位・文部科学大臣賞
  前澤 亜衣子
  乾 直樹
- 第2位
  山口 華子
- 第3位
  中村 真知子，大竹 千春

◇児童舞踊部
- 第1位・文部科学大臣賞
  三保 朱夏 ほか
- 第2位
  伊藤 慎也 ほか
- 第3位

滝田 真衣 ほか

第66回（平21年度）

◇邦舞第一部
- 第1位・文部科学大臣賞
  花柳 寿紗保美
- 第2位
  五條 園八王
- 第3位
  花月 祐里

◇邦舞第二部
- 第1位
  宅野 蕗
- 第2位
  川崎 麗予
- 第3位
  猪田 あゆ美

◇現代舞踊第一部
- 第1位・文部科学大臣賞
  小林 泉
- 第2位
  林 芳美
- 第3位
  池田 美佳

◇現代舞踊ジュニア部
- 第1位
  永森 彩乃
- 第2位
  南 帆乃佳
- 第3位
  水野 多麻紀

◇現代舞踊第二部
- 第1位
  冨田 奈保子
- 第2位
  植木 晴花
- 第3位
  高城 愛未

◇バレエ第一部
- 第1位・文部科学大臣賞
  田辺 淳
- 第2位
  奥村 康祐

- 第3位
  佐々部 佳代
◇バレエジュニア部
- 第1位・文部科学大臣賞
  堀沢 悠子
- 第2位
  大城 美汐
- 第3位
  高田 樹
◇バレエ第二部
- 第1位
  冨岡 玲美
- 第2位
  大谷 遥陽
- 第3位
  高橋 茉由
◇バレエ・パ・ド・ドゥ部
- 第1位・文部科学大臣賞
  法村 珠里, ヤロスラク・サレンコ
- 第2位
  福岡 雄大, 吉田 千智
- 第3位
  岡田 周子, 張 縁睿
◇創作舞踊部
- 第1位・文部科学大臣賞
  山口 華子
- 第2位
  金井 桃枝
- 第3位
  稲川 千鶴
◇児童舞踊部
- 第1位・文部科学大臣賞
  滝田 真衣 ほか
- 第2位
  関戸 畔菜 ほか
- 第3位
  栗木 紬 ほか
第67回（平22年度）
　◇邦舞第一部
- 第1位・文部科学大臣賞
  藤間 眞里子
- 第2位

一越 和城
- 第3位
  五條 園八王
◇邦舞第二部
- 第1位
  村岡 澪
- 第2位
  宍倉 有紀
- 第3位
  谷川 遼
◇現代舞踊第一部
- 第1位・文部科学大臣賞
  木原 浩太
- 第2位
  幅田 彩加
- 第3位
  玉田 光子
◇現代舞踊ジュニア部
- 第1位
  川合 十夢
- 第2位
  江上 万絢
- 第3位
  森山 結貴
◇現代舞踊第二部
- 第1位
  小澤 早嬉
- 第2位
  植木 晴花
- 第3位
  冨田 奈保子
◇バレエ第一部
- 第1位・文部科学大臣賞
  久保 茉莉恵
- 第2位
  角井 志帆
- 第3位
  鏡 有希
◇バレエジュニア部
- 第1位・文部科学大臣賞
  菅井 円加
- 第2位

福士 宙夢
- 第3位
　軽部 美喜野
◇バレエ第二部
- 第1位
　渡辺 千渚
- 第2位
　二山 治雄
- 第3位
　松島 詩織
◇バレエ・パ・ド・ドゥ部
- 第1位・文部科学大臣賞
　涌田 美紀，末原 雅広
- 第2位
　佐々部 佳代，碓氷 悠太
- 第3位
　上月 佑馬，小野寺 陽子
◇創作舞踊部
- 第1位・文部科学大臣賞
　宮本 舞
- 第2位
　中西 優子
- 第3位
　菊地 尚子
◇児童舞踊部
- 第1位・文部科学大臣賞
　島田 明梨 ほか
- 第2位
　山田 恵里 ほか
- 第3位
　吉村 花鈴 ほか
第68回（平23年度）東日本大震災の影響で中止
第69回（平24年度）
◇邦舞第一部
- 第1位・文部科学大臣賞
　木村 直弥
- 第2位
　西川 楽晶
- 第3位
　藤間 眞白
◇邦舞第二部
- 第1位

馬鳥 沙希
- 第2位
　市瀬 由衣
- 第3位
　長南 結香，松島 風子
◇現代舞踊第一部
- 第1位・文部科学大臣賞
　新保 恵
- 第2位
　斉藤 友美恵
- 第3位
　津田 ゆず香
◇現代舞踊ジュニア部
- 第1位
　南 帆乃佳
- 第2位
　宗像 亮
- 第3位
　千田 沙也加
◇現代舞踊第二部
- 第1位
　小澤 早嬉
- 第2位
　堀内 翼
- 第3位
　深浦 綾乃
◇バレエ第一部
- 第1位・文部科学大臣賞
　井澤 駿
- 第2位
　松本 真由美
- 第3位
　豊永 太優
◇バレエジュニア部
- 第1位・文部科学大臣賞
　矢内 千夏
- 第2位
　繁木 弥生
- 第3位
　アクリ 士門
◇バレエ第二部
- 第1位

中島 映理子
- 第2位
中野 伶美
- 第3位
高橋 怜衣

◇バレエ・パ・ド・ドゥ部
- 第1位・文部科学大臣賞
毛利 実沙子，上村 崇人
- 第2位
池田 理沙子，井澤 駿
- 第3位
信谷 彩，池本 祥真

◇創作舞踊部
- 第1位・文部科学大臣賞
長谷川 まいこ，坂田 守
- 第2位
池田 素子
- 第3位
阿部 友紀子

◇児童舞踊部
- 第1位・文部科学大臣賞
榎田 弘未 ほか
- 第2位
関戸 畔菜 ほか
- 第3位
辰田 瑞季 ほか

第70回（平25年度）
◇邦舞第一部
- 第1位・文部科学大臣賞
藤間 蘭駒
- 第2位
小林 沙智
- 第3位
大河 寛

◇邦舞第二部
- 第1位
中牟田 妃奈
- 第2位
今給黎 樹生
- 第3位
安田 千紘

◇現代舞踊第一部

◇
- 第1位・文部科学大臣賞
向井 章人
- 第2位
伊東 由里
- 第3位
津田 ゆず香

◇現代舞踊ジュニア部
- 第1位
宗像 亮
- 第2位
岸野 奈央
- 第3位
佐々木 奏絵

◇現代舞踊第二部
- 第1位
高橋 和花
- 第2位
海藤 優丞
- 第3位
水木 悠斗

◇バレエ第一部
- 第1位・文部科学大臣賞
加藤 大和
- 第2位
鳥羽 麻里子
- 第3位
豊永 太優

◇バレエジュニア部
- 第1位・文部科学大臣賞
永田 瑞穂
- 第2位
小林 英理子
- 第3位
大井田 百

◇バレエ第二部
- 第1位
五十嵐 大地
- 第2位
小林 千紘
- 第3位
竹津 栞奈

◇バレエ・パ・ド・ドゥ部

- 第1位・文部科学大臣賞
  太田 麻里衣, 浅田 良和
- 第2位
  上山 榛名, 塚本 士朗
- 第3位
  浮島 優, 三船 元維
◇創作舞踊部
- 第1位・文部科学大臣賞
  小林 啓子
- 第2位
  佐々木 紀子
- 第3位
  伊藤 雅子, 木場 裕紀
◇児童舞踊部
- 第1位・文部科学大臣賞
  恵土 莉鈴 ほか
- 第2位
  高木 望由 ほか
- 第3位
  渡 雛乃 ほか

第71回（平26年度）
◇邦舞第一部
- 第1位・文部科学大臣賞
  若柳 杏子
- 第2位
  大河 寛理
- 第3位
  芳柳 寿々朋之
◇邦舞第二部
- 第1位
  山田 さくら
- 第2位
  熊澤 杏
- 第3位
  安田 千紘
◇現代舞踊第一部
- 第1位・文部科学大臣賞
  船木 こころ
- 第2位
  鈴木 いづみ
- 第3位
  伊東 由里

◇現代舞踊ジュニア部
- 第1位
  宗像 亮
- 第2位
  足立 真珠
- 第3位
  山口 花菜
◇現代舞踊第二部
- 第1位
  齊田 朱李 ほか
- 第2位
  齊田 朱李
- 第3位
  浦郷 愛
◇バレエ第一部
- 第1位・文部科学大臣賞
  田村 幸弘
- 第2位
  佐々木 麻菜
- 第3位
  宇多 優里香
◇バレエジュニア部
- 第1位・文部科学大臣賞
  吉江 絵璃奈
- 第2位
  渡邊 綾
- 第3位
  櫻井 陽菜
◇バレエ第二部
- 第1位
  升本 結花
- 第2位
  丸山 萌
- 第3位
  渡部 向日葵
◇バレエ・パ・ド・ドゥ部
- 第1位・文部科学大臣賞
  該当者なし
- 第2位
  畑戸 利江子, 梶田 眞嗣
- 第3位
  間瀬 愛実子, 林 高弘

◇創作舞踊部
- 第1位・文部科学大臣賞
　米沢 麻佑子
- 第2位
　沼田 志歩
- 第3位
　佐々木 紀子

◇児童舞踊部
- 第1位・文部科学大臣賞
　纐纈 友菜 ほか
- 第2位
　服部 真由 ほか
- 第3位
　加藤 万結 ほか

121 全日本セグエ選手権

　競技ダンスの可能性を広げる大会として,昭和59年に創設された。3種目以上のダンスで構成されたテーマ性のある作品で競われ,第6回大会までは「全日本フリースタイル選手権」の名称であった。第7回大会に「セグエ選手権」と改称した。海外では「ショーダンス選手権」という名称で開催されている。

【主催者】（公財）日本ボールルームダンス連盟

【選考委員】（公財）日本ボールルームダンス連盟公認審査員,及び同審査員会が承認した外部芸術点審査員

【選考方法】技術点審査員9名,芸術点審査員9名で審査を行う。技術点は基本的技術,音楽性,運動性,2人の調和の4項目,芸術点はステップ・音楽の構成,メイク・衣装,パフォーマンス,テーマ性の4項目で審査を行い,それぞれ35点から50点の間で採点する。そして最高点,最低点をそれぞれカットして,7名の審査員の平均値を出し,合計点数の高い組から上位となる

【選考基準】〔資格〕前年度に開催された全日本選抜選手権,日本インターナショナルダンス選手権,JBDFプロフェッショナルダンス選手権の3大会の決勝入賞者及び準決勝2回以上の入賞者でJBDFの登録選手

【締切・発表】1月中旬に申込締切,3月最初の週の土日に幕張メッセにて開催

【賞・賞金】第1位：メダルと賞金100万円（税込み）,賞状,第2位：メダルと賞金60万円（税込み）,賞状,第3位：メダルと賞金40万円（税込み）,賞状

【URL】http://www.jbdf.or.jp/

第1回（昭59年）
　◇スタンダード部門
　- 優勝
　　桜本 和夫, 桜本 智美
　◇ラテンアメリカン部門
　- 優勝
　　玉置 朝啓, 玉置 きよ子
第2回（昭60年）
　◇スタンダード部門
　- 優勝
　　桜本 和夫, 桜本 智美

◇ラテンアメリカン部門
　- 優勝
　　玉置 朝啓, 玉置 きよ子
第3回（昭61年）
　◇スタンダード部門
　- 優勝
　　中川 勲, 中川 詠子
　◇ラテンアメリカン部門
　- 優勝
　　奥村 三郎, 奥村 純

第4回（昭62年）
　◇スタンダード部門
　●優勝
　　桜本 和夫，桜本 智美
　◇ラテンアメリカン部門
　●優勝
　　玉置 朝啓，玉置 きよ子
第5回（昭63年）
　◇スタンダード部門
　●優勝
　　桜田 哲也，鈴木 美代子
　◇ラテンアメリカン部門
　●優勝
　　桑原 明男，桑原 佐代子
第6回（平1年）
　◇スタンダード部門
　●優勝
　　天野 博文，天野 京子
　　篠田 忠，篠田 富子
　◇ラテンアメリカン部門
　●優勝
　　桑原 明男，桑原 佐代子
第1回（平2年）
　◇スタンダード部門
　●第1位
　　天野 博文，天野 京子
　●第2位
　　篠田 忠，篠田 富子
　●第3位
　　田中 英和，田中 陽子
　◇ラテンアメリカン部門
　●第1位
　　桑原 明男，桑原 佐代子
　●第2位
　　大竹 辰郎，鈴木 孝子
　●第3位
　　ボー・ロフト・ヤンセン，ヘレ・ロフト・
　　ヤンセン
第2回（平3年）
　◇スタンダード部門
　●第1位
　　篠田 忠，篠田 富子

　●第2位
　　天野 博文，天野 京子
　●第3位
　　田中 英和，田中 陽子
　◇ラテンアメリカン部門
　●第1位
　　ジェイソン・ギルソン，ペータ・ロビー
　●第2位
　　大竹 辰郎，鈴木 孝子
　●第3位
　　楠 潤一郎，永井 広美
第3回（平4年）
　◇スタンダード部門
　●第1位
　　篠田 忠，篠田 富子
　●第2位
　　天野 博文，天野 京子
　●第3位
　　田中 英和，田中 陽子
　◇ラテンアメリカン部門
　●第1位
　　ハンス・ガルケ，ビアンカ・シュライバー
　●第2位
　　大竹 辰郎，鈴木 孝子
　●第3位
　　楠 潤一郎，永井 広美
第4回（平5年）
　◇スタンダード部門
　●第1位
　　田中 英和，田中 陽子
　●第2位
　　島 正幸，島 輝子
　●第3位
　　J.ヴァイス，J.ブキャナン
　◇ラテンアメリカン部門
　●第1位
　　Y.エフテダル，X.エフテダル
　●第2位
　　大竹 辰郎，鈴木 孝子
　●第3位
　　楠 潤一郎，永井 広美

第5回（平6年）
　◇スタンダード部門
　　● 第1位
　　　田中 英和，田中 陽子
　　● 第2位
　　　折山 邦夫，折山 かおり
　　● 第3位
　　　山口 信次，山口 祥子
　◇ラテンアメリカン部門
　　● 第1位
　　　大竹 辰郎，鈴木 孝子
　　● 第2位
　　　楠 潤一郎，永井 広美
　　● 第3位
　　　二ツ森 亨，二ツ森 由美
第6回（平7年）
　◇スタンダード部門
　　● 第1位
　　　田中 英和，田中 陽子
　　● 第2位
　　　山口 信次，佐久間 祥子
　　● 第3位
　　　折山 邦夫，折山 かおり
　◇ラテンアメリカン部門
　　● 第1位
　　　大竹 辰郎，鈴木 孝子
　　● 第2位
　　　楠 潤一郎，永井 広美
　　● 第3位
　　　北條 明，須田 雅美
（平8年）
　◇スタンダード部門
　　● 第1位
　　　田中 英和，田中 陽子
　　● 第2位
　　　遠田 進，遠田 真理子
　　● 第3位
　　　檜山 浩治，檜山 公美子
　◇ラテンアメリカン部門
　　● 第1位
　　　北條 明，須田 雅美
　　● 第2位

　　　安東 寿展，中塚 比路子
　　● 第3位
　　　大友 孝一，三浦 千穂
（平9年）
　◇スタンダード部門
　　● 第1位
　　　檜山 浩治，檜山 公美子
　　● 第2位
　　　遠田 進，遠田 真理子
　　● 第3位
　　　山口 信次，佐久間 祥子
　◇ラテンアメリカン部門
　　● 第1位
　　　北條 明，須田 雅美
　　● 第2位
　　　安東 寿展，中塚 比路子
　　● 第3位
　　　嶺岸 昭志，三輪 恭子
（平10年）
　◇スタンダード部門
　　● 第1位
　　　田中 英和，アデール・プレストン
　　● 第2位
　　　檜山 浩治，檜山 公美子
　　● 第3位
　　　遠田 進，遠田 真理子
　◇ラテンアメリカン部門
　　● 第1位
　　　北條 明，須田 雅美
　　　嶺岸 昭志，三輪 恭子
　　● 第3位
　　　安東 寿展，中塚 比路子
（平11年）
　◇スタンダード部門
　　● 第1位
　　　遠田 進，遠田 真理子
　　● 第2位
　　　檜山 浩治，檜山 公美子
　　● 第3位
　　　藤本 明彦，藤本 照美
　◇ラテンアメリカン部門
　　● 第1位

北條 明，須田 雅美
- 第2位
嶺岸 昭志，三輪 恭子
- 第3位
二宮 清，平 富美英

（平12年）

◇スタンダード部門
- 第1位
檜山 浩治，檜山 公美子
- 第2位
藤本 明彦，藤本 照美
- 第3位
遠田 進，遠田 真理子

◇ラテンアメリカン部門
- 第1位
北條 明，須田 雅美
- 第2位
嶺岸 昭志，三輪 恭子
- 第3位
二宮 清，平 富美英

（平13年）

◇スタンダード部門
- 第1位
檜山 浩治，檜山 公美子
- 第2位
遠田 進，遠田 真理子
- 第3位
藤本 明彦，藤本 照美

◇ラテンアメリカン部門
- 第1位
北條 明，須田 雅美
- 第2位
嶺岸 昭志，三輪 恭子
- 第3位
増田 直紀，増田 ゆう子

（平14年）

◇スタンダード部門
- 第1位
柳橋 慎太郎，浅見 久美子
- 第2位
檜山 浩治，檜山 公美子
- 第3位

遠田 進，遠田 真理子

◇ラテンアメリカン部門
- 第1位
北條 明，須田 雅美
- 第2位
嶺岸 昭志，三輪 恭子
- 第3位
二宮 清，平 富美英

（平15年）

◇スタンダード部門
- 第1位
檜山 浩治，檜山 公美子
- 第2位
柳橋 慎太郎，浅見 久美子
- 第3位
遠田 進，遠田 真理子

◇ラテンアメリカン部門
- 第1位
嶺岸 昭志，三輪 恭子
- 第2位
二宮 清，平 富美英
- 第3位
大村 淳毅，和田 恵

（平16年）

◇スタンダード部門
- 第1位
谷堂 誠治，早野 恵美
- 第2位
柳橋 慎太郎，浅見 久美子
- 第3位
檜山 浩治，檜山 公美子

◇ラテンアメリカン部門
- 第1位
二宮 清，平 富美英
- 第2位
大村 淳毅，和田 恵
- 第3位
中村 俊彦，青柳 朋子

（平17年）

◇スタンダード部門
- 第1位
谷堂 誠治，早野 恵美

- 第2位
  柳橋 慎太郎，浅見 久美子
- 第3位
  嶺岸 昭志，三輪 恭子

◇ラテンアメリカン部門

- 第1位
  二宮 清，平 富美英
- 第2位
  中村 俊彦，青柳 朋子
- 第3位
  大村 淳毅，和田 恵

（平18年）

◇スタンダード部門

- 第1位
  谷堂 誠治，早野 恵美
- 第2位
  柳橋 慎太郎，浅見 久美子
- 第3位
  嶺岸 昭志，三輪 恭子

◇ラテンアメリカン部門

- 第1位
  大村 淳毅，和田 恵
- 第2位
  塚本 拓雄，森 郁子
- 第3位
  中村 俊彦，青柳 朋子

（平19年）

◇スタンダード部門

- 第1位
  谷堂 誠治，早野 恵美
- 第2位
  柳橋 慎太郎，浅見 久美子
- 第3位
  嶺岸 昭志，三輪 恭子

◇ラテンアメリカン部門

- 第1位
  大村 淳毅，和田 恵
- 第2位
  中村 俊彦，青柳 朋子
- 第3位
  西島 鉱治，向高 明日美

（平20年）

◇スタンダード部門

- 第1位
  谷堂 誠治，早野 恵美
- 第2位
  河原 央，新井 いづみ
- 第3位
  嶺岸 昭志，三輪 恭子

◇ラテンアメリカン部門

- 第1位
  立石 勝也，立石 裕美
- 第2位
  大村 淳毅，和田 恵
- 第3位
  西島 鉱治，向高 明日美

（平21年）

◇スタンダード部門

- 第1位
  青木 康典，青木 知子
- 第2位
  嶺岸 昭志，三輪 恭子
- 第3位
  河原 央，新井 いづみ

◇ラテンアメリカン部門

- 第1位
  織田 慶治，渡辺 理子
- 第2位
  中村 俊彦，青柳 朋子
- 第3位
  立石 勝也，立石 裕美

（平22年）

◇スタンダード部門

- 第1位
  青木 康典，青木 知子
- 第2位
  橋本 剛，恩田 恵子
- 第3位
  河原 央，新井 いづみ

◇ラテンアメリカン部門

- 第1位
  織田 慶治，渡辺 理子
- 第2位

西島 鉱治, 向高 明日美
● 第3位
立石 勝也, 立石 裕美
(平23年)
◇スタンダード部門
● 第1位
青木 康典, 青木 知子
● 第2位
橋本 剛, 恩田 恵子
● 第3位
本池 淳, 武藤 法子
◇ラテンアメリカン部門
● 第1位
織田 慶治, 渡辺 理子
● 第2位
金光 進陪, 吉田 奈津子
● 第3位
西島 鉱治, 向高 明日美
(平24年)
◇スタンダード部門
● 第1位
橋本 剛, 恩田 恵子
● 第2位
末富 崇仁, 藤本 尚子
● 第3位
河原 央, 新井 いづみ
◇ラテンアメリカン部門
● 第1位
織田 慶治, 渡辺 理子
● 第2位
金光 進陪, 吉田 奈津子
● 第3位

西島 鉱治, 向高 明日美
(平25年)
◇スタンダード部門
● 第1位
橋本 剛, 恩田 恵子
● 第2位
末富 崇仁, 藤本 尚子
● 第3位
浅村 慎太郎, 遠山 恵美
◇ラテンアメリカン部門
● 第1位
織田 慶治, 渡辺 理子
● 第2位
金光 進陪, 吉田 奈津子
● 第3位
増田 大介, 塚田 真美
(平26年)
◇スタンダード部門
● 第1位
橋本 剛, 恩田 恵子
● 第2位
浅村 慎太郎, 遠山 恵美
● 第3位
末富 崇仁, 藤本 尚子
◇ラテンアメリカン部門
● 第1位
織田 慶治, 渡辺 理子
● 第2位
金光 進陪, 吉田 奈津子
● 第3位
増田 大介, 塚田 真美

---

122 **全日本10ダンス選手権**

モダン5種, ラテン5種目計10種目総合で順位を決め, 優勝者を決定するダンス選手権。

【主催者】 (財)日本ボールルームダンス連盟

【選考委員】 各広域加盟団体より選出された, スタンダード・ラテンアメリカン各9名
(ジャパントロフィー・10ダンス共通)の合計18名

【選考基準】 〔対象〕ワルツ, タンゴ, クイック, フォックストロット, ウィンナーワルツ,
サンバ, ルンバ, パソドブレ, チャチャ, ジャイブ計10種目総合

【締切・発表】平成26年は8月22日申込締切,10月5日静岡市中央体育館にて開催
【賞・賞金】第1位：メダル,連盟杯,賞状,賞金20万円,第2位：メダル,賞状,賞金10万円,
　　　第3位：メダル,賞状,賞金8万円

第1回（昭50年）
　◇優勝
　　毛塚 道雄, 毛塚 雅子
第2回（昭51年）
　◇優勝
　　鳥居 弘忠, 鳥居 洋子
第3回（昭53年）
　◇優勝
　　田中 忠, 田中 節子
第4回（昭54年）
　◇優勝
　　田中 忠, 田中 節子
第5回（昭55年）
　◇優勝
　　毛塚 道雄, 毛塚 雅子
第6回（昭56年）
　◇優勝
　　毛塚 道雄, 毛塚 雅子
第7回（昭58年）
　◇優勝
　　桜田 哲也, 鈴木 美代子
第8回（昭58年）
　◇優勝
　　桜田 哲也, 鈴木 美代子
第9回（昭59年）
　◇優勝
　　桜田 哲也, 鈴木 美代子
第10回（昭60年）
　◇優勝
　　天野 博文, 天野 京子
第11回（昭61年）
　◇優勝
　　二ツ森 司, 楠 みどり
第12回（昭62年）
　◇優勝
　　二ツ森 司, 楠 みどり

第13回（昭63年）
　◇優勝
　　二ツ森 司, 楠 みどり
第14回（平1年）
　◇優勝
　　尾上 武史, 尾上 恵美子
第15回（平2年）
　◇優勝
　　田中 英和, 田中 陽子
第16回（平3年）
　◇優勝
　　田中 英和, 田中 陽子
第17回（平4年）
　◇優勝
　　二ツ森 亨, 二ツ森 由美
第18回（平5年）
　◇優勝
　　二ツ森 亨, 二ツ森 由美
第19回（平6年）
　◇優勝
　　二ツ森 亨, 二ツ森 由美
第20回（平7年）
　◇優勝
　　二ツ森 亨, 二ツ森 由美
第21回（平8年）
　◇優勝
　　嶺岸 昭志, 三輪 恭子
第22回（平9年）
　◇優勝
　　嶺岸 昭志, 三輪 恭子
第23回（平10年）
　◇優勝
　　嶺岸 昭志, 三輪 恭子
第24回（平11年）
　◇優勝
　　嶺岸 昭志, 三輪 恭子

第25回（平12年）

◇優勝

　嶺岸 昭志，三輪 恭子

第26回（平13年）

◇優勝

　嶺岸 昭志，三輪 恭子

第27回（平14年）

◇優勝

　嶺岸 昭志，三輪 恭子

第28回（平15年）

◇優勝

　嶺岸 昭志，三輪 恭子

第29回（平16年）

◇優勝

　大村 淳毅，和田 恵

第30回（平17年）

◇優勝

　市川 学，大島 寿子

（平18年）

◇優勝

　成竹 俊治，延本 沙祐里

（平19年）

◇優勝

　市川 学，大島 寿子

（平20年）

◇優勝

　成竹 俊治，延本 沙祐里

（平21年）

◇優勝

　深川 大輔，伊原 幸枝

（平22年）

◇優勝

　立石 勝也，立石 裕美

（平23年）

◇優勝

　山本 武志，木嶋 友美

（平24年）

◇優勝

　山本 武志，木嶋 友美

（平25年）

◇優勝

　山本 武志，木嶋 友美

123 全日本バレエ・コンクール

　バレエ芸術は本来肉体的技術のみによってその優劣を決せられるべきものではないが，ややもするとコンクールはその弊害に陥りがちであるとの状況から，真の芸術競技を目指して昭和58年より開始された。独自な審査方法によって純粋にアカデミックな若いダンサーを発掘し，その将来への道を拓かせることを目的としている。第5回は第1回アジア・バレエ・コンクールとして開催，第10回は第4回アジア・バレエ・コンクールの国内選考会として開催された。

【主催者】（公社）日本バレエ協会

【選考方法】全国13支部と東京地区の各予選と推薦会を経て本選に参加。本選第1日目（予選Ⅰ）アンシェヌマンの審査，2日目（予選Ⅱ）：課題曲Aの審査，3日目（予選Ⅲ）：＜ジュニアA・シニア＞コンテンポラリー・ショート・コンビネーションの審査，4日目（準決勝）：課題曲Bの審査，5日目：課題曲AまたはBの審査，＜ジュニアB＞アンシェヌマンの審査，＜ジュニアA・シニア＞コンテンポラリー・ショート・コンビネーションの審査，決定

【選考基準】〔資格〕シニアの部：19歳〜25歳。ジュニアAの部：16歳〜18歳。ジュニアBの部：13歳〜15歳

【締切・発表】例年8月に開催。平成26年度は8月13日〜17日

【賞・賞金】〔ジュニアA・B女子〕第1位〜第6位：日本バレエ協会賞，〔ジュニアA・B男子〕第1位〜第3位：日本バレエ協会賞，〔シニア女子・男子〕第1位〜第3位：日本

バレエ協会賞
【URL】http://www.j-b-a.or.jp/

第1回（昭58年）
◇日本バレエ協会大賞
　該当者なし
◇ジュニア部門
- 第1位
　高部 尚子（東京地区・小野バレエ研究所）
- 第2位
　盤若 真美（関西支部・安積バレエ研究所）
- 第3位
　千野 真沙美（東京地区・谷口バレエ研究所）
◇シニア部門
- 第1位
　大倉 現生（東京地区・人間組曲大倉バレエ）
- 第2位
　芦川 恵里（関東支部・横瀬バレエ研究所）
- 第3位
　比嘉 正（東京地区・遠藤バレエ研究所）
第2回（昭59年）
◇日本バレエ協会大賞
　該当者なし
◇ジュニア部門
- 第1位
　中村 かおり（関東支部・山本礼子バレエ研究所）
- 第2位
　秋山 珠子（北海道支部・内山バレエ研究所）
- 第3位
　岩田 唯起子（関東支部・岩田バレエスクール）
◇シニア部門
- 第1位
　森 あづさ（関西支部・安積バレエ研究所）
- 第2位
　今間 裕見子（東京地区・スタヂオ一番街）
- 第3位

　青木 知枝（東京地区・横瀬バレエ研究所）
第3回（昭60年）
◇日本バレエ協会大賞
　該当者なし
◇ジュニア部門
- 第1位
　吉岡 美佳（四国支部・八束バレエ研究所）
- 第2位
　宮内 真理子（甲信越支部・倉島バレエ研究所）
- 第3位
　佐藤 明美（甲信越支部・倉島バレエ研究所）
◇シニア部門
- 第1位
　浦島 俊恵（北陸支部・坪田バレエ研究所）
- 第2位
　井上 富志恵（関西支部・安積バレエ研究所）
- 第3位
　新居田 かおる（四国支部・樋笠バレエ研究所）
第4回（昭61年）
◇日本バレエ協会大賞
　該当者なし
◇ジュニア部門
- 第1位
　渡部 美咲（関東支部・山本バレエ研究所）
- 第2位
　小嶋 直也（東京地区・三谷バレエ研究所）
- 第3位
　浅野 和歌子（東京地区・笹本バレエ学園）
◇シニア部門
- 第1位
　床嶋 佳子（東京地区・スタヂオ一番街）
- 第2位
　高瀬 浩幸（関西支部・貞松バレエ研究所）
- 第3位

栗原 弥生（関東支部・横瀬バレエ研究所）
第5回（昭62年）
◇ジュニア部門
● 第1位
ジョン・H.カーム（オーストラリア）
● 第2位
レベッカ・F.イエーツ（オーストラリア）
● 第3位
久保 紘一
◇シニア部門
● 第1位
ツアイ・リージュン（中国）
● 第2位
リサ・P.マクーハ（フィリピン）
● 第3位
アンソニ・フィン（香港）
第6回（昭63年）
◇ジュニア部門
● 第1位
岩田 守弘（関東支部）
● 第2位
鈴木 敬子（中部支部）
● 第3位
奈良岡 典子（東京地区）
◇シニア部門
● 第1位
杉山 聡美（関西支部）
● 第2位
岩田 唯起子（関東支部）
● 第3位
山城 枝里子（東京地区）
第7回（平1年）
◇ジュニア部門
● 第1位
根岸 正信（牧バレエ団）
● 第2位
泉 梨花（牧バレエ団）
● 第3位
横瀬 美砂（ナショナルバレエ団）
◇シニア部門
● 第1位
Go hnn Wah（香港）

● 第2位
Lee Won Kuk（韓国）
● 第3位
U Bet CrJane（モンゴル）
第8回（平2年）
◇ジュニア部門
● 第1位
斎藤 亜紀
● 第2位
佐々木 陽平
● 第3位
厚木 三杏
◇シニア部門
● 第1位
森田 健太郎
● 第2位
高橋 有里
● 第3位
島 裕子
第9回（平3年）
◇ジュニア部門
● 第1位
ホーリー・スマート（豪州）
● 第2位
シモン・カルダモン（豪州）
● 第3位
市来 今日子（東京バレエ団）
◇シニア部門
● 第1位
森山 珠江
● 第2位
有光 風花（江川バレエ）
● 第3位
守屋 早苗（由井バレエ）
第10回（平4年）
◇ジュニア部門
● 第1位
前田 真由子
● 第2位
キミホ・ハルバート
● 第3位
遠藤 千春

◇シニア部門
- 第1位
  佐藤 美由紀
- 第2位
  中村 明代
- 第3位
  小山内 裕子

第11回（平5年）
◇ジュニア部門
- 第1位
  川村 真樹
- 第2位
  河合 佑香
- 第3位
  蔵 健太
◇シニア部門
- 第1位
  上原 和久
- 第2位
  黒沢 優子
- 第3位
  上村 未香

第12回（平8年）
◇ジュニア部門
- 第1位
  荻本 美穂
- 第2位
  神戸 里奈
- 第3位
  恵谷 彰
◇シニア部門
- 第1位
  真忠 久美子
- 第2位
  針山 愛美
- 第3位
  前田 新奈

第13回（平10年）
◇ジュニア部門
- 第1位
  瀬島 五月（貞松・浜田バレエ学園）
- 第2位

中村 恵理（長野バレエ団）
- 第3位
  平野 啓一（平野節子バレエスクール）
◇シニア部門
- 第1位
  鹿野 沙絵子（岸千恵子バレエスタジオ）
- 第2位
  米内 詩保子（黒沢智子バレエスタジオ）
- 第3位
  寺島 ひろみ（乃羽バレエ団）

第14回（平12年）
◇ジュニア部門
- 第1位
  平野 亮一（平野節子バレエスクール）
- 第2位
  福岡 雄大（ケイバレエスタジオ）
- 第3位
  平田 桃子（山本礼子バレエ団）
◇シニア部門
- 第1位
  河島 真之（波多野澄子バレエ団）
- 第2位
  森戸 加織（アクリ・堀本バレエアカデミー）
- 第3位
  南 百合子（アート・バレエ難波津）

第15回（平14年）
◇ジュニア部門
- 第1位
  三木 雄馬
- 第2位
  井原 由衣
- 第3位
  贅田 萌
◇シニア部門
- 第1位
  武市 京子
- 第2位
  金田 洋子
- 第3位
  江本 拓

第16回（平16年）
◇ジュニア部門
- 第1位
  門 沙也香
- 第2位
  西玉 絵里奈
- 第3位
  影山 茉以
◇シニア部門
- 第1位
  小川 友梨
- 第2位
  竹中 優花
- 第3位
  廣岡 奈美
第17回（平18年）
◇ジュニア部門
- 第1位
  森高 万智（田中千賀子バレエスクール）
- 第2位
  中家 正博（法村友井バレエ学校）
- 第3位
  桜堂 詩乃（アクリ堀本バレエ・スクール）
◇シニア部門
- 第1位
  武藤 天華（貞松浜田バレエ団）
- 第2位
  法村 珠里
- 第3位
  縫谷 美沙（石原千代バレエスクール）
第18回（平19年）
◇ジュニア部門
- 第1位
  中ノ目 知章
◇シニア部門
- 第1位
  奥村 康祐
第19回（平20年）
◇ジュニアB部門
- 第1位
  乙戸 沙織
◇ジュニアA部門

- 第1位
  大宮 瑛
◇シニア部門
- 第1位
  金田 洋子
第20回（平21年）
◇ジュニアB部門
- 第1位
  宮崎 真衣
◇ジュニアA部門
- 第1位
  淵上 礼奈
◇シニア部門
- 第1位
  田辺 淳
第21回（平22年）
◇ジュニアB（13才〜15才）・女子の部
- 第1位
  筒井 舞子
◇ジュニアB（13才〜15才）・男子の部
- 第1位
  加藤 三希央
◇ジュニアA（16才〜18才）・女子の部
- 第1位
  内野 玲香
◇ジュニアA（16才〜18才）・男子の部
- 第1位
  宮川 新大
◇シニア（19才〜25才）・女子の部
- 第1位
  上村 悠
◇シニア（19才〜25才）・男子の部
- 第1位
  牧村 直紀
第22回（平23年）
◇ジュニアB（13才〜15才）・女子の部
- 第1位
  平木 菜子
◇ジュニアB（13才〜15才）・男子の部
- 第1位
  アクリ 士門
◇ジュニアA（16才〜18才）・女子の部

- ● 第1位
  藤山 千紘
◇ジュニアA（16才〜18才）・男子の部
- ● 第1位
  吉田 周平
◇シニア（19才〜25才）・女子の部
- ● 第1位
  大場 優香
◇シニア（19才〜25才）・男子の部
- ● 第1位
  上月 佑馬
第23回（平24年）
◇ジュニアB（13才〜15才）・女子の部
- ● 第1位
  阿部 夏香（アクリ・堀本バレエアカデミー）
◇ジュニアB（13才〜15才）・男子の部
- ● 第1位
  該当者なし
◇ジュニアA（16才〜18才）・女子の部
- ● 第1位
  福田 侑香
◇ジュニアA（16才〜18才）・男子の部
- ● 第1位
  藤島 光太

◇シニア（19才〜25才）・女子の部
- ● 第1位
  井平 麻美
◇シニア（19才〜25才）・男子の部
- ● 第1位
  出場者なし
第24回（平25年）
◇ジュニアB（13才〜15才）・女子の部
- ● 第1位
  野久保 奈央
◇ジュニアB（13才〜15才）・男子の部
- ● 第1位
  三森 健太朗
◇ジュニアA（16才〜18才）・女子の部
- ● 第1位
  佐野 基
◇ジュニアA（16才〜18才）・男子の部
- ● 第1位
  上妻 悟
◇シニア（19才〜25才）・女子の部
- ● 第1位
  上西 加奈美
◇シニア（19才〜25才）・男子の部
- ● 第1位
  該当者なし

---

124 橘秋子賞

　日本のバレエの向上発展を念願とした故橘秋子の遺志に基づき，バレエ教育およびバレエ界に著しく寄与した者を表彰するため，昭和50年に創設された。

【主催者】（財）橘秋子記念財団

【選考方法】選考委員の推薦による

【選考基準】〔対象〕特別賞，優秀賞：前年の1月から12月までに日本人によるバレエの公演活動において功績を残した指導者，振付者，舞踊家およびバレエ団。功労賞：バレエにかかわる他のジャンルに於いてバレエの振興発展に多大に寄与した者

【締切・発表】2月〜3月頃締切，4月上旬発表，5月14日授賞式

【賞・賞金】特別賞：賞状と賞金100万円，優秀賞：賞状と賞金50万円，功労賞：賞状と賞金30万円，助演優秀賞：賞状

【URL】http://www.ambt.jp/

第1回（昭50年）◇特別賞

谷 桃子
◇優秀賞
　東京バレエ団
第2回（昭51年）
◇特別賞
　福田 一雄
◇優秀賞
　大原 永子
第3回（昭52年）
◇特別賞
　服部 智恵子
◇優秀賞
　森下 洋子
第4回（昭53年）
◇特別賞
　太刀川 瑠璃子
◇優秀賞
　北原 秀晃
第5回（昭54年）
◇特別賞
　松山 樹子
◇優秀賞
　小林 紀子
◇功労賞
　村松 道弥（報道）
第6回（昭55年）
◇特別賞
　小牧 正英
◇優秀賞
　横井 茂
◇功労賞
　松崎 国雄（照明）
第7回（昭56年）
◇特別賞
　橘 秋帆
◇優秀賞
　清水 哲太郎
◇功労賞
　江口 博（評論）
第8回（昭57年）
◇特別賞
　島田 広

◇優秀賞
　川口 ゆり子
◇功労賞
　三林 亮太郎（美術）
第9回（昭58年）
◇特別賞
　貝谷 八百子
◇優秀賞
　法村 牧緒
◇功労賞
　田中 好道（舞台監督）
第10回（昭59年）
◇特別賞
　関 直人
◇優秀賞
　岡本 佳津子
◇功労賞
　景安 正夫（評論）
第11回（昭60年）
◇特別賞
　江川 明
◇優秀賞
　ゆうき みほ
◇功労賞
　大井 昌子（衣裳）
第12回（昭61年）
◇特別賞
　佐多 達枝
◇優秀賞
　三谷 恭三
◇功労賞
　洲和 みち子（振付・指導）
第13回（昭62年）
◇特別賞
　小川 亜矢子
◇優秀賞
　尾本 安代
◇助演優秀賞
　豊川 美恵子
◇功労賞
　薄井 憲二（評論）

第14回（昭63年）
　◇特別賞
　　石田 種生
　◇優秀賞
　　今村 博明
　◇助演優秀賞
　　外崎 芳昭
　◇功労賞
　　井上 博文（舞踊家）
第15回（平1年）
　◇特別賞
　　清水 哲太郎
　◇優秀賞
　　堀 登
　◇功労賞
　　笹本 公江（舞踊家）
第16回（平2年）
　◇特別賞
　　草刈 民代
　◇助演優秀賞
　　多々納 みわ子
　◇功労賞
　　有馬 五郎
第17回（平3年）
　◇特別賞
　　牧阿佐美バレエ団
　◇優秀賞
　　井神 さゆり
　◇功労賞
　　白鳥みなみバレエ団
第18回（平4年）
　◇優秀賞
　　大畠 律子
　◇助演優秀賞
　　朶 まゆみ
　◇功労賞
　　小川 正三
第19回（平5年）
　◇特別賞
　　石井 潤（振付）
　◇優秀賞
　　越智 久美子（バレエ）

◇功労賞
　梶 孝三（照明）
第20回（平6年）
　◇特別賞
　　小林 紀子
　◇優秀賞
　　坂本 登喜彦
　◇助演優秀賞
　　小林 恭
第21回（平7年）
　◇優秀賞
　　下村 由理恵（スコッティッシュ・バレエ団
　　客演）
　◇助演優秀賞
　　斎藤 彰（谷桃子バレエ団）
　◇功労賞
　　千田 モト
第22回（平8年）
　◇特別賞
　　三谷 恭三（牧阿佐美バレエ団芸術監督）
　◇優秀賞
　　吉田 都（英国在住）
　◇功労賞
　　石井 清子（東京シティバレエ団代表）
第23回（平9年）
　◇特別賞
　　森下 洋子（松山バレエ団）
　◇優秀賞
　　佐々木 想美（牧阿佐美バレエ団）
　◇功労賞
　　堀内 完（ユニークバレエシアター主宰者）
第24回（平10年）
　◇特別賞
　　今村 博明，川口 ゆり子（ユースバレエ・
　　シャンブルウエスト主宰者）
　◇優秀賞
　　高部 尚子（谷桃子バレエ団）
　◇功労賞
　　前田 哲彦（舞台美術家）
第25回（平11年）
　◇特別賞
　　松崎 すみ子（バレエ団ピッコロ主宰）

◇優秀賞
　小嶋 直也（牧阿佐美バレエ団）
◇功労賞
　橋本 潔（舞台美術家）
第26回（平12年）
◇特別賞
　望月 則彦（振付）
◇優秀賞
　宮内 真理子
◇助演優秀賞
　金田 和洋（松山バレエ団）
第27回（平13年）
◇特別賞
　熊川 哲也
◇優秀賞
　森田 健太郎
◇助演優秀賞
　根岸 正信
第28回（平14年）
◇特別賞
　深沢 和子
◇優秀賞
　篠原 聖一
◇助演優秀賞
　小原 孝司
◇舞台クリエイティブ賞
　沢田 祐二
第29回（平15年）
◇特別賞
　吉田 都
◇優秀賞
　志賀 三佐枝
◇功労賞
　永江 巌
◇舞台クリエイティブ賞
　足立 恒
第30回（平16年）
◇特別賞
　安達 哲治
◇優秀賞
　安達 悦子
◇功労賞

越智 実
◇舞台クリエイティブ賞
　林 なつ子
第31回（平17年）
◇特別賞
　岡本 佳津子
◇優秀賞
　酒井 はな
◇助演優秀賞
　本多 実男
◇舞台クリエイティブ賞
　ルイザ・スピナテッリ
第32回（平18年）
◇特別賞
　法村 牧緒
◇優秀賞
　逸見 智彦
◇助演優秀賞
　大塚 礼子
◇舞台クリエイティブ賞
　前田 文子
◇スワン新人賞
　本島 美和
第33回（平19年）
◇特別賞
　下村 由理恵（バレエダンサー）
◇優秀賞
　山本 隆之
◇功労賞
　樋笠 よ志江（樋笠バレエ研究所）
◇舞台クリエイティブ賞
　三枝 成彰（作曲家）
◇スワン新人賞
　伊藤 友季子（バレエダンサー）
第34回（平20年）
◇特別賞
　深川 秀夫
◇優秀賞
　田中 祐子
◇功労賞
　貞松 融，浜田 蓉子
◇舞台クリエイティブ賞

賀川 祐之
◇スワン新人賞
　青山 季可
第35回（平21年）
◇特別賞
　篠原 聖一
◇優秀賞
　島添 亮子
◇功労賞
　横井 茂
◇舞台クリエイティブ賞
　該当者なし
◇スワン新人賞
　さいとう 美帆
第36回（平22年）
◇特別賞
　鈴木 稔
◇優秀賞

齊藤 拓
◇功労賞
　千田 雅子
◇舞台クリエイティブ賞
　堂本 教子
◇スワン新人賞
　小野 絢子
第37回（平24年）
◇特別賞
　大原 永子
◇優秀賞
　佐々木 大
◇功労賞
　野間 康子
◇舞台クリエイティブ賞
　森岡 肇
◇スワン新人賞
　清瀧 千晴

125 東京国際振付コンクール

　広くダンス，バレエの振付家の参加を求め，劇場性をもった有能な振付家を発掘することにより，世界の舞踊界（シアター・ダンス）の活性化を図り，舞踊芸術の発展に貢献するとともに，国際間の文化交流，相互理解を推進することを目的として，平成3年より開始された。平成5年第2回までで終了した。

【主催者】（財）民主音楽協会

【選考委員】（第2回）委員長：郡司正勝（舞踊学会会長，早稲田大学名誉教授），ボリス・エイフマン（ロシア＝サンクトペテルブルク・バレエ・シアター芸術監督），小川亜矢子（社団法人日本バレエ協会理事，スタジオ1番芸術監督），マーシャ・シーゲル（アメリカ＝ニューヨーク大学教授，舞踊評論家），庄司裕（社団法人現代舞踊協会理事，庄司裕モダンダンス・カンパニー主宰），董錫玖（中国＝元・中国舞踊家協会主席団委員，中華舞踏通史主編），ジョン・ノイマイヤー（ドイツ＝ハンブルク・バレエ芸術監督），ジョン・パーシバル（イギリス＝舞踊評論家，ダンス＆ダンサーズ編集長），福田一平（舞踊評論家，日本女子体育大学教授），藤井修治（評論家，元・NHK音楽芸能番組チーフ・ディレクター），ロベール・ベルティエ（フランス＝ジュンヌ・バレエ・ド・フランス団長），アントワーヌ・リビオ（スイス＝舞踊史家，舞踊評論家）

【選考方法】公募

【選考基準】〔資格〕(1) 国籍不問。(2) 昭和28年8月17日〜昭和48年8月16日に出生の者。(3) 過去の第1位入賞者は再参加できない。(4) 次のいずれか一つ以上の経歴がある者。(a) 創作または振付した作品がある。(b) 振付家の助手を勤めた経歴がある。(c) 舞踊手としての舞台経歴がある

【締切・発表】第2回は平成5年8月15日〜25日にゆうぽうと簡易保険ホールにて開催さ

れた

【賞・賞金】第1位：表彰状，メダルと表彰金150万円，第2位：表彰状，メダルと表彰金100
万円，第3位：表彰状，メダルと表彰金80万円，第4位：表彰状，メダルと表彰金60万円，
第5位：表彰状，メダルと表彰金40万円，特別賞「高円宮賞」：トロフィー，JAL賞：(最
高位入賞者)表彰状と表彰金50万円

第1回（平3年）

◇第1位

　レダ・バンテフール（フランス）「背景
　の月」

◇第2位

　リック・マッカロウ（アメリカ）「エンズ
　ウェル」

◇第3位

　ロベルト・バロック（チェコスロバキア）
　「不安定な幻想」

◇第4位・高円宮賞

　スタニスラフ・ヴィスニェフスキ（ポーラ
　ンド）「レイン・ソナタ」

◇第4位

　ハンヌ・ヒュッティネン（フィンランド）
　「晩餐の給仕」

◇第5位

　ヤン・リンケンズ（オランダ）「あなたの
　ために」

第2回（平5年）

◇第1位

　フィリップ・トゥレエ（フランス）"課題
　作品「壊れそうな一日」・自由作品「愛
　のための場所」"

◇第2位

　アグネス・ロクシン（フィリピン）"課題
　作品「ババリャン（高位の尼）」・自由作
　品「モリオネス」"

◇第3位

　ソンスー・アーン（韓国・在アメリカ）
　"課題作品「発見」・自由作品「何であろ
　うとも」"

◇第4位

　ミリアム・ネジィ（フランス・在ドイツ）
　"課題作品「対角線」・自由作品「ジャン
　ヌの踊り」"

　スタニスラフ・ヴィスニェフスキ（ポーラ
　ンド・フランス・在フランス）"課題作
　品「秘密」・自由作品「クローズ」"

　エドマンド・ストライブ（オーストラリ
　ア）"課題作品「協奏曲第12番作品3」・
　自由作品「プレクサス」"

126 東京なかの国際ダンスコンペティション

　舞踊の可能性を求め，新星の発掘，ダンスの発展と大衆化をはかる目的で，平成11年か
ら「なかのダンスコンペティション」として開始，14年に「なかの全国ダンスコンペティ
ション」，18年に「なかの国際ダンスコンペティション」，24年に「東京なかの国際ダンス
コンペティション」と改称。

【主催者】なかの洋舞連盟

【選考委員】（第16回・平成26年）片岡康子（お茶の水女子大学名誉教授），金田和洋（(公
　社)日本バレエ協会常務理事），佐々木涼子（舞踊評論家），坂本秀子（日本女子体育大
　学教授），小平浩子（スターダンサーズ・バレエ団），妻木律子（be offディレクター），
　中野真紀子（聖徳大学短期大学部教授），正田千鶴（なかの洋舞連盟会長・(一社)現代
　舞踊協会常務理事），賀来良江（なかの洋舞連盟副会長・(一社)全日本児童舞踊協会理
　事），小林容子（なかの洋舞連盟理事長・ダンスカンパニー‘y’主宰），寺村敏（なかの洋

舞連盟相談役・舞踊評論家）

【選考方法】 公募

【選考基準】（第15回，第16回・平成25,26年）(1) 小学校低学年部門（含 未就学）下限なし小学3年生まで，(2) 小学校高学年部門 小学4〜6年生，(3) 中学生部門，(4) 高校生部門（含 当該年齢），(5) シニア部門 高校卒業年齢以上，(6) 創作部門 年齢を問わず，※すべてクラシックバレエ含む，（群舞で年齢が部門をまたいでいても参加可能。ジャンルを超えた審査を行う。バレエ（ヴァリエーション，パ・ド・ドゥ，創作など），モダンダンス，コンテンポラリー，ジャズダンス，ストリート系ダンス，児童舞踊，民族舞踊など，「舞踊」の種類は問わない）

【締切・発表】（第16回・平成26年）申込期間：平成26年6月1日〜6月30日，審査日程：8月10日創作部門予選（年齢不問），8月11日シニア部門予選（高校卒業年齢以上），8月12日小学校低学年部門決選（予選無し）・小学校高学年部門決選（予選無し），8月13日中学生部門決選（予選無し）・高校生部門 決選（予選無し）。以上，なかのZERO小ホール。入場無料。8月16日創作部門決選，シニア部門決選。以上，なかのZERO大ホール。入場料1,000円

【賞・賞金】〔創作部門〕なかの洋舞連盟賞：第1位（1組）賞金30万円，第2位（1組），第3位（1組），第4位・5位・6位（各1組），入賞1位・2位・3位・4位・5位・6位（各1組），センターフィールド賞：（入賞6位（点数順）未満から5組），〔シニア部門〕なかの洋舞連盟賞：第1位（1組）賞金30万円，第2位（1組），第3位（1組），第4位・5位・6位（各1組），入賞1位（1組）・2位（2組）・3位（3組），入賞（10組），努力賞（3組），センターフィールド賞，〔高校生部門〕〔中学生部門〕〔小学校高学年部門〕〔小学校低学年部門〕なかの洋舞連盟賞：第1位・第2位・第3位（以上各1組），指導者賞：第1位・第2位・第3位の指導者に贈る，入賞1位・2位・3位（各1組），入賞（5組），努力賞（3組），センターフィールド賞，中野区長賞（1組）：創作部門第1位なかの洋舞連盟賞受賞者に贈る，チャコット賞（1組）：小学校高学年部門・小学校低学年部門の中の群舞作品の最高位に贈る，ヴィジュアル・プライズ：賞金総額10万円 全部門の中から視覚的にすぐれたダンサー作品に贈る，テクニカル・プライズ：全部門の中から技術がすぐれたダンサーに贈る，キッズ・プライズ（1組）：小学校低学年部門の中から贈る，ホープ・プライズ：全部門の中から，将来大きな飛躍が見込まれる者に贈る，なかの洋舞連盟会長特別賞（1組）：賞金50万円 全部門の中から会長が決定し贈る，国際賞・副会長特別賞（1組）：海外参加作品の中から副会長が決定する

【URL】 http://nakanodancecompetitiontokyo.com/

第1回（平11年）
- 第1位・なかの洋舞連盟賞
  李 鎮宇 「暗闇の魚」
- 第2位・なかの洋舞連盟賞
  前澤 亜衣子 「Overtuer,C21」
- 第3位・なかの洋舞連盟賞
  小林 泉 「未完の華」
◇指導者優秀賞
  金井 芙三枝 「暗闇の魚」

◇群舞賞
  小池 夕紀 「見上げてごらん夜の星を」
◇振付賞
  秋山 夏希 「光り苔」
◇努力賞
  菊地 尚子 「SUPER NOVA」
第2回（平12年）
- 第1位・なかの洋舞連盟賞
  小林 美沙緒 「薔薇ノ花弁ニ放火シテ」
- 第2位・なかの洋舞連盟賞

中塚 皓平 「振り返らざる時」

● 第3位・なかの洋舞連盟賞

　秋山 夏希 「深海の使者」

◇群舞賞

　富士 奈津子 「アリラン幻想」

　大栗 千和 「まちがって街に咲いた樹林
　　　　　たち」

◇努力賞

　宇佐美 和奈 「蒼く刻まれた記憶」

　新美 佳恵 「乳と蝸牛祭」

◇振付賞

　中西 優子 「ATLAS—混沌のかたち」

　うわぼ 糸江 「四角い太陽」

◇未来賞

　井口 優華子 「燃えろよ燃えろ」

　吉川 絢子 「時をきく石」

◇ユーモア賞

　千野 あかね 「蛙のコーラス」

第3回（平13年）

◇第1位・なかの洋舞連盟賞

　阿部 由紀子, 荒木 まなみ, 桜井 雅美, 横
　　田 佳奈子, 陽 かよこ 「禁断の果実
　　たち」

◇第2位・なかの洋舞連盟賞

　前澤 亜衣子, 乾 直樹, 久保田 智子 「聖
　　譚歌（オラトリオ）」

◇第3位・なかの洋舞連盟賞

　阿部 友紀子 「夜想歌」

◇振付賞

　金田 あゆ子 「BODY」

　加藤 若菜 「黄なる実の熟るる草, 馬」

◇努力賞

　田中 さえら 「金魚—永久に世なす法よ」

　下島 夏蓮 「花とピエロ」

◇群舞賞

　茂木 美一子, 中川 満恵, 古木 杏子, 片山
　　千穂, 荒川 具美, 石渡 絵美 「Secret
　　Garden」

　立命館大学モダンジャズバレエ部（三神友
　　子他6名）「リベルタ」

◇スペイン舞踊特別賞

　鈴木 千琴 「ガロティン」

◇バレエ特別賞

　渡辺 久美子 「海賊のヴァリエーション」

◇未来賞

　西畑 絵里 「白い病室—消えゆく生命」

　中山 由紀 「茶畑の女の子」

　奈留 淳子, 影山 靖子, 増野 沙織, 森本
　　あん, 永吉 友香 「赤い花」

◇ユーモア賞

　吉田 絵莉, 片桐 直美, 鈴木 里歩 「バイ
　　菌くんの大冒険」

第4回（平14年）

◇第1位・なかの洋舞連盟賞

　望月 理沙 「ドン・キホーテよりキトリの
　　ヴァリエーション」

◇第2位・なかの洋舞連盟賞

　林 芳美 「アンコールワットへ続く道」

◇第3位・なかの洋舞連盟賞

　宮本 舞 「Creek」

◇群舞賞

　近藤 容代, 八城 菜美子, 庄野 洋子
　　「FORCE」

◇振付賞

　鈴木 香菜子 「ひなた」

◇スペイン特別賞

　鹿野 由貴子, 北井 直美, 熊木 統理子, 仁
　　科 愛, 鈴木 舞, 鈴木 千琴, 浅山 真悠
　　子 「Sol ～情熱の陽～」

◇ジャズダンス特別賞

　小森 美紀, 茂木 美一子, 中川 満恵, 古木
　　杏子, 片山 千穂, 荒川 具美 「冽煦—
　　rekku—（Japanese drum）」

◇コンテンポラリー特別賞

　三東 瑠璃, 浜口 幸子, 深井 三実, 依田
　　育子 「『歌』」

◇現代舞踊特別賞

　丸山 沙千 「流露—come out one's feeling
　　—」

　谷野 悦代 「歪んだ記憶」

◇児童舞踊特別賞

　吉田 友希美, 加藤 仁美, 高橋 玲美, 土居
　　千明, 増子 麻里乃, 坂下 みつき, 森山
　　結貴, 町田 絵美奈 「夏の日…祭りの音」

◇未来賞

　森本 あん 「虚空に生きるもの―青竜―」

◇ユニーク賞

　江積 志織, 松元 日奈子 「ヤシの葉陰」

第5回(平15年)

◇第1位・なかの洋舞連盟賞・チャコット特別賞

　富士 奈津子(シニア, モダンダンス)「富江と名づけられた人形」

◇第2位・なかの洋舞連盟賞

　高瀬 譜希子(シニア, モダンダンス)「遠いところ」

◇第3位・なかの洋舞連盟賞

　米沢 麻佑子(シニア, モダンダンス)「月」

第6回(平16年)

◇第1位・なかの洋舞連盟賞・チャコット特別賞

　高瀬 譜希子(シニア, モダンダンス)「LAST PICTURE」

◇第2位・なかの洋舞連盟賞

　関口 淳子(シニア, モダンダンス)「静かなる瞬間」

◇第3位・なかの洋舞連盟賞

　斉藤 友美恵(シニア, モダンダンス)「刻限のマリア」

第7回(平17年)

◇第1位・なかの洋舞連盟賞・チャコット特別賞

　坂田 守(モダンダンス)「To be―ここに在ること―」

◇第2位・なかの洋舞連盟賞

　関口 淳子(モダンダンス)「緋色の人」

◇第3位・なかの洋舞連盟賞

　前澤 亜衣子(モダンダンス)「風紋 〜誰が心の譜〜」

◇創作部門

● 第1位

　該当者なし

● 第2位

　富士 奈津子(モダンダンス)「雨にまつわる話」

　前澤 亜衣子(モダンダンス)「まんまる狂詩曲 〜蒼色の空で釣れた話〜」

● 第3位

　栗林 綾, 松本 彩(コンテンポラリー)「One-ness」

第8回(平18年)

◇ジュニア部門

● 第1位・なかの洋舞連盟賞・指導者賞

　野村 咲季, 小原 彩瑛, 松井 真利絵, 太田 聖菜, 谷野 舞夏, 斉藤 花世, 岡崎 千裕 「グラシアス―また会えるよね！」

● 第2位・なかの洋舞連盟賞・指導者賞

　近藤 碧(モダンダンス)「雨の庭」

● 第3位・なかの洋舞連盟賞・指導者賞

　木村 卓矢(バレエ)「眠れる森の美女よりデジレ王子のヴァリエーション」

◇シニア部門

● 第1位・なかの洋舞連盟賞・チャコット特別賞

　関口 淳子 「夜の記憶」

● 第2位・なかの洋舞連盟賞

　前澤 亜衣子(モダンダンス)「あと空惚けの瘡蓋」

◇第3位・なかの洋舞連盟賞

　森本 なか(モダンダンス)「凍てつく花」

◇創作部門

● 第1位・なかの洋舞連盟賞・正田千鶴賞

　該当作なし

● 第2位・なかの洋舞連盟賞

　富士 奈津子, 新保 瞳, 林 芳美, 新保 恵 「ただならぬ午睡」

　前澤 亜衣子, 福島 千賀子, 秋月 淳司, 乾 直樹 「『狂想日記』そんなお前にコマンタレヴ？」

● 第3位・なかの洋舞連盟賞

　西田 沙耶香, 東島 未知 「ル・ポワゾン」

第9回(平19年)

◇ジュニア部門

● 第1位・なかの洋舞連盟賞

　谷野 舞夏

● 第2位・なかの洋舞連盟賞

　森山 結貴

● 第3位・なかの洋舞連盟賞

服部 千尋
◇シニア部門
- 第1位・なかの洋舞連盟賞
  前澤 亜衣子
- 第2位・なかの洋舞連盟賞
  上原 かつひろ
- 第3位・なかの洋舞連盟賞
  荒木 まなみ
◇創作部門
- 第1位・なかの洋舞連盟賞
  前澤 亜衣子
- 第2位・なかの洋舞連盟賞
  上原 かつひろ
- 第3位・なかの洋舞連盟賞
  Hwang Ye-Seon

第10回（平20年）
◇ジュニア部門
- 第1位・なかの洋舞連盟賞
  Kim Bit-Hana
- 第2位・なかの洋舞連盟賞
  川合 十夢
- 第3位・なかの洋舞連盟賞
  木村 卓矢，杉浦 成美
◇シニア部門
- 第1位・なかの洋舞連盟賞
  Lee Ju-Hyoung
- 第2位・なかの洋舞連盟賞
  池田 美佳
- 第3位・なかの洋舞連盟賞
  森本 なか
◇創作部門
- 第1位・なかの洋舞連盟賞
  Cho Jae-Hyuk
- 第2位・なかの洋舞連盟賞
  No Mi-Jung
- 第3位・なかの洋舞連盟賞
  佐々木 紀子

第11回（平21年）
◇ジュニア部門
- 第1位・なかの洋舞連盟賞
  脇坂 優海香
- 第2位・なかの洋舞連盟賞

堀内 翼，堀内 朔良
- 第3位・なかの洋舞連盟賞
  松井 英理
◇シニア部門
- 第1位・なかの洋舞連盟賞
  林 芳美
- 第2位・なかの洋舞連盟賞
  新保 恵
- 第3位・なかの洋舞連盟賞
  北野 友華
◇創作部門
- 第1位・なかの洋舞連盟賞
  宮本 舞
- 第2位・なかの洋舞連盟賞
  西原 礼奈
- 第3位・なかの洋舞連盟賞
  徐 胤碩

第12回（平22年）
◇ジュニア部門ジュニア2
- 第1位・なかの洋舞連盟賞
  堀内 翼，堀内 朔良
- 第2位・なかの洋舞連盟賞
  植木 晴花
- 第3位・なかの洋舞連盟賞
  小澤 早嬉
◇ジュニア部門ジュニア1
- 第1位・なかの洋舞連盟賞
  菊地 愛美
- 第2位・なかの洋舞連盟賞
  久保 愛梨
- 第3位・なかの洋舞連盟賞
  薄田 真美子
◇シニア部門
- 第1位・なかの洋舞連盟賞
  新保 恵
- 第2位・なかの洋舞連盟賞
  森本 なか
- 第3位・なかの洋舞連盟賞
  花輪 洋治
◇創作部門
- 第1位・なかの洋舞連盟賞
  池田 素子

- 第2位・なかの洋舞連盟賞
  上原 かつひろ
- 第3位・なかの洋舞連盟賞
  Ahn Kyung Mi
◇なかの洋舞連盟会長特別
  花輪 洋治
第13回（平23年）
◇ジュニア部門ジュニア2
- 第1位・なかの洋舞連盟賞
  海野 沙知
- 第2位・なかの洋舞連盟賞
  伊藤 未唯
- 第3位・なかの洋舞連盟賞
  西島 実里
◇ジュニア部門ジュニア1
- 第1位・なかの洋舞連盟賞
  久保 愛梨
- 第2位・なかの洋舞連盟賞
  田中 紀礼
- 第3位・なかの洋舞連盟賞
  小林 このみ
◇シニア部門
- 第1位・なかの洋舞連盟賞
  幅田 彩加
- 第2位・なかの洋舞連盟賞
  下司 智子，森 充生
- 第3位・なかの洋舞連盟賞
  森山 結貴
◇創作部門
- 第1位・なかの洋舞連盟賞
  和田 伊通子
- 第2位・なかの洋舞連盟賞
  柿下 さやか
- 第3位・なかの洋舞連盟賞
  Yoo Sun-Aei
第14回（平24年）
◇ジュニア部門ジュニア2
- 第1位・なかの洋舞連盟賞
  堀内 翼
- 第2位・なかの洋舞連盟賞
  織田 若菜，三木 麻衣
- 第3位・なかの洋舞連盟賞

高橋 和花
◇ジュニア部門ジュニア1
- 第1位・なかの洋舞連盟賞
  本橋 周子
- 第2位・なかの洋舞連盟賞
  佐々木 奏絵
- 第3位・なかの洋舞連盟賞
  須﨑 汐理
◇シニア部門
- 第1位・なかの洋舞連盟賞
  Kim Young-Hum
- 第2位・なかの洋舞連盟賞
  大貫 沙織
- 第3位・なかの洋舞連盟賞
  秋本 里奈子
◇創作部門
- 第1位・なかの洋舞連盟賞
  柿下 さやか
- 第2位・なかの洋舞連盟賞
  Zhang Tianjiao
- 第3位・なかの洋舞連盟賞
  二瓶 野枝，櫛田 祥光
第15回（平25年）
◇小学校低学年部門
- 第1位・なかの洋舞連盟賞
  都田 有生
- 第2位・なかの洋舞連盟賞
  牛丸 鈴花
- 第3位・なかの洋舞連盟賞
  中園 愛美，山本 実侑，丸谷 理乃
◇小学校高学年部門
- 第1位・なかの洋舞連盟賞
  三木 麻衣，織田 若菜
- 第2位・なかの洋舞連盟賞
  小松崎 結友
- 第3位・なかの洋舞連盟賞
  タルマン 磨野
◇中学生部門
- 第1位・なかの洋舞連盟賞
  杉本 舞花，小澤 早嬉
- 第2位・なかの洋舞連盟賞
  佐藤 未晏

- 第3位・なかの洋舞連盟賞
  長沼 璃胡
◇高校生部門
- 第1位・なかの洋舞連盟賞
  渡辺 玉貴
- 第2位・なかの洋舞連盟賞
  本橋 周子, 三厨 咲季
- 第3位・なかの洋舞連盟賞
  飯本 日菜子
◇シニア部門
- 第1位・なかの洋舞連盟賞
  Lee Joo Ho,　Kang Eun Hye

- 第2位・なかの洋舞連盟賞
  向井 章人
- 第3位・なかの洋舞連盟賞
  高宮 梢
◇創作部門
- 第1位・なかの洋舞連盟賞
  富士 奈津子, 新保 恵
- 第2位・なかの洋舞連盟賞
  鈴木 泰介, 贄田 麗帆
- 第3位・なかの洋舞連盟賞
  伊藤 雅子, 木場 裕紀

127 トヨタ コレオグラフィーアワード

　次代を担う振付家の発掘と育成をめざすことを目的に, 平成13年, トヨタ自動車株式会社と世田谷パブリックシアターとの提携事業として設立。国内での舞踊の振興をめざし, 振付家の活動の場を広げていくことを支援する。

【主催者】TOYOTA CHOREOGRAPHY AWARD実行委員会, トヨタ自動車株式会社

【選考委員】(第9回) 審査委員：楫屋一之 (世田谷パブリックシアター劇場部長), 唐津絵理 (愛知県芸術劇場シニアプロデューサー/あいちトリエンナーレ プロデューサー), 岸正人 (あるすぽっと (豊島区立舞台芸術交流センター) 支配人), 近藤恭代 (公益財団法人金沢芸術創造財団事業課長), 橋本裕介 (ロームシアター京都プログラム・ディレクター/KYOTO EXPERIMENTプログラム・ディレクター), 藤田直義 (高知県立美術館館長), 横堀ふみ (NPO法人DANCE BOXプログラム・ディレクター), ゲスト審査委員：岡村恵子 (キュレーター/東京都写真美術館学芸員), 川瀬浩介 (作曲家・美術家), 砂連尾理* (振付家・ダンサー), 寺田みさこ* (振付家・ダンサー), 前川知大 (劇作家・演出家) (*印はトヨタ コレオグラフィーアワード2002 (第1回) 次代を担う振付家賞・オーディエンス賞受賞者)

【選考方法】公募の中から, 審査委員によるファイナリスト選考会にて選出されたファイナリスト6名/組が, "ネクステージ" (最終審査会) において作品 (15〜20分) を上演。審査委員・ゲスト審査委員により「次代を担う振付家賞」1名, 観客投票により「オーディエンス賞」1名を決定

【選考基準】〔資格〕日本国籍を有するか, 日本に在住もしくは活動の拠点を置いているアーティストで, 自身の振付作品を発表した経験のある人。「次代を担う振付家賞」を受賞した場合, 2015年度にシアタートラムでの受賞者公演及び金沢21世紀美術館シアター21でのレジデンシープログラムを実施できること。〔対象〕ダンスのジャンルは不問

【締切・発表】(第9回) 募集期間：平成25年11月29日〜26年1月20日, 最終審査8月3日

【賞・賞金】次代を担う振付家賞 (1人)：記念楯, 副賞200万円, 世田谷パブリックシアターステージサポート, 金沢21世紀美術館レジデンシープログラム, TCAダンスパス/オーディエンス賞 (1人)：記念楯, TCAダンスパス/ファイナリスト：賞金10万円, TCAダ

ンスパス, トヨタ創造空間プロジェクト

【URL】http：//www.toyota.co.jp/tca/

第1回（平14年）
　◇次代を担う振付家賞
　　砂連尾 理, 寺田 みさこ 「あしたはきっと
　　晴れるでしょ」
　◇オーディエンス賞
　　天野 由起子 「C◎NPEIT◎」
第2回（平15年）
　◇次代を担う振付家賞
　　黒田 育世 「SIDE B」
　◇オーディエンス賞
　　黒田 育世 「SIDE B」
　　山崎 広太 「Night on the grass」
第3回（平16年）
　◇次代を担う振付家賞
　　東野 祥子 「ALARM！」
　◇オーディエンス賞
　　高野 美和子 「匿名トリップ」
　　常楽 泰 「範ちゃんへ」
第4回（平17年）
　◇次代を担う振付家賞
　　隅地 茉歩 「それをすると」
　◇オーディエンス賞
　　鈴木 ユキオ 「やグカやグカ呼鳴」
　　新鋪 美佳 「るる ざざ」
第5回（平18年）
　◇次代を担う振付家賞
　　白井 剛 「質量,slide,&.」

　◇オーディエンス賞
　　康本 雅子 「メクランラク」
　　遠田 誠 「ニッポニア・ニッポン」
第6回（平20年）
　◇次代を担う振付家賞
　　鈴木 ユキオ 「沈黙とはかりあえるほどに」
　◇ネクステージ特別賞
　　KENTARO!!「泣くな,東京で待て」
　◇オーディエンス賞
　　きたまり 「サカリバ007」
　　KENTARO!!「泣くな,東京で待て」
第7回（平22年）
　◇次代を担う振付家賞
　　古家 優里 「キャッチ マイ ビーム」
　◇オーディエンス賞
　　キミホ・ハルバート 「White Fields」
第8回（平24年）
　◇次代を担う振付家賞
　　関 かおり 「マアモント」
　◇オーディエンス賞
　　北尾 亘 「vacuum」
第9回（平26年）
　◇次代を担う振付家賞
　　川村 美紀子 「インナーマミー」
　◇オーディエンス賞
　　川村 美紀子 「インナーマミー」

128 中川鋭之助賞

　　日本の舞踊界発展に尽くした舞踊評論家, 故中川鋭之助氏の功績を顕彰し, 日本洋舞界
の若いダンサーの一層の飛躍を目的として, 平成7年に創設された。

【主催者】東京新聞

【選考委員】（第20回）うらわまこと, 北井一郎, 林愛子, 藤井修治

【選考方法】選考委員と東京新聞関係者の協議による

【選考基準】〔対象〕日本の舞踊界で活躍し, 近年国内あるいは国外で優れた業績をあげ,
　　今後さらに飛躍が期待されるバレエまたは現代舞踊の若手ダンサー

> 【締切・発表】例年,1月初旬締切,4月下旬までに東京新聞紙上で発表,6月表賞式
> 【賞・賞金】賞状,トロフィーと賞金10万円
> 【URL】http://www.tokyo-np.co.jp/event/bu/nakagawa/

第1回(平7年)
　吉田 都 "日本人ダンサーとしてB・R・B各公演に出演。'95年の日本バレエ協会公演「ドン・キホーテ」のキトリで名演を見せた"

第2回(平8年)
　下村 由理恵 "英国および日本で古典,創作に格調高い舞台を見せ,またバレエダンサーとしてミュージカルにも新境地を開いた"

第3回(平9年)
　酒井 はな "「ラ・フィユ・マル・ガルデ」「白鳥の湖」「ドン・キホーテ」に主演,全く違う役柄を踊り分けた"

第4回(平10年)
　小嶋 直也 "牧阿佐美バレエ団と新国立劇場のダンサーとして活躍,著しい進境を見せる"

第5回(平11年)
　宮内 真理子 "英バーミンガム・ロイヤルバレエ団ソリストとして活躍後,米コロラド・バレエ団プリンシパルに"

第6回(平12年)
　志賀 三佐枝 "牧阿佐美バレエ団に所属,高度の技術を持ち,古典から現代作品までの幅広いレパートリーで多くの役をこなす"

第7回(平13年)
　佐々木 大 "高度な技術を持ち海外でも活躍,古典,モダン,あるいはショーの舞台と幅広く活躍している"

第8回(平14年)
　上野 水香 "「シャブリエ・ダンス」「ノートルダム・ド・パリ」「デューク・エリントン・バレエ」などローラン・プティ作品で高度な演技を見せた"

第9回(平15年)
　山本 隆之(バレエ)

第10回(平16年)
　島田 衣子(バレエ)

第11回(平17年)
　川野 眞子(モダンダンス)

第12回(平18年)
　平山 素子(モダンダンス)

第13回(平19年)
　島添 亮子(バレエ)

第14回(平20年)
　齊藤 拓(バレエ)

第15回(平21年)
　寺島 ひろみ(バレエ)

第16回(平22年)
　永橋 あゆみ(バレエ)

第17回(平23年)
　福岡 雄大(バレエ)

第18回(平24年)
　青山 季可(バレエ)

第19回(平25年)
　瀬島 五月(バレエ)

第20回(平26年)
　米沢 唯(バレエ)

129 日本インターナショナルダンス選手権

　外国選手を3組～4組招待し,国際親善と日本選手の技術向上を目的に,昭和55年より開催された。

【主催者】(公財)日本ボールルームダンス連盟(JBDF)

【選考委員】日本競技ダンス連盟審査委員会所属の審査員3名，外国より招聘した審査員4名

【選考方法】予戦はチェック制により数の多い者から第1予戦から第3予戦，準々決勝・準決勝と選別し，6組決定，決勝戦は順位制で優勝者を決定

【選考基準】日本ボールルームダンス連盟の全国ランキング96位までの選手と北海道・東部・中部・西部・九州の各連盟の選抜選手。上位選手は招待及びシード選手とする。また，海外のトップ選手を招聘するとともに，国内他団体の出場枠も設けている

【締切・発表】第35回の申込締切は平成26年5月7日，6月14日・15日日本武道館大ホールにて開催

【賞・賞金】第1位：メダルと賞金100万円，第2位：メダルと賞金50万円，第3位：メダルと賞金30万円

【URL】http://www.jbdf.or.jp/

第1回（昭55年）
◇スタンダード部門
● 優勝
　毛塚 鉄雄，山本 千恵子
◇ラテンアメリカン部門
● 優勝
　鳥居 弘忠，鳥居 洋子
第2回（昭56年）
◇スタンダード部門
● 優勝
　桜本 和夫，桜本 智美
◇ラテンアメリカン部門
● 優勝
　鳥居 弘忠，鳥居 洋子
第3回（昭57年）
◇スタンダード部門
● 優勝
　桜本 和夫，桜本 智美
◇ラテンアメリカン部門
● 優勝
　石原 久嗣，石原 由美子
第4回（昭58年）
◇スタンダード部門
● 優勝
　中川 勲，中川 詠子
◇ラテンアメリカン部門
● 優勝
　石原 久嗣，石原 由美子

第5回（昭59年）
◇スタンダード部門
● 優勝
　桜本 和夫，桜本 智美
◇ラテンアメリカン部門
● 優勝
　R.マイレンゲン，G.マイレンゲン
第6回（昭60年）
◇スタンダード部門
● 優勝
　中川 勲，中川 詠子
◇ラテンアメリカン部門
● 優勝
　マーカス・ヒルトン，カレン・ジョンストン
第7回（昭61年）
◇スタンダード部門
● 優勝
　中川 勲，中川 詠子
◇ラテンアメリカン部門
● 優勝
　奥村 三郎，奥村 純
第8回（昭62年）
◇スタンダード部門
● 優勝
　ケニー・ウェルシュ，マリオン・ウェルシュ
◇ラテンアメリカン部門

- 優勝
  玉置 朝啓，玉置 きよ子
第9回（昭63年）
　◇スタンダード部門
　- 優勝
　　桜田 哲也，鈴木 美代子
　◇ラテンアメリカン部門
　- 優勝
　　玉置 朝啓，玉置 きよ子
第10回（平1年）
　◇スタンダード部門
　- 優勝
　　天野 博文，天野 京子
　◇ラテンアメリカン部門
　- 優勝
　　マーチン・ラム，アリソン・ラム
第11回（平2年）
　◇スタンダード部門
　- 第1位
　　天野 博文，天野 京子
　- 第2位
　　篠田 忠，篠田 富子
　- 第3位
　　ロバート・リッチフィールド，バーバラ・
　　リッチフィールド
　◇ラテンアメリカン部門
　- 第1位
　　桑原 明男，桑原 佐代子
　- 第2位
　　ボー・ロフト・ヤンセン，ヘレ・ロフト・
　　ヤンセン
　- 第3位
　　大竹 辰郎，鈴木 孝子
第12回（平3年）
　◇スタンダード部門
　- 第1位
　　天野 博文，天野 京子
　- 第2位
　　Jasse Odegaard，Laila Kragebol
　- 第3位
　　田中 英和，田中 陽子
　◇ラテンアメリカン部門

- 第1位
  桑原 明男，桑原 佐代子
- 第2位
  J.M.Genereux，France Moussea
- 第3位
  大竹 辰郎，鈴木 孝子
第13回（平4年）
　◇スタンダード部門
　- 第1位
　　篠田 忠，篠田 富子
　- 第2位
　　田中 英和，田中 陽子
　- 第3位
　　天野 博文，天野 京子
　◇ラテンアメリカン部門
　- 第1位
　　Jukka Hapalain，Sirpa Suutari
　- 第2位
　　大竹 辰郎，鈴木 孝子
　- 第3位
　　リチャード・ポーター，エリス・ポーター
第14回（平5年）
　◇スタンダード部門
　- 第1位
　　田中 英和，田中 陽子
　- 第2位
　　篠田 忠，篠田 富子
　- 第3位
　　山口 信次，佐久間 祥子
　◇ラテンアメリカン部門
　- 第1位
　　リチャード・ポーター，エリス・ポーター
　- 第2位
　　G.パッケィ，J.フライヤー
　- 第3位
　　M.ディールマン，T.N.バーンズ
第15回（平6年）
　◇スタンダード部門
　- 第1位
　　田中 英和，田中 陽子
　- 第2位
　　天野 博文，天野 京子

- 第3位
  Benoit Drolet, Lorraine Drolet
◇ラテンアメリカン部門
- 第1位
  大竹 辰郎, 鈴木 孝子
- 第2位
  Brian Torner, Brigitt Mayer
- 第3位
  北條 明, 須田 雅美
第16回（平7年）
　◇スタンダード部門
- 第1位
  天野 博文, 天野 京子
- 第2位
  田中 英和, 田中 陽子
- 第3位
  石原 正三, 渋谷 透子
◇ラテンアメリカン部門
- 第1位
  北條 明, 須田 雅美
- 第2位
  大竹 辰郎, 鈴木 孝子
- 第3位
  John Byrnes, Jane Lyttletton
第17回（平8年）
　◇スタンダード部門
- 第1位
  田中 英和, 田中 陽子
◇ラテンアメリカン部門
- 第1位
  北條 明, 須田 雅美
第18回（平9年）
　◇スタンダード部門
- 第1位
  田中 英和, アデール・プレストン
◇ラテンアメリカン部門
- 第1位
  北條 明, 須田 雅美
第19回（平10年）
　◇スタンダード部門
- 第1位
  アンドリュー・シンキンソン, シャルロッ

ト・ヨルゲンセン
◇ラテンアメリカン部門
- 第1位
  嶺岸 昭志, 三輪 恭子
第20回（平11年）
　◇スタンダード部門
- 第1位
  ティモシー・ホーソン, ジョアン・ボル
  トン
◇ラテンアメリカン部門
- 第1位
  アラン・トーンズバーグ, セレナ・レッカ
第21回（平12年）
　◇スタンダード部門
- 第1位
  クリストファー・ホーキンス, ヘーゼル・
  ニューベリー
◇ラテンアメリカン部門
- 第1位
  ルイ・ヴァン・アムステル, カリーナ・ス
  マノフ
第22回（平13年）
　◇スタンダード部門
- 第1位
  マッシモ・ジョルジアーニ, アレシア・マ
  ンフレディーニ
◇ラテンアメリカン部門
- 第1位
  マシュー・カトラー, ニコール・カトラー
第23回（平14年）
　◇スタンダード部門
- 第1位
  ティモシー・ホーソン, ジョアン・ボル
  トン
- 第2位
  ジョナサン・ウィルキンス, カチュー
  シャ・デミドバ
- 第3位
  アラン・シングラー, ドナ・シングラー
◇ラテンアメリカ部門
- 第1位
  スラヴィック・クリクリヴィー, カリー

ナ・スマノフ
- 第2位
  マーカス・ホム，シャーロッテ・エグスト
  ランド
- 第3位
  Jussi Vaananen，Katja Koukkula

第24回（平15年）

◇スタンダード部門
- 第1位
  ジョナサン・クロスリー，リン・マリナー
- 第2位
  ジャンピエロ・ジアンニコ，エヴァ・パウ
  クセナ
- 第3位
  ミケーレ・ボンシニョリ，モニカ・バルダ
  セローニ

◇ラテンアメリカ部門
- 第1位
  マイケル・ウェンティンク，ビアータ・オ
  ンフェイター
- 第2位
  マイケル・マリトゥスキー，ジョアンナ・
  ルーニス
- 第3位
  マクシム・チャメルコフスキー，エレナ・
  グリネンコ

第25回（平16年）

◇スタンダード部門
- 第1位
  ミルコ・ゴッゾーリ，アレッシア・ベッ
  ティ
- 第2位
  ビクター・ファン，アナ・ミケッド
- 第3位
  檜山 浩治，檜山 公美子

◇ラテンアメリカ部門
- 第1位
  ブライアン・ワトソン，カルメン・ビン
  セル
- 第2位
  マシュー・カトラー，シャーロッテ・エグ
  ストランド

- 第3位
  中村 俊彦，青柳 朋子

第26回（平17年）

◇スタンダード部門
- 第1位
  ティモシー・ホーソン，ジョアン・ボル
  トン
- 第2位
  ジョナサン・ウィルキンス，カチュー
  シャ・デミドバ
- 第3位
  谷堂 誠治，早野 恵美

◇ラテンアメリカ部門
- 第1位
  スラヴィック・クリクリヴィー，カリー
  ナ・スマノフ
- 第2位
  大村 淳毅，和田 恵
- 第3位
  Andrey Boushik，Valeriya Bushueva

第27回（平18年）

◇スタンダード部門
- 第1位
  ミルコ・ゴッゾーリ，アレッシア・ベッ
  ティ
- 第2位
  ビクター・ファン，アナ・ミケッド
- 第3位
  谷堂 誠治，早野 恵美

◇ラテンアメリカ部門
- 第1位
  スラヴィック・クリクリヴィー，エレナ・
  コヴォロヴァ
- 第2位
  クラウス・コングスダル，ヴィクトリア・
  フラノヴァ
- 第3位
  マキシム・コツェニコフ，ユリア・ザゴル
  イチェンコ

第28回（平19年）

◇スタンダード部門
- 第1位

ドメニコ・ソアレ，ジオイア・チェラ
ソーリ
- ●第2位
谷堂 誠治，早野 恵美
- ●第3位
ドーメン・クラペッツ，モニカ・ニグロ
◇ラテンアメリカ部門
- ●第1位
マイケル・マリトウスキー，ジョアンナ・
ルーニス
- ●第2位
ピーター・ストッケブローエ，クリス
ティーナ・ユエル・ストッケブローエ
- ●第3位
Egor Vyshegorod，Natalia Petrova
第29回（平20年）
◇スタンダード部門
- ●第1位
ミルコ・ゴッゾーリ，アレッシア・ベッ
ティ
- ●第2位
ビクター・ファン，アナ・ミケッド
- ●第3位
谷堂 誠治，早野 恵美
◇ラテンアメリカ部門
- ●第1位
マイケル・マリトウスキー，ジョアンナ・
ルーニス
- ●第2位
セルゲイ・サーコフ，アグニツカ・メル
ニカ
- ●第3位
デリアン・ターチェフ，ボリアナ・デル
チェヴァ
第30回（平21年）
◇スタンダード部門
- ●第1位
ミルコ・ゴッゾーリ，アレッシア・ベッ
ティ
- ●第2位
アルナス・ビゾカス，カチューシャ・デミ
ドバ

- ●第3位
パオロ・ボスコ，シルヴィア・ピットン
◇ラテンアメリカ部門
- ●第1位
フランコ・フォーミカ，オクサナ・レベ
ドゥー
- ●第2位
マーカス・ホム，セニア・カスパー
- ●第3位
チャオ・リャン，ガオ・シュエ
第31回（平22年）
◇スタンダード部門
- ●第1位
アルナス・ビゾカス，カチューシャ・デミ
ドバ
- ●第2位
ビクター・ファン，アナスタシア・ムラヴ
エヴァ
- ●第3位
橋本 剛，恩田 恵子
◇ラテンアメリカ部門
- ●第1位
リカルド・コッキ，ユリア・ザゴルイチェ
ンコ
- ●第2位
ステファノ・ディ・フィリッポ，オルガ・
ウルモヴァ
- ●第3位
ルー・ニン，ジャン・ディン・ファン
第32回（平23年）
◇スタンダード部門
- ●第1位
ミルコ・ゴッゾーリ，エディタ・ダニウテ
- ●第2位
ビクター・ファン，アナスタシア・ムラヴ
エヴァ
- ●第3位
ドーメン・クラペッツ，モニカ・ニグロ
◇ラテンアメリカ部門
- ●第1位
マイケル・マリトウスキー，ジョアンナ・
ルーニス

- 第2位
  アンドレ・スクフカ, メリンダ・トロク
  ギョルギィ
- 第3位
  織田 慶治, 渡辺 理子
第33回（平24年）
◇スタンダード部門
- 第1位
  ビクター・ファン, アナスタシア・ムラヴ
  エヴァ
- 第2位
  ヴァレリオ・コラントニ, ユリア・スペシ
  フツェヴァ
- 第3位
  アレクサンダー・ジラツコフ, イリナ・ノ
  ヴォジロヴァ
◇ラテンアメリカ部門
- 第1位
  マウリツィオ・ヴェスコヴォ, アンドラ・
  バイディライテ
- 第2位
  ユーリ・バダゲリ, ヤゴダ・バダゲリ

- 第3位
  金光 進陪, 吉田 奈津子
第34回（平25年）
◇スタンダード部門
- 第1位
  アンドレア・ギジャレッリ, サラ・アンド
  ラッキオ
- 第2位
  アレクサンダー・ジラツコフ, イリナ・ノ
  ヴォジロヴァ
- 第3位
  浅村 慎太郎, 遠山 恵美
◇ラテンアメリカ部門
- 第1位
  リカルド・コッキ, ユリア・ザゴルイチェ
  ンコ
- 第2位
  ステファノ・ディ・フィリッポ, ダリヤ・
  チェスノコヴァ
- 第3位
  織田 慶治, 渡辺 理子

---

130 日本ダンス評論賞

　舞踊評論家として我が国舞踊界の発展と向上に資することのできる若き才能を発育し, その育成を目的として, 平成3年度より開始された。平成20年一時休止。

【主催者】（公財）日本舞台芸術振興会, 新書館ダンスマガジン編集部

【選考委員】（第17回）植木浩（元東京国立近代美術館館長）, 菊島大（学芸ジャーナリスト, 前東京新聞文化部編集委員）, 佐々木涼子（東京女子大学教授）, 谷孝子（「オン・ステージ新聞」編集長）, 森英恵（デザイナー）, 三浦雅士（評論家, 新書館「ダンスマガジン」顧問）, 佐々木忠次（日本舞台芸術振興会専務理事）

【選考方法】公募

【選考基準】〔資格〕新聞雑誌などに舞踊についての依頼原稿を執筆したことのない者。〔応募規定〕A4の用紙に縦書き2400字以内

【締切・発表】例年締切は10月中旬〜11月末, 発表は12月末

【URL】 http://www.nbs.or.jp/

第1回（平3年度）
◇佳作

長野 由紀（翻訳家）「第6回世界バレエ
　フェスティバル」

海野 敏（東京大学教育学部助手）「第6回
　世界バレエフェスティバル」

池田 秀子（会社員）「第6回世界バレエ
　フェスティバル」

牧田 りえ（会社員）「第6回世界バレエ
　フェスティバル」

君島 東彦（都留文科大学）「バレエの擁護
　—第6回世界バレエフェスティバル」

広田 麻子（大阪市立大大学院博士課程）
　「第6回世界バレエフェスティバル—まな
　ざしを追って」

第2回（平4年度）

◇佳作

牧田 りえ 「英国ロイヤル・バレエ団—無
　国籍時代を迎えて」

石橋 一郎（図書館司書）「英国ロイヤル・
　バレエ団」

橋本 玲子 「カナダ・ナショナル・バレエ
　白鳥の湖を観て（母と娘のファンタ
　ジー）」

池田 秀子 「現代に生きる「白鳥の湖」—
　カナダ・ナショナル・バレエ」

第3回（平5年度）

小汐 千春（京都大学理学部大学院）「ボリ
　ショイ・バレエ」

◇佳作

石井 美佳（翻訳家）「ドガの絵から抜け出
　した踊り子たち「デンマーク・ロイヤ
　ル・バレエ団とラ・シルフィード」」

篠田 武（東京大学大学院人文科学研究科）
　「白鳥の湖に見る振付家グリゴローヴィ
　チ.ボリショイは今もなおボリショ
　イか？」

第4回（平6年度）

◇佳作

荒川 賢一（会社員）「ジョン・ノイマイ
　ヤー/ハンブルク・バレエ」

新藤 弘子（イラストレーター）「第7回世
　界バレエ・フェスティバル」

天満 ふさこ（会社員）「第7回世界バレエ・
　フェスティバル「パリ・オペラ座の
　実力」」

第5回（平7年度）

◇佳作

天満 ふさこ（会社員）「パリ・オペラ座バ
　レエ団—身体の持つ力」

屋比久 功（公務員）「ドン・キホーテの
　余韻」

吉田 裕（学校職員）「ミラノ・スカラ座バ
　レエ団」

◇奨励賞

寺田 達也（東京大学大学院人文社会博士課
　程）「パリ・オペラ座のバランシン」

守山 実花（お茶の水女子大学大学院博士課
　程）「ミラノ・スカラ座バレエ団—濃密
　な恋の物語「眠れる森の美女」」

第6回（平8年度）

◇第1席

豊里 ひとみ（沖縄県）「音楽とダンスの
　パ・ド・ドゥによって開かれた耳」

◇第2席

寺田 達也（東京都）「オーストラリア・バ
　レエ団『マノン』」

稲田 奈緒美（東京都）「ベジャールのダン
　スと言葉」

◇佳作

太田 由実（東京都）

福井 邦子（大阪府）

守山 実花（東京都）

第7回（平9年度）

◇第1席

児玉 初穂 「2つのバレエ—英国ロイヤル
　バレエ団」

◇第2席

守山 実花

永森 和子

第8回（平10年度）

◇第1席

柴田 明子（神奈川県）「生の讃歌・死の
　頌歌」

◇第2席

太田 由実（東京都）「新国立劇場の創造性」

◇佳作

矢田 裕華子（東京）

原田 広美（東京）

荻原 好恵（東京）

第9回（平11年度）

◇第1席

　滝沢 美奈　「アナニアシヴィリの印象 キトリとジゼル」

◇第2席

　稲倉 達　「バレエの究極美は，ステップの連鎖の中に」

第10回（平12年度）

◇第1席

　高橋 彩子　「エロスの彼岸，タナトスの官能」

　吉田 玲子　「生の覚醒〜肉体と音楽のなす業」

◇第2席

　関 典子　「新世紀の夜明け〜光と闇の儀式空間」

第11回（平13年度）

◇第1席

　堤 理華（石川県）「創世記から十字架まで—もうひとつの神の道化」

◇第2席

　窪田 利恵子（鹿児島県）「ふたつの『アポロ』」

　斎藤 希代美（栃木県）「マラーホフとの一期一会」

◇佳作

　仲野 真理（東京都）「同性愛の至福と絶望—AMP版『白鳥の湖』をプルースト世界から読み解く」

　三浦 裕子（福岡県）「劇場は癒しの場」

第12回（平14年度）

◇第1席

　該当作なし

◇第2席

　桑山 智成　「クランコのじゃじゃ馬馴らし」

　丸田 真悟　「静かに穏やかに，そして暴力的に」

第13回（平15年度）

◇第1席

　該当作なし

◇第2席

　小林 梨江　「詩情あふれる『チャイコフスキー・パ・ド・ドゥ』〜世界バレエ・フェスティバルの魅力」

　吉田 恵都子　「厳かな天使〜マニュエル・ルグリ」

第14回（平16年度）

◇第1席

　吉田 恵都子　「ナルシスからアポロへ（マラーホフのヴォワイヤージ）」

◇第2席

　柴田 真樹子　「ヴィシニョーワ 挑戦するバレリーナ」

◇佳作

　小林 可奈　「ドラマティックなバランシン・レパートリー」

　冨沢 宏江　「魔笛 ベジャール・バレエの衣装が示唆するもの」

第15回（平17年度）

◇第1席

　亀田 恵子　「ノイマイヤー〜悲しみが内包する輝き」

◇第2席

　水垣 奈津子　「愛だけでは越えられないマノンととデ・グリューの溝」

◇佳作

　竹市 英司　「「ファム・ファタールの創造〜ロホとギエム，二人のマノン〜」

　中沢 典子　「セミオノワの飛躍〜ニキヤに見る愛の形〜」

　中野 三希子　「つきつけられた狂気〜ハンブルク・バレエ『ニジンスキー』」

　村上 由美　「ニジンスキーが降りた夜 選ばれしダンサー，アレクサンドル・リアブコ」」

　森本 ゆふ　「不実なマノンの真実の存在感」

第16回（平18年度）

◇第1席

　村上 由美　「切なさと，官能と—「椿姫」黒衣のパ・ド・ドゥ」

◇佳作

　中野 三希子　「つかみえぬ愛にさまよう

　　ジークフリートの悲劇」
日比 美和子 「外された門, 操られた知覚」
第17回 (平19年度)
◇第1席
　森本 ゆふ 「フリーデマン・フォーゲル ―
　　王子の品格―」
◇第2席

白鳥 快枝 「マチルド・フルステー〜確か
　な輝き〜」
◇佳作
　柴嵜 奈那美 「静の情熱―ドロテ・ジル
　　ベール」
　中川 みゆき 「心が癒される瞬間 アラン・
　　プラテル・バレエ団『聖母マリアの祈り
　　vsprs』」

---

131 日本フラメンコ協会奨励賞

　日本のフラメンコ界の発展・向上のため, 明日を担うアルティスタの発掘, 育成を目的
とする。

【主催者】 日本フラメンコ協会

【選考方法】 推薦。選考の上, 点数制記名投票

【選考基準】 〔資格〕同協会正会員。国籍, 性別, 年齢は不問

【締切・発表】 例年5月上旬から申込, 8月下旬開催

【賞・賞金】 賞状と盾

【URL】 http : //www.anif.jp/

第1回 (平3年)
◇バイレ・ソロ部門
　大塚 友美 「ソレアレス」
　望月 美奈子 (小島章司フラメンコ舞踊団)
　　「シギリージャ」
　高野 美智子 (小島章司フラメンコ舞踊団)
　　「ソレアレス」
　河野 麻耶 (田中美穂フラメンコスタジオ)
　　「ソレアレス」
◇カンテ・ソロ部門
　三沢 敦子 (エンリケ坂井に師事)「ブレリ
　　アス・ポル・ソレア」
第2回 (平4年)
◇バイレ・ソロ部門
　佐保田 珠代 (小島章司フラメンコ舞踊団)
　　「ポル・アレグリア」
　宮崎 圭子 「ソレア」
　瓦井 マリア (小島章司フラメンコ舞踊団)
　　「ソレア・イ・ブレリア」
　鈴木 典子 (田中美穂に師事)「ソレアレス」

鬼本 由美 「ソレアレス」
大塚 香代 (岡本倫子フラメンコ舞踊団)
　「ティエントス」
宮野 ひろみ (スタジオ・エラン・ヴィター
　ル)「ソレアレス」
田中 潤 (本間三郎に師事)「ファルーカ」
岡野 裕子 (佐藤祐子に師事)「ソレア」
◇ギターソロ部門
　小谷 享 「ロンデーニャス」
第3回 (平5年)
◇バイレ・ソロ部門
　AMI (代表・鎌田厚子)「ブレリア・ポル・
　　ソレア」
　長竿 会美 (スタジオ・エラン・ヴィター
　　ル)「アレグリアス」
　森田 志保 (スタジオ・エラン・ヴィター
　　ル)「ソレアレス」
●準奨励賞
　金子 奈美江 (アトリエ・ラ・ダンサ)「ソ
　　レア」

森下 祐子 「ソレア」
山室 弘美 「ソレアレス」
西美 昌子（小島章司フラメンコ舞踊団）
「タンゴ・デ・マラガ」
◇バイレ・群舞部門
小島章司フラメンコ舞踊団（望月美奈子他
7名）「ポール・ブレリア」
◇カンテ・ソロ部門
● 準奨励賞
大木 ユリ 「タンゴス」
第4回（平6年）
◇バイレ・ソロ部門
片桐 美恵（アトリエ・ラ・ダンサ）「ソ
レア」
● 奨励賞
篭津 弘順（スタジオ・エラン・ヴィター
ル）「ファルーカ」
宮野 ひろみ（碇山奈奈）「ソレア・ポル・
ブレリア」
吉成 候子（小島章司フラメンコ舞踊団）
「ポル・ソレア」
● 準奨励賞
加藤 美香（バイレグルーポ・デ・アルバ）
「タラント」
茂木 直美（水村繁子フラメンコ教室）「テ
イエント」
◇バイレ・群舞部門
● 準奨励賞
アトリエ・ラ・ダンサ 「シギリージヤ」
スタジオ・エラン・ヴィタール
◇カンテ・ソロ部門
● 準奨励賞
大橋 範子（エンリケ・坂井）「ブレリアス」
第5回（平8年）
◇特別奨励賞
佐藤 浩希
◇バイレ・ソロ部門
● 奨励賞
植田 玲子
北原 志穂
竹内 レナ
ナオミ・ピアッツア

● 努力賞
大沼 由紀
武田 泉
◇バイレ・群舞部門
● 奨励賞
小島章司フラメンコ舞踊団Jr.（林可奈子他
7名）
◇努力賞
石井智子スペイン舞踊研究所（伊藤育子他
10名）
◇ギター部門
● 奨励賞
今田 央
◇カンテ部門
● 奨励賞
川島 桂子
手塚 環
第6回（平9年）
◇バイレ・ソロ部門
● 奨励賞
小野寺 美也子
後藤 めぐみ
谷 朝子
細島 三奈
● 努力賞
岩本 容子
武田 泉
◇バイレ・群舞部門
● 奨励賞
山田恵子スペイン舞踊団（梅村智子他7名）
● 努力賞
鈴木真澄スペイン舞踊団（塩川晶子他9名）
◇ギター部門
● 奨励賞
沖 仁
矢木 一好
◇カンテ部門
● 奨励賞
石塚 隆充
第7回（平10年）
◇特別奨励賞
飯塚 真紀

◇バイレ・ソロ部門
　●奨励賞
　　岩本 容子
　　奥浜 春彦
　　北原 志穂
◇バイレ・群舞部門
　●努力賞
　　花岡陽子スパニッシュダンスカンパニー
　　　（青木静子他8名）
　　水沼繁子フラメンコスタジオ（遠藤太麻子
　　　他3名）
第8回（平11年）
◇バイレ・ソロ部門
　●奨励賞
　　浅見 純子
　　忍 あつこ
　　北原 志穂
　　関口 華恵
　　矢野 吉峰
　●努力賞
　　磯村 崇史
　　井出 百合子
　　岡野 千春
　　斎藤 尚子
　　三枝 麻衣
第9回（平12年）
◇バイレ・ソロ部門
　●奨励賞
　　鍛地 陽子
　　権 弓美
　　佐藤 みずほ
　　田路 真由美
　●努力賞
　　大西 史恵
　　萩原 淳子
◇ギター部門
　●奨励賞
　　山中 英樹
　●努力賞
　　伊集院 貞敏
◇バイレ・群舞部門
　●努力賞

鍵田真由美フラメンコ舞踊団（橋本恭子，
　矢野吉峰）
第10回（平13年）
◇バイレ・ソロ部門
　　柏 麻美子（鍵田真由美フラメンコ舞踊団）
　　　「ソレア・ポル・ブレリア」
　　吉田 光一（森田志保フラメンコスタジオ）
　　　「ソレア」
　　萩原 淳子 「ソレア」
　　伊集院 史朗（エストゥディオパロマブラン
　　　カ）「ソレア」
◇バイレ・群舞部門
　　鍵田真由美フラメンコ舞踊団 「ソレア・
　　　ポル・ブレリア」
第11回（平14年）
◇バイレ・ソロ部門
　　前岩 里佳
　　小林 理香
　　関 晴光
　　中田 佳代子
　　影山 奈緒子
　　金沢 由加里
◇バイレ・群舞部門
　　該当者なし
◇ギター部門
　　該当者なし
◇カンテ部門
　　該当者なし
第12回（平15年）
◇バイレ・ソロ部門
　　林 可奈子
　　鯨岡 裕美
　　市川 幸子
　　堀江 朋子
　　土井 まさり
　　松丸 百合
◇ギター部門
　　尾藤 大介
◇カンテ部門
　　今枝 友加
第13回（平16年）
◇バイレ・ソロ部門

井山 直子
今枝 友加
篠田 三枝
鈴木 舞
小松 なつ美
後藤 なほこ
三枝 麻衣
◇バイレ・群舞部門
　該当者なし
◇ギター部門
　該当者なし
◇カンテ部門
　該当者なし
第14回（平17年）
◇バイレ・ソロ部門
　福山 奈穂美
　荻村 真知子
　鈴木 千琴
　松島 かすみ
　三枝 雄輔
◇バイレ・群舞部門
　該当者なし
◇ギター部門
　該当者なし
◇カンテ部門
　該当者なし
第15回（平18年）
◇バイレ・ソロ部門
　里 有光子
　田中 玲子
　末木 三四郎
　本田 恵美
　田中 菜穂子
　工藤 朋子
　屋良 有子
◇バイレ・群舞部門
　該当者なし
◇ギター部門
　縄手 善尚
◇カンテ部門
　高橋 綾

第16回（平19年）
◇バイレ・ソロ部門
　大島 いち子 「ソレア ポル ブレリア」
　荻野 リサ 「アレグリアス」
　稲田 進 「ソレア」
　得冨 智美 「ソレア」
　斎藤 恵子 「シギリージャ」
◇バイレ・群舞部門
　該当者なし
◇ギター部門
　内藤 信 「ソレア」
◇カンテ部門
　永潟 三貴生 「アレグリアス」
第17回（平20年）
◇バイレ・ソロ部門
　松 彩果 「ソレア」
　阿部 碧里 「ソレア」
　津川 英子 「タラント」
　神谷 真弓 「タラント」
　吉田 久美子 「アレグリアス」
　松田 知也 「ソレア」
　梶山 彩沙 「ソレア」
◇バイレ・群舞部門
　スタジオ・トルニージョ 「シギリージャ」
◇ギター部門
　栗原 武啓 「ブレリアス」
◇カンテ部門
　濱田 あかり 「ブレリアス」
第18回（平21年）
◇バイレ・ソロ部門
　小川 愛 「アレグリアス」
　品川 桂子 「ソレア」
　重田 かおる 「アレグリアス」
　奥野 裕貴子 「ソレア」
◇バイレ・群舞部門
　鍵田真由美 佐藤浩希フラメンコスタジオ
　　「ロマンセ」
◇ギター部門
　徳永 健太郎 「アレグリアス」
◇カンテ部門
　該当者なし

第19回（平22年）
　◇バイレ・ソロ部門
　　正路 あすか 「ファルーカ」
　　本間 静香 「タラント」
　　宇根 由佳 「ソレア」
　　林田 紗綾 「タラント」
　　島崎 リノ 「ソレア」
　◇バイレ・群舞部門
　　該当者なし
　◇ギター部門
　　徳永 康次郎 「ソレア」
　◇カンテ部門
　　該当者なし
第20回（平23年）
　◇バイレ・ソロ部門
　　村井 宝 「ソレア・ポル・ブレリア」
　　土合 幸江 「ソレア」
　　岡安 真由美 「タラント」
　　黒田 紘登 「ソレア・ポル・ブレリア」
　　知念 響 「タラント」
　　遠藤 美穂 「シギリージャ」
　◇バイレ・群舞部門
　　Coral flamenco「タラント」
　◇ギター部門
　　宇根 理浩 「ブレリア」
　◇カンテ部門
　　該当者なし

第21回（平24年）
　◇バイレ・ソロ部門
　　大槻 敏己 「アレグリアス」
　　石川 慶子 「シギリージャ」
　　徳田 志帆 「ソレア・ポル・ブレリア」
　　東仲 マヤ 「シギリージャ」
　　太田 マキ 「ソレア」
　◇バイレ・群舞部門
　　ラ・クラベ・デ・ソル 「シギリージャ」
　◇ギター部門
　　該当者なし
　◇カンテ部門
　　該当者なし
第22回（平25年）
　◇バイレ・ソロ部門
　　井田 真紀 「シギリージャ」
　　朱雀 はるな 「ソレア」
　　瀬戸口 琴葉 「ソレア」
　　椎原 佳奈子 「ソレア」
　　田倉 京 「タラント」
　　永田 健 「ファルーカ」
　◇バイレ・群舞部門
　　amicielo「ロス・アラス・イ・ロス・グ
　　　リートス〜羽と叫び〜」
　◇ギター部門
　　該当者なし
　◇カンテ部門
　　該当者なし

132 ニムラ舞踊賞

　ニューヨークを中心に欧米各地で活躍した諏訪市出身の舞踊家・故新村英一氏が，後進育成のために私財を拠出したのを機に，日本の舞踊界で優れた業績をあげた人を表彰し，日本舞踊界の発展に寄与するため，昭和47年に創設された。

【主催者】ニムラ舞踊賞運営委員会

【選考委員】山野博大，牧阿佐美，加藤みや子，池野恵，村山久美子

【選考方法】舞踊評論家・舞踊関係者の推薦を参考とする

【選考基準】〔対象〕毎年，前年までに優れた成果をあげた舞踊家および舞踊関係者。それ以前の業績も考慮する

【締切・発表】発表は6月，授賞式は8月

【賞・賞金】 賞状, 賞金30万円と副賞

【URL】 http://www.city.suwa.lg.jp/www/info/detail.jsp?id=1885

第1回（昭48年）

島田 広（バレエ・ダンサー）“改訂版「令嬢ジュリー」「パリのにぎわい」「幻想交響曲」などの一連の近作に示されたバレエの本格的な振付に対して”

第2回（昭49年）

平林 和子（現代舞踊家）“舞踊の創作と教授の二面での海外における顕著な活動に対して”

第3回（昭50年）

小牧 正英（バレエ・ダンサー）“「シェエラザード」改訂上演におけるバレエ正統的な振付の成果に対して”

第4回（昭51年）

芙二 三枝子（現代舞踊家）“現代舞踊における最近の創造的活動に対して”

第5回（昭52年）

太刀川 瑠璃子（バレリーナ, スターザンサーズ・バレエ代表）“「緑のテーブル」上演の意義とその成果に対して”

第6回（昭54年）

石井 歓（作曲家）“「大和への道」「まりも」「令嬢ジュリー」等バレエ・オペラ音楽を中心とした活動に対して”

第7回（昭57年）

花柳 千代（日本舞踊家）“著書「実技日本舞踊の基礎」などによって舞踊の体系化に努力した功績に対して”

第8回（昭59年）

牧 阿佐美（バレリーナ）“創作バレエ「海」における振付の成果に対して”

第9回（昭62年）

藤井 公（現代舞踊家）“「女たちの悲劇」「砂漠のランボー」をはじめ, 多彩な創作活動の成果に対して”

第10回（昭63年）

清水 哲太郎（バレエ・ダンサー）“日本を舞台として創作したグランド・バレエ「新当麻曼荼羅」の振付・演出の成果に対して”

第11回（平1年）

石井 晶子（現代舞踊家）“「かえってきた女」「その日からI&II」などのすぐれた創作活動をはじめ,“ソウル・オブ・ジャパン”の運動を通じた国際交流の成果に対して”

第12回（平2年）

佐多 達枝（バレリーナ）“新作バレエ「満月の夜」「脛に傷もつ馬こそ跳ねよ」の創作振付作品などの功績に対して”

第13回（平3年）

西田 堯（舞踊家）“西田堯ダンス作品集「愛の詩」の公演における「風の盆」の振り付け, 演出, 演技の成果に対して”

第14回（平4年）

小川 亜矢子（舞踊家）「アマディウス」「昼顔」「イノセント」「好色五人女」などの演劇性の高いバレエ作品の振り付け, 演出に対して

第15回（平5年）

小林 紀子（小林紀子バレエ団芸術監督）“フレデリック・アシュトンの「二羽の鳩」を日本初演した舞台の成果と英国ロイヤル・バレエ・スクールの教育システムを日本に普及させた”

第16回（平6年）

佐藤 桂子, 山崎 泰（フラメンコ舞踊家）“フラメンコ舞踊を日本に紹介し,「欲望という名の電車」「黒いエクウス」「エレクトラ」など新しいドラマチックな創作フラメンコを作って上演, 成果を上げた”

第17回（平7年）

大滝 愛子（舞踊家）“新村英一門下として, 永年バレエの普及に努めた功績と「赤と黒」の改訂再演で, 豊かな実力を発揮した成果に対して”

第18回（平8年）
　石田 種生（東京シティ・バレエ団理事）
第19回（平9年）
　折田 克子（舞踊家）"ダンスを通して魂に訴える世界を誕生させた創造性を評価された"
第20回（平10年）
　加藤 みや子（現代舞踊家）"目に見えない植物の動きなどを表現した現代舞踊「植物の睡眠」を発表，反響を呼んだことが評価された"
第21回（平11年）
　三谷 恭三（牧阿佐美バレエ団芸術監督）"「ダンス・ヴァンテアンⅦ ローマン・プティの夕べ」において公演されたローラン・プティの代表作「若者と死」の日本初演での成果を評価した"
第22回（平12年）
　正田 千鶴（正田千鶴モダンダンスフラグメント主宰）"都民芸術フェスティバル現代舞踊公演「レインボーブリッジ」の創作が評価された"
第23回（平13年）
　勅使川原 三郎（舞踊家，振付家，演出家）"「Raj Packet-everything but Ravi」における透徹した世界の構築と永年に渉る活発な国際的活動の優れた成果"
第24回（平14年）
　中村 恩恵（舞踊家）

第25回（平15年）
　大島 早紀子（演出・振付家）
第26回（平18年）
　湯川 麻美子 "平成17年国立劇場公演「カルミナ・ブラーナ」，平成18年同劇場公演「ポル・ヴォス・ムエロ」などでみせた高い技術と演技力を評価"
第27回（平19年）
　ケイ・タケイ（舞踊家）"第7回シアターX国際舞台芸術祭への出演等を通じて，古代より伝わる肉体の基本的な動作を思わせる独自の舞台空間を示し，新たな舞踊の感動を創造した"
第28回（平20年）
　田中 祐子
第29回（平21年）
　笠井 叡
第30回（平22年）
　厚木 三杏
第31回（平23年）
　黒沢 美香
　高野 尚美
第32回（平24年）
　小島 章司
第33回（平25年）
　八幡 顕光
第34回（平26年）
　石井 かほる

133 服部智恵子賞

　バレエ界の草分け・故服部智恵子の日本バレエ界に対する深い愛情と功績を記念して，昭和60年に創設された。その年度において著しい業績をあげ，かつ将来においても日本バレエ界に貢献されることが期待されるダンサーに贈られる。

【主催者】（公社）日本バレエ協会
【選考方法】選考委員会の投票による
【選考基準】〔資格〕永年功労者，演出振付者は除き，現役のバレエ・ダンサー。重賞はなし
【締切・発表】毎年3月3日前後に発表，授賞式は総会終了後行われる
【賞・賞金】賞状，金メダルと副賞

【**URL**】http://www.j-b-a.or.jp/hattori-prize_top.html

第1回（昭60年）
　森下 洋子（松山バレエ団）
第2回（昭61年）
　川口 ゆり子（牧阿佐美バレエ団）
第3回（昭62年）
　清水 哲太郎（松山バレエ団）
第4回（昭63年）
　ゆうき みほ（牧阿佐美バレエ団）
第5回（平1年）
　尾本 安代（谷桃子バレエ団）
第6回（平2年）
　大塚 礼子（谷桃子バレエ団）
第7回（平3年）
　大原 永子（スコティッシュ・バレエ）
第8回（平4年）
　高部 尚子（谷桃子バレエ団）
第9回（平5年）
　佐々木 想美（牧阿佐美バレエ団）
第10回（平6年）
　佐々木 想美（牧阿佐美バレエ団）
第11回（平7年）
　坂本 登喜彦
第12回（平8年）
　熊川 哲也（英国ロイヤルバレエプリンシバル）
第13回（平9年）
　草刈 民代（牧阿佐美バレエ団プリマバレリーナ）
第14回（平10年）
　吉田 都（英国ロイヤル・バレエ・プリンシバル）
第15回（平11年）
　越智 久美子（越智実インターナショナルバレエ）
第16回（平12年）
　酒井 はな（新国立劇場バレエ団）
第17回（平13年）
　小嶋 直也（新国立劇場契約ソリスト）
第18回（平14年）
　志賀 三佐枝（新国立劇場バレエ団ソリスト）
第19回（平15年）
　上野 水香（チャイコフスキー記念東京バレエ団）
第20回（平16年）
　佐々木 大
第21回（平17年）
　山本 隆之（新国立劇場ソリスト）
第22回（平18年）
　島田 衣子
第23回（平19年）
　法村 圭緒（法村友井バレエ団プリンシパル）
第24回（平20年）
　逸見 智彦
第25回（平21年）
　田中 祐子
第26回（平22年）
　森田 健太郎
第27回（平23年）
　斎藤 友佳理
第28回（平24年）
　島添 亮子
第29回（平25年）
　荒井 祐子

134 花柳寿応賞

　重要無形文化財保持者・故花柳寿応氏の生前の業績を讃えこれを永く記念して，伝統的日本舞踊の維持とその向上発展を奨励するため，昭和46年度に設立された。第16回より対象を若手新人にして「花柳寿応賞新人賞」となった。

【主催者】（社）日本舞踊協会

【選考委員】同協会役員（実技者を除く）,学識経験者

【選考方法】選考委員の推薦による

【選考基準】〔資格〕同協会会員。〔対象〕当該年度1年間を通じて伝統的日本舞踊の維持保存とその発展向上に貢献する活動・実績をあげた者。〔基準〕(1)古典の維持保存に尽した者。(2)最も優れた作品を示した者

【締切・発表】毎年1月中に発表,2月の協会公演において授賞式

【賞・賞金】賞金30万円と賞状

第1回（昭46年度）
　藤間 藤子 "永年に亘り優れた技芸をもって,古典舞踊の維持保存に努めた"

第2回（昭47年度）
　武原 はん "多年に亘り,古典舞踊の研鑽に励み優れた技芸をもって,独自の芸境の創造に努め,日本舞踊の向上発展に寄与した"

第3回（昭48年度）
　吾妻 徳穂 "近年頓に優れた演技力をもって,伝統的日本舞踊を基盤とする清新な舞踊創造に努め,多大の成果を収めた業績に対して"

第4回（昭49年度）
　花柳 寿楽（2世）"多年に亘る創作活動の成果と近年益々充実せる,華麗にして重厚な古典舞踊の演技力に対して"

第5回（昭50年度）
　花柳 寿南海 "現代に生きる古典舞踊の技法を確立,その円熟とともにおどりを研究する会を主宰し,舞踊界に尽した功績に対して"

第6回（昭51年度）
　藤間 秀斉 "永年に亘り優れた技芸をもって,近年いよいよ滋味を増し,古典舞踊の充実保存に努めた"

第7回（昭52年度）
　楳茂都 陸平 "永年に亘る古典および創作活動の業績と,なお第一線にあって門下を指導し,ことに52年度の楳茂都陸平雅莚において,多大な成果を収めた功績に対して"

第8回（昭53年度）
　花柳 昌太朗 "永年に亘り水準の高い技法をもって舞踊界に貢献し,ことに「古経の会」で示した充実した力倆に対して"

第9回（昭54年度）
　花柳 茂香 "第4回「日輪の会」の作品「激つ」において示した,振付,演技の充実した力倆と,従来より創作舞踊の新生面に与えた業績に対して"

第10回（昭55年度）
　吉村 雄輝 "洗練された上方舞の技術をもって,舞踊界に新風を吹き込み舞の現代的意義を認めさせた功績に対して"

第11回（昭56年度）
　藤間 友章 "優れた技芸をもって,古典舞踊の充実保存に努め,創作,振付により多大な成果を収めた業績に対して"

第12回（昭57年度）
　泉 徳右衛門 "永年に亘り水準の高い技法をもって,古典・新作ともに充実した活動を続け,すぐれた成果を示した功績に対して"

第13回（昭58年度）
　西川 扇蔵 "近年充実した業績を挙げ,着実に成果を示し,将来にいっそうの期待を托させた点に対して"

第14回（昭59年度）
　若柳 吉三次 "永年に亘り古典舞踊の研鑽を積み,優れた技芸をもって充実した活動を続け,舞踊界に貢献した業績に対して"

第15回（昭60年度）
井上 八千代 "永年に亘る京舞の業績と, なお, 第一線にあって門下を指導し, ことに

60年度の祝4世上八千代傘寿「京舞」において多大な成果を収めた功績に対して"

---

135 花柳寿応賞新人賞

重要無形文化財保持者・故花柳寿応氏の生前の業績を讃え, これを永く記念して, 伝統的日本舞踊の維持保存とその向上発展を奨励するため昭和48年度に創設された「花柳寿応賞」が昭和62年より新人を対象にして, 現在の名称となった。

【主催者】（公社）日本舞踊協会

【選考委員】 日本舞踊協会役員（実技者を除く）, 学識経験者

【選考方法】 選考委員と一部外部識者の推薦による

【選考基準】〔資格〕50歳までの同会会員。〔対象〕当該年度1年間に日本舞踊の伝統的技法を基礎とし, 古典・創作を問わず極めて顕著な活動をし, 実績を示した舞踊家

【締切・発表】 毎年1月中に発表

【賞・賞金】 賞状, 賞牌と副賞30万円

【URL】 http://www.nihonbuyou.or.jp/

第1回（昭62年度）
花柳 寿美 "円型劇場における「双蓮花譜」をはじめとする意欲的な創作活動に対して"

第2回（昭63年度）
尾上 菊之丞（2世）"初代尾上菊之丞を憶ふ界」と「冬夏会」の充実した舞踊活動に対して"

第3回（平1年度）
橘 芳慧 "橘芳慧の会」と日本舞踊協会創作舞踊劇場「水柳」などの振付・演技に対して"

第4回（平2年度）
井上 三千子 "国立劇場「舞の会」の「相模潟士」などの演技と伝統維持の成果に対して"

第5回（平3年度）
若柳 寿延 「第二回若柳寿延リサイタル」の成果と期待される今後の活躍に対して

第6回（平4年度）
該当者なし

第7回（平5年度）
該当者なし

第8回（平6年度）
泉 朱緒里 「泉朱緒里リサイタル」の「お夏笠物狂い」と「あたま山」の成果に対して

第9回（平7年度）
藤間 恵都子 "リサイタル「第三回恵翔会」における古典と創作の成果に対して"

第10回（平8年度）
花柳 基 "第4回「基の会」における「黒塚」の成果に対して"

第11回（平9年度）
藤間 蘭黄 "日本舞踊協会城東ブロック公演での「紅葉狩」などでの充実した演技に対して"

第12回（平10年度）
吾妻 徳弥 "第11回「徳弥の会」における「赤猪子」, 「鐘の岬」の成果に対して"

第13回（平11年度）
該当者なし

第14回（平12年度）
　花柳 小三郎 “第5回花柳舞踊研究会別会で
　　の「勝三郎連獅子」と, 第6回基の会での
　　「難波いせ道」の成果に対して”
第15回（平13年度）
　該当者なし
第16回（平14年度）
　該当者なし
第17回（平15年度）
　市山 松之助（現・松扇）“第45回日本舞踊
　　協会「小鍛冶」他, 年間を通じての多岐
　　にわたる充実した舞踊活動に対して”
第18回（平16年度）
　花柳 輔太朗 “日本舞踊協会主催第20回創
　　作舞踊劇場公演「薔沙薇の女―カルメン
　　2003―」の振付に対して”
第19回（平17年度）
　花柳 貴代人 “第2回花柳貴代人の会におけ
　　る古典と創作の成果に対して”
第20回（平18年度）
　西川 箕乃助 “第7回西川箕乃助の会の成果
　　及び年間を通し古典の維持保存に尽した
　　功績に対して”
第21回（平19年度）
　花柳 錦之輔 “第九回花柳錦之輔花柳典幸
　　勉強会における「廓の寿」で祖父・花柳
　　寿楽作品の継承に意を尽くすとともに,
　　日本舞踊の古典に対する意欲的な取り組
　　みとその成果に対して”
第22回（平20年度）
　山村 若（6世）“山村流六世宗家として上

方舞の継承, 発展につとめ, 今後の期待も
大きい。「第5回山村若の会」において
は, 芸術祭優秀賞を受賞,「融」の再演を
試みるなど, 創作意欲も旺盛で高く評価
できる”
第23回（平21年度）
　藤間 万惠 “国立劇場主催花形・名作舞踊
　　鑑賞会「関の扉」の墨染をはじめ, 近年
　　の古典作品における著しい進境と創作
　　踊への意欲的な試みに対して”
第24回（平22年度）
　藤間 勘右衛門 “「勘右衛門の会」の「綱
　　館」と「達陀」において, 格調ある演技
　　とダイナミズムを表現した”
第25回（平23年度）
　該当者なし
第26回（平24年度）
　尾上 菊之丞（3世）“平成23年8月, 国立劇
　　場で開催した家元継承襲名披露舞踊会に
　　おいて,「船弁慶」等の古典作品並びに
　　新作「梅雨将軍信長」の構成, 演出, 振
　　付, 演技に極めて優れた成果を示した”
第27回（平25年度）
　花柳 典幸 “日本舞踊協会主催第55回日本
　　舞踊協会公演の「水滸伝曽我風流」の鴛
　　鴦の精における端正な技術と艶のある表
　　現, また国立劇場主催舞踊公演『菅原草
　　紙』の「寺小屋の涎くり」における涎く
　　りの自由闊達な演技において優れた成果
　　を示した”

136 平多正於賞

　児童を対象にした作風の故・平多正於氏を記念して, 昭和61年に創設された。現代舞
踊協会ジュニア舞踊公演の最優秀作品指導者に贈られる。翌昭和62年より全国舞踊コン
クール児童舞踊部門に同名の賞が出ることになり, この1回をもって廃止された。

【主催者】（社）現代舞踊協会
【選考委員】委員長・武内正夫, 江崎司, 河上鈴子, 志賀美也子, 庄司裕, 芙二三枝子, 三輝
　容子
【選考方法】同協会主催ジュニア舞踊公演の作品の中より投票によって決定

【締切・発表】昭和61年9月3日,日本都市センターホールにて開催された

【賞・賞金】賞状と賞金10万円

第1回（昭61年）　　　　　　　　　　　　　　　舞踊公演作品「自然児」におけるバイタ
　　内田 裕子（U舞踊研究所主宰）"ジュニア　　　リティあふれる優秀な成果に対して"

137 舞踊芸術賞

　我が国舞踊界の発展向上を目的として昭和28年に設立された。洋舞,邦舞を問わず,近年最も顕著な功績をあげている舞踊家に贈られる。

【主催者】東京新聞

【選考委員】金井芙三枝,三枝孝栄,龍居竹之介,藤井公,藤間蘭景,牧阿佐美

【選考方法】舞踊家,舞踊評論家及び舞踊に関心のある学識経験者などに意見を求め推薦された候補者について審議選考する

【選考基準】〔対象〕各舞踊部門において近年最も顕著な功績を挙げている舞踊家,あるいは技術いよいよ円熟の境地に達した舞踊家

【締切・発表】毎年6月表彰

【賞・賞金】賞状,賞牌と副賞

第1回（昭28年）
　藤蔭 静樹
第2回（昭29年）
　石井 漠
第3回（昭30年）
　花柳 寿応
第4回（昭31年）
　藤間 藤子
第5回（昭32年）
　高田 せい子
第6回（昭33年）
　島田 豊
第7回（昭34年）
　花柳 徳兵衛
第8回（昭35年）
　藤間 勘十郎（6世）
第9回（昭36年）
　楳茂都 陸平
第10回（昭37年）
　江口 隆哉

第11回（昭38年）
　橘 秋子
第12回（昭39年）
　花柳 寿楽（2世）
第13回（昭40年）
　武原 はん
第14回（昭41年）
　河上 鈴子
第15回（昭42年）
　五條 珠実
第16回（昭43年）
　吾妻 徳穂
第17回（昭44年）
　石井 みどり
第18回（昭45年）
　花柳 寿南海
第19回（昭46年）
　神崎 ひで
第20回（昭47年）
　谷 桃子

第21回（昭48年）
　花柳 昌太朗
第22回（昭49年）
　貝谷 八百子
第23回（昭50年）
　藤間 秀斉
第24回（昭51年）
　平岡 斗南夫
第25回（昭52年）
　藤間 友章
第26回（昭53年）
　平多 正於
第27回（昭54年）
　猿若 清方
第28回（昭55年）
　松山 樹子
第29回（昭56年）
　服部 智恵子
◇舞踊功労賞
　遠山 静雄
第30回（昭57年）
　吉村 雄輝
◇舞踊功労賞
　西川 鯉三郎
第31回（昭58年）
　芙二 三枝子
◇舞踊功労賞
　小牧 正英
第32回（昭59年）
　若柳 吉三次
第33回（昭60年）
　森下 洋子
第34回（昭61年）
　泉 徳右衛門
第35回（昭62年）
　牧 阿佐美
◇舞踊功労賞
　島本 広
第36回（昭63年）
　扇崎 秀薗
第37回（平1年）
　西川 扇蔵

◇舞踊功労賞
　武内 正夫
第38回（平2年）
　西田 堯
第39回（平3年）
　花柳 寿恵幸
第40回（平4年）
　佐多 達枝
◇功労賞
　若柳 吉駒
第41回（平5年）
　高浜流 光妙
第42回（平6年）
　藤井 公
第43回（平7年）
　藤間 蘭景
第44回（平8年）
　石田 種生
第45回（平9年）
◇邦舞
　林 一枝
◇洋舞
　折田 克子
第46回（平10年）
◇邦舞
　花柳 千代
◇洋舞
　石井 潤
第47回（平11年）
◇邦舞
　花柳 芳次郎（5世）
◇洋舞
　小島 章司
第48回（平12年）
◇邦舞
　猿若 吉代
◇洋舞
　清水 哲太郎
◇功労賞
　長田 午狂
第49回（平13年）
◇邦舞

西川　扇祥

◇現代舞踊

アキコ・カンダ

第50回（平14年）

◇邦舞

藤間　章作

◇洋舞

熊川　哲也

第51回（平15年）

◇邦舞

山村　楽正

◇洋舞

佐藤　桂子

第52回（平16年）

◇邦楽

藤間　紋寿郎

◇洋舞

小林　紀子

第53回（平17年）

◇邦舞

西崎　緑（2世）

◇洋舞

吉田　都

第54回（平18年）

◇邦舞

橘　芳慧

◇洋舞

小松原　庸子

第55回（平19年）

◇邦舞

尾上　菊之丞（2世）

◇洋舞

法村　牧緒

第56回（平20年）

◇邦舞

花柳　寿美

◇洋舞

若松　美黄

第57回（平21年）

◇邦舞

藤間　藤太郎

◇洋舞

下村　由理恵

第58回（平22年）

◇邦舞

尾上　菊乃里

◇洋舞

岡田　昌己

第59回（平23年）

◇邦舞

仙田　容子

◇洋舞

斎藤　友佳理

第60回（平24年）

◇邦舞

若柳　東穂

◇洋舞

石井　清子

第61回（平25年）

◇邦舞

花柳　茂香

◇洋舞

森　嘉子

138 舞踊批評家協会賞

　　昭和44年に東京中心の舞踊批評家有志の手で設立された舞踊批評家協会により, 舞踊批評活動の発展を図り, 舞踊文化の向上に寄与する目的で創設された。

【主催者】舞踊批評家協会

【選考委員】（第45回）石川健次郎, 志賀信夫, 関口紘一, 古沢俊美, 吉田悠喜彦

【選考方法】会員の推薦による

【選考基準】〔対象〕1月から12月までに行われた, 主として東京を中心とした舞踊公演

およびパフォーマンス。バレエ(古典と創作),現代舞踊(モダン・ダンス,コンテンポラリー・ダンス他),民族舞踊,日本舞踊(歌舞伎舞踊,上方舞),舞踏

【締切・発表】1月下旬頃発表,受賞式は4月上旬

【賞・賞金】原則的に本賞・新人賞あわせて6件以内,賞状と記念品

第1回(昭44年度)
　厚木 凡人
　チャイコフスキー記念東京バレエ団
　モワティエ・モワティエ舞踊会
　森下 洋子
　笠井 叡
第2回(昭45年度)
　エクスパンデッド・アート・フェスティバル(石井満隆・邦千谷・厚木凡人)
　東京創作舞踊団(主宰=藤井公・利子)
　五木田 勲
　横井 茂
第3回(昭46年度)
　花柳 茂香
　高橋 彪
　長 可子
第4回(昭47年度)
　土方巽と暗黒舞踏派
　小林 紀子
　大原 永子
　菊地 純子
　加藤 よう子
第5回(昭48年度)
　ジョン・クランコ
　正田 千鶴
　ルゥディ・ヴァン・ダンチィッヒ
　須藤 武子
　種子島 有紀子
第6回(昭49年度)
　森下 洋子
　石井 かほる
　花柳 寿南海
　芦川 羊子
　清水 洋子
　大駱駝艦

第7回(昭50年度)
　長嶺 ヤス子
　芦川 羊子
　高橋 彪
　庄司 裕
　民主音楽協会
第8回(昭51年度)
　若松 美黄
　カルラ・フラッチ
　土方 巽
　笠井 叡
第9回(昭52年度)
　森下 洋子, 清水 哲太郎
　大野 一雄
　楳茂都 陸平
　河上 鈴子
第10回(昭53年度)
　ローラン・プティ
　折田 克子
　藤蔭 静枝
　田中 泯
　種子島 有紀子
　牧阿佐美バレヱ団
第11回(昭54年度)
　ケイ・タケイ
　松山バレエ団
　柳下 規夫
　藤蔭 須美
　江原 朋子
　下田 栄子
第12回(昭55年度)
　高浜流 光妙
　厚木 凡人
　泉 徳右衛門
　竹屋 啓子
　川口 ゆり子

第13回（昭56年度）
　森下 洋子
　吉村 雄輝園
　インドの仮面舞踊
　島田 広
　楳茂都 梅衣
第14回（昭57年度）
　岡本 佳津子
　花柳 寿南海
　佐藤 太圭子
　アキコ・カンダ
　藤里 照子
　ダンス・ラヴ・マシーン
第15回（昭58年度）
　五井 輝
　野々村 明子
　佐多 達枝
　井上 里春
　小松原 庸子
　PLAN-B
第16回（昭59年度）
　松山バレエ団
　宮木 百合子
　藤井 公，藤井 利子
　菊地 純子
　東横創作舞踊の会
第17回（昭60年度）
　清水 哲太郎，森下 洋子
　藤蔭 静枝
　野坂 公夫
　ホセ・ミゲル
　小川 亜矢子
　白虎社
第18回（昭61年度）
　牧 阿佐美，牧阿佐美バレエ団
　清水 哲太郎
　ピナ・バウシュ
　小島 章司
　花柳 千代
　花柳 照奈
第19回（昭62年度）
　松山バレエ団

吉村 雄輝夫
黒沢 美香
勅使川原 三郎
大駱駝艦
第20回（昭63年度）
　米井 澄江
　石井 潤
　小池 幸子
　花柳 寿恵幸
　松山バレエ団
　スターダンサーズ・バレエ団
第21回（平1年度）
　松山バレエ団
　西田 堯
　花柳 芳次郎（5世）
　佐多 達枝
　江原 朋子
　アン・テレサ・ドゥケースマイケル
第22回（平2年度）
　尾上 菊之丞（2世）
　牧阿佐美バレエ団
　松山バレエ団
　藤井 公，藤井 利子
　ネザーランド・ダンスシアター
第23回（平3年度）
　牧阿佐美バレエ団
　スターダンサーズ・バレエ団
　若柳 吉駒
　大野 一雄
　後藤 早知子
　武内 靖彦
第24回（平4年度）
　牧阿佐美バレエ団
　松山バレエ団
　花柳 寿楽（2世）
　花柳 照奈
第25回（平5年度）
　森下 洋子
　石井 潤
　佐多 達枝
　花ノ本 寿
　志賀 美也子

大野 一雄

◇新人賞

柳瀬 真澄

花柳 基

第26回（平6年度）

松山バレエ団

加藤 みや子

藤間 藤太郎

田中 泯

◇新人賞

藤間 恵都子

第27回（平7年度）

大野 一雄，大野 慶人

森下 洋子

アキコ・カンダ

橘 芳慧，花柳 寿美

牧阿佐美バレエ団

◇新人賞

藤間 蘭黄

酒井 はな

H・アール・カオス

第28回（平8年度）

牧阿佐美バレエ団

森下 洋子

旗野 恵美

猿若 吉代

大駱駝艦

◇新人賞

佐藤 明美

内田 香

泉 朱緒里

堀川 久子

第29回（平9年度）

森下 洋子，松山バレエ団

田中 泯

H・アール・カオス

西崎 緑（2世）

◇新人賞

法村 圭緒

吾妻 寛穂

上田 遙

島崎 徹

第30回（平10年度）

牧阿佐美バレエ団

森下 洋子

林 一枝

森 嘉子

小島 章司

◇新人賞

神崎 霽

大岩 千恵子

第31回（平11年度）

森下 洋子

西川 扇祥

麿 赤兒，大駱駝艦

◇新人賞

上野 水香

藤間 万惠

第32回（平12年度）

森下 洋子

勅使川原 三郎

下村 由理恵

西川 左近

松岡伶子バレエ団

◇新人賞

弧の会

珍しいキノコ舞踊団

第33回（平13年度）

小島 章司

森下 洋子

葛 タカ女

牧阿佐美バレエ団

山海塾

◇新人賞

島添 亮子

花柳 錦之輔

花柳 典幸

井上 みちる

馬場 ひかり

第34回（平14年度）

H・アール・カオス

熊川 哲也

高浜流 光妙

田中 泯

　森下　洋子

◇新人賞

　金森　穣

　田村　一行

　若柳　吉蔵

第35回（平15年度）

　吾妻　徳弥

　川崎市岡本太郎美術館

　小林紀子バレエ・シアター

　森下　洋子

　蘭　このみ

◇新人賞

　大倉　摩矢子

　近藤　良平

　山村　若（6世）

第36回（平16年度）

　NBAバレエ団

　五井　輝

　名倉加代子ジャズダンス・スタジオ

　バレエ　シャンブルウエスト

　山村　楽正

◇新人賞

　岩淵　多喜子

　上村　なおか

　工藤　丈輝

第37回（平17年度）

　森下　洋子

　室伏　鴻

　金森　穣，黒田　育世

　内田　香

　花柳　扇蔵

◇新人賞

　菊地　研

　向　雲太郎

　白井　剛

　花柳　せいら，西川　扇重郎，花柳　貴代人，

　　若柳　里次朗

第38回（平18年度）

　大野　慶人

　佐多　達枝

　花柳　寿南海

　牧　阿佐美

◇新人賞

　志賀　育恵

　服部　有吉

第39回（平19年度）

　梅津　貴昶

　小島　章司

　酒井　はな

　勅使川原　三郎

　麿　赤兒，大駱駝艦

◇新人賞

　石井　智子

　尾上　紫

　中村　恩恵

第40回（平20年度）

　石井　清子

　大森　政秀

　金森　穣

　花柳　基

◇新人賞

　西田　佑子

　花柳　寿太一郎

第41回（平21年度）

　上杉　満代

　谷桃子バレエ団

　藤蔭　静枝

◇新人賞

　塩谷　智司

　東野　祥子

第42回（平22年度）

　首藤　康之

　花柳　昌太朗

◇新人賞

　尾上　青楓

　小野　絢子

　百合子

第43回（平23年度）

　正朔，長岡　ゆり

　坂東　勝友

　森下　洋子

　吉田　都

◇新人賞

　五條　詠佳

　三木 雄馬
　横滑 ナナ
第44回（平24年度）
　笠井 叡，麿 赤兒
　小林紀子バレエ・シアター
　花柳 壽輔（4世）
◇新人賞
　大橋 可也
　花柳 源九郎
　福岡 雄大

　南 阿豆
第45回（平25年度）
　勅使川原 三郎
　花柳 園喜輔
　堀内 元，堀内 充
　室伏 鴻
◇新人賞
　奥村 康祐
　川村 美紀子
　中村 梅彌

---

139 プロフェッショナル統一全日本ダンス選手権大会

　日本プロダンス協議会（JNCPD）が主催する，競技ダンス（プロフェッショナルダンス）の日本一決定戦

【主催者】 日本プロダンス協議会（JNCPD）

【選考委員】 ボールルーム・ラテン共に5名の海外審査員及び各団体より2名の派遣審査員が行う

【選考方法】 最終予選まで4種目（ボールルーム：ワルツ・タンゴ・スローフォックストロット・クイック，ラテンアメリカン：チャチャ・サンバ・ルンバ・パソドブレ）で行われ，準々決勝よりボールルームにウインナーワルツ，ラテンにジャイブが加わり5種目総合で行う。両種目への重複出場は不可

【選考基準】 〔資格〕JBDF，JDC，JCF各組織登録選手，招待選手，シード選手

【締切・発表】 （第14回）申込締切日は平成25年9月20日。大会は平成25年11月3日グランドプリンスホテル新高輪にて開催

【URL】 http://www.jbdf.or.jp/index.html

第1回（平12年）
◇スタンダード部門
● 第1位
　檜山 浩治，檜山 公美子
◇ラテンアメリカン部門
● 第1位
　北條 明，須田 雅美
第2回（平13年）
◇スタンダード部門
● 第1位
　檜山 浩治，檜山 公美子
◇ラテンアメリカン部門
● 第1位

　北條 明，須田 雅美
第3回（平14年）
◇スタンダード部門
● 第1位
　檜山 浩治，檜山 公美子
◇ラテンアメリカン部門
● 第1位
　嶺岸 昭志，三輪 恭子
第4回（平15年）
◇スタンダード部門
● 第1位
　檜山 浩治，檜山 公美子
◇ラテンアメリカン部門

● 第1位

　大村 淳毅, 和田 恵

第5回（平16年）

　◇スタンダード部門

　　● 第1位

　　　谷堂 誠治, 早野 恵美

　◇ラテンアメリカン部門

　　● 第1位

　　　山本 喜洋, 山本 英美

第6回（平17年）

　◇スタンダード部門

　　● 第1位

　　　谷堂 誠治, 早野 恵美

　◇ラテンアメリカン部門

　　● 第1位

　　　山本 喜洋, 山本 英美

第7回（平18年）

　◇スタンダード部門

　　● 第1位

　　　谷堂 誠治, 早野 恵美

　◇ラテンアメリカン部門

　　● 第1位

　　　山本 喜洋, 山本 英美

第8回（平19年）

　◇スタンダード部門

　　● 第1位

　　　谷堂 誠治, 早野 恵美

　◇ラテンアメリカン部門

　　● 第1位

　　　山本 喜洋, 山本 英美

第9回（平20年）

　◇スタンダード部門

　　● 第1位

　　　谷堂 誠治, 早野 恵美

　◇ラテンアメリカン部門

　　● 第1位

　　Michael Wentink, 山本 英美

第10回（平21年）

　◇スタンダード部門

　　● 第1位

　　　笹谷 毅, 笹谷 久美

　◇ラテンアメリカン部門

　　● 第1位

　　　織田 慶治, 渡辺 理子

第11回（平22年）

　◇スタンダード部門

　　● 第1位

　　　庄司 浩太, 庄司 名美

　◇ラテンアメリカン部門

　　● 第1位

　　　織田 慶治, 渡辺 理子

第12回（平23年）

　◇スタンダード部門

　　● 第1位

　　　橋本 剛, 恩田 恵子

　◇ラテンアメリカン部門

　　● 第1位

　　　織田 慶治, 渡辺 理子

第13回（平24年）

　◇スタンダード部門

　　● 第1位

　　　庄司 浩太, 庄司 名美

　◇ラテンアメリカン部門

　　● 第1位

　　　織田 慶治, 渡辺 理子

第14回（平25年）

　◇スタンダード部門

　　● 第1位

　　　庄司 浩太, 庄司 名美

　◇ラテンアメリカン部門

　　● 第1位

　　　織田 慶治, 渡辺 理子

140 ベストダンサー賞

　年間の舞踊活動を通して最も活用し, 優秀な舞台成果を挙げた新人舞踊家に贈られる賞。当初は「現代舞踊特別新人賞」の名称であったが, 平成5年より改称された。

【主催者】（社）現代舞踊協会
【選考委員】石井みどり，江口乙矢，三輝容子，池田瑞臣，折田克子，金井芙三枝
【選考方法】理事会の投票による
【選考基準】〔資格〕概ね40歳未満
【締切・発表】毎年1月選考，3月に新聞発表
【賞・賞金】賞状と賞金10万円

（昭48年）
　野坂 公夫 "文化庁助成公演「テムジン」の中のジャムカ役の演技，並びに他公演の活躍"
（昭49年）
　柳下 規夫 "年間を通しての活躍とその優れた演技の成果に対し"
（昭50年）
　河野 潤 "年間における数多くの自主公演ならびに優秀な舞台活動に対し"
（昭51年）
　アンヌ・ヒラグシ "「六如」における優秀な演技に対して"
（昭52年）
　五木田 勲 "昭和52年度文化庁助成公演「夢・む」並びに他の公演における優秀なる演技に対して"
（昭53年）
　池田 貞臣 "年間の数多くの助演活動の成果に対して"
（昭54年）
　神 雄二 "北井一郎公演「オセロ」西田堯作品「鳥」等をはじめ多くの公演に出演し，優れた演技に対して"
　本間 祥公 "藤井公，西田堯，江崎司，北井一郎等の作品に主演し，優秀な成果をあげた演技に対して"
（昭55年）
　竹屋 啓子 "自身の作品「ザ・ウーマン」ならびに河野潤ダンスカンパニー「DANCE PROMENADE」の作品の成果と三輝容子，本田重春作品「ジ・アビス（深淵）」の演技に対して"
　岡本 高政 "金井芙三枝作品「ドン・キ

ホーテ」花輪洋治作品「おぼれてデキシー」志賀美也子作品「スサオノ」北村一郎作品「愛の讃歌」他多くの作品に出演し，その優れた演技に対して"
（昭56年）
　青木 健 "花輪洋治作品「サーカス」，石井かほる作品「こちら側への旅」本田重春作品「箱」自身の作品「滅びの音」他東京バレエグループ「さとうきび畑の墓標」藤蔭静枝作品「しょっしょっ」他多くの作品に出演しその優れた演技に対して"
（昭57年）
　亀ヶ谷 環 "ダンスシアターキュービック三輝容子作品「地球は汗をかいている……」文化庁助成現代舞踊協会主催現代舞踊公演志賀美也子作品「漂う」平田正於舞踊公演「白い狼」等の作品に主演し，その優れた演技に対して"
（昭58年）
　望月 辰夫 "年間を通じて数々の作品に出演し，その優れた表現力に対して"
（昭59年）
　小池 幸子 "年間を通じて数々の作品に出演し，その優れた表現力に対して"
（昭60年）
　天野 和市 "年間を通じて数々の作品に出演し，その優れた表現力に対して"
（昭61年）
　本多 実男 "年間を通じて数々の作品に出演し，その優れた表現力に対して"
（昭62年）
　時田 ひとし "年間を通じて数々の作品に出演し，その優れた表現力に対して"

（昭63年）
　佐藤 一哉 "年間を通じて数々の作品に出
　　演し，その優れた表現力に対して"
（平1年）
　膳亀 利次郎
（平2年）
　川村 昇
（平3年）
　武元 賀寿子
（平4年）
　該当者なし
（平5年）
　能美 健志
（平6年）
　地主 律子

（平7年）
　中村 しんじ
（平8年）
　妻木 律子
（平9年）
　北井 千都代
（平10年）
　仲野 恵子
（平11年）
　二見 一幸
（平12年）
　川野 眞子
（平13年）
　布山 さと美

141 毎日杯争奪・全日本ダンス選手権

　昭和25年，全国統一の日本競技ダンス連盟が創設され，翌年からモダン種目のみで開催された。その後昭和38年からラテン種目が加えられる。

【主催者】（財）日本ボールルームダンス連盟

【選考委員】日本競技ダンス連盟審査委員会所属の審査委員

【選考方法】予戦はチェック制により数の多い者から第1予戦から第3予戦・準々決勝・準決勝と選別し6組決定，決勝戦は順位制で優勝者を決定

【選考基準】〔対象〕モダンの部：ワルツ，タンゴ，クイック，フォックストロット，ウィンナーワルツの5種目に優れた表現力を見せた技術的に最も優秀な舞踏家。ラテンの部：サンバ，ルンバ，パソドブレ，チャチャ，ジャイブの5種目に優れた表現力をみせた優秀な舞踏家

第1回（昭26年）
◇ウィンナー・ワルツ
● 優勝
　毛塚 睦雄，毛塚 桂子
◇クイック
● 優勝
　毛塚 睦雄，毛塚 桂子
◇チャチャ
● 優勝
　毛塚 睦雄，毛塚 桂子
◇フォックストロット
● 優勝

　三桝 良一，三松 静枝
第2回（昭27年）
◇優勝
　三桝 良一，三桝 静枝
第3回（昭28年）
◇優勝
　三桝 良一，三桝 静枝
第4回（昭29年）
◇優勝
　毛塚 睦雄，毛塚 桂子

第5回（昭30年）
　◇優勝
　　伴野 八郎，四本 恭子
第6回（昭31年）
　◇優勝
　　伴野 八郎，四本 恭子
第7回（昭32年）
　◇優勝
　　広瀬 謙一，下山 恵美子
第8回（昭33年）
　◇優勝
　　丸山 梅雄，丸山 田鶴子
第9回（昭34年）
　◇優勝
　　丸山 梅雄，丸山 田鶴子
第10回（昭35年）
　◇優勝
　　桝岡 肇，桝岡 栄子
第11回（昭36年）
　◇優勝
　　桝岡 肇，桝岡 栄子
第12回（昭37年）
　◇優勝
　　篠田 学，篠田 雅子
第13回（昭38年）
　◇スタンダード部門
　　●優勝
　　小嶋 鉄治，小嶋 滋美
　◇ラテンアメリカン部門
　　●優勝
　　桝岡 肇，桝岡 栄子
第14回（昭39年）
　◇スタンダード部門
　　●優勝
　　篠田 学，篠田 雅子
　◇ラテンアメリカン部門
　　●優勝
　　篠田 学，篠田 雅子
第15回（昭40年）
　◇スタンダード部門
　　●優勝
　　篠田 学，篠田 雅子

◇ラテンアメリカン部門
　　●優勝
　　篠田 学，篠田 雅子
第16回（昭41年）
　◇スタンダード部門
　　●優勝
　　篠田 学，篠田 雅子
　◇ラテンアメリカン部門
　　●優勝
　　小嶋 鉄治，小嶋 滋美
第17回（昭42年）
　◇スタンダード部門
　　●優勝
　　篠田 学，篠田 雅子
　◇ラテンアメリカン部門
　　●優勝
　　小嶋 鉄治，小嶋 滋美
第18回（昭43年）
　◇スタンダード部門
　　●優勝
　　石原 市三，石原 佳代子
　◇ラテンアメリカン部門
　　●優勝
　　小嶋 鉄治，小嶋 滋美
第19回（昭44年）
　◇スタンダード部門
　　●優勝
　　篠田 学，篠田 雅子
　◇ラテンアメリカン部門
　　●優勝
　　篠田 学，篠田 雅子
第20回（昭45年）
　◇スタンダード部門
　　●優勝
　　篠田 学，篠田 雅子
　◇ラテンアメリカン部門
　　●優勝
　　篠田 学，篠田 雅子
第21回（昭46年）
　◇スタンダード部門
　　●優勝
　　毛塚 鉄雄，山本 千恵子

◇ラテンアメリカン部門
● 優勝
　毛塚 鉄雄，山本 千恵子
第22回（昭47年）
◇スタンダード部門
● 優勝
　本田 季久，本田 富美子
◇ラテンアメリカン部門
● 優勝
　毛塚 道雄，毛塚 雅子
第23回（昭48年）
◇スタンダード部門
● 優勝
　毛塚 鉄雄，山本 千恵子
◇ラテンアメリカン部門
● 優勝
　毛塚 道雄，毛塚 雅子
第24回（昭49年）
◇スタンダード部門
● 優勝
　毛塚 鉄雄，山本 千恵子
◇ラテンアメリカン部門
● 優勝
　毛塚 道雄，毛塚 雅子
第25回（昭50年）
◇スタンダード部門
● 優勝
　毛塚 鉄雄，山本 千恵子
◇ラテンアメリカン部門
● 優勝
　鳥居 弘忠，鳥居 洋子
第26回（昭51年）
◇スタンダード部門
● 優勝
　毛塚 鉄雄，山本 千恵子
◇ラテンアメリカン部門
● 優勝
　鳥居 弘忠，鳥居 洋子
第27回（昭52年）
◇スタンダード部門
● 優勝
　毛塚 鉄雄，山本 千恵子

◇ラテンアメリカン部門
● 優勝
　鳥居 弘忠，鳥居 洋子
第28回（昭53年）
◇スタンダード部門
● 優勝
　毛塚 鉄雄，山本 千恵子
◇ラテンアメリカン部門
● 優勝
　鳥居 弘忠，鳥居 洋子
第29回（昭54年）
◇スタンダード部門
● 優勝
　毛塚 鉄雄，山本 千恵子
◇ラテンアメリカン部門
● 優勝
　鳥居 弘忠，鳥居 洋子
第30回（昭55年）
◇スタンダード部門
● 優勝
　田中 忠，田中 節子
◇ラテンアメリカン部門
● 優勝
　鳥居 弘忠，鳥居 洋子
第31回（昭56年）
◇スタンダード部門
● 優勝
　桜本 和夫，桜本 智美
◇ラテンアメリカン部門
● 優勝
　石原 久嗣，石原 由美子
第32回（昭57年）
◇スタンダード部門
● 優勝
　桜本 和夫，桜本 智美
◇ラテンアメリカン部門
● 優勝
　石原 久嗣，石原 由美子
第33回（昭58年）
◇スタンダード部門
● 優勝
　中川 勲，中川 詠子

◇ラテンアメリカン部門
● 優勝
　石原 久嗣, 石原 由美子
第34回 (昭59年)
◇スタンダード部門
● 優勝
　桜本 和夫, 桜本 智美
◇ラテンアメリカン部門
● 優勝
　石原 久嗣, 石原 由美子
第35回 (昭60年)
◇スタンダード部門
● 優勝
　中川 勲, 中川 詠子
◇ラテンアメリカン部門
● 優勝
　奥村 三郎, 奥村 純
第36回 (昭61年)
◇スタンダード部門
● 優勝
　中川 勲, 中川 詠子
◇ラテンアメリカン部門
● 優勝
　奥村 三郎, 奥村 純
第37回 (昭62年)
◇スタンダード部門
● 優勝
　桜田 哲也, 鈴木 美代子
◇ラテンアメリカン部門
● 優勝
　玉置 朝啓, 玉置 きよ子
第38回 (昭63年)
◇スタンダード部門
● 優勝
　桜田 哲也, 鈴木 美代子
◇ラテンアメリカン部門
● 優勝
　馬場 健士郎, 馬場 久江
第39回 (平1年)
◇スタンダード部門
● 優勝
　篠田 忠, 篠田 富子

◇ラテンアメリカン部門
● 優勝
　桑原 明男, 桑原 佐代子
第40回 (平2年)
◇スタンダード部門
● 第1位
　篠田 忠, 篠田 富子
◇ラテンアメリカン部門
● 第1位
　桑原 明男, 桑原 佐代子
第41回 (平3年)
◇スタンダード部門
● 第1位
　天野 博文, 天野 京子
◇ラテンアメリカン部門
● 第1位
　大竹 辰郎, 鈴木 孝子
第42回 (平4年)
◇スタンダード部門
● 第1位
　篠田 忠, 篠田 富子
◇ラテンアメリカン部門
● 第1位
　大竹 辰郎, 鈴木 孝子
第43回 (平5年)
◇スタンダード部門
● 第1位
　田中 英和, 田中 陽子
◇ラテンアメリカン部門
● 第1位
　大竹 辰郎, 鈴木 孝子
第44回 (平6年)
◇スタンダード部門
● 第1位
　田中 英和, 田中 陽子
◇ラテンアメリカン部門
● 第1位
　大竹 辰郎, 鈴木 孝子
第45回 (平7年)
◇スタンダード部門
● 第1位
　田中 英和, 田中 陽子

◇ラテンアメリカン部門
● 第1位
　楠 潤一郎，永井 広美
第46回（平8年）
◇スタンダード部門
● 第1位
　田中 英和，田中 陽子
◇ラテンアメリカン部門
● 第1位
　北條 明，須田 雅美
第47回（平9年）
◇スタンダード部門
● 第1位
　田中 英和，アデール・プレストン
◇ラテンアメリカン部門
● 第1位

　北條 明，須田 雅美
第48回（平10年）
◇スタンダード部門
● 第1位
　檜山 浩治，檜山 公美子
◇ラテンアメリカン部門
● 第1位
　北條 明，須田 雅美
第49回（平11年）
◇スタンダード部門
● 第1位
　檜山 浩治，檜山 公美子
◇ラテンアメリカン部門
● 第1位
　北條 明，須田 雅美

---

142 松山バレエ団顕彰

　バレエ芸術の普及向上を図るとともに，バレエに関する国際交流を推進し，我が国芸術文化の発展に寄与することを目的として，平成元年に創設された。

【主催者】（公財）松山バレエ団

【選考委員】福田一平，うらわまこと，藤井修治，清水哲太郎

【選考方法】推薦

【選考基準】〔対象〕芸術賞：長年にわたり舞踊教育の芸術性の向上に尽くし，舞踊界の発展に多大の貢献をした者。奨励賞：輝かしい未来を担うものとして努力・活躍し，その成績が顕著であると認められる者

【締切・発表】例年，11月上旬〜翌年2月下旬締切，発表は6月下旬頃

【賞・賞金】賞状と賞金50万円

【URL】http://www.matsuyama-ballet.com

第1回（平2年度）
◇芸術賞
　松本 千代栄
◇芸術奨励賞
　中村 美佳
◇国際芸術賞
　金 宝龍
第2回（平3年度）
◇芸術賞

　倉島 照代
◇芸術奨励賞
　大畠 律子
第3回（平4年度）
◇芸術賞
　山本 礼子
◇芸術奨励賞
　木佐貫 邦子
◇舞踊芸術功労賞

景安 正夫
第4回（平5年度）
　◇芸術賞
　　黒沢 智子
　◇芸術奨励賞
　　大町 倫子
第5回（平6年度）
　◇芸術賞
　　越智 実
　◇芸術奨励賞
　　地主 律子
第6回（平7年度）
　◇芸術賞
　　黒田 呆子
　◇芸術奨励賞
　　小嶋 直也
第7回（平8年度）
　◇芸術賞
　　千田 モト
　◇芸術奨励賞
　　井神 さゆり
第8回（平9年度）
　◇芸術賞
　　金井 芙三枝
　◇芸術奨励賞
　　志賀 三佐枝
第9回（平10年度）
　◇芸術賞
　　法村 牧緒
　◇芸術奨励賞
　　渡部 美咲
第10回（平11年度）
　◇芸術賞
　　柴内 啓子
　◇芸術奨励賞
　　佐々木 大
　◇特別賞
　　岡田 陽
第11回（平13年度）
　◇芸術賞
　　樋笠 よ志江
　◇芸術奨励賞

川野 眞子
　◇国際芸術賞
　　エフゲニー・P.ヴァールキン
第12回（平13年度）
　◇芸術賞
　　和田 朝子
　◇芸術奨励賞
　　島田 衣子
　◇国際芸術賞
　　林 泱泱
第13回（平14年度）
　◇芸術賞
　　千田 雅子
　◇芸術奨励賞
　　矢上 恵子
第14回（平15年度）
　◇芸術賞
　　金光 郁子
　◇芸術奨励賞
　　法村 圭緒
　◇教育賞
　　石黒 節子
第15回（平16年度）
　◇芸術賞
　　能藤 玲子
　◇芸術奨励賞
　　田中 ルリ
　◇教育賞
　　片岡 康子
第16回（平17年度）
　◇芸術賞
　　松崎 すみ子
　◇芸術奨励賞
　　金森 穣
　◇教育賞
　　若松 美黄
第17回（平18年度）
　◇芸術賞
　　加藤 燿子
　◇芸術奨励賞
　　鍵田 真由美，佐藤 浩希
　◇教育賞

平多 宏之，平多 陽子

第18回（平19年度）

◇芸術賞

　藤井 公，藤井 利子

◇芸術奨励賞

　布山 さと美

◇教育賞

　高橋 繁美

第19回（平20年度）

◇芸術奨励賞

　本間 祥公

◇教育賞

　黒沢 輝夫

　下田 栄子

第20回（平21年度）

◇芸術賞

　横山 慶子

◇芸術奨励賞

　西田 佑子

◇教育賞

　伊与田 あさ子

第21回（平22年度）

◇芸術賞

可西 晴香

◇芸術奨励賞

　小西 裕紀子

◇教育賞

　賀来 良江

第22回（平23年度）

◇芸術賞

　木村 公香

◇教育賞

　福田 一平

◇特別賞

　平多 浩子

◇特別賞

　今村 博明，川口 ゆり子

第23回（平24年度）

◇芸術賞

　岡田 昌己

◇芸術奨励賞

　森山 開次

◇特別賞

　竹内 ひとみ

---

143 三笠宮杯全日本ダンススポーツ選手権大会

　ダンス競技を我が国のアマチュアスポーツのひとつとして普及発展するため，三笠宮崇仁親王殿下より "三笠宮杯" を御下賜され，昭和55年に創設された。

【主催者】 日本ダンススポーツ連盟

【選考委員】 IDSF（国際ダンススポーツ連盟）審判員ほか

【選考基準】〔対象〕スタンダード部門（W：ワルツ，T：タンゴ，F：スローフォックストロット，Q：クイックステップ，V：ヴェニーズワルツ），ラテン部門（S：サンバ，C：チャチャチャ，R：ルンバ，P：パソドブレ，J：ジャイブ）〔参加規定〕（第33回）シード選手及び各ブロックと学連の選抜選手で組相手のどちらかが2013年末満年齢15歳以上のDSCJ登録選手およびJDSF推薦選手

【締切・発表】 例年秋に開催され，開催期日の約1月前に締切。競技会当日，決勝戦終了後，発表と表彰

【賞・賞金】 スタンダード部門，ラテン部門優勝者に各トロフィーと賞状

第1回（昭56年）

◇テンカップ

望月 洋一，望月 幸子

◇モダン
　児玉 岩三，児玉 昌子
◇ラテン
　内堀 輝夫，内堀 芳美
第2回（昭57年）
　◇テンカップ
　　望月 洋一，望月 幸子
　◇モダン
　　望月 洋一，望月 幸子
　◇ラテン
　　内堀 輝夫，内堀 芳美
第3回（昭58年）
　◇テンカップ
　　望月 洋一，望月 幸子
　◇モダン
　　望月 洋一，望月 幸子
　◇ラテン
　　内堀 輝夫，内堀 芳美
第4回（昭59年）
　◇モダン
　　伊藤 金四郎，伊藤 弘子
　◇ラテン
　　内堀 輝夫，内堀 芳美
第5回（昭60年）
　◇モダン
　　望月 洋一，望月 幸子
　◇ラテン
　　内堀 輝夫，内堀 芳美
第6回（昭61年）
　◇モダン
　　望月 洋一，望月 幸子
　◇ラテン
　　原田 均，渡辺 真美子
第7回（昭62年）
　◇モダン
　　望月 洋一，望月 幸子
　◇ラテン
　　小倉 まさひろ，田口 裕美
第8回（昭63年）
　◇モダン
　　望月 洋一，望月 幸子
　◇ラテン

　　望月 洋一，望月 幸子
第9回（平1年）
　◇モダン
　　望月 洋一，望月 幸子
　◇ラテン
　　亘 肇夫，湯浅 奈緒子
第10回（平2年）
　◇モダン
　　檜山 浩治，熊谷 公美子
　◇ラテン
　　星野 直樹，高木 美和子
第11回（平3年）
　◇モダン
　　アウグスト・スキアーボ，カテリーナ・ア
　　ルゼント（イタリア）
　◇ラテン
　　ケニー・マケッケニー，ベヴリー・リース
　　（スコットランド）
第12回（平4年）
　◇モダン
　　イエンス・ヴェルナー，シャルロット・ヨ
　　ルゲンセン（デンマーク）
　◇ラテン
　　アラン・トーンズバーグ，ヴィーバッカ・
　　トフト（デンマーク）
第13回（平5年）
　◇モダン
　　マッシモ・ジョルジアーニ，アレシア・マ
　　ンフレディーニ（イタリア）
　◇ラテン
　　ジョン・バーンズ，ジェイン・リトルトン
　　（イギリス）
第14回（平6年）
　◇モダン
　　伊藤 明，所 裕子
　◇ラテン
　　大秋 英彦，片島 史子
第15回（平7年）
　◇モダン
　　伊藤 明，所 裕子
　◇ラテン
　　菅野 幸則，常盤 直子

第16回（平8年）
　◇スタンダード
　　ジョナサン・クロスリー，ケリー・ジョーンズ（イギリス）
　◇ラテン
　　アラン・デイビス，シェリー・リー・マグラス（オーストラリア）
第17回（平9年）
　◇スタンダード
　　マイケル・ライリー，ヴァレリー・ホブデン（イギリス）
　◇ラテン
　　ジョー・ポリメノ，ジュリー・ジョーンズ（オーストラリア）
第18回（平10年）
　◇スタンダード
　　セルゲイ・ベリコフ，イリナ・ラプテヴァ（ロシア）
　◇ラテン
　　菅野 幸則，常盤 直子
第19回（平11年）
　◇スタンダード
　　渡辺 和昭，渡辺 裕美
　◇ラテン
　　菅野 幸則，常盤 直子
第20回（平12年）
　◇スタンダード
　　菅谷 和貴，尾崎 育代
　◇ラテン
　　菅野 幸則，常盤 直子
第21回（平13年）
　◇スタンダード
　　渡辺 和昭，渡辺 裕美
　◇ラテン
　　瀬古 薫希，瀬古 知愛
第22回（平14年）
　◇スタンダード
　　菅谷 和貴，尾崎 育代
　◇ラテン
　　瀬古 薫希，瀬古 知愛
第23回（平15年）
　◇スタンダード

　　菅谷 和貴，尾崎 育代
　◇ラテン
　　瀬古 薫希，瀬古 知愛
第24回（平16年）
　◇スタンダード
　　石原 正幸，齊藤 愛
　◇ラテン
　　瀬古 薫希，瀬古 知愛
第25回（平17年）
　◇スタンダード
　　石原 正幸，齊藤 愛
　◇ラテン
　　瀬古 薫希，瀬古 知愛
第26回（平18年）
　◇スタンダード
　　石原 正幸，齊藤 愛
　◇ラテン
　　瀬古 薫希，瀬古 知愛
第27回（平19年）
　◇スタンダード
　　石原 正幸，久保 斐美
　◇ラテン
　　瀬古 薫希，瀬古 知愛
第28回（平20年）
　◇スタンダード
　　石原 正幸，久保 斐美
　◇ラテン
　　久保田 弓梛，久保田 蘭羅
第29回（平21年）
　◇スタンダード
　　石原 正幸，久保 斐美
　◇ラテン
　　久保田 弓梛，久保田 蘭羅
第30回（平22年）
　◇スタンダード
　　石原 正幸，久保 斐美
　◇ラテン
　　久保田 弓梛，久保田 蘭羅
第31回（平23年）
　◇スタンダード
　　石原 正幸，伊藤 沙織
　◇ラテン

久保田 弓梛，久保田 蘭羅
第32回（平24年）
　◇スタンダード
　　石原 正幸，伊藤 沙織
　◇ラテン
　　久保田 弓梛，久保田 蘭羅

第33回（平25年）
　◇スタンダード
　　石原 正幸，伊藤 沙織
　◇ラテン
　　久保田 弓梛，久保田 蘭羅

144 ヨコハマ・コンペティション

　全国から参加者を募集し舞踊技術・芸術性・将来性を審査する舞踊コンクール。これを通じて次世代を担う舞踊家の育成，芸術舞踊の発展を目的とする。

【主催者】（公社）神奈川県芸術舞踊協会

【選考委員】神奈川県芸術舞踊協会理事，及び舞踊家，有識者

【選考方法】公募し，公開審査

【選考基準】クラシック・モダン部門をそれぞれ年齢によりシニア・ジュニア2・ジュニア1・プチジュニア部門に分け募集する。作品時間は，モダン部門シニアは，4分以内。ジュニア1.2・プチジュニアは，3分以内。クラシック部門は課題曲から選択する

【締切・発表】毎年申込期間は8月中旬〜8月下旬頃。発表は公演終了後

【賞・賞金】最優秀賞：賞状と賞品，クリスタル盾，優秀賞：賞状と副賞，奨励賞：賞状と副賞

【URL】http://www.dancekanagawa.jp

第1回（昭61年）
　◇奨励賞
　　根本 美香　「火の鳥」〔独舞〕
　◇努力賞
　　山県 順子　「手の記憶」〔独舞〕
第2回（昭62年）
　◇神奈川新聞社賞
　　大柴 洋子　「RUNNING－うさぎとかめ」〔二人舞〕
　◇奨励賞
　　佐々木 秀子　「二人」〔二人舞〕
　◇努力賞
　　石巻 由美　「ピリョード」〔独舞〕
第3回（昭63年）
　◇奨励賞
　　真船 さち子　「心雑音」〔群舞〕
　◇努力賞
　　北村 真実　「人知れぬ涙」〔独舞〕

第4回（平1年）
　◇優秀奨励賞
　　藤本 幸子　「種を蒔く」〔群舞〕
　◇優秀賞
　　織田 千里　「アンニュイな街」〔独舞〕
　◇努力賞
　　細谷 清子　「リズムと円錐」〔独舞〕
第5回（平2年）
　◇最優秀賞
　　松原 美幸（現代舞踊）「男の条件」〔二人舞〕
　◇優秀賞
　　深沢 和子（クラシックバレエ）「祭り囃子」〔群舞〕
　◇努力賞
　　越野 昌子（現代舞踊）「時を戻して」〔独舞〕

第6回（平3年）
◇最優秀賞
　松原 美幸，細川 江利子，島田 美智子（現
　代舞踊）「さりげない挑戦」〔群舞〕
◇優秀賞
　中井 恵子（現代舞踊）「風の記憶」〔独舞〕
◇努力賞
　山元 美代子（現代舞踊）「四角い空」
　〔独舞〕
第7回（平4年）
◇最優秀賞
　豊田 美代子（現代舞踊）「砂漠の中をつっ
　走れ」〔2人舞〕
◇優秀賞
　矢嶋 千恵（現代舞踊）「そこには草の海が
　広がっていた」〔独舞〕
◇奨励賞
　新美 佳恵（現代舞踊）「夏の終り」〔独舞〕
　木村 由（現代舞踊）「滴声の断片」〔独舞〕
第8回（平5年）
◇最優秀賞
　細川 江利子，松原 美幸（現代舞踊）「エン
　ドレス，ワルツ」〔群舞〕
◇優秀賞
　矢嶋 千恵（現代舞踊）「つぶやきが白い蝶
　になる」〔独舞〕
◇奨励賞
　高沢 嘉津子（現代舞踊）「風に寄せる手
　紙」〔独舞〕
第9回（平6年）
◇最優秀賞
　橋本 政奉（現代舞踊）「a little tripe of
　morning」〔独舞〕
◇優秀賞
　中条 富美子（現代舞踊）「SQUARE—ス
　クウェア—」〔群舞〕
◇奨励賞
　深沢 和子（現代舞踊）「若人の歌」〔群舞〕
第10回（平7年）
◇最優秀賞
　矢嶋 千恵（現代舞踊）「凛として」〔独舞〕
◇優秀賞

伊沢 百恵（現代舞踊）「NOISE」〔群舞〕
◇奨励賞
　杉原 ともじ（現代舞踊）「八月の雨傘」
　〔群舞〕
第11回（平8年）
◇最優秀賞
　根本 美香 「私にキスして」
第12回（平9年）
◇最優秀賞
　鍵田 真由美，佐藤 浩希 「道程」
第13回（平10年）
◇最優秀賞
　松原 美幸，細川 江利子 「それぞれの季節
　—深まる溝のソナタ」
第14回（平11年）
◇最優秀賞
　李 桄碩，李 鎮宇 「暗闇の魚」
第15回（平12年）
◇最優秀賞
　黒沢 美香 「非常に幸福な距離は太陽の方
　向へ疾馳する」
第16回（平13年）
◇最優秀賞
　中条 富美子 「空蝉→うつしみ」
第17回（平14年）
◇シニア部門
　●最優秀賞
　湯原 園子 「憎しみの連鎖を断て」
第18回（平15年）
◇シニア部門
　●最優秀賞
　松本 直子 「天使の飛行術」
第19回（平16年）
◇シニア部門
　●最優秀賞
　高橋 裕子 「償われた者の伝記のために」
第20回（平17年）
◇シニア部門
　●最優秀賞
　小林 泉 「あるく魚とひとり言」
◇モダンジュニアI部門
　●第1位

山之口 理香子 「蛍の日」
◇モダンジュニアⅡ部門
● 第1位
幅田 彩加 「哀歌」
◇クラシックジュニアⅠ部門
● 第1位
秋山 和沙 「エスメラルダ」よりダイアナ
のVa
◇クラシックジュニアⅡ部門
● 第1位
吉田 邑那 「ラ・シルフィード」第1幕よ
りジェームスのVa
第21回（平18年）
◇創作部門
● 第1位
桑島 二美子 「楽園の仔」
◇モダンジュニアⅠ部門
● 第1位
永森 彩乃 「海を渡る蝶」
◇モダンジュニアⅡ部門
● 第1位
木原 浩太 「飛べない・鳩」
◇モダンシニア部門
● 第1位
小林 泉 「薔薇に憑かれた白い蝶」
◇クラシックジュニアⅠ部門
● 第1位
齋藤 沙也加 「ドンキホーテ」よりキトリ
のVa
◇クラシックジュニアⅡ部門
● 第1位
鎌田 真帆 「パキータ」よりエトワールの
Va
◇クラシックシニア部門
● 第1位
該当者なし
◇シニアグランプリ
小林 泉
第22回（平19年）
◇モダンジュニア1部門
● 第1位・神奈川県芸術舞踊協会最優秀賞・
川崎市長賞・赤い靴賞クリスタル

矢島 茜 「戦火の中で」
● 第2位・神奈川県芸術舞踊協会優秀賞
宮岸 咲良 「Fly High」
● 第3位・神奈川県芸術舞踊協会奨励賞
天野 真希 「あなたがうまれたとき」
◇モダンジュニア2部門
● 第1位・神奈川県芸術舞踊協会最優秀賞・
横浜市長賞・赤い靴賞クリスタル
田中 萌子 「蓮の詩（はなのうた）」
● 第2位・神奈川県芸術舞踊協会優秀賞
磯村 真汐 「月の刻」
● 第3位・神奈川県芸術舞踊協会奨励賞
島田 ひかり 「－蛍－愛でる（ほたるまな
でる）」
◇モダンシニア部門
● 第1位・神奈川県芸術舞踊協会最優秀賞・
川崎市長賞・赤い靴賞クリスタル
江本 一宏 「曙光～始まりの予感～」
● 第2位・神奈川県芸術舞踊協会優秀賞
山根 和剛 「雪待ちの竹」
● 第3位・神奈川県芸術舞踊協会奨励賞
小室 眞由子 「アンズノ涙」
◇クラシックジュニア1部門
● 第1位・神奈川県芸術舞踊協会最優秀賞・
川崎市長賞・赤い靴賞クリスタル
阿部 裕恵 「パキータ」よりVa
● 第2位・神奈川県芸術舞踊協会優秀賞
木村 卓矢 「眠れる森の美女」act3 デジー
レ王子のVa
● 第3位・神奈川県芸術舞踊協会奨励賞
和佐 七海 「ダイアナ」のVa
◇クラシックジュニア2部門
● 第1位・神奈川県芸術舞踊協会最優秀賞・
横浜市長賞・赤い靴賞クリスタル
福居 亜美 「眠れる森の美女」act1 ローズ
のVa
● 第2位・神奈川県芸術舞踊協会優秀賞
中村 理沙 「眠れる森の美女」act1 ローズ
のVa
● 第3位・神奈川県芸術舞踊協会奨励賞
関根 佳織 「ドンキホーテ」より キトリの
Va

◇クラシックシニア部門
- 第1位・神奈川県芸術舞踊協会最優秀賞・赤い靴賞クリスタル
古澤 友菜 「ドンキホーテ」より キトリのVa
- 第2位・神奈川県芸術舞踊協会優秀賞
今井 結子 「パキータ」よりVa
- 第3位・神奈川県芸術舞踊協会奨励賞
山際 諒 「ジゼル」act2 アルブレヒトのVa

第23回（平20年）

◇モダンジュニア1部門
- 第1位・神奈川県芸術舞踊協会最優秀賞・川崎市長賞・赤い靴賞クリスタル
植木 晴花 「サンクス レター」
- 第2位・神奈川県芸術舞踊協会優秀賞
京 みのり 「光の詩」
- 第3位・神奈川県芸術舞踊協会奨励賞
田中 幸乃 「海へ/細胞の記憶」

◇モダンジュニア2部門
- 第1位・神奈川県芸術舞踊協会最優秀賞・川崎市長賞・赤い靴賞クリスタル
柴田 茉実, 杜本 花奈 「Distance〜もう一人の私〜」
- 第2位・神奈川県芸術舞踊協会優秀賞
山之口 理香子 「いのち」
- 第3位・神奈川県芸術舞踊協会奨励賞
江上 万絢 「遥かなる空に」

◇モダンシニア部門
- 第1位・神奈川県芸術舞踊協会最優秀賞・赤い靴賞クリスタル
木原 浩太 「つぶやきは黄昏の空に」
- 第2位・神奈川県芸術舞踊協会優秀賞
幅田 彩加 「闇に歌声」
- 第3位・神奈川県芸術舞踊協会奨励賞
太田 早弥香 「戀戀」

◇クラシックジュニア1部門
- 第1位・神奈川県芸術舞踊協会最優秀賞・川崎市長賞・赤い靴賞クリスタル
谷口 夢奈 「眠れる森の美女」act1 ローズのVa
- 第2位・神奈川県芸術舞踊協会優秀賞
飯田 実由 「眠れる森の美女」act1 ローズのVa

◇第3位・神奈川県芸術舞踊協会奨励賞
永塚 千尋 「白鳥の湖」act3 オディールのVa

◇クラシックジュニア2部門
- 第1位・神奈川県芸術舞踊協会最優秀賞・川崎市長賞・赤い靴賞クリスタル
高谷 遼 「パリの炎」よりVa
- 第2位・神奈川県芸術舞踊協会優秀賞
秋山 和沙 「白鳥の湖」act3 オディールのVa
- 第3位・神奈川県芸術舞踊協会奨励賞
佐藤 星礼 「ライモンダ」よりVa

◇クラシックシニア部門
- 第1位・神奈川県芸術舞踊協会最優秀賞・赤い靴賞クリスタル
山田 由佳 「パキータ」よりVa
- 第2位・神奈川県芸術舞踊協会優秀賞
高橋 梨絵 「サタネラ」よりVa
- 第3位・神奈川県芸術舞踊協会奨励賞
布目 紗綾 「ダイアナ」のVa

第24回（平21年）

◇モダンジュニア1部門
- 第1位・神奈川県芸術舞踊協会最優秀賞・川崎市長賞・赤い靴賞クリスタル
佐藤 未晏 「小鳥に唄を教えた少女」
- 第2位・神奈川県芸術舞踊協会優秀賞
堀内 翼, 堀内 朔良 「ブラート（兄妹）」
- 第3位・神奈川県芸術舞踊協会奨励賞
天野 真希 「菜の葉にとまれ」

◇モダンジュニア2部門
- 第1位・神奈川県芸術舞踊協会最優秀賞・川崎市長賞・赤い靴賞クリスタル
渡辺 はるか 「偽りの静けさ」
- 第2位・神奈川県芸術舞踊協会優秀賞
江上 万絢 「夕闇のヴェール」
- 第3位・神奈川県芸術舞踊協会奨励賞
杉村 香菜 「心に降る雨」

◇モダンシニア部門
- 第1位・神奈川県芸術舞踊協会最優秀賞・赤い靴賞クリスタル
鈴木 いづみ 「すべては水槽の向こう側」

- 第2位・神奈川県芸術舞踊協会優秀賞
  佐々木 紀子 「Whiten」
- 第3位・神奈川県芸術舞踊協会奨励賞
  小林 啓子 「告白」
◇クラシックジュニア1部門
- 第1位・神奈川県芸術舞踊協会最優秀賞・
  川崎市長賞・赤い靴賞クリスタル
  平岡 夢菜 「眠れる森の美女」act1 ローズ
  のVa
- 第2位・神奈川県芸術舞踊協会優秀賞
  白附 沙和 「眠れる森の美女」act1 ローズ
  のVa
- 第3位・神奈川県芸術舞踊協会奨励賞
  皆川 七海 「エスメラルダ」よりVa
◇クラシックジュニア2部門
- 第1位・神奈川県芸術舞踊協会最優秀賞・
  川崎市長賞・赤い靴賞クリスタル
  齋藤 沙也加 「ドンキホーテ」より キトリ
  のVa
- 第2位・神奈川県芸術舞踊協会優秀賞
  菊地 桃花 「ジゼル」act1 ジゼルのVa
- 第3位・神奈川県芸術舞踊協会奨励賞
  三宅 里奈 「ライモンダ」よりVa
◇クラシックシニア部門
- 第1位・神奈川県芸術舞踊協会最優秀賞・
  赤い靴賞クリスタル
  該当者なし
- 第2位・神奈川県芸術舞踊協会優秀賞
  松村 知佳 「パキータ」よりVa
- 第3位・神奈川県芸術舞踊協会奨励賞
  岸本 恭平 「アクティオン」Va
◇創作部門
- 第1位・神奈川県芸術舞踊協会最優秀賞・
  神奈川県知事賞・神奈川新聞社賞・チャ
  コット賞・バレリーナ賞・シルビア賞
  高田 真琴 「I'm not here」
- 第2位・神奈川県芸術舞踊協会優秀賞・神
  奈川県教育長賞
  小川 麻里子 「六条幽影」
- 第3位・神奈川県芸術舞踊協会奨励賞・神
  奈川芸術文化財団賞
  吉垣 恵美 「sin －私は私の中へ帰って

ゆく－」
第25回（平22年）
◇モダンジュニア1部門
- 第1位・神奈川県芸術舞踊協会最優秀賞・
  赤い靴賞クリスタル
  堀内 翼，堀内 朔良 「月の砂漠」
- 第2位・神奈川県芸術舞踊協会優秀賞
  苗加 比古乃 「Jewel」
- 第3位・神奈川県芸術舞踊協会奨励賞
  河野 琴里 「過ぎ去りし日の夢」
◇モダンジュニア2部門
- 第1位・神奈川県芸術舞踊協会最優秀賞・
  赤い靴賞クリスタル
  江上 万絢 「見わたすかぎりの平原から」
- 第2位・神奈川県芸術舞踊協会優秀賞
  杉村 香菜 「漂泊の詩人」
- 第3位・神奈川県芸術舞踊協会奨励賞
  薄田 真美子 「蒼氓 －我を探す」
◇モダンシニア部門
- 第1位・神奈川県芸術舞踊協会最優秀賞・
  横浜市長賞・赤い靴賞クリスタル
  伊東 由里 「JIKUU －時空－」
- 第2位・神奈川県芸術舞踊協会優秀賞
  星 利沙 「ひまわりと私の未完成な日々」
- 第3位・神奈川県芸術舞踊協会奨励賞
  小林 啓子 「Drift ～漂う形」
◇クラシックジュニア1部門
- 第1位・神奈川県芸術舞踊協会最優秀賞・
  赤い靴賞クリスタル
  中村 眞子 「胡桃割人形」act2 金平糖のVa
- 第2位・神奈川県芸術舞踊協会優秀賞
  白附 沙和 「パキータ」よりVa
- 第3位・神奈川県芸術舞踊協会奨励賞
  伊藤 わこ 「ドンキホーテ」act2 ドルシネ
  ア姫のVa
◇クラシックジュニア2部門
- 第1位・神奈川県芸術舞踊協会最優秀賞・
  横浜市長賞・赤い靴賞クリスタル
  福田 真理子 「ライモンダ」よりVa
- 第2位・神奈川県芸術舞踊協会優秀賞
  菊地 桃花 「コッペリア」act3 スワニルダ
  のVa

- 第3位・神奈川県芸術舞踊協会奨励賞
  岡田 結衣 「エスメラルダ」よりVa
◇クラシックシニア部門
- 第1位・神奈川県芸術舞踊協会最優秀賞・
  赤い靴賞クリスタル
  該当者なし
- 第2位・神奈川県芸術舞踊協会優秀賞
  井上 真由子 「眠れる森の美女」act1 ローズのVa
- 第3位・神奈川県芸術舞踊協会奨励賞
  該当者なし
第26回（平23年）
◇モダンジュニア1部門
- 第1位・神奈川県教育長賞・神奈川県芸術
  舞踊協会最優秀賞・赤い靴賞クリスタル
  菅野 幸 「君のため」
- 第2位・神奈川県芸術舞踊協会優秀賞
  田元 楓夏 「窓を開けてください」
- 第3位・神奈川県芸術舞踊協会奨励賞
  苗加 比古乃 「禁じられた遊び」
◇モダンジュニア2部門
- 第1位・横浜市長賞・神奈川県芸術舞踊協
  会最優秀賞・赤い靴賞クリスタル
  久保 愛梨 「炎 −火坑変じて−」
- 第2位・神奈川県芸術舞踊協会優秀賞
  山之口 理香子 「その日から…」
- 第3位・神奈川県芸術舞踊協会奨励賞
  天野 真希 「生まれいづる日」
◇モダンシニア部門
- 第1位・神奈川県知事賞・神奈川新聞社
  賞・チャコット賞・バレリーナ賞・シルビ
  ア賞・神奈川県芸術舞踊協会最優秀賞・赤
  い靴賞クリスタル
  幅田 彩加 「濡れ桜」
- 第2位・神奈川芸術文化財団賞・神奈川県
  芸術舞踊協会優秀賞
  大貫 沙織 「into…」
- 第3位・神奈川県芸術舞踊協会奨励賞
  玉田 光子 「真夜中の薔薇」
◇クラシックジュニア1部門
- 第1位・神奈川県教育長賞・神奈川県芸術
  舞踊協会最優秀賞・赤い靴賞クリスタル

高橋 夏海 「サタネラ」よりVa
- 第2位・神奈川県芸術舞踊協会優秀賞
  神村 結花 「眠れる森の美女」act3 オーロラ姫のVa
- 第3位・神奈川県芸術舞踊協会奨励賞
  鈴木 七菜 「海賊」よりVa
◇クラシックジュニア2部門
- 第1位・神奈川県芸術舞踊協会最優秀賞・
  横浜市長賞・赤い靴賞クリスタル
  大畠 菜摘 「眠れる森の美女」act1 ローズのVa
- 第2位・神奈川県芸術舞踊協会優秀賞
  岡田 結衣 「サタネラ」よりVa
- 第3位・神奈川県芸術舞踊協会奨励賞
  小川 桃々乃 「ドンキホーテ」act3 キトリのVa
◇クラシックシニア部門
- 第1位・神奈川県知事賞・神奈川新聞社
  賞・チャコット賞・バレリーナ賞・シルビ
  ア賞・神奈川県芸術舞踊協会最優秀賞・赤
  い靴賞クリスタル
  中村 友子 「エスメラルダ」よりVa
- 第2位・横浜市芸術文化振興財団賞・神奈
  川県芸術舞踊協会優秀賞
  阿部 千尋 「眠れる森の美女」act1 ローズのVa
- 第3位・神奈川県芸術舞踊協会奨励賞
  上中 穂香 「眠れる森の美女」act3 オーロラ姫のVa
第27回（平24年）
◇モダンジュニア1部門
- 第1位・神奈川県芸術舞踊協会最優秀賞・
  神奈川県教育長賞・赤い靴賞クリスタル
  堀内 翼 「一人ぽっちの夜」
- 第2位・神奈川県芸術舞踊協会優秀賞
  高橋 和花 「光と闇のなかで」
- 第3位・神奈川県芸術舞踊協会奨励賞
  堀内 朔良 「少女」
◇モダンジュニア2部門
- 第1位・神奈川県芸術舞踊協会最優秀賞・
  赤い靴賞クリスタル・横浜市長賞
  山之口 理香子 「いつもとちがう空」

● 第2位・神奈川県芸術舞踊協会優秀賞
　天野 真希　「蟬はもう歌わないのです
　　　　　　　か…夏」
● 第3位・神奈川県芸術舞踊協会奨励賞
　小澤 早嬉　「丘を往く夕方」
◇モダンシニア部門
● 第1位・神奈川県芸術舞踊協会最優秀賞・
赤い靴賞クリスタル・神奈川県知事賞・神
奈川新聞社賞・チャコット賞・バレリーナ
賞・シルビア賞
　津田 ゆず香　「twice born －鈴－」
● 第2位・神奈川芸術文化財団賞・神奈川県
芸術舞踊協会優秀賞
　船木 こころ　「綴りゆく予感」
● 第3位・神奈川県芸術舞踊協会奨励賞
　大橋 美帆　「素描 〜decent〜」
◇クラシックジュニア1部門
● 第1位・神奈川県芸術舞踊協会最優秀賞・
赤い靴賞クリスタル・神奈川県教育長賞
　山本 翔子　「パキータ」よりVa
● 第2位・神奈川県芸術舞踊協会優秀賞
　根岸 美凪　「ダイアナ」のVa
● 第3位・神奈川県芸術舞踊協会奨励賞
　立花 真帆　「眠れる森の美女」act1 ローズ
　　のVa
◇クラシックジュニア2部門
● 第1位・神奈川県芸術舞踊協会最優秀賞・
横浜市長賞・赤い靴賞クリスタル
　柴田 実樹　「海賊」よりVa
● 第2位・神奈川県芸術舞踊協会優秀賞
　佐野 基　「眠れる森の美女」act1 ローズの
　　Va
● 第3位・神奈川県芸術舞踊協会奨励賞
　門馬 美沙希　「エスメラルダ」よりVa
◇クラシックシニア部門
● 第1位・神奈川県芸術舞踊協会最優秀賞・
赤い靴賞クリスタル・神奈川県知事賞・神
奈川新聞社賞・チャコット賞・バレリーナ
賞・シルビア賞
　藤本 瑞紀　「ドンキホーテ」act3 キトリの
　　Va
● 第2位・横浜市芸術文化振興財団賞・神奈

川県芸術舞踊協会優秀賞
　松平 紫月　「エスメラルダ」よりVa
● 第3位・神奈川県芸術舞踊協会奨励賞
　窪田 希菜　「グラン・パ・クラシック」よ
　　りVa
第28回（平25年）
◇モダンジュニア1部門
● 第1位・神奈川県芸術舞踊協会最優秀賞・
赤い靴賞クリスタル・神奈川県教育長賞
　伊與田 稀日　「ありがとうの神様」
● 第2位・神奈川県芸術舞踊協会優秀賞
　浦郷 愛　「標の見えない道」
● 第3位・神奈川県芸術舞踊協会奨励賞
　堀内 朔良　「波に遊ぶ」
◇モダンジュニア2部門
● 第1位・神奈川県芸術舞踊協会最優秀賞・
赤い靴賞クリスタル・横浜市長賞
　小澤 早嬉　「妖霧に浮く」
● 第2位・神奈川県芸術舞踊協会優秀賞
　天野 真希　「蝶になる日」
● 第3位・神奈川県芸術舞踊協会奨励賞
　荻野 睦菜　「噓と涙とチョコレート」
◇モダンシニア部門
● 第1位・神奈川県芸術舞踊協会最優秀賞・
赤い靴賞クリスタル・神奈川県知事賞・神
奈川新聞社賞・チャコット賞・バレリーナ
賞・シルビア賞
　土田 貴好　「人の謳」
● 第2位・神奈川芸術文化財団賞・神奈川県
芸術舞踊協会優秀賞
　伊藤 有美　「飛蝗と風」
● 第3位・神奈川県芸術舞踊協会奨励賞
　船木 こころ　「柔らかな境界」
◇クラシックジュニア1部門
● 第1位・神奈川県芸術舞踊協会最優秀賞・
赤い靴賞クリスタル・神奈川県教育長賞
　島田 陽衣　「アレルキナーダ」よりVa
● 第2位・神奈川県芸術舞踊協会優秀賞
　齋藤 花恋　「ライモンダ」よりVa
● 第3位・神奈川県芸術舞踊協会奨励賞
　長谷川 華　「眠れる森の美女」act1 ローズ
　　のVa

◇クラシックジュニア2部門
- 第1位・神奈川県芸術舞踊協会最優秀賞・横浜市長賞・赤い靴賞クリスタル
  島田 聖奈　「アレルキナーダ」よりVa
- 第2位・神奈川県芸術舞踊協会優秀賞
  小林 千紘　「エスメラルダ」よりVa
- 第3位・神奈川県芸術舞踊協会奨励賞
  皆川 七海　「海賊」よりVa

◇クラシックシニア部門
- 第1位・神奈川県芸術舞踊協会最優秀賞・

赤い靴賞クリスタル・神奈川県知事賞・神奈川新聞社賞・チャコット賞・バレリーナ賞・シルビア賞
  木村 優花　「眠れる森の美女」act1 ローズのVa
- 第2位・横浜市芸術文化振興財団賞・神奈川県芸術舞踊協会優秀賞
  濱口 千歩　「ドンキホーテ」act3 キトリのVa
- 第3位・神奈川県芸術舞踊協会奨励賞
  高橋 梨絵　「ライモンダ」よりVa

145 ローザンヌ国際バレエコンクール

　毎年スイスのローザンヌ・ボーリュ劇場で開催される世界的バレエ・コンクール。若い才能を発掘し、援助することを目的とする。1973年、P.ブラウンシュバイク（Philippe Braunschweig）の尽力により設立された。スカラシップ、プロ研修賞、決勝のコンテンポラリー・ヴァリエーション最優秀者に与えられるコンテンポラリー・ダンス賞、決選戦あるいは準決選進出者で、スイス国籍者またはスイスに在住し3年間以上バレエ教育を受けている者が受賞対象となるベスト・スイス賞、観客の投票によって決められる観客賞が選出される。

【主催者】 ローザンヌ国際バレエコンクール「舞踊振興財団」（スイス）

【選考委員】（2015年）Cynthia HARVEY（委員長：アメリカ）,Sylviane BAYARD（オーストラリア）,Chi CAO（イギリス）,Lisa-Maree CULLUM（ドイツ）,Franco DE VITA（アメリカ）,Simona NOJA（ドイツ）,Lidia SEGNI（アルゼンチン）,Ethan STIEFEL（アメリカ）,György SZAKALY（ハンガリー）

【選考方法】 2段階の審査を経て選出された者（最大80名）がローザンヌでの選考に参加できる。選考はクラシック・コンテンポラリーの2ヴァリエーションとレッスンの全5日間の審査から決選進出者（最大20名）を選出。決選進出者は、舞台上でクラシック・バリエーションとコンテンポラリー・バリエーションを公開発表し、採点後、受賞者が決定

【選考基準】 過去及び現在において、バレエ団とプロ契約を結び、ダンサーあるいは振付家としてプロ活動に従事する者、過去の受賞者の参加は認められない。年齢は15歳から18歳まで。一つのバレエ学校からの参加者数は最大4名に限られる。芸術性、身体能力、個性、音楽に対する想像力、感受性、技術などが審査される

【締切・発表】〔2015年〕最終登録締切は2014年11月30日。予選は2月1日より始まり、2月7日に決戦、受賞者発表

【賞・賞金】 スカラシップ受賞者は対象となるバレエ学校の中から、希望する学校へ1年間授業料免除で留学できる特典と、留学期間中の生活援助金として1万6千スイスフランが授与される。プロ研修賞では、対象となるバレエ団の中から、希望するバレエ団の活動に研修生として1年間参加する特典と、研修期間中の生活援助金として1万6千スイスフランを授与。コンテンポラリー賞では、サマースクールに無料で参加できる

特典（旅費・宿泊費込み）。ベスト・スイス賞では,エスポワール賞受賞者は希望する学校へ1年間授業料免除で留学。決選進出者には一律賞状とメダルが授与され, 非入賞者には,1千スイスフランの奨学金が贈られる

【URL】http：//www.prixdelausanne.org/

第1回（1973年）
◇スカラシップ
S.ベイヤード（Sylviane Bayard）（フランス）
M.ガスカード（Michel Gascard）（フランス）
C.シュミット（Corinne Schmitt）（フランス）
◇審査員特別賞
T.ヴァン・コーウェンベルグ（Tom Van Cauwenbergh）（ベルギー）

第2回（1974年）
◇スカラシップ
M.アスプラナトー（Margareth Asplanato）（フランス）
M.バーヒリ（Mohamed Bahiri）（フランス）
G.カナタ（Georges Canata）（フランス）
R.ヘイノーネン（Riita Heinonen）（フィンランド）
S.ヘイノーネン（Soile Heinonen）（フィンランド）

第3回（1975年）
◇スカラシップ
L.ビリオウコフ（Larissa Birioukoff）（スイス）
C.シュテゥルニッヒ（Christiane Sturnich）（フランス）
A.トレ（Agnès Thore）（フランス）
P.ウイース（Pierre Wyss）（スイス）
◇ベスト・スイス賞
S.アカトス（Sybille Acatos）（スイス）
◇振付賞
P.タラード（Philippe Talard）（フランス）

第4回（1976年）
◇スカラシップ

L.ベイロン（Laure Balon）（フランス）
R.ヨハンセン（Rogert Johannsen）（オーストラリア）
S.ジョンソン（Susan Johnson）（イギリス）
S.プリンス（Stéphane Prince）（フランス）
A.ウォード（Andrew Ward）（イギリス）
◇ゴールド・メダル
J.クローヴァ（Jana Kurova）（チェコ）
B.ヴァン・コーウェンベルグ（Ben Van Cauwenbergh）（ベルギー）
◇振付賞
I.ボート・ミューラー（Isabelle Boutot-Muller）（フランス）

第5回（1977年）
◇スカラシップ
B.ブリンド（Bryony Brind）（イギリス）
J.－C.マイヨー（Jean-Christophe Maillot）（フランス）
F.オリヴィエリ（Frédéric Olivieri）（フランス）
T.V.マテュー（Trinidad Vives Mateu）（スペイン）
◇ベスト・スイス賞
M.シュラーエプフェル（Martin Schlaepfer）（スイス）
◇ゴールド・メダル
P.カンタルーポ（Paola Cantalupo）（イタリア）
◇芸術監督賞・振付賞
S.カンパルドン（Serge Campardon）（フランス）

第6回（1978年）
◇スカラシップ
P.アノタ（Philippe Anota）（フランス）
I.カンボラス（Isabelle Camboulas）（フラ

ンス）

M.フォン（Michel Fons）（フランス）

吉田 尚美（Naomi Yoshida）（日本）

◇ベスト・スイス賞

J.スティーリー（Jasmine Stierli）（スイス）

第7回（1979年）

◇スカラシップ

J.ブロエックス（Jan Broeckx）（ベルギー）

P.ブルームヘッド（Philippe Broomhead）（イギリス）

J.ファント（Jessica Funt）（アメリカ）

S.-I.ボワザール（Sylvia-Inès Voisard）（フランス）

◇ベスト・スイス賞

M.ラスフェルダー（Mylène Rathfelder）（スイス）

◇ゴールド・メダル

K.オンツィア（Koenraad Onzia）（ベルギー）

第8回（1980年）

◇スカラシップ

P.アルマンド（Patrick Armand）（フランス）

D.ブル（Deborah Bull）（イギリス）

A.フェリ（Alessandra Ferri）（イタリア）

堀内 元（Gen Horiuchi）（日本）

M.-L.ケーラー（Marie-Laure Keller）（スイス）

◇ベスト・スイス賞

Y.ハエニ（Yves Haenni）（スイス）

◇ゴールド・メダル

N.A.ラッファ（Nancy Ann Raffa）（アメリカ）

◇プロフェッショナル賞

V.ギリオーニ（Valérie Ghiglione）（フランス）

◇振付賞

堀内 元（Gen Horiuchi）（日本）

力丸 純奈（Junna Rikimaru）（日本）

第9回（1981年）

◇スカラシップ

F.B.リーン（Faye Benjamin Leanne）（オーストラリア）

C.カミロ（Christine Camillo）（フランス）

C.メルロ（Carlo Merlo）（イタリア）

P.サヴォワ（Pablo Savoye）（フランス）

◇ベスト・スイス賞

M.グランジャン（Marina Grandjean）（スイス）

◇プロフェッショナル賞

G.アーカウ（Géry Hacault）（フランス）

◇振付賞

O.ムニョス（Olivier Munoz）（フランス）

第10回（1982年）

◇スカラシップ

D.コレリー（Delphine Collerie）（フランス）

M.ジャネッティ（Maurizio Gianetti）（イタリア）

S.マラシュ（Sandrine Marache）（フランス）

貞松 正一郎（Shoichiro Sadamatsu）（日本）

◇ベスト・スイス賞

M.ミューラー（Martino Muller）（スイス）

◇キャッシュ・プライズ

T.コヴァチ（Tibor Kovacs）（ハンガリー）

B.ムーア（Bonnie Moore）（アメリカ）

K.ヴォルフ（Katalin Volf）（ハンガリー）

◇プロフェッショナル賞

T.ギダードニ（Thierry Guiderdoni）（フランス）

木村 規予香（Kiyoka Kimura）（日本）

◇振付賞

M.ウォン（Marc Hwang）（フランス）

第11回（1983年）

◇スカラシップ

S.アルント（Stéfanie Arndt）（ドイツ）

S.エリザベ（Stéphane Elizabe）（フランス）

堀内 充（Jyu Horiuchi）（日本）

M.サンティ（Marco Santi）（イタリア）

吉田 都（Miyako Yoshida）（日本）

◇ベスト・スイス賞
　G.カッチャ（Ghyslaine Caccia）（スイス）
◇キャッシュ・プライズ
　K.グダニエク（Katarzyna Gdaniec）（ポーランド）
　V.レドモン（Vincent Redmon）（イギリス）
　A.ラインハルト（Angela Reinhardt）（ドイツ）
◇振付賞
　M.サンティ（Marco Santi）（イタリア）
第12回（1984年）
　◇スカラシップ
　　平元 久美（Kumi Hiramoto）（日本）
　　M.マングルンキ（Mehdi Manglunki）（ベルギー）
　　R.マッツォーニ（Roberta Mazzoni）（イタリア）
　　高部 尚子（Hisako Takabe）（日本）
　◇ベスト・スイス賞
　　N.ペリラッツ（Nathalie Perriraz）（スイス）
　◇キャッシュ・プライズ
　　E.ブラッティ（Eugénio Buratti）（イタリア）
　　S.ダル（Stéphane Dalle）（フランス）
　　V.デュランテ（Viviana Durante）（イギリス）
　◇プロフェッショナル賞
　　N.デファーム（Nadia Deferm）（ベルギー）
　　M.ヴァルタ（Muriel Valtat）（フランス）
　◇審査員特別賞
　　牛尾 和美（Kazumi Ushio）（日本）
第13回（1985年）
　◇スカラシップ
　　S.エックホフ（Stéfanie Eckhoff）（ドイツ）
　　X.フェーラ（Xavier Ferla）（スイス）
　　B.ハイス（Ben Huys）（ベルギー）
　　カン・スー・ジン（Kang Sue Jin）（韓国）
　　G.ヴィンキエル（Greet Vinckier）（ベルギー）
　◇キャッシュ・プライズ

シュ・ゲング（Xu Gang）（中国）
P.ニール（Philip Neal）（アメリカ）
リー・イン（Li Ying）（中国）
◇ゴールド・メダル
　E.スティーリー（Edward Stierle）（アメリカ）
◇プロフェッショナル賞
　E.モタ（Edwin Mota）（メキシコ）
　A.ヴァン・デ・ヴァイヴァー（Ariane Van De Vyver）（ベルギー）
第14回（1986年）
　◇スカラシップ
　　C.ブランク（Christine Blanc）（フランス）
　　J.C.ケント（Julie Cox Kent）（アメリカ）
　　L.ハームセン（Lydia Harmsen）（オランダ）
　　中村 かおり（Kaori Nakamura）（日本）
　◇キャッシュ・プライズ
　　秋山 珠子（Tamako Akiyama）（日本）
　　D.バッセル（Darcey Bussel）（イギリス）
　　C.シャデュテウ（Cécile Chaduteau）（フランス）
　◇ゴールド・メダル
　　G.セイフフェルト（Gregor Seyffert）（ドイツ）
　◇プロフェッショナル賞
　　B.デ・ブロック（Bart De Block）（ベルギー）
　　N.J.サーチフィールド（Nicola Jane Searchfield）（ニュージーランド）
第15回（1987年）
　◇スカラシップ
　　L.ファンロ（Larissa Fanlo）（アルゼンチン）
　　D.フォーラス（Dana Fouras）（オーストラリア）
　　伊能 貴子（Takako Iyoku）（日本）
　　J.－C.マルティネス（José-Carlos Martinez）（スペイン）
　◇ベスト・スイス賞
　　C.マクダーモット（Christina Mcdermott）（スイス）

◇キャッシュ・プライズ
　ユン・リュウ（Jun Liu）（中国）
　G.メニクッチ（Giulia Menicucci）（イタリ
　ア）
　R.レベック（Raimondo Rebeck）（ドイツ）
◇ゴールド・メダル
　ツァイ・イーリー（Cai Yilei）（中国）
◇プロフェッショナル賞
　M.キャシディー（Michael Cassidy）（イギ
　リス）
　F.ガフナー（Frédéric Gafner）（スイス）
第16回（1988年）
◇スカラシップ
　M.‐S.キャビエ（Marie-Soizic Cabie）（フ
　ランス）
　L.‐M.カラム（Lisa-Maree Cullum）
　（ニュージーランド）
　A.ウィクスレイ（Ann Wixley）（南アフリ
　カ）
　J.ツィナウン（Jaïs Zinoun）（モロッコ・
　ベルギー）
◇エスポワール賞
　M.デル・マー・モレノ（Maria Del Mar
　Moreno）（スペイン）
　渡部 美咲（Misaki Watanabe）（日本）
◇キャッシュ・プライズ
　A.カルヴェッティ（Antonio Calvetti）（イ
　タリア）
　B.コピエテルス（Bernice Coppieters）（ベ
　ルギー）
　ウァン・チアン（Wang Jian）（中国）
◇プロフェッショナル賞
　中村 恵（Megumi Nakamura）（日本）
　M.サイモンズ（Marieke Simons）（オラン
　ダ）
第17回（1989年）
◇スカラシップ
　宮内 真理子（Mariko Miyauchi）（日本）
　奈良岡 典子（Noriko Naraoka）（日本）
　榊原 弘子（Hiroko Sakakibara）（日本）
　M.ザモーラ（Monica Zamora）（スペイン）
◇エスポワール賞

L.ダン（Lucinda Dunn）（オーストラリア）
D.マゾッタ（Danilo Mazzotta）（イタリ
ア）
◇キャッシュ・プライズ
　A.デ・ヴォス（Ann De Vos）（ベルギー）
　B.クノップ（Beatrice Knop）（ドイツ）
　E.シュティーフェル（Ethan Stiefel）（アメ
　リカ）
◇ゴールド・メダル
　熊川 哲也（Tetsuya Kumakawa）（日本）
◇プロフェッショナル賞
　A.クーパー（Adam Cooper）（イギリス）
　橋本 美奈子（Minako Hashimoto）（日本）
◇振付賞
　田中 祐子（Yuko Tanaka）（日本）
第18回（1990年）
◇スカラシップ
　V.A.カバリェロ（Victor Alvarez
　Caballero）（スペイン）
　荒井 祐子（Yuko Arai）（日本）
　B.バロー（Bérangère Barrau）（フランス）
　C.トーマス（Clair Thomas）（イギリス）
◇エスポワール賞
　C.ファラ（Christiane Pahla）（ブラジル）
◇キャッシュ・プライズ
　B.デ・レーウ（Boris De Leeuw）（オラン
　ダ）
　L.ポポヴァ（Leszja Popova）（ハンガリー）
　T.ウィリアムズ（Todd Williams）（アメリ
　カ）
◇ゴールド・メダル
　C.アコスタ（Carlos Acosta）（キューバ）
◇プロフェッショナル賞
　K.ビョルナ（Katia Bjorner）（スウェーデ
　ン）
　S.ウォールズ（Stéphanie Walz）（アメリ
　カ）
第19回（1991年）
◇スカラシップ
　E.レー・ヴァン（Elodie Le Van）（フラン
　ス）
　J.マイスナー（Justin Meissner）（オースト

ラリア）

斎藤 亜紀（Aki Saito）（日本）

E.ツァマツァロヴァ（Eva Zamazalova）
（チェコ）

◇エスポワール賞

古谷 智子（Tomoko Furuya）（日本）

佐々木 陽平（Yohei Sasaki）（日本）

◇ベスト・スイス賞

S.ロッヒェル（Sarah Locher）（スイス）

◇キャッシュ・プライズ

D.カーロ（Denis Caro）（フランス）

E.ロサーノ（Elia Lozano）（スペイン）

J.ロス（Jacinta Ross）（オーストラリア）

◇ゴールド・メダル

C.ウィールドン（Christopher Wheeldon）
（イギリス）

◇プロフェッショナル賞

J.バーン（Jane Burn）（イギリス）

D.ドーソン（David Dawson）（イギリス）

◇振付賞

S.フェランド（Stéphane Ferrand）（フラン
ス）

第20回（1992年）

◇スカラシップ

F.アグネス（Fanny Agnese）（フランス）

G.シャロー（Guillaume Charlot）（フラン
ス）

中野 綾子（Ayako Nakano）（日本）

L.ピュジョル（Laetitia Pujol）（フランス）

◇エスポワール賞

D.マカーテリ（David Makhateli）（ロシ
ア）

高久 舞（Mai Takaku）（日本）

◇ベスト・スイス賞

S.ハーゲンブエクレ（Sabine
Hagenbuechle）（スイス）

◇キャッシュ・プライズ

J.ブーベニチェク（Jiri Bubenicek）（チェ
コ）

O.ブーベニチェク（Otto Bubenicek）
（チェコ）

Y.ヤノウスキ（Youri Yanowsky）（スペイ

ン）

◇プロフェッショナル賞

S.カッシーニ（Sandrine Cassini）（フラン
ス）

高橋 宏尚（Hironao Takahashi）（日本）

第21回（1993年）

◇スカラシップ

M.B.ボレッゴ（Marta Barahona
Borrego）（スペイン）

A.D.ドアルテ（Adriana Dias Duarte）（ブ
ラジル）

O.セレツネヴァ（Oksana Selezneva）（ロ
シア）

上野 水香（Mizuka Ueno）（日本）

A.ウリアゲレカ（Asier Uriagereka）（スペ
イン）

◇エスポワール賞

浅野 美波（Miwa Asano）（日本）

E.リッチ（Evelina Ricci）（イタリア）

◇ベスト・スイス賞

K.アレクスィ・アングスト（Kusha Alexi-
Angst）（スイス）

◇キャッシュ・プライズ

大植 真太郎（Shintaro Oue）（日本）

L.リーレィ（Lynn Rielly）（アメリカ）

R.リカイン（Roman Rykine）（ロシア）

W.ヴァンレッセン（Wim Vanlessen）（ベ
ルギー）

◇プロフェッショナル賞

E.リャン（Edward Liang）（アメリカ）

F.M.カリーリョ（Fernando Mora
Carrillo）（メキシコ）

第22回（1994年）

◇スカラシップ

N.ブランク（Nicolas Blanc）（フランス）

C.エベルト（Caroline Hebert）（フランス）

E.サンダル（Emma Sandall）（オーストラ
リア）

J.チスキ（Jacek Tyski）（ポーランド）

◇エスポワール賞

O.ベル（Olivia Bell）（オーストラリア）

泉 敦子（Atsuko Izumi）（日本）

柳井 美沙子（Misako Yanai）（日本）

◇ベスト・スイス賞

N.メーレ（Nicolas Maire）（スイス）

◇キャッシュ・プライズ

チー・カオ（Chi Cao）（中国）

R.ジェツェルスカイト（Ruta Jezerskyte）（リトアニア）

N.メーレ（Nicolas Maire）（スイス）

B.ミレピエト（Benjamin Millepied）（フランス）

◇ゴールド・メダル

D.ヴィッヒネヴァ（Diana Vichneva）（ロシア）

◇プロフェッショナル賞

G.モンテロ（Goyo Montero）（スペイン）

N.ヴェルスペクト（Nathalie Verspecht）（ベルギー）

第23回（1995年）

◇スカラシップ

J.-L.バーク（Jean-Luc Burke）（フランス）

G.G.ポルテロ（Gonzalo Garcia Portero）（スペイン）

カン・ホウ・ハイ（Kan Hwa Hae）（韓国）

川村 真樹（Maki Kawamura）（日本）

蔵 健太（Kenta Kura）（日本）

◇エスポワール賞

G.マーフィ（Gillian Murphy）（アメリカ）

V.スカグリア（Valentina Scaglia）（イタリア）

◇キャッシュ・プライズ

N.ベリアカイト（Neli Beliakaite）（リトアニア）

B.コホウトコヴァ（Barbora Kohoutkova）（チェコ）

A.ツィガンコワ（Anna Tzigankova）（ロシア）

◇ゴールド・メダル

G.G.ポルテロ（Gonzalo Garcia Portero）（スペイン）

◇プロフェッショナル賞

リー・イン（Li Ying）（中国）

N.ソログーブ（Natalia Sologub）（ロシア）

第24回（1996年）

◇スカラシップ

F.ボネルリ（Federico Bonelli）（イタリア）

河合 佑香（Yuka Kawai）（日本）

L.L.サルド（Laetitia Lo Sardo）（フランス）

中村 祥子（Shoko Nakamura）（日本）

◇エスポワール賞

I.シャボルダ（Irina Chabolda）（ロシア）

M.ゴメシュ（Marcelo Gomes）（ブラジル）

◇キャッシュ・プライズ

I.ポートルヴ（Ivan Poutrov）（ウクライナ）

R.ワシーリエフ（Roman Vassiliev）（ロシア）

C.ヤヌシュ（Cédric Ygnace）（フランス）

◇プロフェッショナル賞

樋口 ゆり（Yuri Higuchi）（日本）

G.ヴァン・クワクエベク（Geneviève Van Quaquebeke）（ベルギー）

第25回（1997年）

◇スカラシップ

A.カルメナ（Antonio Carmena）（スペイン）

A.コジョカル（Alina Cojocaru）（ルーマニア）

菅野 真代（Mayo Sugano）（日本）

L.タリー（Lyn Tally）（アメリカ）

A.ワシーリエフ（Andrei Vassiliev）（ロシア）

◇エスポワール賞

大石 麻衣子（Maiko Ohishi）（日本）

F.ヴォーランガー（Fabien Voranger）（フランス）

◇キャッシュ・プライズ

J.C.ヒジャーゾ（Julia Carnicer Hijazo）（スペイン）

F.ヴォーゲル（Friedemann Vogel）（ドイツ）

M.ウィシンスキ（Melissa Wishinski）（アメリカ）

◇プロフェッショナル賞
　J.タルディ（Julie Tardy）（フランス）
第26回（1998年）
◇スカラシップ
　菊池 あやこ（Ayako Kikuchi）（日本）
　M.コピンスキ（Michal Kopinski）（ポーランド）
　A.メグラビアン（Arsen Megrabian）（アルメニア）
　V.タマッキオ（Véronique Tamaccio）（フランス）
　横関 雄一郎（Yuichiro Yokoseki）（日本）
◇エスポワール賞
　植村 麻衣子（Maiko Uemura）（日本）
　A.ヴィーエリアランタ（Anu Viheriaranta）（フィンランド）
◇キャッシュ・プライズ
　E.メンシシュ（Ekaterina Menshish）（ロシア）
　Y.ステグリィ（Yohan Stegli）（フランス）
　田中 麻子（Tanaka Asako）（日本）
　K.ビュンシェ（Katja Wünsche）（ドイツ）
◇プロフェッショナル賞
　T.ミカエリアン（Tigran Mikaelian）（アルメニア）
第27回（1999年）
◇スカラシップ
　C.B.カスケート（Clara Blanco Casquete）（スペイン）
　K.コーニッシュ（Kate Cornish）（オーストラリア）
　R.クレンステッター（Rainer Krenstetter）（オーストラリア）
　K.サルキッソワ（Karina Sarkissova）（ロシア）
◇プロ研修賞
　D.カラペティアン（David Karapetian）（アルメニア）
　小尻 健太（Kenta Kojiri）（日本）
　P.ポントヴィアンヌ（Pierre Pontvianne）（フランス）
◇エスポワール賞

神戸 里奈（Rina Kambe）（日本）
　根本 しゅん平（Shumpei Nemoto）（日本）
◇ベスト・スイス賞
　L.グギー（Laetitia Guggi）（スイス）
◇コンテンポラリー・ダンス賞
　神戸 里奈（Rina Kambe）（日本）
第28回（2000年）
◇スカラシップ
　加治屋 百合子（Yuriko Kajiya）（日本）
　木田 真理子（Mariko Kida）（日本）
　坂地 亜美（Ami Sakachi）（日本）
　清水 健太（Kenta Shimizu）（日本）
　J.ヴェルブルゲン（Jeroen Verbruggen）（ベルギー）
◇プロ研修賞
　大貫 真幹（Masayoshi Onuki）（日本）
◇エスポワール賞
　S.ケイリーク（Sergej Kheilik）（ロシア）
　A.オサドチェンコ（Anna Osadcenko）（ドイツ）
◇ベスト・スイス賞
　C.シェッヒ（Claudine Schoch）（スイス）
◇コンテンポラリー・ダンス賞
　清水 健太（Kenta Shimizu）（日本）
◇観客賞
　J.ヴェルブルゲン（Jeroen Verbruggen）（ベルギー）
第29回（2001年）
◇スカラシップ
　N.クーセン（Natasha Kusen）（オーストラリア）
　L.オンディヴィエラ（Ludovic Ondiviela）（フランス）
◇プロ研修賞
　J.G.カスティーヤ（Jaime Garcia Castilla）（スペイン）
　平野 亮一（Ryoichi Hirano）（日本）
　倉永 美沙（Misa Kuranaga）（日本）
　S.タナタニット（Sarawanee Tanatanit）（タイ）
◇エスポワール賞
　平田 桃子（Momoko Hirata）（日本）

L.ラチェディ（Louisa Rachedi）（フランス）

◇コンテンポラリー・ダンス賞

J.G.カスティーヤ（Jaime Garcia Castilla）（スペイン）

◇優秀賞

J.G.カスティーヤ（Jaime Garcia Castilla）（スペイン）

第30回（2002年）

◇スカラシップ

チョ・スーヤン（Cho Soo-Youn）（韓国）

M.ゴールディン（Matthew Golding）（カナダ）

カン・ヒョー・チャン（Kang Hyo Jung）（韓国）

M.クバニシュベック（Maksat Koubanychbek）（キルギス）

M.シドロヴァ（Milena Sidorova）（イギリス）

◇プロ研修賞

チェ・ユヒ（Choe Yuhui（崔由姫））（韓国）

◇コンテンポラリー・ダンス賞

チェ・ユヒ（Choe Yuhui（崔由姫））（韓国）

M.コチェトコヴァ（Maria Kotchetkova）（ロシア）

V.サフロンキーネ（Vitali Safronkine）（ロシア）

◇エスポワール賞

竹田 仁美（Hitomi Takeda）（日本）

◇ベスト・スイス賞

C.－A.ヴェイル（Carrie-Ann Vail）（スイス）

◇観客賞

M.シドロヴァ（Milena Sidorova）（イギリス）

第31回（2003年）

◇1位・スカラシップ

S.マクレイ（Steven McRae）（オーストラリア）

◇2位・スカラシップ

シー・チャオ（Shi Chao）（中国）

◇3位・プロ研修賞

福田 圭吾（Keigo Fukuda）（日本）

◇4位・スカラシップ

ソ・ヒ（Seo Hee）（韓国）

◇5位・プロ研修賞

キム・ソンミン（Kim Sung Min）（韓国）

◇6位・スカラシップ

ホ・レイ（He Lei）（中国）

◇7位・スカラシップ

シュー・ダンチン（Xu Danqing）（中国）

◇8位・プロ研修賞

C.デュアナ（Celisa Diuana）（ブラジル）

◇9位・スカラシップ

ウェン・ヤオスン（Weng Yaosheng）（中国）

◇ベスト・スイス賞

S.－J.ブロドベック（Sarah-Jane Brodbeck）（スイス）

◇コンテンポラリー・ダンス賞

シュー・ダンチン（Xu Danqing）（中国）

第32回（2004年）

◇1位・プロ研修賞

A.ウォン（Alex Wong）（カナダ）

◇2位・スカラシップ

贄田 萌（Moe Nieda）（日本）

◇3位・プロ研修賞

A.ピサレイエフ（Andriy Pisareyev）（ウクライナ）

◇4位・スカラシップ

井澤 諒（Ryo Izawa）（日本）

◇5位・スカラシップ

J.カーレイ（Joseph Caley）（イギリス）

◇6位・プロ研修賞

松井 学郎（Gakuro Matsui）（日本）

◇7位・スカラシップ賞

チェ・ヒー・ジェ（Choi Hee Jae）（韓国）

◇コンテンポラリー・ダンス賞

イ・イェー・チャン（Jang Yi-Jee）（韓国）

第33回（2005年）

◇1位・スカラシップ

キム・ユジン（Kim Yu Jin）（韓国）
◇2位・スカラシップ
　Z.ンドゥジ（Zherlin Ndudi）（ウクライナ）
◇3位・スカラシップ
　ハン・ソヘ（Han Seo Hye）（韓国）
◇4位・スカラシップ
　K.アザチャン（Karen Azatyan）（アルメニア）
◇5位・スカラシップ
　A.カイゼール（Adeline Kaiser）（フランス）
◇プロ研修賞・コンテンポラリー・ダンス賞
　ウォン・ジョニン（Won Jin Young）（韓国）
第34回（2006年）
◇1位・スカラシップ
　S.ポルニン（Sergiy Polunin）（ウクライナ）
◇2位・スカラシップ
　グオ・チョンウー（Guo Chengwu）（中国）
◇3位・スカラシップ
　ホン・ヒャンギ（Hong Hyang Gee）（韓国）
◇4位・スカラシップ
　V.ムンタギーロフ（Vadim Muntagirov）（ロシア）
◇5位・スカラシップ
　森 志乃（Shino Mori）（日本）
◇6位・スカラシップ
　チャン・イージン（Zhang Yijing）（中国）
◇コンテンポラリー・ダンス賞
　グオ・チョンウー（Guo Chengwu）（中国）
◇観客賞
　S.ポルニン（Sergiy Polunin）（ウクライナ）
第35回（2007年）
◇1位・スカラシップ
　パク・セウン（Park Sae-Eun）（韓国）
◇2位・スカラシップ
　河野 舞衣（Mai Kono）（日本）
◇3位・スカラシップ
　キム・ジェイ（Kim Chaelee）（韓国）

◇4位・スカラシップ
　J.ヘイ（James Hay）（イギリス）
◇5位・スカラシップ
　T.モレイラ（Telmo Moreira）（ポルトガル）
◇6位・スカラシップ
　D.マシューズ（Delia Matthews）（イギリス）
◇コンテンポラリー・ダンス賞
　C.L.ヨシヤマ（Charles Lewis Yoshiyama）（日本）
◇観客賞
　河野 舞衣（Mai Kono）（日本）
第36回（2008年）
◇1位・スカラシップ
　A.マルティネス（Aleix Martinez）（スペイン）
◇2位・スカラシップ
　L.フェルメリ（Lili Felmèry）（ハンガリー）
◇3位・スカラシップ
　D.テダルディ（Dylan Tedaldi）（アメリカ）
◇4位・プロ研修賞
　K.ディヴィス（Kyle Davis）（アメリカ）
◇5位・スカラシップ
　高田 茜（Akane Takada）（日本）
◇6位・プロ研修賞
　I.シルヴァ（Irlan Silva）（ブラジル）
◇7位・スカラシップ
　M.デ・パイヴァ（Marcella de Paiva）（ブラジル）
◇コンテポラリー・ダンス賞
　A.マルティネス（Aleix Martinez）（スペイン）
◇ベスト・スイス賞
　G.オズギュル（Gozde Ozgur）（トルコ）
◇観客賞
　高田 茜（Akane Takada）（日本）
第37回（2009年）
◇1位・スカラシップ
　H.オニール（Hannah O'Neill）（ニュージーランド）

◇2位・スカラシップ
ペン・ツァオキアン（Peng Zhaoqian）（中国）
◇3位・スカラシップ
水谷 実喜（Miki Mizutani）（日本）
◇4位・スカラシップ
E.ウィジネン（Edo Wijnen）（ベルギー）
◇5位・スカラシップ
T.モレイラ（Telmo Moreira）（ポルトガル）
◇6位・プロ研修賞
根本 里菜（Rina Nemoto）（日本）
◇7位・プロ研修賞
S.コンチャ（Sebastian Concha Vinet）（チリ）
◇次点・プロ研修賞
高田 樹（Tatsuki Takada）（日本）
◇コンテンポラリー・ダンス賞
E.ウィジネン（Edo Wijnen）（ベルギー）
◇観客賞
T.モレイラ（Telmo Moreira）（ポルトガル）

第38回（2010年）
◇1位・プロ研修賞
C.E.アムチャステギ（Cristian Emanuel Amuchastegui）（アルゼンチン）
◇2位・プロ研修賞
F.M.レイナ（Francisco Mungamba Reina）（スペイン）
◇3位・スカラシップ
佐々木 万璃子（Mariko Sasaki）（日本）
◇4位・スカラシップ
C.スタワルク（Caitlin Stawaruk）（オーストラリア）
◇5位・プロ研修賞
A.シャラット（Aaron Sharratt）（アメリカ）
◇6位・スカラシップ
C.エヴァンズ（Christopher Evans）（アメリカ）
◇7位・プロ研修賞
L.ターナー（Lewis Turner）（イギリス）

◇コンテンポラリー・ダンス賞
L.ターナー（Lewis Turner）（イギリス）
◇ベスト・スイス賞
A.ヴァラヴァニス（Alexandra Valavanis）（スイス）
◇観客賞
C.E.アムチャステギ（Cristian Emanuel Amuchastegui）（アルゼンチン）

第39回（2011年）
◇1位・スカラシップ
M.マグリ（Mayara Magri）（ブラジル）
◇2位・スカラシップ
ハン・ソンウ（Han Sun Woo）（韓国）
◇3位・スカラシップ
チャン・ジーヤオ（Zhang Zhiyao）（中国）
◇4位・スカラシップ
P.チョウ（Patricia Zhou）（カナダ）
◇5位・スカラシップ
加藤 静流（Shizuru Kato）（日本）
◇6位・スカラシップ
D.H.ウォーターズ（Derrin Harper Watters）（アメリカ）
◇7位・スカラシップ
堀沢 悠子（Yuko Horisawa）（日本）
◇コンテンポラリー・ダンス賞
D.H.ウォーターズ（Derrin Harper Watters）（アメリカ）
◇ベスト・スイス賞
B.ファーヴル（Benoît Favre）（スイス）
◇観客賞
M.マグリ（Mayara Magri）（ブラジル）

第40回（2012年）
◇1位・プロ研修賞
菅井 円加（Madoka Sugai）（日本）
◇2位・スカラシップ
H.ベッテス（Hannah Bettes）（アメリカ）
◇3位・プロ研修賞
E.バルボーサ（Edson Barbosa）（ブラジル）
◇4位・スカラシップ
N.トゥドリン（Nikolaus Tudorin）（オーストラリア）

◇5位・プロ研修賞
　M.グリュネカー（Michael Gruenecker）
　（ドイツ）
◇6位・プロ研修賞
　S.ビノグラド（Sonia Vinograd）（スペイ
　ン）
◇7位・プロ研修賞
　ワン・ラー（Wang Le）（中国）
◇8位・プロ研修賞
　ワン・ミンシュエン（Wang Mingxuan）
　（中国）
◇コンテンポラリー・ダンス賞
　菅井 円加（Madoka Sugai）（日本）
◇ベスト・スイス賞
　M.グリュネカー（Michael Gruenecker）
　（ドイツ）
◇観客賞
　H.ベッテス（Hannah Bettes）（アメリカ）
第41回（2013年）
◇1位・スカラシップ
　A.シルヴァ（Adhonay Silva）（ブラジル）
◇2位・プロ研修賞
　リ・ウェンタオ（Li Wentao）（中国）
◇3位・プロ研修賞
　山本 雅也（Masaya Yamamoto）（日本）
◇4位・スカラシップ
　L.ドミンゲス（Leticia Domingues）（ブラ
　ジル）
◇5位・スカラシップ
　C.コラレス（Cesar Corrales）（カナダ）
◇6位・プロ研修賞
　J.ウェルナー（Joel Woellner）（オーストラ
　リア）
◇7位・プロ研修賞
　F.セバスチャオ（Francisco Sebastião）（ポ
　ルトガル）
◇8位・スカラシップ
　チャン・ジンハオ（Zhang Jinhao）（中国）
◇コンテンポラリー・ダンス賞
　J.ウェルナー（Joel Woellner）（オーストラ
　リア）
◇ベスト・スイス賞

　M.フォーガッティー（Miko Fogarty）（ス
　イス）
◇観客賞
　A.シルヴァ（Adhonay Silva）（ブラジル）
第42回（2014年）
◇1位・スカラシップ
　二山 治雄（Haruo Niyama）（日本）
◇2位・スカラシップ
　前田 紗江（Sae Maeda）（日本）
◇3位・プロ研修賞
　P.アダムズ（Precious Adams）（アメリカ）
◇4位・プロ研修賞
　D.F.ナバッロ・ユデス（David Fernando
　Navarro Yudes）（スペイン）
◇5位・プロ研修賞
　G.ポゴシアン（Garegin Pogossian）（フラ
　ンス）
◇6位・プロ研修賞
　加藤 三希央（Mikio Kato）（日本）
◇コンテンポラリー・ダンス賞
　P.アダムズ（Precious Adams）（アメリカ）
◇観客賞
　D.F.ナバッロ・ユデス（David Fernando
　Navarro Yudes）（スペイン）

受賞者名索引

【な】

【 は 】

【ひ】

【ゆ】

演劇・舞踊の賞事典

2015 年 3 月 25 日　第 1 刷発行

発 行 者／大高利夫
編集・発行／日外アソシエーツ株式会社
　　　　　　〒143-8550 東京都大田区大森北 1-23-8 第 3 下川ビル
　　　　　　電話 (03)3763-5241(代表)　FAX(03)3764-0845
　　　　　　URL http://www.nichigai.co.jp/
発 売 元／株式会社紀伊國屋書店
　　　　　　〒163-8636 東京都新宿区新宿 3-17-7
　　　　　　電話 (03)3354-0131(代表)
　　　　　　ホールセール部(営業)　電話 (03)6910-0519

　　　　　　電算漢字処理／日外アソシエーツ株式会社
　　　　　　印刷・製本／株式会社平河工業社

本書はディジタルデータでご利用いただくことが
できます。詳細はお問い合わせください。

音楽の賞事典

A5・950頁　定価（本体18,800円＋税）　2010.10刊

日本国内、および海外の主要な音楽賞、コンクールなど161の賞がわかる事典。各賞の概要と歴代の全受賞者記録を掲載。

映画の賞事典

A5・720頁　定価（本体18,800円＋税）　2009.12刊

国内外で主催される映画賞、映画祭、コンクールなど101の賞がわかる事典。各賞の概要と歴代の全受賞者記録を掲載。

漫画・アニメの賞事典

A5・660頁　定価（本体15,000円＋税）　2012.11刊

国内外で主催される漫画賞、アニメ賞、アニメ映画祭、映画賞アニメ部門など主要94賞（国内79賞・海外15賞）がわかる事典。各賞の概要と歴代の全受賞者記録を掲載。

小説の賞事典

A5・540頁　定価（本体13,500円＋税）　2015.1刊

国内の純文学、ミステリ、SF、ホラー、ファンタジー、歴史・時代小説、経済小説、ライトノベルなどの小説に関する賞300賞がわかる事典。各賞の概要と歴代の全受賞者記録を掲載。

日本の演奏家──クラシック音楽の1400人

A5・650頁　定価（本体16,000円＋税）　2012.7刊

現代のクラシック音楽界を彩る演奏家1,267人を、本人回答を元に集成した人名事典。小澤征爾から辻井伸行まで、ピアニスト、ヴァイオリニスト、声楽家、指揮者などのほか、日本の音楽史を飾る先人134人も併せて収録。プロを志したきっかけ、好きなレコード・CD、印象に残る人物、目標とする演奏家、今後の目標、代表作品などのアンケート回答から、音楽家の人となりがわかる。

データベースカンパニー
日外アソシエーツ　〒143-8550　東京都大田区大森北1-23-8　TEL.(03)3763-5241　FAX.(03)3764-0845　http://www.nichigai.co.jp/